U0625963

与最聪明的人共同进化

HERE COMES EVERYBODY

CHEERS

六十四卦名速见表

温IP CHEERS · 制作

上卦 ＼ 下卦	乾（天）	兑（泽）	离（火）
乾（天）	087 乾为天	907 泽天夬	895 火天大有
兑（泽）	823 天泽履	813 兑为泽	801 火泽睽
离（火）	733 天火同人	723 泽火革	709 离为火
震（雷）	883 雷天大壮	791 雷泽归妹	693 雷火丰
巽（风）	873 风天小畜	781 风泽中孚	681 风火家人
坎（水）	861 水天需	769 水泽节	669 水火既济
艮（山）	849 山天大畜	755 山泽损	657 山火贲
坤（地）	835 地天泰	743 地泽临	645 地火明夷

先天八卦

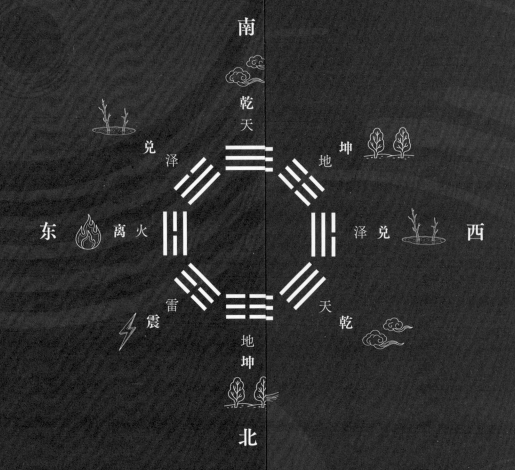

南

乾天

兑泽　　　坤地

东　离火　　　　　泽兑　西

雷震　　　天乾

地坤

北

先天八卦歌诀

乾一、兑二、离仰盂，艮覆碗；

巽五、坎六、艮上缺，巽下断。

先天八卦歌诀

乾属南来坤属北，震震四巽是中分，

离属东来坎属西，兑兑八艮九离门。

CHEERS
湛庐

梁品周易

周易有答案

上

照见有意义的偶然

梁

梁冬 著

天津出版传媒集团
天津科学技术出版社

上架指导：社会科学／传统文化

图书在版编目（CIP）数据

周易有答案／梁冬著 — 天津：天津科学技术出
版社，2025.6. — ISBN 978-7-5742-3051-4

Ⅰ . B221.5

中国国家版本馆 CIP 数据核字第 2025DW4198 号

周易有答案
ZHOUYI YOU DAAN
责任编辑：梁　旭
责任印制：赵宇伦

出　　版：天津出版传媒集团
　　　　　天津科学技术出版社

地　　址：天津市西康路 35 号
邮　　编：300051
电　　话：（022）23332377（编辑部）
网　　址：www.tjkjcbs.com.cn
发　　行：新华书店经销
印　　刷：唐山富达印务有限公司

开本 710×965　1/16　印张 62.75　字数 795 000
2025年6月第1版第1次印刷
定价：199.90元

版权所有，侵权必究
本书法律顾问　北京市盈科律师事务所　崔爽律师

重磅赞誉

在用漫画诠释传统文化的历程中，我深知挖掘经典魅力的重要性。"梁品周易"系列以其独到的见解和风趣的笔触，对《周易》进行了鲜活的解读。我对梁冬的支持，就是用我的画。

蔡志忠

知名漫画家，"金漫奖"终身成就奖获得者

读梁老师的大作，看得出是多年研习修行的真诚感悟，通透之处溢于言表。其中"天子易""君子易"的演进，周公旦开启"文化转基因工程"，世间博弈设计的"新约与旧约"，孔子编"六经"，以及《中庸》《大学》与《周易》的精神传承，总体上我觉得表述得非常清澈澄明，书中又将邵雍的"先天易"、荣格的共时性原理、集体无意识导入，足见梁老师纵横捭阖的驾驭能力。

段永朝

苇草智酷创始合伙人，信息社会 50 人论坛执行主席

梁冬在书中使用的一些帛书内容解读，以及对于卦辞、爻辞训诂方面

的考据，他说曾参考了我的《易经入门》。但是我心多旁骛，于易学久已荒疏。熟识后我们有所切磋交流，乃知其人好学深思，博学多才，通今古之变。深信此书能弃粗存精，出蓝而胜，入广大，致精微。

何　新

著名学者，《易经入门》作者

在"梁品周易"系列中，梁同学与大家一起读《周易》，跨时空链接国学圣人、经典巨著。这可以说是梁同学二十年的珍藏学习笔记，在此，特别向你推荐。

刘　擎

华东师范大学教授

"梁品周易"系列以独特视角将《周易》智慧融入现代商业实践，为读者提供了理解市场变化、团队管理和战略布局的宝贵工具。书中对卦象的深刻剖析和易学文化的解读，为互联网从业者架起了连接古老智慧与现代商业的桥梁，助力在信息时代保持敏锐与前瞻。

徐　勇

百度联合创始人，亿方公益基金会 / 振豫教育基金会创始人

打开《周易》的方式不少，梁冬发现了一种独到且令人兴奋的方式。他以"易"为经，以心为纬，展现出一幅幅不离日常又超离日常的典型场景，以及场景中个人应该有的境遇与抉择。

吴伯凡

新物种研究院院长，商业思想家

我认识梁冬二十年了，起初他遍访名师，博采众长。后来一门心思深入研究国学，我听他讲过《庄子》，今年又读到他研究《周易》的心得。

我认同他咬文嚼字、寻根溯源解读经典的方式。不落窠臼，很有新意，也很有说服力。

如果你觉得《周易》神秘高深莫测，学起来有畏难情绪的话，不妨先读读梁冬的这套图书。

徐文兵

知名中医专家，中医教育家，《知己》作者

通过"梁品周易"系列可以看到，梁冬同学是一位生命的"觉者"。做中医、教育、文化传播，他在不同角色中自如游走，始终如一的是对生命的好奇与觉知。他说在中欧 EMBA 北京班的学习经历，让他对战略、对管理更为敏感，我也很高兴，在毕业多年后，他仍能将商学院的知识连接到传统文化和日常思考中。祝福"梁品周易"系列创造更多的可能。

萧 斌

中欧国际工商学院北京校区首席代表

梁师从《周易》出发，探讨了关于世界、人生、生命、医道以及意识全方位的思考和深度观照。

这是一位深邃的思想者，他拥有一颗伟大而孤独的灵魂。我终于明白：梁师能给那么多人带来温暖和笃定，皆与此有关。世人大多看到的是梁师的才华，其实最动人的部分不仅仅是才华。谢谢"梁品周易"系列，否则我会错失一个重大的与梁师神交的机会。

读一本书，领略美妙的思想，心花怒放。

左常波

广州中医药大学针灸专业博士生导师，《针道》作者

这套书看着特别"好玩"，我甚至担心，它的趣味性会不会太强，以至于掩盖了它颇为深刻的思想？

陈鲁豫

著名主持人

"梁品周易"系列趣味十足，作为一名读者，无论看不看易学、懂不懂易理，都能从中体验到一种纯粹的阅读乐趣。我还特别喜欢每篇内容后面的"梁注"，好多观点都有一种穿透时空的锐利。历史有其局限性，也有其永恒性，打开这套书，就如同打开了一扇天窗，清新的空气四处飘逸。

陈黎芳

华为公司常务监事

梁冬的穿透能力很难被复制，他是个开悟的人，表面上游戏人间，其实内在的智慧，思考的问题很高级，是一个有慧根的人。他讲《周易》，不偏重说教说理讲清每一卦，而是讲个人感悟，每读一遍都会产生新的体会。

蒙 曼

文化学者，中央民族大学历史文化学院教授

和梁冬的合作让我深知他对内容的把控力和对传统文化的深刻理解。"梁品周易"系列充分展现了他对《周易》的深入研究和独到见解。这套书不仅是对经典文化的传承，更是对现代读者的一次智慧启迪。相信每一位翻开这套书的读者，都能从中感受到《周易》的魅力和力量。

余建军

喜马拉雅联合创始人兼联席 CEO

我前前后后接触过好几次《周易》，都没有系统学习，一晃已经好几年了，始终没有入门。

而这次翻开"梁品周易"系列，我才真正理解了梁冬老师如何以理工科的逻辑思维去理解《周易》的体系结构，将原本晦涩难懂的卦象爻辞与现实决策、生命体验相互融合碰撞，一口气读完本书真是让人直呼过瘾。

书中开篇以"周"字溯源展开历史长卷，带我们重回文王演易的传奇现场。这特别符合我理解事物的方式，我往往喜欢从事情的前因后果开始了解，这种"从源头理解本质"的叙事方式，让古老智慧瞬间有了血肉温度，如同与历代智者展开跨时空的圆桌对话，徜徉本书更是大涨见识。

最神奇的是，当我在飞机上阅读这本书的时候，抬头一看，巧得不行，本书的主色调竟然和航班飞机内饰的红色一模一样。这种"有意义的偶然"，真是绝妙的体验。

魏 明

明睿智囊创始人，优酷前总裁

《周易》永远一言难尽。它是儒家"六经"之首，孔子和他的弟子们最早开始对它进行研究、阐释。两千余年来，关于各家各学派研究《周易》的书籍已经汗牛充栋。"梁品周易"系列又为解读《周易》提供了很多有价值的观点，并有利于对社会公众作知识普及。

李 硕

青年历史学者，《翦商》作者

推荐序一 │ 改变命运的《周易》因缘

李　硕

青年历史学者,《翦商》作者

《周易》永远一言难尽。

它是儒家"六经"之首,孔子和他的弟子们最早开始对它进行研究、阐释。两千余年来,关于各家各学派研究《周易》的书籍已经汗牛充栋。

"梁品周易"系列又为解读《周易》提供了很多有价值的观点,并有利于对社会公众作知识普及。

一起探讨《周易》的因缘

梁冬老师和我相识,缘起于他构思《梁品周易》的音频课程与书稿。

那是2021年的夏天,我正从事《翦商》的写作,其中包含对《周易》文本含义、历史背景的解读。四川大学的杨鑫教授联系我,说梁师正准备制作一门关于《周易》课程的音频,想和我交流一些想法。此后,在和梁师探讨学习的过程中,我发现了很多有价值的视角,产生了很多有价值的问题,不仅关乎对《周易》的解读,也涉及对殷周文明的反思。

但是,那时我还没意识到,和梁师一起探讨《周易》的因缘,会在一年多以后改变我的命运——让病危的我又捡回了性命;或者说,让我续命到如今, 还有机会为"梁品周易"系列写下这篇推荐序。

说来有点话长。

2022年春, 我的《翦商》基本完成, 梁师的《梁品周易》音频课也开始定期发布。一次, 梁师、杨鑫教授和我在一起, 说起《周易》的占算预测方法。梁师一时兴起, 提炼出几个和我有关的数字, 当场卜了一卦, 结果是"非常凶险"。具体的卦象, 我已经忘了, 但这个结论, 我记得很清楚。

当时大家略有些尴尬, 一笑而过, 事情也就没有了下文。

其实, 在写作《翦商》的全过程中, 我的心情都非常差, 因为要梳理殷商时代大量杀人献祭活动的考古材料, 《周易》的卦辞、爻辞里, 也有很多关于时人捕俘、献祭的隐晦记载。这种心境中的晦暗, 甚至在书稿完成后也难以消散。

2023年的春天, 我在南亚游历时突然病倒。回国住院检查后, 诊断为肝胆系统癌症晚期。专家会诊认为, 已经没有手术的可能性, 只能放弃治疗, 甚至存活期很难超过一个月。

我能接受这种退场, 匆忙安排了一下身后事, 便进入等待人生长假的心态了。

当时, 我的症状主要是肿瘤组织把胆管全堵死了, 插管引流也没明显效果, 胆汁被迫进入血液, 危及各种器官, 生存质量很低, 有时要连着打止痛针, 十分难受, 死了倒是个解脱。

据说一向随遇而安、听天由命的梁冬老师, 彼时却做出了一个决定: 他委托杨鑫教授, 要使用一切手段抢救我。

杨鑫教授在四川大学工作, 她的一部分研究课题, 是危重病患的社会环境、临终心理疏导, 见过各种走向死亡的危重病人, 所以她觉得, 人能平心静气地死去, 挺好的, 没想"扰动"我的临终生活。

在梁师那个反常的"指示"之下，杨教授几乎全面接手了我的治疗规划（其实当时医院已经放弃治疗），她给我安排了一个综合中医、西医手段的治疗方案，动用了各种方式，找相关领域最适合的医生挂号问诊，寻找能接收我住院的医院，等等。

这大概属于"死马当成活马医"，效果也超出了所有人的想象。

一个月之后，根据我的检测数据，外科主治医生判断，"如果能继续恢复，还有做手术的可能性"；两个月之后，我真的到华西医院进行了肿瘤切除手术。再经过化疗，至今还没检测到复发（据说复发概率还挺高，先不要得意忘形）……

在这些过程中，还有更戏剧性的，我不多提及，因为未必符合所谓科学常识，没必要徒然引起争议。

所以，回头去想，当初那个"非常凶险"，到底意味着什么？

而在经历了这些之后，我也没想过拿起《周易》推演一次，就像我没有投身研究癌症。

在我的病情未卜之时，一位也经历过绝症的师长，曾向我面授几条经验，其中一条是，"成为自己这种病的专家"。可惜我太懒，好了疮疤忘了疼，觉得专业的事情，交给专业的人去做就行了。

我和梁师都学习过《周易》，但侧重点不同。他擅长的，我就做不了，而且，我不会随便置喙。

盘点已知，探索未知

毋庸讳言，《周易》的本质，是一部古人用于占算、预测的书，也与周文王用于翦商事业的预测术有关。

但数千载以来，很多研究、注解《周易》的学者，关注的重点并非预测之术，而是它文本中包含的史料信息，包括商周易代之际的人物事件、历史背景、文字训诂、上古语法等等。我主要关注《周易》的这个层面。

但是，殷墟时代在甲骨上刻下"数字卦"的人，编写卦爻辞的周文王等，更关注的是另一个维度的东西。

现代人都会推崇科学。而**科学的本质，我觉得，是盘点已有的知识，探索未知的世界**。只有认识到存在"未知"，才有可能逐渐去知晓它。

如果觉得今天的人类什么都知道了，整个世界都已经明明白白，对任何问题都能清清楚楚讲出一套答案——这种世界观就偏离了科学的本质。

我们已知的存量越多，面对的未知就会越庞大。

举个例子，在《周易》卦爻辞中，本来有很多关于商代诸王杀人献祭的记载，但自从商朝灭亡之后，关于人祭的记忆就消亡了。今天的学者，只有借助殷墟考古和出土的甲骨卜辞，才能做出部分的推测来还原历史。

但在历史上，《周易》一直在流传，古代学者会给它做注解，最为经典的解读，是唐代学者孔颖达所作的《周易正义》。

比如，艮卦的一条爻辞中有"艮其限，列其夤"，很难看懂。孔颖达注解：限，为"身之中，人带之处"，就是环腰带部位；夤，是"当中脊之肉也"，后脊背上的肉。

这里说到腰带，明显指人的身体，其他动物不可能用上腰带；被摆列整齐的"夤"，自然也来自人的身体，而非猪牛羊等动物（其实在商代，"列"字未必是摆列之意，更可能和部首"刂"有关）……

唐代的孔颖达，应该不知道商代的人祭行为吧？那么关于"限""夤"这些字的反常解释，又是如何从商代传承到唐代的呢？

这些传承者们，难道真的不知道它背后的历史黑幕吗？

可见，我们知道的越多，随之而来的未知诱惑，会变得更多、更不可测。

再如，《周易》六十四个卦象，分为三十二对。它们组对的原理，是"颠倒成对"，把六个爻按从下到上的次序完全颠倒一遍。

为什么用这种方式成对呢？

古人都没明说，近乎无解。甚至，很多个卦的卦名，也没有公认合理的解释，其来源好像有点随机。

我用现代人的思维方式推测，**可能每对卦象，都反映了事物自身的"矛盾"形态——任何存在形式，都有它的反面；世间一切过程，都可以颠倒重来一遍。**

这完全符合我们中学学过的自然辩证法。而带着这种认知去看，有些例子更惊人。

比如，还是艮卦。

我推测，"艮"的卦爻辞，是周文王记录自己长子伯邑考之死，他作为人牲，如何被纣王屠剥、献祭。所以，它的爻辞里面，有很多关于人体器官、血肉的词汇。

和"艮"成对的，是震卦。对于"震"的卦爻辞，我找不到任何和人祭、和伯邑考有关的直接证据。

而古人对震卦的解释偏偏说，它代表的是"长子"……

也许，周文王曾探索，在某种特殊的时空关系里，借助卦象互相颠倒的顺序，他那被肢解剁碎的长子伯邑考，可以用某种方式再度拼接起来，完成重生？

至于他成功了没有，我们也不知道，因为那肯定不属于我们熟悉的这个时空的叙事了。

所以，古人的认知世界，不会像近代西方进化主义者想象的那么有限、单纯。

如果你不信，请想想孔颖达那些来历不明的狂野注解。

想象一下，两千年后的后代会怎么看我们这些"老古董"呢？你觉得，后代能把我们看透吗？

恐怕你会说："谈何容易，我还藏着好几手没亮出来呢，可爱的后人们啊，别太张狂！"

推荐序二 ｜ 打开《周易》的智慧之门

吴伯凡

新物种研究院院长，商业思想家

打开《周易》的方式不少，梁冬发现了一种独到而令人兴奋的方式。他以"易"为经，以心（富有个性化的场景想象力）为纬，展现出一幅幅不离日常又超离日常的典型场景，以及场景中个人应该有的境遇与抉择。

从单爻到全卦，从一卦到错、综、复、杂之卦，从场景的空间格局到情境的时间流变，读者能沉浸式体验到真实生存的"易"与"不易"。

从事实判断到价值判断

《周易》与其他书的不同在于，第一，它是"六经之首"，第二，它的能指和所指之间存在极端不对称。

对于古代中国人来说，《周易》就是"神谕"，过去打仗之前占算，诸葛亮、孙子自己算的都不管用，都要用庙算，古人认为那才是天意。

天意一定要有解释，所以《周易》本身就预留了巨大的阐释空间，甚至是巨大的过度阐释空间。这时候你再回过头来看，它本来是什么，已经不重要了。

比如，据《韩非子·外储说左上》记载，楚国郢都有个人写信给燕国的相国。夜晚写信时，烛光昏暗，他便对旁边持烛的人说"举烛"，结果嘴上说着，竟也把"举烛"二字写到了信里。燕相收到信后，看到"举烛"二字，理解成要广开言路，举荐贤能之人任用他们。后来燕国按此方法，得到了很好的治理。

王阳明也曾经在深陷绝境的时候卜到明夷卦，前五爻都是暗无天日的，最后一爻拨云见日，这就给了他非常强烈的暗示：我经历的坎坷是我的幸运，一帆风顺是老天没看上你。

每一次遭遇挫折，他都认为是老天对他的考验在层层加码，目的是让他成为圣人，所以他才会愈挫愈奋，才能屡败屡战。对这一卦的解读也就从事实判断变成了价值判断。

整个《周易》给我们提供了很多价值判断，我认为这比事实更重要。

解经的姿态

"易"的智慧为我们构建了一个从直到曲，从粗到细，从静止到动态的世界。中国古代的天文学与历法紧密相连，所谓"象天法地"，天为"象"，地为"形"，形是具体的，象是抽象的。会打仗的人要懂地形，还要会看天象。这对于西方人来说是很高级的，但是我们的老祖宗在数千年前就有这样的智慧了。

解经之路，无外乎两条："我注六经"与"六经注我"。只有那些很愚笨的人，才会说自己找到了正解，我想，这种人不太多了。

面对"神谕"，谦卑是首要的姿态。孔子读"易"的故事，正是谦卑解经的典范。**这也是为什么我很欣赏梁冬在这套书里的写作姿态，他戏称之为**

"读书笔记"，虽然在我看来，这套书的价值远不止于此。

顾炎武的《日知录》、王夫之的《读通鉴论》也是他们自己的笔记，但是我们后人能够从中看出许多有意思的东西。我们中国人几乎没有人说，"我写出了体系"，而只是针对眼前的事件发表看法，所以是技术的、解决问题的，而不是解释问题的。

很多解经的书，声称能告诉读者《周易》的"真相"，我认为那是不可能的，因为这个真相根本不存在。**《周易》没有真相，而且它的价值就在于没有真相。**

《周易》告诉你的是事，而不是物。事是多要素产生的持续反应，《周易》讲的是事件、事态，它告诉你这件事具备哪些东西，这一卦里有什么，错综复杂。

在解读古老的经典时，每个人都有自己的真实感受。它是一个事件，是《周易》和"我"之间的事件，它触动了"我"。我想对于今天的读者来说，这是更重要的事。

生活的元剧本

我研读《周易》多年，曾经遇到某件事时，尝试自己起卦，就起到了恒卦。回过头来，那一卦对我的帮助是巨大的。它让我保持了一种状态，就是不慌张。我认为当下我们面临的所有问题，最根本的解决方案，首先是不慌张。

因为《周易》已经为它的读者提供了生活的元剧本，而今天，梁冬又为这些读者提供了靠近它的阶梯。

　　我家门口有一个阶梯，如果没有那个阶梯，我每天要跳过一米七的高墙才能回家，那可能要练神功才做得到。但是阶梯的价值就是，让我能够回家这件事情变得一点都不神奇了，每个人都可以。

　　好多时候我们办不成事，其实是缺少阶梯。一件事办不成，一本书读不完，都是因为你忽略了阶梯，甚至你不知道自己忽略了。

　　看不见的鸿沟是最大的鸿沟，"梁品周易"系列就是在帮助读者跨越这个鸿沟，让《周易》的智慧变得可以被抵达。

　　我认为，这不是一套从头到尾"读"的书，而是"用"的书。你需要与这套书相伴，偶尔像老朋友一样见一次面，在这一刻有一次相遇，你可能会得到一个启示，并由此从焦虑感切换到紧迫感，让你有路径、有步骤、不慌乱地成事。

　　"易"之为经，不在心外，如果不悉心、潜心地品味、玩味，"易"与你心只能"同归于寂"；细细品之，隐匿经中的诸多形态、色彩和情势则一一悄然浮现。

　　在读"梁品周易"系列时，你也许就学会了如何在《周易》中品出属于你自己的真义和真味。

自序 ｜ 守护那一颗微弱的真心

各位好，我是梁冬。感谢你打开了《周易有答案》这本书。在你开始阅读这本书之前，我想跟你分享一个久久不能忘怀的场景。

何为世界的真相

1993年9月，一个高三毕业生进入了当时的北京广播学院电视系，也就是现在的中国传媒大学。第一堂课的授课老师是钟大年老师，他后来成了凤凰卫视中文台的台长。

在课上，钟老师给我们看了一部电影《罗生门》，在电影里，每一个人都按照自己的视角，讲述了一段刚刚发生过的事件。当你作为一个观众，一个旁观者去看每一个人真诚地、坚定地讲述他所看到的世界时，你会突然产生一个印象，这世界有没有所谓唯一的真相，有没有一个所谓真正的、全然的、客观的事实？

也许有，但在更多的时候，每个人各自描述出来的局部之相，叠加在一起，那些矛盾的、真真假假的"事实"糅合了自己的观察视角和想象，结合了内在曾经受过的伤害以及内在的欲望，在不知情之下形成对事件的解读。把这些都综合起来看，"事实"具有非常多维度的混合体，只能隐隐约约、恍恍惚惚地接近真相。

庄子在《齐物论》里说，世界只不过是一个互相咬合的架构而已，"齐"不是整齐，而是一致，是契合，就像数字货币其实是不同记账本之间的咬合关系一样。世界的真相很可能不是一个事实，而是各种描述和各种视角咬合出来的架构或者结果。

回到我在《周易的野心》里讲的故事，当时并没有一个记录者，举着一个摄像头，360度地记录商纣王派出的使者如何找到周部落的首领，周部落如何从山区走到周原地区；也没有人去全然地记录武王伐纣的过程；后来周公旦是如何在恐惧和惴惴不安中，努力延续《周易》的故事。这个版本的《周易》如何在邵雍、荣格那里得到新的注解和发展？可能历史上真的没有一个人，或者没有一个工具去记录那个客观的事实。

所有的历史都是某一个讲述历史的人的想象史。哪怕当年的太史公在写《史记》的时候，我相信也包含了他的想象。所以整个《周易的野心》以及《周易有答案》各个卦的解释，本质上就是这样的一个游戏。就像庄子常常在他的版本里引述颜回、引述孔夫子的故事一样，你认为他所讲的事情都是真的吗？不，他只不过是借这个故事去讲他想讲的事情，或者讲他的世界观而已。

所以你今天看"梁品周易"系列的书，我必须告诉你，**它非客观、非主流、非严肃、非经典、非权威**。它就是一个普通的读书人，一个正好活在了从工业文明到信息文明、人工智能文明的转型过程中的普通人在个人视角下的产物。我觉得当我把这样的一个角色看清楚之后，我是放松下来的。我无法对任何书中的内容做学术严谨性的承诺，因为我在骨子里就不相信有那样一个已然存在着的客观的事实。我只不过就像众多的《罗生门》里的讲述者一样,在我的个人视角下,谈谈历史当中深刻的人性,以及在权力和野心的博弈背后,《周易》如何借助算法去穿透出管理的德性,怎样形塑了中国人的人格,乃至最后大量的人在使用《周易》时,明心见性、看见自己。

做一个自由的人

我们在使用《周易》的时候,更多的并不是寻找一个答案,或者准确来说也没有一个确定答案,就像不同的人在使用同一个AI问答软件,往往会得出不同的答案。

为什么?正如尤瓦尔·赫拉利说算法终将"接管世界",人工智能像一个宇宙深处的"神"一样,并不屑于告诉你什么是你人生中的唯一确定的方向,你应该做什么,因为它根本不关心这件事情。

在你用 AI问答软件提问,或者在阅读《周易有答案》的某一卦的时候,你只不过借由这样的一问一答,把你的问题投射进去,继而在内心世界里,把所有关于这个问题的联想拼成了你对这个事情的解读,这个过程的背后其实就是你欲望和恐惧的投影。**你不过是你欲望和恐惧的延伸,顺着这条路走下去就好了,那就是你的路。**

我的儿子小小梁,一个15岁的少年跟我说,他正准备他的论文,他在上完了伦理学、宗教学、统计学、经济学和政治学的一些基础的课程之后,他想写一篇文章。

这篇文章想要探讨,那个全知全能、创造宇宙的"造物主",如果有的话,会不会因为一个人今天的一些私德而生气?他是否会奖励你,或者惩罚你?这是他的论文的主题,我问他,你的答案是什么呢?他说假如真的有一个"造物主",不仅仅创造了你,创造了地球,创造了太阳系,还创造了整个宇宙,甚至多个平行宇宙,他怎么会为你这点破事儿烦恼呢?

我瞬间觉得人类在飞速进化了,因为我显然知道,他刚才跟我讲的这段话是他和 AI 问答软件对话出来的结果。

所以,别太较真,一个人这一辈子最重要的事情就是发现自己一点都不重要。我们在读历史的故事,在借由《周易》看待自己命运的时候,最好的姿态其实是放松,其实是借这些文字去映射自己的真性情,而不像绝大部分的人这一辈子都活在别人的期待和其他人的压力中。

我的生活圈子很小,绝大部分让我印象深刻的事情都是关于我和我儿子之间的对话。还有一件他跟我讲的事情,同样很有意思。他说他有一个女同学在网上参与"冰桶挑战"活动,据说是为了公益事业募捐,你"@"若干个人,这些人就要在网上直播,自己拿桶浇冰水在自己身上。

我儿子被好多他的朋友们在社交媒体上"@"了。他告诉我,那天他和其他几个同学吃饭,他们全感冒了,虽然他们明知道这样浇冰水并不符合亚洲人的体质,但是在朋友圈的裹挟之下被迫做了这件事情。

而我问我们家小小梁怎么看?他说不,我清晰地看见了自己,我不愿意。我说请你记住,你面对那么多的朋友在"@"你,各种的社群压力在裹挟你的时候,你看见自己的愿望,并且坚持做自己,这就是自由的人。

一个自由的人,终其一生无非是做一件事情,就是拥有清晰的意识、洞见,以及自由的灵魂。我们读《周易》,就是在穿越古今人类历史,用自己的意识,与你想象的这个世界曾经和未来可能存在的所有人,做有意识的思想对话。这件事情本来就是假的。

历史上,姜子牙是一个独钓寒江雪的智者,还是一个屠夫,这都没有定论,我们怎么能够知道我们所讲的所有事情是真的呢?但是,那个你,那个穿越时空与不同人对话的，那个当时的、真心的你是更接近于真实的。

也许你的自由意志会让你做一些很愚蠢的事情。不过《周易》会给你一个特别有意思的洞见：也许在当时做得很愚蠢的那个决定，峰回路转，变成了某个开启幸运大门的密码；而那个当时你做得特别明晰、聪明绝顶的判断，可能会在若干年之后让你觉得非常后悔。

所以，选择的正确与否，或许根本就不是《周易》关心的真相，也不是你应该关心的真相。做任何选择都有可能是对，也可能是错的。你只应该关心一个真相，那就是，在做这个决定的时候，你是不是自由的？你是不是听从了自己内心声音，是自由的人？

如果你问我一个人一辈子最重要的事情是什么，梁某人在读了这么多书，做了这么多年隐居、流浪在世界各地机场的散人后，我的回答是，**人生最重要的事情就是把自己活成一个拥有自由精神的作品，你就是你的作者，你就是你的作品**。你不会因为你曾经做过的蠢事而后悔，你也不会因为你偶尔的成功而沾沾自喜，因为你看见其实这不过是一场游戏，你不过是在游戏当中体验了真实情感的人。

无论你是购买了这本书，还是偶尔在某间旅馆或民宿的桌子上，从某一个不经意的角落里随手翻开，看到了这本书，我都希望所有读到这段文字的朋友可以和我一样，时刻提醒自己，**内心的那个清晰的、坚定的、微弱却真挚的声音，才是你这一辈子最需要守护的东西**。

谢谢大家，爱你们。

如何运用《周易》的智慧？

扫码加入书架
领取阅读激励

扫码获取全部
测试题及答案，
一起让《周易》智慧
为你我所用

- 以下哪些关于"易"的表述，能体现《周易》的智慧？（单选题）

    A. 变易

    B. 简易

    C. 不易

    D. 以上都对

- 《周易》里能看穿未来的"预知"能力，从何而来？（单选题）

    A. 超自然的神秘启示

    B. 随机的猜测与幻想

    C. 他人的直接告知

    D. 对自然规律和人性的洞察

- 当你碰到难以抉择的事，以下哪个不是打开《周易》的正确方式？（单选题）

    A. 严格遵循卦辞爻辞指示行动

    B. 结合自身实际，灵活应用

    C. 借起卦的过程看清自己的真心

    D. 将《周易》与其他决策工具相结合

扫描左侧二维码查看本书更多测试题

目 录

序 篇

上　篇

下 篇

序 篇

本书所有插图由著名漫画家蔡志忠老师"亲情"提供

01

先天八卦的时序之解

如果一个人能预测到什么时候会起大风，
什么时候会来洪水，
甚至能够预计到大地的震动、
河流的涨落，
这个人就可以做部落的领袖了。

什么是卦？为什么"卦"和"挂在那里"的"挂"是同一个发音？
中国古人结绳记事和八卦的起源有何关系？
先天八卦的顺序到底意味着什么？

什么是"卦"

《周易》的秘密，要从"卦"说起。我认识的一位学者何新老师是有名的训诂学家，他的一项考据很有道理。他说"卦"就是"悬挂"的"挂"。

在上古时期的中国，还有南美洲、非洲等地的文明里，都有结绳记事一说。

在人们发明出非常有力量的文字之前，生活记事全凭记忆。为了辅助记忆，人们会把一些绳子挂起来，有事发生就打一个结。

直到 20 世纪中叶，还有考古学家在南美洲印加地区看到原住民在用这种方式结绳，而且打的结越来越复杂。

每一种结绳方法都是一种语言。如果你懂的话，就能够在绳子上看到很复杂的表意，没准会看出一段爱情故事。

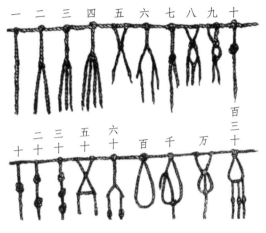

"结绳记事"图示

我也倾向于认为,卦最开始的意思就是挂在那里的结绳的样子。

那么结绳和阴阳有什么关系呢?我们可以这样理解,如果这根绳子没有打结,是一通下来的,就代表阳。而如果打了结,它就变成了阴[1]。画下来的话,就是一根直线代表阳,中间断开成两段则代表阴。

这是很重要的概念,因为古人发现万事万物本质上就是阳和阴。阳和阴是一个概念集合,它可以代表天和地的对立,男和女的对立,是和不是的对立,有和没有的对立,借钱和没借钱的对立,今天打到一只羚羊和没有打到的对立,等等。

这些绳子一开始每天都会挂出一串,后来要记录的事多了,不够了,就在旁边再系一些小绳子出来,就挂出了不同的绳子。系满了后把这些绳子取下来,堆在一起,这一年最重要的故事、事故等,都在那里。这些绳

---

1 阴爻、阳爻是先民最初从结绳记事演化到文字诞生的基础发端。引自博尔朵. 论《连山易》易学史[C]. //首届传统文化与生态文明国际研讨会暨第二十二届国际易学大会北京年会论文集. 2010: 405-410.

堆叫"坟"。你可以想象它们堆在一起的样子，很形象。很可能中国乃至全世界的上古时期，人们都有结绳记事的习惯。

我们说"三坟五典"[1]，把这些结绳记事的绳子定期取下来堆在一起叫"坟"，然后长时间地观察彼此之间的关系，发现的规律，就叫"典"。

八卦从何而来

有了这个理解基础，我们就知道，在周文王学习"易"之前，已经有了用一根直线表示阳，用一根断开的线表示阴的计数方法。

这个计数方法有些像现在计算机的"0"和"1"。"0"和"1"的不同组合可以产生不同的语言。

阴爻　　　　　　　　　　　阳爻

但在最初，没有计算机的支持，人们就要把计数方法进行一些同类项的合并。

人们最开始是用一条线，然后用两条线，最后发现用三条线就可以有八种组合，表示出八种状态。三根都是阳线，就是乾卦；三根都是阴线，就是坤卦。

《说卦》和《系辞》里都记录了一种说法，叫"**乾坤生六子**"：乾、坤被视为"父"和"母"，它们分别代表天与地，是其他六个卦的基础。人们先画出了三层纯阳线叫"乾"，三层纯阴线叫"坤"。阳和阴进行各种排列，就又产生了六种组合，总共八种。

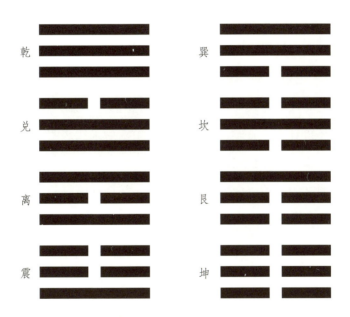

据说周文王以前，早在伏羲时代，人们就画出了这八种组合，也就是八卦。

后来"八卦"这个词怎么就引申为描述对演艺明星狗血事件的好奇心？我在 20 年前就想过这个问题。当时的猜想是，因为大部分明星都是光鲜亮丽、光彩照人的，但讲一个明星的八卦，其实讲的多为他们的阴暗面，一些龌龊的行为，这样才能看到对方的全貌。

说回来，伏羲到底是不是真的存在过？我们现在也不知道。是不是伏羲画出了八卦这个图形？也不一定。但现代人都知道一个词，叫"IP化运营"。

现在很多社交媒体都有一个功能，就是显示"IP地址"。小明看起来生活在韩国，但下面的"IP地址"显示在株洲；或者一个乌克兰美女，"IP地址"显示在辽宁。所以我们都知道，那些在日本、韩国、乌克兰的生活，其实不过是一些小编在不同的角落里努力打造出来的样子，那个展现出来的样子叫"IP"。

所以我一直觉得"IP"观念，其实在中国古已有之。伏羲可能就是个大"IP"，黄帝也是个大"IP"。

我年轻的时候看《素女经》，觉得黄帝生活好丰富，搞医学、搞农学、搞工程学，还搞计划生育学，他一个人好忙。后来我想明白了，这都是历朝历代的"小编"使用了一个大"IP"而已。

可能在周文王以前，历朝历代的巫师、掌握话语权的人用很多年形成了一种图形的演绎方法，也就是这八种图形。

先天八卦的顺序

为了帮助记忆，人们还创造了一些形象的说法。比如，**"坎中实"**，意味着它由中间一根阳爻和上下两根阴爻组成，就像一个实心的柱子。**"离中虚"**，代表它由中间一根阴爻和上下两根阳爻构成，形成一个中间空的形状。

再如，**"艮覆碗"**，它的上爻是阳爻，下两爻是阴爻，就像一个倒扣的碗。"**兑上缺**"，则是因为它的上爻是阴爻，下两爻是阳爻，好似一个中间有缺口的容器，等等。

有了这八种图形，再经过周文王以前历代巫师、占卜师的传承，发展出了一套我们今天称之为"**先天八卦**"的体系。

我们把一张图纸打开，如果正上方为乾，正下方为坤，接下来可以这样去画一个图形：

按顺时针方向，在大概两点钟的位置是巽卦，一般指代的是"**风**"。再往下三点钟左右的位置就是坎卦，一般指代的是"**水**"。

在大概五点钟的位置是艮卦。艮这个字很有意思，在上古时期，艮代表的是"**山**"，在古时候，山基本上是人们行动半径的分界线。两个部落要分地盘，一般都是以山为界或者是以水为界。我们现在说"限行"，这个限就是耳朵旁加一个艮。

有一个叫《王朝》[1]的纪录片曾经讲道,狼、黑猩猩、狮子这些动物都有各自的领地,基本上也是以某些山头和某些河流为界的,对人来说也是类似的。

我们接着看图,六点钟左右的位置就是坤卦,一般指代的是"**土**"。七点到八点之间的位置是震卦,一般指代的是"**雷**"。九点钟位置的是离卦,一般指代的是"**火**"。十一点钟左右的位置叫兑卦,一般指代的是"**泽**",意为沼泽,就是那种小水塘,旁边长着芦苇,很漂亮的样子。

最后又回到了乾,按这样的顺序体现的这个体系就是"先天八卦"。

先天八卦背后的逻辑

学《周易》很多年,我一直有个疑问:为什么先天八卦是这样的顺序?

后来有一天,我想到一个比较能够说服自己的逻辑:先天八卦可能就是一个以一年为周期的时间顺序图,和农耕社会极其相关。

在农耕社会,所有人都会关心什么时候会发大水,什么时候该播种,什么时候会干旱,什么时候会刮风……没有什么比预测和知道这些变化更重要的事情了。

这个逻辑比较能够说服我,对照这个八卦图,我一一进行讲解,虽是一家之言,但有利于我们理解这个体系。

1　《王朝》是由斯蒂芬·莫斯执导的自然类纪录片,以"单元剧"的形式聚焦五种动物,向人们介绍充满权力斗争、家族背叛的动物世界。它被誉为英国广播公司(BBC)"地球"系列自然历史类型的里程碑之作。——编者注

一年两分：乾与坤

"乾"代表夏至，"坤"则代表冬至。这两个重要的节气将一年划分为两个时期：从夏至到冬至的半年以及从冬至到夏至的另外半年。

地气升腾：震

我们从冬至节气开始看起。冬至之后，会出现什么样的天文气象？

我们在《周易的野心》中讲过古人的律吕之数，随着节气的变化，能与地表共振的地热的位置是不同的。有一种调节室内温度的设备叫地源热泵，工作原理是把一个泵插到地底下，当冬天地面冷的时候，用一个地源热泵把地热抽上来。

冬至后地热开始逐渐回升，产生震动，我们称之为"震"。这种震动还会影响到天空，使天空发出雷声，开春的时候就会出现春雨惊雷。这是因为地热开始上升的时候，碰到天上的冷空气，就形成了各种气流，因此产生了各种震动。

在地底下的震动称之为"震"，在天上的震动称之为"雷"，二者本质上是一回事。

我们用"震"的卦象来表示地气升腾、天地交融的这一段时间。经过这个季节的震动，有一些藏在地里冬眠的虫子就开始醒来，所以就出现了"惊蛰"的现象。

太阳之火：离

接下来，我们进入了阳光普照的季节，日照时间变得越来越长。在三月份，阳光很猛烈，这个时候特别适合播种。在这个阶段，古人用"离"卦来表示太阳之火，代表这个时段的气候。

希望之水：兑

当暖气升腾，冰水融化，洼地开始慢慢有了水。这时候的水不猛烈，它是一种带着希望气息的水。古人给它起了一个美好的名字，叫"兑"。兑旁边加一个"心"，就是愉悦的悦。所以兑代表的就是愉悦的心情。

经过了漫长冬日的沉闷，阳光照射的时间越来越长，天气中有一种湿湿的气息，既不是很冷也不是很热，有降水但是雨又不是很大，这时特别适合植物的播种，也特别适合动物的"播种"，更适合人的"播种"。

这个节气在四五月份，人们用"兑"卦来形容，它有另外一个名字叫"泽"。

天清气朗：乾

夏至，也就是 6 月 22 日前后，天清气朗，气候也开始变得有点干燥。这个气候特点与"乾"卦相呼应，"乾"是"干"的繁体字，代表干燥的意思。

风力猛烈：巽

夏至过后，随着地气的进一步上升，太平洋水域在阳光长时间照射下温度上升，形成热力差异，最终形成了东南季风。

中国是一个受季风气候影响显著的国家，这个季节风势强劲，尤其是在七月份，许多地方都会有台风登陆，风力十分猛烈。

这就是"巽"卦，它象征着风。

大水磅礴：坎

夏季的洪水暴雨逐渐平息之后，到了秋天，江河湖海的水位就会普遍上升，甚至出现了水过多而泛滥的情形，高山上的雪水基本上融化得差不多了，东南季风带来的强烈水汽也笼盖了整个神州大地。

江河湖海已经不是之前的"小水"了，以前还可以轻轻涉水过去或者游过去，到这个时候这些水是非常大的水了。

如果此时你站在波涛汹涌的长江、黄河边，就会产生一种恐惧和眩晕感，这种无法逾越的自然障碍，被称为"坎"。"坎坷"二字就是从这里来的。

坎卦对应的是水，而且是大水，是很难被利用的水，是有危险的水，和前面"泽"所指的那种水不太一样。

你可能会发现，同样是水，兑卦所对应的水都是让人愉快的、舒服的，而坎卦的水就会有危险和坎坷。"有一道过不去的坎"形容的就是类似这样的情景。坎不仅仅是一个战壕，一个坑，而且里面还布满了水。

水退山显：艮

秋天之后，随着气温的降低以及东南季风的减弱，之前因洪水而高涨的水位开始逐渐退去。那些一度被水淹没、形成岛屿的地方，重新露出了地面，变成了山丘，这就叫艮。当艮卦出现的时候，说明水势已经退去了。

履霜大地：坤

天气渐渐转冷，也就是十月或十一月的时候，秋风萧瑟，植物也开始凋零，到了十二月，"履霜，坚冰至"的时候，就是"坤"卦。

那个时候你看见的就是苍茫大地，这就是"坤"卦，坤就是地的意思。

通过这种方式，你会发现，**先天八卦就是一年四季的气候特征描述，这种描述比较符合农耕时代人们的重要诉求。**

想象一下，如果一个人能预测到什么时候会起大风，什么时候会来洪水，甚至能够预测到大地的震动、河流的涨落，那么，这个人就可以做部落的领袖了。

这正是先天八卦所要表达的变化规律。

≡ **梁　注** ≡

- 每一种结绳方法都是一种语言。如果你懂的话，就能够在绳子上看到很复杂的表意，没准会看出一段爱情故事。
- 古人发现万事万物，本质上就是阳和阴。阳和阴是一个概念集合。
- 先天八卦就是一年四季的气候特征描述，这种描述比较符合农耕时代人们的重要诉求。

02

后天八卦的空间之演

所谓的"后天八卦"，
可能就是周文王深思熟虑后发展出来的一幅战略地图。

为什么先天八卦之外还有个后天八卦？

为什么说先天八卦代表的是时间，后天八卦代表的是空间？

后天八卦是如何记录方位的？

这个方位和周文王最重要的思考有什么关系？

后天八卦的推想

前面讲到，我认为"先天八卦"就是以一年为周期的气候主要特征变化的顺序图，经年累月就形成了规律，在上古时期，这种规律被人们称为"天道"。但是为什么后来又有了所谓的"后天八卦"呢？

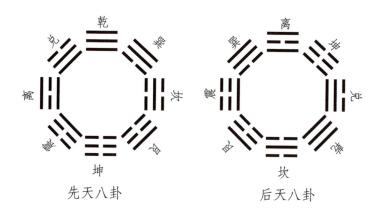

先天八卦　　　　　　　　后天八卦

关于这个问题，有说法是先天代表时间，后天代表空间；还有说法是先天代表某件事发生之前，后天是某事发生之后；还有天旋地转、左旋右转等很多专业术语，把很多朋友都吓住了。

我觉得这些说法中有很多细节值得推敲，很多说法也不能帮助我们理解这个问题，所以我只选用了一些我能理解的，以及有助于记忆的方法。这些认识肯定有很多局限性，请大家在批判中一起学习。

在《周易的野心》中我们讲过，周文王是翦商大业的总设计师，是第一批接触"易"，并把他的翦商大业和"易"的内容结合的伟大人物。他的卦辞和爻辞中很多内容都是关于如何排兵布阵的。比如什么时候利涉大川打过去，什么时候要在西南方向联络同盟，什么时候要开始征战，什么时候要扛住，等等。

结合这个故事背景，我有一个小小的推演假说，我自己也是用这个方法记住了后天八卦的方位，供您参考。

后天八卦的空间方位

现在的地图方位都是上北下南，然而古时的地图不是这么画的，是上南下北，右西左东。后来是欧洲人把上北下南的地图传到了中国。[1]

现在让我们回到古代，想象这个"颠倒"的地图。当你站在地上往前看，你的前面就是南方，你的后面就是北方。如果我们画下来的话，就是上面是南方，下面是北方。

---

1   当时欧洲人对于地球的探索绝大部分都集中在北半球，因为北半球有着更多的土地和人口。以北为上的地图制图方法就这样延续下来了。——编者注

对比先天八卦，我们来看后天八卦，就可能会产生疑问：以后天八卦这个图来说，为什么东南方是风、西南方是土？为什么西北方是天、是乾？为什么东北方是艮，代表山？这和先天八卦的顺序完全不一样，怎么解释？

我想来想去，想到了一种可能性，供您参考，这也很容易帮助我们记住这些方位。

试想一下，假设你就是周文王，通过卦辞和爻辞记录了翦商大业的种种思考和规划的细节。这个时候你想到，还缺一个战略地图，一个可以和其他人沟通和获得助力的地图。你可以试着把本页的图倒过来体会一下。

如果周文王的坐标中间是当年周原的位置，那么黄河对岸就是殷商的总部，在周的东北方。有记载显示，那个时期的黄河流域的气候如同今天的江南地区一样，温暖湿润，适宜大象生存。河南地区郁郁葱葱，到了庄子时代，大象依然在这片土地上生活。

我们都知道黄河像一个"几"字，周几乎在这个"几"字的里边，殷商在这个"几"的右上方，也就是东北方。

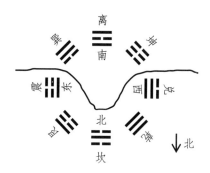

如果以此为坐标，再结合周时期的水文和地理特征，你还会发现一个

有趣的现象：以周为中心，其北部实际上是黄河"几"字形的平坦部分，那里是黄河的最高纬度区域，那一区域在冬天会结冰，而且冰层非常厚实。这样的地理特征最大的好处在于，到了冬季可以拉马车过河，所以北方对应的是"坎"卦。

西北方则是干燥的沙漠。在先天八卦中，我们讲过乾卦与干燥相对应，而且周文王的祖先来自西北方，所以用"乾"卦表示。

周原的西方是天水。在那个年代，这里布满了各种沼泽、湖泊，是一个很漂亮的地方，并且水草丰美，是北地江南的景象。这片区域位于黄河的中上游地区，到了春天的时候，水草尤为茂盛，非常适合牧马和种植粮食。所以周文王将西方与"兑"卦相联系，兑卦代表泽，象征着水的汇聚和生命的滋养。

周的西南方是四川盆地，有广袤无际的肥沃土地。我们知道，在先天八卦里，坤卦代表地，所以周文王将西南方标示为"坤"。

南方大概在北纬四十度的位置，大部分时间太阳都是从南方照射过来的，所以朝南的方向就是朝阳的，因此周文王就把代表火的"离"卦放在了南方这个位置。

我们都知道，中国大部分地区受到东南季风的影响，风大多是从东南方吹过来的，所以"巽"卦，也就是风所对应的这个卦象就在东南角。

那东边是什么？东边就是雷震。因为通常情况下，东边比中部和西部更早地感受到春天的气息，体会到雷震，所以东方视为"震"、视为"雷"。

东北方是太行山脉，而且是殷商所在的险阻之地，是周文王要攻打的方向，于是他用"艮"卦来代替，也就是山。

周文王的战略地图

当我用这个逻辑梳理之后，突然领悟到，**所谓的"后天八卦"，可能就是周文王深思熟虑后制定出来的一幅战略地图。**

他用八个在先天八卦里代表不同气候和风水特征的字眼，给自己所在位置的八个方位做了一个定位，这个定位有助于他把前后左右、东南西北的情况看清楚。

结合《周易》的卦辞，我们再来看这个战略地图，就特别有意思。当周文王准备向殷商发起挑战时，他是如何谋划的？当他准备跟殷商决裂时，不就是"**东北丧朋**"吗？这时，他需要做出的战略选择是：必须稳固西南方向，建立自己的战略同盟，这便是"**西南得朋**"。

看清楚了这些问题后，我越来越相信后天八卦是一个以周原为核心的方位图。所以有人说先天八卦代表时间，后天八卦代表空间。但凡形容空间位置的时候，人们就用后天八卦来形容——乾代表西北位，震代表东方，巽代表东南，离代表南方，坎代表北方。古代人算命的时候就会用这种方法算出来的卦象进行推演。

也许很多朋友认为我这一番推理不太靠得住，但我想，起码这个思路帮助我清楚地记住了这八个方位，也是有用的。

☰ 梁 注 ☰

- 现在的地图都是上北下南，然而古时的地图不是这么画的，是上南下北，右西左东。后来是欧洲人把上北下南的地图传到了中国。
- 先天八卦代表时间，后天八卦代表空间。但凡形容空间位置的时候，人们就用后天八卦来形容。

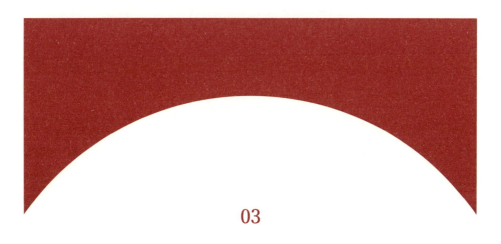

03

解卦的艺术

《周易》没有你想象得那么神秘，
但是比你想象得更加神奇。

八卦如何发展成了六十四卦，

这六十四卦之间的每一个故事又是如何定义的？

理解了这个背景之后，你会如何使用《周易》？

如果我们说《周易》不是迷信，那么它又是什么？

从八卦到六十四卦

回顾历史，周文王对"易"做了两件事。第一件事，是把先天八卦改为了后天八卦。先天八卦是把一年分成了八等份来讨论，每四十五天是一份，后天八卦则是把空间分成了八等份：东、南、西、北及东北、东南、西南、西北。有了这个概念，我们就有了思考的抓手。

第二件事，是把八卦两两相配。乾、坤、坎、离、艮、兑、巽、震，这八个卦两两相叠，形成了六十四种组合，就是我们后来所说的六十四卦。

这种组合本身倒不是难事，不一样的是文王还给它们起了新名字。

例如，乾卦在八卦中称为"乾"，而在六十四卦中则象征"天"。坤卦在八卦中称为"坤"，在六十四卦中则象征"地"。以此类推——坎卦在六十四卦中对应"水"，离卦对应"火"，艮卦对应"山"，兑卦对应"泽"，巽卦对应"风"，震卦对应"雷"。

当这些卦象两两相叠时，它们的名称也随之变化。比如，坎卦在上，震卦在下，这个组合不再简单地称为"坎震"，而是"水雷"。但"水雷"这个名字也不够直观，于是周文王又为其起了一个学名，叫"屯"（zhūn），表示刚刚出现的样子。

同样地，如果上面是坎卦，下面是乾卦，这个组合不叫"坎乾"，而叫"水天"。因为坎代表水，乾代表天。将"水天"这两个字结合，就有了"水天需"这样的卦名。

两个坎卦叠在一起的时候，叫"坎为水"。两个离卦叠在一起的时候，叫"离为火"。

六十四卦中，有八种独特的卦象，它们的上卦与下卦完全相同。例如，乾卦的上卦是乾，下卦也是乾，这样的组合被称为"乾为天"。坤卦亦然，上卦是坤，下卦也是坤，称为"坤为地"。

这样的组合共有八个，它们分别是：**乾为天、坤为地、坎为水、离为火、艮为山、兑为泽、巽为风、震为雷**。

解卦比卦本身更重要

我想，大家在学习《周易》的时候，会发现它其实是一个概念重新组合的过程。八卦里的"**乾坤坎离、艮巽兑震**"，到了六十四卦体系里就变成了"**天地水火、山风泽雷**"等。

为什么是这样呢？比如，为什么雷水就叫"解"呢？为什么山泽就要"损"呢？其中是有一些有道理的。因为山在上面，水在下面，所以水会侵蚀山的根部，于是形成了"损"。

不过也有解释不通的地方，比如，为什么风地就是"观"？为什么风在地上就要观察？风不在地上就不观了吗？如果是金属，或者是一个人，就不能"观"了吗？当然，如果认真思考，你会发现，风吹过地上，地上的杂物被吹走后，才能真正"观"，"观"即看见。

我们在学习的时候会面临很多类似的问题，但后来就慢慢达成共识，周文王就是这么写的，我们就这么学。学的时间长了，用的人多了，基于共同的信念，它也变得更准了。为了要让它更准，历朝历代的大知识分子纷纷添砖加瓦，往《周易》这个体系里注入了很多细节。

比如乾卦代表的内容就很多，既代表西北方，又代表老父亲，还代表人的头部，有时也代表某个月份、某种颜色、某种动物，这些我们后面会细讲。

这些概念在周文王时期，乃至周公旦、孔夫子时期都还没有。但后来一个卦所代表或对应的概念内涵越来越丰富，所以每一卦就形成了一个概念集合。

这些概念互相结合就形成了很多场景。比如一位老父亲，或者是一个和头有关的东西，碰到了代表明媚的少女的泽卦，一个男人碰到了一个少女会怎么样呢？这就变成了一个卦了。

解卦就是把故事、概念集合进行某种连接，连接之后描述一个故事，这个故事和你当下面临的情境之间会形成暗示、影射、关联或比喻的关系。

所以解卦比卦本身重要，从一个概念集合里提取哪个概念来解释你当下的情形，这是一门艺术，因为它的组合无限多。

解卦的人是要有一定境界的。比如走进来一位中年女性，神情黯淡，如果你问她一句"是不是家庭中遇到了问题"，她一般都会惊讶地说"你怎么知道"，然后开始哭，就会讲很多事。你泡茶、洗茶宠的工夫，就把信息收集完了。

然后起一卦，再结合这个卦象讲一些故事，其实就是把她讲的东西重新组合一下。

如果她的烦闷不是因为婚姻不合，那就是小孩的教育，再不然就是身体出现了问题，比如巧克力囊肿、乳腺增生等，也就这些事。

虽然这个解卦的过程被我充满戏谑地描述了出来，但其实解卦是非常有意义的一件事情。

在解卦的过程中，《周易》描绘了一些小故事、小场景，帮助我们以心易心。我们可以把内在的不敢直面的事情，借由这些概念集合，借由解卦人的讲述去进行对照。通过场景和道具的关联，我们可以看清自己想要什么。

一个好的解卦师，会在跟你沟通的过程中，让你倾诉，充分倾听，鼓励你，让你有活下去的勇气，最后提醒你，以帮助你避免一些不必要的风险。

而比较恶劣的解卦师，最后会告诉你，你必须在他那里买多少铜钱，什么样的玉盘、镇宅符才能够消除这些灾祸。

随着我们对《周易》学习的深入，你会越来越深刻地发现，《周易》没有你想象得那么神秘，但是比你想象得更加神奇。它不是一个人创作的，是所有参与者共同创作的。当你使用《周易》这个工具时，如果你能全心注入，就会感受到它强大的力量。这不仅仅是《周易》的力量，更是《周易》和你的意识相结合的力量。这就是邵雍提到的那两个字——"心易"。

希望你能够**借助《周易》真正地看见自己，看见自己之后，你才有了自己人生的方向**。而《周易》不断在阴和阳之间变化，才有了所谓的波浪。

☲ **梁　注** ☲

- 解卦就是把故事、概念集合进行某种连接，连接之后描述一个故事，这个故事和你当下面临的情境之间会形成暗示、影射、关联或比喻的关系。

- 一个好的解卦师，会在跟你的沟通过程当中，让你倾诉，充分倾听、鼓励你，让你有活下去的勇气，最后提醒你，以帮助你避免一些不必要的风险。

- 当你使用《周易》这个工具时，如果你能全心注入，就会感受到它强大的力量。这不仅仅是《周易》的力量，更是《周易》和你的意识相结合的力量。

04

《周易》入门必须懂的"黑话体系"

只有觉得你和《周易》是同一个生命体的时候，
你才能够真正地为它所用，
你也可以发现它能够为你所用。

为什么《周易》分成经和传？

为什么说中国古人拥有一种把数学和哲学打通的能力？

如何才能成为一个既懂解题又知风情的人？

　　随着对《周易》学习的慢慢深入和眼界的开阔，我越来越深刻地感觉到，用某种固定的方式是学不好《周易》的。这是因为《周易》历史悠久，历代最杰出的智者都对其进行了注解，而每位智者的解读又有所不同。因此，我们在学习的时候，一定要有一种极其开放、极具弹性的思想。

　　通过学习《周易》的历史，我们会从中感受到它本身是一个生命体。它一直在变化，不断有新的学习者加入并与之产生联系。这种联系就像一个庞大的母体在从那些用它的人身上汲取养分，使用《周易》的人，最终都被《周易》所用。

　　所以，我觉得**学习《周易》最好的方法就是去感受它，然后心甘情愿地在使用它的过程当中最终为它所用**。而这个看似矛盾的、相互作用的过程，大概就是"易"所蕴含的真理。

《周易》的两个体系

　　除了前面提到的先天八卦、后天八卦，《周易》还包括两个体系。

第一个体系是卦象与卦文，也就是卦名和占辞。占辞又分为彖（tuàn）辞和爻辞。

彖辞就是对这一卦整体的文字性描述。彖辞的"彖"很有意思，它是"缘"字的右半边。"彖"字上面像交互的"互"；下面代表的是猪——古代祭祀以烤乳猪为代表性祭品，所以猪头指的方向，就是上天或我们希望获取真理的方向。

爻辞是对每一层爻的描述。每卦含有六爻，结构相当于六层楼。每一层楼或阴或阳，叫作一爻。

第二个体系是传文，也是《易传》。《易传》总共有七种十篇，分别是《彖》上下篇、《象》上下篇、《文言》、《系辞》上下篇、《说卦》、《序卦》和《杂卦》。

据说《周易》八卦的作者是远古华夏的百王之先伏羲。伏羲是中国历史上的一个大"IP"，历史上到底有没有伏羲这个人，是不是伏羲一个人创作的八卦，目前都还存在争议。不过我们通常认为《周易》是周文王之前最聪明的先人们的集体创作。

后来，伟大的周文王倾心研究《周易》，并且对《周易》怀有强烈的信念。从这个信念中还生发出推翻殷商的决心和智慧，同时这个信念还激励了他的儿子周武王，最终完成了他们那个时代的建国大业。他的另外一个儿子周公旦还对周文王的《周易》版本进行了一系列的补充，发展到孔夫子的时代，《周易》的内容再度丰富了起来。

《易传》是关于《周易》的注解。经，是指典籍；传，是关于经的解释。如果说经是信息，那么传就是有关信息的信息。

据说孔夫子是《易传》的作者，其实作者不只是他，还包括他的弟子们。换句话说，《易传》是孔子及孔门许多代弟子共同努力的成果。

知识就如生命

我在学习的过程中，有个特别深的领悟：**这个世界上最接近生命本质的可能是知识。**知识拥有许多和生命类似的特征，能够繁衍，也能随着接触的人不同而发生改变。

两种知识相遇时，能产生出全新的知识。而且，同一个故事，不同的人讲出来是不一样的。

现代物理学在讲到知识信息与生命关系的时候有这样的观点：大概只有知识可以像生命一样具有变异性、可复制性、传承性、排他性等特征。

我们在《周易的野心》中讲述了从周文王到周公旦，到邵雍与《周易》的故事。其实这些都是在讲，《周易》从来就没有固定地停留在某个地方，它一直像一个生命体一样在流变。

所以当你开始学习《周易》，当你使用它，当你和它发生关联的时候，其实你就成了这个共同生命体的一部分。这个感受很重要，因为只有觉得你和《周易》是同一个生命体的时候，你才能够真正地为它所用，你也可以发现它能够为你所用。

这不仅是《周易》的力量，而且是《周易》和你的意识结合到一起的力量。综合而言就是邵雍说的两个字：**心易，也就是借助"易"真正地看见自己的心，你才有了人生的方向。**

我年轻的时候零零碎碎地学过《周易》，后来在中欧国际工商学院，余敦康教授给我们讲《周易》。当时我怀着巨大的热情，希望从他那里学会算卦，在饭局上成为算卦达人，搞定整桌的老板。

后来发现余教授讲了很多关于《周易》的哲学，我们觉得"索然无味"。就像很多朋友读梁某人的这套书时，或多或少也会有这样的期待和失落吧。

你也许希望我教你一些很直接的方法，一学就会，一用就灵。但是，如果这个世界上真的有那么简单的方法，那么《周易》就不会是一部伟大的作品了。

认识《周易》的"黑话"

《周易》由上经和下经两部分组成，上经包含三十卦，下经包含三十四卦，合起来共有六十四卦。每一卦都由特定的图案、标题、卦辞和爻辞等组成。这些卦象通过八卦——乾、坎、艮、震、巽、离、坤、兑组合演变而来。

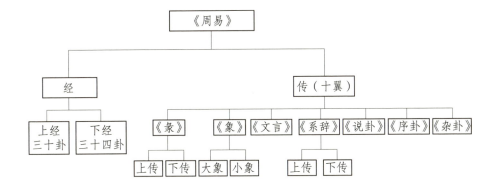

每卦由六爻构成，可以理解为六层楼的结构。爻的排列顺序是从下往上，最下面的爻称为"初爻"，然后依次向上是二爻、三爻、四爻、五爻，最上面的爻不叫"六爻"，而是"上爻"。

爻分为阴阳两种。我们通常用"九"来代表阳爻，用"六"来代表阴爻。读《周易》时，你会看到"初九""上六""上九"，这里的"九"代表阳，"六"

代表阴。例如，"初九"的意思是指卦的第一爻，是阳爻；"九四"表示卦的第四爻，是阳爻。而"上六"则指卦的第六爻，即上爻，是阴爻。

六十四卦总共有三百八十四爻或三百八十六爻，这点在学界有些分歧。如果你认为乾坤这两卦后面的小尾巴——"用九"和"用六"算是一爻的话，那么就是三百八十六爻；如果你认为"用九"和"用六"不算一爻的话，那么就是三百八十四爻，业界两种观点都有。

做个既懂解题也知风情的人

《易传》中有《彖》和《象》，《彖》是对《周易》的卦义的注解；《象》有对卦名的注解，也有对爻辞的注解。

据传，《象》由周公旦等人撰写。象辞通常是道德化的说法，比如"**天行健，君子以自强不息**""**君子以顺德**""**君之以正位凝命**"等等，都是《象》对卦象的解释。

《易传》还包括《说卦》、《杂卦》和《序卦》，《说卦》是对八卦卦象的具体说明，《杂卦》是把六十四卦以相反或相错的形态，排成两两相对的中卦和错卦，从卦象中看到卦与卦之间的联系，《序卦》讲述了六十四卦的排列次序。

《易传》里还有一篇《系辞》。系辞，不同于象辞和象辞，不是对卦辞、爻辞的逐项解释，而是对整体的评析，是《周易》的哲学纲领和必读之篇，也是《易传》"十翼"中最重要、最有代表性的一篇。

系辞其实就是对《周易》进行的一种抽象化、哲学化的表述。类似将一道数学题进行哲学表述。

比如，证明"一加一等于二"，是数学问题，而要探讨"一加一不等于二"，这背后蕴含着什么样的深刻哲理，则是哲学探讨：事物进行累加之后，会由量变到质变。比如一是阳，两个阳叠加在一起就变成了二,二就是阴，阳就转化成了阴。

有人可能认为这样的逻辑很荒谬，觉得事情就是事情，道理就是道理，凭什么要把它们混在一起？数学和语文怎么能放在一起？文科和理科怎么混在一起？

现在高一之后很多理科生就不怎么接触文科了，很多文科生也不怎么学习数理化了，但这也会带来问题。

比如，数理化好的人懂解题，但不解风情；会赚钱，但是不会花钱。反过来，有些人很解风情，但是不懂解题；可能赚不到钱，或者说赚不到大钱，不过很会花钱，很有品位。

一个好的教育体系应该是文理并重，让懂解题的人也解风情，解风情的人也具有基本的科学素养，对逻辑、百分比、数字有所了解。

这样，当你看到一只股票时，你就不会说：这只股票好贵，要两块；那只股票好便宜，才两毛。你没有想过：这两家公司总值多少钱？公司赚钱能力如何？

其实在中国古代，人们就致力于把数学关系转换为哲学思想，把历史、文学与哲学打通，再把术数和理学打通，从而形成一种综合的道统观。

可能很多人不知道，中国古代的很多大学问家其实数学都很好，比如孔夫子。孔夫子年轻时做过账房先生之类的工作。他在老家开的第一门私塾课，就教几个最重要的内容：一个是如何算数，另一个是如何骑马、驾车。

总之，《易传》中的系辞是把数字和图形进行哲学化描述的哲学论文——它的所有哲学思想都来自对这些数字和图像的思考。

我们经常说"**法于阴阳，和于术数**"，其实中国古人在数学方面的成就是非常高的。比如《周髀算经》在数学，尤其是几何学方面的见解就很深入。

中国古人还有个很有意思的特点，他们能够将数学概念抽象化，并与哲学思想相结合，这就是《系辞》的特点。

在学易的过程中，我越来越喜欢中国古人。他们不迂腐，相反，他们非常开放和贯通。

在梁某人看来，《周易》那些卦里，或单，或双，或阳，或阴的爻的变化，几乎是一门综合了代数和几何学的数学。古人对这一门综合数学进行了文学化和哲学化的思考。

可以说**《周易》奠定了中国人道统思想里很重要的一个范畴：没有那么强烈的分别心。**

我以前不太了解，为什么很多中国古代的知识分子什么都会，能带兵、能打仗、能做城建、能算数，会写诗、会画画、会算命、会做红烧肉，还会吹箫。

很多古人都有这样的特点。短短几十年，他们怎么就能成为一通百通的人？

我现在开始慢慢理解了，可能大部分人都是从学易开始的。他们以易入手，推导出关于这个世界的种种道理。

☷ 梁 注 ☷

- 学习《周易》最好的方法就是去感受它，然后心甘情愿地在使用它的过程当中最终为它所用。

- 这个世界上最接近生命本质的可能是知识。知识拥有许多和生命类似的特征，能够繁衍，也能随着接触的人不同而发生改变。

- 一个好的教育体系应该是文理并重，让懂解题的人也解风情，解风情的人也具有基本的科学素养，对逻辑、百分比、数字有所了解。

05

象数义理的互通之道

世界不再是一个线性的、
按照固定顺序运行的体系，
而是一个充满了隐含关系
和非线性相互作用的复杂系统。

为什么《周易》研究分为两大流派？它们之间有何区别？

你的目的是要学习易的术数推演，还是要探究它的哲学本质？

我们什么时候选择成为义理派？

什么时候要掌握数学方法成为象数派？

何为"象"：宇宙的模型

历朝历代的人在学习和研究《周易》的过程中，逐渐分成了两大流派，即象数派和义理派。

什么叫"象"？其实要分开来说。

"象"，有现象、意象、法象等含义，体现了《周易》符号所对应的时间和位置的关系，比如乾卦对应什么方位，离卦对应什么时间，时间和空间的关系如何体现在这一卦里等，这背后就是"**在天成象，在地成形**"。

"象"所蕴含的意味叫意象，是宇宙统一论的一个理论模式。在《周易》的世界观里，整个宇宙被统一成一个模型。

这里所说的宇宙包括时间、空间，包括动物、植物，也包括矿物等一切"有情无情"的众生，还包括物质能量、信息、方位、节奏、频率，以及颜色、气味等。

那么全世界所有事物是不是能用一个事物进行统一描述？我记得钱穆先生曾经说过，历朝历代的知识分子都试图对这个万千气象的世界有一个统一的描述，都希望找到构成它的基础元素。总结起来，大概有三种观点。

第一种观点认为，世界是由分子构成的，分子还可以再细分到电子、夸克等。总之不管是什么，最后都是某个物质构成的。

第二种观点是"能量构成学说"。这种观点认为，世界有固体、气体，但归根结底都是一系列的振动波。不同的振动波叠加之后就形成了各式各样的波形。比如，一张桌子有它自己的振动频率，你能安稳地坐在桌子上，是因为你的振动频率和桌子的不完全相同，所以它能支撑你。

再如，风扇静止不动时，你扔个樱桃过去，它能穿过风扇的叶片；但是当风扇快速转动时，樱桃就未必能穿过去了。

所以有人认为，这个世界就是由或快或慢的振动频率构成的，它的基础单元是波形，也就是各种各样的振动频率或者频谱。无论是物质、声音、眼神，还是爱情，甚至人类本身，本质上都可以看作是振动频率的叠加。这就是以能量作为宇宙的构成基础。

第三种观点是"信息论"，它认为世界并非一个有实体存在、有重量的真实世界，而是一种虚拟的幻象。这种观点认为，世界实际上是由数据构成的，即一系列的比特。

在高度发达的 Web 3.0 时代，我们会进入"元宇宙"的虚拟世界。在元宇宙这个世界里，你可以感受到重量，甚至可以感受到自己在洗澡。虽然并没有水，你却能切实感受到洗澡时水淋在你皮肤上的感觉。水从你的头顶，流过肩膀，然后从前胸、后背滑下去，热流漫延。你甚至还可以感受到拧动水龙头，水从不热到热的体感。而这些都只不过是一系列的信息刺激让你产生的感受。

大体来说，全世界的所有学问，无非是在讨论这个世界是由物质构成的，是由能量波构成的，还是由信息比特构成的。还有一个学派认为这三者之间根本就没有区别，它们只不过是描述了世界的不同形态，即中国道家所说的"**炼精化气，炼气化神，炼神还虚**"。

"精"指的是构成生命的基本物质，通过特定的修炼方法，这些精微物质可以被转化为"气"。"气"在这里可以理解为流动的能量波。随着修炼的深入，"气"进一步转化为"神"，神就是信息。

然后炼神还虚，最后发现连信息也不存在，彼此之间不过是一套有趣的算法。算法本身不是数字，而是原子与原子之间的结构关系。

比如，石墨和金刚石虽然都由碳原子构成，但因为碳原子排列组合方式的不同，它们的物理特性和价值就产生了很大差异。这种现象，就是一种"象"。

何为"数"：用数字代表卦象

什么是数？数是《周易》的数理表达，比如阴数、阳数、天地数等。《周易》与《河图洛书》结合后，还衍生出了河图数和洛书数。

《周易》中每个卦都有对应的数字，在先天八卦中，乾对1，兑对2，离对3，震对4，巽对5，坎对6，艮对7，坤对8。有了这样的对应关系，人们拿到一个数字，马上就可以翻译成卦象了。

我们从1到8中随便说两个数字，中间用一根横线表示，比如上面是1，下面是8，当你看到"$\frac{1}{8}$"时，你会立刻想到"1"代表乾卦，是天；"8"代表坤卦，是地；天和地组在一起是天地否卦。

如果是"$\frac{8}{1}$",上面是"8",代表地;下面是"1",代表天。上地下天,合在一起是地天泰卦。

总之,每一个数字都对应一个卦,于是就出现了许多用数字占卦的方式。

梁某人经过多年的演练推算,发现了一件有趣的事。每一个人都有一个终生与之相对应的数字号码,数字就是你,你就是数字,你们之间形成了很强烈的连接。

我发现有一组数字是最特别的,那就是每个人的身份证号码。身份证号码其实是由几组具有含义的数字构成的:前面几个数字代表你所在的省份和城市;中间几个数字代表你的出生年月日——这就和八字很像了;后面的数字代表了某种偶然带来的必然性,也就是"有意义的偶然"。

因此,梁某人发展出一套根据十八位身份证号码推演每十年运程的预测法:每两个数字代表你十年的运程,十八位数字刚好就算到90岁。以中国人均预期寿命80岁来看,这个方法推算了人的一生。

象数与义理之争

除了"象"和"数",《周易》还有"义"和"理"。

"义"是卦辞、爻辞的意义系统,即《彖》《说卦》《序卦》《杂卦》《系辞》这类的意义系统。

"理"是在这个过程中体现的天道观、人道观、天人观、辩证法等,还有人和天的关系、人和人的关系、天和人的关系,时间和空间的关系,以及辩证思考和解决问题的方法等。

大致来说，中国学易的人分成两派，一派叫象数派，一派叫义理派。

象数派的学者认为，虽然道理很重要，但过多的哲学化表述可能会显得虚无缥缈。就像我们认识的一些家长，随便一件事都能总结为"人生就是这样"的哲学思考。

象数派更愿意从现象、图形、数字关系中直接推导出明确的结果，后来发展出了占卜宗、機（jī）祥宗、造化宗。中国古时的许多高手是象数派，如京房、郑玄、陈抟、邵雍、王夫之等。

总体来说，他们大都是偏理科的综合学者，象数派的人有一个特点，就是量化思维能力比较强。他们倾向于量化问题，用数字和图形来理解和解释世界。

还有一派是义理派。义理派认为这些数学、图形、数学和图形间的关系，门类多，算法复杂，并且流传过程中很容易出错。

王弼是易学研究中非常重要的一个人物，他是三国时期的人，去世时年仅 24 岁，但是他非常了不起，对易学的贡献巨大。

他经过多年的学习，认为象数派里很多东西非常烦琐，导致推演出了很多问题。他经过冷静的思考，完成了两部跨时代的易学著作：《周易注》《周易略例》。

他结构性地批判了象数学家的思路，提出了"**得象而忘言**"或"**得意而忘象**"的概念[1]。他主张，一旦真正理解了《周易》的深层价值和意义，就无须过分纠结于卦象和卦辞的细微差别。

---

1 王弼认为，《周易》中的"言"（文字）和"象"（卦象）都是用来表达"意"（深层意义或道理）的工具。他提出"得象而忘言"和"得意而忘象"的观点，意味着一旦通过"言"理解了"象"，就应该放下对"言"的依赖；同样，一旦通过"象"领悟了"意"，就应该超越对"象"的执着。这种方法论的核心在于通过《周易》的卦象和文字来把握其内在的哲学思想，而不是仅仅停留在对卦象和文字的表面分析上。——编者注

象数派和义理派的差异，我们可以将两者分别比喻为投资的量化分析派和价值投资派。

量化分析派喜欢研究市场的每一个细节，今天有多少人买股票，多少人卖股票；北上资金多少，南下资金多少；每周的交易对比有什么区别；图形之间是什么关系；有没有支撑位；有没有走出上行通道、下行通道等。他们根据某个算法和某个模型进行量化交易。

据说以前还有诺贝尔奖得主一起开了一家公司，专门用人工智能高级计算机炒股，结果都爆仓了。

这样的事情历朝历代有很多。比如，当年的牛顿曾自信地认为以他的智慧完全可以在股市赚大钱，结果炒股失败。

就连巴菲特的老师，"价值投资之父"格雷厄姆也在股市中经历过惨败，但他后来成了著名的经济学家和股票投资教育学者，教出了巴菲特。

这些都是量化分析派，也就是象数派炒股票的情景。

还有一种人是价值投资派，他们通常不太关注股票的短期价格波动，也不过分在意市场的即时买卖情况。他们认为，股票的短期涨跌很难预测，因为太复杂了，人心和市场情绪是无法测量的。

价值投资派的代表人物是沃伦·巴菲特和他的长期合作伙伴查理·芒格。

总之，在投资里有量化分析派和价值投资派，易学研究的领域里有象数派和义理派。还有一些人不属于这两派，比如说张载、朱熹。但总体上来说，象数派的人多一些，义理派的人少一些。

其实在王弼之前，义理派还有一位厉害的人物，就是庄子。庄子本质上是一个义理派，他早就知道怎么呼吸吐纳来取天地之灵气，他也知道应该如何推演一些事情，但他从来不算。他就让自己活在自然当中。

我们再来说说邵雍，虽然他算得很好，但有关自己的人生细节，他都不算，所谓"君子不占"。

后来我发现，这和每个人的心智模式有关，在管理学中也是这样的。有的管理者倾向于数字化管理，追求将每个岗位模块化和量化，以便进行精确的考评。而有的领导者可能不采用这种方法，但这并不妨碍他们成为杰出的领导者。

你很难说谁好谁坏，只能说每一个领域都有境界。义理派的笨蛋和象数派的笨蛋都是笨蛋，义理派的聪明人和象数派的聪明人都是聪明人。所以中国文化是一门不讲分科，但讲境界的学问。

《周易》"错综复杂"的变化

有了这个认知，我们再来看《周易》，会发现卦象的变化和组合复杂多样。

假设你现在画一个天风姤卦，再把天风姤卦的上卦和下卦颠倒一下，巽在上，乾在下，它就变成了风天小畜。

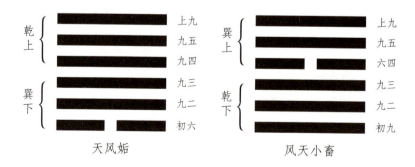

天风姤　　　　　　　　　　　　风天小畜

　　但是如果你把天风姤卦的每一个阳爻都变成阴爻，每一个阴爻都变成阳爻，那么，它就变成了地雷复卦。这两组卦彼此就像齿轮一样交错，互称"错卦"。

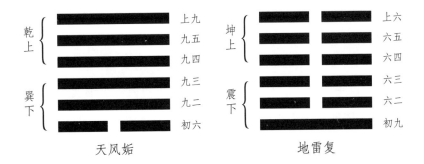

　　如果把这个天风姤卦翻过来，比如它本来第一爻是阴爻，上面五爻全是阳爻，你把它翻过来，下面五爻全是阳爻，最上面是一个阴爻的话，它又变成了泽天夬卦。这两组卦互为"综卦"，这是相对立场的卦象。

　　用原卦的二、三、四爻组成新卦的下卦，用三、四、五爻组成新卦的上卦，这样又形成一个新的卦象，这个新卦叫作原卦的"互卦"。

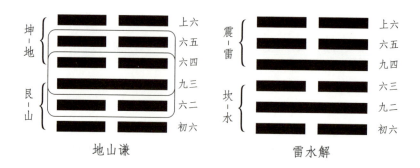

地山谦　　　　　　　　雷水解

"杂卦"就更复杂了，是互卦的综错卦，这里就不细细展开了。

这些变化体现了《周易》的"错综复杂"，所谓错卦、综卦、互卦和杂卦，讲的是卦与卦之间的排列组合方式。

当一个学易的人可以任意地把这些模块进行组合的时候，他会产生一个什么样的观念？**世界本来是一个庞大的、看似不能改变的东西，但借由视角的重新排列、组合、变换，马上呈现出了不同的现象。**

就像乐高一样，今天可以拼出这个，明天可以拼出那个。于是时间长了之后，学易的人就会自然而然地涌现出一种世界观——原来世界不是刚性的，而是可以互相切换的。同一个世界换个角度看，就变成了另外一个世界；而如果把主体和客体换位置，这个世界就又不一样了。

《周易》有一个基础常识：一个卦分为上卦和下卦，下面那卦叫作"体"，上面那卦叫作"用"。"体"就是这个事情的本体，"用"就是现象和呈现。如果你把"体"和"用"反过来，那么"用"就变成了"体"，"体"就变成了"用"，世界就变了。

中国人把世界用两种线条（也叫阴爻和阳爻）抽象化之后，组合出六十四卦，居然完成了一个重大的转变。

我们本以为，时间会顺时流淌，空间依据某种固有的方式呈现，因果律遵循一定的逻辑和必然推演。然而，随着对《周易》的不断学习和实践，这种观念被颠覆、被解构了。

世界不再是一个线性的、按照固定顺序运行的体系，而是一个充满了隐含关系和非线性的相互作用的复杂系统。

一个人或者是一群人，乃至一个民族最聪明的人们，都开始这样去感受世界的时候，必然会产生第二种可能，这个可能性就是，面对任何事都不再那么执着。

在特别糟糕的时候，他们知道事情会变化成不错的样子；在特别顺风顺水、春风得意的时候，他们知道自己可能因为过于自满而撑不住这份顺利。

这就发展出了**中国知识分子的一种品质：好的时候保持警惕，坏的时候保持坚韧。这种态度就是所谓的"中道"。**中庸就在这个体系里产生了。

同时，世界总是不断变化的，所以一个学习《周易》的知识分子势必会是一个对变化充满了好奇、敢于拥抱变化的人。

以《周易》为底色的中华民族，特别是知识分子，对变化和新事物充满好奇。他们知道，虽然天地运行的原理不变，世界本质的那种"空性"[1]不变，但是空性所幻化出来的万千现象是值得不断去体验的：潇洒体验一回，看看到底怎么样。

有了这个基础后，你会发现一个很有趣的现象，就是那些非常有成就的大家，无论是研究数学、物理还是导弹技术的，他们的父母大多是大儒，深受中国传统文化影响。最典型的就是梁启超先生，梁启超先生学贯中西，他的孩子有从事考古的、有从事外交的、有从事建筑的，还有从事导弹的。

一旦进入新时代，西风东风碰撞之后，这些知识分子就会迅速地让自

1　"空性"是一个佛教哲学中的概念，它并不是指"不存在"或"虚无"，而是指世间的事物，无一不是暂时由各种不同的因素集合而成的幻象。——编者注

己的孩子去接触西方文化，去学习数学、物理、化学，把科学的精神引入他们的知识体系里。这件事情极其重要。

我们普通人学完易之后，第一次心智模式的提升，就是变成一个终身学习的人。在学习的同时，你要保持住自己心境的战略定力：**对任何事情都了了分明，但在情绪上如如不动**。

我本来以为自己是一个义理派，又觉得象数的很多变化其实很有趣。不过我所认识的真正通达的人，都不会事事必算。一个每件事情都去算的人，活得太累。其实一个人只要秉持着基本的原则去做事情，就可以把算力节省出来，去算重要的东西。

什么是重要的东西？在我看来，人生中真正重要的选择寥寥无几，最关键的无非两个：一是选择投身的行业，二是选择共度一生的伴侣。除此之外，其他的事情，大可不必过于纠结，因为都不必要。

＝ 梁 注 ＝

- 象数派和义理派的差异，我们可以将两者分别比喻为投资的量化分析派和价值投资派。

- 每一个领域都有境界，义理派的笨蛋和象数派的笨蛋都是笨蛋，义理派的聪明人和象数派的聪明人都是聪明人。所以中国文化是一门不讲分科，但讲境界的学问。

- 你要保持住自己心境的战略定力：对任何事情都了了分明，但在情绪上如如不动。

06

八卦的型格

世界是一个多重的平行宇宙，
事物之间包含着某种相互映射的关系。
这些相互映射的关系可以给彼此带来一些启发。

每一卦的特性，就如同每个人一样栩栩如生。

那么乾卦、坤卦、离卦各有什么样的性格特征？

理解每一卦的特征，及其对应的不同方位、身体部位、

不同的时间等，你会产生什么样的联想？

这个联想和占卜又有什么关系？

我们在前文中提到，易其实分成两种，一个是《周易》，一个是《易传》。《周易》是周文王创作的，而伏羲创作的图案、名词、概念，则是"底层代码"。但是后世仍在对《周易》进行发展。从孔夫子开始，一直到子夏，文人们做了一次集体创作，发挥了易的精神。

《周易》有八个卦，两两相叠就形成了六十四卦。我们可以姑且想象这样一个情景：这八个卦代表了八类事物和八类状态。

《易传》里有一篇叫《说卦》，对这八个卦所对应的状态做了详细的解释。每一卦里都包含很多子概念，这是我们学习《周易》必须要了解的。

八卦里的每一卦都是一个概念集合。我们在中学数学课都学过集合，集合的概念就是用一个类似于括号的符号，把现有的东西打包在一起，然后为整个集合起一个名字，你只要说这个名字，就包含了这个集合里的一切了。

世界是多重的平行宇宙

许多学易的人都会先假设这个前提是成立的：**世界是一个多重的平行宇宙，事物之间包含着某种相互映射的关系**。这些互相映射的关系可以给彼此带来一些启发。

我们都知道，八卦是乾、坤、坎、离、巽、震、艮、兑。这八卦代表了八组概念。《说卦》把这些概念做了一次统合，写道："**昔者圣人之作《易》也，将以顺性命之理。是以立天之道，曰阴与阳；立地之道，曰柔与刚；立人之道，曰仁与义。**"

这段话说的就是当年圣人在创作易的时候，体会了天地之间性命[1]的道理，万物都可以用二分法分类。

比如，天道可以分为阴和阳，简单地说，你可以认为宇宙有膨胀和收缩的两股方向和力量。膨胀的、带来光明的、带出生机的，叫阳；收缩的、坍塌的、走向毁灭的，叫阴。

如果你把视野收回大地、回到地球这个层面，那么一切在地球上的东西，都可以用刚和柔来区分。

比如，石头是刚的，那么相较而言，木头就是柔的。如果你把木头视为刚的，那么水就是柔的。水结成冰，冰是刚的，化成水蒸气，气就是柔的。所以刚柔并不是固定概念，而是相对概念。

每一个东西，只要你说出来，就一定有对立面。有左边一定会有右边，有坏人一定会有好人，有昏君一定会有忠臣。这些都是对立的概念，所以历史上那些皇帝有时很讨厌忠臣，尤其是口口声声要留名千古的忠臣，因

1　"性"指人内在的道，心性、思想、秉性、性格、精神等。"命"指人外在的道，身体、生命、能量、命运、物质等。——编者注

为这些忠臣的存在反而凸显了君主的昏庸。这种阴阳的观念很普遍，黑格尔也讨论过类似的问题。

说完了天地，再说到人世间。人与人之间的关系可以分成两种：一种叫仁，一种叫义。

仁是以个体的体验为根基的，它包含着同情、对自由的尊重、浪漫和宽容。与此对应的是，只要有人在的地方，就一定会涉及契约，于是就形成了义。

有的时候，每个人都自由了，但集体就变得不自由了。

义代表的就是社会的契约、公共的利益，意味着要实现集体的良性发展，就必须在某种程度上对个体有所限制。

这样看下来，你会发现，《说卦》这篇文章一开始就讲到了一件事情：世界是处在两端的。一旦你开始了对这个世界的研究、讨论、观测后，它就出现了区分。

就像波粒二象性一样，如果你带着观察波的方式去观测光，它就呈现出波的样子；如果你带着对物质、对粒子的看法去观测光，它就出现了粒子的特性。

也许对立本不存在，但只要你观察、讨论、思考，也就是说，你起心动念之际，世界就分成了两个。真空会产生正负电子对，而湮灭过程需两者相遇，释放能量。

所以《说卦》讲道，在这个过程中，要分出阴阳，要叠用柔刚，就要**"兼三才而两之"**。所谓"兼三才"，就是指在两者之间总会有一种过渡的状态，即介于这两者之间的平衡状态，因此就有了中庸之道。

所谓的**中庸，实际上是在两种力量或状态之间寻求动态平衡的过程。**它不是简单地取两者的平均值，而是如"最大公约数"一样，找到双方的基础共识，又像"最小公倍数"一样，包容并超越对方的特性，实现更高层面的和谐。

乾与坤：健与顺的品格

在《说卦》这篇文章里，开篇讲完了阴阳的区分后，有段非常重要的内容，就是对每一卦的内涵进行解释。如果你捕捉到了每个卦象的内涵，就可以延伸出很多的概念集。

比如说，文中指出，乾卦的核心品格叫"健"，就是自强不息的、有力量的、内驱动的、至死方休的那种精神。我们在很多英雄主义大片里能看到一个人拯救地球的情节，这些故事都在讲这一个"健"字。

坤卦的核心品格则叫"顺"，就是跟随、宽容、等待。我们常常说，一个人有了城府、心量的时候，他的整个世界就舒服很多。

最近有一本很火的书叫《臣服实验》，它其实是写给很多"女男性"的。

所谓的"女男性"，就是外表是女性，但是自我认同是男性的人。如果你接受自己作为男性的角色生活，然后一辈子自强不息，是完全可以的。关键是有些"女男性"不甘于此，她们同时也很想做一个受人呵护的小女子，内心的"公主"并没有消失，于是就变得扭曲和拧巴了。

当然，与此对应的还有"男女性"，就是明明生理上是男性，五大三粗，骨子里却觉得自己是女人，这种人也有他的悲剧性和戏剧性。

所以不管你长得像男还是女，这不重要，如果你内心想成为男人，就杀伐果断，就自强不息；如果你想做女人，就学会让自己内心的那个女性散发出柔美之光。

　　什么叫作女性的柔美之光？我们没有任何歧视，它就是一种"柔和"的特质，这个特质就是"坤者顺"。

　　就好比创新型企业和平台型企业，创新型企业就是没人"折腾"你，你自己也要"折腾"自己，要不断地去挑战，做出新的东西，淘汰旧的东西。平台型企业则不同，它的特征是公平、开放地支持每一个人或产品，让他们自由竞争。

　　竞争结束后，不论输赢，一切都归大地所有。对大地来说，你是鲜花还是牛粪没有区别，因为它用它的接纳能力把这一切都转化成了可用的。这种特质就是坤的特质，也叫顺。

震与巽：动的智慧

　　还有六种特质，其中一个叫作震，震卦代表的品格是"动"。

　　"动"与我们前文说的乾卦的"健"是不同的，"健"是按照自己内心的方向或者天道不断向前，它是有方向的。而震卦不同，震卦就像布朗运动，是没有方向和规则的，会朝各个方向运动，动本身就是它的目的。

　　有这样一个故事：苍蝇被困在了一个瓶子里，瓶底有一团火。如果苍蝇内心的方向很清楚，它就会一直向着瓶顶冲。因为它看见了光明，它会一直飞到头破血流，至死方休。

　　但是如果苍蝇遵循的是另外一种动的原理——布朗运动的话，它朝一个方向飞会撞到瓶子，自然就朝别的方向飞，这样飞着飞着，也许正好就从瓶口飞出去了。所以**有些时候，没有方向的动可能也是另外一种智慧**。

　　巽代表的品格叫"入"，就是进入。因为巽在八卦中对应风。风其实就是空气的流动，它有一个很大的特点是"无孔不入"。

比如，家里所有的门窗都关上了，但我们仍然可以呼吸。因为空气可以从很细微的地方进来，只要有那么一丝缝隙，它就可以渗透进来，就可以循环。像风一样"无孔不入"，这种状态就叫"巽"。

很多人容易中风、着凉，就是因为人体毛孔的肌肉不够紧致了。用中医的话来说，叫"卫气不足"，所以稍微吹一点风就感冒了。其实是因为抵御风的能力不够。

这从表面上看是抵御风的能力不够，核心问题是还不够通达。如果风进来之后还能够出去，也不会造成太大的危害。但如果风进来之后出不去，就会在体内形成风寒。

坎与离: 水与火的特质

坎卦的核心品格是"陷"，也可以指沟沟坎坎，即向下的洼地。因为有洼地，所以人可能会掉进去；因为有洼地，所以水才会在洼地里流淌。

河为什么会从山谷流出来？就是因为两边的山都高，山上的水受地心引力的影响，一层层地流下来，汇聚到山谷，然后再从小河流到大河，从大河流到江海。

所以坎就是这样一种往下陷的特质。以后对于那些往下陷的时间、空间，你都可以用坎卦来进行对应。

与坎卦相反的是离卦，离卦代表的是火，也代表着明亮。离卦的核心品格是"丽"，所以"离者，丽也"。离卦象征阳光明媚、灯火通明。

后来人们说文化行业与离卦有关，就是因为文化能够开启人们的心智，照亮人们内心的幽暗。真正的文化让人活在阳光下，免于恐惧。一切让你害怕的文化都不是真正的文化，真正的文化会让你达到一种敞亮的境界。

艮与兑：不变的喜悦

艮卦在卦象中对应的是山，"艮"字是"限制"的"限"的右边，代表的是"止、不动"。相较而言，山的特性就是固定不动。

二三十年前，一次很偶然的机会，我被朋友带到某座山的后山，那里还没有被彻底开发。从某个视角看去，山上只有树和石头，抬头只有天和云。

我在那个瞬间突然意识到，如果我的爷爷的爷爷或者外公的外公，某一年进京赶考走过这条路，他抬头看到的景象，大概跟我看到的是一样的吧，我们望着一样的山、一样的树、一样的天、一样的云。

在那一刹那，我突然感受到这种静止或停留在那里的状态给人带来的安全感。

我现在越来越喜欢看《新闻联播》，或者听中央人民广播电台早上的新闻与报纸摘要，这些节目的开场音乐几十年不变。我逐渐意识到这种不变的东西对一个社会多么重要。听到那个音乐，我就会觉得世界没有太大的动荡，安全感油然而生。

曾经有一位北大的老师跟我们讲哲学，他说以前的人们早上都是要晨祷的，晨祷会给人们带来一种安全感。因为不管天地怎么变，世界怎么变，每天的祷告词都是一样的，所以人们会有一种安全感，认为"世界在变化当中还有一些不变的东西"。

后来人们早上不再祷告了，而是变成了晨读，读报纸。再后来早上醒来第一件事情是刷微信、微博、抖音，看见的都是昨天晚上发生的大事。当这些行为代替了晨祷以后，你心里那种"止"的力量就减弱了，这是很可惜的一件事情，因为这会带来不安全感。

与艮卦对应的是兑卦，六十四卦里，兑卦的状态就像小小的水，是可以用来洗澡、洗脸的水，核心品格是"说"（通"悦"）。

我曾经看过一部电影叫《冈仁波齐》，讲几个藏民去朝圣。有一天，他们走到了一个既像湖泊又像沼泽的地方，气温不冷也不热。大家就开始在水边脱衣服、洗澡、洗头、洗脸，然后在水边架起了篝火，开始唱歌、跳舞，这种感觉就是兑卦。人类最开始的愉悦可能就是这样的。

解卦的乐趣

在《说卦》里，每个卦象都对应着不同的概念，这个概念被后世的中国人不断发展，形成了一个又一个的信息包，构成了一个巨大的概念集合矩阵。

这个信息包最开始是在《说卦》这篇文章里面"建模"的，后世人们将它变得越来越丰富，甚至包括每一卦对应什么数字，什么颜色，身体的哪个部分，什么动物，什么情绪，音乐的哪个部分，家庭里的哪个角色等。

就像乾卦对应的是领导，是父亲，是马，是斧头，是白色。坤卦对应的是地，是母亲，是母牛，是斧柄，是黑色。

所以我们起卦的时候，会问你是看婚姻还是问诉讼，问健康还是问求财，问恋爱关系还是问亲子关系。

起卦后会得到上下两卦。如果你得到的上卦是兑（泽），下卦是艮（山），那就是泽山咸卦。泽是一个口舌伶俐的少女，山是静止的少男。下面这一卦是本体，上面那一卦是表达形式。

如果你问的是诉讼，那也许解卦的朋友就会告诉你，这件事情的底座本质是一个山的形象，象征着铁案如山。但是它上面又是一个口，代表口舌之争。所以这场官司可能需要打很久，需要多次辩论。

如果你想提高胜算的话，最好去找一位女性来做你的法律代理人。到了兑卦对应的某个月份，这场官司可能会有一些转机。就这样，通过丰富的联想，解卦者把这一卦变成了一个故事。

很多解卦就是在这些知识的基础上完成的。解出来的卦准不准呢？

我们还以刚才这一卦为例，如果你真的发自内心相信解卦的结果，那么你就会去寻找一位厉害的女律师帮你打官司，然后她通过比较亲和的沟通，说不定也能为你带来转机。

这一卦准不准其实不重要，能不能给你带来启发才重要。

我想，当你了解到原来《周易》起卦，就是把一些概念和另外一些概念放在一起，把关键词拎出来，串联成一个故事，进而探究这个故事和你心里想的问题之间能不能形成映射、类比、启发、象征、比喻的关系，你就可以慢慢开始享受"玩"《周易》的快乐了。

☶ 梁 注 ☶

- 有些时候，没有方向的动可能也是另外一种智慧。

- 很多人容易中风、着凉，表面上看是抵御风的能力不够，核心问题是还不够通达，如果风进来之后还能够出去，也不会造成太大的危害。

- 当你了解到原来《周易》起卦，就是把一些概念和另外一些概念放在一起，把关键词拎出来，串联成一个故事，进而探究这个故事和你心里想的问题之间能不能形成映射、类比、启发、象征、比喻的关系，你就可以慢慢开始享受"玩"《周易》的快乐了。

07

提问的学问

真正的未来不是看见的，而是你看见自己的欲望之后，
达到勇者无畏的状态，努力去创造出来的，
那种力量可以帮助我们实现自己的预言。

为什么蓍草起卦要起那么多次？

为什么起卦之前，你必须要让自己处在一种安静的状态？

起卦真的有用吗？起卦有用的机理是什么？

如果站在现代心理学和脑科学的角度，

我们如何解释这个漫长的起卦过程？

接下来的这一章很"烧脑"，如果你有兴趣的话，可以屏气凝神，准备开始了。你需要准备五十根牙签，或者五十根筷子。古时候占卜用的是蓍草，我们今天可以用牙签、筷子或者吸管替代。

蓍草占算

首先从五十根牙签里拿出一根放在旁边，这一根为不变之太极。我们知道，七被认为是"变化之数"。"变化"的"化"就是一个单人旁加一个"七"，七七四十九就是指各种变化。

你可以把这四十九根牙签分成两拨，随手一分即可。

接着从右边那一拨里拿出一根夹在左手的小拇指和无名指之间，这个时候，你面前仍然有两拨牙签，分别把这两拨牙签以四根为一组往外拿，这样你就会得到两个余数。

把左边的余数和右边的余数全部夹在手上，你就会得出一个总数。

然后把余数放在一边，再把剩下的牙签随手分成两拨，然后从右边拿出一根，再重复以上步骤两次，你将得到三个余数。

最后剩下的牙签数量是四的倍数，除以四后的商可能是六、七、八、九中的一个，你把它写在纸上。

如果最后的商是六或者九，叫作老阴或者老阳，这个数字还会进一步变化。

如果是七和八，就按照商是八的变成阴爻，七是奇数，就是阳爻。六是阴爻，九是阳爻。不过，如果是六或九，你得在旁边画个小圈，留着以后做变化之用。

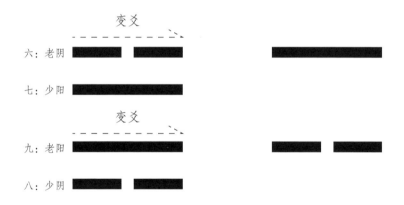

如此这般，将以上所有过程重复六次，你就得出了六段线，或者说是六层线。接着，把所有六对应的爻线从阴爻变为阳爻，把九对应的爻线从阳爻变为阴爻。

如遇变爻，则一般左边代表现在，右边代表未来。

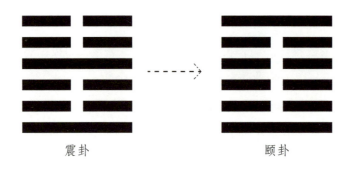

震卦　　　　　　　　　　　颐卦

这样你就得到了两个卦，一个是变化之前的卦，一个是变化之后的卦。变之前的叫作本卦，变之后的叫之卦，"之"可以理解为"目的"，或"到达"。也就是说，你面前的这两卦一个是现在的状态，一个是对发展方向的描述。

人能常清净，天地悉皆归

这个占卜方法还有一个很重要的条件：在起卦之前，一定要沐浴更衣，如临至尊。就像面对天地，要让自己达到很安静的状态。

当年林曦在接受我采访的时候，还专门写了一幅字：**沉密神采，如对至尊**。她说自己每做一件与中国文化有关的事时，无论是开方子、占卜、弹琴、写字，还是炒菜或打太极，都要有一种把自己的神收回来，以静养天地的状态。

我们在起卦之前，也需要沉密神采、沐浴更衣，然后认认真真地想清楚自己到底想问什么问题。我想，许多人一辈子活在混沌当中，不要说想活成什么样子，他可能都不清楚自己究竟想问什么问题。

有一次，我的一个学生来找我，她是一个妈妈，因为儿子不听话，和儿子产生了矛盾，她问我："能不能起一卦来算一算，我儿子明天会不会来哄我。"

当时我就对她说，"这件事表面上是要算你儿子会不会来哄你，本质上是你是否想让他来哄你。而你在问的时候，其实已经说明了你很想让他来哄你，你已经想明白了，你很想原谅他。那么他来不来找你重要吗？重要的是你如何给他一个台阶，让他来向你示弱或者承认错误，让母子关系得以修复。"

儿子会不会来认错，其实根本不是她想问的问题，她真正想问的问题是："我是不是真的想原谅他。"只要转换一下角度，就能看清问题的本质，就会意识到这种问题根本不值得占卜，因为问题都问错了。

如果你真的有很难找到答案的问题，真的有很难抉择的时候，那个时候的问题是很清晰的。问题越清楚，越有利于获得答案。

很多人在乎占卜是否灵验，占卜师好不好。我常常说，你首先要关注的是，这个占卜师能否引导你问出你真正想问的问题。

中国古人把知识统称为"学问"，他们认为，一个人只要学会了问问题，基本就已经成功大半，因为绝大部分人连问问题都不会。如果你不会问问题，老天怎么回答你？

就像有一些下属来跟我汇报工作，一连讲了几十分钟都讲不到重点上，我只能问他："你到底想要什么，我能给还是不能给。你先把这个问题讲清楚，我们再来讨论其他的，好不好？"

有时候我做活动，有的朋友站起来提问，讲了五分钟，都是讲自己的感触，他可能根本不想提问，只是想在众人面前讲一讲他自己的感想。我只能很耐心地、面带微笑地等待他把自己的感想讲完。但通常不到两分钟，下面就有人会说："喂，你到底想问什么问题呀？"

所以一个人起卦之前，最重要的事情是让自己的心安定下来，先把问题想好。

　　用蓍草占算，要耗时三十多分钟，而且这个草又细，我手指又粗，我把它分成四根一组的时候需要很专注。而当你专注做一件事情的时候，脑波会趋于稳定，达到放松而专注的状态。

　　"自在睡觉"平台曾经推出过一款特别有意思的脑波测试游戏。戴上设备后，你就能够测试你的脑波。当你的脑波处于专注而放松的状态时，你的脑波就可以控制画面上的汽车，让它开得比较顺畅。当然，这个游戏也可以改成一条鱼在吃水里的金币的形式。

　　当你的整个身心是放松而专注的状态时，设备是可以检测到你的脑波的，你的脑波就可以控制鱼，让它在规定的时间吃到最多金币，分值就会更高。

　　我觉得古人用蓍草来占算还有一个目的，就是希望你在屏气凝神问出想问的问题之后，用三十分钟的时间，让自己处在一种放松、专注的沉浸状态。这样你的杂念就会逐渐消失，真实的想法、更有价值的力量就会涌现。

　　古代有一个词语叫"通神"。当然"通神"这个词讲出来很容易让人误会，古人常常讲"聚精会神"——你的"精"聚到一起，所有的注意力都专注在一个点的时候，你就会到达一种物我两忘的境界，这个时候就是会到了"神"。

　　一杯水，不管它最初多么浑浊，只要把它静置三十分钟，至少上半杯水会变得比较清澈，此时就可以初步照见你的心、你的样子了。

　　道家有句话叫**"人能常清净，天地悉皆归"**，就是说当你的心处于定境[1]的时候，有力量的意识和信息就会慢慢地汇聚起来，让你可以觉察到事情

1　　指心如止水、心无杂念的平静状态。——编者注

的真相。

后来，有人发明了很多简易的方法进行占卜，比如用铜钱扔六次得出数据，再经过简单的排列后进行解读，整个过程不到两分半钟。

但在你连自己想要问什么都不清楚，连自己内心真正的欲望是什么都不清楚的情况下，就让老天给你一个答案，是完全没有意义的。

聚精会神，寻找真正的问题

日本明治维新时期有一位非常著名的占卜师叫高岛吞象[1]，他曾经成功预言了中日甲午战争的结果、李鸿章去和谈的时间，甚至还预测了伊藤博文被刺杀[2]的经历，精确到刺客名字中的一个字。

因为那个时候已经有报纸了，所以高岛吞象常常把他预测的内容发表出来。他在自己讲占卜的书《高岛易断》的前言里说，他学习的古占法来自汉以前，这个古占法中最重要的不是占算的方法，而是占算时的心态。

当你拿着一片树叶、一支箭，甚至是一支"空气剑"，你如何能够战胜对手？成败和你的容貌、气度、眼神、身体、语言都有关。这些东西的背后只有一个东西，那就是你的心态。

简言之，当你的脑波和你身体里所有的菌群、气血，处在一种专注的力量里，这种专注的力量到达一定程度的时候，就会产生一种全新的频段。

正如奥运速滑选手高亭宇所说，他速滑到一定阶段的时候，就会进入

1　高岛嘉右卫门，字吞象，著有《高岛易断》。

2　1909年，伊藤博文前往哈尔滨，出发前请高岛吞象占卜，高岛吞象占卜后说伊藤此行会遭遇刺客，十分危险，极力劝阻他出行，并且提醒他注意名字中带有"山"或者"艮"字的人。后来伊藤果真在哈尔滨被朝鲜志士安重根刺死。——编者注

"怎么都对"的状态。

后来我发现，太安私塾的很多同学在用很小很小的毛笔，写很小很小的毛笔字，去抄写经典。抄着抄着，他们就完全进入了物我两忘的状态。有些同学甚至能够进入自己和笔、墨、纸，以及当时的阳光融为一体的状态。他们说这种感受实在是太美妙了。

占算法其实是在用一系列的方式，倒逼你想清楚，你想问什么问题，然后用一系列的动作让你处在专注、放松的身心状态里，让你的潜意识和直觉涌现。

这一章我们表面上是在讲占算，其实在跟大家讲，当有一个问题困扰你时，你要做的是安静下来，问清楚自己到底想要什么，或者说到底处在怎样的两难选择里，然后自己再静静地待三十分钟以上，借由时间叠加产生的复合效应，帮助直觉去照见你的答案。

我曾经提出一个观点，**预测的方法其实有两个：第一，看见真我；第二，创造未来**。真正的未来不是看见的，而是你看见自己的欲望之后，达到勇者无畏的状态，努力去创造出来的，那种力量可以帮助我们实现自己的预言。

在和大家互动的过程中，我发现很多年轻人问的都是同一类问题：我要不要和他在一起，我要不要跟他分开，我怎么办。其实这类问题不需要用占卜来回答。真爱无畏，"好爱"不累。如果你纠结要不要跟他在一起，那就说明这已经不是好爱了。

好爱是两个人在一起时，双方都很舒服，即使不说话也很自在。你问出这个问题时，已经处在纠结状态了。那你就问自己，你是否真的爱他？他是否真的爱你？你们俩是不是真心相爱？如果一段爱情到了纠结的状态，通常都不用起卦，我会告诉这个人："天涯何处无芳草，好马不吃回头草，兔子不吃窝边草。"只要把握这三个原则就可以了。

偶然的一卦背后都是必然

除了用蓍草占算，或者通过一些 App 或小程序占算，还有一个方法很简单，也是我经常使用的方法。我们知道，先天八卦是有数字的，大家记住这个口诀："乾一，兑二，离三，震四，巽五，坎六，艮七，坤八。"

每个数字对应一卦，那么假如你看到的数字比八大，你就用这个数字除以八，最终得的余数总是在一到七之间，或者就是零。其实余数零和余数八是一回事。

用这个余数和先天八卦对应，你就得到了下卦；然后再找一个数字，同样除以八之后得到一个余数，对应的就是上卦。这上卦加下卦，就成了六十四卦的其中一卦。

这个时候你再任意想一个数字，因为有六爻，所以用你想的数字除以六，余数是几，就是这一卦的第几爻。

看到这个方法你可能会想，这是不是太儿戏了。其实我认为，如果你相信荣格说的"有意义的偶然"，那么不管用什么方法，得出一个偶然的卦都是必然的。

关键是你在占得这个卦的时候，你自己内心的状态是什么，你是否清楚自己要提什么问题，你是否知道自己的内心想要什么。这个时候你可以用相应卦辞的解释，来对照自己的内心。

如果你发现，这个解释给了自己某种启发，其实就已经达到起这一卦的目的了。如果你特别不能接受这个答案，觉得这个答案跟你内心的愿望很不一样，你也得到了一个东西：你终于看见了你的愿望。

此时有两种选择：第一个选择是不要看卦了，因为你已经想清楚了。起卦只是帮助你了解自己的欲望而已；另一个选择是，虽然你很不喜欢这个卦象所描述的场景，但是它给你提了醒，就是你的愿望和冥冥之中的某种结构之间不一样，你可以试着站在起卦得出的答案的角度，去看一看你现在所做的事情。

因为很多时候我们被卡在一个问题里无法前进，一个主要的原因是没有站在其他的角度思考。

如果一个答案让你很不爽，那一定是因为这个答案在你内在欲望和愿望的对立面，或者起码是和它们有很大的冲突。所谓"**若见诸相非相，即见如来**"，就是指如果你能看见这个相的"非相"，也就是现象的反面，你就能够看见事情的真意了。更直接地说就是，如果你能够从一个事物矛盾的两面去全面看待问题，那么你或许就能找到关于这件事的答案。

这一章，我们表面上是在讲如何起卦，其实讲的是如何在起卦的过程中给自己的身心调频，看见卦象所呈现的意味。

在《周易有答案》里，我会把六十四卦逐一给大家解读，包括我是怎么学习和看待这一卦的，这一卦在讨论什么样的故事，它有什么样的价值取向，它给我们什么样的暗示，又给了我们什么样的提醒，等等。

我觉得学习《周易》的过程其实是一个梳理价值观的过程，也是一个把内心愿望摸清楚、看明白的过程，也许这就是所谓的"**明心见性**"。

也许我们还差得很远，但这一路的旅程本身就已经足够有趣，希望我们都能够享受其中的乐趣。

䷒ 梁 注 ䷒

- 很多人在乎占卜是否灵验，占卜师好不好。但其实首先要关注的是，这个占卜师是否能够引导你问出你真正想问的问题。

- 占算法其实是在用一系列的方式，倒逼你想清楚，你想问什么问题，然后用一系列的动作让你处在专注、放松的身心状态里，让你的潜意识和直觉涌现。

- 如果你能够从一个事物矛盾的两面去全面看待问题，那么你或许就能找到关于这件事的答案。

六十四卦方圆图的周期性

漫长的人类农耕文明里，

最重要的"天道"，

一定是一年的周期。

《周易》的第一性原理到底是什么？

最开始的伏羲等人采用了什么方法来构建周期和轮回？

邵雍为什么要跳过周文王，直接回到先天八卦？

我们应该以什么方式来讲述《周易》？

先讲哪一卦，后讲哪一卦？

我在中欧国际工商学院读书的时候，一个来自荷兰的教授说，战略就是决定先后顺序，确定朋友和敌人。

我们学习《周易》的战略，就是要决定先讲哪一卦，后讲哪一卦。

阳气的升腾和潜藏

还记得我们曾经说过邵雍这个人吗？邵雍几乎不怎么看卦辞和爻辞，而是跳过周文王，直接回到了伏羲的年代。在他看来，卦辞和爻辞都是周文王写下的作战地图、狱中笔记、生活记录。

《周易》最开始到底是做什么的？先天八卦给我们带来了一些启示。

如果我们把伏羲发明的先天八卦看成一个圆，这个圆按照顺时针的方向来看，是从乾卦到巽卦，再从坎卦到艮卦，然后最下面是坤卦，再到左下角是震卦，然后经过离卦、兑卦，回到乾卦的。

这大抵是将一年分为八段后得到的生活节奏图，把这八段两两合并，大致就是春、夏、秋、冬。

你可以想象一下，在伏羲之后漫长的农耕文明里，什么是最重要的"天道"？或者说，什么是最重要的、可以轮回的东西？那一定是一年的周期。

一年的周期决定了人们要在什么时候播种，什么时候收割，什么时候封场，这也是我所理解的"**元亨利贞**"。我想，"元亨利贞"基本上就代表了一年的轮回。

你也许注意到了一件很有趣的事情，如果我们提到"轮回"，就好像有点神神叨叨的，但如果我们说"周期"，就显得很科学。

你看到"轮回"会感到有点兴奋，还是看到"周期"会感到有点兴奋？仅仅这两个字的差别，已经能够让我们照见自己。

其实，"周期"和"轮回"几乎是一件事，我觉得，所谓的天道、地道就是周期。

回到先天八卦，伏羲在创作了这样一个周期后，其实已经把一件事情讲清楚了，那就是阳气的升腾和潜藏。

有一本书叫《圆运动的古中医学》，李可老师告诉我，这本书是符合天道的，因为**人法地、地法天，人其实就是天地**。所以**中医治病就是用药来调节气的升降沉浮**。

可能很多读者都能够隐约意识到一件事情：地表的气是有升降的。

秋冬的时候，地气下沉，所以秋冬时地下比较暖和。早年北漂的时候，我曾住过地下室，那时候就发现地下室冬暖夏凉，其实也是因为秋冬地气在往下沉。

而春夏地气上升，所以春天即使没有风，风筝也能放得起来。而到了秋冬，风再大风筝也很难放起来。

前面我们说道，有一种东西叫地源热泵，它通过在地下埋管道来利用地下的热量。冬天来的时候，地面是冷的，而地下很暖，我们就用地源热泵把地气交换上来，现在很多别墅都在采用这种方式，还挺环保的。

所以地气的升降沉浮是非常重要的原理，《周易》也体现了这个原理。

春天来临的时候，地气往上升，就会把地下的水、热量等往上带，地表的植物感受到了气，于是就开始生根、发芽、成长。到秋冬，地气下降，地表的能量往下坠，植物的叶子就会脱落。

人也一样，晚上的时候，气往下沉，所以我们会发现，晚上真正能睡好觉的人，哪怕没有做运动，脚也是暖和的。而很多人经常睡一晚上脚都是冷的，其实就是因为气不能往下沉了，这通常是中焦[1]出现了阻隔。

所以有经验的中医都会发现一件很有趣的事情，有很多人容易上火，上火的人往往是地气在上面，气在中焦以上，所以手脚都是冰凉的，尤其是膝盖及脚都是冷的，这就是不能沉潜。

1　中焦是中医理论中的一个概念，指的是人体上中下三个区域中的中部区域，主要指的是上腹部，包括脾、胃等脏器，被视为人体物质代谢的通道。——编者注

也就是说，在这个人的身体里，他的春天和夏天的气是比较足的，但是秋天和冬天的气沉潜不下来。

那到底怎么才能让气沉潜下来？因为这涉及一个很重要的观点：到底应该用速降的方法，让气沉潜下来，还是推动往上的力量，打通中焦，让气能够自己循环下来。这涉及中医扶阳派的很多争论，我们先不详细展开。

总之，古代的人们就已经发现了一件非常重要的事情：气是有所谓的升降沉浮的。

邵雍发展六十四卦方圆图

先天八卦的口诀是：乾一，兑二，离三，震四，巽五，坎六，艮七，坤八。我们此前讲过这个口诀，很多研究《周易》的读者已经到了只要说一个数字，就能想到对应的卦的程度。但是为什么是这个顺序？其实**这个顺序，就是阳气从最旺到最弱的次第。**

有了这个逻辑之后，据传邵雍做了一件事：他重新把六十四卦做了一个圆圈，进行了排列。

这个圈就像一个钟表，十二点钟对应的是乾卦，是纯阳之卦。六点钟对应的是坤卦，是纯阴之卦。你会发现，你可以把这六十四卦按顺时针方向排列出来。

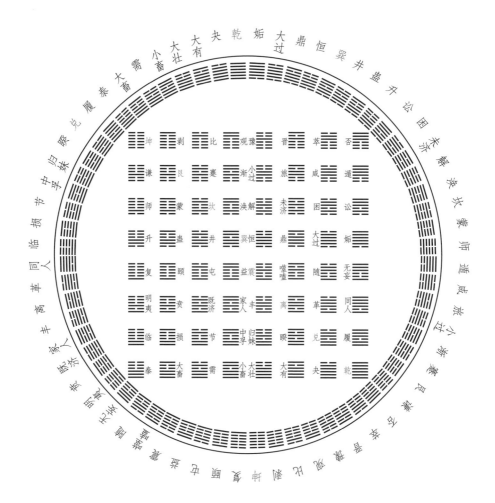

如果我们尝试自己推演这个方圆图，那么从乾卦（十二点钟方向）往两点钟方向走的时候，可以先在下卦的位置画八个巽卦。巽卦在单独出现的时候叫巽卦，在配合其他卦时，代表风。在下卦画出八个巽卦后，上面那一卦则依据口诀来放。

所以，第一个上卦是乾卦，于是就出现了一个上面是乾卦，下面是巽卦的卦象。它不念"乾巽"，而是"天风"。

第二个上卦是兑，一个兑加一个巽就是泽风，也就是大过卦。第三个是离卦在上，巽卦在下，叫火风鼎卦。按照这个顺序，描绘出八个卦。

同样地，到了第二段，先画八个坎卦在下面，再依次按照乾一、兑二、离三、震四的顺序将先天八卦排列在上卦的位置，如此往复，直到坤卦，也就是最下方六点钟的位置。

邵雍用这个方法画出了六十四卦方圆图，这个方圆图的卦象顺序，实际上是一年被六十四卦平均分割的顺序。至于一年到底是不是三百六十五天还不一定，因为商周时期一年的时间跟我们现在的略有不同。所以我们在学习时，宁可要"模糊的正确"，也不要"精准的错误"。

观察六十四卦方圆图，你会发现特别有意思。

比如乾卦过后的第一个卦象，就是上面五个阳爻，下面一个阴爻，而坤卦顺时针往后的第一卦是复卦，上面是五个阴爻，下面是一个阳爻。把每一个卦和中心点连接之后再延长下去，即画一条直径，你会发现，这两个卦是完全相对应的。阴的变成了阳，阳的变成了阴，也就是说，一年是对称的。

我觉得这是邵雍做的很重要的功课，它回归了《周易》的第一性原理。他看到的《周易》，甚至比周文王看到的更远。

我们都说，《周易》是先有卦象，后有文字。周文王拿着这六十四个卦象，为每一个都写了一段小故事，因为每一卦有六小段，又写了六个小场景，然后再把这六十四个小场景的关键词提出来，就变成了这一卦的名字。

我们学《周易》要学什么？我觉得是要学根本的气象。因为周文王写的故事，大家笃定《周易》是和占卜明确相关的。然后透过荣格所说的有意义的偶然，后来历朝历代的人也在不断丰富和发展周文王的体系，比如加上了象辞，再加上了方位、故事、五行等。

在过去漫长的几千年里，《周易》的每一卦都变成了一个概念集合，包含很多关键词，比如乾卦对应的是父亲、西北方、头等。

解卦就是随机抽取某一卦、某一爻，然后把这一卦和这一爻的故事，与你当前想要解决的问题、想要做出的判断之间，形成一种借由意识完成的连接。在这个连接里，这个情景会给你启发，借助这个启发，你会看到自己内心真正的欲望。

我们常说，**真正预测未来的方法是创造未来**。也就是说，如果你真正看见了自己，然后去行动了，未来也就实现了。

回到《周易》的第一性原理，实际上，《周易》就是一个周期图。有了这个周期图，才有了我们在本章最开始提出的问题：我们将以什么样的方式来讲述《周易》？先讲哪一卦，后讲哪一卦？

我写本书时，即将进入夏至。夏至之后的第一卦是天风姤。所以我想，讲完乾、坤两卦之后，我要从天风姤开始讲，接着讲大过卦、火风鼎卦，以此类推。

方圆图中，除了乾、坤、坎、离代表天、地、日、月，余下六十卦大概每六天对应一个卦象。有心的朋友会问：我出生的这一天，是不是也会对应一个卦象？是的，你可以找到你出生的这一天所在的卦象，这个卦象包含了天气、地气、人气，以及天、地、人的交感之气。我觉得这个模型应该比十二星座更加详细一些。有个讲解自我认知的学说，叫人类图，也是根据这个模型来发展出来的，殊途同归。

我们通过本章，讲清楚了据说由邵雍发展出来的六十四卦方圆图，我认为它符合《周易》从伏羲开始的第一性原理。随后，我们将进入卦辞讲解的部分，顺序就是乾、坤之后，从姤卦开始讲起。

☷ 梁　注 ☷

- 地气是有升降的，春天来临的时候，地气往上升，就会把地下的水、热量等往上带，植物就开始生根、发芽、成长。到秋冬，地气下降，地表的能量往下坠，植物的叶子就会脱落。

- 真正预测未来的方法是创造未来。

- 你可以找到你出生的这一天所在的卦象，这个卦象包含天气、地气、人气，以及天、地、人的交感之气，这个模型应该比十二星座更加详细一些。

上篇

09

【乾卦　乾为天】
自强不息，超越自我

"潜龙勿用"，
核心的观点是勿用，
不是不用，而是暂时不用，
现在的蛰伏是为了将来的"大用"。

乾 卦

元亨。利贞。

| 用 九 | 见群龙无首，吉。 |

上 九		亢龙有悔。
乾 (天) 九 五		飞龙在天，利见大人。
九 四		或跃在渊，无咎。
九 三		君子终日乾乾，夕惕。若厉，无咎。
乾 (天) 九 二		见龙在田，利见大人。
初 九		潜龙勿用。

《象》

天行健，君子以自强不息。

《彖》

大哉乾元，万物资始，乃统天。云行雨施，品物流形。大明终始，六位时成，时乘六龙以御天。乾道变化，各正性命，保合太和，乃利贞。首出庶物，万国咸宁。

乾

为什么《周易》的开篇用乾卦？乾卦里面的"龙"到底指的是什么？

乾卦讲的是自强不息的精神，占到此卦会给我们带来怎样的启示？

如果有人来问姻缘，占到了"亢龙有悔"，意味着什么？

乾卦中的"龙"，到底指什么

中国古代最高级的知识一定和天象有关，所以如果我们了解了天象的变化，就更能了解乾卦的基础。

提到乾卦，大家都知道它讲的是自强不息：人要像宇宙一样，充满自由的动力。

提到坤卦，都知道它讲的是厚德载物：人要像大地那样，永远保持宽容，耐心等待。就像不管树上长出什么，最终总会落入大地的怀抱。

所以**乾卦和坤卦，表达的是两种借由对宇宙观察而得出的人生策略**，很多老师也讲过这种观点。

但我一直隐隐觉得哪里不对劲，比如乾卦讲"潜龙勿用""或跃在渊""飞龙在天""亢龙有悔""群龙无首"，像是金庸武侠小说里的降龙十八掌的招式。很多人对于乾卦里的"潜龙勿用""亢龙有悔"这些卦辞的认识，可能都是从郭靖那儿学来的。

乾

为什么《周易》在一开始的乾卦中提到了龙，但后面的其他卦就很少提了？我在想，这个龙到底是什么？是古代曾经有过的一种生物，还是中国古人的想象？为什么要用龙来做乾卦故事的主人公？为什么后来的卦里都没有提到龙？

我带着这些问题遍访世间高人，终于听到了一个最能说服我的说法。

在做这套书的访谈时，古天文学家吕宇斐和我分享了他的看法，他让我相信，占星学、历史学、哲学、文学和武侠小说是一回事，而且其背后是科学。

吕宇斐老师曾长期在美国研究古玛雅的天文历法，后来回到中国，进入中科院自动化研究所，开始研究考古天文学。

吕宇斐老师向我提到了一个重要的天文现象——黄赤交角。

地球是略微倾斜的，否则就不可能出现冬至和夏至。如果顺着赤道把地球"切开"，那么就有两个相同的面，我们称之为"赤道面"。但同时，地球又围绕着太阳公转，这一转就形成一个"圆面"，我们称之为"黄道面"。**赤道面和黄道面存在一个夹角，即黄赤交角。**

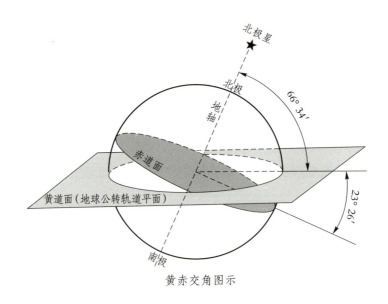

黄赤交角图示

乾

现在科学界一致认为，黄赤交角大概每五六百年就会稍作变动，角度会有一点变化。

因为地球是一个很大的球，其自转轴的倾斜角度就算仅仅偏零点几度，对于地球表面的人来说，观测位置就可能已经偏了几十千米、甚至几百千米了，人们所看见的天象自然就不一样了。

中国古代经常有一个家族几十代人只干一件事，世世代代观测同一颗星或者一组星，再画下来，每一年为一个周期。但十几、二十代之后，人们发现祖先画的跟自己画的不一样，正所谓斗转星移。

这是因为黄赤交角发生了变化，我们哪怕坐在同一个位置上观测天象，看到的天象也不一样。

著名的气象学家竺可桢在20世纪70年代曾经发表过一篇论文，讲述地球的自转和公转所带来的地质、水文和冷热空气的变化与中国朝代更替的相关性研究。

他认为中国的朝代更替中最重要的变量，是以黄河地区为主的中原地区的水、风、温度、虫灾等。虽然这些表面看是地质现象，其实它们是天文现象，和地球绕着太阳公转过程中的周期性变化有关。

当然，地球不是孤独地绕着太阳转的，其他星球也在绕着太阳转。如果你以地球为观测视角，就会看见一些周期性的星象，比如"五星连珠"[1]、日食和月食等。这些天文现象都会影响地面的地质、气候、降水等。

不同时期的人们根据他们当时的观测，建立了一套历法制度。夏朝有夏朝的历法，殷商有殷商的历法，周朝有周朝的历法。据说夏朝的历法一

1　"五星连珠"是一个天文现象，指的是太阳系中的五颗行星——水星、金星、火星、木星和土星在天空中排列成一条直线或者非常接近直线的景象。在古代，"五星连珠"被认为是非常吉利的征兆，常与国家的繁荣、和平以及重大的政治事件联系在一起。——编者注

乾

年有十个月，且很清晰地分为旱湿两季。

吕宇斐老师研究的是距今一万五千年到三千年前的天文，研究那个时候的星象、地质、水文的变化，把天文现象与历史记载进行对比。所以他研究的古天文学，其完整的定义是"古代的天文学现象与地质学现象的综合研究，以及因此而产生的人文与朝政的影响研究"。

如果放在唐朝，吕宇斐老师的角色应该是袁天罡与李淳风。袁天罡和李淳风就是为朝廷做这项研究的。他们"退休之后"到了四川阆中，据说阆中是完全按照那时的天象在地上建立的一座城市，这叫"**象天法地**"，"在天成象，在地成形"。

玛雅文明、古埃及文明等古代文明也有类似的情形，即在地上建一些建筑，来与那时观测到的天象遥相对应。也许他们当时认为某一些建筑对准了某一些星宿，就能形成原始的"信号系统"。就像现在打电话，角度朝这边，可能信号没那么好，换个角度打，信号就好了。

因为有诸多类似的研究，所以后来就有了堪舆学与风水学。

"舆"字中有一个车字，这个车指的是北斗七星。北斗七星是不是很像一部车？一个斗，人坐在里面，前面有马跟着转。从地球上的人的视角看它会进行周期性旋转。所以古人根据北斗七星的旋转，将其对应地上的风水和变化，并把这叫作堪舆学。

在中国古代，据说从夏朝开始一直到周朝，都有一个神秘的族群，这群人只负责观天象。他们将天象记录下来之后，把它们和地上发生的事情进行连接，并进行大数据回归分析。

何为"潜龙勿用"

乾

有了以上背景，我们再来看什么叫潜龙勿用。

吕宇斐老师认为，所谓的"潜龙勿用，飞龙在天，亢龙有悔"，说的是苍龙星宿（苍龙七宿）在天上的位置变化。

这并不是吕宇斐老师的"原创"，而是出自民国的大知识分子闻一多先生。闻一多先生认为，乾卦中的龙，主要指的是苍龙星宿，在古代也称为"太岁"，北斗七星的斗柄指向苍龙星宿的角宿（龙角）。

苍龙星宿在二十八星宿中占据很重要的地位，对应河南和陕西一带（属于我们所说的中原地区）。在商朝和周朝时期，每到春分，苍龙星宿就会在夜空中闪亮登场；到了秋分，它就会逐渐在人们的视线中消失。

原来，乾卦讲的是苍龙星宿这件事情。"亢龙"不是兴奋得"嗨"到飞起的龙，而是指亢宿。

亢龙有悔的"悔"，通晦暗的"晦"。云或地球遮住了月亮的光芒，就叫"晦"，日全食、月全食也叫"晦"。

基于以上分析，我们来看乾卦中龙的意象：

初九：潜龙勿用。这是指深冬到初春期间，苍龙星宿潜藏在北方地平线下，不可见，因此叫"潜龙"，无法被用。

九二：见龙在田，利见大人。这是指仲春时节，龙角从东方地平线升起，开始显露头角，仿佛准备跃出。"见"指的是出现，即能看见这个星宿，它晚上出现在田野的远处。

九三：君子终日乾乾，夕惕。若厉，无咎。描述的是季春[1]，龙角的位置

1　春季三个月分别用孟、仲、季来称呼，即孟春、仲春、季春。——编者注

乾

上不在天，下不着地，故曰"乾乾"[1]。

九四：或跃在渊，无咎。描述的是孟夏时节，这是春夏之交时期，这个时候，苍龙星宿摆脱了大地的羁绊，升上夜空，所以叫作"或跃在渊"。

九五：飞龙在天，利见大人。描述的是仲夏之时，龙星[2]飞跃于正南方的中天。这是乾卦诸爻中至极的一爻，预示事物处在最鼎盛的时期。"大人"，可能是夫人，也可能是贵人。还有一种说法是，从天象而言，大人可能指的是苍龙星宿与太阳的交汇，这段时间气候干燥。

章太炎先生在《八卦释名》里讲，乾字从倝，异体作旰（读干），即旱。

甲骨文研究表明，商朝以前的历法分春、秋两季，阴历十月至次年的三月为春季，属雨季，四月到九月为秋季，属旱季。也就是说，大概在立夏到小满是乾卦所对应的时间。

上九：亢龙有悔。此时的龙星都已经西沉，而且似乎事情也有了一个不同的方向，开始有衰败的迹象了，所以叫"亢龙有悔"。

用九：见群龙无首，吉。苍龙星宿从最高点往下、往西下降，直到龙角隐没在地平线下，就叫"群龙无首"。我觉得这是最清楚、最直白的解释。

如果我们没有这种基础的常识，读乾卦时就很容易陷入想象。占卜算命、各种文学化思考、神秘主义讨论，也都有道理，因为不管是什么，只要你信了，就会对你产生作用。

所以梁某人经常和朋友聊，我们如果讲《周易》，把很多迷信破除了，甚至打破了一些人的饭碗，这是不是一种罪过。不过，这些东西都是公开资料，大家只要有心去搜索，就会得出结论。

1　"乾乾"指勤勉不懈，自强不息。——编者注

2　人们把心、房、角、亢等星连成一线，因其轨迹弯曲，故名之为龙星。在此文中，龙星即苍龙星宿。——编者注

吕宇斐老师也从古天文学家的角度讲述了这件事情。他说，其实乾卦主要描述的是殷商和周朝时期的天象，后来天象有了很多变化。中国古人已经清楚地知道时间和空间是在转换的。

"时"一定是和"光"是有关的，所以才有"时光"之说。对于古人来说，时间就是星空在大地上划过的痕迹。就像日晷，通过上面那根柱子影像的变化，可观测到其他地方太阳照在山坡、山顶的样子，比如，这一年太阳从一个地方升起来，过几年又稍有偏差，不是从这个地方升起来了。

中国古人把时间和空间定义成宇宙，也就是星空万物对地球所造成的影响。因为时间的变化，我们能看见它的"前后左右"形成的空间。所以**"时空"是一种站在宇宙角度上来看的问题。**

作为一个中国人，如果我们学《周易》时没有一种宇宙时空观，那么就完全没有办法进入这个体系。

吕宇斐老师的话让我瞬间感受到了整个故事的背景，原来乾卦就是在讲春分到秋分的这段时间里，人应该干什么。在这半年里，人们应该积极地去播种、创造、解决问题、生产、生育等。

"君子以自强不息"说的就是在这半年时间里，不要浪费光阴。

一个人在乾、坤这两个时段该干什么，也会引发一系列哲学化的比喻，我们在卦辞的部分详细展开。

乾为天：六爻细解

这是一种很独特的中国人的世界观，叫"在天成象，在地成形"，天人合一，即"有斯象，则有斯地，有斯天地则有斯人，有斯人者有斯人心"。

乾

这句话的意思是，天象决定地形，天地共同影响人的状况，进而塑造人心。

《周易》原本是用来占卜的，而所谓的占卜，其实就是"决策"二字。在远古时代当一个人对一件事情犹豫不决，觉得既可以这样，又可以那样，或者不知道该从哪里入手时，就需要占卜了。

初九：潜龙勿用。

乾卦初九"潜龙勿用"，表示为事物的起始阶段。如果占到这一卦，就说明人要学会蛰伏。

很有意思的是，庄子《逍遥游》中的第一个故事讲的就是像鲲这样的传说中的大鱼隐藏于海底。道家也有类似的教诲，"纳气于肾""藏于坎中""命门相火"。

其实它们都在讲同一个道理，即当你想做成一件事时，在最初的阶段，你应该保持沉默；无论是你的言语、行动，还是内心，都应该保持内敛并默默期待。

所谓"勿用"，不是不用，更不是躺平。尤其是以《周易》为原点的中华文化，讲"象天法地"，宇宙遵循着某种规律一刻不停地在运动。所以，连宇宙都不能停下来，更何况你我。

你以为你想躺平你就真的能躺平吗？一代又一代的中国古人告诉我们，人没法躺平。

很多人误以为乾就是太阳，坤就是大地。这个理解是不对的，乾代表的是天，离才代表太阳。

乾指的是包括太阳在内的整个宇宙以及推动宇宙运行的动能。所以"乾德"不是太阳能，不是太阳的光芒和德行，而是指整个宇宙在一刻不停地按规律运行。

就像杨振宁先生在某次访谈中说，"你如果问有没有一个造物者，那我

乾

想是有的，因为整个世界的结构不是偶然的。"

总有一种力量让宇宙以精妙的方式运行。地球在某个时空阶段形成，在这个时空阶段里，形成得快一点或慢一点，都不会有人类。但恰好形成了地球，又恰好有一个时间段让人类得以出现；而在当下这个时间段，我们恰好又可以讨论这件事。这样的事件组合，放在整个宇宙中，概率几乎为零。

可是我们现在居然在讲这个话题、在读这本书，足见整件事情的精妙。

所以乾卦的初九第一爻就在强调"潜龙勿用"，核心的观点是勿用，不是不用，而是暂时不用，现在的蛰伏是为了将来的"大用"。

比如，当你有了伟大的商业计划时，不能马上说出来。你可以在内心酝酿，但不要四处去说，要不然可能会被别人抄了去，又或者说多了自己都没心劲儿了。

所以有些时候，梦想要在心里酝酿，而酝酿本身就像一个故事，会在我们的心田滋长。童年的你听过的某个故事，"灰太狼"也好，"喜羊羊"也好，"铁臂阿童木"也好，这些故事可能当时没听太懂，但只要听过了，它们可能就会在某一天有幻化出蔚为大观的事情，这就叫"潜龙"。

在事情发展的初期阶段，心中有梦想，但是不要着急彰显出来，不要着急把它"用"出来。这就是"潜龙勿用"。

九二：见龙在田，利见大人。

这个阶段，事情通常稍微有点进展了。如果你占到这一爻，说明你从"潜龙"阶段上升了，你要开始做相关准备了，更重要的是，要找到那些能够帮助你的人。

很多人喜欢自己闷头做事，但其实到一定阶段，当你的想法酝酿成熟，你的内在能量也酝酿到一定程度的时候，你要找到能够帮助你的人，也就

乾

是你的贵人。

曾仕强老师说，贵人和大人不一样，贵人是告诉你方向的人，大人是真正能帮助你解决问题的人。我们可以笼统地认为，去找到那些能够帮助你的人，这个人就是你的大人。

你可以用直觉"问"一下自己：当下你正在焦虑的问题是什么？这个世界上有谁能帮我？你想到的那个人，就是你的大人。

所以"利见大人"是说，只要找到一两个人，在某个事情上能帮到自己，他就是大人，他不见得有多高的职位或多有钱。在我们心目中，人人皆可称大人，只是合不合适的问题。

你认真想想，在你生命中，哪些人在最关键的时刻帮过你？你会发现一个很有趣的现象：**真正帮到你的人往往不是能力最强的人，而是帮助你的意愿最强的人，或者正好是某个相关领域或了解事情真相的人。**

所以利见大人讲的是，到了这个阶段，你要做的事情就是认真想想你的问题是什么，你需要解决什么问题；然后在你目力所及的范围找到能够给你建议的人。通常，当你找到三五个人，问题自然而然就有了清晰的答案，就很容易解决了。

九三：君子终日乾乾，夕惕。若厉，无咎。

"乾乾"是《周易》通行本里的说法，帛书版里面是用"键键"这个词。

这一爻所表达的是，君子应当勤奋不懈，晚上也要小心翼翼。虽然可能会遇到危险，但不会有大的灾害。

你会进入一种状况：突然事情多了起来，你不想干也不行。你会发现人是被事推着走的，好像机会多了，可以做的事情也多了。

这一爻给出了两个忠告：第一，要勤奋，该勤奋的时候必须奋起，撸起袖子加油干；第二，在做事的过程中可能会有危险，所以必须要小心谨慎。不过，这个阶段不会有大的灾害。

这个世界就是这样，不做事情的人是不会犯错误的，做事情的人就一定会犯错误。你做得越多，犯错的概率就会越大，得罪的人就会越多。

所以我们说作用力与反作用力是对等的。你想推动一件事情，那么就一定会受到这方面的阻力。

面对阻力，有的人很聪明，他们看得远，但是自知自身能量还不足，所以他们会先看看那些能力强的人怎么做。他们不会轻易地直接面对敌人，因为自然会有更厉害的人去消灭这些敌人。他们要做的就是耐心等待。

但是还有一种人，当占到这一卦的时候，他们发现自己还年轻，要去做事情。

乾卦的核心都在讲一件事情，就是你不能躺平，而且也无法躺平。宇宙永不停息地在运动，我们也应该像宇宙一样不断前进。无论有没有机会，我们都应该在做事的过程中，一边创造机会，一边实现蜕变。

我采访过很多做到千亿、万亿级别的公司，问他们创始人和一起创业的员工，问他们刚开始想没想过会有今天，绝大部分人都说没有。他们说那个时候就是想吃饱饭，就想买套房，或者说就是想把产品做好。

然后他们就被推着走了。中间各种折腾，创始人之间闹矛盾，有的可能还惹上官司，被员工起诉等，可以说是九死一生。

但无论如何，去做了才有可能成功，不去做就一定不会成功。

我还认识一些很优秀的人，到了三十多岁还没有太大的成就。我问他们为什么，他们坦诚地说，他们不怪天不怪地，只怪自己：当年应该努力的时候没有努力，因为害怕得罪人、害怕犯错、害怕辛苦，所以没有去做。

九三这一爻告诉我们，当有机会做事的时候，不要后退，同时也要有所准备，因为可能会遇到危险，会得罪人。有了这个意识后，当真的遇到

乾

有人反对、有人使绊子，背后放黑枪的情况时，你的心态就会是：哦，来了，就这样。"无咎"，也就是不用担心，不会有大的灾害。

做事时只要人正心安，也就是你的方向是正确的，不是出于一时的贪欲，你跟别人之间是正和博弈，而不是零和博弈，是大家一起来创造价值，而且你是坦荡的，秉持"阳谋"，就不会犯太大的错误。

九四：或跃在渊，无咎。

到了九四一爻，会出现一种情形，就是不管你愿不愿意，总有一股力量会推着你做出改变。

比如，你在公司努力工作，做出了一些成绩，这时你的部门经理升职了或者跳槽了，空出了位置，你就有可能被提升为部门经理，这就叫"或跃在渊"。但是还有一种可能是，虽然你看似级别提升了，但实际上可能却离开了核心业务。你会面临选择：是向上跳跃，还是留在原地？这是一个关于职业发展和个人选择的关键时刻。

我曾经碰到一个年轻的教授，他有机会去做行政管理的工作，但是他喜欢教学和科研，喜欢在"一线"，喜欢写论文，这个时候他就面临两难的境地，也就是"或跃在渊"。如果是你，你会怎么办？

如果你占到此爻，那么请记住一个结论：怎么都好。

有些人内心有执念，不愿意转变自己的方向。但就像前面的例子，如果你在管理岗位上做得好，能培养五个像你这样优秀的科研人员，或者帮助十个优秀的教职人员做得更好，那功德不是更大吗？而且如果一直在一线而没有管理经验，你就不能理解领导的苦衷。当你向领导提出改善教学质量的建议时，你可能并不清楚领导真正考虑的问题。

因此，有些人选择尝试走管理路线，去体验和理解不同的工作领域。

我曾经采访过潘宗光教授，他曾是香港理工大学的校长，已经荣休。

乾

潘教授曾获得诺贝尔化学奖提名，但在他有机会做校长时，他深刻地问了自己一个问题：我是在学术上继续深耕，还是去做校长，营造好的教学氛围，让我们学校涌现更多的"潘宗光"呢？

潘教授最后选择了成为校长，这是一个伟大的选择。他放弃了可能获得诺贝尔化学奖的机会，转而去帮助别人。这难道不是一种高尚的境界吗？

当我听到他的故事时，内心非常感慨。这就是"或跃在渊"，无论是选择继续在学术深渊中探索，还是走上管理岗位，关键在于找到适合自己的方向。

当你占到这一爻时，应该有的态度是不要抗拒，要顺其自然。如果领导让你上任新职位，你就勇敢地上。如果在这个过程中有人和你抢，你也不要觉得不爽，可以回去继续做以前的工作，这并没什么不好。这种事也是讲究机缘的，占到此爻后，就要放松心情，能"上"能"下"。

其实**我们读《周易》，不是读物理状态，而是读心理状态**。当我们占得某一卦、某一爻时，到底是上天给了我们一个安排，还是它给了我们一段文字，让我们读出自己的内心呢？

梁某人认为：这是读见自己的内心。我们在一段文辞里，在一段描述里"看见"了自己的情绪，或者给自己的情绪一个提醒。

九五：飞龙在天，利见大人。

如果你占到此爻，说明这正是你要大展拳脚的时候，它描述的是一个人的生命状态，尤其是在职业上处于自由和适宜的好状态。

然而如果以此爻来讨论疾病，意义就完全不同了。

曾有个朋友来问我关于家中长辈疾病的情况，他没明确说是爸爸还是妈妈。我占到这个卦后，和他说这应该是关于他爸爸的事情，因为乾代表父亲。他确认了我的推测。我进一步解卦说，根据卦象，有两个可能性：第一，我们都知道人是"一炁周流"[1]，阳气上升，有可能是得了脑出血或脑卒中；第二，占到此卦，有上苍召唤，乘龙而去之象。我的朋友当时就流泪了，不过这可能只是一个偶然。

所以，对任何事情的解读，要看卦象和你所问问题之间的关系。

同样的卦象，如果是问功名，就有直达云霄之象；问疾病，就有上苍召唤之象；问胎孕，可能是生男孩；问经商，有可能是物价上涨；可能是你的上游成本增加，也可能是你的产品价格突涨。

我觉得《周易》有意思的地方在于，它是一系列的符号。乾卦所对应的事物比较多，包括天、父亲、黄金、马，还有身体的头脑和脏腑里的大肠，在方位上还对应着西北。

上九：亢龙有悔。

乾卦的最后一爻，也就是上九，叫亢龙有悔。《象》里对这一爻的解释是"亢龙有悔，盈不可久也"，意思是说，到了这个阶段，你的所有成功与胜利都不持久了。

面对这样的情形，首先要考虑的就是，不要再贪恋你现在拥有的一切，因为当你到达这个阶段时，可能正面临着一个让你后悔的局面，你现在所拥有的一切可能最终会变成你的悔恨之事。

用九：见群龙无首，吉。

用九是乾卦附着的单个爻，爻辞是"见群龙无首，吉"。这一爻在天文学上有着特别的意义：它象征着秋分之后，苍龙星宿前半部分已经隐入大地之下，这就是所谓的"群龙无首"。

---

1   炁，音同"气"。一炁周流是中医、道家及传统文化中的重要概论，其核心指人体或自然界中"炁"（先天元气）的循环流动状态。——编者注

乾

那么，为什么这会是"吉"呢？

我的理解是，这大概是在说一个阶段已经结束了，该收获的都已经收获。《象》说"用九，天德不可为首也"，也就是说，在这个阶段，应当知道何时该退位，不要让自己一直站在最前线，因为这样做是非常危险的。当你意识到这一点，并从领导岗位上退下来时，反而能够得到吉祥。

当一个人的能量和气势达到顶峰后开始衰退时，能够安全着陆难道不是一种吉吗？能够颐养天年，难道不是自己人生的宽慰吗？

如果你问姻缘，占到"亢龙有悔"，这意味着你这段感情可能已经到了需要结束的时候。在这种情况下，我会给你一个建议——"群龙无首"，意思是你结束这一段恋情后不要马上开始新的恋情，你不必急于投入新的关系，这时你需要经历一个"群龙无首"的阶段。你可以用这段时间来疗愈失恋的伤痛，而不是匆忙地用一段不满意的关系来填补空缺。

在这个阶段，给自己一次重新开始的机会，而不是匆忙地被另一个人"绑架"。学会用好空窗期也是一种智慧，这才是真正的吉。

≡ 梁注·观卦小笺 ≡

- 当你想做成一件事时，在最初的阶段，你应该保持沉默；无论是你的言语、行动，还是内心，都应该保持内敛并默默期待。

- 有些时候，梦想要在心里酝酿，而酝酿本身就像一个故事，会在我们的心田滋长。

- 真正帮到你的人往往不是能力最强的人，而是帮助你的意愿最强的人，或者正好是某个领域或了解事情的人。

10

【坤卦　坤为地】

厚德载物，以不变应万变

包容并蓄，
在静中要有远方，
以不变应万变。

坤 卦

元亨。利牝马之贞。君子有攸往，先迷，后得。
主利。西南得朋。东北丧朋。安贞，吉。

用 六	利永贞。

上 六	▬▬ ▬▬	龙战于野，其血玄黄。
坤（地）六 五	▬▬ ▬▬	黄裳，元吉。
六 四	▬▬ ▬▬	括囊，无咎无誉。
六 三	▬▬ ▬▬	含章，可贞。或从王事，无成有终。
坤（地）六 二	▬▬ ▬▬	直方，大。不习，无不利。
初 六	▬▬ ▬▬	履霜，坚冰至。

《象》

地势坤，君子以厚德载物。

《彖》

至哉坤元，万物资生，乃顺承天。坤厚载物，德合无疆。含弘光大，品物咸亨。牝马地类，行地无疆，柔顺利贞。君子攸行，先迷失道，后顺得常。"西南得朋"，乃与类行。"东北丧朋"，乃终有庆。安贞之吉，应地无疆。

读懂坤卦，我们对于互联网平台的未来命运将如何判断？

坤卦最后出现的反转具有什么样的意义？

什么是"利永贞"？

以不变应万变

坤卦作为六十四卦中的第二卦，与乾卦相对，构成了《周易》的基础。在我看来，乾坤两卦比其他的六十二卦更为重量级。乾坤讲述的是一个完整的周期，代表了这个周期的两个极端。

乾卦讲的是自强不息，就是只要宇宙还在动，我就不能放弃。我有一个梦想，这个梦想一直在促使我去挑战自我、突破自我、超越自我，这是乾卦的德性。

坤卦讲的则是我有一个世界和平台，我只是在那里等待、支持、容忍、包容，这是坤卦的德性。

坤卦的卦辞："**元亨。利牝马之贞。君子有攸往，先迷，后得。主利。西南得朋。东北丧朋。安贞，吉。**"

"元亨"是一个很好的开始，有亨通之象。在《周易》中"元亨"出现过很多次，"亨"通"享"，"享受"的"享"。所谓"元亨"更多指的是"大

坤

献享"，意思就是做一次大祭祀时，要将最美的、最好的东西都奉献出来祭天，之后大家一起去享受这一顿盛宴。"牺牲"就是为祭祀而宰杀的牲畜。

"利牝马之贞"就是利于乘着母马出行。贞，通征战的"征"，"巡游"的意思。

"君子有攸往"，意思是君子应该试一试远行。"先迷，后得"，开始的时候找不到方向，迷失自我，后来又得到了方向。

"主利。西南得朋。东北丧朋"，去西南方会得到朋友，去东北方会丢掉朋友。西南主坤，主土。中国的西南方有四川盆地，那里是土地肥沃的地方。东北方是艮卦，对应的是山。

在《周易的野心》中我们曾讲过，在周文王时期，东北方是殷商王朝，西南方则是他们经常联络的羌族、苗族、彝族等少数民族的朋友，因此说向西南方能找到朋友，来与东北边的殷商王朝对抗，所以"东北丧朋"。

也有解释说"朋，风也"，就是说往西南方走的时候是顺风，往东北方走的时候是逆风。总之，主流说法都认为往西南方会得到盟友和朋友，往东北方，则没有支持，没有朋友。

"安贞，吉"，什么是"安贞"？即"安于正"或者"安于止"。"贞"这个字很有意思，它有两个相反的意思，一个代表征战，另一个代表"正而止"。

语言中有一种奇特的现象，即同一个字可以具有相反的含义。例如，"觉"既可以代表"醒"，又可以代表"睡"。睡觉就是睡，觉醒是指醒。"贞"也是这样。

总体来说，坤卦就是指以不变应万变，可以出去走走，会有迷失，不过最终会得到还不错的结果；在西南方会找到朋友，获得盟友的支持。

从静守到远行

坤卦常被误解为讲的就是静守,是厚德载物,是等待,是宽容,是不折腾。有的人觉得应该行"坤德",尽管其内心感觉自己是一个风风火火的"大哥",但非要上国学礼仪班,学习各种"姿态",比如喝茶要慢,说话要矜持,性格要温婉,不要随便发脾气,还要学会奉献。

我觉得这是误会,坤德不是一味容忍。坤德指的是,看见了,但没有必要去跟人家在概念上发生冲突,自己该干什么就干什么。还是要"直方",要到处走,在恶劣的环境下要突破障碍,最终是要"利永贞",也就是走出去。

所以觉得自己行坤德的人,最终是要自己远行的。

我认识很多北京顺义的妈妈,这些妈妈平常看着生活很优渥,都是名校出身,家庭环境也很好,但其实认真了解以后才发现,她们个个都精打细算,对于家庭的成本控制和风险防范,她们的用心程度远超外人的想象。

有几次我开车送儿子去读书,看见几位顺义妈妈戴着口罩、穿着雪地靴和大衣去送小孩。她们显然早上来不及化妆,可能连袜子都来不及穿,一脚伸进雪地靴里,裹上一件大衣就送小孩上学了。

这些"拼命三娘"就这样开始了奔波而忙碌的一天,一直到晚上。"妈"字为什么右边是个"马"?马休息时间少,妈妈们也类似。

这不是我说的,是王东岳老师和唐汉老师在训诂的时候说的。

有人说《周易》中的"乾坤",乾指的是马,坤指的是牛。我觉得这有待商榷。

多说一句,在中国的文化象征里面,马代表的是闯,是动,是挑战,是负重前行;牛代表的是在田里"来回"。

坤

所以，坤卦给我们的启示是，不要以为顺从、宽容、坚守、等待就是坤德，梁某人必须跟大家讲，**我所认为的坤德，是在不喧哗的地方，坚持自己应该做的事情**。这样可能更加辛苦，但你能走得远，因为你与他人争辩的时间更少。

我以前对坤卦也有一定的误解。直到学到此处，我才理解，原来坤卦讲的并不是一味保守，否则就不能说明"**易经拥抱变化**"这个核心母题了。哪怕是六十四卦里的坤卦，还是要看出它表达的"变化"之意。

通俗讲，坤卦讲的是，环境变化了，但是还得往外走。你可以不说话，不表达，但还得有所作为。受尽了种种不理解，经过了漫长的等待，时间到了，自会有成果，而你要做的事情是要远行。

坤为地：六爻细解

坤卦的故事讲的是，乾卦以后，经过了这段时间的努力工作，人们收获了粮食，有余粮了，可以出去走走，但是又走不远，也不能走太远。

虽然你的心可以"君子有攸往"，可以走很远，但是要知进而知退，后面的六爻基本上都描述了这样的故事。

初六：履霜，坚冰至。

"履"，古文通"礼"，"履霜"就是"礼霜"。

"坚冰至"，意味着冰层逐渐变得坚硬稳固。我们可以来想象下，在广角镜头下缓缓展开的一个场景：在冰冻的大地，当你脚踩在上面或是在上面骑马驰骋时，它发出咔咔的冰裂声。这时阴气上升，阳气下降。古时修桥不容易，但由于河道结冰，原本难以逾越的障碍变成了可行的道路，反而利于出行。

这一爻, 通常象征着障碍的出现, 比如说寒冷的环境本是一个障碍, 这时却意外地开辟了一些新的通路, 让原本难以通行的道路反而变得可行了。

如果你运营一家互联网平台, 当占到坤卦时, 很有可能是面临"履霜, 坚冰至"的挑战, 表示市场环境已经发生了变化, 不再像过去那样, 到处是"热钱", 流动性很好, 消费者众多, 而是迅速"降温"了。

这种情形看起来似乎构成了一个障碍。然而, 对那些准备远行的人来说, 这可能是一个不错的机会。因为在这个过程中, 许多以前难以逾越的障碍, 反而会因为市场的"凝结"而被打通。

互联网平台之间都有壁垒、沟壑、围墙和"护城河", 客户、信息、资源从一个平台转移到另一个平台是非常困难的。

随着市场的"冬天"到来, 政策上的约束, 这些障碍被冰冻, 平台之间的通路反而被打开了。因此, 对那些真正有实力的公司来说, 这是一个将客户资源和能力扩展到其他平台的绝佳机会。这正是"履霜, 坚冰至"隐喻的情形。

所以, 我经常跟经营互联网平台的朋友说, 既要关注天象, 也要洞察地形。

六二: 直方, 大。不习, 无不利。

这里的"直"通"省", 意思是巡游, 即到处看看。方, 指的是四方。大, 则表示通达。

直方, 即"省方", 闻一多先生也曾提到这一点, 指的是到各个地方去走走看看, 实现通达。

在《周易》中, "习"指的是沟壑, "不习"即没有阻碍。也有观点认为"习"通古字"雪"。唐兰在《殷虚文字记》中提到，甲骨文中的"习"字可以解释为雪，因此"不习"也可以理解为"没有下雪"。路面结冰时，可以行走，但如果下雪，则行走困难。

所以，这句话可以解释为：天气寒冷，路面结冰，但没有下雪，可以通达四方。我觉得这个解释可能更符合原文的意思。

所以我对我那位经营互联网平台的朋友说，这个时候对你们来说实际上是一个机遇：表面上看，政策的限制似乎对你们构成了挑战，但其实为你们提供了一个机会，你们可以与其他平台建立连接，进行更广泛的合作和交流。

过去，由于你们有自己的"护城河"，很多产品和业务都在自己的舒适区内运行，竞争对手难以进入。但现在大家都互通有无了，你们可以更直观地了解竞争对手的产品和业务模式，从而进行比较和学习。

所谓的平台，会提供基础设施和支撑服务。这些平台运行着多种业务模型。现在是时候去了解和评估其他平台上类似产品的表现了，以便能够更好地调整自己的战略和产品。

比如说美团这个平台，它有自己的生态，包括医美、联盟合作、餐饮、供应链、快递服务以及投资等，这些都是其业务的一部分。

还有字节跳动，它也是个平台，"长出"了很多业务，有西瓜视频，还有抖音电商、直播带货、音乐发行等多个业务板块。

过去，由于平台之间有"墙"，比如腾讯音乐和抖音之间的音乐服务是无法打通的。但现在，这些平台间的壁垒被打破了，彼此之间没有了平台的庇护之后，接下来就看谁的业务能力真正强了。

所以坤卦讲的是大地因为某种寒冷、板结或结冰而形成更大的统一性。从这点来看，全国统一大市场的出现也是应运而生。如果之前没有反垄断，就很难在下一个阶段做全国统一大市场，这个统一大市场就叫"省方"。

六三：含章，可贞。或从王事，无成有终。

对于这里的"含章"，高亨先生认为它可能代表的是"翦商"，即讨伐殷商这件事是可以占卜的。也有人认为"含章"指的是含光，通俗讲就是说，不管你有多厉害，有多远大的理想、多雄壮的实力，作为一个得坤德的人，成功之后不要高调宣传。

"可贞"是指你可以保持战斗力，可以出征，即可以去兼并、收购，但是不要做大规模的宣传。"可贞"也可以解释为可以占卜、讨论和谋划。在中国汉字中，"贞"字有多种解释，多是指保持正义性，即"贞者，正也"。不过何新先生认为"贞"有"出征""出行"的意思，强调的是低调行事，不说话，但可以出行。

因此，"含章，可贞"可以理解为在保持低调的同时，可以在行动上做一些必要的事情，即"嘴上不说，行动上可以做"。这种策略可以被描述为"或从王事，无成有终"，就是跟随大王的事业，即使没有显著的成就，也总是会有些结果的。

六四：括囊，无咎无誉。

坤卦的前三爻讲述的是，在经历了"履霜，坚冰至"的阶段后，土地开始变得坚硬，形成了更大的可通行的范围。你可以四处走走看看，广泛连接，但要保持低调。来到六四爻，出现了"括囊"，反过来为"囊括"，意思就是之前你走过的路，累积下来的经验，想说的话，想表达的东西，以及所做的业绩，全部收到自己的口袋里，不要拿出来，不要彰显。

在这个时候，很多人可能不了解你，因为你没有去表现，也就没有人来表扬，不过这样批评也就少了。这是比较好的状态，没有人过多关注，而业务能力仍在增长。

坤

我以前总觉得自己是一个行坤德的人，其实是为自己的懒惰找借口，总觉得自己是一个好人就行了。只要不坏，不招人嫌，"无誉无咎"，没有太多人表扬，但也没有太多人批评，低调就行了。哪怕多年身处媒体行业，我也尽可能不惹事，有事不怕事，没事绝不惹事。

但是这次学习让我突然意识到，这是不够的。**原来乾卦讲的是，在动中要有所节制；坤卦讲的则是，在静中要心有远方。**

践行坤德最终的目标是实现自我远行，即追求个人的成长和发展。坤德的真谛在于，在保持内在的正直和坚韧的同时，也要勇于面对挑战，不断前行。

有一句话是"宁静以致远"，我小时候真的不懂，为什么宁静才能致远呢？后来才知道，原来宁静根本就不是目的，宁静只是不出声而已，最后的目标是要长久、长远。还有"静水流深"，表面上看水很平静，但其实水很深，水足够"厚"。

所以，只有那些把自己的能量包裹好，不会天天在外面跟人家打嘴仗，不会在情绪上起波澜，一刻也没有停止行动的人，才真正体现了坤德。

这件事给我的启发如此深远，以至于我才重新读懂了"白毛浮绿水，红掌拨清波"。你能看见鹅在水面上的优雅姿态，都是因为有红掌在水下不停地拨动。

六五：黄裳，元吉。

那些行坤道，韬光养晦，低调，曾像隐形人一样的人，那些不引人注目的平台，经过了一段时间的收敛后，到了六五爻这个阶段，他们发现时间和空间都变了，形势也开始有变化了，时机已经成熟。

坤卦从下面的三爻到了上面的三爻，经过囊括状态到了六五爻阶段，虽然还没有"黄袍加身"，但起码会给你一件"光鲜的衣服"，这被称为"黄裳"，是一个好兆头。

我的朋友听到这里，眼睛瞬间亮了起来。我告诉他，从这些迹象来看，过不了多久，他的公司将全面活过来。其实之前的做法只是希望他能够听从指导，因为之前他过于张扬了。而"黄裳，元吉"的意思就是，未来会给他一次新的机会，让他重新感受到希望，还给他"光鲜的衣服"穿。所以是"元吉"，是吉祥的。

上六：龙战于野，其血玄黄。

这一爻的意思很丰富。还拿我朋友的平台说事，"龙战于野"，表示最终他还是会有一场平台之战。各个平台在经历了一段时间的收敛和历练后，已经从过去的孤岛状态变为"坚冰至"了，之前每个平台都在自己的生态系统中独立运营，互不干扰，吃着自己的饭，赚着自己的钱，大致井水不犯河水，现在转变为在打破垄断、联通一体的新环境中竞争。

那么能"战"到什么程度？我大胆猜想，开放仍是趋势，仍是主调。那些开放的领域，最终都展现出了强大的生命力。

最典型的一个行业是家电，家电几乎是最早引入全球化竞争的。20世纪八九十年代，很多人家都买日本的家电，不是东芝就是日立，要不然就是松下，还有夏普。日本电器横扫中国。可现在呢，美的公司把东芝的白色家电业务收购了，我们基本上已经不需要买日本家电了，主流品牌都是小米、美的等。为什么？因为竞争足够激烈。

我现在还清晰地记得，有天我和爸爸跑去广州海印电器城，花八千元买了一台体积庞大、屏幕却很小的电视，画质还模糊不清。而如今，我们可以用同样的价格买到一台屏幕更大、画质更清晰的电视。

在中国，许多商品的价格都在上涨，但电器似乎是个例外。比如风扇，20世纪90年代时，一台风扇的价格是两三百元，而现在，价格在一两百元。

坤

我不禁好奇，这些公司是如何活下来并且还赚钱的？这背后是激烈的市场竞争，竞争最后带来的是残酷的淘汰，剩下的都是厉害的角色，这就叫"龙战于野，其血玄黄"。

我朋友听了后，提出了一系列问题：这究竟意味着什么？我想表达的是什么？竞争将如何塑造未来？中国的几大互联网平台又将何去何从？

我认为，阶段性的不开放对于很多事情是有益的，至少在我看来，这有助于坚定人们的意志，使大家更加团结一心。不过，随着中国人民的成熟，随着我们对外部世界本质的深刻理解，我们不再迷信和盲从，民族自信也随之增强。在这种背景下，逐步在各个领域开放，似乎已成为不可避免的趋势。金融、互联网，甚至是医疗行业逐步开放，那么其他领域为何不可？这并非不可能。

尽管我已不再身处媒体行业，但多年的观察让我得以从更宏观的角度来分析。一个平台未来所面临的问题终究是终极平台之间的竞争，而平台之间的竞争其实是生态系统之间的较量。

用六：利永贞。

在梁某人看来，"利永贞"讲的是，长期的信念坚持是有价值的。它没有讲创新，讲的是价值观。

所以你会发现一件很有趣的事情：**乾德代表的是创新型企业，坤德代表的是平台型企业；乾德讲的是出其不意，坤德讲的是包容并蓄。**

以前说公司要有定位，每个公司要做某一个方向的业务。但平台型的公司不是这样的，平台型的公司业务范围广，只要最后能落到关于人的管理、资金的管理、信息的管理上，即"人流、物流、信息流"这三个"流"打通，它最终就会形成一个平台。

其实男性和女性也是一样的道理。根据世界卫生组织多年的调查统计，

坤

男性的平均寿命比女性短 5 至 10 年。

为什么？因为在我认识的人中，男性一辈子老爱折腾，女性相较而言喜欢稳定。男性喜欢创业、喜欢炒股，结果赔得底朝天。女性没有安全感，要寻找安全感，就要买房。

所以我常听到有夫妻吵架，女方说："滚，要不是我买了这两套房，你早破产了，现在拿我的一套房去抵押，你还能够继续维持你的公司。另外一套绝不拿出去，我还要住。"

《周易》里有很多地方出现"永贞"这两个字，比如比卦卦辞"永贞，无咎"、贲卦九三爻"永贞，吉"、益卦六二爻"永贞，吉"、萃卦九五爻"元，永贞，悔亡"、艮卦初六爻"利永贞"、小过卦九四爻"勿用永贞"。

如果把这些"永贞"都提出来，你会发现它说的不是固守，而是远征。这意味着突然反转了：坤卦固守到最后，是要远征、要打出去，转向乾卦。

乾卦前六爻讲完之后是"见群龙无首，吉"，领导退下来，让群龙各自飞，让兄弟们都变成领导，这很吉祥。在讲完了乾卦的故事后，剧情反转，要做厚德载物的领导，帮助别人成功，转向了坤卦。而坤卦"利永贞"又转向了要向远方打，这和刚才讲的"要长期坚持"又不一样。这就是在学习《周易》的过程中，一个特别有意思的分歧。

"永贞"这两个字，是永远坚守自己，还是远征？单独来看，可能两种解释都行，但结合《周易》不同的卦里出现的"永贞"以及每一个故事，你会发现"永贞"这个词更适合解释为远征。这样更符合"易"的精神："乾"走了"六段"之后变成了"坤"，"坤"守了"六段"之后变成了"乾"。

乾坤二卦连在一起讲的就是物极必反，事情创新到最后是要退下来的，固守到最后是要远行的。

我把整个故事跟朋友讲完了之后说："如果你认为'利永贞'是指永远

坚守自己底线的话，那是一条路；如果你认为它是说要肆意向远方征讨、向远方出行，那是另一条路。你选择哪条？"

朋友说："我选择远行。我们正准备去非洲，去美洲，去欧洲，去东南亚，哪儿都去，有多远去多远。而且我们的海外业务增长得非常迅速。"

我说："好，恭喜你，把自己固守到一定程度，厚德载物到一定量，就会发生质变，有一天你会向远方出行。"

此时，正好有一个太安私塾的女同学打电话来，说自己做家庭妇女做了很多年，终于把儿女都送到世界名校了，老公也熬到头发都掉完了，她问我："下个阶段该怎么办？"

我对她说："共时性原理又再次出现了，我正好讲到'利永贞'。如果你现在选择的话，你可以出去走走，你愿意到外地走走吗？"

她回答说："行，我看一下，最好到南美去看一下。"她一直守在家里，为儿女、为老公付出，但她其实是个非常优秀的知识分子，内心很有走向远方的憧憬。

日本有一句很有意思的话："到老了以后，我希望把老公寄存在7-11便利店，然后和闺蜜去远行。"

男性到老的时候是不爱出去玩的老头，就在家里打游戏。女性到老的时候，反而喜欢出去玩，拿着摄像机去各地拍照。老头至多去帮人拍照，或者就在家里待着。

如果你是做老年旅行社的，一定要记得主要针对女性，而不是男性。老头都不爱折腾了，一辈子操劳、奋斗，走了半天，发现早已不是少年。

老太太们倒是风华正茂：世界那么大，我已经那么老了，为什么还不能够出去看看？

☷ 梁注 · 观卦小笺 ☷

坤

- 乾卦讲的是在动中要有所节制, 坤卦讲的是在静中要心有远方。

- 坤卦的启示在于, 在不喧哗的地方坚持自己应做之事, 这可能更加辛苦, 但人能走得更远。

- 乾德代表的是创新型企业, 坤德代表的是平台型企业; 乾德讲的是出其不意, 坤德讲的是包容并蓄。

11

【姤卦　天风姤】
踏雪寻春，看见正在发生的未来

预感并不是完全没有来头的推测，
预感是看见正在发生的未来。

姤 卦

女壮，勿用取女。

	上 九		姤其角，吝，无咎。
乾 (天)	九 五		以杞包瓜，含章，有陨自天。
	九 四		包无鱼，起凶。
	九 三		臀无肤，其行次且，厉，无大咎。
巽 (风)	九 二		包有鱼，无咎。不利宾。
	初 六		系于金柅，贞吉。有攸往，见凶。羸豕孚蹢躅。

《象》

天下有风，姤。后以施命诰四方。

《彖》

姤，遇也，柔遇刚也。"勿用取女"，不可与长也。天地相遇，品物咸章也。刚遇中正，天下大行也。姤之时，义大矣哉。

邵雍如何超越周文王，回溯到伏羲时代的事情？

他所发展出来的方圆图和一年的周期有什么关系？

如果夏至之后的那一卦对应的是姤卦，这会给我们带来什么样的启示？

如果你是一个强势的妈妈，你会在姤卦里看见孩子的哪些重要变化？

姤

我们在《周易的野心》中讲过，邵雍直接超越周文王和孔夫子，回溯到先天八卦，也就是伏羲时代，得出《周易》的第一性原理。

《周易》的第一性原理是什么？

我概括如下：在伏羲时代，随着漫长的原始农业文明的发展，一定有这样的一个模型，能够把当时一年的时间周期进行排演，然后将其符号化。因为每年都是周而复始的，所以它是一个最重要的周期结构。

"轮回"这个词很容易让人联想到"三生三世"之类的词，但说它是一个最重要的周期结构，是不是就觉得很科学、很符合"第一性原理"了？

其实轮回和周期是一件事情，像轮子一样转回来，或者像圆周一样可预期。但是人的思维惯性是很强的，对于同一件事情，用"周期"还是用"轮回"，会传递出完全不同的暗示。

在这本书里，我倾向于用周期来表述：邵雍用六十四卦方圆图完成了一个周期，这个周期把时间与卦象对应起来。但如果把乾卦和坤卦放到"乾为天、坤为地"的逻辑中，那么乾卦和坤卦分别对应六天的时间[1]。

1　该理论源于孟喜的六日七分说。——编者注

这一节，我们从乾卦之后的第一卦开始讲起：姤卦。

天风姤：六爻细解

初六：系于金柅，贞吉。有攸往，见凶。羸豕孚蹢躅。

第一爻讲的是风吹动金枝，预兆吉祥。但若远行，有凶。行事感疲乏，步履趑趄，一瘸一拐的。

九二：包有鱼，无咎。不利宾。

第二爻讲的是网中有鱼，没有什么灾害，但不利于宾客。

九三：臀无肤，其行次且，厉，无大咎。

第三爻讲的是猪豚不肥。这里的"臀"指"豚"，"肤"指"膏"。行步腿脚不方便，有危险，但没有大灾害。

九四：包无鱼，起凶。

第四爻讲的是网中没有鱼，但起网有凶。

九五：以杞包瓜，含章，有陨自天。

第五爻讲的是祭祀北斗、北极（含章），这里的"杞"通"祀"，闻一多先生将"包瓜"解释为匏瓜星，匏瓜为北斗星名。[1]有陨星降自于天。

上九：姤其角，吝，无咎。

第六爻讲的是仓促交合，不利，但也无灾咎。

我们解读这一卦象时有两种方法。

第一种方法是看六根线（六爻）之间的关系：姤卦上面五层是阳爻，下面一个是阴爻，这代表着地气的"一阴生"。

1　　参见闻一多《周易义证类纂》：古斗以匏为之，故北斗一名匏瓜。声转则为葆光耳。

姤

直观来说，如果从日晷或者圆规的角度来看，太阳光射在一根竹竿上，它所投影出来的影子，生出来的那一段阴，就体现在天风姤最下面的一爻上。这是一种解读方法。

第二种方法是把这一卦的"六层楼"分为"地上三层"和"地下三层"，地上三层是三根阳线，是乾卦，代表天。地下三层是两根阳线加一根阴线，是巽卦，代表风。

在八卦体系里，它们分别叫乾和巽，而在六十四卦体系里，它们分别叫天和风。所以姤卦图像也可以叫天风，后来有人把乾卦和巽卦异卦相叠，成了姤。

看到这里，你是不是觉得有点"烧脑"？学《周易》就是这样的，中国古人就用这种游戏，法于阴阳，和于术数，通达天地。

你可以闭上眼睛想象这样一个情景：天清清朗朗，宇宙正在按照它的方式运转——这里所说的"天"不是日光，而是一直运转的宇宙。人抬起头，看见的全部都可称为天，甚至看不见的、远处的、浩瀚的星河也叫天。

从人的视角看，天正在有次序地运转，但是突然之间，在你看见的天和你之间，刮起了一阵风。

请你告诉我，此时你想象中的风是什么样的？有人说是狂风，有人说是龙卷风，有人说是微风、柔和的风，有人说是夹着泥石流的风，还有人甚至想到了卷着塑料袋和垃圾的风。

其实这一阵风就是此刻你内心对自己的投射。

我们在解读卦象时，认为上面三根线代表的是客体、外在；下面三根线是主体，是本体、内在。

那么对于姤卦，自下而上你看见了什么？这一阵风所蕴含的意象给你本人带来了什么样的联想？你借由这个联想看到自己对风的投射是什么？

你如何解读这件事情？

我们可以先看看周文王看到的是什么。周文王在他的卦辞里说，在这个意象中，一个阴爻代表的是女人，五个阳爻代表的是男人。本来这个世界是由男人统治的，但男权主义开始动摇，突然从底层涌现出了一根阴线。

周文王看见这个现象，说"**女壮，勿用取女**"。

这是在父权社会下的价值观，就是指"女人要开始壮大了，要小心警惕；对过于强势的女人，就不要娶回家了"。同样的卦象放在今天，我们可以把它解读成另一件事情，就是女性崛起，女性有地位了。

《周易》传达给我们的是哲学观点，如果男女能够作为阴阳对立的两方，那么领导和下属也是这样的关系。

如果一个领导来跟我聊天的时候，正好起了这一卦，他想到的问题很可能是：有一些自下而上的内部变革从最不起眼的地方开始了，要不要尊重这个趋势？

如果你想控制这个趋势，让公司各个部门都听你的规划，那么你就可能会采取"勿用取女"的方式，把它扼杀在摇篮里。

但是如果你尊重创新，哪怕它发生在一些不起眼的部门，你也愿意给机会，也许创新就会从这些部门产生。

圣人总是能够在迹象很微弱的时候看见趋势，我们称之为"**踏雪寻春**"。这个词是说在雪地里，当你看到在铺满大地的雪里长出来一根小草，或者一点点雪融化的迹象，就已经感觉到春天来临了。

巴菲特曾说："他人贪婪的时候我恐慌，他人恐慌的时候我贪婪。"他其实并不是和别人对着干，而是在事情刚刚开始"萌芽"，在别人还没有注意到的时候，就观察到了迹象，并已经开始布局了。

大家都感受到结果要来了，那不叫预感。预感并不是完全没有来头的推测，预感是看见正在发生的未来。

从不起眼，到蔚为大观

据我所知，微信总部不在深圳，而在广州，最初是当地几个做邮箱的小伙伴，在张小龙的指引下，在不起眼的地方开始，做了一个小小的软件。他们最后的成果蔚为大观。

天风姤讲的是，当天正按照次序运行时，在遥远的、偏僻的小地方正在发生的一些变化，你需要观察到它。

如果你带着对原有次序的执着，那么你可能会想把这种变化扼杀在摇篮里。如果你带着一种开放的、拥抱未来的态度，那么你就可能让它与你相遇。"姤"，即邂逅的意思。

那些有力量的创新总是不期而遇地邂逅的，没有什么真正伟大的创新是计划出来、管制出来、命令出来的。能够被命令出来的创新，都不叫创新。

在某一个春风化雨的时刻突然变得蔚为大观的，才叫创新。不过，创新也不见得是好事，任何"突变"都有可能造成变化。

天风姤的《象》说："**姤，遇也，柔遇刚也。'勿用取女'，不可与长也。天地相遇，品物咸章也。刚遇中正，天下大行也。姤之时，义大矣哉。**"

这段话翻译过来就是，姤卦的核心关键词是相遇，是那种不期而遇的、零零散散的、偶然的相遇，它是非常柔弱的。它会遇到极其庞大的结构或者力量。

在这个时候，如果你站在道统正确和强管制的角度，就不要让它发展起来，这叫"勿用取女，不可与长也"。

姤

但有意思的是，"天地相遇，品物咸章也"。也许你想控制它，但是如果它真的要焕发出来，你也挡不住，因为天地的力量太强大了。

所以，随着时空的流变，那些遥远的小地方的"突变"，最终会蔚为大观，成为世界主流。

当我们面对这样的变化时，要"刚遇中正"，做好不评判的准备。"中正"的意思就是不褒不贬、不阳不阴，保持观察。

"姤之时，义大矣哉"是说，到那个时候，事物就会全面发展。

我们在读《周易》的时候，一定要突破好坏、对错的观念，因为好坏、对错都是因人而异的。

比如通货膨胀，对本来就没有太多钱的中产阶级或底层人民来说，这肯定是不好的，它会让人的生活成本加大。但是对那些手握石油、粮食或者大众资产的人来说，通货膨胀意味着以前值十块钱的石油，现在可能值十五块钱了；以前手里拿着的黄金值一百万，现在可能值一百三十万。

所以，天风姤这一卦最重要的是提醒你：如果你起到这一卦，你要观察，**在你目之所及，你所依赖、享受或习惯的次序里，有哪个偏僻的角落，正在出现一些你以前所不了解的、与你不和谐的东西，它很可能会野蛮生长。**

周期律里的必然反应

有一天，一个朋友过来找我聊天，说到感情问题。他说："我总觉得我老婆以前挺听话的，以前我们家都是我做我说了算，我爱她，我负责赚钱养家，她负责貌美如花。最近我突然觉得隐隐有点不对，也不知道哪里不对。"

姤

　　他到我这里来，正好起到天风姤这一卦，我回应他："是不是你老婆的自我意识在成长啊？会不会是你常年做惯大男人之后，她开始出现了某种女权意识？"

　　朋友说："对，但是为什么呢？"

　　我说："其实也没有为什么，就是时间到了。"

　　每个少女都会成为"中女"，每个"中女"都会成为"长女"；就像壮年汉子总有一天会退到后头，像儿孙一样仰仗女性撑腰，这就是阴阳变化的铁律。

　　女性无论此前多么纤弱、多么崇拜自己的丈夫，到了一定阶段，她都会发现丈夫也不过如此，有些事情完全可以按照她自己的决定来做，更何况现在这样崇拜丈夫的女性也很少了。

　　天风姤这一卦的整体寓意是，曾经的下属开始出现把所在部门独立出来的意愿，或者说有独立创业的意愿；抑或是曾经在家里较为乖顺、对另一个人言听计从的一方，开始有自己的主意了。这是周期律里的必然反应。

　　所以，如果一个男人娶了一个"听话"的女人，或者一个女人找了一个嘘寒问暖的男人，对方必在某一天开始产生独立意见。你要想维持你的"统治"，你该怎么调和对方新出现的思想？如果你发现无法消除对方的新思想，你该如何以中正的心态面对对方的变化？

　　当然，阴阳对立还包含了父辈和子辈的对立。比如说，如果一个人来问他孩子的状况，那很可能就代表他的孩子开始产生独立的想法了，开始逆反了。

　　如果他问的是两国关系，那么很可能代表占主导地位的国家与被主导的国家之间出现了某种逆转。

　　总之，天风姤卦讲的就是这样一个情景。

姤

周文王用了关于猪、关于要不要娶女孩、要不要把鱼兜起来这几个故事来描写这个情景。我怀疑这是周文王把他记录的一些东西对应到卦象里，给人一个谶语，让人可以把每一爻的爻辞和自己当下的具体问题进行一种心理关联，借由有意义的偶然和时空的同步性，来完成情志的对照。

学习卦象，了解其本来的含义才是第一性的。

总之，当你起到天风姤卦的时候，你心里要有一个念头，那就是有一种力量正在你看不见的地方生成，而且它有可能风行天下，带来巨大的变化。

三 梁注·观卦小笺 三

- 如果你尊重创新，哪怕它发生在一些不起眼的部门，你也愿意给机会，也许创新就会从这些部门产生。

- 大家都感受到结果，那不叫预感。预感并不是完全没有来头的推测，预感是看见正在发生的未来。

- 那些有力量的创新总是不期而遇地邂逅的，没有什么真正伟大的创新是计划出来、管制出来、命令出来的。能够被命令出来的创新，都不叫创新。

12

【 大过卦　泽风大过 】
利有攸往, 让自己向内生长

也许我们需要守住内心的真我,

或者远遁而去。

大过卦

栋桡，利有攸往，亨。

	上　六		过涉灭顶。凶，无咎。
兑 (泽)	九　五		枯杨生华。老妇得其士夫，无咎无誉。
	九　四		栋隆，吉。有它，吝。
	九　三		栋桡。凶。
巽 (风)	九　二		枯杨生稊。老夫得其女妻，无不利。
	初　六		藉用白茅，无咎。

《象》

泽灭木，大过。君子以独立不惧，遁世无闷。

《彖》

大过，大者过也。"栋桡"，本末弱也。刚过而中，巽而说行。"利有攸往"乃"亨"。大过之时，大矣哉。

大过卦，上面是水、是泽，下面是风或木头，

木头被水浸泡着，意味着什么？

如果占到这一卦，要小心什么？

木头被水浸泡着，意味着什么

大过卦承接天风姤卦，我们来看看这个卦象，了解它背后的故事。

大过卦描述的场景是，上面一片沼泽，下面是风或木头。稍微了解《周易》的朋友都知道，风和木属于同一个概念集合。因此我们也可以想象：水在上面、在外面，木头在里面，这就意味着木头被水浸泡着。

大过卦的卦辞说：**栋桡，利有攸往，亨**。支撑房子或桥梁的木头被水浸泡时间太长，由于腐朽折断了。也就是说当下出现了无法转圜的问题，那该怎么办？

在天子心中，站在天子易的角度，他想的第一件事情就是向远处走，此处已坏，他处可得。这就叫"利有攸往"。

有人说"亨"对应"享"，就是说出发之前要跟上苍说"我要向远方进发，是好事"。

后来，周公旦乃至孔夫子，开始做象辞。象辞是由后世的儒生开创的，

是他们站在君子的角度做的解读。

从君子易的角度看，水把木头浸泡坏了，是一件很糟糕的事情。但"**君子以独立不惧，遁世无闷**"，就是说即使犯了错误或者处于险境，作为一个君子，作为一个将来会成功，在历史上、在宇宙深处有价值的人，也不应该害怕。哪怕别人都不理睬你，哪怕你被世间抛弃，你也不感到郁闷或痛苦，因为你知道自己的价值不需要他人来评定。

受到夹击时，该如何抉择

大过卦这一卦的构成也很有趣，最上面和最下面都是阴爻，中间是阳爻，也就是说，热情的生命之火被堵住了。换成我们的人生场景，在受到夹击，不被理解、有点郁闷的情况下，该如何抉择？

有两种策略：一种是突围而出，走向远方；另一种是任打任骂，心中不起波澜。两种策略哪种对？可能都对。

不管是卦辞还是象辞，关于这一卦讲的都是一个东西：困难、痛苦、郁闷，乃至伤害、包围……所有这些外来的"孽缘"注定都会发生。在宇宙的大周期里，既有顺的时候，也有逆的时候，无人能脱其外。

所以当我们看到这个卦象的时候，首先生出的念头应该是了然，知道有些事情是不可避免的。就像妈妈再爱自己的女儿，女儿也会有闹脾气的时候。妈妈如果无法接受这种不顺遂，就会产生心结，比如可能感慨"当年我辛辛苦苦把你生下来，对你多好，结果你天天跟我闹"。

如果你知道这几乎是每个家庭都会发生的事情，你就会在心理上有所准备，当你的孩子哭闹时，你会瞬间感觉："哦，终于来了，好，我来陪你玩玩。"

怎么玩？有两种方法。

一种方法叫"利有攸往"。假设女儿跟妈妈吵得很厉害，于是，妈妈说："行，你玩吧，妈妈到外面学习去了，我要做永远的少女。"可能过了一段时间之后，女儿会发现妈妈越来越有魅力了，而之前自己做的一些事情有点蠢，慢慢地也就和妈妈和解了。妈妈的这种姿态就叫"利有攸往"。

另一种方法叫"君子以独立不惧"。比如这个妈妈可能会想："女儿不理解我，我就从容地、温柔地看着她。如果她爸爸和她形成了某种默契的关系，我就'遁世无闷'，把自己的事情做好，让自己向内生长，越来越有魅力，时间会解决一切。"这是《周易》传递出来的价值观。

其实从《周易》的卦象上看，都是类似这样的故事。《周易》的伟大之处在于，**它帮我们看见世间的起承转合、成住坏空，同时又用鼓励"走出去"或"独立不惧，遁世无闷"的态度，帮助我们超越困境。**

大过卦的另一种视角

解读大过卦的另一个视角也很有趣。

我们都知道，大过卦是上泽下风。《周易》体系里有"乾坤生六子"的说法，"六子"有三男三女，每一卦对应一个角色。

从姤卦到大过卦，下面的卦都是巽卦，上面的卦则是从阳到阴次第变化。在梁某人看来，下面的卦代表本体，是主卦；上面的卦代表客体，是从卦。

从理论上来说，上面的卦如果顺从下面的卦，就会很惬意、舒服。比如上面是坤卦，下面是乾卦，各自守住自己的角色，组合起来就是地天泰卦。

但是，大过卦上面的卦代表泽，在八卦里称为兑卦，对应的是幺女（最小的女儿）；下面的卦代表风，在八卦里是巽卦，对应的是长女。长女为巽，幺女为兑，上兑下巽，这就很有意思了。

一般来说，小妹应该听长姐的，但现实生活中，如果家里有三个女儿的话，小女儿通常都比较有个性。这可能是因为家中父母年龄渐长，对最小的女儿管教就不那么严了。因为他们已经知道人都有各自的命运。但是对于早出生的大女儿，他们一般要求比较严格，认为大女儿以后要为家里担事。

多年来，我从观察过的很多家庭中都看到了这个有趣的现象：家里如果有三个孩子的话，通常中间的那个孩子最认真、勤勉，但是爹不疼娘不爱的。

如果家里有三个女儿，长女和幺女各得其位，长女有比较多的责任，最开始得到了父母全部的爱，但可能小时候遭到的打骂也比较多。对于幺女，父母就放养、宠着，因为一般情况下，家庭到了这个时候累积了一些财富，姐姐都让着妹妹，所以就会出现幺女恃宠而骄的情况。

按照大过卦的结构，幺女要听从长女，但通常很多家庭都不是这样的。因此，大过卦包含了这样一个结构：双方应该配合。但在现实生活中往往是双方不配合，于是就会出现冲突。

这种冲突会影响到许多人际关系，表达出来就是"大过"，它总是让人觉得不舒服。

泽风大过: 六爻细解

在大过卦的整个卦象里,六爻的故事包含了好几个层次。

初六: 藉用白茅,无咎。

第一爻讲的是用白茅草来做草垫,没有坏处。

九二: 枯杨生稊。老夫得其女妻,无不利。

第二爻讲的是老树生出了新芽,老夫得少妻,没有什么不好。

九三: 栋桡。凶。

第三爻讲的是栋梁被水泡坏弯折,这很不好。

九四: 栋隆,吉。有它,吝。

第四爻讲的是房梁自己又撑住了,没有完全泡坏,或者说换了一根新梁撑,很吉利,但是也许还有新的灾难或者意外需要应对。、

九五: 枯杨生华。老妇得其士夫,无咎无誉。

第五爻讲的是枯树突然开花了,老妻得少夫,没有什么太坏的,但是也不值得吹捧,不值得大声宣扬。

上六: 过涉灭顶。凶,无咎。

第六爻讲的是过河的时候,水完全淹过了头顶,不太好。

从这六个层次的故事里,我们能体会到一种散点式的、随意的描述,有可能是当时周文王想起了关于这类事情的场景,于是记录下来,透过有意义的偶然和遥远的相似性,将其关联起来。

高岛吞象在《高岛易断》中说,当你起到大过卦时,如果你要问关于战争的事,就是"灭绝也,大欲灭国,小欲灭身,其象凶矣,行军占此,恐有暴水淹没之祸"。这句话是说,如果正好有人在战争最重要的时刻起到这一卦,那说明打起仗来很可能会有灭顶之灾。

如果要问营商之事，就有"泽灭木"之象——水泡着木头，但是因为它又带风，所以高岛吞象解释说"有低价忽而高涨之势"。比如，如果用这一卦问股票的事，你看着股票一直低迷，也不涨，你很难受，正准备卖掉它或者已经卖了，它可能突然暴涨。

如果以此卦问功名之事呢？既然"独立不惧，遁世无闷"，所以问卦者此时应该"退身隐处"，不求功名。

前段时间有个朋友来找我，他以前在某五百强企业工作，后来由于种种原因离职了，他问我应该创业还是出国，又或是找个地方开家民宿；甚至民宿都不做了，就找一家民宿，租住一段时间，修身养性，读读《道德经》、练练站桩，把自己的身体调养一下。随后我占了一卦，正好占得大过卦，我告诉他，根据这卦象，他应"退身隐处"。

如果要问家宅之事，"兑泽在上，巽木在下，其象反复，位置不正，防有灭凶之祸"，就是说可能突然下大雨，家里会漏水，有水淹之象。

如果要问疾病之事，"肝火内郁之症，肾气上冲，医治非易"，就是说肝火内郁，而肾水上冲，按中医来讲就是湿热病重，即又湿又热之象。

如果问姻缘时起到这一卦，总体上来说，两人婚配"不均"，就像卦辞里写的，要么是老夫少妻、老妻少夫，即年龄差别比较大；要么是社会阶层差别比较大；抑或是人生观、价值观、内在的身体能量水平差别比较大。

有一种夫妻，我称他们"空调不匹配"：老公快热疯了，老婆还觉得冷。老婆觉得"你就是不爱我，你不尊重我，你不理解我。你把空调温度调那么低，你要冻死我吗？"然后她就把空调关了。老公则说："你也不爱我，你也不尊重我，你要热死我呀？"两个人就为一个空调吵起来了。

两个人好像分别处在南北半球，这个人觉得冷，那个人觉得热；这个人体质像冬天，那个人体质像夏天。总之，问婚姻之事的时候占到此卦，就代表"婚配不合"。

守住内心的真我

总之，如果正好起到大过卦，要小心两样东西：第一，下大雨导致的水灾；第二，体内肝火内郁，再加上湿热混杂而出现的征象。在湿热混杂之下，通常会出现眼睛发热、牙龈肿痛、浑身发潮，甚至痛风发作的症状。

有时候，对于人的身体，尤其是人的根本体质，医生是不太能帮得了太多忙的。我几乎没见过有什么慢性病、基础病是能只靠医生就能治愈的。梁某人认为有两种应对策略。

一种应对策略是在认识到自己的先天禀赋之后换一个地方住。比如，以我自己的身体，我就感觉住北方比住南方要好一点，住西边比住东边要好一点。

另一种应对策略就是调节身体的时律。比如有些人在秋冬的时候身体会舒服一点，有些人在春夏的时候身体会舒服一点。如果你的身体到了秋冬时节不太好，那么你就适合吃一些温热的药，让身体处在春夏状态。

想要真正做到调理身体，就要从饮食、呼吸、睡眠这些特别日常的事情上进行调整。仅仅依靠药物、扎针，或依靠所谓的"神医妙手"帮你治病，以梁某人在中医药界那么多年的经验来看，这些通常都是浪费钱而已。一个不愿意改变自身的饮食结构、生活方式乃至心智模式的人，要在真正意义上改变自己的身体，几乎不可能。

当然，还有最后一招，叫"认命"。就像梁某人"认"了自己的身体就是这样的。所以，吃火锅我只跟最爱的人一起吃，喝酒只在必要的时候小喝几口。喝酒之后就算痛风发作，那也只会痛不会苦，因为这是自己选的，这也是一种"遁世无闷"的方法。

理解大过卦的一个重要方式是要"得意忘言"。首先要捕捉到卦象的意象，至于怎么表达，其实没那么重要，因为每一个人都有自己的世界观。总之，当我们起到大过卦时，重要的是告诉自己：**也许我需要更加警惕了，也许我需要守住自己内心的那个真我，或者远遁而去。**

用周文王的话来说就是"利有攸往"，去一些特别遥远的地方，或许在远方你能找到解决方案。

☰ **梁注·观卦小笺** ☰

- 在宇宙的大周期里，既有顺的时候，也有逆的时候。所以当我们看到大过卦的卦象时，首先生出的念头应该是了然，知道有些事情是不可避免的。

- 《周易》的伟大之处在于，它帮我们看见世间的起承转合、成住坏空，同时又用鼓励"走出去"或"独立不惧，遁世无闷"的态度，帮助我们超越困境。

- 一个不愿意改变自身的饮食结构、生活方式乃至心智模式的人，要在真正意义上改变自己的身体，几乎不可能。

13

【 鼎卦　火风鼎 】

正位凝命，为使命而燃烧

有些人，注定要在某些时刻成就别人。
你的决策不在于你的回报，而在于你的奉献，
如果你有这样一股勇气，那么恭喜你，
你正走在一条拥有伟大使命的路途上。

鼎 卦

元吉，亨。

上 九		鼎玉铉，大吉，无不利。
离 （火） 六 五		鼎黄耳，金铉，利贞。
九 四		鼎折足，覆公㧑。其形渥，凶。
九 三		鼎耳革，其行塞，雉膏不食。方雨。亏悔，终吉。
巽 （风） 九 二		鼎有实，我仇有疾，不我能即，吉。
初 六		鼎颠趾，利出否。得妾以其子，无咎。

《象》

本上有火，鼎。君子以正位凝命。

《彖》

鼎，象也。以木巽火，亨饪也。圣人亨以享上帝，而大亨以养圣贤。巽而耳目聪明，柔进而上行，得中而应乎刚，是以元亨。

　　　　　　　　　　　　　　　　为什么鼎卦预示着某种自我牺牲？

　　　　　　　　　　如果你真的想成就一番伟大的事业，你要自问一下：

　　　　　　　　　　　　　　　我有没有愿意燃烧自己的冲动？

　　　　　　如果你真的希望自己的孩子不要做一个简单的、精致的利己主义者，

　　　　　　　　　　那你该如何借由鼎卦的精神给他鼓舞？

鼎

　　木头已经点着了。鼎卦既是木头又是风，然后又生出了火。这意味着
什么？

　　顺着方圆图，也就是邵雍的体系，卦序由天风姤、泽风大过，然后到
了火风鼎。这一系列卦象都是以风为底座，上面的卦依次是乾一、兑二、
离三，之后还有震四、巽五、坎六、艮七、坤八。

　　这个顺序是一个阳消阴长的过程。

　　鼎卦叫火风鼎，鼎卦的意象很有意思，上面是火，下面是风，风在八
卦里对应巽卦，而巽卦有两个核心概念：一个是风，一个是木。

　　中医里就有"厥阴风木"一说，所以风和木常常联系在一起。

燃烧自己，成就别人

　　正如前文所说，下卦代表本体，上卦代表客体，所以很显然，鼎卦是

燃烧自己以生发光芒之象。传统意义上来说，鼎被视为国之礼器，它是用来祭天的。

鼎

卦辞说：**元吉，亨**。"元"代表的是启动，也代表春天，代表木，所以春、夏、秋、冬分别对应元、亨、利、贞。

当看到鼎卦的卦象时，要告诉自己两件事：第一，我进入了这个时空格局；第二，我需要发现自己的位置，凝聚自己的心灵。

鼎卦描述了一个燃烧自己以照亮天地的情形。所以《象》曰："**木上有火，鼎。君子以正位凝命。**"

有一些人，注定要在某一些时刻成就别人，甚至可能不是成就某个人，而是促成某些事情。

当一个人真正能够焕发出巨大生命能量的时候，他一定拥有了某种牺牲精神。他看见了自己在用某种方式加速燃烧自我。至于成就别人什么，因命各自不同。

总之，当你起到鼎卦的时候，要自问：我正在为什么而燃烧？我愿意燃烧吗？如果我把自己全部燃烧来成就他人，我会觉得有意义吗？

整个《周易》，包括基于《周易》思想的《大学》《中庸》等，其背后都有一个暗示：你不是一个小人，你的人生是要超越自我，而超越自我最主要的方法，就是把自己奉献出来。

这听起来好像很没有人性，很不符合当下很多人"精致利己主义者才能活得好"的认知，但就是有一些人，在生命的某个时刻有这种动力。

梁某人见过的那些真正伟大的企业家，无一不是超越了个人生活享受，在追求更宏大的事业。

当你挣了几千万甚至更多，也许可以改善自己的生活。但当你的公司有十亿利润或市值百亿的时候，你真的很难仅仅为自己而活。因为有那么多公司员工，有那么多上下游产业链上的人靠你生活。

甚至某些时候，一个公司不仅仅是一个组织，也是一个社会公器。比如搜索引擎、社交媒体，虽然它们背后都有股东，从产权上来说属于投资人，是私有产品，但在社会层面，它们不仅仅是为股东、为员工而存在，还在为所有使用它们的人而存在，这就叫"公器"。

再比如很多国家的燃气公司、电力公司、水务公司，虽然它们在有的国家属于私营企业，但是不可以随便涨价，也必须符合大众的基本生活需求，因为它们属于公共事业。

还有个人的微信账号、微博账号，表面上看它们属于你个人，但是当你发表言论时，你就必须想到账号和整个时代，以及所有互联网用户之间形成的具有公众契约精神的关系。

现代社会，越是产权清晰的场景，越需要考虑到个人产权和公器之间的关系。

鼎卦给我们一个很重要的启示：**你的决策不在于你的回报，而在于你的奉献。至于回报，那是自然而然的事情。**当你在考虑这个问题的时候，你能做出的贡献，你能燃烧自己的程度，才是你做决策非常重要的依据。

鼎卦很有趣。所谓"正位凝命"，就是真正发现自己的使命、愿景和价值观，并且愿意把它们释放出来。亲密关系是这样，创业也是这样。

我以前遇到过一位企业家朋友，我问他赚到钱之后最大的感受是什么，他说是空虚。他小时候的目标就是让自己和家人活得好一点，后来就很勤奋地创业，由于赶上了一个好时代，企业做大了，赚了很多钱。但这时候，他不知道该怎么办了。

我问他："你对此的反应是什么呢？"

他说："还是自己年轻的时候初心定得浅了，以至于获得了这些东西之后，下一步不知该何去何从。"

中国的很多企业家做到一定程度以后，就再也做不大了，原因还是"让自己生活过得好一点"的这个初心限制了他们。

很多家长都在跟孩子讲埃隆·马斯克，讲他如何创业赚钱，如何逆袭等。但在梁某人看来，马斯克身上有超越普通商人之处。

有人曾经问他，为什么他对关于长生不老的科技从来不涉足。他沉默了几分钟后才说：人活得太久，其实不利于社会的进步，不利于年轻人发挥。

从这个角度来看，马斯克是一个大有公心的人。也许他的背后有一些相信阴谋论的人，在讨论哪些力量在支撑他。但我觉得在某种程度上，许多人把他视为榜样，原因是在很大程度上他仍然在为人类做事情。

东升西降，双足鼎立

之前我看邵雍的《皇极经世》，他在书中说六十年可以是一个卦象，每十年、每个月也可以是一个卦象，它们其实是不同时空投射过来的不同主题。

鼎卦的第五爻，提到了"利贞"，意为利于出行。

很多朋友会想，未来的十年应该怎么样？我曾经采访过一位建筑学家，他在经历他的国家一系列的不确定性后，成为一个国际建筑学家。在自己国家没有生意时，他却能在国际上接到很多生意。

也就是说，在面临各种不确定的时候，多出去走走，看看这个丰富的世界，看看完全不同的生活，起码可以给你带来更加开阔的视野以及更加丰富的人生体验。就这两点而言，已经值回人生票价。

所以我还是鼓励大家有机会多到全世界各地走一走，你会发现那些你不能容忍的事情，在某些地方却司空见惯。你觉得特别正义的事情，也许在别人眼中显得很荒谬。

你未必是错的，他也未必是对的，但你起码知道你跟别人不一样是正常的。所以在面临不确定的时候，多出去走走，看看这个多彩的世界，看看完全不同的生活。

还有一个很重要的事情，第五爻提到了铜鼎黄耳，放金光。这些隐秘的细节也许能给我们一些启示，不过仅供参考：黄金、重金属、大型机械，可能会受到重视。

在梁某人看来，这起码给了我一个提示。我用自己的一些私房钱，买了几百块钱黄金做纪念。不过大家千万别学习我。我个人认为，从 2023 年开始，其实准确说，是从 2022 年开始，全球的通货膨胀趋势不可避免。

梁某人说这段话的时候是 2022 年农历六月二十，梁某人斗胆预言：未来两到三年，美国的高通胀将会波及全球。

在对抗通胀的过程当中，有些人去买数字货币，但数字货币崩盘。此时，你会发现，那些人类的亘古不变的信仰又有了价值——黄金，点到即止。

特别声明，以上内容不构成任何投资建议，梁某人只是跟你分享了我个人用几百块钱来做的一个游戏，仅此而已。

不仅仅为自己而活

如果在姻缘这件事情上占到鼎卦，说明你正步入一段双方很匹配的姻缘里。因为鼎卦的格局很顺，木生火，木借风势生出火，是原配之象。

那是不是传统意义上的原配？《周易》讲的是农耕社会里一夫一妻多妾制、以男权为核心的场景，我们讲《周易》的时候，一定要注意这个背景。

现在时代不同了，比如，男生可以燃烧自己去辅助太太吗？其实可以。是不是一定得夫妻才能相互辅佐？也不一定。

如果预测事业的话，功名无可限量，但是会有代价：你是否真正愿意把自己奉献出来？所以以此卦解事业时，如果你心里的问题是"我的事业该如何办"，那你首先应该问自己，你能够为这个时代奉献什么，而不是你能够得到什么。

如果问健康的话，此卦可能预示着你身体某些部位湿气很重。但如果你只是大致取到鼎卦来问病的话，可能是有肝火上冲之症。因为木和风都对应肝，厥阴肝经或者厥阴风木，对应的都是肝病。对此，总的治疗策略是泻肝顺气。不过，泻肝气这件事需要非常谨慎。历史上很多人用小柴胡剂、柴胡汤来泻肝气，或者是用当归、芍药，但芍药也好，柴胡剂也好，在某种程度上，要非常谨慎地使用。梁某人跟大家一起学习《本草纲目》的时候再慢慢讲。

如果你起到鼎卦，想问跟法律诉讼有关的事情，总的来说，鼎卦讲的是火势正旺，一时未得罢休，所以情况不会改变，双方可能会争吵得厉害。这个时候，你只能定心安命，等待火势慢慢消下去，再去处理。

如果以此卦问合作，可以以我朋友为例。他跟我讲，他和合作伙伴打架了，因为创业变成仇人这种事情比比皆是。正好当时他也占到鼎卦，我就问他，他们两个人谁更愿意燃烧自我，成就对方，因为只有成就对方，才能够成就事业。我说："你们俩的角色谁更像那根点燃的木头？谁更像那

鼎

一捧火？"最终，他们两个人找到了各自的定位。如果两个人互不相让的话，这种局面就是对冲之象，最后会一拍两散。

如果你想问教育的问题，鼎卦也可以带来一些启示。

我常常跟儿子讨论各方面的话题，从他小时候起就跟他聊财经、时政，还会跟他讲巴菲特和查理·芒格对财务管理的观念。有一天我突然意识到，除了这些，我还应该告诉他："作为一个当代年轻人，你必须要思考的问题是你能够为这个时代贡献什么。"这是我跟孩子沟通得不够的地方。随着他年龄渐长，我突然发现这是一个非常重要的话题。

一个没有想要为社会公众带来贡献的孩子，常常存在两个问题：第一，他学习没有方向和动力。第二，他不会觉得自己要多么勤奋。其实当今中国的许多家庭，包括很多三四线城市的家庭，都有几套房了，经济上没有太大压力。孩子会觉得与其努力工作，不如在家里玩游戏，努力也挣不到钱，不努力也饿不死。

所以，当你以个人生存为人生目标时，很容易坠入"躺平"的生活。

现在很多人都在说不能"躺平"，那激励他们不"躺平"的因素是什么？是让他们知道，他们不仅仅是为自己而活。

现在的年轻人和我们那个时候奋斗的动力不一样。梁某人和很多20世纪六七十年代甚至八十年代出生的人，有一个很重要的共同特征：我们在年轻时候奋斗，真实的目标还是要改善自己的生活。但现在的和未来的年轻人，他们不仅仅是这样的，他们必须有一种把自己真正奉献出来的精神。

父母在跟孩子沟通的时候，也要从真正意义上激励他们，看到他们能够为地球、为国家、为这个时代做出奉献的某种力量。

火风鼎：六爻细解

鼎

上文刚刚讲到了鼎卦的整个格局，接下来我们来看一下鼎卦的六爻对我们的健康、决策能给出什么样的启示。

初六：鼎颠趾，利出否。得妾以其子，无咎。

第一爻讲的是，鼎足断了，所以要摆出一个副鼎。娶妾，可以帮助生孩子，没有灾害。

九二：鼎有实，我仇有疾，不我能即，吉。

第二爻讲的是，鼎里面是有食物的，我喜欢的人有疾病，但疾病是可以控制的，总体来说吉祥。

九三：鼎耳革，其行塞，雉膏不食。方雨。亏悔，终吉。

第三爻讲的是，鼎的耳朵（把手）很窄，孔被阻塞了，肥美的食物还没有食用。这个时候又在下雨，但是心里面不要有怨恨，最终结果是好的。

九四：鼎折足，覆公悚。其形渥，凶。

第四爻讲的是，鼎足断了，用来奉献祖宗的肉汤都倒出来了，受到了很重的惩罚，结果不好。

六五：鼎黄耳，金铉，利贞。

第五爻讲的是，鼎的两个耳朵发着金光，这个时候有利于出行。

上九：鼎玉铉，大吉，无不利。

上爻讲鼎镶了玉做的耳朵，大吉，无所不利。

鼎

解卦的艺术

通常我们起到这一卦之后，会取某一爻来更精准地描述当下的场景。

周文王的《周易》，其实很可能是他根据《周易》的六十四个卦象写出了自己的故事。后世的人把自己的问题和生活场景与周文王的故事进行某种心理层面的连接，感觉他说的情景和自己的问题之间形成某种关联性，从而获得某种启示。这其实就是荣格说的"有意义的偶然"。

存在于遥远的时空里的奇怪的场景，对当下有什么影响呢？这是见仁见智的。每一个解卦师都会根据对你的理解以及对卦象爻辞的理解，帮你描述出一个关联性的故事，从而得出某种判断。

具体起到卦之后，该取哪一爻呢？梁某人的方法很简单。

梁某人通常会让朋友随机说一个数字，然后用它来做除法，比如选了777，用它除以6（因为有六爻），余数是3，那就看从下往上的第三爻在讲什么。

比如鼎卦的第三爻讲的是，鼎的耳朵很窄，孔被堵住了，野鸡煮成了膏却不能吃，此时正在下雨。如果朋友问关于健康的问题，我会说这好像预示着他的耳屎比较多，堵住了耳道。

不要小看这个问题，它可能会带来一系列问题。比如有几年，我的一只耳朵总是听不清楚，经常要大声地跟人说话，别人总以为我在骂他们，最后我才发现是因为自己耳屎堵了耳道。

后来我在成都铁像寺找了一个人帮我掏了一下耳朵，掏完之后感觉神清气爽，人家要收三十块钱，我当时给了他一百，说不用找了。当时我出手大方，实在是因为之前我已经花了五六千块钱去治疗这个问题。

我才发现耳屎堵住耳道会预示很多问题，比如胆经的问题、个人卫生的问题、说话太大声之后导致的情绪问题等。

这就是起卦的艺术，它就是用这种方式具体来回应你。

第三爻后面说野鸡煮成膏却不能食用，也许这代表你在现实中，对于某些情况一不小心用力过猛了。

鼎

有一个人来找我问爱情，正好起的是这一爻，而他大致的情形就是用力过猛，总是变着法地关心对方、嘘寒问暖，一直打电话、送礼物，结果反而被嫌烦。

这就叫"雉膏不食"，东西熬到烂，反而吃不了。本来是一个很好的状态，结果用力过猛，反而不好了。爱情是需要"烹饪"的，要保持新鲜，但高端食材只需用最原始的烹制方法。

如果问我关于跟孩子互动的问题，那这个卦象就是在讲，你是不是对孩子呵护过度、保护过度，或者天天在孩子旁边念叨，要他怎么怎么样。由于恨铁不成钢，给他太多的压力，最后他产生了逆反心理。

本来你说的都是对的，但是由于你讲得太多，导致你讲的一切都变成"错的"了。你刚一开口，孩子就已经认为你在说他，他就会烦恼、讨厌、感到恶心。最后，原本正确的事情沟通变成"错误"的情绪对立。

占卜的本质是什么？占卜不过是用一些具有暗示性的语言，让卦象和你当下的场景形成某种呼应，我们称之为连接，这是一门很重要的艺术。

《盖洛普优势识别测试》提到了若干种能力，其中最重要的一种能力叫连接。人有三十二种与生俱来的优势，每个人都在某几项上有不同的偏倚，你要做的事情是了解你与生俱来的优势，并发挥好它们。

任何一个卦象，都能够很有意思地和一个场景进行连接。那些看似不相关的事情，其实背后都是有关联的。看似不相干的人，背后可能也都是有"勾结"的，所以千万不要在别人背后说坏话。因为你不知道你说过的哪句话，会以什么样的方式传递过去，对他人造成伤害。

连接是一种很重要的艺术，我们可以在这些话题里找到某一种有趣的、相互映射的关系，这是解卦的艺术，也是解卦的乐趣。

总结一下，鼎卦整个的意象就是：上面是一团火，下面是风，用风把自己的木头点燃。如果你有这样的勇气，那么恭喜你，你正走在一个伟大使命的路途上。

当年梁某人刚刚创办《国学堂》这个节目的时候，正好碰到了一位从河南来的易学老师，我问他："我该以什么样的状态进入这份工作呢？"

当时我起的就是鼎卦。这位老师说："鼎卦说明你要做的事情是燃烧自己，照亮他人。但凡能够跟你合作的人一定会'火'，但是你要知道，他的成功与你无关。而且你必须要燃尽自己。"

我接收到了卦象的信息，后来我的大致情景也的确如这位老师说的。

所以《周易》不是单纯算命，而是把一些很重要的、隐藏在宇宙深处的规律，用六十四个卦象、六十四个场景描述给你听。

接收到卦象信息之后，你可能会欣然接受，也可能不太能接受。但无论如何起码你可以看见自己。

☰ 梁注·观卦小笺 ☰

- 当一个人真正能够焕发出巨大生命能量的时候，他一定拥有了某种牺牲精神。

- 你的决策不在于你的回报，而在于你的奉献。至于回报，那是自然而然的事情。

- 占卜不过是用一些具有暗示性的语言，让卦象和你当下的场景形成某种呼应，我们称之为连接，这是一门很重要的艺术。

14

【恒卦 雷风恒】
刚柔并济, 在动态中保持平衡

一直保持可持续性的东西叫作"恒",
一直维持现状, 低能耗, 不进行大改动的状态叫作"久",
按照各自欢喜的方式, 各自表达, 互不相欠, 关系才会长久。

恒 卦

亨。无咎。利贞。利有攸往。

	上 六		振恒，凶。
震 (雷)	六 五		恒其德。贞，妇人吉，夫子凶。
	九 四		田无禽。
	九 三		不恒其德，或承之羞。贞吝。
巽 (风)	九 二		悔亡。
	初 六		浚恒，贞凶。无攸利。

《象》

雷风，恒。君子以立不易方。

《彖》

恒，久也。刚上而柔下，雷风相与，巽而动，刚柔皆应，恒。恒"亨。无咎。利贞"，久于其道也！天地之道，恒久而不已也。"利有攸往"，终则有始也。日月得天而能久照，四时变化而能久成。圣人久于其道，而天下化成。观其所恒，而天地万物之情可见矣。

为什么上面的卦是打雷，下面的卦是刮风，对应的是恒卦呢？

恒和久有什么区别？

为什么在一连串的痛苦折腾之后，反而会有吉利的结果呢？

动态平衡与维持现状

很多人之所以一辈子都很动荡或者很折腾，究其根本，是不清楚自己想要的东西是什么。

梁某人曾经在年轻的时候有过这样的一个推论：去寺庙烧香拜佛之所以有用，并不见得一定是菩萨保佑，而是如果你每一天都在祈祷，就会比那些不祈祷的人更清楚地知道自己想要什么。于是在日常生活中，你会有意无意地朝着你想要去的方向，做更有力的决策。

因为你想要这个东西，所以每天你的"意识雷达"开着，它在捕捉非常多的信息，自然而然地某些可能有利于实现你愿望的信息就被你捕捉到了。那些不利的信息就会被过滤掉。久而久之，你想要去的那个地方就清晰了。

在心理学上，这是一个非常容易解释的现象，通俗地讲就是心想事成。

因此，不管一个人相信还是不相信什么，都应该问自己想要什么，一个对自己的人生大概走向没有清晰认识的人，无疑是可悲的。

小时候我读到过一句话，这句话一直在警示我：**对于没有方向的船，任何风都不是顺风。**

不过问题是，直到我快五十岁的时候，我才发现我年轻时认为自己追求的东西，现在都不再是我想要的了，需要重新开始寻找另一个人生方向，当然这是另一个话题了。

请您现在先花点时间，想清楚这两天什么在困扰你，恒卦或许对您有启示，某种对生命底层信息的启示。

恒卦上面是震卦，也就是雷，下面是巽卦，也就是风。所以恒卦在六十四卦这个体系里被称为雷风。

雷风，上雷下风，雷和风都会动。

先天八卦里的每一卦都对应一种品格。震卦对应的品格是动，像雷一样震动；巽卦是顺，像风一样无孔不入。

那为什么这种"刚柔相济"的情况叫恒呢？

有句广告语是"钻石恒久远，一颗永流传"。我们常常把"恒"和"久"当作意义一样的词，其实并不是这样的。

那些一直处在动态平衡中，一直保持可持续性的东西叫作"恒"。

《逸周书·周祝解》里说"**天为古，地为久**"。恒的意思不是"不变"，而是"可持续"。相较而言，一直维持现状，低能耗，粒子运动趋向稳态，熵增比较慢，且不进行大改动的状态，叫作"久"。

"**道，可道也，非恒道也；名，可名也，非恒名也**"，这是《道德经》的第一句话。据说后来因为避汉文帝刘恒的讳，"非恒道""非恒名"就改为"非常道"和"非常名"。

《道德经》刚开始的时候用的是"恒"，所以我坚定地相信《道德经》

是老子的读易笔记，开篇就是用恒卦来起的，用"道，可道也，非恒道也"来展开讲述。

《道德经》第三十九章里说："**昔之得一者：天得一以清；地得一以宁；神得一以灵；谷得一以盈；万物得一以生。**"

在梁某人看来，其中的"一"就是在描述一种稳定状态。它在不同的对象里，在不同的关系里，有不同的表达。

什么样的关系能达到"恒"

震卦在八卦体系里比喻长男，巽卦在八卦体系里面比喻长女。长男和长女各自用自己的方式在动：雷有雷的动法，风有风的动法。

记得我们在中学物理课曾经学过，物体要么就是绝对静止，要么就是相对静止。当他们处在相对静止的时候，两者关系反而更平衡。梁某人以前不懂恒卦，一直想不清楚为什么两个动得那么厉害的卦叠在一起之后，反而是"恒"。

有一天，我采访了专门打离婚官司的律师以及离婚判案的一些法官。我问他们："那些相对而言维持得比较久的婚姻是什么样的？"他们都说，维持得比较久的婚姻，最重要的是两点：两个人各有各的爱好，各自也都能表达自己的爱好。在这种关系里，双方没有怨恨彼此，所以婚姻能够保持得比较长久。

在梁某人看来，爱情就是基因的假象与谎言，纯粹是为了让人们生孩子，当双方有了孩子之后，这种基因的刺激感就会慢慢衰退。因为基因已经达到了它的目的，它已经借由双方的非理性行为，将自己转移到了另一个鲜活的生命里，此时夫妻双方其实"可用可不用"了。

所以大部分夫妻谈不上有多么恩爱，但有一些把婚姻维系得比较久，另外一些的婚姻维系得比较短暂，差别在于前者是各"玩"各的。

很多夫妻早就已经不仅仅是分床，甚至已经分房、分居了，你要你的，我要我的。倒不是说他们一定要有什么外遇，而是双方互不干涉。

比如女方可能有自己的圈子，讨论插花、茶道、艺术；男方玩摩托、露营、郊游。总之，两个人都尊重对方的兴趣爱好，并没有在心里面互相鄙视。

而在有些家庭里，一方玩得很开心，另一方不会玩，只会天天抱怨对方"怎么能这样，每天也不管家"，而抱怨的背后是因为没有各自"玩"。当然如果两个人什么都不会玩，天天在家里面一起看电视，那也行，但这种情况通常很少，家里面最少有一方是会玩的。

我要强调一下，这里的"玩"是指健康的项目，更多的是指兴趣爱好。

这突然让我想起了我儿子小小梁有一天跟我讲的一个故事。他说他和另一个同学想学《三国演义》中的刘关张结拜为兄弟，当他跟他的朋友准备结拜的时候，突然想到要说点什么。后来小小梁说："我先写一段，大家看行不行吧：今×××与×××，不求同年同月同日生，也不求同年同月同日死，但求各自欢喜，友情常存。"

听完，我对他说，这深得恒卦的智慧，两个人各自能找到各自的乐趣，就不会有怨恨。

当一个人有自己的乐趣以后，就不会把自己的心挂在一段关系里，不会纠结于对方带不带自己玩。如果一方玩起来，对方却不会玩，就会心生愧疚。但如果两个人各自都能玩得很开心，偶尔在一起也能玩得很好，这种关系就处于动态平衡、互不相欠的状态，反而是比较容易恒久的。

各自欢喜，保持折腾

接下来，我们用"上雷下巽"这个卦象的情形来分享"恒久"这种观念。

恒卦：**亨。无咎。利贞。利有攸往。**

这是周文王对恒卦总体的判断，即这是一件通达的事情，没有坏处，而且有利于征战，也有利于我们今天的占卜。

"利贞。利有攸往"：有利于出去又回来；甚至可以走到很远的地方再回来，这事可行。

如果起到这一卦时你心里想问的是关于你的事业或感情的问题，那么基于你担心的事情，你把你想讨论的问题与卦辞联系的时候，你可以这样想：这件事情是不错的，它是可行的，是可持续发展的。

在梁某人看来，一切可持续发展的就是道德的，道德就是可持续发展。但要记住，这个可持续发展是处于动态平衡的，而一旦你执着于某种固定的方式，执着于某种固定的状态，一僵硬，就不恒了。

两个事物动的方向不一样，就不会恒久。

今天讲"恒"，我刻意不讲过于艰深的知识，是希望大家在一个篇章清晰地记住一个观点就好。

所以记住，必须都要动起来，且要按照各自欢喜的方式，各自表达，互不相欠，这样关系才会长久。

在周文王的视角里，只有保持折腾与动态平衡，才是"利攸往"的。哪怕中间有很多艰难险阻，但只要折腾了，就是好的。

恒卦的象辞是这样说的：**雷风，恒。君子以立不易方。**

在君子易的视角里面说"君子以立不易方"。什么叫"易方"？易，"改变"的意思；方，"方向"的意思。就是说，君子在得到这个卦象的时候，心中要保持着一种对恒久信念、长久使命的愿景、价值观；不忘初心，牢记使命；不改变自己的方向，连"棱角"都不要改，一直往前走。

你会发现，卦辞和象辞传递的信息不太一样，所以我们常常要把易分成天子易和君子易。

我以前不理解古代有些官员每天品味卦辞、爻辞：你们不占卜，品味这个干什么呢？

后来才知道"君子不占"，《周易》不是用来占卜的，或者对于真正的士大夫、高人来说，它的作用不是用来占卜的，是用来把玩的，他们在卦辞和爻辞中把玩出人生况味。

因此，你读《周易》读得越熟，再结合自己的人生经历，到了一定的年龄，你就越明白：怪不得《周易》如此伟大。我好不容易弄明白的那一点点事情，人家全部都呈现出来了。

雷风恒：六爻细解

恒卦表达的是事情很好，很亨达，没有灾害，利于出行，利于远行，还能够回来。这就是恒卦的整体。

但在具体爻辞中，情况却没有那么好。任何一件事情，各部分合起来虽然好，但在每个部分里面可能有很大的变数。所以占卜的时候，如果只从卦象上看出大格局是好的还不够，因为当你落到某一爻上可能正相反，所以要专门再看。

初六：浚恒，贞凶。无攸利。

这个时候水量很大，看起来前路迷茫。

九二：悔亡。

归返有亡失，即回来的时候会有所丢失，可能是丢失了朋友，可能是丢失了俘虏，也可能是丢失了自己，还有可能是人失了魂，等等。

九三：不恒其德，或承之羞。贞吝。

这句话是说，未感受其恩德，反受其伤害，出行有灾。可能这一段是在讲述，当年周文王向殷商贡献俘虏或者纳税的时候，由于操作不当，结果被人喷了一脸唾沫，很受伤，所以说是出行有灾。

九四：田无禽。

这句话是说，狩猎无所获。

六五：恒其德。贞，妇人吉，夫子凶。

这句话是说，感其恩德。出行，对女性很吉利，但对男性不好。

上六：振恒，凶。

恒卦的上爻是一个阴爻，描述的是河水震荡，不好。

纵观恒卦整个六爻的故事，会发现每一爻没什么特别好的，但它们合在一起就很好。这让我想起以前听到的一个小故事，说德国人打仗的时候总是小心翼翼地绕开一个又一个小陷阱，但最后掉进了一个大陷阱。而有些人犯了一系列的错误，最后却得到了正确的答案。

读《周易》读到卦辞和爻辞的时候，我产生的第一反应就是：**很难就一时一地的利弊来衡量整体的好坏格局。**

这个故事所蕴含的况味和恒卦的卦辞和爻辞的情形类似。

因此，如果生活伤害了你，请你保持微笑，保持宏观的格局，生活很可能是在用一系列伤害来成就你。

如果你占到恒卦

恒

高岛吞象是日本著名的占卜家，他用的是汉代以前整个心法和占法体系。他在《高岛易断》里讲道，以此卦拟人事，表明它是一段相对稳定且长期的关系。

以此卦拟国家，上卦为政府，有雷厉之行，以振兴庶政，下卦为人民，有风动之向，顺从政府之命令也。高岛吞象说这是一个政通人和之象，国家也可以比较长久。

通常我会把这种讲到国家比较好的内容跟大家分享，希望大家能获得某种坚定的信仰。

如果以此卦问战争，由于此卦描述的是雷出于地，风生于谷，所以会有敌兵埋伏、火炮攻击之虑，对此要坚守营垒，不可退缩，后可转败为胜。这其实是高岛吞象从象辞"君子以立不易方"这句话"画"出来的一种格局。而《高岛易断》是以君子易为核心的。

问营商，震属正东，巽属东南，"立不易方"，即贸易的地方是不可以随便更改的。

有一个朋友曾聊到这件事情，他说他家的商铺有可能要换地方，我对他说："你的生意这么好，换一个地方也没什么影响。但今天正好讲到这块，看来还真的不是随便就能换的，不应该换。"

问功名，震、巽皆属木，木植立不易，"直达"之象，宜久成，不易急躁冒进。也就是说，如果你要求功名的话，你得坚持自己的理想和信念，但不要冒进，才可以长久。

问疾病，显然还是跟肝有关，以巽卦为底座的卦象多少都和肝火上冲有关。但同时，因为这个卦上面是震，所以可能除了有肝火，还可能会有痰火气喘, 甚至咳嗽的情况。应对措施是坚持之前的药方不改。

有时候"效不更方"[1], 或者有时候, 只要诊断正确, 稍微多等两天是很重要的。很多人吃第一剂药下去感觉没有效果, 马上就放弃了。其实这很可惜, 因为有时候药在身体里产生效果需要一定的时间。

一个好的中医在开一个方子的时候, 他内心有先天八卦图, 也有后天八卦图。

他要考虑, 如果这个方子吃进去的时间是夏至怎么办, 是冬至又怎么办, 立春之前、立春之后要不要更改, 在一天的什么时间吃效果是最好的。甚至不同的药有不同的作用方位, 比如一味药作用于哪里, 归于哪根筋脉, 大概在什么部位。甚至他还会问你住在你们家的哪个方位, 东南西北哪个角。

以前我听这些内容觉得很迷信, 后来觉得也可能有道理。因为我明显发现在同一个房间, 我在不同的床上睡, 甚至朝不同的方向睡, 我的睡眠质量就很不一样。

因此我觉得, 这可能跟你拿着手机打电话一样, 总有些时候的某些角度, 你的信号会好一些, 某些角度你的信号会差一些。是不是睡觉和做人也是如此呢?

总结一下, 恒卦的关键有两个方面:

第一, 这是一个关于可持续发展的卦, 但你需要保持两种态度, **一个是各自欢喜, 一个是以自信而动。**雷有雷的动, 风有风的动, 因为各自有各自的动, 所以保持了一种不怨恨的动态平衡。这是关系恒久的基础。

第二, 在某些时候, 如果不能动的话, 那么就"以立不易方", 这就是

1　效不更方, 中医治疗的一个基本原则, 即在治疗取得效果后, 不轻易更改原有处方。——编者注

"等而下之"，或者说退而求其次的策略。

　　也许我这个判断不正确，我只能姑且用梁某人的话来说，如果你不能在动态中保持平衡，那么就用你的信念保持你的坚定，是为恒也。

恒

☲ **梁注·观卦小笺** ☲

- 它的第一性作用不是用来占卜的，是用来把玩的，他们在卦辞和爻辞中把玩出人生况味。

- 这是一个关于可持续发展的卦，但你需要保持两种态度：一个是各自欢喜，一个是以自信而动。因为各自有各自的动，所以才能保持一种不怨恨的动态平衡。

- 在某些时候，如果不能动的话，那么就"以立不易方"，这就是"等而下之"，或者说退而求其次的策略。

15

【 巽卦　巽为风 】
顺势而为，让一切自然发生

风在草原上自由地驰骋，
同时还携带着植物的种子，
这些种子借由自然的力量，
让自己的生命得以更加广阔地延展。

巽　卦

小亨。利有攸往，利见大人。

	上　九		巽在床下，丧其资斧，贞凶。
巽 (风)	九　五		贞吉，悔亡。无不利。无初有终。先庚三日，后庚三日，吉。
	六　四		悔亡。田获三品。
	九　三		频巽，吝。
巽 (风)	九　二		巽在床下，用史巫，纷若，吉，无咎。
	初　六		进退，利武人之贞。

《象》

随风，巽。君子以申命行事。

《彖》

重巽以申命。刚巽乎中正而志行。柔皆顺乎刚，是以"小亨，利有攸往，利见大人"。

巽卦，上面一股风，下面一股风，两股风叠在一起，意味着什么？

什么叫"君子的生命形式"？

我们什么时候应该坚持自己的主张，什么时候应该顺势而为？

为什么说《道德经》强调做事情要用随顺的方式，

从而达到"无为而无不为"的境界？

巽

外邪内应，无孔不入

巽为风，两个巽卦叠加，上巽下巽，叠为风。在八卦系统里，巽卦的主题或者说性格就是"顺入"。什么叫顺入？大家可以想象一下风无孔不入的状态。

庄子在《齐物论》里有"天籁，地籁，人籁"一说。当天地间的空气运动起来，就会无孔不入地进入各个孔窍，形成所谓的地籁。风就是这样的状态。

有些人身体内在仿佛有风向，也就是先天体质更接近于风的特征，这些人有一个非常重要的特点，就是很容易被风"侵蚀"。

比如，我曾经见过一个病人，做艾灸或者扎针灸的时候，如果把他的裤子卷到膝盖以上，或者有时候艾灸其背部，他就特别敏感，总是问："你们的门缝是不是没关严，怎么有风？"

后来我们在讨论时发现，有些人怕风怕到很夸张的程度，稍微有一点风，他就会特别敏感。

为什么会对风敏感？其实是因为这个人内在就有风的特性，所以和外面的风容易同频共振，也就容易被风所伤害。

我们说有些人容易被风伤到，有些人容易被寒伤到，有些人容易被热（暑）伤到，等等，风、寒、暑再加上湿、燥、火，这六种外界的非正常自然状况被称为"六邪"或者"六淫"。

为什么人的身体会出现这种体征？原因跟一个人自身的禀赋有关，这就是所谓的"**外邪内应**"。

每个人大体都是如此。**你之所以会被外面的这些东西伤害，很可能是因为你内在就有被伤害的基础。**

就像有些人，别人一个眼神就能伤害到他。别人看了他一眼，他就觉得别人瞧不起他，然后两个人就打起来了，这叫睚眦必报。这其实与他人无关，而是与人内在的自我有关。

我们也常常发现，每个人的笑点、痛点、泪点甚至"气点"都不一样。所以中医讲求"既要攘外又要安内"。如果你容易被风所害，你不仅仅要避风，更重要的是调理内在的体质，让你不那么容易感受到风。

这是一件很有意思的事情，所有健康问题都是从内在开始调整，因为你无法改变外在世界。

有的人容易过敏，比如吃花生也过敏，吹风也过敏，接触花粉也过敏，甚至看绿色都能过敏，对此，中医怎么调？

中医不会要求你完全隔绝这些东西，而是用药、针灸、艾灸，或者用站桩、打坐的方法，调整你内在的禀赋和频率，慢慢地，你对这些就不过敏了。

再举个例子，有些人年轻的时候被分手，留下了一段伤痛的记忆，一直耿耿于怀。当年提出分手的女孩走了，男孩留在原处，从此都不敢看见或听见女孩的名字，甚至和她声音相近的，甚至同一属相、长得有点像的其他女孩，都会让男孩非常伤感、痛苦。

也许有一天晚上，男孩子做梦，梦见自己和那个女孩彻底和平分手了。从此，女孩哪怕出现在他面前，他也不会感受到痛苦了，这就是"外应与内合"。

风其实就是这样的，它是一种"外应"，它会呼应我们身体的内在。

借风的力量，顺势而为

《道德经》里有这样一段话："**天下之至柔，驰骋天下之至坚。无有入无间，吾是以知无为之有益。不言之教，无为之益，天下希及之。**"

无为而治，并不是不做，而是可以借势而做。

如果一粒蒲公英种子要行至远方，靠自己滚动是滚不远的，必须要借势，这就是"驰骋天下之至坚"。

"无有入无间，吾是以知无为之有益"讲的是，要驰骋天下，不是靠马跑，而是要靠"无为"。无为就是足够小、足够轻，可以借风之势而行。这个意象与后文要讲到的君子生命形式是完全契合的。

所以当我们起到巽卦的时候，要问这几个问题：我可以借什么势？我从哪里借势？谁是我的势？什么事情是我的势？

每一个人不一定要在每一个时刻都艰难地踽踽独行。大部分能成就事业的人，总是知道在什么时候能够借什么样的势。

孔子说过："**天何言哉？四时行焉，百物生焉，天何言哉？**"天有什么主观意志呢？它只是在适当的时候给予人间足够的风和雨，然后万物就自然生长了。也就是说，风是一个信使，它可以带来时间、空间、种子，甚至花粉、水蒸气等，让一切自然发生。

我在中欧国际工商学院读书的时候，学到的最重要的一句话就是"Do not make things，but make things happen"，即不是去做事情，而是让事情发生。

风，无孔不入，让一切自然而然发生。所以巽卦讲述的就是"顺着这股力量，让一切自然而然发生"的景象。

那种顺应而行的德行，就像风一样。虽然风不全是很刚强的，也不像金属、木头、土是有形之物，但它可以进入一切孔隙。所以它的行为方式是以阻力最小的路径前进，如"随风潜入夜，润物细无声"。

当一个人起到此卦的时候，他的第一个最内在的启发应该是：我不是一个强对抗性的人，或者说我现在不应该采取强对抗的策略，而是应该顺势而为。

巽卦的卦辞是这样说的："**小亨。利有攸往，利见大人。**"前文曾提到，"亨"也通享受的"享"，是祭祀的意思。对上苍进行一次祭祀，因为有风之势，可以顺风而行，所以利于远行。同时，由于有风之势，也利于拜会大人。

总之，起得此卦的时候，你要去感受正在推动你前进的势能是什么，你所体会的动能在哪里。你所有的行动都不是强意志性的，就像鱼在水里游、鸟在天上飞一样，它们是用重心漂移的方式，感受着水流或者气压，顺势前行，所以它们不累。

我之前在讲《逍遥游》的时候说，"逍遥"是鱼和鸟的意象；逍遥的目的是御风而行，甚至最终在风都没有的情况下，只要心里有风，就可以往前走，"利有攸往，利见大人"。

巽卦上面是风，下面也是风，是双倍的风，更强化了风的这种德性。

"巽"的双重含义

关于巽卦，我曾做了一些训诂学、甲骨文方面的考据，发现很有趣。

"巽"字的本意有两个，一个通"筭（suàn）"，在帛书版《周易》里，巽写作"筭"，也通"算"，意味着所有的选择都是经过严密计算、理性分析之后的结果。

"选"的繁体字是"選"，就是"巽"加一个"辶"，和"算"字是相通的——选择其实是一堆算法的结果。

我有个朋友叫老喻，他提倡"算法人生"，就是人生是可以借由某种算法做出判断的。

《孙子兵法》说，"**夫未战而庙算胜者，得算多也**"。其实你需要做的事情是通过各种力量的对比，计算风力、水利、时间、空间、粮草等，在纸上推演完，能打的都是能赢的，不确定能不能打的就不要打。

很多人都说，为什么《孙子兵法》里没有说孙子打过什么大胜仗？因为他每一场仗都打得简单、直接，没有出奇制胜、以少胜多的情况，他不主张如此，因为偶然性太大，是不得已而为之的，要打就打有准备之仗。

虽然他们派了一百万人来，我们只有十万人，但我可以用这十万人把对方的一万人切割出来，用十万人"吃"掉这一万人，然后把他们的武器全部收缴，或者把部分敌人变成俘虏加入我们的队伍，然后再逐次切割。

要不然就跑，要不然就切。伤其十指不如断其一指，不要用自己的十万与敌人的一百万硬碰硬。这其实就是"选"这个字的本意。

"巽"的另一个含义，站在今天的角度看，我会觉得这个字生生不息，有原始部落的即视感。

甲骨文的"巽"字上面的两个部分，其实是一个象形，是两个人都趴在地上，朝着一个方向，其中一个人在另一个人后面，而且两个人中间由一个东西连着。想想看，这是个什么样的形象？这叫"顺入"。

《易传·杂卦》里说"**兑见而巽伏也**"。"伏而入之"就是"巽"字的古义、本义。

我们在学习《周易》的过程中，既要认识到周文王那个时代的烙印和特征，又要认识到后世的人不断把思想、品格、德性放在其中，使其更加道德化。

从对甲骨文的分析来看，"巽"这个字其实是"二人系于床榻之间"的意象。在那个远古社会，生孩子和生产更多粮食都是非常重要且利国利民的大好事，是"国之根本"。所以巽卦讲的就是，在这样的场景下如何看待"巽"这个字。

何新先生在他的《易经入门》里是这样讲的：巽卦，"小亨。利有攸往，利见大人"，就是可以远行，利于拜会大人。这就是巽卦的主题。

巽为风：六爻细解

初六：进退，利武人之贞。

这句话的意思就是时进时退，这个时候利于武士出行。

九二：巽在床下，用史巫，纷若，吉，无咎。

很多厚德的道德家喜欢用别的方法来解释"巽在床下"这件事情，比如"巽的德性在床"等，讲了半天也讲不清楚。其实原文很直接、很粗暴、很干脆，"巽在床下"就是"作战"，从床上打到床下。"这场仗"打得有点长，巫师在旁边舞得缤纷，这是吉祥无忧的。

周文王在写这段的时候还是一个部落首领，他有名字的儿女据说加在一起有四五十个，没有名字的更多。可以想象，他人生的大部分时间，除了坐监狱，就是"造人"、抓人、抓俘虏。我们之前在《周易的野心》里面就已经讲过这件事情，而这并没有什么可丢脸的。

九三：频巽，吝。

频频作乐，导致身体有点支撑不住了。

六四：悔亡。田获三品。

这句话翻译过来就是：出行的时候很吉利，没有逃亡。狩猎获得三种野兽，打了鹿、牛、熊，诸如此类，所以这一天应该是很开心的。

九五：贞吉，悔亡。无不利。无初有终。先庚三日，后庚三日，吉。

没有逃亡，没有什么不利。"无初有终"的意思就是没有开始，但是有结果。刚开始的时候浑浑噩噩，不知道怎么开始的，但是有结果。

以前出行、打猎是有仪式的：刚开始的时候排兵布阵，做好祭天、祭地的仪式，整套仪式做完了叫"始"；出行、打猎回来再拜一天，这叫"终"。

"无初有终"是说，刚开始出行、打猎的时候，没有特别正当的仪式，匆忙地开始，但最后回来的时候效果不错，还做了一系列的仪式，也算是有结果。

上九：巽在床下，丧其资斧，贞凶。

戏在床下，丢失了一些财产，看来不是很好。

至于后面讲的要顺势而为、量力而行，不要用力过猛，其实是这个卦象的象辞说的。

巽

像蒲公英一样借势

象辞说："**随风，巽。君子以申命行事。**"

后世对这一卦进行了道德化的改写，我们称之为道德化的"转基因"。他们对这一段描写声色犬马的卦辞进行了注解，说那是天子干的事情，那么君子干什么事情？

君子要看见"顺"，看见风。君子感受到顺风而行的德性之后，问自己该怎么办，答案就是"**申命行事**"。"申"就是"接受""引申"的意思，也就是要引申天意或者皇帝、老板的意见，借着他们的态度去办事情，这样阻力会比较小。

古代的大臣有时会处于这样一种状态：对于皇帝的意见，他们不完全同意，他们有可能会跟皇帝讨论，也可能拒不执行，或者在执行过程中擅自调整。他们认为自己是知识分子，有自己的主张。

但是当一个君子看到这一卦的时候，他应该提醒自己：不要有那么多自己的主张，领导说的是对的，或者这一时空或天意是有道理的，只要顺着这股力量往下走，"申命行事"即可。

所以，什么时候该"安静地走开"，什么时候又该"勇敢地留下来"，不是随随便便可以决定的事情，所谓"**君子知位守位，知权达变**"。

什么时候我们要守住格局,什么时候又要主动地采取变革,都是讲究艺术化处理的,需要在很微妙的审时度势的情况下完成。

当你处在巽卦的格局里,最重要的就是要提醒自己:**顺着力量走,就像风一样,或者就像风里面的蒲公英一样,让风把你带到远方。**

蒲公英是借了风势,可以把种子播向极远极远的地方。我们看着辽阔的草原,感受风在大地上自由舒展地穿梭,同时携带着植物的种子。这些种子借由自然的力量超越了自身局限,让自己的生命得以更加广阔地延展。

以上这个比喻说的是,如果你体会到了巽卦的德行及其背后的隐喻,你就知道你现在正面临的决策意味着什么。

例如,如果正好有份工作要把你派到偏远地区,甚至派到国外去,在你正犹豫应不应该去的时候,恰好占到这一卦,那么它是在告诉你:这正是一种很大的力量让你走向远方,叫"利攸往",你可以去。

再比如,如果你正在考虑"应不应该离开这个'渣男'"的时候占到这一卦,那么这个卦象是在告诉你,你的这股愤怒、你对"渣男"的洞见给了你力量,你应该顺着这股力量,离他远去。天下何处无芳草,"渣男"有什么值得留恋的呢?

如果以此卦来问病症的话,就不仅仅是指肝病了,而是"封闭之症",就是痛风、风湿性关节炎这一类病症。

如果以此卦问婚约,问两个人适不适合在一起,卦象的意思则是"夫唱妇随,百年偕老,吉"。

如果以此卦只问一个大概的时局,就是"运途顺遂,百事顺宜"。

在这个过程中,不对抗,接受命运给你的安排,顺势发挥自身的能动性,奔向更远的远方,这便是这一卦给我们的启示。

☰ 梁注·观卦小笺 ☰

- 有些人容易被寒伤到，有些人容易被热伤到，这与自身的禀赋有关。你之所以会被外面的这些东西伤害，很可能是因为你内在就有被伤害的基础。

- 无为而治，并不是不做，而是可以借势而做。

- 顺着力量走，就像风一样，或者就像风里面的蒲公英一样，让风把你带到远方。

巽

16

【 井卦　水风井 】
君子节用, 彼此相互滋养

断水、取水的罐子摔坏这些事情都会发生,
不用担忧, 等待它们自我修复就好了,
终有一天它会恢复如前,
到那个时候, 井水依然清洌。

井 卦

改邑不改井。无丧无得，往来井井。汔至，亦未繘井，羸其瓶，凶。

	上 六		井收，勿幕，有孚，元吉。
坎 (水)	九 五		井洌，寒泉，食。
	六 四		井甃，无咎。
	九 三		井渫，不食，为我心恻。可用汲？王明，并受其福。
巽 (风)	九 二		井谷，射鲋，瓮敝漏。
	初 六		井泥，不食。旧井无禽。

《象》

木上有水，井。君子以劳民劝相。

《象》

巽乎水而上水，井。井养而不穷也。"改邑不改井"，乃以刚中也。汔至亦未繘井，未有功也。羸其瓶，是以凶也。

为什么井卦的上面是水，下面是风？井卦的形成原理是什么？

如果占到这一卦，我们应该给自己什么提示？

当关系变得污浊，两人不再相爱怎么办？

合作无法继续或者组织出现问题，又该如何应对？

时间能否改变这一切？

借由风的力量，取出水

井卦上面是坎卦（水），下面是巽卦（风），此前，我一直不理解为什么这个卦叫"井"，直到有一天我想起以前的一个场景，我突然明白了。

我曾受邀参观一个石油钻井平台。我以前以为，地底下的石油就像牛奶一样。我想象的是，地底下有不同的空间格子，其中一个格子里面全是石油，插根管子进去，一吸石油就出来了。后来我才知道不是这样的。

即使是石油极其丰沛的油田，石油也不是堆放在那里，而是浸润在石头和沙土里。要想让这些石油从石头缝里出来，需要在合适的地方打一口井，并在旁边施加巨大的压力。石油从石头缝里出来，更像是水从毛巾里被拧出来，而不像用吸管从牛奶盒里喝牛奶。

地下水也是如此。地下水很奇妙，比如某一个地方的岩石有很多缝隙，小到眼睛都看不见，而这些缝隙里其实有很多很小的水汽，它们以弥散状态遍布于很大的一个地方。其中有一些地方，由于地形、地壳以及地下的压力差等原因，水汽汇聚起来了。你在这些地方扎个眼，水就会冒出来。

水风井卦讲的是，在一片岩石或者土壤中压力差比较大的地方扎了个孔，于是周围所有的水都向这个被扎出孔的地方汇聚，然后冒了出来，这个地方就叫"井"。

我们看到的是水，但并不知道水冒出来的原因在于水下存在压力差。

穴位也是一种井

曾经有一个中医师告诉我，中医讲的"体内有风"，实际上是说体内各处的压力差不同。我们身体的某些部位是有压力差的，所谓"有风"，不过是压力与压力之间的不平衡。

中国古人的堪舆学所讲的"穴"，可能也与此类似，只不过有些喷出来的是水，有些是石油，有些是天然气，还有些可能是其他物质。

人的身体是不是也是如此？有些部位的能量往上走，有些部位的能量往下陷。中医的很多穴位，如气海穴、溪穴等，可能也是类似的道理。

《道德经》说："**人法地，地法天，天法道，道法自然。**"我们的身体可能就像大地一样，有些部位是压力汇聚之处，人们称之为"穴"。

你去看这些穴，几乎看不到物质，因为它们没有被挖掘出来。就像一个地方，在没有被挖出井之前，它就是一个土地、岩石或土石混合的地方。

类似地，有时候我给自己针灸的时候，能明显感觉到针下去后，气把针往下拖，就像鱼咬饵一样。有时候又能明显感觉到有股气往上顶，扎针

井

以后，过一会儿，针就被身体里的气给顶出来了。

我相信有过这种经历的朋友都知道，水风井一卦讲的就是这样的情况。总有一些地方，因为各种原因汇聚了很多能量，你只要在那儿打个"孔"，能量就会往外喷。你在周边砌上砖或石头以后，就形成了古人所说的"井"，这是井的原意。

千百万年来的因缘际会

井卦讲的就是，下面已经有各种压力在汇聚了，总会以某种方式爆发。

周文王取了这个意象，讲了一个很有趣的故事：改邑不改井。无丧无得，往来井井。汔（qì）至，亦未繘（yù）井，羸其瓶，凶。他说的是，有个地方以前有井，因为有井、有水，大家聚居在这里，逐渐形成了一个村落。后来因为种种原因，大家需要离开这个地方，背井离乡。

"改邑"就是换个地方，但新的地方没有井，于是人们就得回到那个有井的地方打水，所以叫"往来井井"。这件事情没有什么不好的，但也没有什么好的，总之让人感到不是那么爽。

"汔至，亦未繘井"就是去新的地方，人感觉很渴，但又没有人能够开掘出井，甚至碰坏了取水的瓦瓶，所以人很烦躁，这就叫凶。

其实这背后在讲，井并不是想有就有的，是千百万年来的种种因缘际会，才使得这里有一口井。能打出井的地方都很独特，地势、商贸、水文等都得合适。

井卦到底能给我们什么样的启示？我在逐步学习了井的形成过程之后，觉得井真的非常神秘。

井

　　我爱人来自四川自贡，自贡有自流井。当年，在内陆地区，盐是很难得的，但如果恰好打到些井，出现很咸的水，那么经过简单的处理之后，就能产出井盐了。打井可以打出石油、盐、水、天然气等。

　　其实，打井打出来的，都是时间和空间因缘际会的和合。这些因缘际会"储存"在某个地方，在某个合适的时间、合适的地方，你把它们取出来了，于是它们与你之间便会形成一种滋养的关系。

让大地自我修复

　　一旦打出井之后，有时候会喷涌出水或其他资源，于是你对它的关注就会减少，因为它显得如此自然。所以后来很多人在井边喝水、烧火、做饭或取井水洗衣服等，都觉得这是再平常不过的事了。

　　有些人因为习以为常，就离开了，为了心里的其他的愿望，于是会出现背井离乡的情形；有些人离开则可能是被迫的。离开之后人们才发现，曾经祖祖辈辈、生生世世形成的这种滋养关系，对人们来说是如此重要。

　　一旦离开以后，井本身可能会出现很多周折，水会变脏，淤泥会沉积，甚至井水会枯竭。这些都是自然发生的过程，没有哪口井会永远蓬勃。

　　但你只要怀着一颗保育的心，让大地自我修复，让时空自我和合，一段时间之后，它又会重新给予人滋养。

　　这给了我们一个很重要的提醒：在任何一段关系里面，两个人能够天雷勾动地火一般迅速地相爱，是他们彼此之间所受的生活压力、种种过往经历以及父母的教育等，把他们"挤向"对方，所以这段姻缘其实挺难得的。

但有些人并不珍惜已经形成的机缘, 或者会由于恐惧而离开。

学过《周易》的人知道, 断水、取水的罐子摔坏这些事情都会发生, 不用担忧, 等待它们自我修复就好了, 终有一天它会恢复如前, 到那个时候, 井水依然清洌。

有时候要用, 但要节用, 不要过分地用, 并且珍惜当下的一切姻缘。这是梁某人在读井卦时得到一个很重要的启示。

井

水风井: 六爻细解

井卦表面上讲的是, 离开了当年的地方, 但无法改变水源, 所以"无丧无得", 还得经常回去取, 来往不移, 有点折腾, 经常在路上很渴, 但现在的地方又没有可取之井, 以致碰坏了取水的瓦瓶, 令人不爽, 不好。这是关于这个故事的整体描述, 此外还有六小段分别描述了这个场景。

现在, 请你在心里从 1 到 999 取一个数, 然后用这个数除以 6, 你会得到一个余数。如果刚好整除, 那么就是余 6。

每一个我讲的从一到六的故事场景, 或许可以对你正在焦虑、犹豫的事情产生某种有趣的启发或呼应。

我们不是在解卦, 我只是说, 这个场景和你现在担心的事情之间有某种遥远的偶然性。既然今天你正好读到了, 或者你正在想这个事情, 那么这个事情就是有意义的偶然。

第一个故事, 如果你得到的余数为 1, 那么请你在心里想清楚你正在问的问题, 而问题的答案的意象是"井泥, 不食。旧井无禽"。这是井卦的初六, 也就是第一个阴爻。

初六：井泥，不食。旧井无禽。

这句话的意思是，井有污泥不可饮，旧猎井中无兽可擒。

你可以想象一下，什么是你的井？你现在的生活状态，你的感情关系，可能就是你的"井"；你和别人正合作开的一个公司，也是你的井；你的身体也是一口井。

现在这口井有淤泥了，意思就是你想问的事情就像井里的水一样，有泥了、有杂质了，变不纯粹、不干净、不清澈了，或者说你无法尽情畅饮。如果你问的是关系，那代表你无法在这段关系里面获得滋养，所以叫"不可饮"。而且"旧井无禽"，没有猎物可擒，有泥没水，没干货了。

如果你正在想你和某个人的情感关系，立刻想到你跟他现在遇到的各种如淤泥一般的状况——淤滞、不清冽、不流动，且无法从他那里获得滋养，而你又觉得食之无味弃之可惜。这不是正能量，不过，时空会变，任何东西过几天之后就变了。六天之后，情形就不会是这样了。或者你也可以在心里默想着一朵莲花的意象：出淤泥而不染。

所以很多人说，《周易》本质上来说可以变成是一种"心理象数疗法"，**你完全可以借由每一个卦象所呈现的意象，展开一段内在的自我想象。**

如果你觉得某段关系"脏"了，某件事情有"淤泥"了，对此，你可以想象一朵莲花正从你的丹田处逐渐地跨越淤泥而盛开，莲花上有晶莹剔透的水珠正在流动，散射出光芒。然后你悄悄地告诉自己："我要借由这一段有"淤泥"的状态，生出我对这段关系、这件事情坚定的信心。经历过这种困扰之后，我仍然有坚定的信心，就像这朵莲花一样，我会非常美丽。"

这其实就是积极心理学。积极心理学就是一个比喻，你要告诉自己："我正准备让我的哪些东西变成这朵莲花；我的事业、情感关系或身体，如何借由这种冥想的意向达到'出淤泥而不染'的状态。"

其实，世界上并没有一个纯粹干净的地方，对不对？

九二：井谷，射鲋，瓮敝漏。

井里的淤泥都堆积很久了，而且打水的瓮都被摔坏了，即"瓮敝漏"。本来井都淤积了，已经很让人不爽了，现在连打水的容器都碎了；本来偶尔还可以通过某种方式获取情感上的滋养，现在连这个通路也堵住了，此时该如何是好？

方法只有一个：等待。

《周易》里有一个非常有趣的精神意象，就是当某个故事场景很糟糕的时候，你只能趴着、等着。时间会过去，一切都会好。

九三：井渫，不食，为我心恻。可用汲？王明，并受其福。

井水再一次被污秽，更脏了，不可饮用，令我心中悲愁：到底去哪里打水呢？只能找大王，大王明智，靠他的福佑，叫"王明，并受其福"。

第三爻讲的是井水被进一步污染，关系进一步破裂，心中悲愁，只能靠大王了。

你的"大王"是谁？有人说"我的大王就是我的老板"，有人说"我的大王就是我自己"，也有人会说"我的大王是一个姓王的朋友"。是谁这不重要，重要的是你要找一个人，这个人是你信赖的人，然后你去跟他沟通，希望他给你一些建议。

六四：井甃（zhòu），无咎。

到了第四爻，事情进一步发展：井水干涸，也就是说问题不仅仅是脏的淤泥了，而是水直接干涸了。如果以此来比喻身体，那基本上是出现"干燥综合征"，或者眼睛里没有水了，口中也没有水了。这个意象不是很好，但是不必忧虑。为什么？答案在第五爻。

九五：井冽，寒泉，食。

井水重新清冽，泉水寒冷，很好喝。

你看，《周易》就是这样，它不断地给你呈现出一种新的可能性，不断地告诉你，只要你再扛一扛、再等一等，事情就会反转。

上六：井收，勿幕，有孚，元吉。

井水开始"收缩"，但是你不要把井给填了，因为有一天它会恢复的。"孚"字如果放在周文王当年的时代来说，代表有好处，甚至还可能抓到一些俘虏，或者是"有福气""吉祥"的意思。

孔子说过，在鲁国，如果一口老井突然重新喷水，这是一个很吉祥的征兆，说明当地的自然正在自我修复。

大自然有自我保育的功能。可能由于人们开采地下水、凿井，把资源汲取空了，但是大地休养生息一段时间后，随着雨水落地，随着大地系统原本的节奏，水慢慢地又汇聚起来了，接着重新冒出来了，这说明这个地方的风水又重新变好了。

君子节用

井卦最美妙的地方在于，它告诉我们三个含义。

第一，有些地方是老天赐予的。就像井，因为特殊的地形、地貌、地势，在合适的时间、合适的地点，有了合适的资源，但它就像矿一样不可再生，至少短期之内不可再生。所以，如果你有幸打到一口井，你就可以吃很多年。

第二，时空会改变。井在冒水的时候，你可能因为种种原因要离开它，于是你和它之间的关系就远了；又或者一段时间之后，由于水不够充沛，慢慢地井水变得淤塞、污浊，这个时候，你内心要生出一种信心：情况可能还会变得更糟，但它终将会恢复。水将重新冒出来，清洌又解渴。

第三，君子节用。《象》曰："木上有水，井。君子以劳民劝相。"什么叫"劳民劝相"？

"劝"是辅助的意思。一个人正在做一个鲁莽的决定，或者说做一件事情做得"过"了，他的朋友、父母或最爱他的人，为了让他好，跟他说"悠着点，不要用得太狠，把自己的情绪收住，把自己的能量收住，把自己的资源收住，慢慢地释放，延迟做判断"，这种状态就叫"劝"。

"君子以劳民劝相"就是说，东西是要用的，关系是要流动的，你也需要在关系里获得滋养，但是不能用得过分，否则它就会变得污浊，就会没有，要用一用、放一放、停一停，并且不断地培植它，也就是"君子节用"。

井卦讲的是，**对于先天禀赋，或对于已有的资源和很多难得且宝贵的东西，我们不得不用，但是要节用、要悠着用。**

如果问时运，可以说这是水木相生之运，"相助可以成事"，就是说事情是可成的，因为彼此之间还可以相互滋养。

如果问商业，讲的是"利过于本之象"，意象就是说水会涌出来，高于之前的水位，所以应该是有利润的。

如果问家宅，有可能会有水淹之象。

如果问疾病，有"肾水暴溢之象"，可能是尿路感染、积水、脚部水肿等情形，需要抓紧时间调治。

井卦是非常具有启发性意义的一卦。

梁某人在读一些财报、经济类的文章时，偶尔看到国家领导人讲要大力发展国家的科学技术产业，并讲到最重要的是培养科技人才。科技人才其实就像井卦所说的一样，是需要从民间筛选出来的，需要通过一种机制自下而上地把他们"挤压"出来，让他们向上涌。我们要把他们用好，不仅要给他们好的待遇，更重要的是要让他们发挥作用，而不能透支他们，这很重要。

其实整个《周易》给我们的意象，全部都是一些观天理明人事的推演过程。它本来是个自然现象，而一个君子，就是借由对自然的观察，去思考人际关系、人生决策，思考应该如何更符合自然之道，这是非常了不起的一件事情。

学易，可以帮助我们成为与自然更加充分连接的人。

≡ 梁注·观卦小笺 ≡

- 中医讲的"体内有风"，实际上是在讲体内各处的压力差不同。

- 打井打出来的，都是时间和空间因缘际会的和合。这些因缘际会"储存"在某个地方，在某个合适的时间、合适的地方，你把它们取出来了，于是它们与你之间便会形成一种滋养的关系。

- 东西是要用的，关系是要流动的，你也需要在关系里获得滋养，但是不能用得过分，要用一用、放一放、停一停，并且不断地培植它。

17

【 蛊卦　山风蛊 】
传统与创新，心存流动性

风在面对山的时候，
它的态度是先停，
然后转，然后变，最后超越。

蛊 卦

元亨。利涉大川。先甲三日，后甲三日。

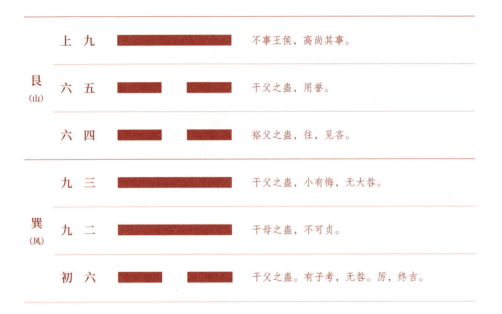

艮
(山)

上 九　不事王侯，高尚其事。

六 五　干父之蛊，用誉。

六 四　裕父之蛊，往，见吝。

巽
(风)

九 三　干父之蛊，小有悔，无大咎。

九 二　干母之蛊，不可贞。

初 六　干父之蛊。有子考，无咎。厉，终吉。

《象》

山下有风，蛊。君子以振民育德。

《彖》

蛊，刚上而柔下，巽而止，蛊。"蛊，元亨"，而天下治也。"利涉大川"，往有事也。"先甲三日，后甲三日"，终则有始，天行也。

为什么蛊卦里会有"利涉大川"这句话？

历史上对"蛊"字的不同理解，对我们解读这一卦会产生什么影响？

如果起到蛊卦，会有什么样的启示？

蛊

山风蛊卦，上卦为山，对应八卦中的艮卦，其卦意、卦德有"限制"的意思；下卦则是充满流动性的风。试想，当具有超级流动性的创意之风猛然闯入高山，被山谷所阻挡，该如何是好？

从卦象来看，这恰似创意、创新、运动、流动性遭遇了制度、传统以及内在的限制，最终陷入停滞。

而气不流动时，就会出现一个非常有意思的现象，叫作"生虫"。

《吕氏春秋》中有句话"**流水不腐，户枢不蠹**"，意思是流动的水，不会腐坏发臭；门的转轴经常转动，不容易生虫。

相反，一个东西一旦陷入某种稳定态，时间长了，就会滋生"寄生虫"。比如，一些没有人住的老房子，常年门窗紧闭，你进去后很可能会发现整个房子生了白蚁和甲虫，最后就会坏掉。房子是因为有人住，才能保持生机；一旦没人住，它慢慢地就会坏掉。

一个公司也是这样。有些公司业务蒸蒸日上，于是某些部门不用努力也活得不错，这就会养出懒人。

美国通用电气公司传奇般的前 CEO 杰克·韦尔奇在《赢》中提到，不管如何，一个公司、一个组织一定要实行某种程度上的末位淘汰制。

不管多么优秀的人，十个或者一百个里必须有一部分人被淘汰。末位淘汰制会产生极其大的压力，最终导致所有人的表现都不错。就像有些脱口秀演员，在残酷的竞争赛中表现优异，而在商业活动中的表现则不尽如人意，远不如在残酷的竞争赛里所表现出来的优秀。

所以我在想，同样的人、同样的班底，为什么在前一种场景中表现得如此之好？可能还是生存压力使然。虽然他们没有说一定要靠脱口秀生存，但一旦进入淘汰赛，人求生存、求进步的欲望就会被激发出来，创造力也会涌现；而一旦没有这些情形，人就会"腐朽"。这很有趣。

根据比较主流的观点，山风蛊卦其实在讲一件事情：因为流动性变差而导致竞争压力变小，不再有自然淘汰，于是生出腐败、"寄生虫"、蛊。所以山风蛊卦描述的就是，当风遇见了山之后气运停滞的情形。

流动性变差会带来很多问题。比如，如果一个公司的股票交易没有流动性了，哪怕它还处在高位，甚至可能还在上涨，那也很危险，因为交易量不涨是不行的。

很多研究股票的朋友都会说"K线图"或"上升通道"、"下降通道"，其实这些词的核心还是交易量。因为交易量没法作假，或者难以长时间作假，尤其是价格处在高位的时候。

此外，我们在《周易的野心》中讲过，邵雍根据《皇极经世》推算，2014年至2023年对应蛊卦。而正好这个十年的末尾，全球被新冠疫情折腾得够呛。当然，也许这是巧合。

我们学《周易》并非为了占卜，而是格物致知，看到某种现象后进行思考。**格物之后才能致知，致知之后才能诚意，诚意之后才能正心，正心之后才能够"修齐治平"**[1]。这是传统中国知识分子的成长策略。但刚开始的

---

1   "修齐治平"，即修身、齐家、治国、平天下。——编者注

时候，一定是格物。所以我们学《周易》的时候，就是要学习看见某个现象之后，去想它到底意味着什么。

这六日，宜做大事

关于"蛊"字，学界有多种解释。我之前分享过《唐朝的黑夜》里的一个故事：古人养蛊物，将各种毒物混在一起，让它们在培养皿里进行杂交，最后产生出超级厉害的毒物。

其实这跟现在实验室里培养病毒是一样的：把这个东西敲掉一点，然后和那个东西混在一起，使之相互"PK"、交配，然后生出新一代病毒，再进行改造……

往大了说，蛊卦预示各种腐败；往小了说，蛊卦暗含各种隐患。

蛊卦的卦辞是：元亨。利涉大川。先甲三日，后甲三日。

所以占到蛊卦的时候，也许你首先想到的是：怎么会起到各种虫和病毒的一卦，但是它的卦辞又为什么是"元亨，利涉大川"？

对此，我觉得可能只有一个解释，那就是这种腐败或问题出现的时候，已经很明显了，逼着人们逃离，到远处去，要"利涉大川"，避开这边。

这一卦对于今天的人们的启示是：此处不留爷，自有留爷处。

"利涉大川。先甲三日，后甲三日"，意思就是甲日之前的辛日、壬日、癸日或者之后的乙日、丙日、丁日这六天是"利涉大川"的。

历史上肯定发生过一次比较好的"利涉大川"的事情，恰好发生在周文王注解蛊卦的时候，于是他就把这一段写了下来，之后形成了历史文物或文化符号，供后人做某种判断。

所以你也可以自己找一本黄历看一下或在网上查一下，今天是哪一天。如果你准备干个"大活儿"，出差也好，远征也好，拍一部戏也好，开启一个大项目也好，即"利涉大川"的事情，可以选择这六天：辛日、壬日、癸日或乙日、丙日、丁日。

我们很难用科学来解释这一切。所以荣格说，《周易》里蕴含着另一种与因果律不同的科学范式。

蛊

如何看待传统与创新

很有趣的是，闻一多先生对"蛊"字有不同的看法。

闻一多先生还参考了帛书版《周易》和盛行的通行本。帛书中，这一卦不是"蛊"，而是"箇"。闻一多先生说："蛊，古也，故也。"意思是说，蛊，是古代的古，也是故事的故。

清代学者王引之在《经义述闻》里也梳理了"蛊"字的源流，其中写道，《尚书大传》里说"乃命五史，以书五帝之蛊事"，"蛊事"犹"故事"也。

所以，曾经有另一派学术观点认为，蛊指的并不是虫，而是一个后来的人写错的一个字，它其实指的是古代曾经传习下来的传统和故事。如果你接受这个观点的话，也许你能够更清楚地理解下面这些爻辞在说什么。

如果你认为"蛊"代表的是虫，那么它就是一个生虫的故事，是一个"流水不腐，户枢不蠹"的故事。如果你认为"蛊"是故事的"故"，情况就变得很有趣了。

今天很多易学大师都想当然地认为"蛊"就是一种病毒或一种虫，这也没错。当大家都相信并且达成共识的时候，它就是有力量的。

但是如果你能够了解这个字以前不是这样写的，你或许能生出一种感慨：我们坚持了那么久的传统，其实也是被人篡改过的，那么我们还坚持这个传统吗？

这个问题恰好也是蛊卦想要讨论的问题：如果把"蛊"字重新理解成古代的古或故事的故，又意味着什么呢？在这个卦象里，如何去看待我们今天所有的创新与传统之间的关系？

很多人都在说要学习中国传统文化，要热爱我们的中华文明，但是我们该如何做才是真正的爱，而不是迂腐的爱？

现在流行的一些中国传统服饰，比如扣盘扣的衣服，其实是清朝满族的衣服演变而来。中国古代大多数时期的日常服装，其实更像是道士、和尚穿的，像浴袍一样，两边奔拉下来，腰的部位拿个绳子绑起来。当你知道了这些，可能就不那么执着于某种特定款式了，也不会觉得自己一定要穿这类服装才叫热爱中国传统服饰。

现在很多讲国学的老师喜欢穿着那种带盘扣的衣服，讲授"上古时期"文化，其实这是有点"违和"的。如果讲上古时期的文化，可能要穿像孙悟空穿的虎皮裙那样的衣服。

所以，对中国古代文化的学习应该是变化的。对于"蛊"这个字，如果今天我们用闻一多先生解释的版本的话，或许有全新的理解。

改名就是改命吗

设想一个情境：一直以来，你已经习惯了某一段感情中的交往模式，比如你负责做早餐，对方负责挣钱；你负责挑选每周出门玩的目的地，对方负责开车等。你们两个人的相处模式已经"传承"很久了，而且你们双方的父母也是这样谈恋爱的。突然，今天出新情况了，怎么办？

再设想一个情境：某个公司曾经在一段很长的时间内延续着他们优秀的公司文化，这个传统甚至变成了某些僵化的制度细节和教条。突然，今天市场变了，公司要不要做出变革？

类似地，有一个特别经典的例子，当年我也算是见证过。大家都知道，谷歌是一家著名的搜索引擎公司。人们对于搜索引擎是有固定的理解的：用知识爬虫去各个网站或者公开数据库里把数据"爬"回来，然后建立分类检索，最后在你搜索的时候，形成的搜索结果会先后排序。

后来由于遇到了人工智能浪潮，谷歌不断扩展业务，收购了 YouTube，之后又开始做无人驾驶飞机、安卓系统，还有段时间做硬件、做手机。甚至还有人说谷歌要做机器人等。

这时候，谷歌发现曾经的做搜索引擎的传统限制了公司的生存，于是直接把公司名称改了，改叫"Alphabet"。

另一家公司 Facebook，也是类似的情况。Facebook 的商业模式其实是把搜索引擎的架构、广告信息进行匹配，与博客空间、个人主页网站结合在一起，形成了人找人的社会关系链、六度空间理论结合的模式。

但是后来走到一定程度的时候，Facebook 认为他们之前的所有故事，阻碍了他们现在做的事情，于是他们给公司重新起了个名字，叫"Meta"。

你看，这些公司大到一定程度的时候，还可以随时改天换命。为了创新，他们连公司的名称都改了。

古话说"名者，命也"，改名就是改命。

"命"这个字，其实是"口"加"令"，所以"口令为命"，就是说你的命是以口令来决定的。今天你要想改掉自己的口令，就是要把自己的命改了。你要从改自己的名字开始。

不过，中国古人就不拘泥于此，也不改自己的名，而是给自己加一个号。

有一段时间我在北京，经常从郊区通过京承高速去国子监上班，所以我打趣地在名片上写着"京承行走"，或者叫"国子监行走"，自我感觉还挺厉害的。

中国古人有名、有字、有号、有别名、有再称，等等；今天的人有自己的名字，还有网名，而且各个平台上的网名可能还不一样，为什么？

因为**不同的名字，其实代表着人不同的版本。生是变化，命是版本。**

山风蛊：六爻细解

初六：干父之蛊。有子考，无咎。厉，终吉。

如果你把"蛊"理解为毒虫，那这一爻就解释不清楚。如果你把这个字理解为古代或故事，这一爻说的就是"遵循父辈的古道，这是为子的孝道。没有灾害，即使有灾害，最终也会吉祥"。其中的"干"是"顺从""遵循"的意思。

九二：干母之蛊，不可贞。

这一爻是说遵循母亲这一辈的故事线行不通。

今天，你怎么看以上两个故事？只能说，那是周文王在那个父权时代，以男性视角所构建的一个故事版本。

九三：干父之蛊，小有悔，无大咎。

第三爻说的又是遵循父辈古道的故事线，他们的传统即使小有过失，亦无大灾害。

六四：裕父之蛊，往，见吝。

第四爻是个阴爻，是说违背父辈的古道向前是有灾害的。

六五：干父之蛊，用誉。

第五阴爻是说，遵循父辈的故事线和他们的传统，会得到赞赏。

上九：不事王侯，高尚其事。

这句话翻译过来就是，不要去服侍王侯，要高尚，去修炼自身的德行。

什么意思？之前一直都在遵循着父辈的传统，到了第六爻，开始变化了：不要遵循一直以来对殷商的侍奉，要培养自己的德行。这是在做什么？其实是在联络诸邦，把自己的"IP"运营起来。

以前周部落祖祖辈辈都是跟着爷爷、跟着爸爸帮殷商抓俘虏，一直得到来自殷商的好处，这是自家的传统，是家族赖以生存多年的故事线。结果到了第六个阶段，不这么玩了，得建立自己的影响力，要与西南地区的羌族部落建立联盟体系。

这件事情给我们的启发就是，我们究竟要如何面对传统，如何保持我们一直以来的生存竞争模式？

学习传统是为了超越

大多数时候，我们都应该认真学习传统，学习父辈告诉我们的东西，即使它们不对，也不会有太大的错误，因为它们是累积下来的经验。

但是这不是目的。

假设把整个事情分成六段，前百分之七八十的时间都在学习传统，都很好。但是那不是我们学习传统的目的，我们学习传统是为了有一天超越传统，有一天要创新，要"革命"。

"革命"这个词来自《周易》，就是改革自己的"命"。所谓的命就是一直以来固定的身体、行为、情绪、模式，一直以来习惯的赚钱方式，一直以来生存的方式。但是，如果你学《周易》学透了，你最后会理解一件事情：终有一天你必须要对自己进行革新。你要从一直以来做的事情里总结经验，然后去开创一条新的道路。

山不转水转，历史就是这样的。

再来说另一个话题：人为什么需要生小孩？很简单，因为我们的身体只不过是一堆肉、一堆骨头、一摊血液，这些只是硬件，而控制我们的是内在的DNA。

有一本书说，我们的身体会在某个时间，比如说青春期，启动DNA的指令，身体内的激素会分泌旺盛，它就会促使你去寻找异性，让你和异性耳鬓厮磨并且产生连接，之后它会下达繁衍指令，而繁衍下一代的过程会产生一种快乐感。

后来的人类有了文明，就把这种快感描述为"爱情"，并赋予了它很多精神上的意义。但究其本质，它是DNA的需求，人需要在恰当的时候把自己的DNA作为一个信息片段复制到一个鲜活的、新的生命里。当有一天老的身体腐朽的时候，DNA还能够在新的生命里继续成长。

地球上绝大部分生命，都是以这种方式在向下传递DNA的。

所以我们面对我们的身体、我们的传承、我们的古老的故事线，我们的态度是什么？这就是蛊卦提供给我们的启示。

从这个层面上来说，把"蛊"理解为虫和古代的"古"，都是统一的。它们都在讨论一个问题：充满活力的、无孔不入的，并且受到压力影响的风，在面临充满稳定性的、代表限制的山的时候，该是什么样的态度？

这是每一个想要保持生命活力的人都会追问自己的问题，在面临这样一种对立和冲突的时候，该如何思考？

一言以蔽之：**先尊重传统，保持一定的稳定性，而后超越传统，心存流动性。**

风在面对山的时候，会在山下打转，随着风越来越多，气越来越多，风会绕过山或者顺着山势往上爬，爬到一定程度的时候，风云化雨，如果爬得再高一点，它甚至会带来雪。

所以风里是有东西的，风不仅具有流动性，风里还有水、有虫、有生命、有信息、有物资、有能量，这一切都会幻化，都会因缘际会地变成不同的东西。所以风在面对山的时候，它的态度是先停，然后转，然后变，最后超越。

如果你占到蛊卦

《象》关于山风蛊这一卦的描述是："山下有风，蛊。君子以振民育德。"

当看见蛊卦的时候，君子应该去提振人民的精神，让人民不要活在舒适区，然后培育他们的德性，走向一个更光明的未来。

其实公司的领导者也是一样的，公司进入了懈怠期以后，激活它一下，甚至刻意进行组织结构重组，做一些人员替换，这样才能使公司保持活力；然后，不断培育尊重传统、但同时又拥抱变化的德性。

如果以此卦来比喻时运，那就是目前好运刚刚开始，需要力图振作，可以一改旧观。

如果问商业，就是说你囤积的货物有可能会腐坏，因为堆积过多，应该赶紧清仓处理，或者运到远方赶紧卖掉。

如果问家宅，那就代表最好整肃门庭，可能家里不正之风大行。

如果问公司的人事关系，这一卦意象就是：人在一个地方待久了之后，就会出现两种情况：一是男人和男人拉帮结派，形成各种小势力；二是男人和女人互相勾搭，出现不应有的办公室恋情。

这些都是员工没事儿干，工作不够多、不够累的时候，自然发生的，所谓"无事生非""小人并举"。如果员工天天加班、冲业绩，哪有时间搞办公室恋情，哪有时间搞办公室政治。

如果以此卦来问疾病，这一卦说的就是要防止有人以蛊下毒。当然了，这有点封建迷信了。

如果问婚姻起到此卦，在《高岛易断》看来，可能有男女私情。

如果要找失物起到此卦，说明物品很可能已经腐坏，找不到了。

有人说《周易》是迷信，我希望我们能够破除迷信，回归德性，回到率性。最终，我们不能仅看那些迷信的部分，看到蛊卦时更要记得，"君子以振民育德"。当我们起到这一卦的时候，这是在敦促大家不要太舒服、不要太安逸，要活动起来，保持活力，然后培育我们的德性。

如果起到蛊卦，我们要告诉自己：面对传统，我们要保持对传统的敬畏，最终借由对传统的学习和传承而超越它，创造崭新的传统。

蛊

梁注 · 观卦小笺

- 格物之后才能致知, 致知之后才能诚意, 诚意之后才能正心, 正心之后才能够"修齐治平"。

- 不同的名字, 其实代表着人不同的版本。生是变化, 命是版本。

- 公司进入了懈怠期以后, 激活它一下, 甚至刻意进行组织结构重组, 做一些人员替换, 这样才能使公司保持活力; 然后, 不断培育尊重传统、但同时又拥抱变化的德性。

18

【升卦 地风升】
沉静与腾升, 积小以高大

所有的客观世界,
同时也是每个人自己的主观世界。

升 卦

元亨。利见大人，勿恤。南征，吉。

	上 六	▅▅▅ ▅▅▅	冥升，利于不息之贞。
坤 (地)	六 五	▅▅▅ ▅▅▅	贞吉，升阶。
	六 四	▅▅▅ ▅▅▅	王用亨于岐山，吉，无咎。
	九 三	▅▅▅▅▅	升虚邑。
巽 (风)	九 二	▅▅▅▅▅	孚乃利用禴，无咎。
	初 六	▅▅▅ ▅▅▅	允升，大吉。

《象》

地中生木，升。君子以顺德，积小以高大。

《彖》

柔以时升，巽而顺，刚中而应，是以大亨。"利见大人，勿恤"，有庆也。"南征吉"，志行也。

你现在是怎样的心情？是欢喜或悲伤，还是有一点点无法言说的忧愁？

为什么中国选择在2022年的6月5日上午10时44分07秒

发射神舟十四号载人航天飞船？

为什么说担忧同时也是一种诅咒？

升

地气上升，植物生长

开始这一卦之前，先想一想：你想要问什么问题？你正面临什么样的决策？你想知道自己最近一段时间的运程怎么样吗？

当你看到这段话的时候，恰好和梁某人要讲的东西遥相呼应。这不是迷信，这只不过是帮助你看见你想了解的东西。

就像我之前讲的，起了什么样的卦，有什么样的结果，如何解读，后来是否应验，这些都不那么重要。你知不知道你正在思考什么事情，这比较重要。

看见自己才是一切的开始。

深深地呼吸几次，让自己的思绪处在相对平稳的阶段，这样的话，你的潜意识会更加清晰；同时，告诉自己，要对自己诚实。

一，二，三……

你想清楚你想做的决策或想了解的问题了吗？接下来，我们开始讲地风升卦。

地风升卦，上面一个坤卦，代表的是大地；下面是一个巽卦，代表的是风，所以叫"地风"，地风为升。

《庄子·齐物论》中写道"夫大块噫气，其名为风"，"大块"是什么呢？就是巨大的土地。

"风"这个字很有意思，地面不同区域之间因气压差造成空气流动，就形成了风。

你有没有想过，气是从哪里来的？有些气是从地底下出来的，是蒸腾出来的热气。

入秋之前会有三伏天，以梁某人的理解，"伏天"就是地底下的阳气和地面的热力相互作用之后，空气发生了热胀冷缩。在这个过程中，热气上升，形成一种热浪。

通常在八月，中国很多地方都会出现很大的降雨。因为地气在升腾过程中，每升到一定的高度，温度就会降低，直到温度降低到某个程度，它就会变成雨降落下来。

这种雨跟台风刮过来的雨不太一样，而是地气升腾之后降下来的，所以是"地风升"。它往往会出现在午后也就是在天气最热、地气升腾得最厉害的时候，开始降雨。而差不多到下午四五点钟的时候，雨就停了，因为降下来的雨水产生了某种降温作用，使地面温度下降，所以雨水就没了。

热腾腾的地气升腾上来的时候，还会顺着植物往上增。

植物的生长，除了靠阳光、雨露，还靠地气。地底下的这种热会让地下的水沿着植物的根系一直往上蒸腾，植物在吸收了地气和"天气"之后，结合自身的 DNA，经过漫长的进化，各自就会长出自己的样子。竹子会长出竹子的样子, 松树会长出松树的样子。

地风升这一卦很有意思, 你可以想象那种场景吗? 大地下面有热气, 有时候会蒸腾出来, 有时候会推动地壳上升。如果某个地方长时间处在地风升的位置, 那这个地方的地壳慢慢就会升上来。

土和岩石中也是有气的, 没有气它们是不会拱起来的。就像我们看见身上的任何包块, 它们之所以能够鼓起来, 也一定是因为里面有某种气堵住了。

升

暗示的力量

我想起了一个有意思的例子。

中国在 2022 年的 6 月 5 日上午 10 时 44 分 07 秒发射了神舟十四号载人航天飞船。当时, 很多网友感到奇怪: 为什么选在这个时间点呢?

有些科普文章说, 这是因为考虑了地球自转和公转因素, 这个时段发射最容易发射上去, 等等。我相信一定是这样的, 选择在这个时间点发射, 一定是符合所谓的 "时间窗口" 的。

但那么精准地定在 10 时 44 分, 而不是 43 分, 也不是 45 分; 是 07 秒, 而不是 06 秒或 08 秒, 总是有原因的。

那天, 我们团队一个有文化的小伙伴, 用我们之前在《周易的野心》里介绍的邵雍的先天起卦法, 把 "10∶44" 这个数字做了整合。

他将 10 这个数字转换成 1 和 0 相加, 得到了下爻; 将 44 转换成 4 加 4, 得到了上爻, 于是他惊奇地发现这是一个卦, 这个卦叫 "地天泰"。

当然, 也许是我们进行了改良, 也许是我们学错了。总之, 用一种我们学来的方法得出，"10：44"对应地天泰卦。

此卦还有一个变卦，就是起了这个卦之后，可能会有某种方式来改变它，让它变成另一个新的卦。变卦的方法，一般是随机报个数字，然后除以6，取余数。

邵雍的先天起卦法也提到过，可以用一个时刻作为变爻。因为神舟十四号载人航天飞船有一个很精准的发射时间，正好是07秒。

用7除以6，余数正好是1。因为总共有六爻，以6为整数，所以"07秒"对应的就是第一爻的变爻。而地天泰最下面这一爻改变以后，正好是地风升。

你怎么看这个故事？你可能有两种想法：一种是，可能有高人指点，人家就是这么算的。另一种就是，想多了，可能这种方法是错的。

其实这都不重要，重要的是借由这件事情，我们获得了非常良好的自我心理安慰和祝福。

你看，国家政通人和，天地交泰。至少在发射载人航天飞船这件事情上起到了"地天泰"，又起到了升卦，肯定能飞得圆满。

有些时候，良好的祝福和暗示本身就具有力量。

同理，在两性关系中，聪明的人会有意无意地对伴侣进行暗示，哪怕是昧着良心的、善意的暗示，时间长了，伴侣就跟小孩儿一样，会根据暗示，成长为他们所期待的样子。

一个不会善意地暗示伴侣的人，当了父母以后，可能也不会积极地暗示自己的儿女，一辈子可能就会因为不懂得用"善意暗示"这个法门，而变成一个默默负重的"大管家"。无论男女，皆是如此。因为他们会担忧，**担忧就是默默的诅咒；相反，期待就是浅浅的祝福**，就是浅浅的积极心理暗示。很多担忧本质上都是一种诅咒，因为你担忧的事情都是负面的。

　　你担忧的事情，会以某种视觉印象投射回接收信息的那个人的大脑里，然后他就会构建一个印象，并有意无意地朝那个方向走。

　　这就是一个心理学效应所讲的：千万不要想象一个粉红色的大象[1]在你的右边。

　　我反复提醒你：粉红色的大象的头不是朝着右边，不是朝着右边，不是朝着右边。现在你脑子里出现了什么？头朝着右边的粉红色大象，就在你的脑子里出现了。

　　终究有一天你会发现，身体之外或世界之外，那种"头朝着右边的粉红色大象"的形象会投射在你的脑子里，这个隐喻会投射在你的生活里。

　　世界可能并不客观存在，或者说世界不一定是以一个完全客观的方式存在，而是以每一个人内在的"大象"投影而存在。因此所有的客观世界，同时也是每个人自己的主观世界。

周文王笔下的升卦

　　周文王所写的升卦卦辞是：元亨。利见大人，勿恤。南征，吉。

　　我们把周文王的人生分成三段来解读。

　　第一段人生：帮人抓俘虏，攻打西南、西北的远房亲戚羌族，把他们变成俘虏之后，用绳把他们绑成一串，奉给殷商。周文王作为殷商的郊区远方代理人，在抓俘虏的时候学习了殷商的先进文化。

　　第二段人生：周文王被抓到殷商都城关押起来，然后他的儿子伯邑考

---

[1]　"粉红色的大象"源于一个著名的心理学实验，具体可参见乔治·莱考夫《别想那只大象》一书，该书中文简体字版已由湛庐文化引进，由浙江人民出版社出版。——编者注

被吃掉。

第三段人生：周文王被放回来之后，天天痴迷于研究"易"，并且鼓动儿子周武王、周公旦一定要完成翦商大业。在这样一个大的故事背景之下，我们来看升卦的故事。

先看"元亨。利见大人"。

"元亨"有两种解释。第一种解释是，这是一种很通达、充和的状态。另一种解释是，"亨"通"享"，"元亨"指的是一次大大的献祭享用，用最宝贵的东西祭拜上苍。

总之，人的心情很好，祈祷的能量很充足，此时利于拜见大人。

对周文王来说，什么是"大人"？一定是殷商的权贵，甚至有可能是商王。拜见了大人后有成果，或拜会完自己心情很好，或听说大人心情很好。总之，缘分不错，所以是"利见大人"。

"勿恤。南征，吉"的意思是，不要害怕，这个时候可以南征。

在周文王要灭殷商的时候，他要"西南得朋"，团结西南方的朋友。但升卦讲述的应该是他抓俘虏的阶段。那时，周文王不需要团结他们，而是需要去消灭他们。抓到俘虏，所以南征吉祥。

为什么我是这样判断的？因为后面的爻辞里有一个非常关键的字，一旦破译了这个字之后，就能够准确地回应这个故事。

地风升：六爻细解

很多人都认为升卦叫地风升，但马王堆汉墓出土的帛书版《周易》里，这个卦的卦名不是"升"，而是另一个字——"登"。

如果我们用"登"这个字来注解和总结整个六爻，更能够说明问题。

整个六爻讲的其实是如何登高、祭祀，如何拜见大人、如何振臂高呼去南征。所以后人把"升"和"登"进行结合，也不是没有道理。

总之，从低处去往高处，大概就是"升"，也就是"登"。

升卦有六爻，也就是六段故事，我们来一一看看。

初六：允升，大吉。

这句话翻译过来是"晋升，是大吉祥"。

就像前面说的，航天飞船起飞的时间点，正好是晋升、吉祥的。

九二：孚，乃利用禴（yuè），无咎。

"禴"字是什么意思？这个字就是用来解开升卦密码的。"禴"在甲骨文里的原意，是从夏朝延续下来的用人祭祀的一种礼节，它是一种献祭。

"孚"通"俘"。很多讲《周易》的老师把"孚"字解释为"诚"，意为"诚信"。但随着越来越多对甲骨文的考据，高亨先生认为，"孚"代表的是俘虏的"俘"，何新先生也认为是俘虏的"俘"。

所以"孚，乃利用禴，无咎"的意思就是，把俘虏用作祭祀是没有问题的，不会招致灾祸。

这一理解影响了我现在看吃播节目的心境，有一次翻看短视频，一个老哥在表演吃肉：一条蓝色的金枪鱼，他把它剖开，一层一层地，从大腹、中腹、小腹到下巴，他分别示范了怎么吃。

比如，他会示范，比较柴一点的、含氧量比较高的红色肉，怎样做成"顺德鱼生"。拌点花生油，加一点姜末，再加一点薄荷，混在一起非常好吃。

我每次看到这样的场景就会想，吃生鱼肉的习惯其实是从古代流传下来的。那么在古代，有没有其他生食习俗？万一古人就吃生人肉呢？幸好我们来到了文明的社会。

九三：升虚邑。

"虚"是个什么地方？就是一个四周凹、中间有点凸的地方，把这块地方围起来，可以用来做交易。

"升虚邑"的意思就是，利于登上一个土坡。在古代，一个人登上土坡只能做两件事情：第一是观察星象，第二是祭祀。

后来，祭祀和战前动员结合到了一起，于是就有人站在高台上振臂一呼，打仗之前先洋洋洒洒地宣讲此次作战多么正义，然后鼓动群众一起呐喊，然后出征。这是人类一直以来的习俗。

所以这一爻讲的就是，登高振臂，一呼天地，鼓动群众。

六四：王用享于岐山，吉，无咎。

这一爻讲的是，可以献享于岐山，做祭祀，不会有灾害。

六五：贞吉，升阶。

这句话翻译过来就是，出行远征吉祥，利于登高。

上六：冥升，利于不息之贞。

"冥"解释为冥冥幽幽中的状态，也就是将睡未睡，差不多在梦中又不完全在梦中的状态。

这些年我们研究脑科学，发现"冥"这个阶段是非常有意思的。人处于睡眠和清醒的临界状态时，特别容易接收一些潜意识层面的信息植入，也特别容易释放一些潜意识中的信息。

这个状态犹如《齐物论》开篇提到的南郭子綦"隐机而坐"，他正处在"似丧其耦"的状态——好像忘记了自己的两个"我"，变成了一个"我"。在那种冥冥幽幽的状态里，他感受到了很多东西。

我们把这个阶段称为一种独特的脑波状态，人在这种状态下特别适合进行催眠。所以，在梁某人看来，催眠并不是让一个人睡着，而是透过各种方式，让人处在既清醒又睡着，好像知道点什么，又不是很了解的状态。

这个时候，人容易受到暗示，别人说什么，你的大脑就容易相信什么；或者别人让你说点什么，你的真实想法就会显露出来。因为在这个时候，你的大脑已经处在一种"意识之门"洞开的状态，这种状态就叫"冥"。

在升卦上六爻的时候讲"冥升"，意思是在这个阶段，你感受到自己整个气息在升腾，你处在一种整个身体和灵魂往上升腾的状态。

庄子在《逍遥游》中讲鲲和鹏，其中鲲是大鱼，突然怒而飞腾为鹏，我甚至怀疑这个意象，是他处在一种冥冥幽幽的状态里，感觉到自己要升腾起来了。

正安中医有一个小伙伴，曾跟我分享一次他站桩的经历。

他说站桩开始的时候，就像一根木头一样，站在那儿一点感觉都没有。后来站到一定程度以后，他才有"提携天地"的感觉，好像自己是一枚钉子，可以稳稳地扎入地里，又有一根绳子可以把天和地拉在一起。他自己站在那里的时候，绝地通天，极其稳固。那是一种很奇妙的生理体验。

我相信他说的是真的。因为我后来观察他在打坐的时候，他的脸上泛着道人的神态，特别优美。

所以我相信有一些人在打坐的时候，能产生"腾空感"，就是人的内在有一种飞升的感觉。

君子以顺德，积小以高大

地风升卦的象辞是：**地中生木，升，君子以顺德，积小以高大。**

这句话的意思是，君子要像一棵树一样，吸收来自地底下升腾起来的力量，吸收阳光的力量，再顺着这个力量逐步往上升。

虽然上升速度可能很慢，但会越来越好，所以叫"君子以顺德，积小以高大"。

有一年，梁某人在筹备太安私塾的时候，突然想，这次上课到底是去广州还是去顺德？于是我随手起了一卦，正好是这一卦，就是"君子以顺德"。

后来，我们去了顺德上课，结果同学们都说很开心。顺德有安藤忠雄设计的美术馆，有午夜两点还可以吃到的新鲜猪杂粥，还有用荷叶、丝瓜和生菜垫底的清蒸桑拿鸡和桑拿鱼。

那一次，大家在顺德都好像有一种在学识上获得了巨大成就的错觉。

得此卦的时候，问时运，得上升之气，运途日进日盛；如果问功名，则是指日高升之象；如果问营商，应该是有逐渐积累、股票日渐高升的情形。当然了，因为这是古人讲的，所以不作为任何投资建议和参考。

如果问婚姻，《高岛易断》中写的是"顺为妇德，以妾作嫡之象"：你在妻妾中本来还不是排名靠前的，但由于你的品行很好，最终荣升正位。当然，现在的婚姻制度已不允许一夫多妻。

问家宅，此卦则指地方现在有点矮小，终有一日可以盖成高楼；或者可以挑空，做成一个比较敞亮的家宅。

问疾病，只要是巽卦为底的，都跟肝火太旺有关，应该顺气宽养。

怎么能顺气宽养？一种方法是，每天早上噘嘴发出"吁"的声音，感受自己肝胆里的污浊之气排出来，想象排出来的都是乌青色的黑气，吸进去的都是明亮、清朗的"天气"。这肯定是心理作用，但心里的想法对细胞和身体仍然会有作用，这点毫无疑问。

所以，如果你觉得肝郁，可以每天清晨起床后"吁"上一会儿。梁某人经常采气和练气，大概能吁两三分钟，我相信自己能支撑每天那么多的课程也得益于此。

升

≡≡ 梁注·观卦小笺 ≡≡

- 担忧就是默默的诅咒；相反，期待就是浅浅的祝福。

- 所有的客观世界，同时也是每个人自己的主观世界。

- 君子要像一棵树一样，吸收来自地底下升腾起来的力量，吸收阳光的力量，再顺着这个力量逐步往上升。

19

【 讼卦 天水讼 】
作事谋始, 仁者无敌

所有的争论、争夺，
赢了也是输了，
因为都是零和博弈。

讼 卦

有孚，窒惕。中吉，终凶。利见大人，不利涉大川。

	上 九		或锡之鞶带，终朝三褫之。
乾 （天）	九 五		讼，元吉。
	九 四		不克讼，复即命。渝安，贞吉。
	六 三		食旧德，贞厉，终吉。或从王事，无成。
坎 （水）	九 二		不克讼，归而逋其邑人三百户，无眚。
	初 六		不永所事，小有言，终吉。

《象》

天与水违行，讼。君子以作事谋始。

《彖》

讼，上刚下险，险而健，讼。讼，"有孚，窒惕，中吉"，刚来而得中也。"终凶"，讼不可成也。"利见大人"，尚中正也。"不利涉大川"，入于渊也。

你我正身处一个充满不确定性的时代，在震荡中，该如何自保？

占到天水讼这一卦，需要注意什么？

当内外交困、矛盾冲突缠身时，

有没有一个万用心诀可以帮你渡过难关？

天水讼的意象：乱哄哄

《说文解字》中讲："**讼，争也。**"用手相争为"争"，以口相争则为"讼"，古人对二者的界限分得很清。《周礼·地官司徒·大司徒》中有言："**凡万民之不服教而有狱讼者，与有地治者听而断之……**"郑玄注曰："**争财曰讼。**"可见，讼卦主要探讨因财物引发的纷争与混乱。

从卦象上看，天水讼，上天下水。在六十四卦方圆图中，讼卦是以坎卦为底座的第一卦。

坎卦象征澎湃浑浊、难以利用的水，称为"坎水"。

以坎卦为基底的卦，其意象大多不太好，比如困卦、讼卦、未济卦、涣卦、师卦、蒙卦、坎卦，甚至是解卦。

我们说下卦为体，上卦为用，当一个人自己的主体是"乱哄哄"的状态时，大抵都不会是好卦。

只看主卦时，就会发现它背后其实是有所指的。这个"所指"就是你自己现在的内心状态、能量状态、情绪状态，是决定你当下状态的根本，也是决定你当下运程的根本。而心烦意乱、闹哄哄的状态，就像黄河水波涛汹涌，是很危险的。

天水讼的意象是：上面是天，下面是水。"天"的品格是高远、向外、向上。很多公司的老板高瞻远瞩，都有一种站得高、看得远的气魄。他们看到的不仅仅是每一天要解决的问题，这些都是手段，是必然会经历的，他们看到的是更远的地方。

从天体物理学角度看，天是浩瀚宇宙中，地球以外的部分。根据大爆炸理论，星球和星球之间的距离是越来越远的，我们距离大爆炸的原中心点也是越来越远的。

其实宇宙仍然处在大爆炸的过程中，宇宙是一直在往外扩散的。因此，如果你站在地球上看天的话，地球以外的星球、空气以及地球距离宇宙中心的位置是越来越远的，整个宇宙是不断往外、往远处膨胀的。

而水是无孔不入、往下渗透的，但坎水又是乱哄哄的，无法行船或有效灌溉，处于沸腾、对抗、咆哮的状态。

所以天水讼的一个画面就是：上卦不断向外扩张，下卦乌泱乌泱的，比火车站还乱，势还向下走。

试想，旁观者看到这样一幅景象，会如何思考？

事情不一定是真, 情绪一定不是假

有一年我去看一套房子，屋子被清空了，只挂了一幅画。那幅画下面画的是波涛汹涌的黄河，上面画的是一望无际的天空，但并不是晴朗的蓝天，让人感觉晕眩。

我当时心里闪过一个念头，觉得那套房子与讼卦相应。于是我就问房地产经纪人："这套房子为什么要卖？挺好的一套房子，是不是房子的主人惹上什么官司了？"

对方一听，当时脸就绿了，他问："你怎么知道？"

我说："碰巧只是一种感受而已。"

他说："要不然这么好的房子怎么会现在卖呢？这是优质地段的优质房产，价值是会一路飙升的。"但价格是外因，如果房子恰好在这段时间卷入官司，即使问题不在房子，而是房主其他事情引发的，也会形成某种奇怪的耦合性。

我当时心里"咯噔"了一下，问了自己一个问题："买吗？"价格还可以，而且那时候还可以申请贷款。

后来我打电话问一个朋友："我感受到了这套房子对应的这样一种气象，但房子本身没有问题。我应不应该买？如果是你，你会买吗？"

如果是你呢？我想问你，如果你知道这套房子的主人正有诉讼官司在身，而你又很喜欢这套房子，你会买吗？可能有些人说不买，有些人说买。

我当时的想法是：就算这件事情不会影响到我，毕竟房子是独立的存在，诉讼也是由房主别的事情引发，但这些心理暗示一旦形成，对我就有影响。

不是这套房子对我有影响，而是我会把买了这套房子之后的一系列可能与人的争吵与房子联系到一起。甚至如果我不小心惹上了官司，我也会将其跟这套房子关联起来。

事情本身是不是科学不重要，是这种心理产生之后，就会有影响。事情不一定是真的，但情绪一定不会是假的。

后来我只能忍痛割爱，没有入手。据说，后来这套房子涨了很多倍。我也没有为此而感到后悔，因为我想这避免了一个让自己不安的事情，我的"心安"还是值钱的。

当然，今天我再来看这件事的时候，会感叹自己那个时候学"易"不精，因为这个卦象不是每一次都是很凶的，它也有吉的时候。

讼是人间一大挑战

讼卦的卦辞是：**有孚，窒惕。中吉，终凶。利见大人，不利涉大川。**

意思是，虽然有可能获得俘虏，但需要警惕。这件事情的中途还算吉利，但是后来是比较凶险的。

如果占到此卦，有利于会见"大人"，就是那些能够帮助你的、能让你成长的、能量等级比你高的人，但不利于跋山涉水去远方。

大致来说，它是一个和诉讼、争抢有关的卦象。其实《周易》里有很多卦都讨论了诉讼、争论的事情，可见讼也是人间的一大挑战。

如果你要想了解早前的生活，其实很简单，你可以去观察一下现在的农村。梁某人对田间一直充满好奇，常常回乡下，听乡下的亲戚朋友描述村里曾经发生的许多故事。

在很久以前，村民爱生很多男孩子，为什么？其中一个原因是村里经常要打架诉讼，生男孩子更有优势。田间引水、羊吃菜、盖房占墙根、借钱等，都可能引发争吵。通常发生这种情况的时候，需要村里的乡绅族长或德高望重的人出来讲讲道理，但是村民总是会站在个人的角度去争论问题，这就是讼的开始。

有人说讼的本质就是"乱也，热闹也，哄哄也"。所以梁某人在讼卦的旁边写了三个字——乱哄哄。

受地缘政治的影响，在后疫情时代，我们可以看见身边以及全球范围内都出现了各种乱象。在这样的情况下，"讼"就会变成一个非常常见的卦象。

人们如果能做到知书达理，是因为都还有点余粮；如果资源变得贫瘠了，各种争论、诉讼就来了。

所以不要简单地只讨论品格和德性，这些都是在有一定保障的基础上才有的。当保障不那么充足之后，那种乱哄哄的情况就会非常明显了。

这时你会发现，政府能够保障民众过上相对有次序的生活，就已经很不错了。

短期的赢家，长期的输家

《象》曰：**天与水违行，讼。君子以作事谋始**。意思是说，天和水各自的方向不同，一个在往上走，一个在往下走；一个想建立次序，一个在制造混乱，于是两者产生了冲突，导致了很多争夺和诉讼。

面对这样的局面，君子做事，在一开始起心动念的时候，就要小心谨慎，这叫"作事谋始"。不是说事情对，你就要做。你要看对的事情是不是对应对的人，并且在对的时间，以对的方式进行。总之，对每一件事情都应该非常小心谨慎。

在这样的心态下，你会发现，很多事情在可做可不做的时候，你会倾向于选择不做，因为你考虑得更多了。

邵雍对这一卦的解释是：天高水深，达远不亲；慎谋退守，敬畏无凶。得此卦者，身心不安，事多不顺，与他人多争诉之事。

此时要小心谨慎地谋划，在面对冲突的时候，要采取退守的策略，要修养身心，谨慎处事。

在面对争夺、诉讼的时候，就算你赢了，你真的赢了吗？梁某人认为没有。哪怕你阶段性地赢了，但你埋下了仇恨的种子，对方总要找机会在别的地方讨回来。所以梁某人常常说，诉讼的最高阶段是庭外和解，是不要起诉。从短期来看你赢了，但长期来看，你还是输了。

一些家务事也是这样的。比如父母和孩子之间，夫妻之间，有的时候会为一两句话吵得天翻地覆。

表面上看，他们是在讨论"你对还是我对"的问题，其实背后都在争——是你比较有权威，还是我比较有权威？是你智商高，还是我智商高？是你代表先进的生产力和生产方式，还是我代表先进的生产力与生产方式？总之，是争论"谁比较高级"的问题。

争论的时候，就算你语速比较快、逻辑比较清晰、声音比较大，对方忍让一下过去了，但你以为他真的忍了吗？他只不过在那一刹那忍了，他总会把这种情绪埋在心中，当某一天你犯了错误，被他逮着的时候，他会连本带利地还给你。

所以，如果有一天你的家人突然莫名其妙地对你发脾气，你立刻应该想到，他可能不是在为当下的事发脾气，而是怒火已经积累到像债务违约的地步，就爆发了。

天水讼：六爻细解

我们来看一下讼卦的六爻。

初六：不永所事，小有言，终吉。

做事情不顺利，有点小小的灾害，但最终是吉祥的。讼卦的初始阶段，虽然不是很顺利，但是事还不坏。

九二：不克讼，归而逋其邑人三百户，无眚（shěng）。

不宜争论，回来的时候，豁免封地农户三百户，没有灾害。

六三：食旧德，贞厉，终吉。或从王事，无成。

要吃老本，出行有危险，但最终是吉祥的。如果为君王做事，则不成功。

九四：不克讼，复即命。渝安，贞吉。

不可争论，叫"不克讼"。归而顺其自然，快乐而安宁，吉祥。

九五：讼，元吉。

关于这一爻有很多分歧，有人解释说是诉讼，但结果还不错；另一种解释说这里的"讼"通"颂"，所以这一爻说的是吹捧、歌颂，一切都很好，是吉祥的。

你认可哪一种呢？如果你认为诉讼的"讼"可以转化成歌颂的"颂"，那还有什么不可解决的问题呢？比如，今天你占了讼卦，有人说"讼"这个字通"颂"，于是你把所有跟别人的诉讼瞬间转换为歌颂，就逢凶化吉了。

这让我想起一句特别有用的"咒语"，很适合在家里用或用于比较亲密的朋友，尤其跟爸妈说话的时候。这个方法能够化一切烦恼，渡一切苦厄。

每次你爸妈骂你的时候，哪怕你有一万个不乐意，你先说一句"你说得对"，然后再把与他们不一样的意见表达出来。"你说得对"这句话非常重要，百试百灵。

所以，有人说讼卦第五爻的"讼"通"颂"，所以得"元吉"，我觉得还是能给人启示的。

上九：或锡之鞶（pán）带，终朝三褫（chǐ）之。

君王赏赐了一条用来穿在身上配玉的衣带，上朝的时候他亲自为你佩戴上了，但是早上脱落了三次。你怎么看这个现象？

讼卦第六爻本质上是在讲关于诉讼的六个场景，但最终说的是，如果你能够正确对待争吵，是有可能逢凶化吉的。**而正确对待争吵的方法就是化讼为颂，把争论变为表扬。**

很多人说，对家里人可以这样做，但对坏人也这样做吗？为什么不可以呢？很多时候，你认为对方错了，其实只是你认为而已。没有什么事情是完全只有一方错的。

如果你与对方意见有分歧，在争论之前，你先表达一下：虽然我不完全认同你，但是，第一，我允许甚至是期待你真实地表达自己。第二，尽管我们的意见分歧很大，但我觉得如果站在你的角度，你的所思、所言、所行也是合乎一定道理的。虽然你不一定对，但我在情感上理解你。如果你能这样做，最后双方都不会情绪激烈。

这个世界是以和为贵的，一旦去争论，上升到争输赢的地步，最终会反噬自己，哪怕你赢了。

《道德经》第七章说："**天长地久。天地所以能长且久者，以其不自生，故能长生。是以圣人后其身而身先，外其身而身存。非以其无私邪？故能成其私。**"

意思是，天地之所以能长久，是因为它不会先考虑自己，它能够比较主动地先往后退半步，这叫"圣人后其身而身先"。先妥协半步，反而能掌握事情的主动权。

以前我和吴伯凡老师在《冬吴相对论》里讨论过一个话题：两个人吵架，谁先道歉谁先赢。

"圣人后其身而身先，外其身而身存。"让自己置身事外，不要过度投身在利益冲突的任何一方上，要变成"第三者"来看问题，你就很难被伤害到。因为这种身心状态表达出的是一种无私的情绪感，有时反而对你更加有利。

用《道德经》第七章这段话来注解讼卦，特别相应。当你处在争论的情绪里，你身体内的内啡肽、多巴胺等激素，以及"愤怒激素"、血清素会增加，你的脉管会扩张。这时候，一个声音会告诉你：兄弟，读《道德经》吗？兄弟，读《周易》吗？兄弟，所有的争论、争夺，赢了也是输了，因为都是零和博弈，你要学会双赢博弈。

在对抗和冲突中，如何自处

如果你起到讼卦，你的第一个想法可能是：我可能正处在一种乱哄哄的局面中，可能我正落入一种强烈的对抗、冲突、混乱中。越是在这种时候，越要保持冷静；越是在这种时候，越要学会置身事外；越是在这种时候，越要学会退身求成。

"仁者无敌"也是对这种情况的一个注解，也就是不要有太强烈的对立情绪。

往大了说，作为一个热爱历史、热爱《周易》的人，对于中国文化的复兴，对于中国的崛起，梁某人有百分之一万的信心。但我们一定要看到，这个过程是缓慢的，甚至是有波浪和起伏的。所以，我们一定要把时间周期放长了来看，否则很容易在震动中迷失方向。

"看见方向，看见波浪"。抛开小情小爱，不讲家长里短，以现在的世界格局来看，我们每一个人都不要在网上有意无意地挑起我国和他国之间的冲突。这不见得能彰显我们的智慧。我们要争取更持久的发展。时间越长，对我们越有利。

我比较喜欢《高岛易断》里天水讼的占断，我觉得很有意思，仅供参考。

如果问战争，天，乾也，乾为刚武；水，坎也，坎为寇盗。两军相违以致相战，有可能会发生擦枪走火的事情，所以需要特别小心。

如果问营商环境，大致是由于价值观、态度以及周边环境的变化，雇主和员工之间、股东和股东之间、政府与企业之间、企业与企业之间、投资人与被投资企业之间，都有可能出现很多的诉讼状况。这个时候一定要冷静，要多站在对方的立场考虑，以和为贵，不要让事态升级。

如果问功名，结论是要小心有口舌之争。现在很多人会把功名转换成数字，比如粉丝数、流量等，但不是说粉丝越多就越好，到了一定量的关注度之后，是非就多了，再好的自媒体都可能因为体量太大而没法独善其身。

如果问婚姻，结论是还可以，因为男女各有各道。但梁某人认为，如果以此卦喻婚姻，女方性格应该不太温柔，而且比较唠叨。男方有大男子主义倾向，而且不着家、不着调。对于这一卦，梁某人的解读是，这一个不着家的男人和一个比较嘴碎的女人的组合。

如果问健康，有两种情况：

第一，上半身容易出现上火的情况。比如眼睛通红、声音沙哑、耳道出油、头顶冒脓、口舌生疮、咽喉肿痛、心肺失调，这叫浮阳外跃[1]。

第二，下半身容易出现肾水浮肿的情况。具体表现为手脚开始水肿、小便失调、湿气过重，以及下半身容易感觉到冷等情况。有的人穿上袜子后，突然发现整个袜子都湿了，脚底湿气很重。

如果以此卦来问最近的失物，根据高岛吞象所说，此物本在高处，坠入水中不可复得，恐大有口舌之争。

如果你问："我丢失的是我男朋友，怎么办？"那么恭喜你，你的男朋友从"高处"掉到"水里"了。当然他不是真的落水，你可以想象一下，他在什么样的"高处"，他会落入什么样的"水里"。

越是这样的卦象，人越需要保持乐观和冷静。《周易》不讲好坏，只是告诉你要转念，把讼转为颂，把诉讼转为歌颂，这样你才能够把霉运送走。

你以为这是一种虚假的正能量吗？不是，梁某人试过很多次了，我发现真的很有用。

1　浮阳外跃，中医理论中的一种病理状态，表现为阳气无法固守体内，而是浮越于上或外，通常与阳气虚弱、阴阳失衡有关。——编者注

☰ 梁注·观卦小笺 ☷

- 君子做事，在一开始起心动念的时候，就要作事谋始。要看对的事情是不是对应对的人，并且在对的时间，以对的方式进行。

- 如果你能够正确对待争吵，是有可能逢凶化吉的。正确对待争吵的方法就是化讼为颂，把争论变为表扬。

- 两个人吵架，谁先道歉谁先赢。要让自己置身事外，不要过度投身在利益冲突的任何一方上，要变成"第三者"来看问题，你就很难被伤害到。

讼

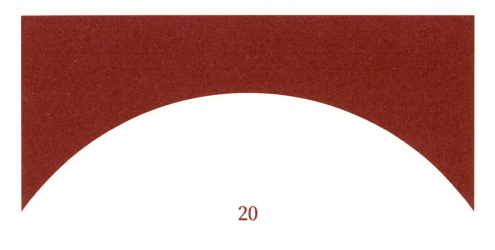

20

【困卦 泽水困】

痛而不苦, 困而不惑

在困局中时，不折腾，
不原地打滚，不怨天尤人，是最好的选择。
要"痛而不苦，困而不怨"。

困 卦

亨。贞，大人吉。无咎。有言不信。

上 六		困于葛藟，于臲卼，曰动悔有悔，征吉。
兑 (泽) 九 五		劓刖，困于赤绂；乃徐有说，利用祭祀。
九 四		来徐徐，困于金车，吝，有终。
六 三		困于石，据于蒺藜。入于其宫，不见其妻，凶。
坎 (水) 九 二		困于酒食，朱绂方来，利用享祀。征，凶，无咎。
初 六		臀困于株木，入于幽谷，三岁不觌，凶。

《象》

泽无水，困。君子以致命遂志。

《彖》

困，刚掩也。险以说，困而不失其所。"亨"，其唯君子乎。"贞，大人吉"，以刚中也。"有言不信"，尚口乃穷也。

如果你发现自己正处在困局中，该如何是好？

面临困难时，我们可以保持什么样的状态？如何才能够出逃？

要等到什么时候才能出逃？逃是唯一的选择吗？

如果人生没有方向，犹如在下着瓢泼大雨的黑夜行走在一条新路上，

你该如何前行？

兑上坎下，是为"困"

从天象上来说，在困卦对应的时间段，很多地方都会出现大雨滂沱的景象。

你可以想象这样一种情形：天下着大雨，你身处于汪洋大海中的一座孤岛上，这座孤岛上有很多水塘，泥、水、石混在一起。

当一个人处在这样的场景里，会有什么样的心情？听上去很糟糕，对不对？人生也好，四季也好，人总会遇到这样的场景。

这样的场景不是问题，如何在这样的场景里生存下来才是问题。

这就是兑上坎下的困卦。兑指的是沼泽的"泽"，坎指的是很难逾越的水。

我们现在说的很多字可能都来自《周易》。当人们特别想躺下睡觉的时

候，会说"困了"。"困了"的意思是，身体已经不允许你再折腾了，连想都不要想了。你就躺下来，保持安静。

一个人在困了的时候，唯一应该做的事情就是去睡，然后等待时间的流转，等待在静止中，天地给你重新注入生机。

"困"听起来很糟糕，但比这个更糟糕的情况是，你明明该睡了，却还不困，这才是真的苦。一个人在该困的时候困，其实并不是一件很糟糕的事情。

所以困卦的卦辞说：**亨。贞，大人吉。无咎。有言不信。**

如果你觉得自己正处在人生的某个困顿阶段，或许可以从这句话里获得某种力量。

困局之下，保持底线思维

"亨"可以理解为气血还在运行，也可以通"享"：指奉献出自己所喜欢的东西，让天享用，或把自己当作牺牲品敬献给上天享用，从而让上天保护你。

这个时候，保持你的信念可得吉祥。

"贞"有两种意思，一种是保持你正确且正当的信念，另一种是保持你做人的底线。

梁某人个人觉得在这一卦里，"贞"应该更倾向于指保持正确的信念和底线。什么叫"底线思维"？就是当你不知道做什么的时候，总有一些事情你怎么做也是不会出错的。

每年太安私塾面试的时候，总会有人来和我说："梁老师，我觉得我现在最大的问题是没有方向，我不知道应该做什么，该做的一些事情也做了，也发现了很多事情自己确实做不了，但也不知道自己应该去哪里。"

我通常都会对他们说："**当你不知道去哪里的时候，你应该有底线思维，那就是做不会错的事**。"

于你而言，总有些不会出错的事情，比如让自己变得健康一点、让自己变得好看一点。这些事虽然不见得符合人生大愿景、大使命、大格局，但总是不错的。你以后不会为自己在这个阶段让自己变得更漂亮、更健康而感到后悔吧？

所以，保持这类底线思维是很重要的。当你有这样的状态时，我们称之为"吉"，即所谓的"大人吉"。

什么叫"大人"？前面提到过，其实它还有很多种解释，其中一种是指成熟的人、长大的人，他不会像小孩子一样，总是要求自己成为一个伟大的、正确的、勇敢的、了不起的人物。

通常，一个真正的大人的心理模式是：如何做"不太错"的事情，能够一辈子都"不太错"，最后累积下来的复利效应还是不错的。

我喜欢打一种牌，叫"锄大地"。"锄大地"有个特点，如果剩八张以上的牌，积分就加倍；剩十张，就乘以三；如果一张都没有出的话，就要乘以四了。

打牌的秘诀不在于赢，而在于每局都尽可能少输。只要你每局都只在八张牌以下，而且你也没有加"杠杆"，最后算总账的时候你会惊奇地发现，你居然没有输，甚至还有可能赢。

巴菲特说，投资股票的秘诀就是不要加杠杆，不要输。"不要输"的意思就是不要输得太多。

在股市里，如果你能够保持"不要输太多"的节奏，也许人家爆仓了，最后你还能接手一大堆便宜的股票。当然这是需要花时间等的，要有一种"挣慢钱"的心态。在这种状态下，如果你不折腾的话，就是"无咎"的，不会有太大的灾害。

所谓"有言不信"，就是说有人可能会对你做出某些承诺，但你不能轻信。**一个"大人"最重要的原则就是不要随便做出承诺。**

梁某人年轻的时候常犯的错误就是总爱做承诺，做了承诺以后，自己却很苦，自己把自己绑架了。

有些人很喜欢做承诺，但是兑现承诺的概率很低。作为一个成年人，我们知道自己承诺的大部分事情都做不到，那就该少做承诺，这样才比较好。降低期望值是获得自由的唯一通路。

计百年不计一日

总体来说，困卦的意象就是：暑热天里下着大雨，在一个满是沼泽的地方，你已经觉得举步维艰了，但发现如果再往前冲，会遭遇一片波涛汹涌的大海。此时你会怎么做？

曾经有人问我："你的人生观是什么？"

我说，我的人生观大致是这样的：在一个大雨滂沱的黑夜，我知道再往前面跑，也不一定有凉亭，也不一定有挡雨的地方，但在雨中我还能干什么？我会向左边跑五十米，再往右边跑八十米吗？不会。我只会按照本来应该走的方向，顺着脚下的路，慢慢往前走。

走不动了，就停一停，反正雨是不会停的。

如果人生有所谓的剧本，那你奋斗的方法是什么呢？无非是走每一步的时候，不要把脚崴到，仅此而已。

大雨还在下，你还能做什么？这不是向命运低头，而是了然——这样的困局是命运的一部分，是不可脱离的一部分。

《象》曰："**泽无水，困。君子以致命遂志。**"这句话的意思就是，在困顿的情况下，君子的态度应是"致命而遂志"。

《高岛易断》说："**盖命在天，志在我，时当困穷已极，无可奈何。命则听之于天，志则尽夫在我，为道谋不为身谋，计百年不计一日。**"

环境已经让你举步维艰了，用李宗盛的歌词来说就是"往前看、往后看都有点吃力"，这个时候，你要慢慢地顺着路走，但同时心里要有方向，心里要有光。

困

当外界提供不了你所需的帮助和温暖的时候，你自己内在要有热情，自己要把握内心的志向，这才是在无可奈何的境况中唯一的一束心灯。

这就是"命则听之于天，志则尽夫在我，为道谋不为身谋"。

在这个时候，你该关心的不是自己的物理世界，你的身躯、你的物质世界、你周遭的日常环境，这些暂时都不要考虑。唯一支撑你的只有你内心的那一点点对希望、信念的坚定，这叫"为道谋而不为身谋"。

"计百年不计一日"，就是说你做的事情，在当下可能没有什么意义，但在将来总是有某种意义的吧。

这让我想起钱穆先生，当年在抗日战争时期，他作为一介书生做不了什么事情，于是回到江南读书，开始做学问。当时他研究中国历史、老庄通辩。在那样的一个乱世里，研究这些有什么用？可能没什么用。但在八九十年之后，他温暖了一个叫梁冬的年轻人的心。你说他的研究有没有用？

当我读到钱穆先生在抗日战争期间的这段故事，感受到他做学问时的

那种精神以后，我非常感动。我在想，他就是真正的知识分子，"达则兼济
天下，穷则独善其身"，特别美好。

钱穆先生那时候还引述了南北朝时期道教学者陶弘景的一首诗：

> 山中何所有，岭上多白云。
>
> 只可自怡悦，不堪持赠君。

诗的大意是：我躺在湖中的小船上，看着天上的日月和朗朗乾坤。白
云非常美，我什么都没有，我只拥有这片白云，但是我无法把它送给你，
只能够愉悦我自己。

天地、日月，是没有办法赠予别人的，因为你需要有你的接收器。它
就在那里，当你有了接收器以后，你自己也就可以拥有这一切。

这就是一个在极其困顿的境况之下的人所拥有的价值。

读书有什么用？读书能帮助你在困顿的时候，保持一种跨越百年的心。

安心于命，痛而不苦

高岛吞象对困卦的解释是，如果起到此卦，问时运叫"困穷至此，宜
自安命"：已经困顿到这个样子了，只能够把自己的命安顿好，把自己的心
安在命里，即所谓"安心于命"。

我常常给别人分享一个经历，因为我觉得很重要。梁某人患有痛风。
在痛风来的时候，我经常做的事情是"数息"，去体会这种痛是怎么一阵阵
地来的，痛还会有节奏，有时候比较痛，有时候没那么痛，痛和痛之间还
会随着心跳、呼吸发生变化。痛着痛着，听着听着，观察着观察着，也就
不觉得很苦了，我甚至会被这种节奏"牵引"，觉得它很有意思。

痛和苦是两回事。如果你有兴趣的话，甚至可以用鼓点去"追随"痛的感觉，痛就变成了玩。

每一次痛风，我都知道是因为我两三天前喝酒了、吃火锅了。我选择了想跟我吃火锅的人，也知道吃完以后会痛，所以也就忍了。虽然痛，但心里不苦，这就叫"致命遂志"，也就是命在天，志在我；痛在天，乐在我。

一个人在困顿的时候，身体在物理上可能处于一种困顿的环境中，而在心理上，完全可以借由自己的心智模式进行调节，实现"痛而不苦"。

泽水困：六爻细解

接下来，我们来看困卦每一爻的故事。

初六：臀困于株木，入于幽谷，三岁不觌（dí），凶。

你被荆棘丛困住，这时候你还踏入深山之谷，怎么办？等三年，你才有可能随着天地变化逃脱出来。

如果这时候你正在想着自己的股票，或正在想着自己的事业，又或正在想着自己的婚姻、亲密感情，你恰好看到了梁某人说的这段话，心里会不会"咯噔"一下？

这句话的关键词是"等三年"，当你有一个"等三年"的信号时，你瞬间就觉得轻松了：一共有三年的时间，万一三年之内就解决了，你还会觉得自己赚到了。

所以慈悲的占卜师可能会跟你说："你这个命苦啊，到四十岁……"

你问："到四十岁就好了吗？"

"不，到四十岁你就习惯了。"

所谓的人生，无非是对长期主义的坚守。对吧？

九二：困于酒食，朱绂（fú）方来，利用享祀。征，凶，无咎。

人在受困的时候，其实是受困于不同的东西。你可能受困于身旁的荆棘丛，你也可能受困于那些美好的事物。这一爻所说的困难就是困于酒和食物。

这时候，可以做的事是"利用享祀"，也就是有利于去做祭祀。当一个人实在困顿、别无他法的时候，去做祷告总是有点好处的。

这时候，你就不要向外做任何努力了，这很凶险。

这一卦讲的就是"征，凶"，一折腾，就是苦。与其出征，不如修炼自己，锻炼身体，没有折腾就没有伤害。

六三：困于石，据于疾藜。入于其宫，不见其妻，凶。

受困于石头的枷锁，哭号于荆棘丛中。回到宫中的时候，连老婆都不见了，情况不妙。那个你最爱的人、最听你话的人、最让着你的人，不见了。折腾吧，连老本儿都没了，情况不妙。

九四：来徐徐，困于金车，吝，有终。

徐徐而来，被锁在金属做的车里，不太好，但最终会有结果，等着吧。

九五：劓（yì）刖（yuè），困于赤绂；乃徐有说，利用祭祀。

劓刖是一种刑罚，就是把鼻子割掉，只留下两个孔。这种刑罚很残暴，鼻子被割掉之后，人是不会死的，脸上留两个洞，比宫刑仁慈一点，但是很难看。在古代，如果看见一个人没有了鼻子，就知道这个人受过刑罚，他可能是个坏人。

把鼻子割掉，被红巾所束缚，叫"困于赤绂"，此时徐徐地、慢慢地来，可以获得解脱，此时只能祭祀。

上六：困于葛藟（lěi），于臲（niè）卼（wù）；曰动悔有悔，征吉。

被葛藟这种藤绑着，有巫师告诉你说，动静均不利。这时候，无论是在原地安静地待着，还是在原地挣扎、奋斗，都没有用了。三十六计，走为上计，要赶紧跑掉。

这是困卦的最后一爻。通常，一个卦的最后一爻指明了整个卦格局的最后方向、变化趋势。因为卦象是从下面的初爻往上走的，通常到了第六爻的时候，代表了反转或"穿透"的可能性。

很有趣的是，很多卦都有这样的特征。比如前面讲的坤卦也是这样，最后一爻是"利永贞"，就是利于远方出走。你在以前所熟悉的地方已经完全没有出路了，环境变了，天气变了，甚至气候都变了，怎么办？你还在原地挣扎吗？事实上，你这时候唯一能做的事情就是离开这个地方。

子曰："贤者辟世，其次辟地，其次辟色，其次辟言。"

最顶尖的人若看到环境或时代不适合生存，他们就会找个地方，把自己封起来，让自己"入定"，坐个五十年或八十年再出来，到时已改天换日。

如果你躲不开这个时代，你就躲开某个地方；不行的话，就躲开某些人的脸色；实在不行，你就躲开某些言论，不要受到言论的影响。总之，这一卦说的是在退无可退的情况下人的无可奈何。

我认识一个朋友，早些时候，他一直在外面流浪，从上海到了外地，又从四川到了云南，荡了一大圈。那时正经历疫情，很多人在上海都在经历困顿，经历疯狂，最后居家隔离；而他当时在外地吃着烤乳猪、茉莉花炒蛋，喝着虫草花冲的咖啡。

这是一个对人生的比喻。不一定是疫情，还有很多事情都可能会这样，当你到了"底部"，到了实在无奈之处，你什么都不要管了。当你发现情况不对的时候，你为什么一定要卡在那个地方呢？

再拿投资股票来说，此时你应该留点本钱，不要再投资股票了，不要把钱拿出来之后再投一只，那是原地折腾，此时动静皆不利。你应该去做一些长期主义的、有价值的事情。比如你把钱拿出来投资在对自己的教育上或投资在自己的健康上，总是不错的吧？

有人问过巴菲特：人世间最好的投资是什么？巴菲特的回答一直都是：投资在自己身上，让自己健康，让自己快乐。

少做事，多做梦

困

如果以困卦问人事，表明当下困在时局中，风雨飘摇，诸事难为。

如果问感情，则是感情尴尬，进退两难。

如果问生意，则是买也不对、卖也不对，做也不是、不做也不是，要防止囤积的货物霉变，或防止"囤积"的员工因无聊、无事而生非。

如果问投资，则是"谋一时当谋百年"，也就是去看看那些五年或十年之后大概率还存在的公司。否则买不买、卖不卖，折不折腾，意义都不大，徒增烦恼罢了。

如果问疾病，大致就是，有些病不一定非要治疗。

梁某人自己开诊所，看过很多这样的个案，自己也有类似的人生经历。有朋友说，德国有个××技术，英国有个××转基因药，苗族有个××老神仙，西藏有个××神人……要不要去试试？实际上，这大都是折腾。

与其瞎折腾，不如怡情达至、顺天修命，该吃吃，该喝喝，吃得健康一点，去一个山清水秀的地方，放下手中的所有事情，不要带手机，把自己的人生想明白了，可能反而更好了。

在梁某人所见的案例里，因为这样做而变好的概率，比瞎折腾往往还高。

所以处在困局中时，不折腾，不原地打滚，不怨天尤人，是最好的选择。等待一个合适的机会，"跳出三界外，不在五行中"，不受困于时空，这便是好的。

整个困卦的核心是"君子以致命遂志"，翻译过来就是，少做事、多做梦，或不做事、多做梦。

你是不是觉得这样的表达很负面或很消极？那我换一个说法：如果你受困于当下，发现什么事都做不了，这时候，你也不要放弃自己做梦的权利。

这种表达听起来是不是积极多了？

这就是困卦。困卦所表达的意象是人生不可能不体验的困局，早晚会遇到。面对这样的情景，抱怨是没有任何意义的。因为你受困的时候，别人也在困顿中挣扎。所以在这个过程中，要痛而不苦、困而不怨。

☲☲ 梁注·观卦小笺 ☲☲

- 一个人在困了的时候，唯一应该做的事情就是去睡，然后等待时间的流转，等待在静止中天地给你重新注入生机。

- 当你不知道去哪里的时候，你应该有底线思维，那就是做不会错的事，比如让自己变得健康一点、让自己变得好看一点。这些事虽然不见得符合人生的大愿景、大使命、大格局，但总是不错的。

- 如果你受困于当下，发现什么事都做不了，这时候，你也不要放弃自己做梦的权利。

21

【 未济卦　火水未济 】
身处困顿, 君子以慎辨物居方

涉世不能无险,

在困顿中的人,

冲出去一定是艰辛的。

未济卦

亨。小狐汔济，濡其尾。无攸利。

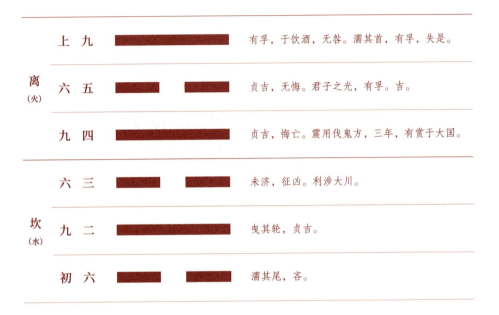

	上 九		有孚，于饮酒，无咎。濡其首，有孚，失是。
离（火）	六 五		贞吉，无悔。君子之光，有孚。吉。
	九 四		贞吉，悔亡。震用伐鬼方，三年，有赏于大国。
	六 三		未济，征凶。利涉大川。
坎（水）	九 二		曳其轮，贞吉。
	初 六		濡其尾，吝。

《象》

火在水上，未济。君子以慎辨物居方。

《彖》

未济，亨，柔得中也。"小狐汔济"，未出中也。"濡其尾，无攸利"，不续终也。虽不当位，刚柔应也。

未济卦与什么样的身体状况有关？

为什么说上火之后不应该喝寒凉的东西来"灭火"？

未济卦对应生活中的哪些现象？起到未济卦，要提醒自己什么？

如果你身处困顿，并发现自己的能量已经阴阳离决，你该如何突围？

未济

上火的假象

根据邵雍的先天八卦图，未济卦接在困卦之后。困卦讲的是，一个人困在某个时空里的时间太长了，到第六爻的时候，要走出去。

未济卦对"走出去的过程"做了某种回应。

我们先来看这个卦的卦象，上离下坎：上面是一个离卦，也就是火卦；下面是一个坎卦，也就是水，所以又叫火水未济。

想象这样一个情景：下面是一大潭水，上面是火焰，这会形成什么样的情形？火在上面，水在下面，此时，水和火的处境都是很艰难的，至多是表面的一点点水被火所炙烤而蒸腾。

如果水在上面，火在下面，又会怎样？其实以上两种情况正好是两个卦：在《周易》里，上面是火，下面是水，叫"未济"；上面是水，下面是火，叫"既济"。

一个人身处困境，他的贵人、朋友要接济他，"济"字可能就来源于此。接济——用"济"来接困卦，但能不能接济成功？能不能增加流动性？我们要看它的发展规律。

总体来说，未济这一卦不是特别好，因为它讲述的是事物之间不能够很好地"交流"。

我举一个身体的例子来讲未济。很多人经常说上火，主要表现为牙龈肿痛、口干、牙痛、眼屎多，脸上长出各种暗疮，甚至连头发都是干枯的，头皮屑也很多。

但其实在我们临床上常常发现，上火的人通常脚冷，膝盖也是冷的，甚至还有水肿的证象。也就是说，绝大部分人感觉到自己上火的时候，并没有留意到身体的下半部分是不上火的。

如果你只看到他们上火而去"灭火"的话，可能会给他们用很多寒凉的药。梁某人的老师们反复说：重点不是消火、去火、败火，这种临时性的"灭火"方法就像"扬汤止沸"，是无法真正解决问题的。

最好的方法是引火下行，这样才能真正固本，而且更"环保"。把火引下来，使下面的水受热后蒸腾上升，就能在身体里形成一个"圆运动"，这就是"一炁周流"。

这时候，火不是用来败掉的，而是用来接济水的。

所以，所谓的"上火"，许多时候其实是一个伪命题。真正的高手不会简单地把火灭掉或消炎。他能看见有热象的，也能看见寒象。

整个未济卦的意象就是阴阳离决的状态，因为热总是往上升的，有热量的东西都是往上走的，而冷的东西是往下走的。

地暖为什么叫地暖？为什么不把暖气片装在天花板上？因为热气从下往上蒸腾才有效果。空调为什么要安在高处，从上面吹下冷风呢？因为空气受冷会下沉。这些都是物理现象。

如果你看到一个卦象，上面是往上走的，下面是往下走的，那么它就会呈现离决之象。

有了离决之象，就不能够形成一个圆运动，系统就不能形成一种周期性的循环，循环被打破，自然就不吉祥了。

要让未济卦真正运转起来，是需要一些努力的。

如果你的身体出现下肢肿、冷或全身水肿等症状，这其实多与肾积水、肾功能不足有关。其中一种治疗方法就是走路、跑步，或泡脚，又或把脚埋到热的沙子里。当下肢的积液受热流动起来以后，它们就会变成水蒸气。

扶阳派也好，其他中医老师也好，面对这样的情况，通常会开一些引火归元的药，比如龙骨、牡蛎等。总之，要让上面的火潜下来，总的策略就是让能量流动起来。

有人则喜欢艾灸，具体穴位因人而异。有人需要灸足太阴经某几个穴位，有人则需要灸足太阳经的某几个穴位。

我们正安的小伙伴在帮上火的患者做艾灸时，通常会先灸他们的足底，一灸完，他们上面的火反而没有了。

为什么？因为当脚底的水流动起来以后，它们会形成一种循环。受热以后，水会往上走，当它们走到肺的时候，与肺吸进来的冷空气相结合，又会成为新的冷凝水。新的冷凝水就可以顺着肌肉筋膜、消化道管壁把上半身的热量往下引。

我们的身体是一个持续运行的血液、水以及其他体液循环系统，这个循环过程可以帮助我们的身体完成能量的运转和分布，这就是前面提到的圆运动。

所以未济卦讲的"上火下水"这样一个卦象，恰恰是这种身体指征的

未济

体现。

当你想到，那些"上火"多数不过是假象的时候，你一只脚就踏入中医的门了。

扶阳派的体系里有句话："一切头面之火多为虚火。"以前我读这句话的时候不太了解，后来我经过越来越多的实践，在临床上看到了不同人的情况之后，我开始相信治疗"上火"，最好的方法不是灭火，不是喝寒凉的东西，而是引火归元。

我们从整个意象描述了未济这一卦所呈现出来的样子以后，就要知道，让它启动起来的方式，是要从下面的水开始，让水蒸腾起来。

未济

投资能让自己沉淀的事情

未济这一卦对家庭或个人的财务开销，也有非常重要的启示。

很多年轻人说自己一个月挣的钱也不少，但总攒不下钱，而且没有什么收获。

离火一般指的是炫酷的、表面的、张扬的、被人看得见的东西；坎水一般代表的是智慧，是潜藏的、虔诚的、收纳的力量。

如果你把年轻人一个月的每一笔消费都列出来，你会发现，很多年轻人都把钱花在了购买稍纵即逝的、留不下来的东西上，比如奢侈品、旅行、游戏，等等。

而把钱花在能够让自己沉淀下来的事情上的人，比如阅读、思考、学习（不是给别人看的，不是用于分享的学习），真的很少很少。

如果你认为你的财务状况出现了问题，应该反思，你花在属火性质上的钱和属水性质上的钱，在比例上有怎样的不同？同时还要思考一下，能不能让那些你曾经学过的知识变成实际的行为和能力？

这就是由阴入阳、由水入火的过程。

很多人虽然学了很多知识，但并不能把知识变成能力，而这是需要锻炼的，是需要主动实践的。

有很长一段时间，梁某人发现身边的很多朋友喜欢读医书，他们读了很多的医学经典，说道理时头头是道，但是看病能力不足。

如果你想把你学到的知识转换成能力，你得去做，你得真正地到临床上去看病。这个道理几乎适用于任何一件事情，比如打球、写毛笔字、学医，甚至包括玩耍。

行动起来，知识就被激活，就像"水"有了动能以后，就会激荡起上面的火，从而形成一炁周流。

当关系出现"流动性不佳"

在一些公司、组织里，会有类似的情景：中层以上的人热血沸腾，很有激情；下层则人浮于事。

为什么会出现这种情形？因为这种机构没有从下往上的晋升通道，而上层的人也很少真正到组织内部了解情况。

资金流、信息流、人员的流动机制都是不健全的。该晋升的人没有机会，该下基层的没下来，导致整个机构阴阳离决。

亲密关系也可能存在"流动性不佳"的问题。

有一天，一个女性朋友来找我，跟我讲了她和她男朋友的事情，他们俩已经在一起很多年了，但是越来越觉得没有办法结婚。她当时起的卦就是未济卦。

我问她："你男朋友是不是经常在全国各地奔波，忙于事业，跟你很少交流，而你特别想安定下来，过日子，甚至觉得他这样奔波毫无意义？"

她连声说："是啊，是啊！"

"这个卦象显示，他在外面奋斗的时候，感受不到你对他的支持，而你又感觉到他离你越来越远。本质上来说，是你们俩之间缺乏真正的能量互动。"

她说："那该怎么办呢？"

未济

我说："解决这个问题不是让火下来，而是让水变成水蒸气，也就是水要沸腾起来，要加热水。"

她说："怎么加热？现在这个世道，难道不应该像我这样，采取保守态度吗？"

我说："对的，也许整个环境让人看不清楚，充满了不确定性，但哪怕你不是真的跟他出去闯荡，至少也应该表现出一种支持他的姿态，给他心灵的慰藉，让他觉得他的奋斗有意义。

"否则，你们之间信息交流不充分，情感交流不同步，于是就出现离决。他不敢回来，而你就觉得他不爱你了，然后你开始抱怨，他更不愿意回来了。人家是'多年媳妇熬成婆'，而你是多年爱情归于未济。

"小别胜新婚，久别要离婚。你们还没结婚，都已经久别了。你觉得结果会怎样？"

当然，每个人在面对这样的问题时，有各自不同的处理方法，但我们要看到背后的况味是什么。

火水未济：六爻细解

我们继续学习未济卦。

周文王的卦辞写道：**未济：亨。小狐汔济，濡其尾。无攸利。**

"亨"前文已经讲过了，一个意思是"亨通"，另一个意思是"献享"，也就是要为上苍供奉祭品。

这句话的意思是，一只小狐狸从干旱的地方走到了一条河边，想游过河去，也许是没有食物了，也许河对岸有一只母狐狸，总之它要游过去。

这时，它的尾巴完全被打湿了，它尝试了几次都不行，过不去。

李硕老师结合殷商打仗的过程，认为既济卦和未济卦讲的都是马过河的过程。但从原文来看，讲的是小狐狸过河。所以，小狐狸过河是不是一种比喻？目前还没有定论。

但在后面的爻辞里，我们可以看到，这不是讲小狐狸的问题。

初六：濡其尾，吝。

第一爻描述的情形是，尾巴全都打湿了，很沉重，过不了河，情况很不好。

这大概是什么情形呢？你想从一个困难的环境里出去，但还没出去，全身都打湿了。"尾巴"也变得越来越重，拖着你往下走，让你很狼狈，出不去，这就叫"吝"。

如果占卜到第一爻，大概说的是，你想从现在的困局中离开，但你发现由于准备不足，很难走出去，而且你的"尾巴"——通常代表你的后援，都被"打湿"了。

有很多事情可以拿来类比，比如说你有一家公司，想让它结束运营，结果结束不了。不是想结束就能结束的，公司里有员工、有股东，你如何结束？

以前梁某人投资过一家公司，后来创始人突然消失，逃往美国，留下一堆投资人、员工、供应商、客户。

当时，我们刚刚投了一半资金，变得很被动。后来，幸好我们用了很多方法，甚至应用了一些《周易》中的智慧，我们通过重组，又创建了一家新的公司，并把这家公司叫作"自在睡觉"。

所以这一爻讲的是，一般人想要跑是很难的。你想从困境中逃脱，但因为有很多东西牵绊着你，你的"尾巴"是很重的，而且还要"涉水"，怎么跑？

九二：曳其轮，贞吉。

你如果真的想要走，那就带着车轮一起，牵引着它往外走，出行是吉利的。至于怎么走出去，这一爻并没说，总之，连拖带拽就出去了。

这说明你如果真的要走，也能走，但得拖家带口；而且轮子不能滚，得拖着往前走。用手或绳子拖着轮子往前行，叫"曳其轮"。

只要能出去，就都是吉利的。

六三：未济，征凶。利涉大川。

这时候你想出去，但天刚蒙蒙亮，光线也不是很好；你要出去打仗的话，是非常凶险的，但有利于你渡过大江大河。

所以，不要想着打胜仗，先出去再说。

九四：贞吉，悔亡。震用伐鬼方，三年，有赏于大国。

这是一个很吉利的占卜，出行吉，没有悔恨。

协助殷商去讨伐一个叫"鬼方"的国家，打了三年仗，终于打胜，获得了殷商的奖赏，同时也让周部落成为一个大的国家。

整个未济卦讲的是不太好的出行，但是坚持往外走，并且经过三年的艰苦战斗，终于打胜，从而实现突破。

花了三年时间讨伐了鬼方之后，每一个离乡背井的人，每一个因生活所迫而出去打仗的人，回来的时候已经大大改观了。

所以未济卦这一爻讲的是，从一个看似不利的困境里，展现出一种迫使你走出去的力量。

走出去，坚持下去，最后成功了。当然这段时间真的很长，可能是三年，也可能是三个十年。

六五：贞吉，无悔。君子之光，有孚。吉。

这时再走出去的话，很吉祥，而且自带光芒。

未济卦讲的故事就是，困在当地没有办法了，不得不远走他乡，经过无可奈何的奋斗、抗争，最后成就一番事业。

这几年，我在成都常常碰到一些在 20 世纪 90 年代离开四川到北京、上海、广州或深圳打拼的朋友。有些是诗人，有些是商人，有些是艺人，还有些人是梦想家，总之，他们都各有所长。

开始的时候，他们满怀斗志、胸有梦想，但由于那个时候四川的机会相对比较少，于是很多人就去了北京、上海、广州、深圳。

刚开始的时候，他们的生活都特别艰辛，吃也吃不惯、住也住不惯，也没有朋友。在外扛过几年之后，他们"杀回"了成都，这时候他们发现，成都的生活成本相对较低、人才丰富，有各种产业支持，于是开始创业，这里也得到了发展，最后形成了很好的创业局面。

今天成都的发展，在很大程度上是因为有一大拨从四川出去的人返乡发展，他们在外地奋斗了几年之后，把房子一卖，回到成都买三套房，一套住、两套租。

你认识这样的朋友吗？你到了成都以后，能充分地感受到一种"未济"

回来的那些人的"既济"状态，很有意思。

上九：有孚，于饮酒，无咎。濡其首，有孚，失是。

由于困顿，坚持不懈地走出去，最后努力打下天下，回来就很愉快，这时候会出现一种什么情况？那就是高兴，然后开始喝酒，但喝完酒之后，昏了头，反而失去了正确的方向，随后出现失误。

走完这一段困难之路，终得跨越

未济这一卦的卦象和周文王描述的卦辞，其实是有一点不一致的。梁某人有这样一个揣测：周文王是借未济这一个符号，对应写了一篇主题小作文，讲述了他所了解的关于过河、打鬼方的主题故事。后世的人把这个故事变成了一个元剧本，用来映照每一个处于困顿中的人。

据说，卦象起源于伏羲时期，卦辞始于周文王，而象辞则是由周公旦和后来的孔夫子及其弟子不断改写而成的。

未济卦的象辞是："**火在水上，未济，君子以慎辨物居方。**"

什么叫"君子以慎辨物居方"？就是说你已经处在一种困顿的阴阳离决、即将出走的状况中了，虽然走是必须要走的了，但要走向何方、怎么走，需要审慎地考虑。

总体来说，如果以此卦比拟人生，则表示涉世不能无险，在困顿中的人，冲出去一定是艰辛的。

你我可能都有过离开舒适的家、去远方追求梦想的过程，也可能都有过一开始颠沛流离、不受重视的处境。但走完了这一段路之后，你我终能跨越困境。无论是在物理上还是在心理上，跨越了困境之后终将登临绝顶，达到自由的境界，然后打下一片天地。此卦说的就是这样一种人生格局。

但下一步应该朝哪个方向走？

从地理上看，可能是从东南到西北；也可能是跨越不同的行业，比如从现实世界进军数字化世界等。

从时间上看，可能是从现在到过去，或从现在到未来。现在的人可以走的方向，已经不是简单的二维方向。有些人甚至可以再现古代的生活，比如很多人开始把宋朝人做香的方法拍成短视频，这就是往回走。

这些都是人生的方向。你要非常谨慎地辨明自己该去的方向。

如果你起到未济卦，问时运，就代表运途颠倒，诸事需谨慎，心里要有充分的准备，并且把它视为一个自我超越、锻炼自我的必经过程，因为你躲不掉，其实这也是在提醒你，做事情应当谨慎。

如果问现在正在做的生意，则代表你的货物配置不当，应该赶快处理，否则可能面临大的风险。

如果问投资，则代表现在配置的股票方向可能错了，要赶紧处理掉，蛰伏下来，好好做功课，重新做方案，这样才有可能获利。

如果问家宅，则代表家宅的方向，包括家具的摆放方位是颠倒的，如果可能的话，最好换一个方向。

如果问婚姻或亲密关系，则代表门不当、户不对，或情不投、意不合，很令人煎熬。

如果问疾病，则代表上下焦血络不通，该升的地方没有升，该降的地方没有降，开处方要谨慎。

所以，"君子以慎辨物居方"，要谨慎地认知你所处的环境，小心谨慎地决定你要走的方向。

学过《周易》和没有学过《周易》的人有个很明显的区别：在面对不

确定性的时候，前者不会慌，而是会等，而且是敏锐地等，感觉好像一切都不会太坏。

䷒ 梁注·观卦小笺 ䷓

- 上火之后，最应该做的不是消火、去火、败火，这种临时性的"灭火"方法就像"扬汤止沸"，最好的方法是引火下行，这样才能真正地固本。

- 很多人虽然学了很多知识，但并不能把知识变成能力，这是因为学习是需要锻炼的，是需要主动实践的。

- 在一些公司，中层以上的人热血沸腾，而执行层却人浮于事，是因为资金流、信息流、人员的流动体制都是不健全的，这会导致整个机构阴阳离决。

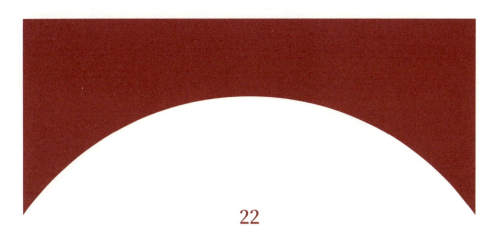

22

【解卦 雷水解】
远离心智束缚, 便得解脱

按小人的路走, 你必被锁死;

按君子的路走, 你就会获得解脱之道。

解 卦

利西南。无所往，其来复。吉。有攸往，夙，吉。

上 六		公用射隼于高墉之上，获之，无不利。
震 (雷) 六 五		君子维，有解，吉。有孚于小人。
九 四		解而拇，朋至，斯孚。
六 三		负且乘，致寇至，贞吝。
坎 (水) 九 二		田获三狐，得黄矢，贞吉。
初 六		无咎。

《象》

雷雨作，解。君子以赦过宥罪。

《彖》

解，险以动，动而免乎险，解。解"利西南"，往得众也。"其来复。吉"，乃得中也。"有攸往，夙，吉"，往有功也。天地解，而雷雨作。雷雨作，而百果草木皆甲坼。解之时，大矣哉。

什么样的人是"小人"？什么样的人是"君子"？

这两种人在解卦里会有怎样的际遇？

我们寻求解脱之道的时候，要关心哪一个方向？

什么方位会让我们得到最多的能量补给，并且成为我们真正的大后方？

如果占得解卦，应该注意什么？

解

当转机出现

前两章的卦分别是泽水困和火水未济，无论讲的是土地已经焦裂了，还是江河波涛汹涌、过不了河，都让人手足无措、心烦意乱。

困卦和未济卦之后，来到了解卦——雷水解。《周易》就是这样，天道也是这样，不会永远坏下去，哪怕在熊市，也会有反弹的时候。

雷水解上面是雷，下面是水，水也通雨。当大地干涸到一定程度的时候，地气上升，与高空冷空气相撞，从而产生雷。

当大地的水在阳光的照射下形成水汽，向上蒸腾的时候，与高空中的冷气流相撞、摩擦，从而形成雷电。同时，水汽升到高空之后遇冷，形成降雨，又重新落下来。

这些是我们在中学的地理和物理课上学到的一些常识。

提到解卦，我想到《庄子·养生主》中庖丁解牛的故事，简单地说，这个故事讲的就是把牛"解"开。其实"解"字本身就是一个会意字，解字的甲骨文上半部像两只手在割牛角或拔牛角，下半部是一个牛，后来的金文将一只手改为"刀"。解字的原意就是用刀来把牛解剖开，用来祭祀。

换句话说，当你有办法解决问题的时候，问题自然而然地也会被展开，困难也就变得不那么困难了，所以叫作"解"。

雷水解讲的就是，经历过困苦、干旱以后，天地之间自然而然地会因为彼此的感应、气体的交流，从而普降大雨。土地干涸的问题、禾苗不能够获得滋润的问题，都得到了解决。大致而言，它给了我们一种信心。

在这段时间里，上天普降大雨，甘霖下来了；很多让人焦虑的问题，可能会出现解决方案；许多让人觉得无所适从的事情，可能会出现某种转机；甚至之前一直剑拔弩张的情形，突然因为一件事情，在一个特定的时空中，出现了某种"缝隙"，大家的情绪得到了释放。

解

你不动，天地自然会动

解卦卦辞的总纲是：**利西南。无所往，其来复。吉。有攸往，夙，吉。**

一直以来，中国西南方都是一个很奇妙的地方。西南方在后天八卦里对应坤位，坤位是有厚德载物之象的位置，所以西南方一直是中国的大后方。

在未济卦一章里，我们曾经讨论一个问题：当困难要来的时候，人要走出去，从此岸到彼岸，从一个维度升到另一个维度。

雷水解这一卦给出的第一句话就是"利西南"，把这句话放在当年殷商时期的背景里，讲的就是周文王和周武王需要前往西南的羌族以及其他少数民族部落，与其联合起来挑战东北方的强权。

我出生在中国的西南方，一个叫攀枝花的地方，它位于四川西南部与云南交界处，现在盛产芒果和砚台，还有其他多种热带水果。

在我小的时候，人们说这个地方拥有丰富的自然资源，这里有大山，有充沛的阳光，有足够的水，还能发电，而且还富含铁、钒、钛。这些对于工业、农业以及航天业都大有用处。

根据雷水解，解决问题需要用雷霆万钧之势。这时候，"利西南。无所往，其来复"，"无所往"即归来，吉祥，之后"有攸往，夙，吉"，即可以远行，也是吉祥的。

简单的十来个字，出现了两个"吉"，你还不到西南方去吗？这还不能说明问题吗？

整句话描述了这样一种情景：经过一段时间的冲突、压力（无论是内部的压力还是外部的压力）和紧张，你即便不动，天地自然也会动。随着时间的推进，许多问题会自然而然地呈现出得到解决的迹象。

有一天，一个朋友来找我，说由于种种原因，他的公司已经到了弹尽粮绝的地步，问我怎么办，我起了一卦，正好是解卦。

我说："你等一等，应该很快就会出现一些好的信号，枯竭的事情就能够得到某种滋养。"

他说："什么好的信号？我公司都没钱了。"

我说："不用担心，很快就会普降甘霖了。"解卦讲的就是雷雨交作，先打雷，然后普降甘霖。

后来，这个朋友隔了一周就收到了银行贷款通知。以前他怎么借都借不到，但银行现在主动针对他的公司这样的小微企业进行帮扶，而且利率

解

也不错。于是，他申请了一笔不错的贷款，从困局中解脱了出来。

他又问我："我拿到钱以后，应该怎么办？"

我这个朋友是做服务行业的，需要很多的人力资源。我给他的众多建议中的一个就是应该到西南地区，比如云南、贵州、四川，去找一些学校，看能不能够招聘到一些很好的员工。这些地方的学校有很多优秀的大学生，而且总体上来说，我认识的四川人都挺聪明的。

果然，他到四川之后，不仅在四川找到了好的员工，甚至他都想把公司的两个总部之一设在成都，这就叫"利西南"。

所以，困难会有的，解决方法也会有的，不用担心。这就是雷水解告诉我们的。

读《周易》最大的快乐就是，你看到了许多的困难，感觉无可奈何，但你只要看下去、等下去，就会发现即便你自己不动，天地也会自然而然地动。

雷水解：六爻细解

以雷水解卦问时运，代表从灾难中解脱，大有奋发振作之象。

问征战，代表威武一振，有大寇歼灭、小寇服从之象。

问功名，代表有声震百里、泽施群生之兆。

问亲密关系，代表有震雷坎雨、阴阳相济和子嗣繁盛之象。

现在很多年轻人没有多么远大的理想了，十个人来问卦，有九个问的都是亲密关系。上面震，下面雨，是一幅欣欣向荣、草长莺飞的景象。所以问亲密关系，占得此卦多吉。

不过要提醒一下，不要张扬显摆，因为整个解卦说的是，困难总会得到解决，但是不要炫耀，莫要人前秀恩爱。

接下来，我们看看每个爻辞代表的情况。

初六：无咎。

没有坏事发生，一切都挺好。它没有说为什么挺好，也没有说怎么样才能挺好，就两个字"无咎"。

这有点像我小时候写日记，比如今天实在没什么可写的，但又必须要写点什么，怎么办呢？后来干脆就写"今天挺好"。

所以占到此爻，但做无事便可，不要无事生非。

生命是用来奋斗的，而在生命的空隙，也可留一些无所事事的时光。

如果你回忆不起来你上一次无所事事的状态，那你很可能是一个过于忙碌的人。

小孩子有个非常大的"特异功能"，就是无所事事地发呆。这是小孩子的大脑能够正常发育，自身能获得某种幸福感和平衡感的一个很重要的机制。

解卦的第一爻就是"无咎"，说的是不要无事生非；你不动，天地也会动，好事会来。而且别"作"，所谓"不作不死"。

九二：田获三狐，得黄矢，贞吉。

打猎的时候打到三只狐狸，得到了金或铜制的箭，出行吉。

言下之意就是，占到此爻的时候，可以去"打猎"。

有人问："我如果今天追求异性，会不会有三个人心仪我？"我通常会回复说这么好的机会要用在更有价值的事情上。为什么不去"刷题"？直接把三套题刷明白了。

有时候，我跟一些青春期的男生聊天，他们三句话不离追求女生，我则是三句话不离"刷题"。我觉得不要浪费了如此好的爻辞，不然太可惜了。

总之，这是一个很有趣的比喻。如果你去抽签买房子的话，可以让一家人都去抽，一连抽到三套房子都是有可能的。

六三：负且乘，致寇至，贞吝。

车上既载货又载人，容易招惹盗寇，出行有险。

你看，这一卦的几爻之间充满了变化，上一爻还在讲出去打猎了，很愉快，得到了一些很好的东西。到第三爻就说，你把自己的货物扔在车上，人又在车上，容易被人打劫。

这是既有丰收又有风险的一卦。

九四：解而拇，朋至，斯孚。

第四爻讲的是，俘虏逃脱罗网，朋友来了，又将其擒缚住。

这描述的是当时的一个场景：周部落是为殷商抓人牲的猎人，这一天，他们抓的人逃脱了罗网。以前绑俘虏的方式，就是把他们的拇指绑起来扎紧。这次俘虏把手给解开了。

怎么办？恰好周部落的朋友们来了，他们很快又把俘虏绑回来了。你敢跑，我敢绑。把俘虏绑起来毒打一顿之后，继续押解他们前往殷商首都要封赏。被困的这些人中，总有一部分人是不能够得到解脱的。

六五：君子维，有解，吉。有孚于小人。

翻译一下就是，君子被困是有解脱之道的，吉祥。如果是小人的话，就会被捉住。

如果当下这一刻，你正在想一个问题，这个问题正困扰着你。请问，你有办法解脱吗？这一爻告诉你，如果你是君子，就可以得到解脱；如果你是小人，就不能得到解脱，会被逮住。

什么叫小人？小人不是卑鄙的人，而是像你我这样的凡夫俗子。说白一点，就是被贪、嗔、痴、慢、疑束缚住心智的人。

比如，你看见商场里有打折活动，觉得如果不买就吃亏了。又买盐，又买水，又买口红，其实你不需要这些东西，但是因为它们便宜，你觉得"有便宜不占是笨蛋"。这就是小人心态，是"贪"念作祟。

"嗔"是什么？看见别人好就生气。有些网民自己也不知道为什么就骂人，一点理由都没有。比如"这个商品还可以，但差评"，也不说什么原因。

"痴"就是执着。比如有的人就习惯这样说话，什么事都是"绝绝子"，什么东西也都是"绝绝子"，这就叫"痴"。第一个说"绝绝子"的人很高级，但已经有一亿个人说了，你还说，就是"痴"了。你只执着于这一种表达方式，却忘了你要表达什么。执着于手段而忘记方向的人，就叫"小人"。坚持方向，但懂得变换手段，就叫灵活、权变，这样的人是"大人"。

"慢"是傲慢，逮谁"灭"谁，觉得自己特别了不起。比如，但凡看到有人说别的国家还可以，有值得我们学习的地方，一些人就"网暴"说话的人。在这些人眼里，"你只要说别人好，就侵犯了我，我就被你伤害了"。

之前有一句很流行的话，叫"我受伤了，我又受伤了"。一个人为什么很容易受伤？是因为他脆弱而虚假的傲慢，轻轻一戳就能被戳破。但他又有一种叫"无受害"的加害权，比如他能在网上骂别人，心里想看"谁也不知道我是谁，所以我很爽"，这就是傲慢。

"疑"是怀疑，也表示信念不坚定。比如今天同意这个人说的，明天却因他人鼓动就同意对方说的了；今天认同你，下一秒钟就不认同你了。这就叫"疑"。

贪、嗔、痴、慢、疑"五毒"俱全的人，叫"小人"；能够意识到自己有这些东西的人，叫"中人"；逐渐摆脱了这些东西的人，叫"大人"。

《大学》《中庸》讲的都是君子之道，说的是你要看清自己人性中根深蒂固的庸俗，并想办法远离它。

前几天有朋友跟我说："你要觉察自己的情绪。"我当时火就上来了，心想，你跟我讲"觉察情绪"？我天天都在讲这些东西。但我转瞬又意识到，这都是"一个小人的习性使然"。

如果此时你正面临某个问题或正经历某种困难，你不知道自己能不能走出来，请对照这一条：按小人的路走，你必被"锁死"；按君子的道路走，你就会获得解脱之道。

上六：公用射隼于高墉之上，获之，无不利。

诸侯在高墙上射鹰，一箭双雕，把鹰射下来将其擒获，没有不好。

总体而言，解卦的六爻讲的是"打猎有所收获，但有了收获之后要小心，不要被别人惦记"的故事场景。周文王所处年代的日常生活，不是"生产"猎物就是"生产"人物，这也符合历史辩证唯物主义的观点。

对我们来说，也是一样的。你看到这一卦的时候，在想什么？如果占到此爻的时候，你正在计划一件事情，那么在做计划的时候，你不妨稍稍把目标调高。

比如，你本来的计划是一个亿"小目标"，但可能由于天地的助力，你能做到三个亿。

再比如，也许你本来是想把公司标价十亿出售，但说不定对方买了以后，能把它改造得更好，所以不妨先设个三亿或三十亿的目标，诸如此类。

总之，如果占得此爻，可以问问自己最近正在设定的目标是什么。周文王在遥远的过去给现在的你的建议是：朋友，把箭抬高点，把目标设高一点，你能够做到。

☲☷ 梁注·观卦小笺 ☷☲

- 你看到了许多的困难，感觉无可奈何，但你只要看下去、等下去，就会发现即便你自己不动，天地也会自然而然地动。

- 一个人为什么很容易受伤？是因为他脆弱而虚假的傲慢，轻轻一戳就能被戳破。

- 贪、嗔、痴、慢、疑"五毒"俱全的人，叫"小人"；能够意识到自己有这些东西的人，叫"中人"；逐渐摆脱了这些东西的人，叫"大人"。

解

23

【 涣卦　风水涣 】
风行水上, 奔赴远方

也许你一直在试图出走,
但你去的远方,
它的尽头可能就是你出发的地方。

涣 卦

亨。王假有庙。利涉大川。利贞。

	上 九		涣，其血去，逖出，无咎。
巽 （风）	九 五		涣汗，其大号，涣王居，无咎。
	六 四		涣其群，元吉。涣有丘，匪夷所思。
	六 三		涣其躬，无悔。
坎 （水）	九 二		涣，奔其机，悔亡。
	初 六		用拯，马壮，吉。

《象》

风行水上，涣。先王以享于帝，立庙。

《彖》

涣，亨，刚来而不穷，柔得位乎外而上同。"王假有庙"，王乃在中也。"利涉大川"，乘木有功也。

如果突然由于种种原因，你现在就职的公司要解散，你该如何应对？

在你出发之前，你应该做什么？

为什么说在你走了很远之后，会看到尽头正是自己出发的地方？

在你走的这条路上，哪些朋友更有可能帮到你？

涣

涣散未必是坏事

写这一篇的时候，我刚好和太安私塾的同学在大理洱海边，风刮过来，整个洱海波光粼粼，潮湿的水汽拂面而来，然后奔向远方。这正映照了风水涣这一卦：风把水吹起来，流向远方。

风水涣的卦象由两部分组成，风在上，视为巽卦；水在下，视为坎卦。

涣卦的涣，也同涣散的"涣"。以前我们总觉得涣散是一件很让人感到担心的事情，比如，意志涣散、人心涣散。但在涣卦的卦辞和意象里，它却有着不一样的意思。

风是什么？如前文所说，风是基于压力而形成的空气流动。如果这种流动在地底下的话，可能会带来水的流动；如果它汇聚在某个地方喷薄而出，那就是"水风井"。

讲到风水涣，我想起一段故事。

以前，广州有一家非常优秀的报社，那里人才辈出，旗下的报纸和杂志是中国传媒界的标杆。

后来由于种种原因，例如基于财务的压力、基于梦想的压力和基于职位不当的压力，里面最优秀的人才就像风一样，吹向了全国各地。

如今全中国都市报业中，有很多当年这家报社的记者或编辑担任主编的，甚至还有很多独立杂志、媒体、网站、自媒体账号都和它有渊源。

梁某人的这个故事，就是在讲汇聚在一处的"一池子水"（资源），在一阵风刮过来之后，风会带着水奔向远方。水池并没有什么损失，因为水本身就是流动的，还会不断有新的水流进来。

但水面上的小水珠，就像这家报社里的优秀人才一样，在风来了之后，化身为水汽飘到各个地方，也许当它们飘到一个地方后，能滋养一些不同的种子，这些种子之后会长成松树、苹果树或西瓜藤，继而孕育很多人。

所以当我们起到风水涣卦的时候，要开始观察身边那些正由于种种原因而奔赴各地的人才。

涣：亨。王假有庙。利涉大川。利贞。意思是说，事情很好，很亨通，也可以说是一个非常好的献祭时机。君王亲临宗庙。对周文王来说，有利于出行、出征。

最近很多公司在裁员，由于政策调整，有些行业消失了，有的则迫于其他压力要转型。总之，身边很多朋友都在过去一两年里离职了。

刚开始我很担心，这些人失业了怎么办？后来我发现，真正优秀的人，都会很快重新找到自己的位置。那些曾经蛰伏在大机构里的人，瞬间成为各个行业的董事长、总经理或联合创始人。

虽然这个过程很艰苦，但创业本来就不容易。记住周文王说的"利涉大川。利贞"，这预示跨行业、跨地域、跨城市乃至跨国的机遇，是一个利于往外扩张的时机。

你可以想象一下，以前公司有期权，有很好的福利制度，工资很稳定，所以很多年轻人舍不得辞职。现在不同，环境逼着你出去了，"此处不留爷，自有留爷处"。利涉大川，奔向远方，未必是坏事。

风行水上，奔向远方

对于涣卦，表面上看是集体开始陷入某种分崩离析的境地，但是脱离出来的人就像水珠一样，一旦遇见阳光、清风，它们自然会飘到应该去的地方。

因此，我们从这一卦中看到的不是水的涣散，而是每一滴水都会变为风，变为云，飘向远方，成就一番梦想的过程。

这两年，我的很多朋友经常谈到他们担心经济发展问题。我在1997年已经见证过亚洲金融危机，当时香港的很多公司一夜之间倒闭，很多房子面临断供情况。有些人跑到了英国或加拿大，还有些人来到内地发展。

二十多年之后，这些被迫背井离乡的人，居然比那些留在原单位、留在香港的人过得要好得多。

我在北京顺义认识了一个朋友，他住很大的别墅。有一天，我去他家做客，他很感慨地说："当年我买这个房子花的钱，仅相当于我在香港的那个小房子的首付款。我从没想过我这一辈子居然有一天可以坐在一个带着壁炉的房子里，听着音乐，回想自己做传媒的二十年。"

他还说："如果不是因为当年的金融风暴，我想我是不会离开香港的；如果我不离开香港，我就不会来到北京；如果我不来北京，我就不会那么努力；如果我没有那么努力，我就不会买房；如果我没有买房，我就不会坐在这里，还娶了非常美丽的太太，我的孩子的境遇也很好。"

1997 年亚洲金融危机之后，我们还经历了 2007 年的全球金融危机，以及 2017—2018 年的各种"狂潮"。有一天，我碰见了中央电视台的一个时事评论员，他对我说："今年的确是非常不容易的一年，但我在这个电视台工作了三十年，每一年都是艰难的一年，每一年都是关键的一年，每一年都是危险的一年。"

每一年，都会有一些公司倒了，一些行业散了，但是优秀的人才会创造奇迹。而且有一天，他们还可能会以各种意想不到的方式重新相聚。

那些曾经在一个池子的水珠，有一天会飘到远方，汇聚在某一个共同的小池塘里，或者各自滋养某类水果，以某种方式"绕"到另一个人的餐桌上。

我常常会在一些聚会上碰到二十年前的老同事、老朋友，那种亲切感分外感人。就像太安私塾的一位同学居然在大理碰到了他三十五年前的中学同学。他原以为他的这个中学同学早就不在人世了，但他居然活了下来，而且还活得很好。

生命的妙不可言、不可思议，总是在这种离散之后的重新相聚场景得到体现。

所以，我今天再看到很多公司出现问题的时候，我会想，那些最优秀的人才是不会消亡的，他们会在各自所处的地方，发挥他们之前想都想不到的巨大作用。

这就是涣卦，"风行水上"。以前原有的汇聚起来的资源，被因为种种气压差而形成的风吹了起来，并被带到了远方，最终成就了一番事业。周文王的"天子易"一度让我感觉到，永远不应该对这个世界感到绝望。

你想想看，我们再绝望，也不会像周文王那么绝望：父亲被杀了，长子被杀了，自己曾被关在大约 1.5 平方米的不见光的地窖里，老年时还可能患有各种疾病。就算是这样，他还心心念念，想要像愚公移山一样，去完成他伟大的事业。无论是从政治上还是从文化上来看，他都是中国历史上的一位杰出的、伟大的圣人。

既然周文王在那样困顿的情况下都不绝望，你我又有什么资格绝望呢？

每一次在一个地方被"吹"起来，你应该告诉自己，奔赴远方的永远是一滴水珠，脱离舒适区，是成就更伟大的生命的开始。

这就是涣卦提示我们的智慧。

涣

风水涣：六爻细解

周文王观此卦象时想到的是"利于远征"，但远征需要两个条件：第一个条件是"王假有庙"。象辞解释说，"先王以享于帝，立庙"。"庙"是用来干什么的呢？庙是用来创造梦想、演绎故事、放大愿景的地方。所以好的宗庙，本质上就是好的故事、好的传承、好的历史，也是激励人心的故事的策源地。当你在庙里面许下愿以后，你就要用行动去还愿了。

第二个条件是"用拯，马壮，吉"，这是涣卦的初爻。

在周文王时期，一个人要去远方的话，必须学会用马，所以涣卦常常提到马。"拯"通"乘"，"用拯，马壮"的意思就是，乘坐的马很壮，很吉祥。

初六：用拯，马壮，吉。

涣卦的第一爻讲的是，想要走向远方，一定要把马准备好，一匹很好的马可以帮助你。一些解卦者认为，如果起到这一爻，一定要留意身边属马或姓马的贵人。其实在我看来，除属马或姓马的人之外，也可以指可以坚定助你远行的人。

当今社会，大家都很聪明，因为有了网络，获取信息的方式也都差不多。那么在现代，人与人最大的差异是什么？

这个世界上有两种人，一种人喜欢做的事情很多，但每一件都做得不深，浅尝辄止，之后又会抱怨。还有一种人，他们很有韧性，定下了一个目标以后，就要一直往前走。后者有强大的自我约束力、自律性，同时也会这样要求别人。这种人常常让人不舒服，因为自律的人总会使其他人看起来很懒散。

第一爻的爻辞用马来作比喻，也带出了一个观念：人是走不远的，必须要有像马这样的动物来帮助你。

我们再进一步讨论一下：**你要想走远，必须要借助一些能够帮助你走得远的人。**

你如果起到了此卦，应该去留意那些能坚持行动的人。

我突然想起了我的一位贵人"小马哥"，他是我的节目录音师、剪辑师。他帮了我很多年，从《国学堂》到《冬吴相对论》，再到《觉世悦》《庄子》《论语》以及《周易》。不过遗憾的是，小马哥早已经离我远去了，我非常想念他。

九二：涣，奔其机，悔亡。

何新先生注解"奔其机"是"奔其家"，所以"涣"还包含了另一个意思：涣散之后，就要回家。

这一爻讲的是，你往远方奔跑的时候，即使离开，也是"回家"，所以没有什么好后悔的，也没有什么好失去的。"悔亡"的意思就是，不会有什么让你后悔的事情。

这就很有意思了。每一次我们去远行的时候，什么东西是我们远行的动力和初心呢？是乡愁，是家。如果一个人想要走得远，他心里必然有一个出发的最初愿景，正所谓"不忘初心，方得始终"。

这一爻中的"奔其机"讲的就是奔赴远方的那个家。在梁某人看来，这也代表了在你奔赴的过程中，心里面一直有一个家。

远方的目的地是家？还是出发的地方是家？这就体现了《周易》的美妙之处。你最终之所以能找到一个地方停下来，是因为它跟你出发的地方是相应的，它既是你的家，又是你的目标。

所以《周易》是一个环环相扣、周而复始的哲学体系。

六三：涣其躬，无悔。

涣散着出去，之后又回到了自己的"家"，或者说出发时居住的地方，没有灾害。

六四：涣其群，元吉。涣有丘，匪夷所思。

出去之后，要开始寻找回来的路，要回到之前的族群，很吉祥。但归途中遇到山丘，让人出乎意料。

这让我想到一件事。有一天，我在一家公司碰到了一个老朋友。他在这家公司曾经担任了很重要的职位，然后他出去闯荡，最后又回来了。

他说："这挺好的，在外面转了一大圈之后发现，老地方原来就是他的目标。

他这句话其实挺深刻的，很多人会问："为什么他走出去后又回来呢？"因为人不能用线性思维来看待事物。就像水汽被吹到远方，通过降雨落入河中，这条河又化作涓涓细流，流向了大海。

就像虽然梁某人已经离开凤凰卫视二十多年了，但每当我打开电视看

涣

到凤凰卫视的时候，我仍然会想：也许有一天，我会再回到那里，重新在那里做一个有意思的新闻主播。

你知道吗？当年我在凤凰卫视的时候曾经策划过一个节目，叫《冬吴会客厅》，那个时候，我跟吴伯凡就是好朋友了。我离开电视台以后，这个节目就停了。后来因缘际会，我们做了《冬吴相对论》，再后来，又做了《冬吴同学会》。

我们做的这些节目都是在电台、在互联网，说不定若干年之后，我会再回到凤凰卫视，再做"冬吴"。那我这是走出去了，还是回家了？还是说我走出去就是为了回来呢？

如果你意识到你走出去就是为了回来，你就会看到，原来你一直在试图出走，但你去的远方，它的尽头可能就是你出发的地方。它也许是螺旋上升的，是一种多维轮回。

九五：涣汗，其大号，涣王居，无咎。

当然在这个过程中，那匹马太累了，甚至出现了巨大的牺牲。周文王在这段话里说"其大号"，也就是大声哭嚎，但最终马还是回来了，结果还是无忧的。

上九：涣，其血去，逖（tì）出，无咎。

马回来之后，做了什么事情？马在外面受了伤，所以回来之后就"涣，其血去，逖出，无咎"。这最后一爻的意思是，治疗的方法是放血，等着病痊愈，没有忧虑。戎马一生，回来做最后的战斗。虽然有巨大的牺牲或付出了沉重的代价，但是没关系，只要回到那里，就会得到休养。把一些淤血放掉，最终会重新变有生机。

所以，周文王在写这六段小故事的时候，没有讲风，也没有讲水，讲的是骑着马远行，然后回来疗伤的故事。

走得越远，越明白初心

如果你起到这一卦，正好问婚姻，你会因此想到什么？如果你起到这一卦，正好碰见出去闯荡的儿子回家了，你会怎么办？如果你正遭受某种疾病的折磨，起到这一卦后，你会有什么样的联想？如果你要问创业路径，到底应该坚守现在的位置，还是去创业，你又该作何感想？

这一卦总体上讲的是"风行水上"，壮士可以远征，运程亨通，有乘风破浪之势。

以此卦来问营商，代表货物的流通会很好，货如轮转，得天神护佑，大吉大利。如果以此卦来问疾病，这并不是一个很好的卦象，代表有病人最终升到庙堂之上的可能性，所以凶。

学《周易》是这样一个逻辑，用远古的一段场景或一个小故事，与如今的你在当前的很多场景之间建立某种心理上的连接。

在这个连接里，你会看到"周期"：**出去的总是要回来的，出去的尽头可能就是出发的地方。**

在这些故事里，很多关键词和细节或许可以给很多问卜的人一些启示，但重要的是这些细节之外的"品格"，那就是"风行水上"。也就是说，不要怕，可以往远处走，因为你走得越远，你越知道你的目标就是你出发的那一颗初心。

最近有一个朋友在太安私塾提到一个话题：他之后的新工作是什么？

很多同龄的朋友都在讨论这个问题，有些人已经找到了稳定的工作，实现了某种程度的财富自由，但他还是要工作的。他想：什么才是他重新创业的那个方向呢？

我是这么跟他分享的："如果你在读《周易》，你就会有一种观想，回溯你这么多年的历程，有哪些事曾经让你感动过？有哪些事，是你曾经发愿想要去做而一直没有做的？有哪些事，是你觉得在做的过程中，能够让你坚持做下去的？或者你身边有没有这样的人，你可以和他一起去做点什么？这就是你重新出发的方向。"

当然，无论你走多远，你都会发现，走得越远，你越清楚，其实你一直就在那里，不急、不徐、不增、不减。

≡≡ 梁注·观卦小笺 ≡≡

- 每一次在一个地方被"吹"起来，你应该告诉自己，奔赴远方的永远是一滴水珠，脱离舒适区，是成就更伟大的生命的开始。

- 你想要走得远，就必须要借助一些能够帮助你走得远的人。所以，如果你起到此卦，应该去留意那些能坚持行动的人。

- 出去的总是要回来的，出去的尽头可能就是出发的地方。

24

【 坎卦 坎为水 】
回到内心，或有小得

如果你不在困境里，
不到很糟糕的时候，
你是看不见自己本来所拥有的许多资源的。

坎 卦

有孚。维心，亨。行有尚。

	上 六		系用徽纆，置于丛棘。三岁不得，凶。
坎 (水)	九 五		坎不盈，祗既平。无咎。
	六 四		樽酒，簋贰。用缶，纳约自牖，终无咎。
	六 三		来之坎坎，险且枕。入于坎窞，勿用。
坎 (水)	九 二		坎有险。求小得。
	初 六		习坎，入于坎窞。凶。

《象》

水洊至，习坎。君子以常德行，习教事。

《彖》

习坎，重险也。水流而不盈，行险而不失其信。"维心，亨"，乃以刚中也。行有尚，往有功也。天险，不可升也。地险，山川丘陵也。王公设险，以守其国。险之时，用大矣哉。

为什么坎卦是最困难的一卦？

遇到坎坷应该怎么办？如果一不小心，你发现你不是一个人，

而是和很多人一起陷入了一种坎坷的状况，你应该保持什么样的心态？

在这个过程中，最重要的事情是什么？

坎

荒岛余生，还有救

很多人谈"坎"色变，因为坎卦是《周易》里比较艰难的一卦。

坎卦是上下两个水，上面是坎，下面也是坎。在《周易》里，"坎"对应的是波涛汹涌的很深的水，人没有办法轻易渡过去，需要结冰以后才能渡过去。

你可以想象一下，你到了一个孤岛上，前后左右都是很深的水，波涛汹涌。你叫天天不应，叫地地不灵。

坎卦大概描述了一个古时候的人，进入荆棘密布的危险环境，举步维艰，不知该如何是好。

周文王在卦辞里写：有孚。维心，亨。行有尚。

在《周易的野心》里，我们讲到周文王曾被俘于殷都。李硕先生认为这一卦描述了周文王当时被抓到监狱里的情形，他把这一段经历记录了

下来。

"孚"通"俘"。当时周文王走到监狱里的时候，可能看见其他俘虏的心被摘了下来。但周文王自己并没有受到伤害，所以"行有尚"，他还有救。

"还有救" 三个字多么暖心啊！两千多年来，**"行有尚"** 这三个字不知温暖了多少占卜人的心。**《周易》一直在告诉你，在最糟糕的时候，你还有希望，你还可以，还不是很差。**

很多年前，梁某人看过一部电影，是汤姆·汉克斯主演的《荒岛余生》，印象特别深刻。

当一个人在荒岛上的时候，他可以做什么呢？他有可能要在荒岛上待一辈子，也有可能只待一天，因为一天以后他可能就被一只不知道从哪里来的野兽吃了。

刚开始，他是非常恐慌的，觉得自己被包围了，之后只能在有限的范围内寻找可用的资源。最后他发现，自己变成了一个与以往很不一样的人。

他需要学会取火；需要学会用海水蒸出一点淡水；需要在岛上寻找仅有的一些果实；需要把一些叶子缠在一起做成藤条，并把床慢慢铺起来；还需要学会打猎、自制鱼叉，在浅水区叉鱼。

《荒岛余生》中的场景很像坎卦所描述的情景。

坎坷之时，唯有两件事可做

后世的人把坎卦引申为"陷阱"，说一个人人生坎坷，刚从一个坑里爬出来，就掉到另一个坑里，走着走着，又被一块巨大的石头拦住路。好不容易绕过去，他又发现了一块巨大的石头。它描述的大概就是这样一种让人感到绝望的情形。

如果一个人掉到坑里，掉到一个前后左右都无法逃脱的地方，那是一种什么样的状况？

这让我想起了一个朋友跟我说过的故事。他说有一年，他坐火车出行，结果由于种种原因，火车中途停在了荒郊野岭，停了一天多。火车上的人没有什么话可聊了，食物也渐渐不够了。

百无聊赖之际，他看到火车上有一本《列车安全检修说明书》。那本说明书大概就两千个字，他连装帧、字体大小、行文结构都研究了一遍。他一个字一个字地看，看完之后再从头开始看，后来连印刷厂的名称、电话，他都记下来了。

他说，他从来没有想过自己能用五六个小时看那两千个字，还看得那么仔细。

原来，当一个人走投无路的时候，他可以把自己内部的那一点点资源"放大"。无论是阅读资源，还是做事情的资源，他可以无限地"放大"自己的资源，可以把每件事做得很细，自力更生，就像汤姆·汉克斯在《荒岛余生》里的情景一样。

常常有朋友说，如果我们没有出生在现在，而是出生在新中国成立前，大部分国民都生活在内忧外患中。如果我们穿越回去，回到那个时代，我们可能会做什么？

如果从今天来看的话，你可能会说："我会疯狂地学习，锻炼身体，不惹事，不说话。当别人都在抱怨、愤怒的时候，把有限的时间用于提升自己，等环境、时间一改变，我就能出人头地了。"

刚刚恢复高考的时候，有些人可以马上考上大学，在此之前，他们大都是潜心于学习的人。

当一个人被迫陷入一种前后、左右、上下都被封锁住的情形时，能做的事情只有两件：第一是学习，第二是锻炼身体。

深陷"监狱"，回到内心

现在很多人还转不过弯来，总认为没有钱寸步难行。其实你认真想想，大概在十年、二十年以前，那些真正有创意、有远见的人总是能够赚到钱的，或者说，钱总是能够流向他们。

也就是说，人类已经进入了一个更关注人本身的行为、价值的时代，而资本只是随之而来的产物。

当一个人深陷"监狱"时——不管是心灵的监狱、肉体的监狱还是实际的监狱，做他当下可以做的事情，或许能获得出色的结果。

蔡志忠老师曾跟我说，人最伟大的地方，就是可以仅仅通过思考来了解宇宙。比如佛陀坐着思考、体会，就可以有那么深远的见地。

如果命运给我们安排了一些不得不被限制的状态，或许这些境遇给我们最大的启示就是：回到内心。

尽管坎卦卦辞的第一句话是"有孚。维心"，但梁某人宁愿把俘虏被摘心这样的一个故事，解读为新时代的你在被困的时候，唯有用心向里看，把所有的关注点都投向内部，把所有能用的资源都用心细细琢磨，才不会有太大的危险。

坎卦的象辞是：**水洊（jiàn）至，习坎。君子以常德行，习教事。**

你陷在深坑中，身边还满是水。以前很多监狱都是建在海中的，可以想象，这是一种插翅难逃的情景。

这时候，如果你是君子，或者你读完了《周易》，你就应该有意识地提醒自己，要"以常德行，习教事"。

在这个过程中，虽然你无法真正有效地进行创新，但你可以通过反复做你每天做的事情，去修你的内心。

如果以此卦问征战，代表有敌兵频繁侵袭之势，宜时刻防备。这种侵袭不一定是热战，有时候可能是冷战、金融战、骚扰战、信息战、信心战等，所以在每条战线上，你都要有所防备。

如果以此卦来问商业，代表情况还不错，因为坎为水，水为财，它会增加流动性。财如流水，源源而来，可久可大，财运亨通。

如果以此卦来问家宅，代表家宅的北边有深坑，而且泉流不息，这会影响房子的安全性。

如果以此卦来问疾病，应该是水泄之症，历久而未愈。

坎

坎为水：六爻细解

接下来，我们来看看坎卦的每一爻。

初六：习坎，入于坎窞。凶。

此爻描述的可能是周文王刚刚进入监狱的情景。当时的监狱是在地下挖的一个坑，坑外面满是水，还有很多荆棘，所以很难逃脱。

在古代，如果关犯人的话，盖间房子，安上窗户，放上饭桌，这很不值得，而且很麻烦。最好的方法是挖一个坑，周围灌满水，再在坑的外周布上荆棘。犯人吃饭的时候，把食物从上面吊下去，他也爬不起来。

如果起到坎卦的这一爻，代表可能有埋伏，很危险，一定要小心。

九二：坎有险。求小得。

虽然你身处险境，但慢慢地总会适应，而且还获得了一些食物和水。

如果你深陷某个地方，经过一番努力之后，你会发现，在差的环境里偶尔也有些小确幸。比如，很多人都是在艰难困苦中收获了爱情。原因很简单，在那时候，人很容易打开自己的心门，到处寻求支持。在困难中，也可能会有新的收获，这叫"小得"。

六三：来之坎坎，险且枕。入于坎窞，勿用。

被人关在很深很深的坑里，无路可通，你感觉很绝望。

熊市就是这个样子，先"嘭"地掉一下，然后反弹一点点，好像有点小得，"嘭"的一下继续往下掉，这时候，你的兴致和斗志都没有了，好像前途漫漫，无所适从，非常困苦。

就像你长跑跑了差不多百分之四十的路程，在这个阶段，其实你是很难过的。你可能会问自己：为什么自己要来参加马拉松？但其实这时候，你只要继续往前跑，按照正常的节奏前进，就会好一点。

六四：樽酒，簋（guǐ）贰。用缶，纳约自牖，终无咎。

这个时候，发现在坑里（或困境中）有一樽酒，还有盘子，还可以用罐子从洞口运送粮食，而且居然没有被害，最终无灾祸。

也就是说，在黑暗或绝望之中，等一等，熬一熬，居然等到了酒和食物。处在困境里久了，许多以前被你忽略的"资源"开始被激活了。

有人说，其实辟谷就是一种让自己的身体乃至体内的细胞陷入困境的"游戏"。我们的身体存储着很多脂肪、蛋白质、糖分等，没有被利用的营养物质会堆积在某些部位，是造成脑出血、脑卒中、心肌梗死、糖尿病等疾病的根源。

有些人会采取辟谷的方式，也就是科学上说的轻断食，来减少营养物质的摄入。

科学研究发现，一个长时间摄入丰富的营养的人，如果采取辟谷的方式，使身体的血糖低于某个值，身体就会启动一种机制，把体内的脂肪转化为糖，然后进行使用。

这和我们陷入困境是一样的道理：**如果你不在困境里，不到很糟糕的时候，你是看不见自己本来拥有的许多资源的。**

很多我们平常存储的资源都被浪费了，资源多了之后，成了我们的困扰，成为疾病的根源。

所以坎卦并不一定预示了坏事。当你深陷种种危险、无奈、困顿中时，你要有一颗向内求的心。把所有以前被你忽略的资源拆开来重新利用，你会发现，原来你拥有的东西远比你想象的要多。

九五：坎不盈，祗（zhī）既平。无咎。

坑虽然还没有被填满，即"坎不盈"，但灾难已经过去了，不用再害怕了。

上六：系用徽纆，置于丛棘，三岁不得，凶。

尽管处境很困难了，但你又发现，困难还不止如此。你又被扔到了坑里，还被绑着，外面仍布满了荆棘，三年的冤屈都不得平反。

看到这句话时，我想到了一篇文章《论持久战》。虽然《周易》说事情会有反转，任何绝境中都有希望，但有时候，反转是需要时间的，也许不是三年，而是十年、八年。

十年、八年对一个人来说很长，但用《周易》的视角看是很短的，因为它是按照万年的时间来看问题的。看到这个，你绝望吧？其实不需要绝望。当你处在黑暗中的时间长了，你就习惯了，习惯了之后，你就知道困境里也有快乐。

你可以苦中作乐，此外，你还需要有一种清晰的认知，那就是要有"打持久战"、愚公移山的精神。

很多朋友曾问我："我们现在的情况怎么样？"我觉得，看了这么多公开资料以后，我的启示是：放弃幻想，准备战斗。

有了这样的心态，我们再看很多问题，就会感觉好一点点，因为有些事情不是我们能决定的，比如"中等收入陷阱"，劳动力成本开始上升，人口开始老龄化……同理，当你自我成长了以后，你"趴着"或蹲在"坑里"，也藏不住，因为别人会防范你或围堵你。

这些问题不是通过智慧就可以解决的，必须直面它们才能解决。

出生在 20 世纪 60 年代到 80 年代的人，已经经历了太长时间的承平岁月。虽然中间有过几次股市起伏，这些人经常被房价弄得心慌意乱，可能还经常看见别的朋友们创业成功，自己心里也隐隐有些遗憾。但是一想到这些都是美好岁月里的小烦恼，心里就很温暖。

学了《周易》以后你就会发现，你我都不能改变现实。

如果有人告诉你，在北边放一个铜铃或在南边放一个钟，就可以消灾免难，从个人的角度来说，是可以这样做的，但从更宏观的共业角度来说，这是行不通的。比如战争的时候，很多人没做错什么，还是有性命危险。

所以在面临"共业"的时候，在面临共同问题时，你可以在自己的小世界里苦中作乐，并做好长期"战斗"的准备，这样你就会觉得自己的心态会略好一点。

☵ 梁注·观卦小笺 ☵

- 《周易》一直在告诉你，在最糟糕的时候，你还有希望，你还可以，还不是很差。

- 在困难中，也可能会有新的收获，这叫"小得"。

- 当你深陷于种种危险、无奈、困顿中时，你要有一颗向内求的心。把所有以前被你忽略的资源拆开来重新利用，你会发现，原来你拥有的东西远比你想象的要多。

坎

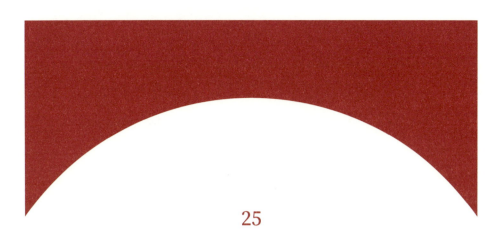

25

【 蒙卦 山水蒙 】

有路可走, 穿越人生浓雾

只要我们不变差, 敌人就会变得比我们更差。

也许我们没有赢, 敌人却输了。

蒙 卦

亨。匪我求童蒙，童蒙求我。初筮告，再三渎，渎则不告。利贞。

	上 九		击蒙，不利为寇，利御寇。
艮 (山)	六 五		童蒙，吉。
	六 四		困蒙，吝。
	六 三		勿用取女。见金夫，不有躬。无攸利。
坎 (水)	九 二		包蒙，吉。纳妇，吉。子克家。
	初 六		发蒙，利用刑人，用说桎梏。以往，吝。

《象》

山下出泉，蒙。君子以果行育德。

《彖》

蒙，山下有险，险而止，蒙。蒙，亨，以亨行，时中也。"匪我求童蒙，童蒙求我"，志
应也。"初筮告"，以刚中也。"再三渎，渎则不告"，渎蒙也。蒙以养正，圣功也。

如果你身处一个充满浓雾的地方，

又想攀登面前的一座山，你该如何是好？

创新是规划出来的吗？

为什么很多过去常做汇报的人创业不成功？

在不确定的年代，如何保持内心的确定感？

懵懂不知所以然

学习《周易》的目的真的是获得某种结果吗？也许我们可以反观自省，也就是在求卦问问题的时候，我们可以以此来对照，看看自己现在的生命状态如何。

梁某人认为，每一卦都是一面照妖镜，能让人看见自己内心隐藏的欲望、恐惧和担忧，看见即解脱。当你真正了解了你内在的欲望、恐惧和担忧时，也许答案就呼之欲出了。

最近你在为什么事情烦恼？或者说，你正在担心什么？用三秒时间，把你现在正在担心的事情理清楚。恰好你看到了这一卦，也许这一卦可以回应你的担忧或困惑。

这一卦是山水蒙：上面是艮卦，为山；下面是坎卦，为水。一座山屹立着，周围是一片汪洋，这是一个什么样的情形？

通常，山水之间都会有一种状态，水围着山的时候，山不动，水在动，水还会因为受到地热的影响和太阳照射而蒸腾。水向上蒸腾，升到不高不低的位置的时候，碰到了山体，温度下降，凝结成雾。

我们在水上泛舟而行，来到山脚下，然后沿着崎岖的山路准备攀登到某个高峰，结果闯入了一团浓雾中。此时我们已经没有退路了，后面是一片汪洋，往上走又看不清前途和方向，进退维谷。这种状态就叫作"蒙"。

这是一种自然景象，也可能是你现在正面临的问题所对应的状态，你正穿越一团浓雾。此时，你该如何是好呢？

"蒙"字在古文里可以代表浓雾，后来人们进一步引申，将人生初始阶段的朦胧状态称为"童蒙"。什么叫"童蒙"？就是尚未成年的孩子隐隐约约觉得将来总要走某条道路或某个方向，但又不知道现在该走哪条道路，这种状态就叫作"童蒙"。

在"童蒙"之前，小孩子其实是有一个天真烂漫的阶段的。如果你还有关于这一时期的记忆，你应该记得，在你很小的时候，是不需要想象人生应该过成什么样的。

你只需要玩耍，等着吃饭，困了就睡，醒了就吃。像禅修一样，该吃饭的时候吃饭，该睡觉的时候睡觉。你没有恐惧，没有妄念，也没有刷存在感的愿望，那是一种天真的状态。

但你总要从天真走向某一个方向，这可能源于你内在的欲望，某一个榜样，或者某一些文化的感召。总之，这些东西会推动你从不求上进进入向上一点的状态，这像极了山水蒙的情形，一部分水受到了地热和天气的影响，蒸腾起来形成雾。

此时此刻，可能你也正处在人生的一个新的选择期。

不是只有青春期的人才会有"蒙"的状态。

我有时候跟我儿子聊天，他会说他很困惑，不知道自己到底是要学法律、学商业，还是学中医；到底是要在国内一直读下去，还是以后有机会到国外去学习；如果去国外的话，去欧洲还是去美洲。

在他小的时候，我常常跟他说："你要努力，以后爸爸带你去非洲动物园。"后来，我带他去的是广州动物园，他好像也挺高兴的。所以在我看来，去哪个"州"都差不多。但对他来说，这可能是一件需要考虑的事情。

《周易》最伟大的地方就是告诉我们，时间可以不断地重置，我们可以随时像掉进一个虫洞一样，掉进生命的某一个阶段。

也许你现在已经三四十岁了，已经按照原本的方向走了很久了，突然发现，你又重新活在"浓雾"中：要不要离婚？要不要离家出走？要不要离开老公或老婆？要不要创业？要不要赶紧把好不容易通过创业发展起来的公司关掉……你有了很多很多的困扰。

在梁某人最近碰到的朋友中，明白事理且淡定的人不多，很多人想躺平，但是又不能躺平。我认为，学了《周易》的人不能躺平，至少要匍匐着、要等待着。但是等待期间怎么办？下个阶段该怎么样？事业怎么办？公司要解散了，怎么办？停水、停电了，怎么办？

此外，因为生理因素，你会头脑发蒙，你不知道今天该干嘛，这一刻你是"蒙"的。你小的时候是"蒙"的，到老的时候，可能因为脑卒中、脑积水再现"蒙"态。总之，清醒的时候不多，晕晕乎乎的时候比较多。

所以蒙卦会给我们带来很多的启发。如果你现在正处在一个懵懂的、困惑迷茫的状态，往前走，有点吃力；往后走，没有退路；往左走，怕失去了"右边"的机会；往右走，又怕掉进了陷阱，那你该怎么办？

蒙

有路就走，能走就走

蒙卦的卦辞是这样说的："**蒙：亨。匪我求童蒙，童蒙求我。初筮告，再三渎，渎则不告。利贞。**"

传统的解释说，起到蒙卦的时候，首先代表一切是亨通的，是可以去去拜视神灵，寻求庇佑的。对当代人来说，神在内心，所以你可以去听听自己内心的声音了。

"匪我求童蒙，童蒙求我"，这句话主流的解释是说，有一个小男孩来问问题。据说，商纣王的孩子向周文王问过问题。当时周文王被关在殷商的都城，但他已经是一个高等级的"算命师"了。

一些年轻人，在感到自己人生理想的方向模糊的时候，就会来问，每次答案不符合他们心意的时候，他们就反复问，问到最后，没话可说了。

何新先生解释说，如果认为"蒙"代表的是浓雾，那"童"就不是指儿童，而是通"朣"，是"重""浓密"的意思。这句话是说，不是我去招惹浓雾，而是当我走到半路的时候，浓雾降临在我周围。我觉得这个解释更好，卦辞之间就呼应起来了。

在"浓雾"中，第一次占卜的结果不好，再占卜几次，结果也都不好，那干脆就不要再占卜了，因为这样会亵渎神灵。占卜不出好的结果，神灵也不知道怎么办的时候，创业者是这么做的，"我才不管，我还是要走，没有方向也要走"。

这让我想起了长征。长征的过程，根本不是拿着地图往前走，而是一路被拦截和被追兵夹击，只能忽左忽右，边走边看。

看到通畅的路就直接往前走，前方没有路就过草地，实在不行再过雪山，正常的路线不会是那样的。**所谓的"创新"都不是规划出来的，而是**

蒙

被逼出来的，是在行走的过程中被迫蹚出来的路。

真正的创业者不会想清楚了才走，而是一边走一边想，甚至想不清楚也要走。人不能被困在原地，走不出来是常态，但要活下来，要大难不死。

广东话说"马死落地行"，意思就是骑着的马死了以后，那就自己下地走路。还有句俗话叫"活人不会被尿憋死"，有路就走，能走就走，大概也是这个意思。

我观察过一些从全球五百强企业或大型互联网公司出来创业的人，我发现他们中绝大部分的人都没有成功。核心原因在于：他们以前在企业里是经常做汇报工作的。

如果你是做汇报工作的，老板听你汇报，或进行跨部门会议的时候，你得像模像样地写一些战略方案，为的是"骗"预算。

但是如果你是创业者，那就不一样了，创业者进入了一个残酷的市场，没有人告诉你大致的 KPI（关键绩效指标），没有人跟你说你应该走哪条路，什么是对的，什么是错的。你只有走完了，走出来了，市场可能才会告诉你："你这条路是一条正确的道路。"

蒙

抓住蒙昧红利

我们在面对蒙卦的时候，很可能会唤醒与生俱来的创业意识。此时应有的态度是，但做好事，莫问前程。

我问过一个男生："你既没钱，长得又不帅，家庭条件也不好，凭什么会有既好看又善良的女朋友？"

他告诉我："大部分人都不敢去追优秀的女孩子，我却会大胆去追。因为很多女孩子明明很好、很漂亮，却以为自己很差，她们不自信。"

漂亮优秀的女孩子，从小很容易受到来自母亲的打压。因为有些妈妈会担心，如果夸自己的女儿漂亮，将来她可能会"招蜂引蝶"，那会很危险，所以需要打击她一下，让她不要那么骄傲。这是很多妈妈自然而然的想法，当然这种想法很多时候是杞人忧天，且对女孩的成长很不利。

所以一些非常优秀的女性，其实是很自卑的。

一些男生无意中窥见了这一点，所以才那么大胆。很多男生根本没有能力追到她们，但他们就是敢追。他们之所以成功将其追到手，就是因为在蒙昧的状态下，"敢"字当头。

其实这些男生身上就具有创业家精神。我常年观察各种人的"创业史"，年过半百之后，终于明白了这一点：原来在这个世界上，尤其是在事物的蒙昧初期，不清晰有不清晰的价值，混乱有混乱的价值。

比如在改革开放初期，很多人能够走出来，成为伟大的企业家，并不是因为他们多聪明，也不是因为他们知识多广博，主要是因为他们有勇气、胆子大。在一切都不清晰的时候，他们抓住了混乱带来的机遇，成就了自己。

所以我个人倾向认为，"匪我求童蒙，童蒙求我"讲的是浓雾降临的情景，以及莫名其妙地来到一个混乱环境的状态。这不是你求的，不是你想要的，也不是你能避免的，但你身处混乱中，唯一能做的，就是两个字"利贞"。你要"征战"，往外打，这才有利，你要有能抓住混乱价值的创业家精神。

山水蒙：六爻细解

我们来看蒙卦的每一爻。

初六：发蒙，利用刑人，用说桎梏。以往，吝。

"发蒙"解释为雾刚刚升起，这时你利用俘虏，或者利用你的对手，让他们帮你去攫取利益。但当你在利用他人的时候，他人也会挣开束缚逃跑，不利。

讲到这里，我想起了缅北劳工的新闻。我们以为世界已经进入文明社会，其实在离我们不太远的地方，仍然存在着暴力和非法事件。发生在古代的令人汗颜和不齿的事情，现在仍然发生着。

回到这一爻，你可能会利用一些被你征服的人去做一些事情，你以为你在用他们，但当你要用他们的时候，你得给他们松绑，结果他们跑了。

曾有一个学生来跟我聊天，他说："梁老师，上了你的私塾之后，我挣脱了很多以前听上去很天真的、伪道德的束缚。我发现在《周易》的世界里，很难说什么是道德的，或者说我发现我们理解的善良之人的那种道德未必是真的道德。"

《周易》里讲的道德只有一个，即象天法地，就是向自然学习如何生存。活下来，才是《周易》讲的道德。除此以外的道德，都是次一级的道德。

当我们回到《周易》，看一下周文王写的那些文字，试想一下，如果人类再次回到这样一种无秩序的、不文明的野蛮世界，你该如何生存呢？

九二：包蒙，吉。纳妇，吉。子克家。

浓雾开始渐渐包围更深的地方，这是一件好事。这个时候，可以娶妻成家。"克"可解为"可"，"子克家"翻译成"子可以成家"。

当浓雾升起之时，不能打仗、不能远走，什么都不能做，这时候，周文王说："实在不行，谈个恋爱成个家，也是吉祥的。"

如果不能创业的话，让孩子们早点成家立业，至少能多生几个孩子吧。

看到这儿，你是不是觉得很好笑？

引申到现代社会，如果你被困在某处，什么都不能做，这时候你可以做"小范围的联合"，借由彼此之间的交流，产出一些"结晶"。

譬如，我有一个上海的同学，新冠疫情期间，虽然他不能出门，但他在小区里认识了很多朋友，从一开始一起团购东西，一起做了很多的艺术交流，甚至还组建了一个小合唱团，到后面一起创业。新冠疫情之后，邻居之间的关系变得非常亲密。

在你被浓雾困住，想走也走不出去的时候，你可以找到一些可以合作的伙伴，彼此分享、交流，最后会产出一些新的"结晶"。在古代，"结晶"就是孩子。但是在现代，它的涵义很广泛，可能是一个共同的项目，也可能是一些共同的兴趣爱好，比如游戏。这些"结晶"都非常有意义。

所以，如果浓雾困住了你，请不要绝望，不要烦恼。如果你什么都做不了了，那请你待在原地，找一个朋友一起玩，这不是在浪费时间。

梁某人慢慢发展出了一种新习惯，就是不爱出去玩了。以前太安私塾去不同的城市上课，上课之余，我总爱走走逛逛。

现在想想，如果将来再开太安私塾的话，我可能会找一个山清水秀、特别有利于纳气的地方待着。每堂课同学们都到那里去，下课之后，好好地站桩、打坐、钓鱼、下棋、抄经，每次上课都变成一次"灵魂充电"，好像也挺好。还可以在旁边开一个小的太安私塾班，同学们把孩子也带来，大人在这边学中医，孩子在那边学儿童中医，应该也很有趣。

所以，如果困扰纠缠着你，你就要想办法创造出一种在原地绽放生命的可能。

外部环境不好时，该怎么做？

六三：勿用取女。见金夫，不有躬。无攸利。

这句话的通常解释就是，不要娶妻，虽有金箭，却无弓，不能得利。这一爻还有另一种解释，不宜娶见了精壮男子就不守礼仪的女性。这两种解释，你会选择相信哪一种呢？我会选择第二种。

何新老师在训诂学里讲，"金"读为"精"，"金夫"指的是"精者"，即精壮男子，躬指"弓"。

所以在我看来，周文王的意思是，看见精壮男子就不受礼仪约束的女子不能娶，这就是"勿用取女"。周文王是站在男权社会的角度上，说这样的女子虽然天性得到了释放，但娶了不好，叫"无攸利"，不吉祥。

六四：困蒙，吝。

人被困在浓雾中，境况相当艰难，走也走不出去，身边连个朋友都没有。

如果你占到此卦这一爻，这说明，也许你当前不能走，也不能和人合作，你需要承认："我知道了，我现在正处在困难当中。"当你承认自己力有不逮时，再回过头去思考和处理问题，或许就会有新的思路和转机。

我有一个朋友，她经历了非常痛苦的离婚过程，事业等方面也都不好。但她的反应很有意思，她跟我说："我也不知道做些什么，也不知道找谁谈恋爱，甚至连谈恋爱的想法都没有，孩子又不归我管，我也没什么钱。"接着，她静静地说了一句："唉，这个状态，艰难。"

在那一刹那，我对她心生一种尊敬。一个人不一定一直都需要做点什么，人要懂得知位守位，知权达变。在无能为力的时候，你只能说"真的挺难的"，然后，你静静地待着就好。

六五：童蒙，吉。

虽然浓雾重重，但是有吉祥的兆头。第四爻的浓雾代表的是困难，这一爻的浓雾代表的却是吉祥。同样都是浓雾重重，为什么会有吉凶的分别呢？并没什么特别的说法，有时候人待着待着会"死"，有时候人待着待着会"生"，只是经历了不同的时间节点罢了。

上九：击蒙，不利为寇，利御寇。

最上面这一爻，出现了连续的大雾，不利于出兵袭击敌人，但可以布下陷阱，设置路障，打击来犯之敌，做好防御工作。在战略上，保持进攻还是主动选择防守，也是一门艺术。

总之，整个蒙卦讲述的故事就是，在看不清前路的时候该怎么做。

在不同的爻，在不同的时空、阶段，人要有不同的做法：有时要承认困境，有时要结交朋友，有时要待着，有时又要采取战略性防守。

蒙卦给了我很多启示。比如，如果碰到外部环境不好的时候，到底该怎么办呢？

总体来说就是，保持乐观。等到有突破后，再去寻求安定的状态。先把内部的"统一市场"建立好，能走出去就尽量走出去，实在不行就待着。

只要我们不变差，敌人就会变得比我们更差。也许我们没有赢，但敌人输了。 这也是一种策略。其实，道德就是象天法地，就是跟随大自然的节奏做可持续的事情。这时候，生活不在于你做什么，而在于你能否扛得住。

☰☰ 梁注·观卦小笺 ☰☰

- 所谓的创新都不是规划出来的，而是被逼出来的，是在行走的过程中被迫蹚出来的路。

- 在这个世界上，尤其是在事物的蒙昧初期，不清晰有不清晰的价值，混乱有混乱的价值。

- 如果困扰纠缠着你，你就要想办法创造出一种在原地绽放生命的可能。

蒙

26

【 师卦　地水师 】
踏雪寻春, 洞察潜伏的力量

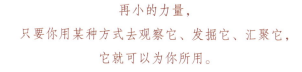

再小的力量,
只要你用某种方式去观察它、发掘它、汇聚它,
它就可以为你所用。

师 卦

贞。丈人吉，无咎。

上 六	▬▬ ▬▬		大君有命：开国承家，小人勿用。
坤（地） 六 五	▬▬ ▬▬		田有禽，利执言，无咎。长子帅师，弟子舆尸，贞凶。
六 四	▬▬ ▬▬		师左次，无咎。
六 三	▬▬ ▬▬		师或舆尸，凶。
坎（水） 九 二	▬▬▬▬		在师中，吉，无咎。王三锡命。
初 六	▬▬ ▬▬		师出以律，否臧凶。

《象》

地中有水，师。君子以容民畜众。

《彖》

师，众也。贞，正也。能以众正，可以王矣。刚中而应，行险而顺，以此毒天下，而民从之，吉又何咎矣。

为什么军队有一个编制单位叫"师"，

这个"师"和老师的"师"又有什么关系？

老师的职责仅仅是传授知识吗？比这更重要的是什么？

一群乌合之众和一个有战斗力的团队有什么区别，

这又如何与师卦的意象暗合？

慢慢汇聚，直到蔚为大观

师

我们来看地水师，上面是坤卦，为地；下面是坎卦，为水。

当一个君子或一个有觉知的人，看见这个符号，即上面是地，下面是水的时候，他看见了什么？

我想起很久以前采访过一个科考员，他是一位地质爱好者。有一次他说要跟我分享在三江源头的体悟，大江大河从这个地方开始，但在成为这一汪泉水之前，这些水是什么状态呢？

关于他的这个问题，地水师能够给出答案。

水不会凭空而降，而是会先在小小的石头缝隙里汇聚，汇聚成稍微大一点的水流，再形成一些地下暗河，几条暗河汇聚在一起，最后在一个口喷薄而出，成了泉源。

成为泉水、奔腾的大江大河之前，水最初其实是地下水，这个地下水就是地水师。地水师这个卦比喻的就是，任何一件事情，在形成蔚为大观的景象之前，都会经过一个在地下汇聚的阶段。

在很长一段时期里，基督教都是不容于当时的主流价值观的。这些基督徒在刚开始的时候都是小规模地集会，有些时候在家里，有时候甚至在墓地里。经过了漫长的时间，很多小团体慢慢汇聚、发展，最后蔚为大观，终于被罗马帝国政权所接纳。于是基督教和罗马帝国的政权结合到了一起，形成了欧洲文化的源头之一。

有一本书叫《极简欧洲史》，书中讲到了欧洲文化其实来自三个源头。

一个是希腊文化，希腊文化的"台词"是，世界很简单，可以用最简单的数学方式来表达。

一个是基督教文明，大致可以总结成，人心很险恶，每人都有罪，你要用一辈子去赎罪，成为一个好人，才能得到宽恕。

一个是日耳曼文化，主张生产种植都没有意义，只有通过铁血与拳头把别人的东西抢过来，那才是真正有意义的事。

这三股力量混在一起就形成了欧洲文化的基础。

我觉得这个观点很有意思。你理解了这些才能够真正理解欧洲文明当中的一些观点，包括欧洲文化后来在美洲大陆开花结果，发展出美国文化，这背后的基础是什么。

还有很多情形都是这样，比如中国当代艺术家群体。中国有很多在国际市场上有影响力的、每幅画都能卖几千万人民币的著名艺术家。有些人最开始的时候也是在圆明园、宋庄画家村过着窘迫的生活。他们除了创意和激情，什么都没有，他们当时画的画，完全不被主流世界认同。没想到当时看来并不好看，甚至有点变形、"变态"的作品，后来也蔚为大观，成就了一大批艺术家。

音乐也是这样。我很喜欢蒋雯丽老师主演的《立春》，这部电影讲的就是在中国偏远的四五线城市的工矿企业里，那些爱诗歌、爱芭蕾舞、爱咏叹调、爱摇滚乐、爱朗诵的文艺青年们在当地其实都是不为主流、不为民众所认同的人。这些人只能悄悄地坚持自己的理想，虽然其中大部分人后来都泯于众人了，但还是有一些人在相互切磋交流中，在某一个时空的窗口里闯出了名堂。之后和他们类似的人就开始汇聚，最终形成了一个流派。

这样的事情几乎发生在所有领域，很多企业家也是这样汇聚而生的。美国有所谓的"车库文化"，孩子们怀着梦想在家里的车库里捣鼓，做电脑、做硬件、做软件，慢慢被世界认可。在比尔·盖茨和乔布斯的时代，其实还有很多类似的企业家，只是后来我们记住了他们两个人。

有很多人在研究电脑，有些人在研究软件，有些人在研究系统，有些人在研究连接器，有些人在研究计算机和通信系统之间的关系，有些人在研究这些现象背后的社会学意义，有些人开始做杂志。

1998 年前后，我特别喜欢读《连线》杂志。那个时候的《连线》杂志就在讨论数字货币的可能性，还讨论到了社群是如何产生内容的，人与人的交流算不算是内容的一部分，以及数字化生命是否算永生，等等。这些话题特别有趣，也很小众。

地水师讲的就是，许许多多事情，甚至每一种生命形态都会经历一个在地下潜藏着的、分散的力量慢慢汇聚的过程，这个过程就叫作"师"。

师的艺术：散兵游勇，气象渐成

把士兵汇聚到一起，形成一个大的作战团体，也叫作"师"。在春秋战国时期，一个师算是一个高级别的作战单位了。带领这些散兵游勇的人，也叫师，这个"师"又通"帅"，所以最开始的帅也是老师，会教你如何打仗，如何操练。在古代文献中"师"还指代一类人，即古代那些真正懂韵律、会打鼓的人。

我刚开始不理解为什么，后来想了想就明白了。一群人打架，如果能够有一套鼓点，这个鼓点意味着左翼进攻，那个鼓点意味着右翼进攻。这种鼓声意味着一起正面冲击，那种鼓声意味着一起撤退。这样的话，原本涣散的乌合之众就可以变成一支军队。群氓和军队最大的区别就是，群氓的运动是离散的，是基于自我保护的"布朗运动"；而一个完整的师，其实是根据统一的指挥来行动的。那些通过鼓点来管理军队的人也就是师长。

再后来，人们发现不仅要用鼓点，还要用唱歌来凝聚、鼓舞士气。我们小时候军训，除了走正步、匍匐行进这些活动，主要的任务就是学习各种军歌，如《团结就是力量》《打靶归来》等，我相信自己哪怕以后老年痴呆了，都还会唱这几首歌。

当一群人唱着同样的大调歌曲，荷尔蒙会被激发起来，动作就会倾向于一致，这个时候一群人就变成了一个人，这就叫"师"。

所以"师"，就是在地下的散兵游勇汇聚之后，慢慢形成气候的过程。

遥想当年周文王，他没有殷商那样成建制的武装部队，能做的事情就是将各个部落的十几个人，几十个人召集在一起。这些人没有正规的衣服和武器，可能连战马都没有，打仗的时候，都是拿着石头、石斧，带着大象、狗熊，甚至还有的背着一窝蜜蜂去冲锋陷阵。

所以我想，《封神演义》里光怪陆离的神话故事一定是有现实原型的。

也许某个部落的人就知道怎么用蜜蜂来打仗，把一坨蜂蜜扔过去，蜜蜂就被吸引过去了。也许这就是一个无人机的原始形态，你怎么知道在古代没有真正生物界的"无人机"？

在这样的背景下，周文王当时组建军队的策略，是训练来自不同部落、骑着不同坐骑、拿着不同武器的人，把他们结成一个队伍，这就是"师"的艺术。

地水师：六爻细解

师卦的卦辞说："**贞。丈人吉，无咎。**"

"贞"通"征"，解释师卦的第一个词就是"出征"。周文王看见了地下水汇聚成为泉水，泉水又汇聚成大江大河的过程，他产生了信心。

刚开始的时候队伍不成型，没关系，干起来再说，所以可以出征。

"丈人吉"，指的是自己或者领袖，只要把一些人汇聚在一起，就是吉祥的，不用害怕。他用后来的革命征程证实了这一点。

初六：师出以律，否臧凶。

出征的时候要奏乐，听着音乐便知道吉凶祸福。古代为什么把音乐看得那么重？因为音乐天生就具有团结散兵游勇、凝聚共同意志的作用。

而且音乐还会激发一种能量。我小时候去四川探望外公外婆，有一段坐船的经历，我听过那些川江号子。在冰冷的河水里，那些船夫硬生生地把船从下游往上游拖。他们喊着号子，就那么几个人，居然把船拖到上游了。

我当时就觉得这些人好厉害，他们不怕冷吗？不会感冒吗？他们吃什么呀？他们不怕被水卷走吗？我外婆说了一句话，我印象特别深刻。她说："他们团结起来了，他们所有的动作都在你听到的那个号声里。他们一起发力，所以就能够拖动那个船。"

我当时听不懂，现在懂了。任何行动，只要大家在一个拍子上，所形成的共振的力量是很强大的。

打虎亲兄弟，上阵父子兵，大家只要在一个节奏里，就会一加一大于二。

九二，在师中，吉，无咎。王三锡命。

"锡"通"赐"，王者主宰部队，要亲自颁发命令，吉祥，没有畏惧。

师卦这一爻记录了周文王如何组建民兵，如何团结他们、训练他们，以及发号施令、驾驭军队的心得体会。

六三：师或舆尸，凶。

在军车上睡卧的人，凶。可能是当时有人在战车上打盹儿，结果一不小心摔了下来，或者被敌人刺死了，诸如此类，很不吉祥。

六四，师左次，无咎。

部队走了偏路，叫"左次"。走的不是正路，而是旁边的偏道，但是没有引发灾害。这可能记录了某一次行军过程当中，主路上有浮冰或路断了，总之当时没有办法走主路，只能走旁门偏道，却没有发生坏事。

如果你占到此卦，那么可以走一些少有人走的路，别人都走的路不一定是对的，你走旁边的那条路，也许能闯出重围。

六五：田有禽，利执言，无咎。长子帅师，弟子舆尸，贞凶。

战斗的时候擒获了俘虏，可以问讯，用来了解敌方的情况，这样做没有坏处，能够消除一些被伏击的隐患。

"长子帅师"，大儿子可以率部队作战，其他弟兄可以卧于战车之上。但最后战争的结果不好，征战凶险。这显然是对某一次战斗的记录。

上六，大君有命：开国承家，小人勿用。

师

先君大人有遗训，开创一个国家，千万不能任用小人。

什么是小人？什么是大人？儒家对这个问题有解释，所谓大人就是脱离了个人生活趣味、个人事业局限性的人。小人并不是道德上的坏人，只是这样的人能把自己照顾好，就已经是为民除害了。

而有些人需要完成更宏大的事业。他们不仅要获得自己的幸福，还要努力地帮别人获得幸福。他们不仅要获得自己的自由，还要帮助别人获得自由。他们不仅要获得财富自由，还要帮助别人，以此来获得心灵自由。

发现、汇聚、激发潜能

我在私塾课堂上跟同学们说，我什么都给不了你们，只是招了一堆老师，一个班五六十个老师，你们互相学习吧。

什么是"师"？从卦象来说是"地水汇聚"，老师其实并不负责教导人，而是负责汇聚。

一个伟大的老师，或做得不错的老师，他的一个很重要的工作，不是把自己知道的知识告诉你，变成你知道的知识，而是召集一群真正优秀的人，帮助你看见生命的潜能，让大家相互砥砺，激发潜能，让你们汇聚，让每个人都成为更好的自己。

曾经有一个办教育的校长跟我说，办一个好学校很难，但也很简单。最重要的事情就是，你有没有办法召集最优秀的学生，不用过度的、变态的教育摧毁他们，而是让他们打开心灵，树立远大的理想，让他们不只为自己而奋斗，避免他们成为一个精致的利己主义者。

这些本来就优秀的、能量强的人，要为别人的幸福创造点什么的时候，他们之间就会发生碰撞，最后会形成场域，就会吸引更多优秀的老师，优秀的老师又会吸引更多优秀的学生，这些优秀的学生毕业之后就成为优秀的校友，可以反哺学校，吸引更多后辈。

这个正向循环一旦开启，学校自己就运行起来了。一个好的教育投资者或者教育操盘者，最重要的工作就是不要破坏这个良性的循环。

所以"师"其实是那种发现潜能、汇聚潜能并且激发潜能的人。

在卦象里面，地下水，就是泉水与江河形成前的状态。每个人的内在都涌动着生命的河流。如果你能够帮他看见自己的热情，帮他激发自己的激情，那么你就是一个伟大的教育工作者了。

每个人终有他的天命，或者说有某些特别适合做的事情。一个老师应该能够借由他的洞察、他的善意、他生命的热情，以及他所汇聚起来的优秀同学，让学生们相互砥砺。

举个例子，荀子发展了儒家理论，他把儒家和道家的一些思想结合在一起。他的做法吸引了两个人，一个叫李斯，一个叫韩非。

这两人拜在荀子门下。韩非在课堂上滔滔不绝地讲述他对世界的看法和他的法家的思想，结果启迪了李斯。李斯吸收了荀子和韩非的思想，再结合了他自己的观念，后来到秦国成为秦相，协助秦完成了统一大业。

虽然李斯结局悲惨，但站在历史的长河当中，他协助完成的统一大业对于中国人民形成统一的民族意识至关重要。

我个人认为中国的核心竞争力之一，就是全国人民拥有一种共识：一个国家就应该统一，而不应该分裂。不要认为这是理所当然的，是中国人天然拥有的价值观。今天的欧洲还在为"要不要统一，如何统一"而争论。

这种共识恰好是中国人非常难得的一种竞争力。因为有了这个民意基础，我们才能够在关键时刻迸发出集体的能量。

就像国歌里面唱的："中华民族到了最危险的时候，每个人被迫着发出最后的吼声。起来！起来！起来！我们万众一心，冒着敌人的炮火前进！冒着敌人的炮火前进！前进！前进！进！"从小到大，我每次唱国歌的时候都会热泪盈眶。

为什么要在和平年代唱"到了最危险的时候"？每次在危急的时刻，这首歌的力量就显现出来了。

我在中欧读书的时候，有人说，企业文化就是"真相乍现的那一刻"（the moment of truth）。国家的精神也是一样的，平常感觉不到，甚至还有些人贪小便宜，有些人各种争吵，互相拆台。但真的到了危机时刻，这个民族会展现出统一的、巨大的、喷薄而出的救亡图存的力量。这种力量是自古传承至今的。

我想讲的是，如果没有当年的好老师荀子，会有韩非与李斯的相遇吗？如果没有李斯和韩非相遇，也许秦国也会崛起，但可能不会以这样的方式崛起。

我们站在今天回望过去，你会发现历史有一些偶然注定发生。

今天的非主流，明天就是主流

《象》曰：**地中有水，师。君子以容民畜众。**

一个君子观察到地下有很小的水滴，这些看似不起眼，没有力量的水滴汇聚在一起，蔚为大观，这种状态就是"师"。

你能不能够借由地表的矿物、植物，看到地下有水？你能不能经由这一汪泉水，看见泉水之前小水珠汇聚的状态？你能不能看见一个毫不起眼的年轻人，并发现他内在的潜能？你能不能在某一个行业还不被大众所知的时候，看见这个行业的前景？你能不能看到那些还不被大家了解的优秀的人正在做的什么事情？这些都是师卦带给我们的启示。

在这个汇聚的过程中，君子以容民畜众。你必须要学会包容那些看似很普通的人，要团结那些不起眼的基层人民。

当你起到这一卦的时候，它预示的是，不要忽略那些正在地下潜伏着的力量，要心存对于那些非主流的、地下的、看不见的东西的尊重。或者说，要了解一些非主流的东西，他们可能汇聚在一起，形成很大的力量。

今天的非主流，明天也许就是主流。互联网的非主流后来成了主流，艺术界的非主流后来成了主流，教育界的非主流后来成了主流。许多你今天觉得匪夷所思，你看不懂、看不起、看不上的东西，将来有一天都可能蔚为大观。

所以当我们面对这个卦象时，首先要认识到，如果你正处在非主流的境况中，请坚持，请去寻找与你志同道合的人，一直往前；如果你是一个评判者，对别人的非主流状态请开放、包容，甚至能在其中发现一些超级巨星。

如果以此卦比喻亲密关系，你的另一半可能正处在人生低谷，完全没有认识到自己的价值，这时，你要给予他某种程度上的支持，尤其是精神上的鼓舞。这会让对方终身感谢你，你也会因为这样的帮助而终身受益。

再小的力量，都可以为你所用

我们以方圆图的顺序，先讲了山水蒙，然后讲了地水师，其实它们之间有暗含的关系。

蒙卦的象辞说，"**山下出泉，蒙。君子以果行育德**"。

水包围着山，水气在地气和天气的蒸腾之下上升，碰到山之后形成雾，雾在碰见山的时候会慢慢地变成水珠，渗到土里，之后又慢慢地顺着岩石的缝往下汇聚，最后又变成泉水出来。这叫"山下出泉"。

地水师卦讲："**地中有水，师。君子以容民蓄众。**"

这两卦打通来讲，其实就是水蒸腾上来，被山所蓄势，然后慢慢汇聚，又重新被包容在一起的一个周期或者过程。

一个创业者，一个像周文王这样开创一番事业的人，他站在山边看见水汽蒸腾、水滴汇聚形成泉水的过程，体悟到了一个道理：再小的力量，只要你用某种方式去观察它、发掘它、汇聚它，它就可以为你所用。

这就是蒙卦和师卦的状态。

很多人解释说，蒙卦和师卦为事物发展的最早期。君子和非君子、先知和非先知、有洞见力的人和无洞见力的人，最大的区别就是前者可以踏雪寻春。大地苍茫一片，你能不能在白皑皑的雪里，在那一枝绽放的梅花里，看见春天已然来临？你是否能够利用这个时空的力量来推动自己事业的发展？

道家说，万物皆为我所用。一个人是怎么把事情做成的？**能够把事情做成的人，通常都是能够看见趋势的人、看见方向的人、看见波浪的人。**君子知位守位，知权达变。

☰☰ 梁注·观卦小笺 ☰☰

- 任何行动，只要大家在一个拍子上，所形成的共振的力量是很强大的。

- 一个好的老师，不是把自己知道的东西告诉学生，而是能召集一群真正优秀的人，帮助大家看见生命的潜能，让大家相互砥砺，激发潜能。

- 再小的力量，只要你用某种方式去观察它、发掘它、汇聚它，它就可以为你所用。

师

【 遁卦 天山遁 】

顶峰无绝路, 升维即是遁

当你已然成为那个人的时候,

你只需要等着羽翼丰满,

等着风云际会,

等着那些支持你的人,

等着技术变革到来的那一天。

遁 卦

亨。小利贞。

	上 九		肥遁，无不利。
乾 (天)	九 五		嘉遁，贞吉。
	九 四		好遁。君子吉。小人否。
	九 三		系遁，有疾厉。畜臣妾，吉。
艮 (山)	六 二		执之，用黄牛之革，莫之胜说。
	初 六		遁尾，厉。勿用有攸往。

《象》

天下有山，遁。君子以远小人，不恶而严。

《彖》

遁，"亨"，遁而亨也。刚当位而应，与时行也。"小利贞"，浸而长也。遁之时义大矣哉。

当看不到出路时，我们能不能以升维的方式逃跑？

遁到哪里方是好？

对于那些很不听话的孩子，应该怎样教育？

如果你遇到了困难，又占到此卦，会有什么启示？

不是隐藏，是升维超越

这一章我们讲遁卦，上面是乾卦，三个阳爻，是为天；下面是艮卦，一个阳爻两个阴爻，合在一起叫"天山遁"。这个字还有一个名字，叫"掾"（yuàn），跟"遯"通假，古代不同版本的《周易》也用过这个字，原是北斗星的别名。

于是整个场景就浮现出来了：你是一个攀登者，你在上山，只要有路就一直往上爬，到达山顶之后，大部分人就没办法再往前了。什么是"绝路"，就是百尺竿头，已经到顶了。

这个时候可以怎么做？大部分人走到人生某个境界的时候，已经没有办法再往前走了，因为你走到山顶了，再走也只不过是走一条下山的路而已。

你仰望星空，看见了北斗星，在这样一个时空里，你想到了这样一个情景——抬头是天，脚下是山，是为天山。这个时候，你的"遁"只有一种方法，不是隐藏起来，而是升维与超越。

最近很多朋友都在考虑要不要离开某个地方。有的人想离开家，有的人想辞职，有的创业者觉得环境太恶劣了……总之不想战斗了，就想跑。

遁的卦辞是："**亨。小利贞。**"可以祭祀、献享，出行有小利。"小利贞"的意思是你可以离开，但不会有太大的好处。

很多朋友想移民，但移民出去真的好吗？如果了解一下真正去到国外的朋友，就知道其实他们也担心种族歧视，担心收入没了坐吃山空，担心孩子的教育，担心孩子连中文都说不清楚了怎么办，等等。所以充其量只有小小的好处，没有太大的好处。如果你想离开，这是《周易》在这件事上告诉你的格局：天山遁。它给了我们一个这样的启示：是不是可以用一种超越的、升维的方式离开？什么叫以升维的方式离开？

蔡澜先生是我特别重要的人生导师，他有一个特别有意思的问答。有记者问他，现在有些人想"躺平"，你怎么看？蔡澜先生说："本来就应该这样。"

如果你不认识蔡先生，你会觉得老爷子好潇洒。但如果你真的了解蔡先生的人生经历，就会意识到，他说"应该躺平"是基于自己的人生经历的，那时他已经八十多岁了，他认为躺平是可以的，但他年轻的时候可不是这样。

当年蔡先生在邵氏影业做电影，后来电视出现了，电影行业面临大转型，他作为一个电影制作人，转行做了电视，从电影行业"遁"了。

他做出了《今夜不设防》这档节目，大获成功，但后来电视也出现了衰退的迹象，这时他又转身去做美食家。今天绝大部分的人都认为他是一个美食家，实际上这是他四十多岁以后才开始重新经营的身份。

蔡先生的"遁"不是退缩、不干活、躺平，起码他在年轻的时候不是这样。他的"遁"是换个方式，换个赛道，重新开始。在过去的赛道里看叫"遁"，在他的人生里叫超越和升维。

天山遁：六爻细解

"遁"这个字很有意思，如果把"遁"理解为逃跑，就很难看懂后面的爻辞。比如"遁尾""肥遁"要怎么理解呢？

关于遁卦，我想先从它的本义开始聊，再聊引申义。

关于本义，我倾向于赞同"遁"的本义是猪，这样后面的爻辞才是完整的。

初六：遁尾，厉。勿用有攸往。

你要抓住猪的尾巴，它会暴躁，有点危险，猪可能会跳起来，猪可能会跑。所以不适宜在这个时候走得太远。引申过来的意思是，家里有猪，你手里抓着猪，你也跑不了多远。

六二：执之，用黄牛之革，莫之胜说。

要用黄牛的皮来勒住，这样猪才不会逃跑。

大家想到的猪都是慵懒的，长得很胖，躺在地上。其实猪不是这样的，猪其实是很健壮机警的。之前我看新闻，讲香港特区政府出台了一个政策：禁止向野猪喂食。因为香港野猪泛滥，猪就像肥狗一样跳出来，上山伤害农作物，甚至会伤人。

九三：系遁，有疾厉。畜臣妾，吉。

翻译过来，完全捆住那只猪也不好，它会得病。这时候需要做一件事，需要拿多余的钱买一些奴隶回来，这会很吉祥。

《周易》很有意思，如果恰好你在问孩子的问题，那么这一爻其实讲得很清楚：对于那些还有野性的个体，你完全把他绑住，他就会得病。你用作业捆绑他，用老师的要求捆绑他，用游戏软件捆绑他，不管用什么东西，只要是绑住了他，他就会得病。

与其这样，不如把操的这份心拿去换一些别的东西。在周文王那里是买奴隶，叫"畜臣妾"。什么是你应该买回来的东西呢？在新时代，见仁见智。

这一爻大概的意思是，不要试图绑住那些有生命的东西，你可以拿多余的资源，去买些别的东西，或许可以从中获利。

九四：好遁。君子吉。小人否。

这只猪生崽了，对君子来说这是吉祥的，对小人则不吉，对于管理者来说是好的，对于那些被管理者来说是不好的。

九五：嘉遁，贞吉。

猪的数量增加了，站在养猪人的角度上来说，很吉祥。

上九：肥遁，无不利。

猪变得肥大了，非常好。

你听完之后是不是要怀疑自己了？我心中伟大的《周易》就讲这个？这其实是微言大义。什么是"猪"？问题是在领导者眼中什么不是"猪"？人可以是"猪"，企业也可以是"猪"。好人、坏人也可以是"猪"。

如果我们认为"遁"是"猪"，那这个故事就很有趣了。一个积极的、努力的攀登者，终于来到了山顶，前面已经没有路了，再往前就是北斗星了。

当你站在那个地方，你有什么样的决策？你看见的是那头猪，想到那头猪该怎么做，还是看见北斗星，想到要超越自我，或者尽量避免被淘汰？

这都是你的选择。

前两天我还看了一个视频，很多猪躺在一辆卡车里，有的猪在打盹，有的猪可能在想入非非，有些像感冒了，旁边的可能在想着自己怎么避免感冒。只有一头猪，它慢慢地爬，居然爬到了卡车的顶上，然后纵身一跃，从高速公路的卡车上飞了下来。

这是猪的各种"猪"生选择。

你开始想着"遁"的时候，其实已经像"猪"一样思考了。你要知道这并不是一个贬义说法。对绝大部分人来说，这不过是整个宇宙大棋盘里一个必然的宿命。

大家有没有想过，我们就是一群在车上的猪，这辈子有可能就住在一辆车里，前面没有人，方向盘却被一个看不见的司机操纵着转来转去。

更可怕的是，也许当你老了的时候，有一天你躺在床上，大夫告诉你，你需要一颗年轻的心。

你说："好，五号猪的心我订了。"

也许当你老了的时候，真的可能会装一颗猪心，打的是猪血，换的是猪肝，但你是个人。人和猪慢慢地融为一体。

所以你"安"的是什么心？是猪心还是人心？

希望你不要带着道德枷锁去看这件事情，也许刚开始的时候你觉得匪夷所思，然后勉为其难地接受，最后觉得是理所当然。因为根据科学家们的研究，最可能替代人心的就是猪心。

讲到这里，我想起了王小波，王小波说："哪怕是做猪，也应该做一只愉快的猪。"

　　王小波有一篇文章叫《一只特立独行的猪》，讲一个畜牧场里一只猪，像山羊一样跨栏，像猫一样爬上屋顶四处闲逛，会学汽笛叫，拒绝被劁，自己跑去村寨里找好看的母猪。

　　王小波的这篇文章给了我非常深刻的人生启示，他在我的心里播下了一颗种子——哪怕你的宿命就是一头猪，也应该做一只特立独行的猪。

　　我年轻的时候特别喜欢王小波，我认为他完全是一只勇敢的猪，一只有品位、有思想的猪，一只对生命有拷问的猪。他追问道：生而为猪，除了吃和睡，除了讨论美食，我们是不是还能讨论一些更加深刻、高远的事情？

　　我有个朋友常常这样问我："梁老师，你好累呀，你配吗？干旱你要担忧，停电你要担忧，越南的手机产量多过中国了，你要担忧。柬埔寨出现人贩子，你还担忧。跟你有什么关系？作为一只猪，或者作为一只本质上是猪的人，考虑这些问题会不会令你华发早生、令你殚精竭虑，令你产生了不必要的焦虑，却忽视了身边的人？"

　　我说："身边的人比我还担心，我已经是担心得比较少的一个了。"所以要改变生活，就得改变朋友圈。

君子以远小人

　　遁卦的象辞是：**天下有山，遁。君子以远小人，不恶而严。**

　　在天底下有座山，这个状态就叫"遁"。如果你是个君子，这时候一定要远离那些小人。小人在古代不是对一个人道德的评判，不是坏的人，而是那种格局小、能量小、自卑感强，或者是在生命当中处于被动的、容易被人忽悠的角色。

君子在这个时候要和这些人离得远一点，"不恶而严"，不要表现出很糟糕的厌恶情绪，但一定要严苛起来，决不与之合作。就像之前某著名企业家说，要远离不赚钱的业务，要让那些不赚钱的业务没有收益、没有奖金，让这些业务"自杀"。然后把这些资源投到赚钱的业务，这样企业才能活下来。

所以天山遁在描述这样一个情形：如果你是一个"大人"，你是一个主动者、领导者，一个对自己生命负责的人，一个有能量的人，那么你的角度是，看见猪，该怎么办。

猪从野生状态中被驯化，在被驯化的过程中慢慢地被养肥，之后繁衍，猪越来越多，就可以圈起来宰杀了。这是天子视角，或者说这是一个领导者的视角。

对你来说，什么是猪呢？

比如，以前在一级市场投资的一些企业已经有收入了，差不多该"收割"了；在二级市场上买了股票，略有盈余，该收的要收了；如果从国际视角上来说，一些之前已经布下的局，该收的就要收了。

如果你站在周文王的角度，你看到的就是驯化猪的过程，抓住猪、圈养猪、宰杀猪。但如果你把这一个卦理解为逃跑，换个跑道跑，或者站在山顶纵身一跳，实现从量变到质变的升维逃跑，那你用的就是一个君子的视角。

君子要做的事情是远小人，尽可能地保护自己；或者错开时间，与他人错峰出行；或者换个地方生存，隐遁起来；或者转换赛道，重新出发。

遁

如果你占到遁卦

对于绝大部分人来说，这一卦可以理解为换个地方隐藏起来。

如果以此卦问战争，问能不能打仗，意味着前面有山，并且山间有敌兵埋伏，容易失败。

如果以此卦问营商，则恐一时物价飞涨，通货膨胀看来不可避免。

如果问当前的人生决策，则意味着宜退隐，不宜进见，"君子吉。小人否"。做一个君子，不要违法乱纪，恪守正确的价值观，严守道德底线，积极交税。这样的君子就可以吉祥。"小人否"就是说你若想偷奸耍滑，想打擦边球捞偏财，必没有好结果。

如果以此卦问疾病，则恐怕比较危险。除了该进行的医疗措施，一定要心存善念，多做善事。

多做善事，你会处在一种完全没有恶意的、无愧疚感的善念当中。这种善意有时候会产生意想不到的效果。

不仅仅做坏事是恶，愧疚感本身也是一种恶。在完全没有愧疚感的情况下，成为一个善良的人，身体也会有可能好转。

每个人都是解卦大师

读《周易》最大的快乐，就是会慢慢认识到：我们应该自己成为《周易》的读者、注解者以及阐述者，而不是把自己的命运交给另外一个"解卦大师"。

我们在读《周易》的时候，需要找一个大师来给我们指点迷津吗？他说什么，我们就被他牵引着，还是应该自己去学，自己去了解《周易》的角度？

马丁·路德·金曾是一个非常虔诚天主教徒。后来他发现，那些传教士垄断了知识，只告诉你一些让你听话、捐钱的教义，这些教义根本经不起推敲，这并不利于每个人的解脱。

后来由于印刷术的发展，书籍不再昂贵，人人都可以拥有一本《圣经》。马丁·路德·金说，每个人都可以去读经典，每一个人都可以直接和自己的上帝联系，每个人都可以获得自由。

从这个意义上来说，每个人都是平等的。你是你生命的主人，你自己可以对你所阅读到的东西产生独立的判断。

我在讲《周易》的时候，早期的口号是"破除迷信，回归德性，进而率性"。很多人对我说，这个口号不是很受人关注，大家喜欢的是"六十四个模型""六十四种决策方式"，人们还是希望有一个明确的建议，都希望我可以把《周易》讲成教你如何算命，甚至教你如何用算命去帮人挣钱的样子。

这样也不是不可以，但这样不高级。

我陪着大家读《周易》，是希望每一个人都能够站在周文王的视角去看待自己的环境，不管多么艰苦，只要你有梦想，就可以像愚公移山一样去追求你的梦想。

如果你能像周文王一样，碰到困难，想的是坚韧，是转换赛道，是再突破，是向上、向外突破，那么你就能把自己的心和周文王的心印到一起，看见《周易》背后反复讲的那句话：从新的角度看问题。

你可以既是周文王，又是周文王眼中的"猪"。你还可以是后世重新注解这些的人，像孔夫子那样，对这一切进行德化教育，让中国人从盲目地从事祭祀活动，变成理性、实用、开放、兼容并蓄，并且自强不息的模样。

你可以在独立的时候，让自己成为不同的角色。

我想起了一本书，讲述了司马懿在出现了曹操、刘备、孙权、诸葛亮、夏侯惇、周瑜、黄盖、关羽、张飞……如此多豪杰的时代，是如何统一三国的。

书里讲到司马懿年轻的时候去拜师，那个老师因材施教，让有的学生去学数学，有的学生去学天文、八字，有些学生去学做官。他唯独给了司马懿一些历史书，并问他：司马懿，如果你是历史中的这个人，你会怎么做？想清楚了之后，你再去对照你对标的那个人最后怎么做的，然后去看你和他之间有什么差距，你们的格局、视野、心量、看问题的角度以及掌握的资源有什么不同。

我看到这个故事的时候非常震撼。原来教育是这样的，**教育是通过引导，通过场景设置，通过角色模拟，通过内在心性的注入，让你在能力还不够、外部条件还不具备的时候，内在先成为想成为的那种人。**

当你已然成为那个人的时候，你只需要等着羽翼丰满，等着风云际会，等着那些支持你的人，等着技术变革到来的那一天。

总之，我们讲遁卦，其实讲的是你怎么理解"遁"这个字，它到底是"遯"，是"遁"，还是"豚"。

你可以是一个养猪的人；你可以是星空里那个别名叫"猪"的北斗星；你可以是一个感觉自己就是猪的人；你也可以是一个挣脱猪的世界，要成为一个人的人，这些都可以。

你可以站在不同的视角去看一件事情。你是从天上往下看，还是站在山顶上看？是人看猪的视角，还是猪看人的视角？当你用不同的视角看问题时，你会发现世界完全是随机变换的，三界唯心，万法唯识。

☷ 梁注·观卦小笺 ☷

- 遇到困难时，我们应该做君子要做的事情，远小人，尽可能地保护自己；或者错开时间，与他人错峰出行；或者换个地方生存，隐遁起来；或者转换赛道，重新出发。

- 我们应该自己成为《周易》的读者、注解者以及阐述者，而不是把自己的命运交给另外一个"解卦大师"。

- 如果你能像周文王一样，碰到困难，想的是坚韧，是转换赛道，是再突破，是向上、向外突破，那么你就能把自己的心和周文王的心印到一起，看见《周易》背后反复讲的那句话：从新的角度看问题。

遁

28

【 咸卦　泽山咸 】
万物交感，与世界同频共振

这个世界充满了有声的交流，
但重要的交流往往都是无言的。

咸 卦

亨。利贞。取女，吉。

	上 六		咸其辅、颊、舌。
兑 (泽)	九 五		咸其脢，无悔。
	九 四		贞吉，悔亡。憧憧往来，朋从尔思。
	九 三		咸其股。执其随，往，吝。
艮 (山)	六 二		咸其腓，凶。居，吉。
	初 六		咸其拇。

《象》

山上有泽，咸。君子以虚受人。

《彖》

咸，感也。柔上而刚下，二气感应以相与，止而说，男下女，是以"亨。利贞。取女，吉"也。天地感，而万物化生。圣人感人心，而天下和平。观其所感，而天地万物之情可见矣。

为什么咸卦如此受孔夫子的赞赏？

为什么儒家认为彼此之间的同情是所有艺术和学问的开始？

如何成为一个人见人爱的、具有共感力的人？

这背后又有什么法门和心思？

如果起到咸卦，对你的婚姻、事业、家庭有什么样的警示和启迪？

两情相悦，意气相投

咸

在某种程度上，六十四卦就像是六十四个平行宇宙，是六十四个故事场景，也可以是六十四面镜子。

每天早上，梁某人会有一个小小的礼拜动作，倒不是真的为了某种信仰，而是我觉得这个过程是让自己去感受，我在为什么而祈祷，去觉察自己的内心正在担忧、困扰、思考、算计、思念、不解的事情。

大部分人，如果没有祈祷习惯的话，可能意识不到自己每天在为什么事情烦恼，脑子里犹如糨糊。

讲咸卦的时候，你在思考什么？让我们先顿一顿，想清楚你正在思考什么。

泽山咸，上面是泽，也是兑；下面是山，也是艮。

《周易》里一个常见的说法是，"泽"对应少女，"山"对应少男。当少女和少男相遇时，在体内的内啡肽、肾上腺素和生物本能共同作用下，就像天雷勾动地火。

你可以想象一下自己年少时候那种爱情来临的感觉，这种感觉叫"感"，心上有咸叫"感"。

用日本易学大师高岛吞象的话来说，当出现"咸"这个状态时，它不仅仅是"感"，而是万物皆通、交相辉映的感觉。

咸卦是通感之卦，是一个共鸣之卦、互相吸引之卦。它通常预示着感情正在敲门，两个人意气相投；或者两个人正在讨论是不是能共创一番事业，特别投契；或者是两家公司正合作顺畅；或者是你和某个器物之间有了电光石火的羁绊，比如当你走到一个地方，你突然觉得，这就是我要买的房子，那时买房是不会犹豫的。

有过买房经历的朋友都有这样的感觉。看了很多套房，总是下不了决心，直到有一天你看到这一套的时候，就不会再考虑那么多了。以前都觉得自己是个很理性的人，但现在你也不考虑离家远不远了，也不考虑是不是有点贵了，你会迅速找出一大堆理由来说服自己：就买它了。

很多时候，如果你总是在犹豫要不要做某件事时，说明还没真正有感觉。

咸卦对应的就是这样的情形。

泽山咸：六爻细解

卦体说"山泽通气"，本来山和泽就是一个通气的模型，所以六爻都是畅通，此卦为咸。

咸卦还有另外一个解释，《说文》里说："咸，衔也。"有一种学术观点认为，在中文里如果两个字发音很像的话，那它们彼此之间就可能有关联。"咸"可能与衔接的"衔"同义。衔，口含也，也就是亲吻。

也有人说，咸卦是一个非常青春活力、浪漫的卦象。如果你把"咸"字理解为衔接的"衔"，你就会很清楚地知道咸卦的六爻在讲什么。

我们来看一下咸卦的卦辞：**亨。利贞。取女，吉。**

这是一件很亨通的事情，利于出行，利于嫁娶，一看这就是描写交合之卦。

初六：咸其拇。

刚刚我们说"咸"通"衔"，也通"含"。第一个故事讲的是，在幽幽的灯光下，用嘴轻轻地含着她的手指。

男女乃天下之道也。有男女就有夫妇，有夫妇才有父子，有父子就有君臣。中国古人关于社会伦理的一套体系，是从人情世故开始的。

很早的时候，古人就发现男人和女人之间有一种莫名其妙相互吸引的感觉。古希腊人也说，两块磁铁吸在一起，是因为石头和石头之间有吸引力，这个磁力就约等于爱力。男人和女人也是一样的，这个世界上最美妙的事情莫过于一见钟情。

有生活经历的人都知道，真正的喜欢都是第一眼看上就喜欢的。为什么两人从来没有见过，但看到第一眼就会狂热地相互喜欢对方，这太不可思议了。

你还会发现有很多奇怪的事情，在过往的时间、空间里打转，都是为了指向这一刻，这种感觉就叫"咸"。有了这种感觉之后，自然而然就要落到实操上。

咸

六二：咸其腓，凶。居，吉。

亲她的小腿，但是凶，要停止。"居"对应的是停止，才会吉祥。也就是说，如果这个时候亲了她的小腿，已经有点越过边界了，没想好的话就停下来。意思是，事情不能一下子就发展到很深的程度，这一次到这先停。

九三：咸其股。执其随，往，吝。

亲她的大腿、托起她的臀部（"随"）。"往，吝"——如果再往下走就不利了。

这个时候需要冷静，因为再不停下来，可能有点无法控制，就危险了。年轻人还是应该要矜持，不要冲动。这个时候冲下冷水澡，用手按下内关穴或者拍打一下大腿，转移一下注意力。

九四：贞吉，悔亡。憧憧往来，朋从尔思。

去的时候很欢喜，回来的时候怅然若失。一遍遍往来，以顺从你的心意。

青年男女之间往来时的心境很复杂。晚上两三点钟，男人爬窗户上来了，很欢喜，回去的时候很失落。一次次的失败，但最后还是顺从了女人的心愿。

九五：咸其脢，无悔。

亲她的后背，无悔。

上六：咸其辅、颊、舌。

亲她的脸颊、唇、舌头。

咸卦的六爻，讲的就是肌肤之亲的全过程。什么叫肌，什么叫肤？徐文兵老师有个非常著名的观点："肤"是表层的那层皮，两人牵手，那是肤之亲；"肌"是皮下的那一层皮。肌肤之亲就是从零距离到了负距离。

所以古代文人说，两个人已经发生了肌肤之亲，就已经突破了最后防线。两个人如果一旦有了这样的关系，那就不是道理层面的联系了，而是底层信号的交换，形成某种程度的共振。

有些女生总是逃不掉"渣男"的手心，很可能是两人身体的菌群达成了某种相互支持、相互妥协和相互接纳的"协议"，也就是完成了信息交换。

咸这一卦，从初六到上六，讲的全是肌肤之亲，是从远端到近端，从脚趾到舌头，逐步深入的过程。是一次次推开，一次次重来，再推开一点，再深入一点的过程。

你觉得这种表达很露骨吗？我们要把时光回溯到远古时期，我们今天很多的道德和责任规条，都是随着文明的进步才产生的。道德这件事情，是有时间和空间限制的。

在古代的某些群落，在这个山头吃人是不道德的，但在另外一个山头那代表爱。在当今，我们讲男欢女爱会遮遮掩掩，因为我们进入了文明礼仪时代。在远古时代，男欢女爱，青年男女体内激素爆棚，从脚趾吻到舌头，咸卦所讨论的是普遍性问题。

一切有感应的东西都是有阶段性的。两人从眼神有交流，到饭桌上暗送秋波，到有意无意地脚在餐桌底下碰触，再到有意无意地喝他喝过的那一杯水，然后一步一步发展下去，相亲相爱。

咸

君子以虚受人

咸卦的象辞是：**山上有泽，咸。君子以虚受人。**

什么叫"以虚受人"？就是要虚怀若谷。"虚室生白"，说的是如果心无杂念、心胸开阔，你会发现很多人和事都自有其美妙之处。

　　我一个朋友这段时间家里发生了翻天覆地的变化，很痛苦。他来跟我聊天，我问他："这件事情发生在你的生命中，帮你看见了一个什么样的正向转机？如果一定要说有某个正面的方向，那么这件事情对于这个方向而言意味着什么？有什么好处？"

　　他说："没有，这是痛苦的事情。"

　　我说："不，请你换个角度想一下，用正向视角来看这件事情。在这件事情上你能看到什么积极因素？很多事情都是一念成佛、一念成魔。"

　　他说："的的确确，这件事情推动我做了一个很久之前就想做，但一直没有做出的决定。"

　　"好了，这也是一件很好的事情。"

　　当你用一种开放的态度去看人的时候，你会发现每一个人都有值得欣赏的地方。

　　在太安私塾里，我会刻意让一些有着不同经历和不同品味、来自不同地区的同学坐在一起，让他们做一个团队活动。

　　有的同学说，太安私塾里有些同学跟我是很不一样的人。

　　我说，一个好的生态是很丰富的。就像最好的甜品一定是有一点点盐的，吃完海盐味的蛋糕，会觉得舌头两边有淡淡海盐的芬芳；四川有道叫抄手的美食，辣椒里面一定是要放一点白砂糖的。

　　这是为什么？因为你一定会在它味道的对冲里感觉到某种美好。所以太安私塾会把不同的同学放在一起，形成一种整体效应。我会跟所有同学说，请大家"以虚受人"，完全敞开你的心扉，去观察彼此身上的优点。

　　一个同学总是露出一种很奇妙的笑容，让大家不知道怎么跟他交流。后来我说，他那叫"猥琐的天真、淫荡的真诚"。他的表情总是怪怪的，但他的底子是天真和真诚的。

后来大家就非常喜欢他。慢慢地经历多了，你会发现真正有质感的人总是这个样子的。一个纯粹的好人会显得有点无趣，以至于我们有些时候会刻意带他去了解一下人生的"坏"，这样他就会变得丰富起来。

一个纯粹的坏人是不存在的，如果在一个坏人那里，你能看到一点点优点，比如孝敬父母、讲义气、善于发现美等等，这时候你会觉得这个坏人也挺吸引你的。其实吸引你的不是他的缺点，而是他满身缺点里那一两处优点，这就是君子"以虚受人"。

如果你占到咸卦

这一卦具体在说什么？说的是爱情来敲门了。

如果以此卦问情感，那不必多说，青年男女春心早已荡漾，那个对的人已经出现。问姻缘，则山泽通气两姓和好，大吉，两个人会美满幸福。

以此卦问事业，那就是即将与他人结盟，进行深度合作，利益捆绑已经开始了。不仅是简单的利益捆绑，而且是双方在价值观、品味各方面上也有很多共识。仅仅因为利益而在一起的合作必然不长久。好的合作一定是彼此都认为对方做的事情和自己做的事情是一致的。我变成了我们，这种感觉非常美妙。

以此卦问营商，山泽为生财之地，财源也。以虚受人，是购入物产，贩运转售，必大获利。山水之间本身就是美好的、有感应的。占到此卦，做生意会赚钱。

以此卦问家宅，必定是依山傍水，知其所止，很吉祥。

以此卦问征战，要小心山谷之中有埋伏，宜固守城池，以守为攻。同

咸

时还要防止敌人潜入地道进来，要非常谨慎。

以此卦问人事，则这一卦讲的是艮男兑女，也就是少男少女，这是非常美妙的一件事情。两情相悦，心有戚戚，相互感应。当然不仅指男女之间，要知道，《周易》是一本用生活讲哲学的书。表面上它讲的是亲脚趾和亲舌头，但从哲学层面上说，它讲的是两情相悦，是彼此精神的共鸣，是超越男女之情的。

很多时候，父子之间、母女之间的和解比较困难，但总有那么一刹那，两代人忽然理解了彼此，然后心心相印。

我和小小梁就是这样。有一天我在外面工作，拍片子拍到很晚。小小梁来探班，他平常觉得这个爹好像没什么事干，但看到我在片场熬夜，就忍不住过来，含着泪水拍拍我说："爸爸，工作辛苦了。"那一刻，我觉得再累都值得。

但我觉得我就没有这样对我自己的父亲，所以有点遗憾。

咸

让自己成为一个有"咸德"的人

咸卦讲的是，如果要真正有咸，就有感。

有一些朋友很容易与别人达成共识，很容易与别人"有感"。难道是他运气很好吗？不，是他有一种虚以待人、虚以受人的心量和能力。

在抖音上有个段子，讲的是如果你发现你跟一个人特别有默契，有可能是你们俩真的很投缘，但更大的可能是他在降维接纳你。

我常常发现有一些特别厉害的人对我很好、很认同我，我会产生一种错觉，以为我很优秀。后来发现是因为别人优秀，优秀到可以让每一个人都产生共鸣。

"咸"表面上是两个人的事，其实是你自己的事。君子要做的事情，就是把自己变成一个有"咸力"的人，我们称之为共鸣力、共感力。

有了共鸣力和共感力，你就很容易做一个好客服，别人投诉时，你立刻能感受到对方投诉的痛点在哪里。你会成为一个很好的产品经理，迅速知道一件事情哪里不对。你就会成为一个很好的老婆，因为老公在外面奋斗，并不需要你给他什么，只需要给一句"我知道你在外面打拼很辛苦，我知道你很努力，我知道你很优秀，我知道你不容易"的认可，老公就会肝脑涂地。反之，有些女人可以拿命救老公，但就不说"我知道你很好"，气死你。

还有些爸爸妈妈打压自己的女儿，明明女儿很优秀，但就怕她被"狗"叼了去，于是对她从小打压，等到女儿长大了，出落得亭亭玉立了，结果真的被一只"狗"叼去了。这一只"野狗"不过随便夸了一下她，女孩马上就觉得他好。

那些怀着善良、正直、伟大动机的爸妈，从小这样打击孩子，导致当别人略微表现出好感、共鸣、赞扬时，孩子就会感恩戴德、痛哭流涕。

我觉得对小孩子就应该无条件地夸奖，无条件地让他感受到满满的爱。这样的话，一般人用好话来哄他的时候，他都会欣然接受，同时知道如何把这样一种习惯性的随喜赞叹分享给周遭的人。

有很多人在"内卷"，让孩子考这个、考那个，其实很不明智。

你知道吗？梁某人年过半百，纵观各种人，最后发现那些有"共感力"的人，那些总是能够了解或者迅速地觉察到别人是否舒适的人，总能得贵人相助。他们什么都不需要干，最后就会被大家推着往上走。

只要你能够真正意义上感受到别人的快乐、别人的痛苦、别人的悲伤、别人的嫉妒，然后给予一点点回应，你就已经跟绝大多数人拉开了巨大的

咸

差距。

为什么不把这样的道理教给孩子们?

董梅老师在讲《诗经》的时候说,中国文人不仅借由人与人的关系发展这种共感力,而且当你的心足够开阔时,你甚至可以感受一朵花,感受一棵树,感受向日葵对着太阳微笑,感受空气里的芬芳,感受阳光的灿烂,感受雨水滴在屋檐上,并像珠子一样落下,滴在青苔上的美。

你会一辈子都活在这种对美的体会里。

当你看到咸卦时,可以问问自己:我是不是能够因此从此刻觉醒,让自己成为一个有"咸德"的人?

"咸德"即"爱力"。有爱力之人自有人爱。

很多人说:"我很努力地爱一个人,但为什么那个人不爱我呢?"那说明你只是努力地去爱,但你并不懂爱是一门技巧和艺术。说它是技巧,因为爱是需要训练的;说它是艺术,因为爱是需要感知的。

这种感知要用什么来培养呢?这种感知来自你对音乐、颜色、美食、人、空间的体会,以及对一个眼神的捕捉。

我经常发现一些人间"悲剧"。三个人中的两个人默默地相视一笑,第三个人会瞬间觉得自己完全被抛弃了,就像坠入了宇宙的"白洞"一样。在同一个物理空间里,两个人借由一个眼神确定了彼此之间的爱,从而有了意义,而第三个人成了一个多余的人。他俩"咸"了,你却"闲"了。

重要的交流都是无言的

总结一下,"咸"通衔接的"衔",又有"含"的意义,衔接就是勾连的意思。以"咸"这一个字眼来贯穿六爻，你会发现，每一爻的故事都是如此丝丝入扣。

如果你不承认"咸"有"亲吻"的意思，那你几乎无法解释这第一层含义。第二层含义是一个比喻，比喻爱是需要技巧和心法的，爱的心法是培养你的共感力。

那培养共感力的方法是什么？总结一下，就是通音乐等艺术、山川河流、大地、与人的交往来培养共感力。

大人和小人的一个很重要的区别就是，小人只关心与人之间的那点事，甚至只关心自己的那点事，大人关心的则是众人之事，是人与自然的事。

你相不相信，当一个人的共感力强到一定程度的时候，他看见山，他就可以成为山；他看见水，他就可以成为水；他看见日月星辰，他就可以成为星空日月。

如果从这个维度再去看孔夫子讲的"三人行必有我师""见贤思齐""知者乐水，仁者乐山"，你就有不同的感悟。孔夫子说以"仁"作为儒家的根本，"仁"本身就有同情和共感的意思。你会发现，孔夫子的很多理论都是从《周易》的咸卦推导而出的。

咸卦是《周易》六十四卦里非常重要的一卦，它开启了我们与这个世界同频共振的法门。

你有过这样的经历吗？当你心里正哼一首歌的时候，你心里唱了上句，有个人就唱出了下半句。如果你体会过，你就会知道，这个世界充满了有声的交流，但重要的交流往往都是无言的。

今天你看到咸卦时，突然想到了某个人。如果恰好他又来找你，你是否觉得这是你们两人的意识在共振之后形成的某种关联？

咸

☷ 梁注·观卦小笺 ☷

- "咸"表面上是两个人的事,其实是你自己的事。君子要做的事情,就是把自己变成一个有"咸力"的人,我们称之为共鸣力、共感力。

- 对孩子就应该无条件地夸奖,无条件地让他感受到满满的爱。这样,当别人用好话来哄他时,他会欣然接受,同时也知道如何把这种习惯性的随喜赞叹分享给周遭的人。

- 那些有共感力的人,那些总是能够了解或迅速地捕捉到别人是否舒适的人,总能得贵人相助。

咸

29

【 旅卦　火山旅 】
人生旅途，看见人生苦短

如果开始往外走，
不管是你决定走还是让别人走，
最开始的一段旅程一定要小心翼翼、
忧心忡忡，且到处都是陷阱。

旅 卦

小亨。旅，贞吉。

离 (火)	上 九		鸟焚其巢，旅人先笑后号咷。丧牛于易，凶。
	六 五		射雉，一矢亡，终以誉命。
	九 四		旅于处，得其资斧，我心不快。
艮 (山)	九 三		旅，焚其次，丧其童仆，贞厉。
	六 二		旅，即次，怀其资。得童仆，贞。
	初 六		旅，琐琐。斯其所，取灾。

《象》

山上有火，旅。君子以明慎用刑而不留狱。

《彖》

旅，"小亨"，柔得中乎外，而顺乎刚。止而丽乎明，是以"小亨。旅，贞吉"也。旅之时，义大矣哉。

为什么上面是火，下面是山，就是旅卦？

旅行的"旅"和军队里一个旅的"旅"为什么是同一个字？

如果你必须离开，有什么要注意的？

在旅途中，离开的过程中有什么风险与机会？

如果以旅卦问亲密关系，你会面临什么样的格局？

如果你正面临人生、家庭的重大决策，旅卦又意味着什么？

一群人远走他乡

旅

很多朋友会问我一个问题：到底要不要换个环境生活？

这也是周文王一直在考虑的问题。此处不宜久留，该如何是好？什么时候必须走？"火山旅"一卦就完全回答了这个问题。

离上艮下，此为旅卦。旅，羁旅也，人当失其本居，寄迹他乡。所谓"远托异国，昔人所悲，亦安得曰大亨以正哉。"军队里有团、旅、师、军等编制单位，所以"旅"指成建制的军人。

当一群人迫于无奈，离开本来居住的地方，被迫浪迹天涯，远走他乡，这也叫"旅"。"旅"既代表离开，又代表一群人。

小时候我不理解为什么"火山"对应的是"旅"，现在明白了。

夏天由于酷暑，河水干涸，许多地方会山火频发。这几年全球有很多地方就由于气候干旱而出现大面积的山火。

在远古时期，一个部落会聚集在一片山头上，靠山吃山，靠水吃水。但赶上了一个干旱之年，由于气候干燥而引发风干物燥，山火就来了。

火意味离卦，所以火山旅从卦象上来说，代表着因火而离开这个山的情景。

联系到现在，你是否正面临着以前很滋润，现在周围环境突变的状态，就像突然大火频发？

不光是事件，事件和人是相通的，因此人也有火。你有没有发现，自从频遭高温极端天气之后，人都变得特别容易发脾气。很多家庭也因为天气干燥、炎热而莫名其妙地争吵。

以旅卦问人事，要小心因为一些事情，两人肝火上亢，相互发脾气，导致一方要离开另外一方。如果是你起的这一卦，那么"山为止，火为离"，理论上应该是你待在原处，跟你吵架的那个人离开。

如果你想问自己要不要辞职而起了此卦，这个格局就代表着山不转水转，你总不能让公司离开你，你只能离开公司。

不得不离开，却梦想要回来

我想起了很多年之前经历的一件事。2004 年，我在一个火凤凰一样的地方工作，而且身处南方离卦所在之处——香港。那时候我在犹豫要不要投身于互联网事业。

当时我起了一卦，就是火山旅，所以后来我决定离开电视台，往北走，去北边有水的地方。当时有几个选择，我选了一个有水的公司——百度。

走的时候，我随手翻到一本书，是荷兰裔美国学者亨德里克·威廉·房龙写的《宽容》。这本书讲的是人类文明具有多样性，各文明之间很不一样，但有一种全人类都应该遵循的基本美德，这个美德就是宽容。

因为我与他人不同，而且这种不同是如此地长久，就像文明的冲突一样。现在这个世界的确并存着儒家文化、宗教文化等不同文化，这些文化间的冲突不仅受地缘政治利益的影响，还存在更重要的、更底层的分歧——价值观的分歧。

我记得《宽容》这本书的序言讲了一个故事。曾经有一个部落，人们都愉快地生活在无知山谷里，世世代代传下来一条戒律：绝对不能离开这个地方，离开的人会死。

有一个年轻人却不甘心一辈子在这里，于是他就离开了这个山谷。因为以前没有人出去过，都不知道怎么离开，他就一边走一边尝试，留下了一些出去的记号。最终他走出了山谷，发现外面原来有那么宽阔的世界，原来那些老人说只有山谷是全世界最好的，结果并不尽然。

外面有外面的美好，当然外面也有外面的危险，后来这个年轻人就顺着这条路回来了。回来之后他受到了惩罚，族人将他捆绑住带到市集，最终用乱石将他砸死。

这个年轻人在死之前告诉大家："我看见了外面的世界，还留下了很多出去的记号。如果有一天你们实在有必要离开的话，可以顺着记号走出去。"

过了若干年，这个山谷出现了旱灾，出现了大火，出现了种种不得不离开的情形。于是族群里最有威望的长者也拦不住那些想离开的人了，因为留在本地不是被饿死，就是被烧死。

旅

这个时候有人说："当年那个年轻人留下过一条做了记号走出去的路径，我们走吧，就顺着他的那条路。"于是大家真的就顺着那路走出去了。

房龙写的这个故事告诉我们，**有些人离经叛道，有些人不尊重传统，有些人尝试着走了一些很危险的路。但作为一个系统、一个文化体，应该注入一些宽容的基因，允许人们做一点不同的事情。**

因为最后正是那些不守规矩的人，他们不小心走出去、闯出一条道路，而那条路拯救了这个族群。

当时我记得特别清楚，离开凤凰卫视的时候，刘长乐台长特别好，对我很善良、很包容。那个时候我在凤凰卫视如鱼得水，真是最愉快的时期，主持着大型节目，策划着一档高尔夫球的节目，让我得以约见各种喜欢聊天的人，和他们一边打球一边聊天。

天底下最好的工作莫过如此，但最后我还是决定离开。

刘长乐台长语重心长地跟我说："哎呀，梁冬，你出去走走也是好的，看看外面的世界，或许有一天你还会回来。"

结果直到他老人家退休了，我也没有回去。但凤凰卫视变成了我的乡愁，我曾数十次在梦里回到凤凰卫视工作。连我说话都深受凤凰卫视的影响——我们台里有个"台声"，所有的声音都是他念的，这个人就是张妙阳先生，我最喜欢模仿他说话。也许有一天，我会以某种方式回到凤凰卫视，这是后话。

旅卦，来自那个你不得不离开的故乡，因为这个地方变了，你不得不离开。但你离开的时候心里要知道，这是你离开的地方，也是你梦想要回来的地方。

所以旅卦既有向外走的意思，也表示存在回来的可能性。

火山旅：六爻细解

我们来看旅卦的卦辞：**小亨。旅，贞吉。**

此卦为小小的亨通，可以做一次小小的祭拜，然后可以出行了，这次出行是吉利的。

初六：旅，琐琐。斯其所，取灾。

旅行在路上，小心翼翼，疑虑重重，这叫"琐琐。斯其所，取灾"。在这一条刚刚走出去的路上，由于不了解情况，处处有灾。

当你决定走出去的初期，是相当困难的，到处都是陷阱，很艰辛。

有很多人在考虑要不要到外国生活。在此，梁某人想和大家分享我小时候一家人从攀枝花移居到广州的故事。

由于东南地区的繁荣发展，我父亲又很想回广州陪他的父亲。于是20世纪80年代末，我们举家从攀枝花搬回了广州。也就是我在十五六岁的时候离开了从小生活的地方。

我带着一种困扰到了广州，因为到一个新地方，每一样东西都不适应，我没有什么朋友，即便是办个简单的事情也不方便。

一个人在一个地方生活时间长了之后，就会长出他的叶片和根系。要读个书，搭个车，办个事，找个工作，约几个朋友打个牌、周末的时候一起出去玩，这都是自然而然的事情。但当你到一个新地方时，你就发现每件事情都不顺利。

我印象特别深刻的是，第一天到广州的时候，我发现头发太长了，需要剪一剪头发再准备去新的学校。我看着巷口有一个理发馆，就进去了。

我想，理发能花多少钱呢？以前我们在攀枝花剪个头发就三五毛钱。结果剪完之后要收六块钱，我当时就愣在了那里，因为我妈在1989年一个月的工资才只有三十二块钱。我瞬间觉得好对不起我妈，因为我一个理发的决定，她要白白工作一周的时间。我好像从她的生命里面偷走了一周的时光，心痛得要死。

对于一个十五岁的少年来说，这是一个很大的灾难了。有很多事情现在看来都是笑话，在当时都是辛酸。

一段未知旅行的初始，处处都是危险。在古代更是如此，远行之人路上投宿到一个旅馆，深夜发现主人正在烧水，也许第二天早上就变成了包子馅儿。在《水浒传》里常常有这样的故事。

如果开始往外走，不管是你决定走还是让别人走，最开始的一段旅程一定要小心翼翼、忧心忡忡，且到处都是陷阱。这就是旅卦的开端。

六二：旅，即次，怀其资。得童仆，贞。

旅行到第二个阶段的时候，记得财不外露，叫"怀其资"。因为你在旅途中会把所有家当都捆在身上，人生地不熟，要尤其小心。

以前的人逃难都是在内裤里缝一个口袋，把钱藏在内裤里。即使这样，还经常被人把内裤里的钱偷走。

有一次我采访一位逃过难的老人家："当年你们逃难的时候，有什么记忆深刻的吗？"他说："关键时刻钱是没有用的。"

在老人家逃难的时期，钞票的价值一天一个样，人们完全不知道该怎么办。而且经常遇到不同的地方流行不同的钱的情况，人们只能用一些指定的票据才能够买东西。

有人说可以带黄金，但在使用的时候，那么大一根金条是没法直接使用的。老人家说，那时候他们都是用金子做成一个个标准的小戒指，用绳子穿成一串，每次用的时候就拿一个出来。因为在颠沛流离的途中，你不能一次性拿一坨金子出来。如果你拿出来一坨，本来想换一张船票，结果可能金条还在船上，你已经在船下了。

所以六二爻的意思是：把钱存好了，把钱放在最贴身的地方。如果可以的话，买一些童仆随从而行，这个时候出行才吉利。

在过去，逃难总得有人帮你抬东西。就像唐僧师徒几人西行途中，总得有个沙僧挑担子。那个时候，在途中选几个得力、淳朴的青壮劳工，可以帮你防御，可以帮你挑东西。

人是一种能效很高的动物。一辆车在路上行驶百公里需消耗若干升油，算下来不亚于一套满汉全席的热量。但一个人的话，一天食用十个包子或者五个馒头，就可以干很多活儿，包括复杂的体力与脑力劳动。所以我一直觉得，人类有一种特殊的长处，就是能量转化力很强。

在现代场景下，这个故事对你来说意味着什么呢？意味着当你出去的时候，当你落难的时候，可能别人正好也落难，你在旅行中可能会获得一些新的朋友和收获。

很多男女青年在旅行过程中找到了人生伴侣。这个人生伴侣表面上是伴侣，实际上可能是你的"仆人"。虽名义上为妻子／丈夫，其实双方形成了不对等的分工模式。有人调侃"老公就是劳工"，有人说"老婆才是劳模"。仔细想想，这些说法其实藏着男女角色的一种老剧本。

九三：旅，焚其次，丧其童仆，贞厉。

在旅途中，你所居住的那个地方失火了，就是"焚其次"。你之前得到的童仆也失去了，预兆着凶险。

占卦到第三爻，你身边的一些钱财、物件、人会失去，情况不太好。

九四：旅于处，得其资斧，我心不快。

虽然在旅途中有一些财货上的收获，也就是"得其资斧"，这些收获可能是一些赚钱的工具，可能是打猎的工具，也可能是一些创业的融资。但

旅

是这时人的内心并不愉快。为什么？因为没有安全感。

"旅于处"，在旅途中住在哪里？刚刚经历过了失去的滋味，不知道下一站将在哪里，不知道该住在哪儿，所以尽管得到了一些东西，却依然忧心忡忡。得到东西和获得快乐，并不是一回事。

六五：射雉，一矢亡，终以誉命。

在旅途中打野鸡，一箭而击毙，因而有美誉。

如果占卦求得此爻，说明你会有所收获，很快能得到美好的名声。

上九：鸟焚其巢，旅人先笑而后号咷。丧牛于易，凶。

鸟巢被颠覆，旅行者刚开始是欢笑的，但后来号啕大哭。旅行者所携带的牛群丧于牧场，凶。

总之，旅卦讲述了一群不得不离开故土，或是被迫或想要走出舒适圈的人，在旅途中的六个阶段。每一个阶段就是一个隐喻，在你占到这一卦的时候，可以把这一段隐喻和你在路途中的状态做一个对应。

有很多朋友说："我占到这一卦，但我没有准备走，也没有准备移民，不准备跳槽，什么想法都没有。是不是不准？"梁某人想说，还有一种状况叫"心旅"，我们称之为"身在此处，心在别处"。有时，尽管表面上看你没有到外面去，但你可以借由此卦，去看看你的心是不是已经有了去往别处的冲动，或者看看已经走到了第几个阶段。

好的人生观，就是看见人生苦短

《象》曰：**山上有火，旅。君子以明慎用刑而不留狱。**

旅卦给君子的启示是，你一定要非常小心谨慎，而且跟你一起的人在惩罚他人的时候也要小心谨慎，如果不小心就会带来灾祸。另外，不要留在一个框着你的地方。

以旅卦问整个大运，意味着你刚刚从某个地方离开，是奔向未来光明去处的一个中间态，刚刚开始起运，还未到全盛。

你已经到了"人挪活，树挪死"的阶段，人一旦挪动，就是起运的开始。但通常在起运之前，就像飞机在起飞前都会颠簸一下，起飞降落的时候都是有危险的，所以一定要谨慎。

但如果有灾祸的话，也可以随之解脱，因为它是一个动态变化的过程，一切行如幻境。所以哪怕出现了危险情况，因为时空变化得很快，只须把握时间窗口，时局变化之后也不会再有危险了。

以此卦问营商，意味着宜外出贩运，随行就市，不可囤积。也就是说，你适合走出现在的业务范畴，到外地或改换一个赛道去做生意。但千万记住，不要做长线投资，要短来短走，抓紧时间随买随卖。

以此卦问功名和仕途，火在山上，火本身有文化、明亮、声名远播、被别人看见的形象。所以此卦代表有光明远照之象，升迁在即。

以此卦问家宅，要慎防火灾。

以此卦问疾病，是肝火上炎之势。其势可危，生死在即，一定要非常谨慎。如何才能够防止肝气上炎呢？第一，少喝酒。第二，少吃肉。第三，少发脾气。

少发脾气的秘诀不单是提高修炼、不能发脾气，终其本质还是要改变你的人生观。什么叫好的人生观呢？就是看见人生苦短。

建议大家拿出一张 A4 纸，在这张纸上画出一千两百个格子，每个格子对应一个月，估且以能活到一百岁来计算。然后在已经度过的每个月都来打个钩，打完之后游戏结束。

旅

很多人看到这段的时候，估计这张纸已经有三分之一到一半是需要打钩的。

所以请你画完这一千两百个格子之后，先钩完之前的，再把最后的几百个格子也画条虚线。因为最后的那十年，人基本上八九十岁了，人生应该也不会太精彩，也就是打个麻将、听个音乐，连广场舞可能都没力气跳了。

当你看到中间还有这么丁点儿没有打钩的格子时，瞬间就不会对很多事情发脾气了，你会觉得自己好蠢。

生而为人是多么难又多么难得的一件事情，还为一些事情发脾气，实在是没有必要。

总而言之，火山旅讲的就是火在山上，令一群人不得不离家出走，这一群人后来就变成了旅行者。在出行的过程中，开始一定是陷阱重重的，不过不用担心，困难总会过去的。

在路途中还是要坚持创业，有机会的话，交些朋友、广结善缘。但这些结来的缘也可能会断掉，最后甚至还会被一把火烧掉一切，所拥有的一切突然分崩离析，但都没关系。

起到不太好的卦时，《周易》会告诉你，再忍一忍，再等一等，未来就会变好了。遇到特别好的卦，它会告诉你，谨慎、小心、警惕，好事也会过去。

两边互相调整、动态平衡的过程，就是中道。所以中庸是《周易》思想的一个垂直延伸。

太安私塾之前有个课程，叫"中庸与《周易》的关系"。一个人学了这些东西有什么用？也许没什么大用，但起码你的心态会比较平和。

我身边就有这样的人，他们人挺善良的，做事也很认真，唯一的问题就是说话尖声尖气，非常高亢。他们以为自己在关心别人，却被别人误解为在骂别人。好好的人、好好的事，结果充斥着痛苦和壁垒。

人生苦短，看一下那张一千两百个格子已经被钩掉一半的纸，你瞬间就会明白，发脾气其实不是道德问题，而是选择问题。

旅

　≡ 梁注·观卦小笺 ≡

- 有些人离经叛道，有些人不尊重传统，有些人尝试着走了一些很危险的路。但作为一个系统、一个文化体，应该注入一些宽容的基因，允许人们做一点不同的事情。

- 有时候你会因为一些原因离开某个地方，但你离开的时候心里要知道，这是你离开的地方，也是你梦想要回来的地方。

- 好的人生观，就是看见人生苦短。

30

【 小过卦　雷山小过 】
高而愈危, 进而愈厉

当一个人能量水平比较低的时候,
碰到事情就容易暴躁或无可奈何,
这时候应马上停止, 不要冒进。

小过卦

亨。利贞。可小事，不可大事。飞鸟遗之音，不宜上，宜下，大吉。

	上 六	▬▬　▬▬	弗遇，过之，飞鸟离之，凶，是谓灾眚。
震 (雷)	六 五	▬▬　▬▬	密云不雨，自我西郊，公弋，取彼在穴。
	九 四	▬▬▬▬▬	无咎，弗过遇之，往厉，必戒，勿用永贞。
	九 三	▬▬▬▬▬	弗过，防之。从或戕之，凶。
艮 (山)	六 二	▬▬　▬▬	过其祖，遇其妣。不及其君，遇其臣。无咎。
	初 六	▬▬　▬▬	飞鸟，以凶。

《象》

山上有雷，小过。君子以行过乎恭，丧过乎哀，用过乎俭。

《彖》

小过，小者过而亨也。过以利贞，与时行也。柔得中，是以小事吉也。刚失位而不中，是以不可大事也。有飞鸟之象焉，"飞鸟遗之音，不宜上，宜下，大吉"，上逆而下顺也。

很多人听过"记大过""记小过"，

那么"小过"的名称和《周易》有什么关系？

为什么雷山就是小过？为什么鸟飞过也不是一个吉祥的征兆？

这和历史有什么关系？

如果起到小过卦，应该如何退守自保？

在小过卦里如何保持良好的亲密关系？

来自上天的警示

小过

如果你在山涧里，突然雷声大作，震耳欲聋，你的第一反应一定是恐惧。因为在远古时期，人们认为雷声是上天的声音，打雷就是上天在愤怒地咆哮。对雷声的恐惧，是祖先遗传给我们的。

远古时期的先民觉得雷声是警示，哪里做得不对，老天爷会打雷以示警告，甚至施以雷击来表示惩罚。所以打雷叫"小过"——雷山小过。

在现代社会，如果一个同学犯了错误，学校也是通过批评、警告、记小过、记大过的形式惩戒。

这些在现代很普遍的事情，其渊源可追溯自《周易》。后来周文王引申了一下：听见或者看见那些不祥的征兆，就要给自己提个醒，所以"小过"

充满了警示性。

1976 年考古发掘发现证实，周文王曾悄悄在家里祭祀殷商的祖先。而在那时，只有殷商的王才有资格祭祀和占卜。这种行为在现代的商业中相当于消费者绕过经销商，直接跟生产厂商拿货。在当时，这种行为表示谋反之心很强，所以当时的周文王非常谨慎。

有一次当周文王祭祀时恰有鸟飞过，他感到很害怕。因为传说殷商的祖先有神鸟保护，他担心这个鸟会去报信，就产生了一种不祥的预感。这和在山里突然听到雷声是一样的，都是对危险的提醒。

小过卦的卦辞是：**亨。利贞。可小事，不可大事。飞鸟遗之音，不宜上，宜下，大吉。**

意思是说，这个事情是很好的，利于占卜，利于出行，但只能做小事，不能做大事。鸟飞过之后会留下声音，不宜上升，宜下降，吉祥。

这段叙事有点像电影蒙太奇手法，把一些关键节点描述出来，却没有告诉你来龙去脉。就像美国大片，先以一个犯罪现场的场景制造紧张和刺激的氛围，然后镜头一黑，故事才正式开始。当我在读小过卦时，看到的就是这样一个情景，因为周文王马上要讲的六爻故事都很有意思。

雷山小过：六爻细解

初六：飞鸟，以凶。

有鸟飞过头顶，很凶险。

如果你不了解历史背景，不知道鸟是殷商王朝的保护神，那么你很难理解周文王做贼心虚的紧张心情——他想绕过殷商，直接祭祀自己的祖先。

所以殷商的神鸟对于周来说，是一个非常危险的征兆，故叫"飞鸟，以凶"。

我看过一些有意思的甲骨文翻译，殷商很多甲骨文的内容都是：今天要做这件事情，祭祀十个人行不行？结果显示不行。那祭祀二十个人行不行？还是不行。到五十个人，行了。

殷商时期占卜有讨价还价的余地，不一定行，也不一定不行，看你的条件。某种程度上，这也折射出人性，就像老话说，千万不要去试探人心，因为人心经不起试探，有时候之所以没有收买成功，可能只是因为给出的筹码还不够。

古代很多民族都有类似原始宗教的情结，他们心目中的神是一个可以讨价还价的存在。

以此爻问时运，说明你内心正在谋划一些事情，但觉察到了风险，就像看见鸟就感觉鸟会报信，所以心虚，这叫"不安本分，妄思飞腾上进，凶"。

以此爻问营商，力小而图大，位卑而谋高，不自量力必自败也。

以此爻问婚姻或亲密关系，夫妻双方要么家庭地位差距过大，要么智商差距过大，或者体重、身高差异过大，总之不匹配。有人说，我什么都匹配得上，那一定是你的误判，对方未必这么认为，你对自己没有正确的认知。

六二：过其祖，遇其妣。不及其君，遇其臣。无咎。

周文王有一次悄悄去祭祀殷商的宗庙，碰到了老祖母，没有见到商王，碰到了他的臣子，感到没有什么担忧的。

这个细节说明，当年周文王已经搞定了商纣王的大臣，他们默许了周文王可以去祭祀。

从这个角度上来说，我觉得《周易》的爻辞透露了一些历史信息。有

小过

人说《周易》是哲学、历史、玄学、信息学、能量学、农业学的集大成者，这种说法某种程度上也是有道理的。

以此爻问时运，运途顺遂，虽然不得其全，尤得其半，亦可无咎。有一点点收获，没有大碍。

以此爻问姻缘，恐非正缘，可以谈恋爱，但很难正式婚配，或者找了个恋爱对象，对方可能已有婚史。其实这也没什么，谁的新欢不是别人的旧爱！当你意识到这一点之后，在亲密关系里一下子就释然了。

九三：弗过，防之。从或戕之，凶。

没有祸害，但要提防。如果放任不管，恐招致凶险。

以此爻问现在的时运，叫运势不佳，需谨慎自防，尚可免祸。

以此爻问生意，外出贩运，小心有盗劫之凶，勿前进。

以此爻问婚姻或亲密关系，叫作"非婚媾"，两人能够同居，但结不了婚。总之结局不太好，要小心。

九四：无咎，弗过遇之，往厉，必戒，勿用永贞。

不用畏惧，只要自身不犯错，就没有横祸降临，若贸然往前走，可能有灾害。所以必须提高警惕，不要轻易行动，要守住你的底线和原则。

当一个人处在能量水平比较低的状态，觉得处处遇阻时，这是一个很重要的心法。每个人都有类似的经历。运气好的时候好像什么事都挺顺利，心念一闪，震动四方；运气不好的时候也很可怕，稍微有一点坏念头，坏事情就来了。

每个人都难免经历倒霉的时期。如果你觉得最近一段时间运气不太好，坏事在起心动念的时候全都来了，该怎么办？记住，自身不要犯错。"必戒"，坚守原则；"勿用"，不要冒进；"永贞"，守住自己的底线。

若起到这一爻，勿轻举妄动。

小过

以此爻问营商, 适可而止, 切勿过贪。

以此爻问婚姻, 将来自有良缘, 时间到了会好的, 但现在请不要着急推进, 不必非要结婚。结婚这个事情有时候很微妙, 也许本是一段良缘, 却因为不正确的结婚时间而引发许多问题。

我观察过很多夫妻, 得出一个结论, 本来两口子在一起可以生活得很不错, 可能因为结婚太早, 性情、价值观不稳定, 经济条件不足, 再加上又过早怀孕生子, 这些问题导致夫妻关系紧张。到了孩子两三岁的时候, 夫妻双方因教育方式不同争执不休。如果这个时候装修房子、父母来家里住、工作变动等情况一同发生, 婚姻大概率就会出问题。

如果这两个人推迟几年结婚, 经济上有了一定积累, 双方心智相对成熟。双方的父母到了七八十岁也闹腾不动了, 房子也装修完了, 夫妻间不需要为审美差异而争执, 可能就有不同的结果。

自己处于比较良好的状态, 用你的爱换对方的爱, 彼此保持尊重, 这才是比较好的婚姻状态。正确的人、正确的地方、正确的婚姻, 却因为不正确的时间而让一切变质。这种事情、这种痛苦我们还见得少吗?

六五: 密云不雨, 自我西郊, 公弋, 取彼在穴。

城市的西郊乌云密布, 但没有下雨。这个时候王公在打猎, 趁野兽还在洞穴中的时候, 把洞堵上, 用烟火一熏, 野兽就跑出来了。

到这一段的时候, 外部的环境因素已经开始积聚了, 但还没有结果。浓雾弥漫, 却没有下雨, 可以去打猎, 但也得做一些准备工作, 会有一些好的结果, 但是收获有限。

以此爻问时运, 则运途平平, 难成大事, 只可小有所得。

以此爻问营商, 小利可占。差不多挣到一点钱就可以撤了, 千万不要贪求暴利, 那是成功不了的。

上六：弗遇，过之，飞鸟离之，凶，是为灾眚（shěng）。

鸟飞走了，凶，这是灾害。

以此爻问时运，运高而愈危，进而愈厉，不知退守，咎由自取也。你要反省一下自己最近是不是有点忘乎所以了。比如这些年，有些人直播做得很好，突然出现各种问题就被封号了；有些人的微博运营得影响力很大，结果突然遇到了各种事；有些人公司经营得很成功，结果就突然被查了。

《周易》这些故事浓缩了几千年来的生存智慧，都在提醒我们，事情发展到一定程度的时候，如果没有根基，只是像鸟那样在飞着，飞到一定高度的时候，如果还是按照以前的方式思考、做事，就会出现大危险。

所以你看，很多"红人"突然注销微博，也不露面了，也不发言了，也不接受媒体采访了。我有一些经营大型企业的朋友，我邀请他们一起做《生命·觉者》节目，结果他们都回复："不，谢谢。"以梁某人这种学识能力，内容一定会有疏漏。只要在讲话，就一定会有从某个角度来说逻辑不严谨的地方，一定有可能被断章取义的部分。但大家也都知道，梁某人这个人"童言无忌"，从来没有做坏人的胆量。

在学《周易》的过程中，你会理解，在某个时间点过了之后，就不应该再用以前的模式去思考、去做事。

以此爻来问功名，在正途上叫"躁进取祸"。如果你是个中层领导，虽然取得了一点成绩，但这时你向上级要更大的权力，想要挑更大的担子，这是很危险的一件事情。

以此爻问亲密关系或婚姻，防坠奸媒之计，防止有人骗婚。你觉得自己是一个五十分的人，突然一个九十分的异性喜欢你，看着好像感情很真。但是这种好事真的会发生在你身上吗？

现代社会，信息都是非常透明的，要想了解一个人，可以看对方的社交媒体，品一品对方平常谈论的话题，观察一下对方的眼神，诸如此类，有无数的细节可以判断。这就是识人之术。

现在网络上有很多免费的方法教大家如何识人，如果还有人在亲密关系里被人骗，说明他可能潜意识里在回避某些危险信号。明知山有虎，偏向虎山行，没人能叫醒一个装睡的人。

怎么知道一个人是不是真的喜欢另外一个人？前两天我看到一个方法很有趣：当一群人在一起非常开心的时候，你可以看看这个人在看谁。据我观察这个方法非常有效。

四个征兆，预示着危险信号

整个小过卦叫作"雷山小过"，它是透过外在的征兆，来预示你现在可能处在危险境况的一种卦象。

我们每一个人都要观察：什么时候对我来说是危险的？有哪些征兆是危险的？据我观察，有四个征兆：

第一，如果你突然发现，朋友圈里那些你认为品质比较好的人和你疏远了，这是一个危险的信号。聪明的人自然会避祸，所以你得认真对待，你所尊重、期待的人为什么突然不怎么跟你联系了。

第二，如果你突然发现最近一段时间总是感冒、发烧、长湿疹，小毛病不断，说明时间、空间，加上你的作息或是你的流年八字等因素，让你的身体处于危险的边缘。

许多人的运程跟身体状况直接相关。当一个人能量水平比较低的时候，碰到事情就容易暴躁或无可奈何，或者用不理性、不柔和、不正心诚意、

小过

不温暖的方法去处理，于是小错酿成大错。这个时候应马上停止，不要冒进，赶紧去调理身体。

第三，如果你突然发现最近打牌或者玩益智游戏经常输，那说明你处在一个运气不好的时间段。所谓"风水轮流转"，打牌常输起码说明你最近一段时间方位不正。

有时候一个人运气不好，甚至会出现"喝凉水都塞牙"的状况。这也不是玄学，只是中间有一些复杂的关联。这个时候要退守，闭门自省，写写悔过书，和亲密的朋友写写感谢信，做一些忏悔。

第四，如果你有一天早上醒来的时候，突然发现什么都不想要，什么目标都没有，甚至你已经连续半年没读过一本书、看一部正常的电影、听一段好的音乐了。这说明你已经活在碎片化时间里太久了，每天都庸碌无为。如果这些慰藉心灵的事情都不做了，更不要提"吾日三省吾身"了。

如果一年半载都不反省一次，那真的是跟跟跄跄活在污泥浊水中，这是一个人堕落的危险信号。堕落不是变成坏人，而是陷在生活的泥沼中无法前行。

小过

☷ 梁注·观卦小笺 ☷

- 每个人都难免经历倒霉的时期。如果你觉得最近一段时间运气不太好，坏事在起心动念的时候全都来了，这个时候要记住，自身不要犯错。

- 事情发展到一定程度的时候，如果没有根基，只是像鸟那样在飞着，飞到一定高度的时候，如果还是按照以前的方式思考、做事，就会出现大危险。

- 如果一年半载都不反省一次，那真的是跟跟跄跄活在污泥浊水中，这是一个人堕落的危险信号。

31

【 渐卦　风山渐 】
循序渐进, 徐缓前行

渐渐地让风去改变山,
渐渐地随着风飘向远处,
渐渐地你成为更好的自己。

渐 卦

女归吉。利贞。

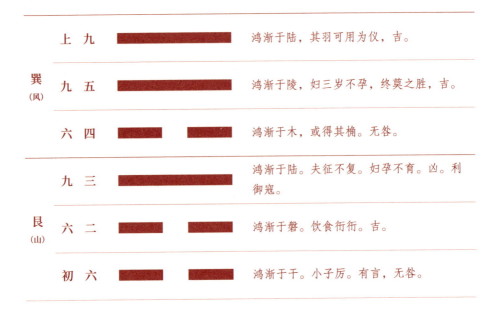

巽(风)	上 九	鸿渐于陆，其羽可用为仪，吉。
	九 五	鸿渐于陵，妇三岁不孕，终莫之胜，吉。
	六 四	鸿渐于木，或得其桷。无咎。
艮(山)	九 三	鸿渐于陆。夫征不复。妇孕不育。凶。利御寇。
	六 二	鸿渐于磐。饮食衎衎。吉。
	初 六	鸿渐于干。小子厉。有言，无咎。

《象》

山上有木，渐。君子以居贤德善俗。

《彖》

渐之进也，"女归吉"也。进得位，往有功也。进以正，可以正邦也。其位，刚得中也。止而巽，动不穷也。

为什么很多聪明的人赚不到钱？

为什么很多人明明已经找到了最好的大夫，却治不好自己的病？

为什么说风可以改变许多的事情？我们应该对生活抱有怎样的态度？

慢慢来，做一个长期主义者

前段时间，有一个朋友来说他看病的事情。他得的是慢性病，我给他找到了我所知道的中国最好的大夫，这个大夫要求他最少要服用半年的药，这个药每天要分三次来服用。

他很着急："梁老师，这已经是您说的最好的大夫了吗？我能一次性把一天的药喝完吗？我每天很忙，我怕分开喝来不及。早上起来把它喝完，这一天就算好了吧？"

看着他那张诚恳而急切的脸，我突然心生同情，于是就问他："第一，你一天吃几顿饭？如果一天要吃三顿饭，为什么不能够接受一天喝三次药？身体里有代谢平衡机制，你一次喝进去一天的量可能会中毒，如果你一次把一天的饭全吃完，会被撑坏的。第二，这病得了最少有三十年了吧。一个病在你身上藏了三十多年，累积到现在这么严重，你想用三天甚至三小时把这病治好，不觉得这是一种很奇怪的想法吗？"

说完这些，我突然意识到一个问题，就是"配"的重要性。如果自己的心性上不来，哪怕有最好的大夫为你治疗，也难以发挥作用，因为你自身的状态并不能与治疗匹配。

遇到每件事情，都要问自己一个问题：你是否配得到它？查理·芒格说，想要拥有很多钱，最重要的是你要配得上这么多的钱，否则，这可能是件很危险的事情。

有很多人有大名声，他不配，这些名气最终害了他；有很多人赚了很多钱，他不配，这些多赚的钱害了他；还有些人受到很多人的喜欢，但他的德行和智商都匹配不上，最终这些人也会害了他。

为什么我要讲这个故事？不是跑题，而是要解读渐卦：风在上，巽；艮在下，山。这叫风山渐卦。

有许多事情不是一天两天就能办成的，是复合增长的，疾病是这样，好运是这样，钱是这样，培养自己的孩子也是这样。用现在比较流行的话来说，就是我们得做一个真正的长期主义者。

《序卦》说："**艮者，止也，物不可以终止，故受之以渐，渐者，进也。**"凡物有变迁，徐缓而不快速。这就是渐卦的来源。

渐

为什么叫"渐"卦？一座山立在那里，风要改变山。怎么改？风不会突然把这座山吹没了。能够被风吹走的山，那也不叫山了，最多叫沙丘。山是有根的，我们看见的山立在那，但很深的根长在下面，甚至山的根有可能比地上的山体都要高很多。

我前段时间拔牙，才看到我的牙露在外边的只是一小部分，牙龈下面才是真正牙根的部分，而且牙是长在牙龈里那个骨头上面的。

在我准备拔牙的时候，大夫说："你的这颗牙拔不了，牙龈下的骨头已经快没有了，所以还得先打骨水泥，等下面的根长好，再在骨水泥上面打钉子，最后在钉子上嵌一颗牙。"

后来想了其他方法，慢慢把牙弄好了，但种一颗牙从检查到完成足足弄了十次，多痛苦啊！查理·芒格说，人生最美妙的事情，无非是做个牙医，就像买一个长线基金。这是我知道的最美好的状态了。

做个牙医，一般情况下没有太多的医疗风险，但同时又是长线工程，一个客户可能从儿童时期开始矫正牙齿，一直到老都要看牙。一个小镇上只要有几千个人，就完全可以养活牙医一家好几代，而且每个人都很尊敬你，小孩子也怕你。

牙医的收入还很高，拿钱去买一个常见的、类似伯克希尔 - 哈撒韦的基金，并长期持有。如果你不着急用这些钱的话，过五十年，说不准可以翻一百倍。

他凭什么会获得这些？因为他明白了很重要的一件事情，那就是等待，钱是慢慢赚的。别的事情亦复如是。

真正重要的改变是如何发生的

渐

渐卦的卦象是，风在上，山在下。从名字看，这个意象很有意思。它讲的是真正重要的改变是如何发生的。"凡物有变迁，徐缓而不快速"叫"渐"。不是雷厉风行地改变，而是慢慢地、逐步地改变，这种"变"一旦完成了，就很稳固。

这一卦在我们日常生活中最重要的体现，就是人和人之间的关系。很多时候大家很难长期相处，很可能是因为人们想快速地改变对方，让对方能够合自己的心意。

你认真想想，你的大部分烦恼，是不是源于别人不能够主动快速地按照你的想法，变成你想让他成为的那个样子？

对孩子也是这样，很多妈妈号称自己是最爱孩子的妈妈。但她没有想过，要把孩子渐渐地变成一个对社会、对人民有用，在父母年老，他们长大的时候既能赚钱又孝顺的一个人，是一个漫长的过程。这需要持续引导，最终使他回归本心。

一个人最终成长为一个温润、成熟、利他、自洽的好人的过程，是很漫长的。在这个过程中他要不停地和自己的动物性做对抗。

最典型的例证就是那些一二年级孩子的妈妈，基本上都经历过血压升高，华发早生等身心压力。其实你想想，在读小学之前，小朋友是什么？小朋友还是个"小动物"。他有与生俱来的、源自上亿年生物基因的动物性。

动物性是什么？吃、玩、睡等动物本能。昨天还是幼儿园的毕业生，今天就变成一年级的小学生，仅仅一两个月的时间，他就要完成转变，这可能吗？

小学开始，你要让这个小朋友变成东西都能自己收好，上课能听进去、能坐得住，回来记得作业，还要自己学习，还要孝敬父母，最好连碗都帮你洗了的完美小孩。这是不是要求太高了？

学《周易》的过程中你会发现，重要的事情，圣贤们都找到了，也早已把它们凝聚成了一个又一个闪着智慧的汉字，比如"渐"字。

学习风的品格

一个卦象，下卦是它的体，上卦是它的客。要改变山，风做了什么？风会带来虫子，带来种子。

哪怕山体经过开采，变成了一座裸露的、斑驳的、特别难看的荒山，但若干年之后，土会被风吹过来，土上面就会长出草，草上面就会长出树，风还会带来水汽，有些洼地还有一些水，然后雨水降下来之后慢慢形成了小溪，于是山上就会有虫，有鸟。

所以如果你去到一个地方，这里的人和善、知书达理，草木很繁盛，鸟儿都长得很好看，你就知道此处风水极佳。

当然你可以不用那么看，你只要看最好的寺庙在哪里，你就可以选哪里的风水。历史上那些出名的道观、寺庙都是修行得道的人选来选去才选到的地方。

大家一起想一想上述情景：一座山在被炸掉之后，成了一座被挖掉石头的、斑驳的山，它要恢复成为一座郁郁葱葱、风水很好的山，需要经历什么？这些改变大部分都是风带来的。

如果你想改变某一些事情，你就需要学习风的品格。

嫁娶也需循序渐进

《说卦》和《序卦》都提到："**巽，入也**。"巽卦是两根阳，下面一根是断开的阴。那渐卦是什么？渐卦就是上面巽（风），看似有些柔顺的风，却改变了坚硬的山。而改变的整个过程，就是"渐"。

我们来看一下渐卦的卦辞：**女归吉。利贞。**

"归"指出嫁，一个女人要嫁出去，必须完成一系列流程。古时候虽是媒妁之言，但双方家庭要评估，是否门当户对，媒婆要看双方的八字合不合、还要订立婚约，提亲，准备嫁妆……整套流程走完了，才算完成出嫁仪式，这是一个循序渐进的过程。

这样的话才会吉祥，才利于走得远，叫"利贞"。"贞"指持久稳固，也可以解作利于占卜，占卜出来的卦象很好。

现在很多年轻人要么一辈子不结婚，要么闪婚。有些人可能在出去玩、去看演唱会、去排队买杯奶茶时，碰见一个人，觉得很有缘分，然后立刻结婚。这种事情常常在我们身边发生。

有的女生特别想嫁人，恨不得马上就嫁，只要男人未婚，有点小毛病也没关系。我有好几个学生，怀着要嫁出去的迫切想法步入婚姻，后来结果都不好，有的到了订婚阶段遭对方反悔，有的结完婚之后几个月就散了。

为什么？因为两个人在一起就像合伙，那么大的资产重组，如果没有尽职调查，没有双方家庭的磨合，没有关于双方责任、权利、义务等重要事情的讨论，就要结婚，后面一定会陷入漫长的痛苦。

有句很著名的话说得好：有许多人用一辈子甚至三辈子的痛苦为他当初的鲁莽买单。或许他们没有学过《周易》，也没有人跟他们讲过任何处世的智慧。嫁娶这种事情需要循序渐进，需要有周期，是讲究方法论的。

渐

风山渐：六爻细解

"渐"是循序渐进的意思，代表一种已经有方向、有定力的做事方法。何新老师在他的《易经入门》里考据说，"渐"也通"降"字，"渐"这个词原意可能是降落。把六爻的"渐"理解为降落的意思，你就能够解释得通了。

鸿渐于干，鸿渐于磐，鸿渐于陆，鸿渐于木，鸿渐于陵，都在讲鸿鸟降落的场景：降于水边，降于石头、降在陆地上、降在山峦上、降在丘陵上。

当我们把六爻连在一起看时，可以看到一种渐进的关系：从水边，再到山上，过程慢慢变化。所以在后来就把"渐"引申为徐徐地、慢慢地改变，有次第演化的意思。

初六：鸿渐于干。小子厉，有言。无咎。

雏鸟栖于水边，但这两天小孩子得病了。

这显然是一个日记片段，周文王在那一天观察到一只鸟是怎么停留在水边的，停留的时候发生了什么，他建立起了一种关联——当这只鸟停留在水边的时候，他家孩子得病了，但是没大事。

遥远的相似性与有意义的偶然把两个事物放在一起，就产生了一种蒙太奇的效果。

看似没有逻辑的事情，若按某种时间或者空间的序列呈现出来，意义就产生了。

我曾经听过一个古代的故事。每当皇帝宠幸某个妃嫔的时候，皇后就会跟他讲一个最近朝廷发生的灾祸。这个妃嫔接受了皇帝的宠幸，皇后就会来和皇帝说，山西又发大水了，新疆瘟疫又严重了……如此反复数次后，皇帝就把那个妃嫔给赐死了。古代高阶的宫斗达人都是深谙心理学的，其实皇后也没说那个妃嫔是好或是坏，但皇帝自然而然把灾祸和那个妃嫔联系到一起。

那些有意义、无意义的偶然事件被放在一起，通过时间的锤炼和人们不断累加的各种个案，最后变得越来越有神力。这就是《周易》的秘密。

《周易》的秘密是什么？无论是集体无意识的表现、社会心理学现象，还是超能量，关键在于，只要越来越多的人相信，它就越来越有力量，哪怕只是心理暗示。时间长了，你也分不清楚这到底是心理暗示还是客观规律。

起到这一爻，问时运的话，运尚处在初期阶段。刚刚开始行运，有波折、有危险，但没有灾害。

问姻缘，可能女方年长，男方年少，要等这个男人再长大一点、心智成熟一点之后，再谈结婚的事情会比较好。

六二：鸿渐于磐。饮食衎衎（kàn）。吉。

鸿鸟降落在水畔的石头上，吃饱了在大石上休息，很开心、很吉祥。如果有一天，你看见有鸟落在你家水盆边，你可以喝杯酒，开心一下，向遥远的周文王致敬，完成一次连接。

九三：鸿渐于陆。夫征不复。妇孕不育。凶。利御寇。

鸿鸟在第三个阶段降落在陆地上，预示着男人出征不利，甚至都未必能回来。女人孕而不育——虽然怀孕但孩子已在腹中夭折，或遭遇先兆流产、宫外孕等，凶。

这种状况下要准备做好防御，男人出去了，女人刚刚流产，敌人可能会趁虚而入。其实不仅是敌人，厄运可能也是这样，坏运气总是趁你身体虚弱、精力不集中、能量不好的时候突然袭击。

如果问运程，占到第三爻，运途不正，要防无妄之灾。如果问姻缘，有始乱终弃之遗憾。如果问生意，就是 PPT 写了一大堆，跟人沟通了半天，最后项目没成；或者去海外拓展业务，结果因种种情况回不来，恰似"夫征不归"。

六四：鸿渐于木，或得其桷（jué）。无咎。

鸿雁降落于树木之上，有人因此得到了鸟喙，无忧。

在古代的时候，人们可能觉得鸟喙是一个挺有价值的东西。也有人认为它没法吃，大家分一只鸟，结果你只得到了一个不能吃的鸟嘴硬壳当艺术品，没什么好处，但也没什么坏处。

所以六四这一爻意指"运途不失，却偏离正道"，只能随遇而安。虽然不是消极懈怠，但要学会"臣服之道"[1]。

《周易有答案》的开篇就表达过，如果你觉得现在什么事情都不顺，你可以做一件事情：命运给你什么，就坦然接纳。

我有一位导演朋友，他特别想拍有意义的、能照耀人类历史的纪录片，但屡屡接到广告宣传片的邀约，他觉得这类工作只挣钱不创作，没有意义，便拒绝。现在他有点焦虑，正好起到这一爻。

我给他的建议是，那些看似不高级的广告片可能也是有意义的。你只是用你现在的视角去看觉得没意义，若干年之后，也许在拍某个片子的过程中，你积累了很多机缘，最后做成了理想的纪录片，也未可知。

所以很多时候，不要随便拒绝命运给你的安排。

梁某人上大学时报考的是广告专业，结果意外被分到了编导主持专业。花了好大的力气转回去学广告后，发现还是做编导主持有意思；临近毕业的时候，发现还是喜欢做广告，又调回去了。回顾大学四年，梁某人除读书外，就是到系主任、院长那里去哭诉，要求换专业，折腾了很多次。

现在回想，一开始命运给你什么，你就把那个科目学好，你把它当作一场行为艺术来认真对待，其实是最愉快的。这就叫"臣服"之道。

如果你占得此卦，就是学会臣服之道。命运给你什么，就欣然接受。用三个月静观其变。比如，哪怕你遇到很不喜欢的异性，也不要随便拒绝，看看到底这个异性有什么特质，为什么明明这么普通，却这么自信呢？

1　源自迈克·辛格的《臣服实验》，核心思想是放下个人好恶，信任生命本身的安排。——编者注

九五：鸿渐于陵，妇三岁不孕，终莫之胜，吉。

鸿鸟降落于丘陵，妇人三年都不能怀孕，但是吉祥。

如果起到此卦，预示运途得中，但在三年之内都没有什么明显的结果。三年之后，无往不利，吉。也就是说，你已经进入了人生命运的一个很重要的阶段，你终将会成功。但是你还得做好三年的短期准备。

如果问姻缘，那么最少谈三年恋爱，再讨论要不要结婚。如果已经结婚了，最少备孕三年，才能有小孩。

大家可能会说："要等三年这么久！"这就是现代人和古人的区别。现代人能够平均活到七八十岁，却连两三年都等不及。古人只能活三四十岁，反而觉得三年时间都是短暂的。

有一次我去一座寺庙，看到用一整根古木雕出来的千手观音。导游说，这个工匠一辈子可能就只干了这一件事情，雕刻这个观音像用了四十几年。

工匠刻了四十年，让这个千手观音永世流传。这个匠人也因为这一件作品，让自己与宇宙最深处的伟大精神产生了共鸣。

一个人一辈子能干成一件事就不错了。很多人忙忙碌碌，蝇营狗苟，辛辛苦苦，到九十岁什么也没干成，那么，到底谁的生命更有意义呢？

上九：鸿渐于陆，其羽可用为仪，吉。

鸿鸟降落于山峦之上，它的羽毛可以用来做舞具。在古代，人们不能随便跳舞，舞具是用来祭天、祭神的。所以这是一个很有意思的卦象，说明此时已经可以出来做事情了，运势正盛，攻无不克。

如果问商业，可能是货品好而价高，一定可以获利。如果问姻缘，恭喜你找到了良缘，这是长久美满之象，非常好。

真正有智慧的人, 等得起, 等得对

总结一下，渐卦的整个六爻都在讲鸟如何从水边落到陆地，再从树梢落到丘陵上，最后重新回归到陆地和山峦上。这是一个改变的过程。

这跟风有什么关系？候鸟在冬天趁着北风往南吹的时候，开始往南飞。到春天的时候，鸟是趁着南风往北吹的时候，一直往北飞。

鸟就是风的使者，是风之象。风可以带着虫卵，带着羽毛，带着尘埃。我们知道风的存在，却看不见风，只能借助鸟来理解风。因此，周文王通过观察鸟的行为，悟出了事物总是被风渐渐改变的规律。

这个改变的过程是需要经历时间、挫折和等待的，这是"天子易"视角。

一个有智慧的人与没有智慧的人的区别在哪里？梁某人觉得，区别就在于你是否等得起，等得对。而这背后的差别在于，你是否真正看见了正确的方向。你是否可以捕捉到风的节奏？你能，所以可以御风而行。你是否知道事物发展的规律？你知道，所以可以在起承转合之中保持从容淡定。

很多人表面上生活得还不错，你以为是他努力的结果吗？是的，是他努力学习了"道"之后的结果。有一些人很忙碌、很辛苦，做过很多事情，最终却没有什么成就。

我们现在说要以劳动者为本，这话非常正确。但每个人都要了解自己的劳动是不是走在正确的方向上。每个人都有自己的命运、位置和资源。

前两天我碰见一个朋友，他说，最可怕的就是那些聪明却没有资源的人。你很优秀，却没有匹配的时机、环境。即便你努力了，父母仍觉得你做了太多不必要的事情。

比如，明明你可以做局长，但因为你爸一辈子连科长都没有做过，所

渐

以当你做到科长的时候，他已经觉得很好了。在你做到处长的时候，他认为这就不错了，然后拼命劝你退休，拿养老金就可以了。

那些看不到自己人生格局方向的人，他可能等不对、等不起。而且在这个等的过程当中，他会心怀怨恨，感到痛苦、迷茫。

同样是等，为什么有些人等得如此从容且高级？

梁某人到了四十八岁的时候开始系统地学《周易》，有一个很深的体会：如果在我很小的时候就有人循序渐进地给我讲这些东西，可能我的人生会在等待中更加从容一些，少一些焦虑，这就是"渐"。

渐渐地，风改变山；渐渐地，风飘向远处；渐渐地，你成为更好的自己。在这个过程中，你能朴素地、从容地等待。

一位医生朋友对我说，根据他多年的观察，那些意志坚定的人，往往比那些聪明人的人生格局要高。**因为意志坚定的人愿意等待，而聪明的人总是想变换跑道，最终不能享受复利的累积。**

正如巴菲特所说，那些聪明的人之所以挣不到钱，是因为他们不愿意去挣慢钱，总想挣快钱。

说到此处，我特别想提醒大家，不要炒股了。对绝大部分人来说，如果你把你那点好不容易靠运气赚来的钱买定存或国债，大概率会比你炒股的收益要好得多。我相信绝大多数做投资的人都会同意我的观点。

如果你占到渐卦

如果你占到渐卦，可以这样解读。

如果问时运，有树木在高山上逢春萌发。好运气渐渐要来了，运势渐渐要上升了。

如果问经商，巽为商，山中储藏货物和钱财能生发，为利市三倍。所以占得渐卦，你要守住你手上这些货，守住你现在做的这些项目，只要坚持，你的钱会慢慢地累积，将来最少获三倍的利润。

如果问功名，可能预示职位晋升，公司有意对你进行培养了。起到渐卦，你要对组织忠心，要和组织一条心，一心为组织的发展奉献自己。

如果喻战争，前处有敌兵埋伏，在丛林之中会很危险。你以为前方一马平川，打过去没事，想不到人家在山里可能有一些特别厉害的高级武器，使你陷入被动局面。

如果问婚姻，你的婚姻处在良好的发展阶段，不要着急，循序渐进。今天认识的人，明天就带回家，这不妥，很危险。双方先磨合，调一下频，分享彼此的爱好，适应对方的习惯。

如果问家宅，这是一个很和谐的家庭，很好。

如果问疾病，这是木克土的病症，多是肝胆的问题，尤其是肝风内扰到脾土，这时候需用小柴胡汤主之。当然，具体的情况务必再去找大夫看。

读罢渐卦，不知道你有没有想到，哪些事可以再耐心等一等？

☰ 梁注·观卦小笺 ☰

- 一个人最终成长为一个温润、成熟、利他、自洽的好人的过程，其实是很漫长的，这个过程是他和动物性在做对抗。
- 一个有智慧的人与没有智慧的人的区别就在于你是否等得起，等得对。而这背后的差别在于，你是否真正看见了正确的方向。
- 意志坚定的人愿意等待，而聪明的人总是想变换跑道，最终不能享受复利的累积。

32

【蹇卦 水山蹇】
反身修德，在困境中找到希望

社会法则不是"强者生存"，
大部分时候是"适者生存"。

蹇 卦

利西南，不利东北。利见大人，贞吉。

	上 六	▬▬　▬▬	往蹇，来硕，吉。利见大人。
坎 (水)	九 五	▬▬▬▬▬	大蹇朋来。
	六 四	▬▬　▬▬	往蹇，来连。
	九 三	▬▬▬▬▬	往蹇，来反。
艮 (山)	六 二	▬▬　▬▬	王臣蹇蹇，匪躬之故。
	初 六	▬▬　▬▬	往蹇，来誉。

《象》

山上有水，蹇。君子以反身修德。

《彖》

蹇，难也，险在前也。见险而能止，知矣哉。蹇，"利西南"，往得中也。"不利东北"，其道穷也。"利见大人"，往有功也。当位"贞吉"，以正邦也。蹇之时，用大矣哉。

在动荡的时候，哪些人能够生存？

为什么说我们永远都要保持谦卑的心态，谦卑的心态有什么用？

如果占到蹇卦，要注意哪些事情？

危险在前，进退维谷

这套书不过是梁某人的读书笔记，我们一起来学习《周易》，有些话不要太较真。

在充满"**变易、简易和不易**"智慧的《周易》面前，我们永远都要保持谦卑的心态。谦卑的心态有什么用？如果你的人生、事业、爱情处于最艰难、痛苦的时刻，它能让你知道该怎么办。

这一卦叫水山蹇。

之前讲过泽山咸，泽是少女，山是少男，少女躺在少男的怀里，一副恩爱、亲密、闲适的样子。但水山蹇上面是坎，下面是山。"坎卦"形如水流向中间凹陷，是不可用之水，是激荡的、汹涌澎湃的、会淹死人的水。

"水在上，山在下"的格局似有矛盾。山本应承载木，但此处水反居山上，山上汹涌澎湃的水是什么？

梁某人年轻的时候在攀枝花，长江的上游叫金沙江，金沙江再往上走是从雪山奔腾而下的水，又冷、又刺骨、又澎湃。汹涌的水和一座有限制的山对峙：山顶着压力慢慢地往上长，水咆哮着，澎湃地向下倾泻，能有多顺利？

"蹇""寒""塞"字形相似。"蹇"字是"寒"的上部分和"足"组成的，"蹇"的原意就是"跛"。

人怎么会跛呢？可能是踩到了坑里崴了脚，有了外伤，也可能是体内阴寒闭阻于脚底关节。

《象》曰：**蹇，难也，险在前也**。足偏薄，行走不正，而前路险阻，所以很是艰难。这就像在爬山的时候崴了脚，前面有暴雨倾泻，后面有泥石流奔涌，进退维谷，行动不便。

蹇卦与芯片寒冬

有一次在饭局上讨论到中国芯片产业时，我随手起一卦，正是"蹇"。

当时我用的是梅花易数。有个朋友买了像酒墩一样的东西，上面放了个酒杯，倒出的酒就往下砸。当讨论到中国芯片产业的时候，有人让我起一卦，卦象恰似这个景象：上面是汹涌澎湃的水，下面是一个山形的墩子，这就是水山蹇。

几天后，美国就宣布对中国芯片方面实施制裁令。

就在制裁令颁布之后的二十四小时内，据说超过两百个外籍专家辞职。因为美方要求，所有持美国护照、长期居留证的人，都不能参与中国高端芯片的制造、运输、设计、维修等领域，甚至连产品也不能卖。

中国芯片产业在那段时间里面临着巨大的艰难险阻。所有我们知道的、不知道的做芯片产业的相关公司，都必须做出艰难的选择。

有人甚至说："什么叫艰难？艰难就是一夜之间从芯片时代转回到石器时代。"这样说当然不完全对，但在这个行业里的朋友，也确实都感受到了真正的寒意。

梁某人在芯片寒潮乍起的一场饭局上起到这一卦，卦象正是"蹇"。在场的朋友问我怎么办，我说："我一个文科生能有什么办法？我只能跟大家分享一下《周易》是怎么说的。"

我们就借此事件来跟大家讲讲，已经面临严峻问题的周文王是怎么解读"蹇"卦的，周公旦、孔夫子又如何对此类变局进行定位。

"利见大人"，谁是你的大人

蹇卦说：**利西南，不利东北。利见大人，贞吉。**

《周易的野心》里说过，周文王的目标就是要推翻殷商的残暴统治。殷商掌握当时最先进的青铜器制造技术，有最好的军队管理制度，所以可以肆意妄为，可以随意到任何一个部族把对方的首领抓回来；可以要求别人提供各种奴隶、动物、贝壳，来供养殷商的顶级"豪门"。

周文王说"利西南，不利东北"。东北代表着你要正面对抗的强权；西南代表那些未开化、相对落后，但同样受到压迫的部落与民族。

2022 年两会期间，我在机场看直播，看到埃塞俄比亚、南非、津巴布韦、委内瑞拉等很多国家的领袖和首脑发来了祝贺视频。他们纷纷表示，中国发生了翻天覆地的变化，这是一件多么伟大的成就。

我想他们是真诚的，因为他们面临的温饱问题、民生问题、被国际强权收割的问题，与中国过去的处境是一样的。国家要不要团结？还是要团结。周文王当时也面临相似的困局。

塞卦卦辞说"利见大人"。在这个时候，你要去寻找更高层次的人。如今，"大人"有了新的定义。这个世界很广袤，如果要解决芯片问题，我们就要解决核心技术壁垒。由美国人主导的半导体就是唯一的路径吗？有没有弯道超车的可能呢？

当我在提这个问题的时候，身边做芯片、互联网的朋友都摇头，他们说："这真的很难。你这样的说法很容易暴露出你的无知。"

我知道这很难。这些年我见过很多从事科学、量子、无线电、电子信息研究的朋友，所以对这个领域也略知一二。但现实是对方就是要封锁你，不让你接触，你怎么办？

如果你读《周易》的话，你就会相信一件事情：天无绝人之路，柳暗花明又一村。

当特朗普发动贸易战打压中国时，很多企业撤资，特斯拉CEO埃隆·马斯克却利用这个时间窗口到中国来建厂。在此之前他的企业也遭遇危机，接受采访的时候，他在得克萨斯州的汽车厂房里彻夜难眠，眼含泪光地说已经无法进行生产了。

他到上海后，中国政府提供政策、市场支持，特斯拉的股价像火箭一样冲了上去。而中国也收获了很多回报，特斯拉在上海建厂后，围绕其形成了一个巨大的产业链，有很多以前不知道该怎么做电动汽车的人开始进军这个行业。伴随着特斯拉的兴起，中国的电动汽车产业也做起来了。

中国面临美国芯片技术封锁的时候，德国有没有可能成为"大人"？欧洲有没有可能成为"大人"？印度有没有可能成为"大人"？这些都有可能。这个世界是圆的，宇宙充满了一切的不确定。

在看似绝境之处，或许会有另外一套全新的算法，或者全新的芯片产业思路出现呢？不知道。**在未知中保持信心，那才叫"信仰"。如果你都知道有结果了，才保持信心，那充其量是"算计"。**

在困难里，要有"渐"的心

贞吉，"贞"也有占卜之意。

在最艰难的这一卦里，周文王却得出"吉"的结论。所以学《周易》最大的好处，就是你不会对生活绝望，同时你也不会对生活产生飘飘然的自以为是之心。你每一次在好一点、顺一点的时候，《周易》都会提醒你隐藏的某些危险。

每一次出现艰难困苦的时候，《周易》都告诉你，不用担心，结果还可以，总会有好的一天。

我想正是这种精神帮助红军完成了长征，帮助中国突破了一次又一次的封锁，让我们有了长期战斗的韧性。所以在艰难的时刻，最重要的是有"渐"的心，把每件事情放在更长远的时间周期中看。

《象》曰：**山上有水，蹇。君子以反身修德。**

当你面对困难的时候，感到痛苦、彷徨、无奈的时候，还可以做一件事情：稍微停一下，反省一下，自己有哪些地方没做好、没做对。

如果占到此卦，意味着什么？

以此卦喻人事，"蹇"从足，寒省声，有艰难的含义。

以此卦喻时运，时运艰难，应当努力振作，这样才能够脱离险难。

如果问功名，坎为险，上升的途径受到了阻碍，应该反躬自省，五年之后到上爻才有机会。

如果问营商，钱财货物流通不好，经营很艰难。

如果问婚姻，男女相撞，遇泼妇。这里的"泼妇"不一定是指女性，有些男性也是"泼妇人格"。总体来说，这个"卦象"预示着一个人很想折腾，另一个没力气折腾，所以两者在能力、情绪、意志方面都不匹配，看起来不是很好。

不过蹇下面还有六爻，我们看一下蹇卦的六爻故事。

水山蹇：六爻细解

初六：往蹇，来誉。

《象》曰：宜待也。在这个时候，出去的时候充满艰难、充满困苦，回来的时候获得成功，甚至可以坐车回来。

以此卦问时运，好运还没有到来，应该谨慎地守中等待。

以此卦问疾病，这个病还处于初期，不要太急于求医，要再观察一下。

我以前以为中医会这样建议，其实西医也会如此。有同学在检查时发现一个小囊肿，医生跟他说："没办法，只有等等，等长大了再切。"这位朋友就来问我中医会怎么办。我说："活血化瘀、温补肾阳、阴阳平衡。该吃饭的时候吃饭，该睡觉时候睡觉，让身体自行修复。"

保持健康最重要的是不要生气，很多结节、肿瘤是因气滞而生。还有一种结节与饮食有关，吃得太好，又缺乏运动，就成了淤。所以人生最苦的事情，就是在吃山珍海味的时候发脾气。

不要气、不要郁结，有些时候我们需要等待。所以这一爻可以归结为一个"等"字。

六二：王臣蹇蹇，匪躬之故。

大王的臣子奔波劳碌，身不由己。姬昌此时心里可能已经有造反之意了，但还是要帮商纣王打工，去当猎人抓俘虏，很辛苦。"王臣蹇蹇"，你很累，可能脚还崴了，但是你的角色设定就是"匪躬之故"。

以此卦喻气运，目前气运受阻、险阻重重、劳碌而无功，但又脱不开身。

有很多朋友问过我："我到底应不应该辞职，又累又挣不到钱，再不辞可能公司也会把我辞退了，我该怎么办？"我说："你如果觉得累，是否可以做到身劳而心不累，这很重要。"累是一种心理状态。

我发现很多人辛苦地上班，好不容易回家了，还要去跑步。嘴上说"累"的人，让自己放松的方式是去跑步，跑得气喘吁吁，回来说不累了。

这说明了什么？真正意义上，跑步不累。哪怕辛苦，哪怕很忙碌、节奏很快，只要你内心里不抱怨、不纠结，状态就会好。

怎么才能做到不抱怨、不纠结呢？可以去读《周易》，因为你在读《周易》的时候，你会看到那一个比你更痛苦的人，比如姬昌，他没有车、没有手机、没有信用卡、没有二十四小时温暖有热水的家，他是怎么奋斗的。你看他的故事，你就会发现自己活得挺好的。

你也可以读读长征的故事。我小的时候，每次觉得辛苦的时候，我爸就会说"苦不苦，想想长征两万五"。

这一爻预示气运受阻，你会很劳碌。但记住，再辛苦、再累，不要纠结。做就对了，撸起袖子加油干，行动起来。

九三：往蹇，来反。

此爻预示，去的时候很艰难，回来的时候很平顺，与第一爻很像。

蹇

以这一爻喻时运，正值多事之秋，与其冒进，不如退守。

问战争，军队出动之后，或将折返。

问货物，有"出口转内销"现象。

现在跨境电商异军突起。这几年很多行业都不景气，但那些在利用中国优势产能制造的商品，比如电热毯、保暖内衣、"热得快"，在包括乌克兰在内的欧洲各国卖得特别好。

我之前采访钉钉的总裁，他说一家深圳的公司生产的太阳能储能小电池——大约六个矿泉水瓶大的主体，配一个两平方米的电池板，可满足全家一天的基本正常用电量。这个产品在欧洲各国极为畅销。2023年，这家公司逆势增长，无论是营业额、利润、收入、员工规模，全部都显著提升。

在最困难的时候，一些人还能有可观的盈利。所以，"一鸡死，一鸡鸣"，当一扇门关上的时候，另一扇窗一定会开启。

在蹇卦里，你能看到很多的困难，但你也能发现其中暗藏的机遇，还有人抓住机会发达。

有句话说，"不是行业不好，是你的公司不好"。在你的行业里，一些公司就能够突破困境，成功转型。

地球上的生命在漫长的进化过程中，应对过一次又一次的天灾。有一些物种永远消失了；有些物种从水里爬上来了，长出了脚；有些物种爬上了树；后来树也没有了，有些物种从树上到地上，慢慢地就成了人。所以社会法则不是"强者生存"，大部分时候是"适者生存"。

整个《天演论》都在讲"适者生存"，**环境恶劣的时候，机会总留给那些迅速放下抱怨、放下恐惧、放下愤怒，迅速行动起来去找出路的人。**当然，并非所有人都能够成功，但总有一些人以他自己的方式活下来。

六四：往蹇，来连。

出去的时候走路，回来的时候乘车。以此卦来解时运，预示运途艰难，要联合众人才能成功。

九五：大蹇朋来。

这个"朋"像风一样，在最艰难的时刻频频出现，祸不单行。到第五爻的时候说，大艰难频频而来，但困难达到顶峰的时候，意味着即将迎来转折。正如股市，一只股票涨了，涨得特别高，连续几个大涨停的时候，往往预示着大跌即将到来。

好运是这样，坏运也是这样。坏运频繁到来，大部分人在最痛苦的时候意志消沉，就放弃了，但其实，这正是"黎明前的黑暗"。

我们都有这种经验，夏至之后的三个月最热，冬至之后的两个月最寒，子时之后的两三个小时最冷。按道理说，半夜十二点，也就是子时，已经一阳生了，但凌晨三点到五点才是一天最冷的时候。为什么呢？因为运虽然开始转了，但是气还没转过来。

此时恰恰需要我们守住。读过和没读过《周易》的人的差别此时就显现出来了。有易经知识基础的人，每天观易理的时候，就会感受到，经历艰难之后可以迎来转机。

我相信《周易》，因为这么多年来，世界上最聪明的人都不断用他们的生命去印证《周易》的智慧。这就是经典，这是中国人的信仰。

有些人不相信"神"，是因为他们相信"易"。中国人之所以能够突破桎梏，就是因为，虽然我们没有宗教信仰，但是有算法信仰。**我们有对算法背后的世界那一套运算规律的信仰，我们称之为"道"。**

梁某人认为，一个真正遵循"道"的人，可能不一定会拜某一个具体的神像。他在心里臣服于"道"。"道"的本质就是阴阳共生，循环往复。"道可"和"道非"是一件事情，在善诞生的同时，坏也随之而生。

如果你知道一个男人的骨子里有女性特质，那你一定能深得这个男人的信任。同样地，如果你真正能读懂女人骨子里男性的那一面，你对她的抱怨就会转为一种尊敬。

上六：往蹇，来硕，吉。利见大人。

走到这一爻的时候，大难已经过去，好运即将到来，功名利禄都会有。

蹇卦艰险——脚崴了，山势又崎岖，暴雨寒冷等，到第六爻就会变好。如果对应年份的话，这一爻暗示坚守六年就会好。

那天我和做芯片的朋友说："重新开始吧！哪怕从最基础做起，总是还有点根基。况且我们的市场还在，也许再过段时间，当我们自己发展到一定程度时，对方还要用各种方法来寻求合作。"

我这个朋友看了卦辞之后说："说不定在东南亚和西南方向，印尼、马来西亚、菲律宾、越南，甚至非洲等地，会有一些有趣的机会。因为生产出来的物品总要卖的，终会流向全球市场，供应链总会形成闭环。世界就是圆的，无非就是过程艰辛点而已。"我看着这个朋友，突然感受到了一种绝处逢生的力量。

我们身边总有这样一群人，在他们活得很苦的时候也能有笑颜，因为他们知道不会更差了。他们知道，反正哭和笑都是一样的结果，为什么不选择笑。他们开始唱歌、跳舞，打碎牙齿吞下去，重新再来。他们开始团结那些以前觉得不靠谱、自己看不上的人，发现这些人身上也有很多很宝贵的特质。

蹇卦不仅仅比喻这个行业，也比喻我们的人生。那些之前经历辉煌后自主创业的中小企业主，以及一些在企业中做高管的人士，可能正站在人生岔路口。

一个互联网高管，因为行业调整、部门争斗，突然离职了，他能做什么呢？做咨询顾问吗？在信息爆炸的互联网时代，观众在抖音上看两分钟就能了解你花两小时讲的东西。做带货主播吗？我个人认为，一些主播的成功毕竟是小概率事件，不是每个人都能走直播带货这条路的。

如果你突然发现以前的风光一下子被厄运遮蔽，请记住这样一个故事。在1997年金融风暴以后，有很多人失业了，当年的香港无线电视有一个很出名的演员，艺名叫"阿灿"，在香港几乎无人不知、无人不晓。他也在那时候失业了，于是他就去集贸市场卖猪肉。面对很多记者对他落魄的报道，他说："这有什么呀，梁家辉获影帝之后还去摆地摊呢。"

香港人就有这种马死落地行、心永远不放弃的精神，我觉得这也是中华民族精神的一种有力展现。

那些藏龙卧虎之辈

有一次我约徐文兵老师吃饭，由于家里的车坏了，便叫了一辆车。那个司机开着一辆高档的车，我很好奇，就问他："你能开那么好的车，还用做这份工作吗？"

他说："补贴一下家用。这是以前买来玩的车，现在发现居然还能利用它来挣钱。"后来聊起来，得知人家以前很有钱，是个纨绔子弟，现在却开网约车赚钱。所以，你都不知道身边有什么样的藏龙卧虎之人。

还有一次，我请朋友喝酒，回来的时候叫了代驾。在车里，一位太安私塾的师兄提起了我对倪海厦老师的采访。

代驾小哥突然插话说："倪老讲的《天纪》最好，《伤寒》也不错。"

我惊问："你对倪老师这么了解吗？"

蹇

他说："略懂。"然后他就开始讲倪老师的伤寒体系。我也算是个学医人，我一听就觉得此人相当高明。

我问："小哥，你是学医的吗？"

他说："没有，爱好而已。"

我问他："那你是干什么的呢？"

他说："我是一个音乐人，做了几十首歌，但还没发表出来。所以现在还需要做代驾赚点钱，支持自己的梦想。"于是他给我听他写的歌，我感叹他太有天赋了。

他说他知道我是谁，于是我就问他："我能帮上你什么忙吗？"

他说："不用，我把我的东西做好之后，机会自然会来。"

我对那天的情形记得很清楚，和他聊完后我瞬间就清醒了。我独自一人拿着钥匙站在车旁边，看着这个小哥挥手离去的背影，觉得他有一种江湖儿女的潇洒。

我突然觉得，这不就是卧虎藏龙之辈吗？

梁注·观卦小笺

- 谦卑的心态有什么用？如果你的人生、事业、爱情处于最艰难、痛苦的时刻，它能让你知道该怎么办。

- 在未知中，你还保持信心，那才叫"信仰"。如果你都知道有结果了，才保持信心，那充其量是"算计"。

- 环境恶劣的时候，机会总留给那些迅速放下抱怨、放下恐惧、放下愤怒，迅速行动起来去找出路的人。

33

【艮卦　艮为山】
将动未动之时，停止的艺术

当你停止行动时，
某种东西就已经开始蓄积了。

艮 卦

艮其背，不获其身。行其庭，不见其人。无咎。

	上 九		敦艮，吉。
艮(山)	六 五		艮其辅，言有序，悔亡。
	六 四		艮其身，无咎。
	九 三		艮其限，列其夤，厉薰心。
艮(山)	六 二		艮其腓，不拯其随，其心不快。
	初 六		艮其趾，无咎。利永贞。

《象》

兼山，艮。君子以思不出其位。

《彖》

艮，止也。时止则止，时行则行，动静不失其时，其道光明。艮其止，止其所也。上下敌应，不相与也。是以不获其身，行其庭，不见其人，无咎也。

为什么眼睛的"眼"、树根的"根"、限制的"限"、

狠毒的"狠"，右半边都是"艮"？

人生"停止"是不是一种策略？

如果你主动选择了停止，又或者不得不停止，那么会发生什么？

在停止的表象之下蓄积出来的一些东西，如何构成你真正内在的能量？

艮为山，仁者乐之

艮卦在《周易》体系中与咸卦有遥相呼应之感。

如果说咸卦如"天雷勾地火"，是少男少女四目相对的悸动，那么艮卦则指男女亲热。

很多人看了梁某人关于咸卦的注解后，会有点不理解：难道古代的人就那么放纵吗？

研究《周易》，一定"回到"原来的时空，"回到"遥远的古代，站在周文王的视角去看问题。人是一个部落最重要的生产力。人可以生产东西，人可以劳作，人可以打仗，人甚至可以被献祭。

为什么说现代社会的很多焦虑源于人口老龄化？为什么以前计划生育，现在又要大力提倡二胎、三胎呢？因为人们发现，不管技术怎么发展、社

艮

会怎么发展，仍然需要新鲜血液。年轻人怎么培育出来呢？答案或许就在"咸""艮"二卦中。

过去两个原始部落之间常以山为界，现在的很多国家之间仍以某些山作为两国的分界。很多农村也是这样的，以山或河作为分界。所以，艮代表"停止""限定""限制"等意思。

古人以山为界还有一个原因，那就是在古人的眼中，星河在动，云在动，太阳在动，水在动，风在动。相较而言，只有一样东西是不动的，那就是山。

孔子说"智者乐水，仁者乐山"。**仁者表现出来的样子如山一样，了了分明、如如不动，能在情绪上给人们提供长久的稳定感。**

艮字还演化出了很多字。

艮加木，就是"根"字。一棵树之所以不动，是因为它的根系一直长在土里，哪怕上面的枝叶在生长，树也不会产生位移。

艮加目，就是"眼"字。眼睛为什么和"限制"有关？因为在古人看来，眼睛能看见的最远处就是边界，所以他们相信"眼见为实"。我们会以"是否能看见"作为某个东西是否真实的判断依据，也以我们看见的最远处作为意识的半径边缘。

艮加左耳刀，是"限"字，有"停止""有边界感"的意思。

艮加反犬旁，是"狠"字。狠不只是指厉害，更是厉害得让人不敢动。不能动，这是狠的结果。我观察过很多次动物之间比狠的方式，都是以让对方不敢动为结果，最后狠的一方大摇大摆地吃对方的东西。狗看见老虎后，瞬间会停在那儿，因为老虎天生够狠，这是基因碾压。

所以，"眼""根""狠""限"等字，都是从"艮"这个字衍生出来的。可以说，《周易》就是中国汉字文化的基础，它是根，是我们法脉的传承。

艮卦：停止的艺术

艮卦，上面是艮，下面也是艮。卦辞说：**艮其背，不获其身。行其庭，不见其人。无咎。**

何新老师说，这句话中的"艮"可以解释为"眼"，是注视的意思。所以"艮其背"说的就是认真地看他（她）的背。"不获其身"则指，不见其前身。

"行其庭，不见其人。无咎"意思是，第二天在庭院里走走看看，没发现那个人，怅然若失。最终的结果不好不坏，叫"无咎"。

你可能也有过这种感觉吧？比如你猛然间看见了一个女孩子的背影，风姿绰约，虽然你不知道她长什么样子，却会怦然心动。

如果采用这种解释，那六爻里的"艮其趾""艮其腓""艮其限""艮其身""艮其辅""敦艮"等爻辞的意思分别是"看见了他（她）的脚趾""看见了他（她）的小腿""看见了他（她）的腰"……

还有一种看法，就是把"艮"理解为"停止"。中国科学院研究生院的李伯聪老师在他2004年发表的文章《咸卦和艮卦的性心理学解释》里提到，"艮"与限制有关，指"停止在那儿"。

在整个卦辞里，"艮"字到底理解为"看见"还是"停止"？我后来参考了邵雍和其他前辈的版本，觉得应该理解为"停止"。

我们采用这种逻辑，来看一看艮卦描述了什么样的故事。

总体上来说，艮卦上面是山，下面是山，两山相叠，让你产生一种无法动弹的感觉。于是，你在观察山的时候，心也随之安定了下来。

读《周易》有一个很重要的诀窍，叫"推天道以明人事"。君子看见山川、大地、日月星河以后，就会把自己应该怎么做人、怎么做事的状态

艮

与之相应和，从而让自己也成为山川，成为大地，成为日月星河，成为水，成为沼泽，成为雷电。这就是"易"的根本，中国人"天人合一"的精神由此而出。

所以我认为，艮卦讲的正是停止的艺术。

欲动而不能动

艮卦的两个阴爻沉在下面，有"暗中图谋不轨"的意思；一个阳爻在上面镇守，使其无法在暗中行动。

《高岛易断》中讲，艮是"止"，但前提一定是有"动"。

如果你是老板，占到此卦后，要留意公司是不是有员工要跳槽，或有没有员工想要策动一群人出去单干，又或者有部分人想要提出需求，比如要求涨工资，诸如此类。

如果以此卦问家庭，代表你可能要面临这样的问题：如果老公有出轨之象，作为一家之主的太太，如何对他进行限制和镇压，让他断了这个念想，让他不要犯错误？这就叫"止"。

在将动未动、心有图谋之时，及时地阻止，这就是"艮"。

关于这一卦有学者说道："停留阻止，无可再进。"如果你在做事情的话，占到此卦，代表你要随势而动，勿贪求，因为此卦提示，前路受阻，不宜妄进，宜守时机。

如果你是处在上位的人，就要压制下面的动乱。如果你是奋斗者，那在这个阶段，你要提醒自己，要守得住底线，耐得住寂寞，抵得住诱惑，不可强求。

如果你正在追求某个人，看见他（她）的背影（"艮其背"），觉得很好，不要再做过多的努力，否则你可能会自取其辱。

基本上来说，**艮卦说的是一个欲动而不能动的格局。**

《象》曰：**兼山，艮。君子以思不出其位。**

当君子凝视艮卦时，借由这个卦象看见远方有层层叠叠的山，君子停在那里思考、做计划，但不"出位"，也就是心已远但身不动。

《周易》的美妙就在于"知位守位，知权达变"。什么时候应该坚持，什么时候应该突围，什么时候应该再努力一下，什么时候应该留点力，什么时候就该不动，这涉及"时"和"机"的问题。

你会发现，每一个道理说出来都是对的，问题只在于它们是否适合当下的你。

艮为山：六爻细解

我们来看一下艮卦六爻的六个故事。

整个艮卦以男女亲热的过程为喻，来讲述在不同阶段"止"的智慧。

初六：艮其趾，无咎。利永贞。

在第一个阶段，刚刚碰到脚趾就停住了，没什么坏处。"利永贞"，也就是对长期发展是好的，还有很多美好的事情在等待着你探索，但现在你得停下来。

几千年前，古人就已经发现脚趾是一个很敏感的器官。我想到一个可能的原因是，脚趾是离大脑最远的一个部位，如果气血达不到远端，脚趾是没有感觉的。如果你刚刚碰到某个人的脚尖的时候，对方就有反应，说明对方身体好，感知灵敏。

这背后是有生理学知识支撑的，如果某人最远端的神经末梢畅通，那他体内的气血可以到达此处，这也说明他内在的肾上腺素等激素，也就是"命门之相火"是足够的。

因此，想知道两个人是否有一种遥相呼应的、微微的、幽幽的默契，就看他们是不是能够在轻微的触碰中，有意无意地产生愉悦的感觉。

梁某人曾经看过探索频道出品的一个纪录片，这个纪录片提到，一个餐厅服务员在服务的过程中，有意无意地用指尖碰到顾客的手背或顾客的肩膀等，这种很轻微的肢体接触会让这个服务员获得小费的概率更高。这都是顾客在完全无意识的情况下的行为。

人和人的交流，有时候不仅仅是意识层面的，更是无意识或潜意识层面的。无意识或潜意识是透过一些极其微妙的眼神、情绪、气味、暗示，乃至距离大脑最远端的皮肤接触而形成的。

皮肤是我们身体上最大的器官，人之所以有别于其他动物，一个重要的区别是我们的皮肤非常敏感，它不仅能"呼吸"，还可以感受到非常细微的变化。

中医在摸脉的时候能摸出来有滑（滑脉）、有弦（弦脉），他们是怎么做到的？我以前觉得这些都是谎话，后来发现，只要你愿意去发展这种能力，你的感知是会非常敏感的。

梁某人在小的时候，经常在攀枝花坐公共汽车。那个时候，早上车上很挤，挤到"耳鬓厮磨"的程度。有一次，车上的一个叔叔和一个阿姨挤在一起，那个叔叔的鼻尖碰到了那个阿姨的耳后，阿姨的脸立刻变得通红。

当时是在冬天，车上又冷又挤。阳光照射进来，我正好在那个阿姨前面，我看见她的脸"唰"的一下红了，那个场景在一个十二三岁、刚刚开始青春期的少年心中产生了一种震颤，到今天还历历在目。这个场景就叫"发乎情，止乎礼义"，两人互相碰到了，但也没发生什么事情。

回到艮卦，艮卦讲的也是这样的：碰到脚趾，但停止了。是主动停止还是被动停止？这是一个很关键的事情。如果是主动停止，那是一种君子的自我节制。道家不讲纵欲，也不讲禁欲，而是讲节欲。好事要慢慢来，一步一步地来。

《中庸》讲："喜怒哀乐之未发，谓之中；发而皆中节，谓之和。"所以，不是"不发"，而是有节制、有节奏、有节操地"发"。如果是基于你内心对自我的一种限定，你与他人触碰到以后，产生了"过电感"，然后又停了。这是多么舒爽的一件事情。

当你看到这段故事的时候，会不会联想到自己年轻时的一些类似的经历？比如在初中、高中或大学的时候，你情窦初开，刚刚开始谈恋爱，但又不敢有过分的举动，连心仪之人的手指都不敢碰。

比如两人在图书馆里看书，明明都知道对方喜欢自己，但也许连对方的名字都还不知道。某个时刻，你的脚不经意地碰到了他的脚，你心里"小鹿乱撞"。但未来还很长，别着急。

如果问运程，代表刚刚开始交运，应该稳步前进，不可急躁，这样才不会有灾祸。

如果问疾病，代表脚部可能有疾病，难以步行，一时难以痊愈。

如果问经商，代表你应该止于足，也就是说应该知足，差不多就行了，能够保本就不错了。

六二：艮其腓，不拯其随，其心不快。

这句话翻译过来就是，碰到小腿停住了，还没摸到对方的"随部"，内心不快乐。"随部"指的是尾椎骨，后来引申为整个臀部。

我们要知道，《周易》中的内容是一种哲学比喻，文字间虽流露出原始部落的生存气息，但其中的比喻又蕴含什么深意呢？

哪怕你进入第二个阶段，碰到小腿了，也请停住。也就是说，此时停下来会让人有一种不爽感，但是要停住。不管是你主动喊停，还是被动地、客观地不得不停，总之都得停住。

如果问时运，代表运途有阻，应静止不前，不应随心而动。

如果问疾病，代表疾病可能跟小腿有关。小腿内侧有一个部位，叫三阴交，对应的是腿内侧的少阴、太阴和厥阴这三条经络。很多人按三阴交的时候会感觉很疼，特别是有糖尿病的人，一按这里会疼得很厉害，这其实是阴血运行不畅所导致的。足少阴是肾经，手少阴是心经，足厥阴是肝经，当阴血不足的时候，人就没有足够的气血支持自己随心而动，所以这时候宜静养。

九三：艮其限，列其夤（yín），厉薰心。

"限"指的是腰，"艮其限"说的就是碰到腰部时就停住了。"厉薰心"是气味很强烈，充满了激素的味道。

如果问时运，代表无论运途顺逆，都应顺应时势来做事，勉强的话会有危险。而且周遭环境并不是太理想，气场紊乱。

如果问经商，由于种种原因，货物流通渠道被阻隔了，货物运到港口之后出不去。

在今天的市场背景下，逆全球化已经开始，每个国家都形成自己独立的市场，各自都拿着自己的资源对他国进行制衡。有能源的拿能源制衡，有芯片的拿芯片制衡，市场流通逐步受阻。外部环境嘈杂混乱，利欲熏心的氛围甚嚣尘上，市场一点儿都不和谐。这时该怎么办？不能够随心所欲地自由贸易了，只能够静观其变。

六四: 艮其身, 无咎。

到了这个阶段, 碰到了身体, 然后停止, 挺好。彼此充分了解, 发现各自都还不错, 但也只能到这一步。

如果问时事, 代表运途开始顺利起来, 需要独善其身, 自然无害。

如果问营商, 代表能够保本, 独善其身。

如果问姻缘, 代表缘分平淡, 两个人期望不要太高, 都能够把自己照顾好, 就不错了。

现代亲密关系有一个很重要的功课, 就是先把自己照顾好。很多人的痛苦, 都来自想要拯救对方, "我出现的意义就是要拯救你", 或者 "我的出现就是需要你来拯救我, 以完成你的使命"。这是一种很奇怪的想法, 至少这一爻告诉你, 你不一定要这样。

最好的亲密关系是两个人都能够照顾好自己, 不给对方添乱。彼此能够相对地保持某种独立性, 不要对对方提出过高的要求, 也不需要 "霸占" 对方, 彼此相敬如宾。这样的关系反而更容易长久。

国与国之间也应该是这样的。每个国家将自身事务处理好, 可以为他国提供力所能及的帮助, 但这不是义务, 而是美德。一个国家把自己照顾好, 就是对地球最大的贡献。

有了这种态度之后, 你就理解了 "艮其身, 无咎" 到底意味着什么了, 那就是要独善其身。

六五: 艮其辅, 言有序, 悔亡。

脸的侧面叫 "辅", 也叫 "颊", 此阶段, 可能手或嘴唇已经触碰到对方脸颊了。这时候, 说话、做事要有次序, 不要造次。这样的话, 人不会后悔, 情况不会太糟糕。

何新先生将 "悔亡" 解释为 "不会逃亡", 也有人解释为 "心中有悔恨、难过的状态"。

如果问运途，表示可"得中正"，既无悔恨，也无忧虑。所以高岛吞象的解释是，不悔恨、不忧虑，而且没有胡言乱语，没有蛊惑人心。

如果问商业，代表"言有序"。这是一个很有意思的暗示，说的是，不要夸夸其谈，比如你要做什么产品就做，不要还没做出来就用 PPT 忽悠人。

前些年流行一种方法，叫"PPT 融资法"，就是东西还没有做，只有概念性的"梦想"，通过图来忽悠人，还总有人愿意出钱。这是前些年资本泛滥、无序扩张的结果。但好日子到头后，就会有逆折。现在，全球资金在回笼，美元在收缩、在加息，所以钱变得越来越值钱了。这时候，那种"PPT 融资法"就没有用了。

未来的营商方向将更注重从小做起，脚踏实地稳扎稳打。基于自己的利润，一步步地证明自己的商业模式是成功的，再慢慢地扩大规模。这才是有限度的发展，而这种有限度的发展让你不会后悔。

如果问疾病，代表的是牙关紧闭、不能出声的病。"艮其辅，言有序"可能暗示脸颊受到了某种限制，比如脸部受伤、麻痹、卒中等。

上九：敦艮，吉。

"敦"是"厚"，"艮"是限制，"敦艮"的意思就是，全弄完了，但还停在那儿。此话怎解？

《象》以"厚终"解释这一爻：当你能够静止时，不仅仅是愣愣地待着，而是囤积了很多资粮，神色安详地静静待着，且内心很充盈，这就叫"敦艮"。停，有被动的停，有主动的停。

如果你的内在累积了丰沛的资源和能量，而你仍然愿意以静制动，这就是吉祥。

经过了一连串的试探，不断地在不同的阶段停止，你终于发现，你可以停止在物质、能量和信息都充沛的状态下，这种"停止"是高级的。

我认识一位挺有意思的男子。他很有钱，也很有品位，在音乐、艺术方面的造诣都很深。他脸上干干净净的，心里也不浮躁，每天很安静地生活，没有结婚，有一个阿姨在家帮他打理家务。

大部分时候，他都如常上班。他上班不是为了挣钱，而是为了上班。他家里盛茶的杯，一看就是明朝的。他可以穿三十块钱的运动裤，用三百万的水盂，但他没有觉得它们有什么区别。这样的好男人多么招女人喜欢，但他一直没有女朋友。

我没见他追过任何人，很多爱他的女人总是跟他保持着某种礼貌的距离。他跟一些八十岁的老头似的，"留饭不留宿"，偶尔和对方吃吃饭可以，但绝不越雷池半步。他最大的乐趣是听音乐和打坐，也喜欢跑步，偶尔出国旅行。

身边很多人都猜测：他是不是有问题？他为什么能保持这样的生命状态？他为什么还没有一个固定的女朋友呢？

有一天我禁不住问他："你为什么还不找女朋友呢？"

他说："缘分没到吧。"

我说："只有三种可能：第一，你根本就不喜欢女人；第二，身边的女人入不了你的法眼；第三，你有太多的选择了，你已经达到了一种平衡态。你是哪种？"

他看着我，然后慢慢地喝茶，微微一笑说："多麻烦的事情。"

我问："什么麻烦？"

他说："都麻烦，喝茶最不麻烦。"

他到底是一种什么样的人？我认为他的状态，达到了"敦艮"。他几乎什么都有了，包括物资、内心的能量、吸引力，但他选择"静止"。

这个世界上有一些人，他们之所以能"停"在那里，是因为他们的内心是满的，物质是满的，能量是满的，连可以住人的空间也是满的，一个人就已经把空间填满了。

我们来看整个艮卦。从最浅层来看，它指的是男女在交流过程中，停止在不同的阶段。它比喻了我们在面临商业、关系、自己的种种欲望膨胀的过程中，有意或无意停下来的一种状态。

如果你占到艮卦，我希望你学会积极、主动地停下来。这种"停"看起来是表面的，但当你的行动停下来的时候，某种东西已经在蓄积了。

你的知识、你的心量、你内在的充盈感、你的富足感，都会因为你的停止而慢慢生长出来，这个过程中流淌出来的，才叫美德。

难道不是这样的吗？学会适当地停止，这是一个中年人，或者到了一定阶段的人，最重要的智慧和基本守则。

⚏ 梁注·观卦小笺 ⚏

- 仁者表现出来的样子如山一样，了了分明、如如不动，能在情绪上给人们提供长久的稳定感。

- 如果你的内在累积了丰沛的资源和能量，而你仍然愿意以静制动，这就是吉祥。

- 你的知识、你的心量、你内在的充盈感、你的富足感，都会因为你的停止而慢慢生长出来，这个过程中流淌出来的，才叫美德。

【 谦卦 地山谦 】
自强而示弱, 君子有终

谦逊的本质是自强而示弱,
无论他有多么大的能量,
却总是表现得平易近人。

谦 卦

亨，君子有终。

	上 六		鸣谦，利用行师，征邑国。
坤 (地)	六 五		不富，以其邻。利用侵伐，无不利。
	六 四		无不利，捣谦。
	九 三		劳谦，君子有终，吉。
艮 (山)	六 二		鸣谦，贞吉。
	初 六		谦谦君子，用涉大川，吉。

《象》

地中有山，谦。君子以哀多益寡，称物平施。

《彖》

谦"亨"，天道下济而光明，地道卑而上行。天道亏盈而益谦，地道变盈而流谦，鬼神害盈而福谦，人道恶盈而好谦。谦尊而光，卑而不可逾，"君子"之"终"也。

谦虚是一种目的还是一种手段？为什么要谦虚而不作为？

如果你突然发现谦卦的后两卦和你想象的完全不一样，你会如何看待？

谦卦这一卦最高级别的呈现是什么样子？

何为谦：自强而示弱

据说谦卦是《周易》六十四卦里唯一全吉的卦。

有财不外露，有才不显锋。满招损，谦受益。几乎每一个中国人，从小受到的主要教育一定包括"做人要谦逊"。

这让我想起了我认识的那些优秀的教授以及真正拥有财富的朋友，他们身上透露出一种自然，这种自然让你没有任何压力。

我在中欧国际工商学院读书的时候，发现最优秀的教授们在讲经济学、管理学、会计学时，用的都是很平常的大白话。

我常常跟朋友说，如果一个人讲的东西你听不懂，大概只有两个原因：第一，他自己就没搞懂；第二，他根本就不想让你懂，他故意用一些很晦涩的字眼让你不懂。

有一年，某家专业媒体向我约稿，我觉得与有荣焉。编辑专门为了稿子来找我，跟我聊了一下午。他说："我们唯一的请求就是，您讲任何话题都不要用专业术语。每一个行业都有些黑话，这些黑话对于这个行业的人来说似乎是常识，但您要知道，绝大部分人都不是这个行业的。"

所以在我看来，谦逊的本质就是自强而示弱，无论一个人有多么大的能量，他却呈现出好像自己没有什么了不起的样子。他们和光同尘，好像跟大家都差不多。但是，如果你跑到他身边，你以为追上他了，最终却发现你和他差得还很远。

这种感觉实在是太有意思了。

君子恭敬而节制

《说文解字》里说："**谦，敬也**。"《国语·鲁语》韦昭注："**恭为谦**。""恭"就是躬着身体的样子。

谦卦上坤下艮，坤卦的德性为顺，艮卦的德性为节：顺从而又节制，所以是谦恭之象。

早年，我刚刚开始学习中医的时候，一会儿接触这个派别，一会儿接触那个派别，同时还会学物理学，甚至还学了现代心理学。把它们勾兑在一起之后，我夸夸其谈，偶尔治疗了一两种病或者把朋友扎好了，就觉得自己很了不起。

我当时觉得国医大师也不过如此，他们就是名气大一点，好像他们开的方子也很简单，比如陆广莘老师。

有一次我问陆老："陆老，您觉得像我这样的体质，吃点什么好呢？因为我有痛风，又有高血压，还有各种小毛病，有遗传的，也有因为行为、思维、不良的生活习惯导致的。"

陆老看着我，嘿嘿一笑说："你没有太大的问题，当然也是有点小问题的。你就把姜泡在醋里，吃一吃就好了。或者你用陈醋泡一点萝卜，泡一点花生米，每天早上吃一吃，很快就好了。关键是要少吃，早点睡觉。"

他没有说一句让人觉得玄幻的东西，没有"阴阳"，没有"数术"，没有"理法"，没有"气血"，没有"平衡"，什么都没有说。我心想：这就是国医大师的风范吗？后来，当我学了很多东西之后才知道，这么一个简单的"方子"里蕴含了很多法门。

比如醋本身有助消化的功能，而且醋能够促进胆汁的分泌。像我这种血脂比较高的人，可以通过醋很好地降血脂。同时，姜可以温中焦，其所含的姜黄素可以刺激脾胃运化。像我这种早年吃了很多冰或寒凉性水果的人，吃姜可以让我的脾胃变得更加温润，阳气更加充足。而用醋泡的姜，它的性没有那么烈了，各种体质的人都可以吃。

萝卜可以理气，适合血瘀的人吃，因为血瘀的人通常会气滞。花生既是种子又是果实，它同时拥有种子和果实的丰厚，而且花生衣本身也有降血脂的作用。

简简单单的几味却有很大的作用，而且获取和食用都很方便。

很长的一段时间里，梁某人的早餐都是把醋泡的姜切成丝，搭配小米粥吃。吃完之后，一整天气都很顺。

后来，我越学医，对自己的身体越了解，就越觉得陆老这个简单的方法充满了智慧。他不仅仅是提供一种药方来帮助我，还洞见了我的生活习惯，考虑到了我在日常生活中是否容易执行。

回想起来，陆老呈现出来的那种谦和的状态，就是君子的状态。他就像一个邻家老爷爷，看上去好像是一般人，但法道清晰，自强而示弱。

谦

活明白的人最高级的状态

我们来看一下谦卦：坤上艮下，也就是山在地下。按道理说，山应该比地高，但怎么会有"山在地下"的景象呢？

我突然想到，有一次，我在广播节目《冬吴相对论》里聊到谦卦，吴伯凡先生对谦卦非常推崇。他说："谦卦为空谷藏峰之象，一片苍茫大地，前方看上去有一个巨大的山谷，但当你走近一看，才知道里面有一座峻峭的山峰。这时你感受到的那种有劲、有能量，且让你觉得自己还很不错的状态，就叫'谦'。"

谦卦的卦辞是：**亨，君子有终。**

这是一件亨通的事情，也是一件值得献祭的事情，如此，君子得以有始有终。

《庄子·内篇·养生主》中说，一个人修炼得好，可以达到"全形""全身""全性"的状态。[1]

你的身体是可以得以完整的，你能活到天年，你身上的器官没有因为你犯了错误被割掉。你的性情也能够得以完整保留，到老的时候，你还能保持赤子之心和纯良之态。一个真正在人世间活得自在的人、活得正确的人、活得得体的人，都是"全"的。

用这句话对应谦卦，就叫**"君子有终"：活到最后，你的魂、魄、意、志、身、性、趣味，都能够得到保持。**

不过，要活成这样，真的很难，尤其是中年之后不油腻，老的时候不啰唆，有钱的时候不炫耀，困难的时候不卖惨，永远让人感觉如沐春风，

1　　《庄子·内篇·养生主》有言："为善无近名，为恶无近刑。缘督以为经，可以保身，可以全生，可以养亲，可以尽年。"——编者注

这是很难达到的修为。

这让我想到《论语》里说的："**暮春者，春服既成……浴乎沂，风乎舞雩，咏而归。**"春风之下，在河水里洗着不太热也不太冷的澡，风吹在身上，既不料峭也不热，身体的毛孔都打开，心情很舒畅。

如果一个人出现在你身边时，能让你有这种感觉，那这个人一定是个谦谦君子。

中国古代几乎每一位士大夫对一个活得明白、活得高级的人的最高级描述，可以总结为"谦，君子有终"。

遇强不弱，遇弱不强

《象》曰：**地中有山，谦。君子以裒（póu）多益寡，称物平施。**

君子看见了特别突出的东西，就用一种很隐秘的方式慢慢地消减它；看见了不平衡的或存在缺憾的东西以后，暗暗地施与一些平衡，并"灌注"一些东西。

这就叫"益寡"，就是"削峰填谷"。"不够"是"寡"，"增加"是"益"。所以结果就是"称物平施"，"称"是称赞、量度物件；"平施"是把事情抹平，使之显得无风、无浪，没有波澜。

以前苏州的员外家族或有钱有教养的大家族，会在宅子门口的条案上放一只花瓶。这只花瓶代表的是平静、平安、平和。这几个词之间互为因果，比如一个平安的人，一定是心情平静、性格平和的人，这些都跟"谦"有关。

从这个角度看，谦卦的背后代表了一种借由意识的调配、智慧的通达

谦

而显露出的一种不期然的温润感——说话不疾不徐，做事不张不扬。

对于不如自己的人，君子会表现出一种真正意义上的接受，甚至他本人会显得更弱；对于比自己优秀很多的人，他也表示接受。

一个朋友和我说过，有一种人，当他和你打球的时候，你会很喜欢和他打，因为这种人呈现出"遇强不弱，遇弱不强"的状态。

你想一下，一个朋友和你打球，在你打得很好的时候，你发现他也不弱；当他和球技很差的人打球时，你也觉得他没有很强。这种人很招人喜爱，而且他不是装的，是他自然而然散发的状态。

以此卦问运程，代表平顺、有逐步高升之象。

以此卦问疾病，代表应该是内部阴郁的病症，也就是病人表面看起来很平和，内在却不然，内外没有完全协调好，以致"内郁"。对此，应当放宽胸怀，慢慢调整。

以此卦问经商，代表当前物价平均、利益顺势，可以长久地赚钱，要慢慢来，最好的状态是不要大起大落。

英国前首相伊丽莎白·特拉斯上台后，短短几天就推出了一套财政刺激计划，包括大幅降减税等，结果引发了英镑汇率"上蹿下跳"。在她上任不到一个月的时间，就有人讨论她是不是应该下台了，很多英国议员当时据说都在商量要弹劾她。

谦

但英国保守党又很担心，用这么短的时间把一个人扶上来，又把她撤下去，是不是很危险？后来特拉斯还弃车保帅，把刚上任不久的财政大臣给换掉了，然后全面推翻了之前的财政政策，又重新搞了一套。

这就叫"不平衡"，总想着快速地呈现一些东西，当然就会引发种种问题。

什么样的格局对一个国家的经济发展最有利？就是在平稳中"慢涨"：

房价慢慢涨、GDP 慢慢涨，各种东西慢火细炖。但物价不能跌，因为物价一旦跌了，之后经济就会开始萎缩。

如果你周围有些事符合这种格局，你要珍惜，这是难得的诚品之象。

地山谦：六爻细解

我们来看一看谦卦的六爻。

初六：谦谦君子，用涉大川，吉。

那些对自己的能力很了解，且足够低调的人，是可以走得比较远的，他可以渡过大江大河，而且是件吉祥的事。

邵雍解释这卦时说，此得爻者，宜远行或出游，外出做生意会发财，但做官须退守，不宜与他人争利，出差的机会比较多。

起到这一卦，通常代表可以远行，但做官不能太激进。

如果你没有一种勇于承担的心、诚恳的心去做官，还不如退隐，否则将来很可能变得很被动。正所谓"谦谦君子，用涉大川"。

六二：鸣谦，贞吉。

"鸣"通"明"，这句话是说，明智而谦虚，这是非常吉祥的。

也有人说"鸣"是形容像鸟一样叫，所以有了一种"鸣谦"的解释：少说话，这样才能走得远，才能吉祥。

邵雍说，得此爻者，不宜轻举妄动，宜退守。

如果你做官的话，你越低调，越不争利，越容易升迁。如果你是读书人，也会有所谓的功名。

以此爻来问爱情，它提醒你在亲密关系里少说为宜。有很多人，尤其

谦

是年轻的女性，在亲密关系里好像需要用很多语言把两个人的关系"填得很满"，话一掉在地上，她们就没有安全感。没话的时候，她们还可能会故意找话说，甚至要和对方吵点架，这样才觉得亲热。

一些老年人也有这样的情况。我经常观察到很多老年人害怕自己的孩子、孙辈犯错误，总担心他们今天有没有吃饱，明天有没有穿暖。表面上看，他们所有的关心都凝聚了自己的智慧和满腔的爱。但是话说多了之后，往往说得再对也是错。因为听的人已经在心里产生了对抗与反感，以至于每次他们说得越多，听的人反而错得越多。

说着最正确的话，却犯着最离谱的错误，原因无它，就是不知道保持沉默。

九三：劳谦，君子有终，吉。

梁某人认为，这一爻也有两种解释。一种解释是：既勤劳又谦逊，做事情认真但不张扬，这样的君子能够善终。另一种解释是：连勤劳这件事也要保持节制，君子会得到吉祥。

有很多人，因为他们很爱干事，眼里全是活儿，导致他们每天忙个不停。做完之后，他们自然而然地产生一种想法：你要不要看见我做了些什么？要看见，你必须看见。

有个朋友跟我说："我也不知道为什么，每次回家我老婆就跟我说她好累、好辛苦。她每次说她累的时候，我就说那你就不要再干了嘛，然后她就开始生气，开始和我吵架。"

我对他说："其实，她哪里是累，她就是想要让你知道她好累，她想要被看见。"

即使你辛苦地劳作，并表现出谦逊，但如果你的智慧和真正的"收纳力"不够，这只会导致你把隐藏的愤恨不平累积成怒火，在某个关键时刻，

谦

"连本带利"地释放出来。

所以如果你真的觉得很累，那就索性不要干。

你听过"火烧功德林"吗？你以前可能积累了很多的功德，后来一把怒火将其全部毁掉了。与其这样，不如没有功德。

有一年我去见一位奶奶，她是跟王凤仪先生学过人生智慧的一位农村老太太。她说："你干活儿固然可以有好处，但如果因为你干了活，就觉得有资格发脾气了，那还不如不干活。"

如果在你身边有一个既不愤怒又不干活的人，那是多么宝贵的一件资产。对此，很多女性可能会说："才不是，我老公就是这样的懒人。"其实她们可以想一想：如果她们老公每天回家之后跟她们抢活干，然后又愤愤不平，那得多令人烦恼。

家里有很多活干，只能说明这个家太大了，让家变小点儿就行了。有很多事情要处理，那就说明事情太多了。这就像买东西，你买的越多，需要处理的就越多。

不妨认真想想：很多人每天都在干什么？打扫卫生、拆快递、收快递、发快递。我曾做过统计，很多公司的前台人员 95% 以上的工作都是收快递。不买东西不就没快递了吗？真的需要买那么多东西吗？

我很喜欢的一位建筑师曾说，他每次出差的时候，规定自己连箱子都不准拿，只能背一个小包。包里有他出差要用的所有东西，他一定要用最精简的方式去生活。结果，他也活得很好。

现在看来，梁某人认为将这一爻中的"劳谦"解释为"有节制的劳动"可能更符合本意，就像《道德经》所言："**道常无为，而无不为。**"

积极地不作为，克制自己消费的欲望，克制自己工作的欲望，克制自己表达的欲望，让每件事情自然而然地发生，让事情不要过度发展，这样一来，你反而会从容很多，这就叫"君子有终"。

庄子在《人间世》里提到，颜回去问孔夫子，说他要到一个地方去做宰相，他说自己会很勤勉做事情，立志改革，这样行不行。孔夫子回复他说，他可能还没有开始正式干，就已经被其他人干掉了。

所以占到此卦，是提醒你对自己想做事情的冲动进行观察，并且等待。

所谓"不作不死"，多余的事只能带来多余的烦恼，多余的朋友只能带来多余的社交，多余的钱只能去做多余的投资，并很可能带来更多的亏损。所以要"劳谦"。

六四：无不利，挔（huī）谦。

不会对人不利的事情，做；对人不利的事情，不做。

局部地、暂时地保持谦逊是容易的，但一直保持谦逊是难的；对一个人保持谦逊是容易的，对所有人保持谦逊是难的；对厉害的人保持谦逊是容易的，对不如自己的人保持谦逊是难的；对所求的人保持谦逊是容易的，对有求于自己的人保持谦逊是难的。

对所有的事、所有的人，持续地、坚定地、长期地保持谦和，就是"挔谦"，一种无差别的、饱和式的谦和。

占着此爻，代表目前正运挺好，凡事吉利，但难免有人会对你有一点不满。

在商业上，学会听从指挥，跟随市场的需求走。不是每件事情都要创新，你只需要让消费者利益最大化。听从消费者的需求，解决他们的痛点、痒点、槽点，你自然而然就能够获得吉利。

以此爻问姻缘，代表如果你想获得一段好的姻缘，保持一段良好的亲密关系，你需要注意，即使你想吐槽对方，也要对对方保持温和的态度，或者暖暖地看着他。

亲密关系里最容易出现的一种情况，除了前文提到的总想拯救对方外，还有一种是总想做对方的"父母"："你爹妈没教过你，我现在来教你"。女士很想做人家的"妈"，男士总想做人家的"爹"。或者一方有了想"当妈"或"当爸"的强势态度之后，另一方顺势就地躺下做了"儿子"或"女儿"。你会发现，很多亲密关系里，双方处着处着，一方慢慢就变成"长辈"了，开始教育起对方来了。

因此起到此爻就是在提醒你，不要觉得你什么都懂。

很多男的回家跟老婆讲国际形势、资本市场，以及房价要怎么样了、股市又怎么样了、教育孩子有什么需要注意的，等等。聪明的老婆会在心里默念"装什么装"，然后该干什么干什么；不聪明的老婆就开始呛，最后很可能就不是争论谁对谁错的问题了，而是争论谁比较智慧、谁处在权力上位的问题。

这种状况是非常需要注意的。在亲密关系里，如果双方开始了对权力的争夺，这种隐秘的争夺是很危险的。

六四爻提醒你，永远保持谦和，无不利。

六五：不富，以其邻。利用侵伐，无不利。

你之所以没有赚到很多钱，是因为你有坏的邻居。利用举兵来征伐，无往不利。

难道谦逊不就是永远保持低调，不去攻击他人吗？怎么到了第五爻的时候，突然变了？这就是《周易》的高妙所在，这就是真正的天子易。

在天子易的视角里，前面的阶段都是在积蓄能量。就像坤卦中所说"君子以厚德载物"，但卦辞里是"利远征"，是结伴讨伐四方，谦卦也一样。

到了谦卦第五爻，代表你已经有了多年积蓄，该当机立断了，不能永远韬光养晦。

谦

"谦"不是你的人生目的，而是一种手段、一种姿态、一种状态。目的是什么？目的是成就，是成功，是国富民安，是开疆拓土。这是天子易的视角。

当你的势能准备好了、正好敌人也足够松懈的时候，该出手时就出手。所以占得此爻的时候，要学会一样东西——要把握好关键时刻。

上六：鸣谦，利用行师，征邑国。

有人解释这句话的意思是，明智而谦逊，利用行军打仗，征服敌人的城邦。

读《周易》有助于我们认识到，一些政策到了某个阶段就需要反转。比如明明这一段还在谦卦，却开始讲征邑国、讨伐、扩张。在周文王的视角里，"谦卑"充满了策略性。如何理解呢？

举个例子，根据古书记载，附子这种药的用量不能超过九克，否则就很危险。但李可老师说："当一个病人已经到了手足觉冷、快要死的时候，你必须给他用大剂量的附子来回阳救逆。但药店又不允许这样，作为一个医者，你怎么办？"

李老跟我说："你该用。大医精诚，你要对自己有战略定力，要有战略勇气，要有历史自信。对老祖宗给你的东西，你得有自信。"

这种做法自然是有医疗风险的，他在中医院做了很多年院长，他不可能不知道风险。但我目睹李老用这种方法治病，勾起沉疴无数，力挽狂澜，把快死的病人救了回来。

有一天，我开车送李老去机场，我问他："师父，我应该怎么开始我的中医学习呢？"

李老沉默了一会儿，对我说："回去背《大医精诚》。一个人不可以因为治好了病就觉得自己很了不起，也不可以为了自保而不用应该用的药。

用不用，与医者自身的安危无关，与病人需不需要有关，与你的专业度有关。"

李老一米六几的身高，很瘦小，但我在那个瞬间觉得，他仿佛具有巨人的能量。

后来，我一直也没有做到像李老那样，觉得很惭愧。但是想想，我曾经见过这样一位医者，知道他的那种"霹雳"手段和"菩萨"心肠，也就不遗憾了。当然，我也知道，他这样的人可能慢慢地就都消失了。

以前我在五四大街开医馆，对面是北大红楼，那个时候，我经常看到李大钊先生写的文字。起初，他明明知道他所做的一切很可能引来杀身之祸，而且可能被杀的不仅是他个人，还有他的孩子、其他家庭成员。但他是以什么样的方式面对自己的人生呢？他和学生在进行学术讨论的时候，可能是很谦和的，谈笑风生。但在大是大非的问题面前，他的谦和是以一种充满爆发力的方式呈现出来的。

我觉得这也是一种"辨证法"。

读《周易》一定要读原文。很多人读到"谦"这个字，就只想到"谦虚"、"空谷藏峰"或"谦谦君子"，然后就不读了，这是不够的。梁某人也是读了原文之后，才惊然感受到一种别样的东西。

记住，需要承担的时候，你应挺身而出。有些时候，你会因此面临风险，并需要付出一些有风险的代价，有些时候，你不一定会得到所有人的喜爱，但是做正确的事，做符合历史潮流的事，才是重要的。

谦

☰☰ 梁注·观卦小笺 ☰☰

- "君子有终"：活到最后，你的魂、魄、意、志、身、性、趣味，都能够得到保持。

- 局部地、暂时地保持谦逊是容易的，但一直保持谦逊是难的；对一个人保持谦逊是容易的，对所有人保持谦逊是难的；对厉害的人保持谦逊是容易的，对不如自己的人保持谦逊是难的；对所求的人保持谦逊是容易的，对有求于自己的人保持谦逊是难的。

- "谦"不是你的人生目的，而是一种手段，是一种姿态，是一种状态。

35

【否卦　天地否】
找到适合自己的精确定位

你不过是整个大时代中的一粒尘埃，
是这个时代的一个受益者，同时也是一个亲历者，
你看见了，接受了，归零了，就自在了。

否 卦

（妇）否之匪人，不利君子。贞。大往小来。

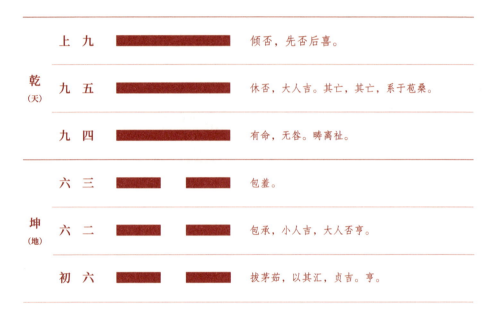

	上　九	倾否，先否后喜。
乾（天）	九　五	休否，大人吉。其亡，其亡，系于苞桑。
	九　四	有命，无咎。畴离祉。
	六　三	包羞。
坤（地）	六　二	包承，小人吉，大人否亨。
	初　六	拔茅茹，以其汇，贞吉。亨。

《象》

天地不交，否。君子以俭德辟难，不可荣以禄。

《彖》

"否之匪人，不利君子。贞。大往小来。"则是天地不交而万物不通也，上下不交而天下无邦也。内阴而外阳，内柔而外刚，内小人而外君子，小人道长，君子道消也。

否卦乃中爻阻隔之象。在这样的一个格局里，一个人该如何自处？

你认为你是"大人"还是"小人"？

你能做到做"大人"开心，做"小人"不耻吗？

否卦如何从讲"吃"演进到讲"天命"？

它又如何让我们看见从物质到能量，再到信息的转换过程？

上下阻隔不交通

中医里常常出现这样的字眼："心下否（pǐ）"。"心下"在哪里呢？大概在胃的下端。"否"是"堵塞"的意思。"心下否"就是胃脘部胀闷、疼痛的证候。

了解《周易》的人都知道，否卦讲的是"上下阻隔不交通"。

这一卦看起来就是中间有阻隔，一派令人无可奈何的景象，真的是这样吗？在无可奈何的空间，无可奈何的时代，一个人又该如何自处呢？

否卦的卦辞是：**否之匪人，不利君子。贞。大往小来。**

在马王堆出土的帛书版《周易》里，这一卦不是"否"，而是"妇"。

如果你把这一卦视为"否"，它的大概意思就是上下阻隔不交通——上面是乾卦，下面是坤卦，乾卦往上跑，坤卦往下沉，于是阴阳离决。

否

这时候，大部分的人都找不到自己的位置。在这样的情形之下，"大人"都走了，"小人"来了，"大往小来"。如果你是一个正直、善良的人，当所处环境对你不利时，你可以奔赴远方。

但如果你把这一卦视为"妇"，又可以得到一个新的解释：一个女性被君子娶到家里，结果发现八字不合、频率不对，"不得其人"。这对君子来说不好，于是干脆离家出走。

越是受不了这种格局的"大人"，越是要往外跑。同时因为"大人"走了，所以各种"小人"出现了，也有人说是"大人"走之前，留下了"小人"。

这个故事的现代版就是：先生和太太两人频率不合，言语不通，志趣不投。许多家庭的状况大致都是这样的，这对一个想要成长的人来说，是一件很痛苦的事情。

否卦的上卦是乾卦，下卦是坤卦，大致比喻的就是夫妻不和。

如果以此卦来比喻一家公司的运营，大概就是代表公司的高层胸怀宇宙天下，拼了命在描绘巨大的蓝图，但公司的员工完全感受不到公司的伟大愿景。而那些和老板有共同愿望的人，发现自己也做不了事情。因为中层是空的，信息不能够上传下达。

底层员工的想法不能"上去"，优秀的员工也得不到提拔。老板可能云游四方，又不愿意了解公司基层。于是，那些最优秀的人只能离开，最后混迹在公司里的都是溜须拍马的"小人"。

否

降低欲望，以避开不必要的危险

我们再来看否卦的象辞："天地不交，否。君子以俭德辟难，不可荣以禄。"

在一个天地不交的时空窗口，可以分别把天和地视为阳和阴，上和下，君和臣，公司的领导和员工，家里的先生和太太，或任何一种关系中的主导方和配合方……他们彼此之间无法沟通和交流，不愿意"走向"对方。

套用一句现代话来说就是，他们没有任何共同点。或者说他们只有一个共同点，那就是互相都不理解对方。这就叫"天地不交，否"。

这时候，那些夹在中间想做点事、觉得自己还有理想、想改变命运的人，如果想要在这样的格局下求生存，只有两条路。

第一，俭德辟难。努力培养自己勤俭、低欲望的生活状态以及心理状态，以避开不必要的危险。

第二，不可荣以禄。也就是说，在这样的格局下不可以追求名声和富贵。因为在不道德的环境里获得财富与成功，一定需要某种不道德的手段和心境。

有一天，某互联网"大厂"的一个高层来找我问他们公司的情况，当时我们占的就是这一卦。其实，任何一个组织走到某个阶段以后都会进入"天地否"的状态——上"天"下"地"，上下不交。

听起来是不是让人感觉有一点绝望？但如果你再看以下的六段爻辞，你会发现情况似乎没那么糟糕。

否

天地否：六爻细解

初六：拔茅茹，以其汇，贞吉。亨。

"拔茅茹"就是把茅茹连根拔起。"以其汇"可以解释为"因为它美好"，也可以解释为"把它们汇在一起之后，一起拔"。翻译成现代流行的话来说就是，不仅"割韭菜"，连"韭菜根"都拔掉。"贞吉。亨"，很吉利。

你是不是觉得很奇怪，为什么"割韭菜"还能占得"贞吉"卦象，甚至"亨通"呢？

因为是"割韭菜"的人在起卦啊，而不是"韭菜"在起卦。

对"割韭菜"的人来说，这当然是一件好事情：他不仅仅能逐个收割，而且能聚拢成片收割。一把一把地割实在太累，找一个方法，把它们汇在一起，连根一起割，岂不痛快。

以此占断事业的话，如果你是一个创业者，代表你应该思考怎么不被"割韭菜"，怎么成为"割韭菜"的人。

因此，否卦其实揭示人的一个很重要的心态：你是主动者还是被动者？

当然最可悲的事情是，有一些人以为自己是"割韭菜"的人，结果还是被人"割"了——很多猎物都以为自己是猎人。这也算是一出人间喜剧，好笑的事情莫过如此。

像我们这种天生就做"韭菜"的人，没有想过割别人的"韭菜"，倒也被"割得其所"。

六二：包承，小人吉，大人否亨。

"包"可解为"炮"或"君子远庖厨"的"庖"，是"烹饪""炮制"的意思。"承"可解为"蒸"。"包承"就是"烹调好肉"的意思。

这句的意思是说，你可以炖肉，好吃得很。小人欢喜，大人不可享用。

否卦的第二个阶段，讲述了一段吃肉的情形。吃肉的人吃得很愉快，做肉的人不知道自己是否愉快。

它表达的意思是，那些利用糟糕的现实状况、没有道德底线的人，活得很好，而那些怀抱着正直理想的人，反而活得一般。

当然，我们讲的是万恶的远古社会。孔夫子曾经说过，在那个动乱的、充满纷争的、君不君臣不臣的春秋战国时代，一个人获得了荣华富贵，这本身就是一件羞耻的、不道德的事情。[1]

有很多朋友可能会想：我不是"大人"，我也不是"小人"，我只不过是一个普通人，我想活下来，该怎么办？在现在这个时代，这一爻给我们的启迪是什么呢？

学《周易》其实是在学一种能力，就是"移形换影"，不断地变换自己的角色以及视角。你的"屁股"一挪动，心态就变了；你的世界观一转变，呈现在你面前的世界也就不一样了。

如果以此爻来比喻两性关系，代表这不是一段基于爱、基于共同理想的关系。当然，以共同利益为基础的关系也并非可耻。

据我所知，中国的许多婚姻都是基于夫妻双方共同供养一套房子形成的。很多人会一起买房，共同还房贷，与其花钱租房，不如把钱省下来，合在一起，共同还房贷。

所以六二爻在讲，这个阶段的关系需要基于某种物质或利益维系。

此外，我们也不要轻易地把自己归为君子和"大人"，而鄙视"小人"。人生的一个很大的悲剧，莫过于本来你就是个"小人"，却非要认为自己是个"大人"。

六三：包羞。

"羞"是珍馐，是用来形容美食的。六三爻又是在讲制作美味。

你看，否卦虽然在讲述关于天地阻隔不交通的事情，却有关于吃肉、享受生活的卦象。这其实是说，如果你放弃自己某些所谓的文艺青年思维，

1　《论语·泰伯篇》有言："邦无道，富且贵焉，耻也。"

踏踏实实过日子，其实是不错的。

坦白说，过去一段时间里，我身边一些朋友患上了一种奇怪的"病"——时政新闻看多了之后产生的"伪知识分子妄想症"。他们总以为自己可以指点江山，总以为自己可以承担起左右人类未来的使命，其实这是很危险的。

我身边的一些朋友常常提醒我，确切地说，他们是在告诉我真相："就你这样，你配吗？"我想我真的不配，我最多是一个对肥肠和粉蒸肉感兴趣的"小人"。认清了这一现状之后，我瞬间觉得一切都美好了起来。

后来，我做了一件很简单的事，我把自己睡觉前最爱刷的短视频看了一遍，发现了一个很有意思的真相：我看的视频中，很多是关于怎么做白切鸡，怎么把蒸排骨做得好吃，怎么把烧鹅炸得够脆。各种名店小吃的，甚至连开封、云南那些地方小吃档口的美食博主的视频，我都看得津津有味，看了又看。

你可能也是这样的。很多人对自己的认知和实际的情况是错位的。

想要真正知道自己是什么样的人，你最好不要自己来判断，而可以把自己常阅读的文章、网站、视频拿来统计一下，统计完之后，你会瞬间有一种人间清醒的释然感。

九四：有命，无咎。畴离祉。

否卦下面三个爻都是阴爻，到了第四爻时，变成了阳爻，此时不再讨论吃喝玩乐了，开始讨论无形的东西了。

阴爻指向现实主义、物质生活，阳爻则指向身、心、灵，心和灵的部分叫"有命"。也就是说，你是否能够看到自己"自有天命"这件事情。

我曾经看过一个关于易断的个案，讲一个老人家请高岛吞象去看他，当时这个老人家的身体已经不太好了。高岛吞象占了一卦，正好是否卦的第四爻——自有天命，无须畏惧，配得福祉。

如果以第四爻来看疾病，大致代表天命已定，但也无须害怕。

当一个人身往天国的时候，他在人间的子孙会为他举办很多隆重的祭祀活动，以纪念他"在滚滚红尘中潇洒走一回"，他所承担的这一切是配得上的。

如果以此卦来比喻两性关系，表示就算双方不能在一起，各自也会成就对方。

其实有些时候，分手不是一件值得畏惧的事情。分手分得高级，分得有尊严，彼此之间一别两宽，各生欢喜，这也是一种智慧，同时也是一种能力。

如果以此爻比喻商业，代表做你自己想做的事情，不用害怕，你配得上将来可能得到的一切。

我突然想到马斯克，虽然他是一个存在很多争议的人，但他真的是有天命的。在特斯拉创业初期，他曾若干次几乎没有营收，甚至董事会都想要解雇他。

拯救特斯拉的是谁呢？是中国。

遥想若干年前，如果特斯拉没有在上海建厂，产能问题没有迅速解决，那这家公司可能已经快破产了。这就是他的天命。

当然客观来看，在当年中美贸易战，中国企业被封锁的时候，这样一家美国主流科技公司大规模地在中国投产，也算是对美国当时政策的一种反对态度。

同时，因为特斯拉来到中国市场，引发了中国电动车产业链的迅速崛起，这为后来出现的那么多电动车公司带来了某种契机。

以前，欧洲向中国出口的最大宗的产品就是汽车。曾几何时，在国内

否

大街上看到的车，尤其是高端车，基本都是"德系"品牌。但在短短几年的时间里，情况完全不是这样了。

这和中国电动车产业的蓬勃发展有关，也和特斯拉在中国建厂多少有点关系。可以说，二者彼此是相互成就。

我讲这一段主要是想说，虽然马斯克是一个极具争议的人，不过我们大概还是能感觉得到，他做事情不是基于个人享受，而是秉持天命感，因此他在做事情的时候毫不畏惧。今天他所得到的一切，也是与他相匹配的。

当然如果有一天，他做了一些不符合天命的事情，也许他所有的这些福德也会被上天拿走。

九五：休否，大人吉。其亡，其亡，系于苞桑。

这句话翻译过来就是，失去了伴侣，大人欢喜。要去哪里？归向扶桑。

伴侣走了，这个大人居然很欢喜，这听起来匪夷所思。

这让我想到了庄子，庄子在他的妻子死之后，开始鼓盆唱歌。歌的大致意思是：恭喜你终于脱离了这人间的苦，你开心吗？你获得了自由吗？我在讥讽，也感受到一种与你同在的快乐，我在你的生命里看到了轮回与升华。

一般人从这件事情上看见的是庄子死了妻子之后的开心，但我看到的是庄子和妻子长期共同生活之后的那份连接感。

庄子只是借由这种悲伤，认识到了生命的无可奈何，并且实现了对这种无可奈何的超越。

也许庄子更希望角色互换，在他死的时候，他的妻子可以击盆说："庄子啊，你看看你终于进入了大道的轮回，你又化身为虫、化身为树、化身为鸟、化身为风筝、化身为蒲公英了。你随着风飘向远方的时候，你获得了不受制于身体的苦难、折磨的自由。"

这时你就会发现，很多人真的是以小人之心在度君子之腹。庄子讨论的根本不是具体的生死，而是道。

那些得道的人，在朋友要死的时候，都不以悲伤来回应，而是为之庆贺，他们把生命当作一种行为艺术。就像邵雍在死之前，对司马光说："某欲观化一巡，如何？"意思是，我准备去看一下什么叫"变化"，我要看看这个"化"是如何发生的，我去走一圈看看。

这种跳脱轮回、超越生死的通达境界，才是君子最终希望达到的境界。

很多人都知道，2024年后的10年对应天风姤卦，这段时间，女性主运。所以，谁是被失去的伴侣，谁是大人，还不一定呢。

上九：倾否，先否后喜。

古代的人把葫芦掏空之后，做成一个装水的容器，后来这个容器倒了。

当你看见这个装油的容器倒了，油洒了一地，这时候，你会有什么样的情绪呢？周文王的情绪是"先否后喜"，也就是先伤悲，后来又开心了起来。为什么呢？这饶有趣味：倒都倒了，如果再悲伤的话，那不就是增加了更多的痛苦吗？

我听过这么一个古人的故事：有一天，有个人身上系着一盆水，他走着走着，水就洒掉了。他看都没看，继续往前走。人们问他："你为什么不看？"

他说："倒都倒了，有什么好看的？我本来就在走路，我怎么会让这件事情影响我走路呢？"

这种观念多么高级啊！一件事情已经发生了，它会对你的情绪造成影响吗？

坏事来了，有人会因此变得更加悲伤、愤怒、情绪失控，继而犯了一系列错误。还有人把这件事与自己的情绪剥离开，自己该干什么，干什么。

否

以上两种行为中，哪一种更能彰显出"大人"的力量？

这种力量在很大程度上能体现出一个人的格局、视野，以及对自己情绪把握和洞察的能力。

通过这一爻，我们看到了一个有趣的周文王。他发现容器倒了，里面的东西洒了一地，刚开始的时候他不开心，这是一种本能反应，然后他意识到自己这样很蠢。

当你意识到自己很蠢的时候，你会自然而然地高兴起来。

有些人有一种能力，他们善于把对自己愚蠢的洞察转化为一种豁然开朗的升华感。

如果你看过《脱口秀大会》，会发现徐志胜和何广智这类人有一种非常厉害的能力，他们总是能够把自己的"悲剧"转化成更高层面上的"喜剧"。可能所有脱口秀演员多多少少都有这样的能力。

悲剧是把好的东西撕给人看；喜剧是看穿了悲伤的本质之后，发现它与自己无关的抽离感，或超越了自己的悲伤后的超然感。

梁某人曾在对《庄子》的解读里分享过一个观点：**所谓的成熟，不过是把自己过去的苦难变成了笑话。**

否

油瓶倒了，你应该如何

随着一爻一爻的递进，否卦传递出了一种有趣的格局和世界观：本来是一个天地阻隔不相交、阴阳离决的象，但周文王看见这个卦象后，记录了这样一段生活故事和场景。

他用三段关于吃肉的情形和三种对自己心性模式的洞察，了解自己的命到底是什么，以及看见自己的愤怒与悲伤后又该如何。

我们不妨把否卦的上三爻贯通起来理解：当你看见生离死别，看见代表财富的油瓶倒了时，你应该如何？

梁某人身边有很多朋友在玩股票，有人遭遇重创，一夜之间被打回原形。开始的时候，他们是悲伤的，他们原来觉得自己是"割韭菜"的人，后来发现自己才是"韭菜"。而后他们开始变得达观：我的钱都是从那里来的，现在又回到那里去了。

从这一卦中，我们会看到这样一个轮回的变化，我们以为自己是镰刀，后来才发现自己是"韭菜"。我们以为可以靠这些钱来养老，结果发现，一夜之间回到二十年前的生活水平，什么都没有了。

这些钱如水一样流过了我们的背，所谓"水过鸭背"，就是指水划过之后，鸭子身上的毛并没有真正被打湿，很快就干了。

如果你发现自己不过是整个大时代中的一粒尘埃，是这个时代的一个受益者，同时也是一个亲历者，你看见了，接受了，归零了，就自在了。

曾经不知道怎么花这些钱的烦恼烟消云散，有的只是"出走半生，归来还是少年"的悲叹。

这些朋友很喜欢跟我讲他们的故事，我也很喜欢听。每当听见有人在股市里亏了很多钱，我隐隐会有一种开心的感觉。

我在 2008 年的时候就已经体验过类似的经历，2018 年又重蹈覆辙。我几乎没有资格跟别人讲股票的故事了。

否

☰ 梁注·观卦小笺 ☷

- 否卦其实揭示人的一个很重要的心态：你是主动者还是被动者？

- 如果你想要真正知道自己是什么样的人，最好不要自己来判断，而是把自己经常看的短视频和文章拿来进行统计，统计完了之后，你瞬间会有一种人间清醒的释然感。

- 所谓的成熟，不过是把自己过去的苦难变成了笑话。

否

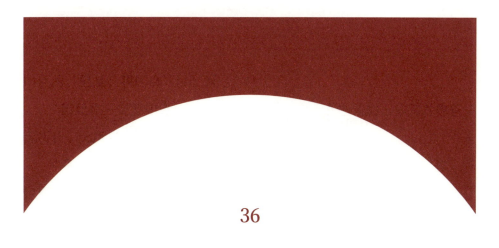

36

【萃卦 泽地萃】
从聚合中化繁为简

对于零散问题，
最好的解决方法就是把东西汇聚到一起，
通盘考虑，集中解决。

萃 卦

亨，王假有庙。利见大人，亨，利贞。用大牲吉。利有攸往。

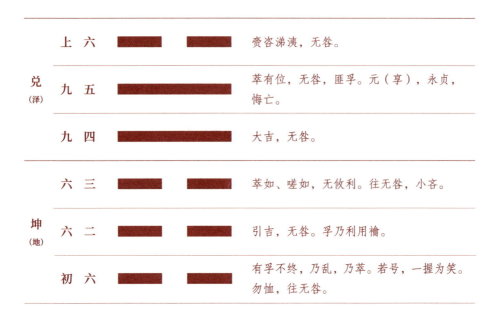

	上 六		赍咨涕洟，无咎。
兑 (泽)	九 五		萃有位，无咎，匪孚。元（亨），永贞，悔亡。
	九 四		大吉，无咎。
	六 三		萃如、嗟如，无攸利。往无咎，小吝。
坤 (地)	六 二		引吉，无咎。孚乃利用禴。
	初 六		有孚不终，乃乱，乃萃。若号，一握为笑。勿恤，往无咎。

《象》

泽上于地，萃。君子以除戎器，戒不虞。

《彖》

萃，聚也。顺以说，刚中而应，故聚也。"王假有庙"，致孝享也。"利见大人，亨"，聚以正也。"用大牲吉。利有攸往"，顺天命也。观其所聚，而天地万物之情可见矣。

为什么很多人会遭遇各种情感困局？

为什么有些人明明很有钱，却过着狼狈不堪的生活？

为什么家里面的东西越多，越让你感觉到抓狂？

如果你集中各种力量办了大事之后，

发现很多不确定的事情出现了，你该如何面对呢？

通盘考虑，集中解决

萃卦，泽上坤下，水在地上汇聚即为"萃"。

《序卦》中说：萃者，聚也。大部分解释都把"萃"理解为"汇聚"。

记得在我小的时候，工矿子弟学校的操场修得不是很平整，下完雨之后，操场上会有一滩一滩的水。老师会带着学生把这些水扫到一个相对低洼的区域，然后把水排掉。

今天想来，这就是"萃"，意味着很多分散的东西得集中在一起解决。

举一个当代人能理解的生活场景，有一天，你发现家里很乱，有没拆的快递、散乱的衣服、孩子的玩具和课本，还有宠物"拱"出来的各种玩意，你很抓狂。

你怎么办？你只能做收纳，一件一件地分类，把它们聚在一起，叠在一起，使之变得干净、整洁，这就叫"萃"。

因此，**对于零散问题，最好的解决方法就是把东西汇聚到一起，通盘考虑，集中解决。**

有一天，一个朋友来找我。前些年经济景气的时候，他四处做投资：参加了一个商学院后，就跟朋友一起搞了一只小基金；参加一个聚会后，看到有人做养生馆，他也投了一点；大家说房子摇号很难，于是他又抽签买了一套房；之后，又买了一些数字货币……结果，他亏损严重，钱几乎都收不回来了。

总之，之前算总账，他感觉自己挺有钱，但现在过得狼狈不堪，他问我该如何是好。我说："我们都不用起卦，你的现状就是萃卦所描述的情形。你需要把资源归拢，该攒的攒，该合的合。"

通常，一个公司的业务发展到一定程度，开始变得混乱无序的时候，领导层都会做一件事情：把一些不相关的业务部门砍掉，把公司的资源汇聚在一起，解决问题，否则公司的精气神皆散。

以此卦喻商业，从今天的角度来解读，就是钱过于分散，投资过于分散，资源过于分散，需要对其进行集中处理。

水湿漫延，汇聚排出

萃

说到此处，我想起当年李可老师治疗肥胖症的一个个案。

当时，李老在对那个患者进行脉象诊断之后，认为他体内的积水过多。李老说，有一些肥胖症患者，不仅仅是脂肪过多，积水也过多。我们的身体有很多"层"，比如筋膜层、关节，还有腹腔……到处都是水，甚至连脑子里都积着水。

李老做的第一件事情就是把分散在患者各个部位多余的水汇聚在一起，使之排出来。几剂药下去之后，这个病人在没有怎么喝水的情况下疯狂排尿，一天排了十几次，三天之后，据说他的裤腰带都收了四格。

其实，现代很多人的肥胖都不是肉多，而是水多，且弥散在全身各处。

至于排水的方式，可以用不同的方法，比如将其变成水蒸气，待其汇聚之后再排出；或利用桂枝法打开毛孔，让它们蒸腾而出；或用五苓散把水分汇聚到膀胱，使之排出。

这些都是"法"，那"理"是什么？"理"就是把多余的水汇聚起来后，将之排出。

以此卦喻身体，代表有水湿弥散之象，这就是泽。如果不加以处理，身体全方位水肿之后，再将其排出就困难了。

其外象也是水湿之象。当一个人有"水湿"的状况时，其他方面也是一样的——财务困顿、体态臃肿、情志郁结，因为他正处在这个格局里。

汇聚俘虏，利见大人

我们来看一下，对于萃卦的格局，周文王想到了什么。

萃卦的卦辞是：**亨，王假有庙。利见大人，亨，利贞。用大牲吉。利有攸往。**

周文王当时并不是天下之主，他只是一个地方代理人。他的主要工作是抓俘虏、献祭。他上面是有老板的，也就是商纣王。

根据对当时场景的还原，我们来看这个故事在说什么。

象，但没关系。把他们聚在一起，统一献祭，是一件很盛大的事情。

在祭祀的时候，人牲会发出巨大的号叫声，这才能显示出对神的敬意，人牲叫得越大声，代表他越生猛，越值得献祭，所以叫"若号，一握为笑"。"握"或可解为"屋"，当大批的人牲拿来祭祀，一屋子观赏祭祀的人都很开心，他们都感觉到干了一件国之大事。

"国之大事，在祀与戎。"当时，一个国家最大的事情有两件：一是祭祀，"祀"；二是打仗，"戎"。

所以用活人举行一次大型献祭，在那时是一件非常重要的事情。

这场祭祀很成功，一屋子的人，乃至这一方的人都很开心，所以才有了"勿恤，往无咎"——不用太过同情他们，继续往下进行，这件事情是没错的。

六二：引吉，无咎。孚乃利用禴（yuè）。

这句的意思是，俘虏可以用于祭祀，可获吉祥，不会招致灾害；若想体现诚意，就用简单的祭祀。

如果以此爻比喻运程，代表运得正中，是好事。

问功名，代表可以开始准备寻找一些机会晋升。

问营商的话，代表必须联合经营，才可获利。但"孚乃利用禴"，代表你心里要有一种感恩的心，你这一次的成功不仅仅凭借你的努力，而是你冥冥中得到了助力。

梁某人不是一个迷信之人，但我认为，对于并非源自自身努力的境遇，还是要心怀感恩。

我在跟儿子讨论人生的时候，常常会跟他说："你爸爸这一辈人，包括我认识的过得差不多的朋友，都是改革开放四十多年来的受益者。

"我们的努力、我们的智商、我们的勤奋程度，其实是配不上这么好的时代的。但是，我们恰好投胎到这个时代了。

"因此你一定要知道，这样的特殊机遇不会永久持续的。你别看你爸一无所长、无所事事，就以为像我这样的人都能混成这样。

"我可以明确地告诉你，你比我努力十倍，都未必能混成你爸这样。所以你需要比我努力一百倍，而且还要学会使用超越单纯努力的方法。"

我儿子问我："用什么方法？"

我告诉他说："学会感恩，逢人便说谢谢，逢事便说感恩，发自内心的感恩。"当你心存感恩的时候，你会处于能引发更多善缘的状态。哪一个有资源、有能力的人不愿意帮助有礼貌、知道感恩的人呢？你永远不知道谁能帮你，所以无分别的感谢是最好的策略，这叫"教养"。

即使你运气很好，可以获得很好的资源，做不错的事情，但你也必须要学会感恩。古代的一些占卜书上说，要"达愿酬神"，你的愿望达成了之后，是要去还愿的。

如今时代变了，但内在的逻辑是一样的：你得学会回馈社会，因为你得到的一切，都是时代、社会、政府、人民赐予你的。这可以说是现代版的"达愿酬神"。

按现在的话来说，人民就是上苍，人民就是主人，人民就是历史的方向，所以要回馈人民。这种精神其实是一脉相承的。

六三：萃如、嗟如，无攸利。往无咎，小吝。

这句话翻译一下就是：事情来得很突然，好像不得利。但可以出行，不会引发灾害，只是会有小小的困难。

也许这一爻讲的是，周文王在集中俘虏去祭祀的过程中，遇到了一些计划外的事情。比如，可能有一些俘虏不值钱了，或受了伤，或死了。

这时候怎么办？停一停，可以出去转一转，也许是好的，不过有小困

萃

难。为什么在运程突然不好的时候，要出去转一转？

举个打牌的例子，有时候，你突然就打得特别差了。打牌就像是体会一种命运的"幽灵"在牌桌上游荡的感觉。在你打得顺的时候，想摸一筒就来一筒，随便就能摸得一手"王炸牌"。但打得烂的时候，可以说会心灰意冷。

这时候，你可以做的一件事情就是，站起来，去上个厕所，转一圈。回来后，你可能会发现，节奏变了。

当突然出现了一些意外，或出现不吉祥或不可控的事情时，要出去走走，这不会有灾害。但走出去的时候，可能会有小困难。

此爻比喻的就是在你做事的过程中，可能会临时出现一些不期然的小意外，让你完全防不胜防。不过不用担心，这些小意外只会暂时扰乱你的节奏，只要你自己不乱，或学会调节自己的节奏，总体来说没事。

如果以此比喻亲密关系，代表两人好好谈着恋爱时，突然出现了奇怪的事情，比如对方突然要外派到异地，或者还没做好下一步的计划，双方家长却开始催生。

当然，这些都是小事情，人不要因为这些小事而影响了自己做事情的节奏。如果实在不爽，出去走一圈，哪怕在外面遇到小困难，也是可以调整的。

九四：大吉，无咎。

这句的意思是，这个卦象看起来是非常好的，无往不利。

现在环境太好了，比如买的股票涨得太好；与恋爱对象甜蜜得"一塌糊涂"；家财兴旺，孩子成绩好又听话，按时睡觉，每天起来自己做早餐。

古代的占卜高手在起到这一爻时，会给出一种有意义的提醒：恐德不称位。

也就是说，**当你在特别完满的时候，要学会退半步、留半手，这样才能有始有终。**

为什么这样说？九四爻大吉，但处于阴位（一、三、五爻是阳位，二、四、六爻是阴位）。如果在阴位特别好，就暗含一种危险：卦辞里说的"好"和爻位属性的能量失衡。

所以《高岛易断》里说："**气运大好，无往不吉，但于地位不当，宜慎。**"意思就是说，运势大好，但谨慎即位不当、德不配位，必须要退一步着想，留有余手。

以前的大户人家在丰收年收割完麦子时，会有意地让一些麦穗掉在地上。干什么用？让穷人来捡。

在丰收的时候，如果一粒米都不留，全部拿走，吃到尽、用到尽，虽然作为地主，利益是最大化了，但可能会因此埋下祸根。

说不定到什么时候，整个势能一反转，当年做得非常"绝"的那些地主可能会首先受影响。而那些记得给老百姓留有余粮的，平常喜欢做善事的，或者把自己手里的一些资源拿出来惠泽一方老百姓的人，仍然会得到一些支持。

我们从一些历史书上往往能读到类似的故事。所以广东话说"有风驶尽悝"，大概意思是，有风时不要使劲，用满了不太好。

九五：萃有位，无咎，匪孚。元（享），永贞，悔亡。

通常，卦的第五爻被称为核心爻，揭示了卦的核心观点。

这句爻辞的意思是：在汇聚资源的过程中到了"九五"的位置，时机已经很好了，没有灾害。不过，俘虏可能会跑掉，这叫"匪孚"。

也有老师说，俘虏会以各种方式消失，这不是一件有福气的事情。但你不让这件事影响你的状态，就不会有太大的损失。

在汇聚资源、团结力量来解决问题的关键时刻，你却发现自己有点掉链子。这时候，请不要因此打乱了自己的节奏，只要你的内心不乱，情绪稳定，就不会出现令你后悔的严重的事情。

你可能遇到过这样一种情形：你很认真地准备一个派对，想请朋友们来你家吃饭，什么都准备好了，朋友们也都准备好了，心情也准备好了，但突然停电了。原本一次很欢快的聚会，变成了一个灾难。

这时，如果你能够守得住，心情没有受到影响，抓紧时间先点蜡烛，让朋友们吃一些水果，同时打电话让物业来修，接着大家先聊聊天……实在不行，马上在手机上订餐，大家出去吃。这样一来，你们没什么大碍。

你会看到，面对突然的不确定性，你的主观能动性是多么重要。

梁某人观察一个朋友最重要的方式，就是看他在面对突如其来的问题时，其内心是不是能够守住那份淡然和安定。

那些很容易被外部环境影响、容易着急上火的人，通常福德有限，做不了大事，不堪委以重任。

我曾经读到过关于山西商人考察掌柜的一些方法。

过去的商人会培养学徒，学徒跟了他们很多年之后，才能变成掌柜。任命一个掌柜是非常重要的事情。古代没有互联网，也没有后台监督，没有 KPI，全凭对掌柜本身的考核。

以前，一些有钱人在考核高级经理人时，会用几种方法。

第一，放一些零钱在明处，刻意给他创造一些可以贪污的机会，看看他有没有贪钱的冲动和行为。

第二，用女色诱惑他，看他是不是会被迷惑。

第三，让他做一件事情，在他做的过程中，突然打断他的节奏，或给他一些恐吓，甚至突然说不让他做了，看他能否临危不乱地处理问题。再给他施加一些巨大的压力，委派一些他可能完不成的任务，看他在面临压力的时候，他的情绪反应模式如何。

通过这些考核以后，他们最终选出一个温厚、敏捷的人，我们称之为"敦敏之人"，这样的人方可委以重任。

九五这一爻说的就是这样一个问题。人生出现了状况，怎么办？"元永贞"，就是要守住自己的初心，稳定自己的情绪。

上六：赍（jī）咨涕洟，无咎。

"涕"指的是眼泪，"洟"指的是鼻涕，"赍咨"是叹息的意思。

从眼睛里飙出来的水，叫泪水。你忍住了不让眼睛里的水飙出来，或没有全部飙完，多余的水就会从鼻子里面流出来，我们称之为"涕"。

不知道什么原因，可能是有种种压力，周文王记载了这四个字——"赍咨涕洟"。

这一爻已经是萃卦的最上爻了，代表所有的创新、集众之力的努力，最后由于种种原因还是没能成功。

举例来说，有些人在公司里推行了各种改革，比如把很多业务部门关了，或者把很多资源集中在一起开始解决问题了，但这时，时来运转，产业环境改变了，再多的努力也无法挽救公司的运程，最终公司开始衰退，让人唏嘘感慨。

如果以此卦比喻人生时运，代表人年老运退，穷极悲苦，令人怜悯。一段运程已经到了这一步，人要安然接受。

有很多老人不愿意服老，他们在年轻的时候叱咤风云，在政治、经济或文化领域，也算是一个小角色，甚至做得相当璀璨，结果晚年并不是很好。

如果以此来比喻亲密关系，代表两人感情已经"用老"。什么叫感情

"用老"？就是连挽回的想法都没有了，两人见了面连话都说不出来了，更不用说牵手了。

两人认为对方都已经变成了自己不喜欢的样子，最后那就用眼泪来告别吧。

有些时候，《周易》讲得很残酷，就像我们的人生一样。但提早了解世界的残酷，总胜过永远像童话里的少女而昧于世相。

俗话说"枯木逢春"，如果不真正陷入绝境，你又怎么能够再逢生呢？

因为《周易》不只有一卦，而是有很多卦，都讲到类似的情形，局势很快会变化。

所以，**当你感觉到某一件事情已经"用老"的时候，比如生意已老，公司已老，情感已老，要告诉和提醒自己，卦会变的，上苍有好生之德。**

☷ 梁注·观卦小笺 ☷

- **一个公司的业务发展到一定程度，开始变得混乱不堪的时候，领导层都会做一件事情：把一些不相关的业务部门砍掉，把公司的资源汇聚在一起，解决问题，否则公司的精气神皆散。**

- **那些很容易被外部环境影响、容易着急上火的人，通常福德有限，做不了大事，不堪委以重用。**

- **当你感觉到某一件事情已经"用老"的时候，比如生意已老，公司已老，情感已老，要告诉和提醒自己，卦会变的，上苍有好生之德。**

37

【晋卦 火地晋】
上升时的冷静智慧

所有的上升都是有代价的，
所有的进步都蕴含着隐秘的退步。

晋 卦

康侯用锡马蕃庶，昼日三接。

	上 九		晋，其角维，用伐邑，厉，吉，无咎，贞吝。
离 (火)	六 五		悔亡，失得，勿恤。往，吉，无不利。
	九 四		晋如鼫鼠。贞厉。
	六 三		众允，悔亡。
坤 (地)	六 二		晋如，愁如。贞吉。受兹介福，于其王母。
	初 六		晋如，摧如。贞吉。罔，孚裕，无咎。

《象》

明出地上，晋。君子以自昭明德。

《彖》

晋，进也。明出地上，顺而丽乎大明，柔进而上行，是以"康侯"用"锡马蕃庶，昼日三接"也。

为什么在上升阶段，我们必须学习晋卦？

上升阶段，我们可能会面临什么样的外部"刀剑"，

又会有什么样的内在忧愁？

一个处在上升阶段的人，如何能够聪明地自保，安全地落地？

上升要有代价

晋卦，上为离，下为坤，又叫"火地晋"。

离为火，为太阳；坤为地，为大地。此卦描述的是日出东方，有跃跃上升之势。以此比喻人间之事，自然是上升之行。

进者，晋也。同时"晋"也通觐见的"觐"，意为朝拜尊长；也通"敬"，意思是在上升的过程中，要保持谦虚、谨慎的态度。

当你进入了一个上升轨道后，你可能会被有形或无形、主观或客观之力向上推动，不过在上升的过程中，你该如何面对可能出现的种种问题？

我们先来看周文王用什么样的故事来描述晋卦。

晋卦的卦辞是：**康侯用锡马蕃庶，昼日三接。**

据说康侯是周武王的弟弟，叫康叔。由于被封为侯，世人也称他为康侯。

晋

否真的有足够的定力？

再等等吧。过些时间，等大家都接受了"新常态"以后，很多问题就容易解决了。如果你一上来就立刻展现出上位者的姿态，其实是很危险的。

如果你自己内在充盈，那么就"无咎"。

六二：晋如，愁如。贞吉。受兹介福，于其王母。

在第一个阶段，你从总监晋升为副总裁的时候，你扛住了。到第二个阶段，虽然你晋升上来了，但新的烦恼也来了。

有一个朋友跟我说，他从总监升到副总裁后，很不愉快，做事风格也不像以前了。他说，以前做总监的时候，每天是要处理业务的，跟同事们打成一片，甚至一起加班，他把主要的精力都在做事情上。而当他升到副总裁以后，他突然发现自己不用去做原来擅长做的事情了。其实，作为副总裁，他应该学会一些新的技能，因为在新的位置上，就需要有新的能力。我这个朋友说，他大概也知道，但不明确到底是什么能力。

我对他说："新的英国首相上台之后，把运输大臣变成了内政大臣。看上去高级领导干部完全不需要专业的经验，你有没有想过为什么？

"很简单，当你升到高层的时候，你只要懂得业务道理，知道如何激励团队及应对市场反馈，允许其他部门发出挑战以及团队自我创造，业务自然会好起来。

"你上到高位的时候，所需要的新的能力并不是业务能力，而是要学会和大老板达成共识，与其他高管达成平衡。"

有些时候，这与业务无关，而与人性有关。

在职场上升的过程中，你的业务会越来越成熟，越来越倾向于遵循规律和规则。你只需要制定游戏规则即可，你真正的业务变成了减少各部门之间的协作阻力，同时，你还需要管理好上司的期望。

那些真正深谙人性的人，才能够真正地往上走。

其实到高层之后，反而没有那么多具体的事情要处理了。比如以前你思考标识怎么设计、稿子该怎么写，产品细节该怎么做，等等，现在你都不需要做了。

你现在的问题是，在新的岗位上，有了新的角色，你不知道该怎么办了。

最典型的情形是，很多企业从市场的第二位变成市场的第一位的时候，不知道该怎么办了。

梁某人年轻的时候，曾经有一段时间管理过市场部，也深入地研究过营销这件事情，后来发现了营销里的一些诀窍：

第一，当你是市场先驱者的时候，你要做所谓的"定位"，也就是和市场上最大份额的公司做差异化竞争，你的任务是创新。

第二，当你变成市场第一位的时候，你要做的事情不一定是创新，你要做的事情其实是制定标准。

苹果公司就是这样。当初，苹果作为手机领域新来者，与诺基亚、摩托罗拉等品牌竞争的时候，专注于为用户提供全新体验，很多交互设计完全不同了，不再使用手机键盘，更容易和互联网连接在一起了……这就是创新。

苹果手机从第一代到最新一代，它们有本质区别吗？梁某人认为没有，使用手机时还是那样划来划去、点来点去，无非是手机的运行速度越来越快而已。

许多人因此质疑苹果公司是一家缺乏创新力的公司。其实他们都不了解，在市场格局里，当你真正成为大众份额拥有者以后，你只要干一件事情，那便是建造"护城河"，制定标准。对智能手机来说，这个标准包括算

晋

法标准、应用程序的接口标准等。

你什么时候见到可口可乐有质的创新？你什么时候见到茅台有质的创新？如果茅台有质的创新，消费者很可能就不喜欢了。茅台只需要做一件事情，确立酱香型白酒的标准——茅台就是酱香型白酒的最高标准，所有和茅台味道不一样的都是差的。

所以，对那些得到晋升、开始进入新层次的领导者来说，必须学会一种新的技能，或者说培养一种新的心态模式，如果没有切换过来的话，就会愁。

愁是什么意思？大意就是不自洽、不自然，怎么都不舒服。

在上升过程中，位置一变，你要有一种自我觉察，知道自己的核心能力和核心业务正在发生改变。甚至在价值观上，你得有和你现在的地位相对应的价值主张。如果你没有做到这些，也会愁。

尽管内心会有愁，但结果还是不错的，因为时间会慢慢帮助你修正这一切，这叫"受兹介福，于其王母"。

得到了这一系列好处之后，你得想想它们是从哪里来的，以及你要回馈到哪里去。

有人说这里的"王母"指的就是王母娘娘，有些人说指的是祖母。

梁某人倾向于认为这只是一个比喻：你得到这些资源以后，你不仅要感谢给你提供资源的人，你还要感谢这个人后面的那股力量。用句通俗的话来表达就是，你不仅要感谢你爸妈，还得感谢你爸妈的爸妈，因为是他们培养出了你爸妈，没有他们，就没有你爸妈，也就没有你。

此外这一句还有一个启示，当你晋升到一定阶段，不知该如何是好，也不知道该如何以新的角色施展新的能力、发展新的智慧、团结新的朋友时，你要做一件事情，去拜见那个"老人家"。

那些好像已经没有力量的老人家，会告诉你该怎么做。他们虽然什么都做不了了，但他们可以让你做得成事或做不成事。

到了他们那个阶段，他们已经不需要很大的力气做事情了，但会有丰富的智慧来帮你平衡一切。

我在读《尚书》后了解到，成康时代（约公元前 1042 年至前 996 年）、周文王时代都有一个很重要的习俗，就是他们每年会去拜见国家最老的那个人。但凡一个人活得足够久，就一定有他活得那么久的理由。

梁某人曾遇到过一些老太太，她们看起来很普通，但当我跟她们深聊之后，我发现她们有一种别样的智慧。更关键的是，她们还有一种别样的镇定。

一个人只要活得足够久，可能在人生漫长过程中经历过很多糟糕的事情，比如钩心斗角、横遭变故，或者哪个孩子犯了事，有别人来打劫，等等。

她们在老的时候也许不能给你提供有效的解决方案，但是她们会提供一样非常宝贵的东西——淡定。

我有个邻居，他年纪很大了，但身体还不错，喜欢在外面和人下象棋。有一天，他们家着火了，有人跑去跟他说："喂，你们家着火了。"他把棋下完了才抬起头来说："烧完没有？"那人说："烧完了，烧的底儿都没了。"他说："都烧完了，那还有什么好生气的呢？"

我当时就在旁边，那一瞬间我突然意识到，**原来真正的大人不是提供方法，而是提供稳定性。**

以前我做危机公关的时候，总是想找一些方法来解决问题。后来，有一个资深人士跟我说，真正伟大的公关公司老板，在客户出现问题的时候，主要的工作就是安抚客户，比如"没事儿，这事很快就会过去的。我们以

晋

前经历过比这严重一百倍的事情，后来也没事了。你相信我，来喝茶"。事实上，绝大部分事情会因为新的问题出现，而变得不再那么重要了。

所以要定住，这很重要。

六三：众允，悔亡。

晋升后，时间一长，你会发现以前反对你的人，要么离开了，要么服了，要么感觉没意思了也就不再继续反对你了。

你也已经慢慢习惯了内心的那些痛苦，就算你再不习惯，过段时间，你也平衡了。

所以不管怎么样，只要你在这个位置上时间长一点，大家就会习惯，这叫"众允"，大家都"允许"你存在了。

"悔亡"，没有什么好后悔的事情了，都很好。

九四：晋如鼫（shí）鼠。贞厉。

有人考据"鼫鼠"指的是古代的袋鼠，也有人说是硕鼠。读过《诗经》的人都听说过"硕鼠硕鼠，无食我黍"，用现在的话说，硕鼠指的是那些挖墙脚，在公司内部中饱私囊但又逮不到的人。

我倾向于认为鼫鼠指的是硕鼠。

当你晋升到一定的位置，那些反对你的人都被你"干掉"以后，那些你提拔上来的人开始掌握权力，他们对你很好，但他们可能开始贪污、腐败。

比如，当你被提拔为副总裁以后，经过一段时间的磨合，经历了一番人事调整和重新布局。当你经历了一段祥和的时光后，你的组织内部开始出现问题了。

所以此时要"贞厉"。"贞"，出征；"厉"，严厉。也就是说，现在你已经发现出现了这种情况，此时，该出手时要出手，你要用严厉的霹雳手法加以遏制。

无论是你提拔上来的人，还是你最亲信的人，要一起"拍"他们。

如果以此来比喻亲密关系，意味着当你摆平了七大姑八大姨、公公婆婆或岳父岳母、老祖母之后发现，问题出现在了你和伴侣之间。真正反对你的人，是把你娶进来或嫁给你的人。

全家人都认同你，就你的伴侣不听话，一直蠢蠢欲动。你该怎么办？答案就是"贞厉"，坚决"镇压"，不过手法还是要讲艺术性的。

六五：悔亡，失得，勿恤。往，吉，无不利。

"悔亡"，形容的是天色晦暗，也指没有后悔的事情。但在这种状态下，失和得兼具，先失后得。

此时你会发现，那些你所拥有的东西在失去，因为你得到了很多，必然会失去很多。但你不用感到惋惜，你要继续坚持你现在的角色，这没有什么不好。

这一爻很有趣。因为这一爻承接上一爻，也就是说，你在打"老鼠"的时候，一定会有所损失。

当你到了五十岁的时候就会发现，你的智慧在增长。你从一个懵懂少年成长为一个成熟的中年人士，或者是一个优雅的成熟女性。总之，你已经有了一个新的角色了。

这时候，你的某些东西必然会随着时间的流逝而失去。你失去的可能是风流倜傥的样貌或苗条的身材。成长的代价就是失去。失去之后你会发现，你有了新的收获，这就叫"失得"，失与得彼此共存。

以前面提到的那个副总裁为例，随着他的影响力越来越大，他经常在外面参加各种圆桌会议，指点江山。因为他已经是高层人士了，外界重要人士来公司参访的时候，他要代表公司去接见；每次开会的东西，也不是

晋

他写的了，基本上是助理、秘书、小弟帮他准备。

当你越来越像一个成功人士的时候，你离市场和产品会越来越远，离业务也会越来越远。

你可能会在某一天突然感到怅然若失："天呐，我怎么就长成了年轻时自己最讨厌的那种人了？他们什么都不会，却拥有着绝大部分资源。他们什么都不懂，什么想法也没有，却手握很多人的生杀大权。"

年轻的我们在做基层员工的时候，总看不惯公司的高管，觉得他们这些人一无所用，工资还那么高，自己好像被他们剥削一样。

这是因为我们不在这个位置上，在这个位置上的人，他们的业务能力已经不是最重要的了，取而代之的是管理能力、鼓舞士气的能力、在面临大事时表现出镇定的能力、关键时刻对某些关键岗位的调配能力以及对一些流程的处理能力等，这些是下面做事情的人看不出来的能力。

对此，我小的时候也不懂，后来我才发现，那些无所事事的领导自然有做领导的"用"。

以前我经常去一些大学参访，发现很多学校的校长远不如教授聪明。他们以前可能也是相当不错的教授，后来怎么就变成看似平庸的校长了呢？

后来我了解到，做校长和做教授是两件完全不同的事，校长要做的最重要的事情是找到最优秀的教授，并培养年轻的教师一步步成为教授。

曾经的清华大学校长梅贻琦说"所谓大学者，非谓有大楼之谓也，有大师之谓也"，意思是，大学不在于有多少大楼，而在于有多少大师，但校长不一定非要是大师，他们是要让大师成为更优秀的大师。

有些时候，一个表面上看起来不太聪明、不太有智慧，但情绪稳定的校长，可能才是一所大学真正的福分。

晋

所以晋卦到了第五个阶段，就是看到得与失。你必须学会放弃一些东西，同时会暗暗地获得一些新的东西。正如《逍遥游》中所言："至人无己，神人无功，圣人无名。"

上九：晋，其角维，用伐邑，厉，吉，无咎，贞吝。

这一爻讲的是，作为鹿群首领的雄鹿，头上有一个硕大的角，它已经长成了整个鹿群的"男一号"，所有的雌鹿都是它的，所有的小鹿都是它的孩子。它不需要和其他鹿打架了，因为它已经是首领了。

这只鹿头上的大角就变成了一个装饰物，同时也增加了负重，头顶巨大的角，可能会出现脑出血。当它在森林里走着走着，突然卡住了，这叫"其角维"。也就是说，当你晋升到一定程度的时候，你所拥有的权力最终可能会变成你前进的阻力。

很多公司高层，以及所谓家里的"一家之主"，常年说一不二，其实他们已经被自己的理论、知识、权力、拥有的位置限制住了。

"伐邑"是说当你不再害怕有人挑战你的时候，你想要灭谁就灭谁了。唯一能够影响你扩展的因素，不再是外部的阻力，而是你能否突破自身的限制。

你必须转换成一个新的角色，变成一个更开阔的人。

"厉，吉，无咎，贞吝"是说，这是吉祥的，无须畏惧，但出征会有艰难。

晋卦描述的人，代表了一种角色，无论你是一个妈妈、一个太太、一个在职场里处于上升阶段的人，还是一个把公司慢慢做大的企业家，在某股力量汇聚、成长的过程中，你可能会遇到阻力，会彷徨，甚至被自己的内部人员挖墙脚，你还可能会经历自己设限的过程。

这是梁某人对这一卦的解读。

晋

所有的上升都是有代价的，所有的进步都蕴含着隐秘的退步。

"一阴一阳之谓道"，不是说只有阴和只有阳，而是说阴和阳是同时存在的，关键在于你怎么度量二者。

当我们在学习晋卦的时候，可能会联想到初升的太阳从地面冉冉升起的过程，或联想到其他的"上升"。但同时，我们也要想到在这个过程中可能存在来自外部、内部，甚至自身的种种阻力、消散力以及不自知的"卡力"。

把玩易学，每一个人都有自己读易的角度。我相信别人有别人的解读方法，梁某人的解读方法可能是不严谨的。如果你用训诂学的方法来分析，甚至可能会说这个字是错的，那个意思也是错的。

而这恰好是《周易》最伟大的地方。一万个人读《周易》，可能会有一万种解读方式，关键在于你能不能在你读《周易》的过程中，感受到那个同时消长的"道"。

六十四个卦象，同时也是六十四个决策模型。如果你恰好正处在上升阶段，请从《周易》里获得冷静的智慧。

☶ 梁注·观卦小笺 ☷

晋

- 每一次进步和上升，都需要新的能量输入。
- 上到高位以后，新的能力并不是业务能力，而是要学会和大老板达成一种共识，与其他高管达成平衡。这与业务能力无关，而与人性有关。
- 真正的大人不是提供方法，而是提供稳定性。

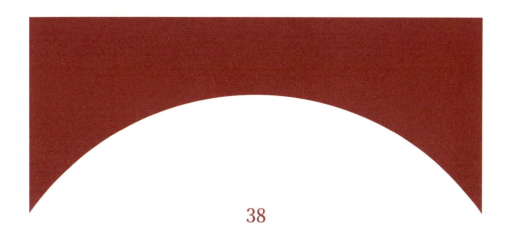

38

【豫卦 雷地豫】
压力释放后的自洽

努力不是为了成功，
而是为了长久。

豫 卦

利建侯，行师。

	上 六	▰▰ ▰▰	冥豫。成有渝，无咎。
震	六 五	▰▰ ▰▰	贞疾。恒不死。
（雷）	九 四	▰▰▰▰▰	由豫，大有得。勿疑，朋盍簪。
	六 三	▰▰ ▰▰	盱豫，悔。迟有悔。
坤	六 二	▰▰ ▰▰	介于石，不终日，贞吉。
（地）	初 六	▰▰ ▰▰	鸣豫，凶。

《象》

雷出地奋，豫。先王以作乐崇德，殷荐之上帝，以配祖考。

《彖》

豫，刚应而志行，顺以动，豫。豫顺以动，故天地如之，而况"建侯，行师"乎？天地以顺动，故日月不过，而四时不忒。圣人以顺动，则刑罚清而民服。豫之时义大矣哉。

为什么全球变暖的周期里，中国的国运反而比较好？

为什么有的人没有学过《周易》，却判断得很准？

如果你在生活安逸时占到豫卦，这会给你什么启示？

雷出地奋，放松从容

豫卦，上雷下地，上面是震卦，下面是坤卦。豫卦的象辞是：**雷出地奋，豫。先王以作乐崇德，殷荐之上帝，以配祖考。**

大概描述的情形是，地下的压力会在地下形成雷，但阳气升腾，最终地下的雷释放于地表之上，随之一切达到祥和之境。

在甲骨文里，牵象曰为，有象曰豫，有肉曰有。据考在殷商时期，河南地区有很多大象，这也是河南的简称是"豫"的原因之一。

我看过一篇文章，它表达的大概意思是，不要随便说是环境污染导致地球变暖。比如唐朝的时候也没有污染，但据考那时的平均气温就比现在高。殷商时期也没有那么大的碳排放量，而现在的华北大地在那个时候也是草木丰盛。

曾经有人统计过，凡是在全球变暖的周期里，中国的国运反而比较好，为什么？因为这时候，中国北方的水草会更加茂盛。在古代，如果北方水

豫

草茂盛，来自北方的匈奴、鲜卑、辽、突厥等游牧民族就不会有向南发难的冲力，因为他们在当地放牧就很舒服。

因此"豫"这个字代表的是，在郁郁葱葱的景象之下，人们看着大象，想到了地下埋藏已久的压力被释放之后的放松、从容。

此前，有一个年轻的女士来找我占卜，起到此卦。

我问她："你是不是有一段地下感情浮出水面，获得了彼此的认同？"

她说："哇，梁老师，我正想跟您讨论这件事情。"

我说："不必说了，我是一个不能保守秘密的人，请不要告诉我。"

什么叫"雷出地奋"？就是雷从地下奋然而出，反而变得从容。

试举一例，虽然听上去稍有不雅，不过很形象、生动，你读完之后就能理解这种状况了：某人突然肠中作响，到处寻找厕所，终于找到厕所，迅速冲了进去，然后一顿"噼里啪啦"。之后，他用水将秽物冲去，然后从容地洗洗手，用手拨一拨眼前的刘海，心情舒展地走出来。这时，他看见谁都觉得长得那么和颜悦色，世界也因为他自己的放松而放松了。

有一位修行师傅说，所谓"修行得法"，就是在某一个阶段，你能够理解那种酣畅淋漓之感，之后拜倒在佛前，心中没有任何杂念，只有感恩、舒服、愉快、放松、从容。

就像一头大象那样，没有太大的生活压力，行动舒展迟缓，神情安详，内心放松。这种状态就叫"豫"，也叫"奋"。"雷出地奋"，雷从地下迸发出来之后，出现了一片放松的景象，这就叫"豫"。

豫

把内心的恐惧释放出来

《墨子》里讲过一个故事：武王胜殷杀纣，环天下自立以为王，事成功立，无大后患，因先王之乐，又自作乐，命曰《象》。

当年周武王常年精神焦虑，害怕自己像哥哥一样被抓走剁成肉酱。经过若干年的奋斗，他终于打倒殷商，获得了胜利。这个时候，他的精神压力突然得以释放，便命主掌礼乐的大臣做了一首乐曲，这首乐曲的名称叫《象》。

董仲舒在《春秋繁露》里也提到"武王受命作象乐"。可以想象那首音乐是何等大气磅礴，是何等舒展辽阔。

所以如果有一家餐厅用"豫"字起名，很可能代表这家餐厅不仅仅是一个可以吃好东西的地方，也是一个可以让你和朋友们一起坐下来，欣赏庭院、享受美食、活在当下以及舒展困顿身心的所在。所以能叫"豫园"的餐厅，大都是庭院式的。

"豫"字本身的意象很高级。最近几年，河南卫视的电视节目都做得很好，很有文化，可见这个底蕴还在。

来看一下豫卦的卦辞：**利建侯，行师**。

此时天下大致框定，接下来要干什么？要建侯，得册封。姨妈、姑爹、表姐、大叔、二伯、外祖父，一人分一块地，有一种观点认为，这就是中国最有意思的分封建制的起源。

后来秦始皇统一六国，直接由他来任命县级官员。所以实行中央集权制度之后，中国其实已经不是分封建制了。真正的分封建制是在此之前，那时周公治理卓越，协助武王完成一切事情，那叫"建侯"，也就是分封建侯。

我们在乾卦一章中讲过，那时候，周公的目标是成为殷商的代理人；而这时候，天下已定，他可以分封别人了。

主客角色已经不同，当你内心有安全感的时候，你是愿意给予的。

豫

说到此处，我想分享我的一个日常观察。许多女性虽然长得漂亮，事业很成功，也化了妆，但仍然带着一丝紧张、愤怒，隐藏的压力没有全然释放出来。

如果你是一个女性，你觉得自己的长相还不够舒展，内心也愿意诚实地接受这样一个事实的话，这是一个非常好的认识自己的契机。此时，你可以问自己一个问题：我在压抑什么呢？

但凡有压抑，就会有愤怒和恐惧。但凡你把压抑释放出来，你就会放松。

我有一个朋友，因工作的便利而有机会见证一些人的重要时刻。

他说，一些贪官每天晚上精神紧张，一辆警车开过去，他们就吓得半死。结果有一天，有人真的被逮住了，被宣判了之后，他一下释然了。后来他在狱中积极劳动，接受改造，身体反而越来越好，比他当年的同僚还好。当他刑满被释放出来之后，他曾经的高血压、糖尿病都没了。

为什么？因为他内心释放了，他内心的恐惧被释放了出来。哪怕他被关在监狱里，身体居然比以前好，这就叫"豫"。

所以在江山平定之后，周武王做的事情是"利建侯，行师"。

如果你占到豫卦

以此卦问人事，说明对方有安全感，且由于豫卦有五个阴爻和一个阳爻，因此对方柔多刚少。虽然他呈现出来的样貌看上去是慈祥的，但他是有力量的，因为他是从底层受压抑的状况下迸发出来的。

梁某人认为，很多时候，一个所谓有安全感的人，其实是把自己的不安全感释放出来的人。

以此卦问一家公司的管理状况，因为阳爻在第四爻，而第四爻代表君下的臣位之爻，所以它暗示了另一种情形，管家或公司的某些高管有独断乾纲、把持朝政、架空领导之象。领导表面上看起来和和气气的，也能得到尊重，但无法真正贯彻自己的想法。

以此卦问婚姻关系，代表要把握一个原则：顺以动。如果你是女生，你要学会跟随，学会顺从，学会随着对方的变化而变化。所谓"嫁鸡随鸡，嫁狗随狗"。如果他要到国外去发展，你就跟他一起去；如果他要创业，你就支持他创业。最终，你总是能获得比较好的结果。

有些女生是靠自己创造价值来确立自己的价值，有些则是靠帮助伴侣创造价值来确立自己的价值，我们称后一种情况为"旺夫"。

当然，男女对换亦然。

不过，如果你的伴侣知道你是旺夫的人，你的旺夫就有价值。如何让他知道呢？其实很多女性一辈子都在做旺夫的事情，却不被认可。这是一种很有意思的现象。

以此卦问时运，代表情况如春雷发动，正得时运，凡事皆吉。

雷地豫：六爻细解

我们来具体看一下豫卦的每一爻。

初六：鸣豫，凶。

"鸣豫"是自鸣得意的意思。当人得到某种释放之后，可能就会从放松状态变得有一点点飘飘然，仿佛小人得志，会语无伦次。

梁某人形象最"丑恶"的时期，大概就是刚刚做主持人，开始有很多人认识我的时候。那时候，我常戴着口罩、眼镜和鸭舌帽，既怕被别人认出来，又怕别人认不出来。我当时说话的口气很大，感觉世界尽在脚下。

其实那时候我根本没"入流"，在香港的一家电视台做娱乐节目，没有什么压力。谁都敢撑、谁都敢嘲笑、谁都敢吐槽，现在想起来当时的我真是丑恶。

所以后来当我看到有人在网上批评我时，我都认为是当年的"整存零取"，我可以接受，也能够理解，心态一下就放松了。

后来，梁某人见证了很多朋友从饱受压抑到突然一朝被别人理解，我常常会有意无意地跟他们分享自己当年小人得志的样子，以此提醒这些朋友，不要太把自己现在获得的那一点点幸运的关注当回事，否则就会"鸣豫，凶"。

也就是说，虽然你舒服了，但你自鸣得意的样子很让人讨厌。当你成功的时候，你看上去显得很成功，这是非常危险的。

比如在网上"晒"富，本来不够富，还要团购名牌包，或五十个人团购五十块钱的下午茶，一人出一块钱拍照。这样的人，没有几个有好结果，因为他们太容易被戳穿了。

再如，整个中国有多少辆法拉利，官方是有数据的。但你到网上一看可能会发现有十倍于这个数据的法拉利车主，他们的法拉利是从哪里来的呢？很可能是很多人借别人的法拉利拍照而已，这就是"凶"。

初运较好，但只要露出一脸得意忘形的样子，就会导致穷困。

以此爻问疾病，代表情况不好。"凶"这个字已经揭示出来了，此外也不要到处跟别人讲自己治得有多好。

我常常发现，有些父母特别了不起，孩子跟他们讲一些自己在学校里获得的经验、听到的故事，哪怕是一些不太靠谱的事情，甚至有吹嘘的成分，他们仍然能和颜悦色地倾听、点头。听完之后他们才一层一层地提问，问到最后，孩子自己都意识到自己说大话了。

这是一种非常重要的教育。当你的孩子将来有机会成为董事长或一方领导的时候，他懂得看破别人的问题却不说破，并能用宽厚的态度告诉对方"我知道你傻，但是我仍然用你"，他会获得最高级的尊敬。

六二：介于石，不终日，贞吉。

有人说这一爻中的"介"字是固定的意思，稳定的石头叫"介石"。所以《象》对这一爻的解释是"以中正也"。但这样的理论其实解释不通"介于石，不终日，贞吉"。

"不终日"的意思是没有好的结果，也就是说连这一天都过不了，或者在很短的时间内就要结束。这怎么理解呢？

何新先生给出的解释是，"介"通歇息的"歇"，林义光也说"介如歇，休息也"。这样理解的话，这一爻就可以解释通了。

当你安定下来以后，你舒服了、上位了、平定了。这时候，你坐在石头上休息，虽然很舒服，但并不长久。劳作才能够活得久，太舒服反而不行。

最典型的例子，香港是长寿之城，但香港可以说是全中国平均生活压力最大的城市。

我认识的每一个香港人几乎至少有两份工作，包括我们家的很多亲戚，七十岁了还不退休，因为他们"退不起"。房价全球最高，生活压力最大，但香港人的平均寿命却很长。在如此逼仄的压力环境之下，居然能活出最长平均寿命，只能说明"用进废退"。

有时，生存压力是最好的抗老剂。

这一爻说得很清楚，"介于石，不终日，贞吉"，所以要远征。你必须

豫

继续出发，不能说天下太平了你就停止了，就等着舒服了，就等着享受"革命"成果了，比如公司上市了，你就只想着分红，就想着拿股票走人了。这是不行的，也是不长久的。"贞吉"，继续出征，才会吉祥。

我认为这种解释更符合卦意。

高岛吞象曾经提过一个个案。一个老人找他询问健康问题，恰好起到这一爻。高岛吞象说，这时候的卦象表示他已经舒服了很久，已经慢慢老了，活不过今日，果然，这个老人一天之内就走了。

所以对于同一个卦象，同一个爻，要根据当时的情景灵活地进行注解。起卦容易，因为象在那里，文字也在那里，但断卦难。

一个好的解卦师既要通天文、地理、卦象，又要通科技、人文、人心，还要理解病人当时的病情，懂中医、懂西医，而且还要懂常识。

所以，如果你想要学《周易》，除了要学卦象，还要能旁征博引，学通很多东西，这样你才能够断得准。

其实，如果你已经洞悉了庞杂的人性，那么就算你没有学过《周易》，你也能断得准。很多人一辈子也没有学过《周易》，但他们看问题就是很准。

六三：盱豫，悔。迟有悔。

骄而乐，会后悔。

豫卦表面上讲的是"舒服"这件事，但前三爻讲的都是因为太舒服而有危险。

如果一个人每天只是听音乐、喝茶、做美容、打高尔夫球，时间长了，人就废了。这很危险，他迟早会后悔，还是得去干活。这叫"生于忧患，死于安乐"。

现在，我每天仅仅是录节目就要超过四小时，比我以前在凤凰卫视的工作量还大。此外，关于公司预算、决算，还要开四小时的会；中间还有两小时要修改文稿和探讨别的合作……也就是说，我基本上平均每天工作十小时以上。对我来说，就是不能让自己闲着，闲着就会"闲出屁"。

九四：由豫，大有得。勿疑，朋盍（hé）簪。

第四爻是阳爻：由于经过了前面的阶段，因为舒服而"摆烂"或因为舒服而像小人得志一般之后，开始反省了，所以要谨慎起来，甚至在做决策的时候有点犹豫了。

这种犹豫不是因为无法下决心，而是开始用多个角度看问题，从多个维度思考了。

查理·芒格曾说："一个人如果掌握一百个思维模型，你就可以比别人更聪明。"

要想解释一个问题，你得从物理学、心理学、人类学、经济学、政治学、伦理学、哲学等各个层面上去看待这个问题，这样你才有可能得到比较中肯的、笃定的见地，这叫"中道"。中道不是和稀泥，而是你有了很多不同的见地之后，达到了一种"纳什均衡态"。

所以，犹豫大有好处。当你真正地经过了这个过程之后，你就不会有疑虑了。

以此爻问时运，代表此时正是运程通达的时刻，但务必要小心谨慎。

以此爻问家宅，代表门庭豫乐随顺，这是一个好房子，你能得到钱财和福祉。

以此爻问失物，代表你不用担心，失物很快就能找回来，意味着它很快就会回来。

六五：贞疾。恒不死。

"贞疾"，意思是出征会有疾病。"恒不死"，意思是回来的话就不会死。

民间有句俗语，大致意思是，如果你有出行的打算，去外地的时候可能会生病。

这一爻提醒你：小心出行有疾，归则不死。如果你在国外染上疾病，要抓紧时间回国，国内有比较好的治疗方案。另外，一旦在国外染病，调整完之后，要回到国内再调养一番。

上六：冥豫。成有渝，无咎。

对于"冥豫"，目前有两种解释，看你如何理解"豫"这个字。

一种解释是，要在夜间做好预防工作，小心有人偷袭，但无须畏惧。另一种解释是，如果别人都已经休息了，你还在夜间放纵、还在"嗨"，而且还不警惕，这种情况可能不会长久。

《象》曰：冥豫在上，何可长也。以此爻问时运，代表运程开始变坏，需要警惕，奋然振作才大有可为。

你倾向于相信哪种解释呢？

大家学《周易》时，一定要有一个开放的心态。你看的书越多，你就越无法确定每一个字的真正含义。

《周易》之所以伟大，很可能就是因为其有很多我们不认识的字，而作者本身很可能就是不想让他人完全明白的这些字。只有这样，《周易》才能保持最大的弹性和开放性，我们称之为"概念韧性"。

所以，你相信哪种解释都可以，关键在于你的直觉。如果一个人没有直觉、没有广博的知识，往往学不好《周易》。

豫

"抓地起飞"

总体上来说，豫卦是一个很有趣的卦。从卦辞上来说，豫卦讲的是从容、释放、玩乐。但爻辞里说的大多是玩乐之后出现的种种不靠谱、种种苦难。这恰是《周易》的精神。

新冠疫情期间，我在北京温榆河边走。整条温榆河边全是搭帐篷露营的人。后来我去成都，发现成都郊区也有非常多搭帐篷的人。据说前两年，唯一蓬勃发展的就是户外产业，卖各种帐篷、户外炉具、灯具等。当时大家都没事干，那就玩乐吧。这么做短期之内很好，长期下来就会有问题。长此以往，于个人、于社会、于国家，皆不利。

在大好的青春年华，一直放松，一直玩乐，以后会后悔的。

我常常想到早年时一些"五零后"的前辈给我讲的故事。他们是那一辈人里为数不多很成功的人。他们都说，在他们年轻的时候，社会动荡，其他人都不读书，他们却在读书、学习，抓紧一切时间准备着。后来，时来运转，他们立刻成了国家的栋梁，因为他们一直没有放弃。

所以每当我看到那么多年轻人在河边烧烤、支帐篷玩乐的时候，我心里就会暗暗祈祷：希望你们释放完快乐之后，能有一种重新"抓地起飞"的意愿。

这不是为了成功，而是为了长久，让你的机能不至于过快退化。所谓"生于忧患，死于安乐"，是为豫卦。

☷☳ 梁注·观卦小笺 ☷☳

- 就会有愤怒和恐惧。但凡你把压抑释放出来，你就会放松。

- 有时候，生存压力是最好的抗老剂。

- 如果你已经洞悉了庞杂的人性，那么就算你没有学过《周易》，也能断得准。

豫

湛庐 CHEERS

与最聪明的人共同进化

HERE COMES EVERYBODY

CHEERS
湛庐

梁品周易

周易有答案

下

照见有意义的偶然

梁冬 著

梁

天津出版传媒集团

天津科学技术出版社

目　录

序　篇

上　篇

下　篇

下

篇

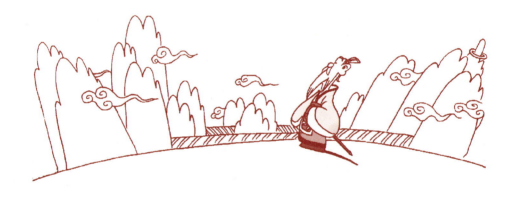

39

【观卦 风地观】
扫除积习，你可以预见未来

一个人要做成一件事情，
无非是把自己说话、思考、行动、情绪、反应的惯性，
像秋风扫落叶一般拨开，
然后找到自己真实的想法。

观 卦

观，盥而不荐，有孚颙若。

	上 九		观其生，君子无咎。
巽 (风)	九 五		观我生，君子无咎。
	六 四		观，国之光利用宾于王。
	六 三		观，我生进退。
坤 (地)	六 二		窥观，利女贞。
	初 六		童观，小人无咎，君子吝。

《象》

风行地上，观。先王以省方观民设教。

《彖》

大观在上，顺而巽，中正以观天下。"观，盥而不荐，有孚颙若"，下观而化也。观天之神道，而四时不忒，圣人以神道设教，而天下服矣。

观察的"观"和盥洗的"盥"到底有什么关联?

如何才能预知未来? 怎么才能做出最合适的决策?

为什么你常常发现自己心口不一, 或者做出的事并非自己的初衷?

如何才能摆脱这种境况?

剥开习性, 明心见性

这一卦讲的话题和你如何与天地沟通有关。我心即宇宙, 我们以为自己是在和宇宙沟通, 其实也许是在和自己的潜意识沟通。如何才能预知未来, 怎么才能做出合适的决策? 其实, 可能你自己知道答案, 不过你所接受的教育、他人对你的要求、过往的习性将其掩盖, 所以你看不见而已。

这一卦, 巽上坤下, 叫作风地观。

"风地"是一个什么样的景象? 秋天落叶铺满, 尘埃遍布, 突然一阵大风刮来, 天地之间好是干净。"观"的本质不是看, 而是把覆盖在表面的杂质吹开之后才能看见, 这就叫作"观"。

此卦不会直接回答你买房行不行, 男朋友行不行, 出国行不行, 回家躺平行不行这一类的问题, 但会帮助你拨开这些事件, 去问你的内心, 自己为什么有这样的想法。如果允许你自己过最好的生活, 你想过什么样的生活？什么才是你本质的驱动？这个驱动力的底层还有什么？这个过程叫"观"。

最后，我们的内心会让我们明白，所有烦恼都是因为我们认为色、受、想、行、识是实相，而实际上这些都是空相，是不存在的，甚至意识本身也不一定存在，都不过是意识流动。

当你把这些漂浮在表面的东西被风吹掉之后，你才能够明心见性。

清洗自己的身体和内心

古时有人认为，王道可观，在于祭祀。祭祀之盛，莫过初盥降神。

整个观卦说的就是如何行观礼。

古人把酒浇灌在一种白色茅草上，以示祭奠。我们在清明节祭奠祖先的时候，也会行这样的礼：心怀诚意，把酒倒在杯子里，然后洒在地上；把茶倒在杯子里，再洒在地上。这个仪式就是观礼。

你和祖先沟通，就是和自己的 DNA 沟通，因为祖先的 DNA 也在你的身体里存在着。

在中国乃至全世界的文明里，都有一种沟通祭拜的艺术，其标准都是"盥洗"。我们常常看见厕所门口写着"盥洗室"，"盥"就是洗的意思。"盥"还通"灌"。在殷商时期，要实行一个大的祭奠，行礼的人要先把自己洗干净，同时把用来祭祀的人牲从头到尾洗干净，甚至连肠子都要洗干净。

就像我们小的时候吃黄鳝，大人先把它们养在盆里，喂它们点麻油，几天之后让它们把肠子里面的屎拉干净、砂洗干净之后再来做菜，这样爆炒出来才会有一种清甜之感。

观：**盥而不荐，有孚颙若。**

李硕老师推断，当年周文王被拉到殷商的时候，曾经有机会目睹一次祭献的过程。

"荐"通"献"，"孚"通俘虏的"俘"，把俘虏人牲洗干净了，却没有用来祭奠？可能是因为时间不对、刀法不好，或者突然心情不对了、占卜不对了。总之，都把这个人剥了、衣服洗干净了，却没有拿去祭献。

这不好，会有灾害，要小心。所以许愿要小心，当心它实现。"盥而不荐"，洗干净了又不奉献出来，这是不对的。

发愿前，先看清自己的驱动力

在周文王的记述里，这一卦是把一个俘虏洗干净后拿去献祭的过程。而到了周公旦和孔夫子的时候，当然就不能这样讲，因为这样不高级，不利于教化。

所以《象》中补了一句："**风行地上，观。先王以省方观民设教。**"

当大人看见大风把地上的杂质都吹干净后，便意识到应该保持内在的清醒，既要荡涤自己的身心，也要洗涤人民的行为和心性，从而设立教化的规则。以此卦来讲时运，则目前正是有所作为的时刻，当努力振作。

一个人想要发大愿、做大事，想真正突破自己的困境，就必须要有这样一个过程：沐浴更衣、照镜子，看清自己内在的驱动力。一个人的所有行为，其背后都有一个动力，是基于欲望，基于恐惧，还是基于正义感？不管基于什么，你都要有这个动力，否则就会停滞不前。

那你的动力又是怎么来的呢？你真的知道自己所有行为背后最底层的

观

动机是什么吗？

要想知道这个答案，我们就必须像风吹开落叶，像水洗过的脏器一般，在洗涤自己之后，照见清净心。这就叫正知、正念、正觉。只有这样，在有所决断的时候，你的使命、愿景，以及价值观，才能够和你的内在保持一致，你才不会犹豫、怀疑、恐惧。

根据这样一个逻辑假设，儒家将"无畏"推导了出来。如果一个人做的所有事，都是发自内在的驱动力，那不管什么事情，他都不会扭扭捏捏、犹犹豫豫、忽左忽右，也不会呈现猥琐的样子。

因此，才有了《象》所说的："风行地上，观。先王以省方观民设教。"先王观察到了风吹在地上的情景，进而考虑到该如何让自己和老百姓净化思想、统一意志，并且将其作为一种教化长期坚持下去。

如果你是一位父亲或母亲，正面临教育孩子的问题，那么你是不是应该花点时间，帮孩子厘清什么是他与生俱来的喜爱与冲动？

前两天，小小梁在我出差的时候特别兴奋地给我打电话，他说："爸爸，我一定要分享一段视频给你看，我太激动了！"我问他是什么，他说："有一个人在一个非常美的地方跑步，而且跑得特别好看。"

他描述道："那种跑的感觉、那种节奏感、那种与天地融为一体的感觉……都让我激动。他跑的时候，旁边的树被俯拍下来，呈现的郁郁葱葱的样子太美了。我很想跟你分享。"

我第一次听到儿子如此兴奋地跟我聊"跑步"，尽管我是一个特别不爱运动的人，但依然有一种发自内心想陪他跑步，想陪他去看《阿甘正传》，想给他买一双世界上最好的球鞋的冲动。

孩子所有的动力和愿望，都是如此的强烈与纯粹，那种东西叫爱——他爱那个东西。

你可以从鼓励他跑步, 到鼓励他学会坚持; 鼓励他学会调频, 学会怎么通过呼吸去配合跑步的节奏; 鼓励他突破心理屏障, 发起更长更远的挑战; 鼓励他在奔跑的过程中与朋友协作; 鼓励他坚持自己的纪律性, 克己复礼; 鼓励他平和地接受输与赢……

总之, 所有的教育都要和他与生俱来的兴奋底层的 "代码" 连接, 这样就不存在教育失败的可能了。你所有想讲给他的, 都可以和他内在的天然的爱、欢乐, 以及兴奋结合在一起。

风地观: 六爻细解

初六: 童观, 小人无咎, 君子吝。

有人这样解释这句话: 把小孩子洗干净, 小孩子没事, 君子却不怎么好。也有人解释道: "童" 指 "独自", 即独自一人洗得干干净净。而在这个过程里, 普通人是无咎的, 君子却不是很爽。"吝" 的意思是虽然没有差到极致, 但总归有点不爽。为什么洗完澡之后, 小人明明没有犯错, 君子却不爽呢?

高岛吞象认为, "童观" 的意思是, 小孩子的观察是有局限性的。

在这种带有局限性的观察之中, 普通人犯不了太大的错误; 但对于那些志存高远的人来说, 这个格局太小, 因此会不太愉快。

就看你如何理解了。

六二: 窥观, 利女贞。

"窥" 指暗中从门内向外观看。"观" 指盥洗。这句话意思是, 在暗中洗浴有利于女子保持贞德。

观

在古代，洗澡是一件很正式的事。当时，洗澡并不容易。首先，你得有一个房间，还要有热水，并且在洗的过程还要防止被别人偷窥。故此最好在晚上，找一个很幽闭的地方洗澡，这有助于女子保持贞德。

当然，这是放在古代背景下。如果将其用来比喻你的现状，则预示着你现在做事情必须学会"事以密成"。你有没有发现，其实好多事情你不说就能干成，而你一说出来就干不成？尤其是重要的事情，更是不能随便说。

前两年，我逢人就说："我们在腾讯旁边租了一栋楼，要做一个很高级的睡眠酒店。"后来，钱到位了，设计师也到位了，就连腾讯的总监级人物出差的报销标准我们都打听到了。为此，我们把"眼、耳、鼻、舌、身、意"六根，以及"色、声、香、味、触、法"六尘等设计在酒店里，酒店用的各种软件、硬件也都是一流的，甚至准备在这个酒店楼下设立一个高档的睡眠诊所。

可以说我们万事俱备，结果就是干不成，一会儿要例行检查了，一会儿地下车库消防不通过了。拖了整整三年，我们最终没干成。

后来我就明白了：**重要的事情千万不能讲，能讲出来的都是不重要的事。**

二爻讲的就是这个意思。

六三：观，我生进退。

在盥洗中，我的身体可进可退。

一个人在进退的过程中，一定要让自己清白干净。

进退之间，很多人总是犹犹豫豫、扭扭捏捏。我以前不太了解大家为什么会这样，后来发现其实是因为"身有屎"，他担心自己的进退会带来变化，而这个变化会暴露他的问题。

但凡一个人在行为上扭扭捏捏，进退之间拖泥带水，你就该知道，这

意味着他内心还有一个地方没洗干净。这是一个世间比喻。

有些人在不经意之间就能观人，就能从细微处得知一件事情的来龙去脉，多半是因为他读过《周易》。这种人在自己内心中已经预装了一套完整的算法系统，只需输入几个简单的信号，就可以运算出一大堆结论，以及一大堆可能性。然后稍微问一两个问题确认一下，这件事情的大致方向就可以定了。

中医说"望闻问切"，到了"问"这一阶段的时候，往往就基本到了最后确认的地步了。当你走进来的时候，医生就大概知道你到底有什么病了：说话声音洪不洪亮，眼神怎么样，腰杆有没有挺直，这些都是医生判断你病情的依据。

你坐下来的时候，是不是跷着二郎腿？如果右腿搭在左腿上，那说明你的右侧髋关节是往前倾的；如果髋关节往前倾，那么你的脊柱为了平衡，腰椎是会有侧弯的，而这个侧弯会压迫你的肝脏。

我曾经见过一个中医诊病的神奇过程。一位女青年走进来，坐下还不到一分钟，这个中医看她的坐姿，便写了一行字给我：左边输卵管堵塞。把完脉之后中医一问，这位病人说自己刚刚拍完片子，结果就是输卵管堵塞，而且就是左边。

我非常好奇他是怎么看出来的，这位中医说："看她坐在那翘着的二郎腿，就知道她大概经常压迫到那边。加上她穿的是裙子，可以看见她小腿内侧少阴经和肝经上的一些斑点，因此可以很清楚地知道这些斑点所对应的象。从全象宇宙投影的理论来说，有思内必有其外象。"

六四：观，国之光利用宾于王。

如延续"观"与"盥"的联想，可理解为，要行盥沐大礼，就要彻底清洁，连毛孔、脚趾缝也要洗干净。

观

在古代，行重要的礼节之前，要把自己洗得特别干净，这样才能够代表你的诚意，并用自己的"行为艺术"照耀帝国和皇上的荣光。

记得当年我拜李可先生为师，在拜师的前一天，我花了半个多小时认真洗澡，连牙缝都刷干净了。在他八十岁大寿这一天，我以三叩九拜之礼，拜李老为师。当时有人问："你为什么要这样？"

这其实是一个自我行为艺术的暗示，你的行为做的时间足够长，你的动作足够细的时候，你自己的心性就容易全部收纳进来。

有一次，我采访一个做中国传统长衫的老师，我问："长衫为什么那么难系扣子？有些位置明显很难系，你必须很别扭才能系上，不可以做得方便一点吗？"

他说："当你在穿这件衣服的时候，当你一颗颗地系扣子的时候，你在干什么？你在告诉自己，你现在穿上了一件长衫，要出去做人了。一个人在家里和在家外面的时候，是不一样的。"

中国的衣服都是有"礼"的。"礼"就是用一种行为艺术帮我们确认自己的心智模式。

"观，国之光利用宾于王。"这个时候，所有人，连服务的丫鬟、侍卫，甚至刀枪剑戟、餐桌台也都洗干净了，就可以邀请各国的君王了。这背后在讲什么？这实际在讲"扫除力"。多年前，我曾和吴伯凡老师聊过"扫除力"。

人们为什么一定要把自己的房间打扫得很干净？因为扫除的过程其实是一次行为艺术。你的行为告诉自己，你既在扫地上的尘，也在扫心上的尘。你不断提醒自己，抹去那些灰尘之后，本体才会涌现炽热的光明之心。

这叫"通达"，也叫"禅"。

所以，一个连自己房子都打扫不干净的人，往往有些霉运。道理很简单，他自己不干净，做家务没条理，做事情也不会干净，最后就会影响其他事。

广东人说："年廿八，洗邋遢。"就是说腊月二十八的时候要洗邋遢，把霉运洗走。为什么？这些其实都是行为艺术。理解了这些，再看中国很多日常老百姓的行为，我们就会发现其实这些行为都是合于道的。

九五：观我生，君子无咎。

盥洗我的身体，把身体洗得很干净后，我就没有灾难、没有恐惧了。

上九：观其生，君子无咎。

让旁边的人也洗干净，这些人或是奴仆，或是祭祀的人，或是自己家人。大家都洗干净后，就都没有灾害了。

扫除积习，你也能预知未来

整个观卦，讲的其实是观察、洞见自己的内心、洗干净、事以密成……将这些关键词连接在一起后，一个故事就浮现出来了。而这个故事可能指向一个很重要的秘密。

一个人"诚则可先知"，即当你有足够诚意的时候，就能具有先知道事物的能力。我以前认为这仅是一种信仰，可现在我发现不是这样的，这和脑科学也有很大关系。

著名物理学家朱清时教授之前发了一篇文章给我，当时他正在研究人类的直觉与潜意识，包括与人脑的运作之间的关系。他说："我们的脑子知道很多东西，但往往会被一些噪声所弥盖，这些噪声就是我们的那些习性。"

观

比如，几个人一起出去吃饭，有人问："大家想吃什么？"这时候，大家都说："随便点，无所谓。"结果等点完之后，有人却说不吃肉，又有人说这个油多了，一会儿又有人说不吃辣。

这些人既不是坏，也不是不靠谱，而是口不对心。他的口有口业，而业就是惯性。他说"随便"的时候，完全是不经大脑的，而且他已经习惯这样说了，尽管他内心并不是这么想。

还有些人，他们心里想的和做的并不一致。比如，你明明心里想着去三楼，结果一进电梯就摁了四楼，因为平常你都习惯摁四楼，只不过今天恰好要去三楼而已。

当你摁完四楼之后，才突然意识到："为什么我明明想去三楼，手却点到了四楼？"只有一个原因，你的手有摁四楼的惯性。

所以，一个人要做成一件事情，无非就是把自己的说话、思考、行动、情绪、反应的惯性，像秋风扫落叶一般拨开，然后找到自己真实的想法。

锻炼自己，每一次都说自己真正想说的；如果不合时宜，就保持沉默。**做自己能做、想做的事，或大不了不做。**

就这么简单的一个原则，就能够帮你区分这个人是能成事还是不能成事。我观察过，就连我自己，其实也积习很深。而这个"观"就是观察，是盥洗，也是像风一样吹掉落叶的情景。

今天和大家讲观卦，我刻意没有提到它的运程，因为我觉得这个卦象只讲明了一件事情，就是如果你想预知未来，想要成为更好的自己、更真实的自己，想要成为一个表里如一的人，很简单，去除自己的杂念就可以了。

☰☰ 梁注·观卦小笺 ☰☰

- 重要的事情千万不能讲, 能讲出来的都是不重要的事。

- 但凡一个人在行为上扭扭捏捏, 进退之间拖泥带水, 你就该知道, 这意味着他内心还有一个地方没洗干净。

- 做自己能做、想做的事, 或大不了不做。

40

【 比卦 水地比 】
汇聚力量, 浩荡前行

每一个人都是别人的辅助者,
也是自己的主人。
当你自己内心里有一个主见的时候,
一切都可以为你所用。

比 卦

比，吉。原筮，元永贞，无咎。不宁方来，后夫凶。

	上 六		比之无首，凶。
坎 （水）	九 五		显比，王用三驱，失前禽，邑人不诫，吉。
	六 四		外比之，贞吉。
	六 三		比之匪人。
坤 （地）	六 二		比之自内，贞吉。
	初 六		有孚比之，无咎。有孚盈缶，终来有它，吉。

《象》

地上有水，比。先王以建万国，亲诸侯。

《象》

比，吉也。比，辅也。下顺从也。原筮，元（亨）永贞，无咎，以刚中也。不宁方来，上下应也。后夫凶，其道穷也。

大水降于地上，必然形成百舸争流之象。

是什么样的力量驱动它们汇聚？汇流之后，它们又将流向何方？

中途，它们会经历什么样的坎坷？

我们应该如何吸纳种种善缘，以支撑并发展自己的人生使命？

如果在成长过程中出现了种种不和谐的状况，

乃至找不到前进的方向，届时我们又应该如何自处？

吸纳善缘，汇聚力量

今天，我们一起把玩"比"这一卦：上卦是坎卦，下卦是坤卦。

想象一下，大雨滂沱，水从天而降，流到地上。此时的水要汇聚、要流动，就会形成百舸争流的态势。

比卦彰显了这样一个情形，很多水在地上流淌，虽源自不同的力量，但大趋势是朝着同一个方向，因此就汇聚成了一条溪流，最终形成浩浩荡荡的大江大河，奔腾而去。"比"是借由共同的趋势，寻找最强的那一股力量，然后汇聚而成。那些加入其中的，就是"比"的样子。

有一个字和"比"很像，但意思与之相反，那就是"北"。"北"通"背"，也通"相悖"的"悖"。两个"匕"，朝不同方向的叫"北"，朝同一方向的叫"比"。"比"通"弼",即辅助的意思。

有一种说法认为,孙悟空在天庭担任过一个职务,叫"弼马温",这和"比"也有关系:把到处乱窜的马归置到一起,形成一个马队,使之有次序感,就叫"弼马"。

孙悟空当年做弼马温的时候,最重要的工作就是把玉皇大帝的马归置成一条龙。马站好了队后,在头马的带领之下鱼贯而出,从上空看下来,就跟水流一样。

所以,"比"这一卦就描述了这样的一种汇聚,描述了最后形成一股力量的趋势。

比:吉。原筮,元永贞,无咎。不宁方来,后夫凶。

比卦是吉祥的,其第一个字就是"吉"。

"元永贞",元代表开始,也代表保持初心。"永贞"即坚守底线,可以做长期打算。"无咎"意为没有坏处。

"不宁方来,后夫凶",这是卦辞的后半段,在这个过程中,也会面临很多挫折和不确定性。

梁某人小时候住在攀枝花,看见雅砻江汇入长江的上游金沙江,然后浩浩荡荡地往下流。整条长江就是不断吸收各种支流,形成一条大河的过程。在这个过程中,会出现各种乱石滩和湍流,来阻挡这条大河前进的方向。

最后说"后夫凶",即上游的水汇聚起来后,此时再想要加入,就不一定能获得信任了。因为刚开始的时候加入,那是源头,是团结的力量;后来局面已经蔚为壮观,此时再加入,却不见得好。

任何一个卦的第五爻都是天位,叫九五至尊。

整个水地比,除了第五爻是一个阳爻,其他都是阴爻。从阴归于阳,定于九五之尊，这是水地比一眼看过去的样子，即前面的一直归顺。但到了第六爻，阴爻想要归顺第五爻，就不是那么容易了。

团队的强大需要强势的领导

《象》曰："地上有水，比。先王以建万国，亲诸侯。"

在形成一股巨大的力量之后，就会产生虹吸效应，大家都会因此被聚合。

就像周武王，当他统一商和周后，这个时候就会有很多部落纷纷前来投靠他，此时该怎么办？他说："先王以建万国，亲诸侯。"

在古代没有那么多管理工具，因此很难做到一个人管理所有人。于是，国王就要通过授权、代理的分封方式，让亲戚朋友帮着管理各个地方。那些归顺的国家，统治者也要赐其一些名号，这就叫"先王以建万国"。此外，还要"亲诸侯"，即让大家建立某一种使命、愿景、价值观的共同体，使彼此之间达到一种动态平衡。

总体来说，这是一个吉祥之卦。比卦讲述的是，经过许许多多比较和斗争，最后那一股力量冲出来，让所有其他的力量都跟随于它。

如果以此卦来问征战，那么这是一种军威盛大的情形，像水一样沛然而下，不可阻遏，一战平定，最后可以列土封侯、建立藩镇。此时，可以允许某些地区有一些自己的管理方法，但必然是在一个国家的统一管理之下。

问经商，水在地上无处不流，而商业靠流通来盈利，因此只要能够和自己认同的人共享事业，就是可以长久的。

比

力量解决阴寒之物。当时我不是很懂，但现在慢慢了解了。其实，一个人不会没有力量，很多生病的人也没有到完全没有能量的地步，只不过他的能量到处乱窜，并且卡在了不同的地方，分布不均匀，以至于需要用能量的地方没有能量，不太需要能量的地方充斥着没能归位的能量，于是就出现了"病"。

这些年梁某人在研究睡眠，会采访很多老师。其中，有一位老师也跟我说过这样的话："睡不着是阳不入阴，本来晚上气血应该流回内脏，但没有流回来。多余的气血让你想了多余的事情，所以你睡不着。"

我开始不理解这句话，后来，一位清华大学的教授发了一段视频给我，是《科学》杂志发布的一篇论文。

科学家发现，人在睡眠的时候，脑脊液会涌入大脑，清洗所有脑细胞。因为大脑在运算，而白天在运算的过程当中会产生大量 β - 淀粉样蛋白，脑脊液会像水一样把这些垃圾冲走。

这是在《科学》杂志上已经公布的资料，是科学界很清晰的定论。这也终于证明了中医讲的，夜晚睡觉的时候"气血归位"。

这些血去哪了呢？我认为这些血首先要去肝肾。因为肝脏有个很重要的作用，就是对血液进行过滤，也叫清洗血液。肾脏也有这样的作用：它把这些流经肾脏的血液过滤一遍，产生原尿，这些原尿大部分重新流回身体，剩下的才是真正的垃圾，这些水会装入膀胱，形成尿液并排出。

所以李老说，附子的其中一项作用是温通十二经脉，抓回各地元气归于一体，然后集中力量解决问题。

这就是比卦的一个意象，即"有孚盈缶，终来有它，吉"。

六二：比之自内，贞吉。

内部有人辅佐你，为吉祥之象。

一个人再能干，也只有二十四个小时，最终还是需要他人的帮助。而对于领导来说谁能帮助领导人，取决于领导人真正信任谁。

领导当然喜欢用自己信任的、合得来的人。很多人不理解这件事情，总认为在公司里跟老板吵架，坚持所谓的正义是很重要的事。

坚持自我很重要，但要看什么时候。公司发展好的时候，可以允许各种力量彼此制衡，大家一起发声是对的。但在需要快速决策、快速行动的时候，公司的力量就应该拧成一股绳。

我发现过去几年，很多公司其实正在悄悄地把那一些不认同的人逐渐边缘化，留下的都是能够支持现任领导的人。从公司发展的角度上来说，这是一个必经阶段。

根据梁某人看到的情形在大部分公司里，如果几个股东经常意见不合，或者一些技术骨干跟公司领导经常呛起来，这样的公司大部分走不远。这种公司往往还没走到成功上市的时候，就因为内部的矛盾分崩离析了，搞到最后甚至都没人想干活了，只剩下办公室政治以及拉帮结派。

从公司治理的角度上来说，这是一个危险的信号。

以此卦问征战，即士卒同心协力，上级下级结为一体，战无不胜，故"比之自内"；问经商，全店的伙计同仁亲和融洽，因此做什么事情都和顺；问疾病，就要调和内脏。有病要心平气和地去治，让内脏充分发挥自己的作用，外邪自然会消除。所以如果有病的时候，你要治理，其中一种方法就是打坐或是站桩。

梁某人有一天吃火锅喝酒的时候，痛风发作。我在想，是不是能够试一下这样的方法：当我一开始感到隐隐作痛的时候，我就在那里站着，去感受疼痛会以什么样的方式走窜。恰好新荣记的张勇哥教了我一种新的站桩方法，才五分钟，我的汗水就啪嗒啪嗒地往下掉。瞬间我就感觉自己内

比

部各个地方都在微微地走动，尤其是足阳明胃经。然后，我发现自己有气要排出，排完了之后，脚疼的地方就不疼了。

我举这个例子就是想跟大家讲，如果你不折腾这些气血、不运动，只是在那里站桩，那么这些气血自己也会归位，也会去协调。最后，那些邪气就会找到一个出口排出去。所以你对有些病的处理方法，就是让内脏自己去调和，站桩和打坐都有类似功能。

在这一爻印证了这个观点，内脏就像内部辅弼你的大臣一样。

梁某人一向认为，**人真正的神不在大脑，也不在心，而是在共同汇聚的那个点上。**用凯文·凯利的观点就是：你看见过很多力量汇在一起之后，涌现一种力量的感觉吗？

六三：比之匪人。

"匪人"有两种解释。一种是，你辅佐了不应该辅佐的人；另一种是，你用错了辅佐你的人。

总之，那些来帮助你的人或你要合作的人，志趣不对，或有二心，总之八字不合，故"凶"。

以此问战争，即因听信了奸佞之人的参谋，无法打胜仗。以此问商业，则那些正在帮助你的同僚、高管已经无法跟上时代的步伐，或者在做一些错误的决策，这是一件危险的事。

以此问亲密关系，如果你是一个女生，又很想成为一个辅佐他人的人，你希望找到一个好男人托付终身，终身旺他，但可能你跟随的那个人不是正确的人。当然，如果你是男生，也可能有这种情形。那个号称要跟随你、帮助你的人，可能和你不匹配，一切只是假象。最后搞不好这个人会让你众叛亲离，很多朋友因为这个人而离开了你，你和父母的关系也不好了。

衡量出现在你生命里的一个人是不是旺你，有两个很重要的标准。

比

第一，他出现之后，你的朋友是不是因此变得对你更好，你的朋友们的层次是不是在变高。第二，这个人的出现是不是让你身体变得健康。

中医有一句话："下药为药，中药为时空，上药为人。"即无论是对中医还是西医来说，汤药、药剂都是下等的药。时间和空间是中等的药，比如你在这个地方医不好，去别的地方就莫名其妙好了。当年梁某人满脸暗疮，来到北京读大学，一周之内就皮光肉滑。那个时候，我深刻地体会到，原来空间才是上等的大药。

但真正最重要的药，其实是人，那个和你经常在一起的人，他会以很奇妙的方式调整你的频率。甚至可能他也没做什么，但就因为这个人，你就旺了或者衰了。

故此，君子要择善而从之。

中国古人的经典智慧里，有大量内容都在讲怎么找到合适自己的人并与之共存。

儒家说，君子要和，要见贤思齐。江湖相术有八字，道家有时空论。同时，《鬼谷子》《文韬武略》《长短经》（又名《反经》）都在讲这些事情——其开篇都在讲相人之术，只不过各自的方法、技巧不同而已。

六四：外比之，贞吉。

你从外面获得了能够辅助你的外援。"贞吉"，出行、出征大吉。

走到第四个阶段，比卦有一个很有意思的现象，当自己内部力量成长起来，把合适自己的人提拔到一定位置，把不合适的人踢掉，当你不能再拎着自己的头发往上拔的时候，就需要引入外援了。

但很多公司把这个次序搞反了，先引入外援，导致自己内部的同事没成长起来；外援来了之后，当时是诸葛亮，过段时间"葛亮"不见了，只剩下诸（猪），因为这个人根本无法发挥作用。

攘外必先安内，得先把内部各条战线捋顺，再有意识地寻找某一些外部援助。此时，你的机体才承接得住。中医常说"虚不受补"，如果这个人本身的分解消化能力不够，那再补充高蛋白、高营养，吃得再多再贵，也没有用。

九五：显比，王用三驱，失前禽，邑人不诫，吉。

有人说"显比"是彰显这些辅佐你的人，也有人说是丧失辅佐你的人。但不管是彰显还是丧失，都是表层。在殷商时期，三匹马的马车是最豪华、最高级的车。"前禽"就是前面的先导马。在驱车的过程中失去了导向的辕马，就叫作"失前禽"。"邑人不诫，吉。"意思是，君主用三匹马的马车，先导马不见了，但驾车的人仍然不松懈，表吉祥。

第五爻是这一卦唯一的阳爻。当比卦走到九五这个阶段时有一个核心，那就是英雄寂寞。跟随英雄的人、帮助英雄的人，不一定能够真正帮助他。甚至连打前站的人也不知道去哪里了。

因此，以前皇帝自称"寡人"，因为走到这一步，就只有他自己了。但哪怕是这样的情形，驾车的人仍然不松懈，所以结果是吉祥的。

上六：比之无首，凶。

到了这个盛极而衰的阶段，大家群龙无首，没有方向，不合于道，故而不吉。

历史总是这样循环往复。

以此卦比喻公司运营，即经过一段时间的高速发展之后，公司会进入一个新的平台期。在这个新的平台期，大家找不到方向，所以看起来是不吉祥的。不过站在历史的阶段看这个问题，这其实是事物发展的必经阶段。

整个比卦，一言以蔽之，即百舸争流之后，各路水汇聚到一条道上，浩浩荡荡地向前冲的场景。

周文王用一系列辅佐大王做事的故事来讲述在不同阶段要怎么办。即先把内部问题捋顺，把不能支持你的人放走，再从外部引入支持者。哪怕在某些关键时刻陷入一种相对孤独的状况，也仍然要坚持，最终还是会取得一个好的结果。但最终，你还是要警惕种种不合适。

走到这一爻，已经开始变卦了。

读《周易》的意趣之处在于，你总在想，这一卦对我们的人生有什么启示？绝大部分的人都是一些非常平凡的小人物。但梁某人觉得，哪怕我们只是一个非常小的小人物，也可以汇聚身边的种种力量。

每一个人都是别人的辅助者，也是自己的主人。当你自己内心有一个主见的时候，一切都可以为你所用。不过要记住，在这个过程中，你终将历经孤独。孤独不可怕，可怕的是挺过了孤独，成就一番事业之后，又找不到方向了，那个时候，你如果胡乱地找一些狐朋狗友，就会丧失自己的内在潜能。

所以一个人，哪怕只是一个很小的小人物，也要不断地提醒自己：我的初心是什么？我的目标是什么？我坚守的价值观底线是什么？

梁注·观卦小笺

- 人真正的神不在大脑，也不在心，而是在共同汇聚的那个点上。

- 真正最重要的药，其实是人——那个和你经常在一起的人，会以很奇妙的方式调整你的频率。

- 公司出现问题时，攘外必先安内。得先把内部各条战线捋顺，再有意识地寻找一些外部援助。此时，你的机体才承受得住。

41

【 剥卦 山地剥 】
宇宙的本质是变化

当一座山屹立在大地之上，
彼此都没有动力的时候，
只能靠日月、天地来促成改变，
改变的过程就是剥落。

剥 卦

不利有攸往。

	上 九	▬▬▬▬	硕果不食，君子得舆，小人剥庐。
艮 (山)	六 五	▬▬ ▬▬	贯鱼，以官。人宠，无不利。
	六 四	▬▬ ▬▬	剥床以肤，凶。
	六 三	▬▬ ▬▬	剥之，无咎。
坤 (地)	六 二	▬▬ ▬▬	剥床以辨。蔑贞，凶。
	初 六	▬▬ ▬▬	剥床以足。蔑贞，凶。

《象》

山附于地，剥。上以厚下安宅。

《彖》

剥，剥也，柔变刚也。"不利有攸往"，小人长也。顺而止之，观象也。君子尚消息盈虚，天行也。

上面是山，下面是地，如此稳固的状况，

为什么用"剥"这个字来进行注解？

当一切安定下来之后，是什么力量促使你仍然不得不改变？

如果我们把一些事物都剥得通通透透，什么都看清楚之后，

你会不会又产生一种终极的无意义感？

世界不能不动

山地剥，上面是艮卦，下面是坤卦。

在一望无际的大地上耸立着一座高山，所有人都能看见这个高山。

在八卦里，以艮卦和坤卦最为稳定。艮卦指山，如如不动；坤卦是大地，也不动。两个不动的卦相遇，会怎样？

《周易》里有一个假设，这个假设就是"不能不动"。因为宇宙的本质就是变化，一刻不停地变化。而这一卦呈现的居然是没有变化，而且这一卦五个阴爻在下，最上面一个阳爻"一览众山小"。

如果用此比喻身体状况，就像极了这样一种状态：人到了老年，身体不好的时候，会有慢性病；最后疾病发作之前，内脏已经完全空虚，一派纯阴之象，也就是气血已经没有了，只有最表层的一点点阳气，这叫厥阴，

即阴已经把阳气逼到最外面了。

有临床经验的大夫，无论是中医还是西医，都知道这个状况。有些老人家过世之前会经历这样一个过程，原本卧病在床，身体一直是很冷的，突然有一天发高烧，表皮很烫，连衣服都穿不了，哪怕是冬天也觉得特别热，这是非常危险的状况。

李可先生发明的破格救心汤是四逆汤的加强版，其做的一件事就是回阳救逆，主旨是"阳气应该藏在里，才符合天道"。

只有内里有热气，才能够源源不断地往外疏散。如果热气全部在外面，内脏几乎停止运动了，人吃进去的食物基本上就无法消化了，喝进去的水也无法排出了，并会伴随着水肿，要么小腹胀，要么全身肿胀。

这都是典型的因为内在热能不足而带来的动能不足。在所有内脏器官都无法正常运行的情况之下，只有那一点点热量漂浮在外面，就像山地剥卦一般。

你可以想象一下剥卦：山在那，地支撑着它，会出现什么样的情形？

按照自然规律，白天由于太阳在照射会很热，晚上又寒冷，冷热交替之下，山体就会出现裂缝。随着风吹日晒雨淋，石头在出现裂缝之后就变成了小石块，于是从山的表面，一层层开始剥落。

当然，这是一个非常长的过程。一些推天道以明人事的人看到这个现象，看见这样一个超级稳定态之后，思考的是，天地会推动这个稳定的状态产生变化。

因此，他们用"剥"这个字来形容在一种稳定态下一层一层剥离、松散、垮掉的情景。

所以，**剥，"不利有攸往"**。

停在那里，一动就晃得更厉害了，事情是很不利的，也不利于到处走来走去，这就叫"不利有攸往"。

安定自守才没有灾祸

《象》曰：山附于地，剥。上以厚下安宅。

根据基础的物理学常识，山是地壳运动相互堆挤出来的，因此山是根植于地下的。所以，下面的"厚"，可用来定上面的"安"。但总体上来说，这样的情形并不长久。

以此问时运的话，运势不太好，要安定自守才没有灾祸。以此问生意，必定要累积足够多的资源和资本，才能有所获利。

以前，有人说过这样的话："一个做生意的人必须建立一个意识：如果你预算要花掉十块钱，那你就应该准备一百块；如果你觉得应该存一百块来做本金，那你就应该存一千块。做事情的过程中，赚钱永远有可能比你想象的少，但是花钱都比想象的多。"储备的资源也会比你想象的少，因为总会有一些意外发生。

举一个生活中最常见的例子，大家都有过装修的经验。刚开始的时候，你想着用五十万装修一套房子，跟包工头谈好价格后，他给你报的价是四十多万。你觉得挺好，还能留十万块钱做机动资金。结果装修完，你发现差不多花了七十万，甚至更多，因为每一个环节都会出现各种问题。

"剥"字讲的是每件事情都可能在不同地方被人克扣一点、剥离一点、抽走一点。到最后，事情完全失控，达不到你的需求。因此，储备一定要极其丰富。

山地剥：六爻细解

剥卦的六爻故事很有意思，有"剥床以足""剥床以辨""剥床以肤"……传统的《易经》解读者多把"床"理解为床榻。但也有人认为"床"代表另外一个字，即"臧"。因为在帛书版《周易》里，写的就不是"床"，而是"臧"。

梁某人倾向于认为这是一个关于解剖俘虏的故事。我们在《周易的野心》中讲过很多杀人牲祭祀的故事，这很符合当时的时代背景。可能后世儒家觉得这些事情实在太过血腥残忍，所以就用"床"来取代"臧"。于是，就把故事演绎成了另外一个情形，床受到了侵蚀，从床腿开始烂，一直烂到床腰，甚至烂到身体。

但这怎么可能呢？六四是"剥床以肤"。从床烂完之后，是如何到烂自己的肌肤呢？

所以梁某人倾向于当时的场景是关于解剖俘虏的，用帛书版《周易》来解读："剥臧"指"剥内脏"。如果是这样的话，这个故事就很传奇了：天子观察到山被日晒雨淋，最后剥离的过程，考虑到"剥"这个字的概念，以此结合生活场景，来描述在"剥"这个主题下的六个场景。

在遥远的时空，我们与这六个场景产生某种连接与呼应。

初六：剥床以足。蔑贞，凶。

对一个奴隶进行解剖，是从脚开始的。但"蔑贞，凶"，不利于占卜，所以解剖得也不太好。

六二：剥床以辨。蔑贞，凶。

"辨"这个字有点像两块肉从中间打开。如果解剖的时候从中间打开，那么这个献祭品往往很一般，凶，不利于用来献祭。

剥

有很多人说中医不如西医，西医有解剖学基础，而中医不科学。中医的外科手术技术确实不行，最多就是给部分入宫的男人做一些"切活儿"的手术。但梁某人以前看过一本书，专门考据清宫入宫的公公们的生存率，一把金刀切了"活儿"之后，这些人的生存率还是很高的。

这说明中国古代的手术技术是很厉害的，只不过因为华佗做手术很厉害，其他人都不愿意碰这一块了，所以才只留下了那么一点关于手术的内容。而这些手法后来全部运用到了烹羊宰牛这些事中了。

梁某人有个隐隐的猜测，殷商时期的人把那些抓回来的俘虏进行人体解剖，实在太残忍了，以至于周公旦认为应该把这一切都埋到地底下，抹去这一段非人道的历史。

到了春秋战国时期，人们已经完全接受了"身体发肤，受之父母"的概念，因此对身体、生命怀有深深的敬重。

因此，绝大部分时候，人们都不再使用外科手术的方式把一个人的头颅打开，把肚子打开了，而是最多用针灸扎一扎，因为那是创面极小的手术。其他疾病就用刮痧、念咒、喝汤药等方式来治疗。

就连药方也慢慢减少了动物入药。相传伊尹做《汤液经法》的时候，药里是有动物的。但后来，中药里慢慢地很少用到动物了。大部分时候，人们不再用血肉有情之品，充其量在黄连鸡子阿胶汤里用一点鸡肉，或用一些蜈蚣、蝎子，还有一些骨头来做药。大部分药材都是植物。

这个流变的过程，其实是中国的知识分子，包括医生，走向环保、自然、生态的体现。今天西方有很多人在讲素食主义、原生态、可持续发展，他们的心路历程可能中国古代中医是经历过的。比如，清代有一位名医叫王清任，他就做过"解剖"这件事。他经常去坟场看动物、看人。

如果我们尊重事实，把我们的时空推回商周时期，就能很好地理解这

剥

一爻。把身体剖开，发现这不是一个好的祭祀品，可能里面长了不干净的东西，诸如此类，凶。

如果以此卦来比喻两性关系，说明你把对方的事情全部摊开，比如查他的手机转账记录、看他的信用卡支付、看看他出差时候的开房记录、看看他开车开到哪里去了，甚至装一个监听器在他车里来远程监听他。

如果你这样做，对他来说，叫"剥藏以辨"，即把他剖开之后，看得很清楚，全是各种不堪的事情。但看完之后怎么样？凶。双方都不会有好结果。

你认真想想，**很多事情，追根究底之后，是没有什么好结果的。**

有一种修行方法叫"修白骨观"。如果你是一位男性，你想象一下，任何一个美女最后都是一摊白骨。原来那些让你觉得过不去情关的人，其实也是一摊白骨。

其本质没有好与坏，但会让你欲火焚身的那一股力量消解下去，你也就慢慢安静了下来。

这就是梁某人对这一爻的解读。

六三：剥之，无咎。

这卦表示已经剥得通通透透了。经过了前阶段反复拆开，用放大镜查看，彼此之间都很了解了。发现内里虽然坏，但也接受了，因此反而无咎。

为什么前面剥是坏，剥到后面就"无咎"了呢？只有一个原因，那就是你终于开始接受，原来人都是这样的。

我曾在《梁冬说庄子》书里和大家分享过一个故事。如果你是某个酒店的保安，你可以透过高清摄像头看见这个酒店每一天发生的很多故事。或者你是一个拥有巨大服务器的人，你可以透过每一个路口的摄像头，看到每一辆车里发生的情景。有些人在车里抽烟，有些人在脱鞋……你甚至还有

剥

一套数据，可以直接调用每辆车里的声音。

假设你是这样一个全知全能、了解所有人的人，那么你会产生一种什么样的心态？开始的时候，你可能会好奇，然后会愤怒，继而还会产生一些奇怪的同情之感。由此你会想到，一些人在做一些很伟大善事的时候，往往会产生一种奇妙的感受。

有一天晚上，梁某人在十二点的时候开车在北京的某条小路上，准备回家，看见一位四五十岁的女性正在地上搬砖。我以为她需要帮忙，于是便停下来问她在干什么。

她是一个打扫卫生的钟点工，打扫到十二点才结束。走到路边的时候，她发现某些车上掉下来的大砖头落在了路中间。她说害怕有人晚上开车看不见，撞到这些砖头会翻车，所以就好心地把这些砖搬到旁边去。

我很感动，问她要不要帮忙。她说不需要，因为全部搬完了。我在和她交流的过程中，得知她还没来得及吃晚饭。于是我说："我去帮你买份夜宵。"她说什么也不要，然后就走了，消失在黑夜之中。

如果你是一个全知全能的、在摄像头背后的人，看见这样真实的故事，甚至听到了这样的对话，你会怎么样？

到了第三爻，当我们把一个人"打开"，"剥"到什么都知道之后，就和我们站在全知全能的摄像头后看人间百态一样，到最后，你既不会有太多同情，也不会有太多愤怒，更不会有太多不解。你只会有一种淡淡的，甚至不想看的感觉。

通常一栋大厦在地下室的负一楼会有一个房间，保安会坐在那查看上百个摄像头屏幕。我跟很多大厦的保安聊过，保安说，视频看得太多了，没意思，只要没有人犯罪就行。

现在的安保系统都有自动鉴别和自动报警系统，所以也不用人用肉眼甄别了。这个保安只是坐在那里，象征性地看，看多了之后就会产生无聊感。而这种无聊感既不太好，也不太坏，叫无咎。

六四：剥床以肤，凶。

刚刚提到，"床"通"臧"，代表"内脏"。剥开这个人的内脏，再把他的皮肤一层层剥开之后，又是凶。

为什么？梁某人不知。有可能是没剥好，有可能是剥到最后又反转了。总之，这个过程让人感觉很不舒服。

以此来比喻身体，即可能病情已经发展到了第四个阶段，阳气开始外透，所以不吉祥。

六五：贯鱼，以宫。人宠，无不利。

这一爻表面的意思是，一条条鱼吞了鱼钩后，被装进了鱼篓里，无不利。

帛书版《周易》说，"人宠"的原文是"人笼"，我认为就是把人装入笼子里，或者装入一个像渔网一样的东西里。所以这是一个比喻，装进来的不是鱼，而是人。

古代抓俘虏的时候，可能就是类似场景，在树和草中设下一些陷阱，把俘虏往前赶，直到赶到陷阱里，网子一收，全部扎紧，这就叫"贯鱼人宠"。

有一次，我去了山西的一个古城。我们站在一面古城城墙的上面，这里有一个门，进去之后有一个大概三百平方米的空间，四周都是高墙。

我问导游："这是干什么的？"

导游说："古代有一种城墙，被设计成一种精妙的防御机制。当敌军攻陷城池，守军已经守不住的时候，城门会被冲开。此时敌人冲进来，并不会先通过城墙，而是先进入中间的坑里。"敌军进来后，守军把门一关，从上往下扔尿盆、火药、流星锤等，就是"瓮中捉鳖"。

这很像"贯鱼，以宫。人宠，无不利"。

《狼图腾》里也有类似的故事。草原上的狼在入冬之前会怎么捕羊？如果一只一只地叼羊吃，就很麻烦。

狼群会从四周把羊群往前赶，羊会因为害怕而跑，跑到前面就只剩下一池湖水，狼就把这些羊全部赶到湖水里，狼就在岸边站着。等到天黑冷了，或者下雪了，这些在湖里的羊就变成了冰冻羊。等到需要的时候，狼就过来掏开冰，把羊掏出来吃。这其实是一个巨大的地上冰箱，羊在里面，保鲜又耐吃，狼就可以以此度过整个冬天。

这叫作"贯鱼，以宫。人宠，无不利"。

把奴隶、人牲都剥完了之后，发现没什么意思了，就干脆再去找一些奴隶来装着。这一场狩猎也算所获颇丰，站在狩猎人的角度，即"无不利"。

上九：硕果不食，君子得舆，小人剥庐。

很多成果都放在那里，团队的老大会怎么处理？

"君子得舆，小人剥庐"。君子为了团结，主张先不吃，大家想好怎么分了再来吃。但格局太小的人心想：好不容易弄来点吃的，应该迅速分家，你分你的，我分我的。

这很有意思。有一年我去印度的泰姬陵，看到门口有很多松鼠，很多人在投食。有一些松鼠拿到食物之后就摁在那，其他松鼠也围着不动。也总有一些松鼠会叼着一小块食物，迅速跑到一个角落里自己吃。

人和动物是一样的。有些人有一种能力，即有了好东西就放在那里，大家团结在一起慢慢分；另外一些人则会赶紧从中拿走一点，自己去吃。

松鼠是这样，人也是这样。只要看清楚之后，你就会知道这个人的格局，有些人能做大事，有些人只配担小事。当然，小事也没问题。人家自己吃自己的，只期盼小富即安，只想活在幽闭的小角落里，有自己的小确幸，这样也挺好。

这几年有种颇为流行的现象，即年轻人花几万块钱在鹤岗买一套房，拥有了房屋的所有权，再花一千块钱请个阿姨，白天睡觉，晚上画画，自由自在，还有钱买奶茶喝。

有些人就愿意过这样的生活，不到大城市卷了，就到一个房价特别便宜的地方，过自己的小日子。有自己的房子，还有人给你做饭，自己在网上接个活，帮人剪片子、画画，或者帮人配音、做客服运营，倒也不是不好。

去面对不可改变的改变

剥卦讲述的就是，当一座山立在大地之上，彼此都没有动力的时候，只能靠日月、天地来促使其改变，而改变的过程就是剥落。

君子观此象而想到了"剥"这个字，然后以"剥"为主题写了一段日记，这个日记就是对俘虏人牲进行解剖的过程。当解剖到一定程度，没得剖的时候，就又去抓一些新的人牲。

这基本就是《周易》的逻辑。后世的儒家再对这些进行"美德秀秀"，进而上升到德和思想层面上的反省。君子看见这个事情一定要安定，面对无可改变的宇宙运行规则，心中就充满了某一种淡然。

《象》曰：山附于地，剥。上以厚下安宅。

这就是"美德秀秀"，后世的人已经不再愿意直面曾经发生过的血腥历史，所以用另一种视角告诉你：要用安定、厚重、利他，自信的态度来面

对一些不可改变的改变。

所以读"易"其实是有很多种读法的。你可以直接从现象上看，或者从周文王的视角看，或者从后世道德家的视角看，甚至可以从这个故事里联想到的许多事情。

《周易》最大的好处就是，一个字有很多的意思，有无数的解读。而这些解读就像一面镜子，用来反射你对自己当下状况的思考。

所以《周易》就是一面镜子，你心里看见什么，你心里解读到什么，你就在《周易》中读到了什么。

梁 注

- 很多事情，追根究底之后，是没有什么好结果的。

- 有些人就能做大事，而有些人就只配担小事。

- 要用安定、厚重、利他，自信的态度来面对一些不可改变的改变。

42

【 复卦 地雷复 】

一切出去的, 都会回来

要用欢喜或者等待、休息,
以及敦厚的态度,
面对频频发生的变化。

复 卦

亨。出入无疾。朋来无咎。反复其道，七日来复。利有攸往。

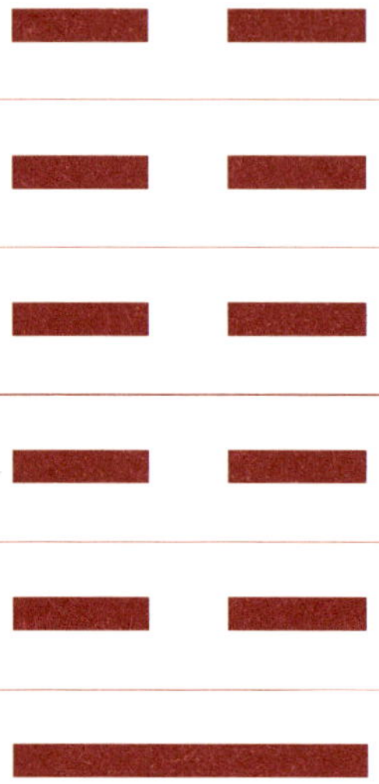

坤（地）	上 六	迷复，凶。有灾眚。用行师，终有大败，以其国君，凶。至于十年，不克征。
	六 五	敦复，无悔。
	六 四	中行，独复。
震（雷）	六 三	频复，厉，无咎。
	六 二	休复，吉。
	初 九	不远复，无祇悔，元吉。

《象》

雷在地中，复。先王以至日闭关，商旅不行，后不省方。

《象》

复，亨，刚反动而以顺行，是以“出入无疾，朋来无咎”。“反复其道，七日来复”，天行也。“利有攸往”，刚长也。复，其见天地之心乎。

万象更新, 七日来复

这一卦, 上面是地, 雷出于下, 震下坤上, 合起来就是复卦。

地雷就是"复", 即最小的震动会从地底最深处而来, 那是大地的阳气从深处回来的一股微弱的力量。

人心惟危, 道心惟微。道心就是微弱的阳气。曾国藩说:"每日不拘何时, 静坐一会儿, 体验静极生阳来复之仁心。"

整个"复"卦上面有五个阴爻, 只有最下面一个是阳爻。阳气从上潜入地底, 透过坤卦的静止之后开始回复。如果从地理学的角度来说, 当阳气到最深处, 即太阳的直射点去了南回归线之后, 再回来时就代表一个新的开始。

这个"复"在向我们传递一种永不消失的希望——很多事情到了最绝望、最阴冷、最无奈的时候, 只要你待着, 它就又会回来, 这叫"一元来复"。

复: 亨。出入无疾。朋来无咎。反复其道, 七日来复。利有攸往。

亨通, 是一次很好的献祭。

整个复卦对应的概念就是出入从容, 即能够走, 就能回来。

有人将"朋来无咎"解释为"有朋自远方来"; 有人说"朋通风", 即有大风来。从人伦意义上来说, 来的是朋友; 从地理意义上来说, 来的是温暖和煦的风。

不管是朋友来还是风来, 总之出来进去, 出入平安。来者都是客, 都是好朋友。

"反复其道", 就是在走出去的路上循环往复, 总体上来说很利于出行。为什么会叫"七日来复"? 中国古人在很早的时候就发现, "七"是一个变化之数。比如十二地支，子、丑、寅、卯、辰、巳、午、未等，第一个和第七个总是相冲的。

从数学的角度看，"七"也是很有意思的数字。比如投资的资产为每年10%的回报率，如果以复利计算的话，到第七年的时候差不多就翻倍了，就是一个质的飞跃。如果能够坚持七年乃至七十年，翻倍就不是一点点了，而是指数型的上升。

世界上最重要的赚钱秘密是"复利"。而每个"七"的阶段，总会有一些结构性的质的飞跃，利有攸往。所以这一卦在讲述，虽然我们在体感上还感觉不到大地的温暖，甚至觉得更冷，但道心惟微，即最微妙的天道之心，已经开始有回阳之气了。

很多人在建仓买股票的时候，都会有一种观念：他不指望自己买到最低点，因为永远不知道到什么时候是最低点；但某一些点位过了之后，他知道哪怕再跌一跌，也只是技术层面的跌了。

放在更长的时间上来说，建仓的时机很重要。因为股票真正在涨的时候，你未必能在最低点买进去。这就叫勇于承担"结构性亏损"，是对超越表象的内在逻辑进行了深深的洞察之后，提前进入的一个量的把握。

其实不是提前，而是刚刚好。只不过大部分人是事情发生了很久以后，才知道这个事情已经发生了。

除了股票投资，我们还可以看到一些很有趣的现象。有人成了很不错的艺术家，有人成了很不错的公务员，有人则成了一位老师。

你以为他是后来才"成"的吗？其实是他在很小的时候，大概在此之前的七年，乃至十四年，甚至七岁的时候，就已经有一个念头了——哪怕是很微小的一个念头。但这个念头的种子一旦播进去，慢慢就会自己生长。当它长到被大家看见的时候，就已经成型了。

　　我们常说"踏雪寻梅"，你踏在雪地上的时候，已经看得见那株梅花了。因为你有这个概念，所以能看见事情的往复。这一卦还有一个重要的启示，**任何事情不能够一下走太远，得有一股韧劲，出去一下弹回来，再出去一下再弹回来，在这样的过程中往复前进。**

　　如果你有过给车胎和篮球打气的经验，就会知道，真正有泵气经验的人，不会一下子就把气往下压。他往往要先试探、压一压，等气筒弹一弹，回来之后再往下压。小时候我觉得这只是一个经验，后来发现这蕴含着一个很重要的道理，即使用力量的艺术。

　　如果以此卦来喻整个时运，就意味着好运已经开启，但还没有完全发动，我们仍然需要等待，自然会获得吉利。如果以此卦问商业，则意味着货物已经备好，时价也到了差不多合适的时机了。这个时候售货者要停止出售货物，再捂一捂才能够真正获利。

　　如果以此卦问家宅，房子装修完，冬天最好晾一晾它，等到春天人再进去居住。如果以此卦来问疾病，则是痰火病症，饮食不净。有些人有痰火之症，痰火蒙在心上，也可能蒙在脑里。在冬令的时候，尤其应该防备。

　　地雷复就是震动，对应的是胆经。胆在人体的消化系统中起着重要的作用，胆会分泌胆汁。那些肝脏功能不好或胆汁质量不高的人，很难对肠胃的食物进行有效分解，就会令食物郁结，促发痰的产生。

　　我听说有一种脂肪肝叫"吸烟型脂肪肝"。有些吸烟的人，平常并不吃大鱼大肉，却有脂肪肝。后来发现，这是因为他们吸入的烟进入了胃。有一种说法是，二手烟更多是进入肺，一手烟主要进入胃。胃与肠、大肠相表里，都属于阳明经。这个人吸入烟草，使得肠道里的酶生态发生变化，故而加重了肝脏的负担。

地雷复: 六爻细解

初九: 不远复, 无祗悔、元吉。

不要走太远又回来, 这样才不至于有后悔的事情, 乃吉象。

以此卦问时运, 好运正在渐渐发动, 即将到来。问商业或者股票, 现在不要着急卖掉。有些人好不容易熬到股票反弹一点点, 觉得实在不愿意忍受低点就把它卖了, 结果没有想到反弹还在继续。你熬了那么多年, 都等到现在了, 也不差这几天, 就别着急卖了。以前都没有斩仓, 到现在股票有一点反弹的时候斩仓, 万一反弹继续, 其实真的是很让人后悔的一件事情。

如果以此卦问疾病, 现在静养就可以复原。如果你有什么东西丢了, 不用着急, 很快它就会出现的。有一次梁某人的一支笔不见了, 到处找都找不着。结果有一天, 梁某人在把车座往后靠的时候, 笔突然咔嚓掉下来了。原来, 那支笔掉到了座位中间, 怪不得我到处都找不到它。

大家肯定也有过类似的经历, 有些东西不必刻意找, 过两天它就会出现。

有一年我的中欧国际工商学院的毕业证死活找不到了, 我起了一卦, 说它会自己出现。我想, 毕业证又不像掉在缝里的笔, 怎么自己会出现? 我想来想去, 想不到它会怎样出现。结果有一次我出差到外地, 小区地下室发大水, 水漫了上来, 使得地下室所有的文件都漂浮了起来。

小区物业就抓紧时间排水, 水排完之后, 这些浸水的文件就被到处晾着。

我回到家, 看见的第一个文件就是我的毕业证。我心想, 这也太有意思了, 它居然以这样的方式出现。

所以在有些东西实在找不到的情况下，就等等，它总会自己出现的。至于它以什么样的方式出现，就不得而知了。

六二：休复，吉。

有人说"休"指休息，有人说"休"指欢喜。《诗经》说，"我心则喜"。又作"我心则休"。休也，喜也。

每一个说法都衍生了很多名人名言，你愿意相信哪个呢？

我愿意相信：在某些过程中，我们以一种休息的状态等待事情的发生，那么一切都是吉祥的。

这个"复"不单指你要不要走出去，而是指你在那里等着，有些东西会来。

我曾经有一个朋友，他女朋友出国了，他当时很痛苦，不知道该怎么办。结果过几年之后，女朋友回来了。但由于当时我这个朋友没有守住这份感情，搞得场面很尴尬，他很被动。所以，你要等就安静地等，别等了半天，自己耐不住，等人家回来，搞得局面很僵。

《象》说："休复之吉，以下仁也。"整个《周易》的三百八十四爻中，"仁"是很少被提到的概念。后来孔夫子提到过很多次"仁"，但在《象》里，只有这一卦提了"仁"。

所谓"复，其见天地之心""天地之大德曰生"，所以天地有好生之德。野火烧不尽，春风吹又生。天地不会斩草除根，天地总会留住一些事情。

对于"它总会回来"这件事情，你得有一种"把自己的心休在那里、停在那里、安静地放在那里"的状态。

这个世界有许多事情，你得有一种用暖暖的目光看着它回来的样子。比如，有些孩子因不懂事离家出走，有自信的父母，虽然会跟踪他，确保他没有走丢，但是他们有信心，这孩子走出去之后总会回来。

越是长久的生命越是这样。

我有好多朋友，他们爷爷那辈就开始漂洋过海，有些去了东南亚，有些去了美国，有些甚至去了南美洲、去了非洲。

这些人不管走多远，若干年之后或若干代之后，总会带着一种奇怪的乡愁回来。虽然大家都不认识他了，但他们要圆自己一个梦。有许多曾经在这里很不愉快的事情，他们全都忘了，那些不愉快的事情也都被转换成了美好的事情。

这个世界有一种力叫"回弹力"，我从来不相信两个人可以彻底分手，彻底分手一定只是因为一个人回来的时候没法和另一个人连接上而已。感情要死灰复燃，其实是挡不住的。

任何东西一旦有了种子，就会以各种方式、经历和各种周期回归，只是你等不等得到那一天而已。

所以梁某人从来没有指望过任何疾病可以彻底治好，甚至我认为连感冒都不一定能彻底好。比如，你没有感冒，有一天你走进了一个冰库，这个冰库里绝对零污染、零细菌、零病毒。结果你会发现你还是感冒了，为什么？因为这个冷的温度使自身免疫力降低。

也就是说，没有什么东西可以完全焕然一新，只不过会由一个外因，比如外面的冷热交替，来勾起你的内因。

所以只要有种子在你心里，一切出去的东西，都会回来。念念不忘，必有回响。

六三：频复，厉，无咎。

有人解释"频"是《枉凝眉》里眉头紧锁的"颦"，意为愁苦的样子，事情有危险，但你无须畏惧。也有人说"频"指频繁、反复地走出去又回来。仁者见仁，智者见智。

梁某人将不同学者对此的不同解释分享给大家,再跟大家分享一下自己的感受。我个人倾向于将"频"解释为"频繁、反复地走出去又回来。频率太高会打乱节奏,所以"厉",意思是这虽然不太好,但也不太坏。

整个复卦代表的是"一元来复"。但从"一元来复"到真正感觉好事来临,中间还有相当长的一段时间,可能是七十天,或者七个月,甚至七年。在等待的过程中,应该以静待之,处乱不惊。如果你此时有过多操作,反而会自乱其身。

这是梁某人的理解。

以此来比喻亲密关系,如果两人经常吵架,第一次吵架,两人和好时会感到一种浓烈的情感,很多人吵完以后还会有一种激动的情绪。但天天闹分手,谁受得了?时间长了就没意思了。虽然没什么坏处,也没什么好处。

如果以此来比喻股票,就是做"波段",也就是等着股价降下来赶紧抄底,涨了一块钱就卖掉;等它跌了五毛钱,又买进去;又涨一块钱,再卖出去。这种交易叫作"高频交易",听起来很好,但其实做高频交易的"数学家"后来不都破产了吗?

虽然大部分时候高频交易符合数学规律,但有一些极小概率事件,会令你的高频交易"一夜回到解放前"。

所以我看到那些做交易很频繁的人,感情相处来回牵扯的人,甚至脸上的表情忽冷忽热的人,都觉得是"厉无咎"。因为这样的人,大概率做不了大事,做不了长久的事情。

六四: 中行,独复。

行于中道,独来独往。

六四这一爻说的是在期待的过程中,你必须要有一种享受孤独的能力。

复

一些坚定的长期主义者，对短期的波动往往采取一种忽略的态度，因此会让外人感觉到这个人不近人情，反应不够同频，于是慢慢地，他会呈现一种孤独态。在反复的过程中，朋友们不一定能够真正体会他的笃定。

梁某人观察过各个领域里的顶尖高手，无不拥有一种"孤独得起"的能力。他并不是没有朋友，只不过对朋友太挑剔，大部分人在他那都可有可无。有朋友可以，没有也无所谓。

读书的时候，我会去观察那些独自吃饭而神情自若的人。以前我们学校的一个女同学，长得甚是好看，她经常独自一人吃饭。我长期观察她，发现她在吃饭的时候，从不会因为自己是一个人而要匆匆吃完，或者拿着饭盒回宿舍吃，而是就在桌子上慢慢吃。有些时候桌子旁边也有别人，有些人也来和她说话，而有些人吃完就走了。

我经常观察这个女同学，发现她能够保持一种状态，即不管有没有其他人，不管其他人什么状态，她吃饭的节奏都很稳定。阳光从侧后面打在她的脸颊上，勾勒出黄金般的光晕，她脸上微微可见的绒毛在夕阳的光晕下甚美。

好几次，她可能已经看到我观察她了，我也知道她知道我在观察她，但她不为所动。她可能以为我会去搭讪，但我绝无此意。谁会为了搭讪，而破坏这样一个美好的场景呢？

整个大学中的两年，梁某人都以观察此人吃饭为一项乐趣。这个女同学后来毕业了，我没觉得有什么亏欠，也没有后悔"怎么没有去认识她"。其实那时学校很小，想要打听她、认识她很容易，但我没有这样做。

后来想想，这可能是我做的为数不多的高级的行为艺术之一，我仅仅是欣赏她，没有任何要打扰她的冲动，甚至觉得打扰她之后会破坏观察她。

关键是，这个女同学也知道我在观察她，居然没反应，也没有因此害羞脸红。而偶尔在学校里面和她擦身而过的时候，我也是很欣欣然的样子。我觉得这是棋逢对手。

我怕我以后老了，得了阿尔茨海默病，就忘了这段，所以把它留在这里。以后我儿子看到这段的时候，就能意识到原来他爹在读大学的时候还有过这样的境界。行于中道，独来独往，既不去冒犯别人，又不会假装不欣赏别人，这就是中道。

她独自坐在那里吃她的饭，我独自观察她，彼此成为彼此的风景。

六五：敦复，无悔。

有人解释"敦"意为"速"。"敦复"是快速回来的意思。这和我以前学的不太一样。《黄帝内经》说："昔在黄帝，生而神灵，弱而能言，幼而徇齐，长而敦敏，成而登天。"徐文兵老师认为，敦是敦厚，敏是敏捷。

你愿意把它理解为快速回来，还是敦厚扎实地回来呢？梁某人倾向于相信是敦厚而扎实地回来，无悔。你出去的时候有方向，回来的时候有力量，这就叫"敦复"，即不会有什么后悔。

以此卦来喻时运，气运得正，只要你始终保持敦厚，就有前定的成功，没有事后的后悔。如果问疾病，指人精神旺足，身体丰腴，病快好了，或者其实已经好了。

如果问家宅，则说明你祖基深厚，旧业会被重新发扬光大。有很多朋友家里本来有一番事业，小的时候为了跟老爹老妈闹气，也为了证明自己，非要自己出去闯荡"江湖"，做一番小生意来证明自己。父母说："你出去试一试也好，体会一下人间艰苦。但最后还是要回来接班的。"后来在外面奋斗了半天才知道，原来自己努力，和在父母基础之上努力，是不一样的。

自己努力要突破一个最开始的瓶颈期，而这很困难。

"敦复"让我想到了一种状态，一个人哪怕改变了自己的立场，仍然能够从容。比如，有些人今天做了一个选择，明天发现不对了，他就会自责，会很惶恐。而另外一些人，就算完全否定了之前的自己，也能面不改色心不跳，非常坦荡。

我曾经见过一个企业家，他在很多人面前说："我决不做游戏，游戏这种东西就是毒害青少年的，挣再多钱我也不干。"若干年之后，当他投身游戏产业的时候，又说："游戏是一种让我们理解'空性'的方法，站在为股东负责、了解实体经济和虚拟经济的角度，很好。"

甚至后来，他再去做游戏的时候，连这个解释都没有了。他只是做自己的事情，从来不会被自己曾经说过的话所绑架。

改变立场、改变角度，却能够保持镇定从容、面不改色的人，拥有保持情绪稳定的能力，这是一种本事。

古书中讲到某些大臣，他们刚开始走一条政治道路，后来改走另外一条路，还能够做到怡然自得，好像从来没有走过前面那一条路一样。

一个人走什么路可能不重要，以什么样的方式、情绪来走这条路比较重要。

就像窦文涛在《圆桌派》里表达的，说什么不重要，怎么说比较重要。这个世界上能够说的事情都在那里了，不过取决于你是反着说，还是正着说，是笑着说、趴着说，还是跪着说而已。

上六：迷复，凶。有灾眚。用行师，终有大败，以其国君，凶。至于十年，不克征。

复卦明明说的是一阳来复，只要等待就好。但等到上六爻的时候就令人迷糊了，卦象很凶，显示终有大败。

如果你把这一爻放在这一卦里，那么很容易误认为它是最终的结局。但你把复卦和后面很多卦放一起来看一步一步的变化，你就知道只不过是这个阶段过得比较坏，你只要再等等，扛过这个阶段，事情就又会往前

复

发展。

复卦除有一阳来复，重焕生机的意思之外，还有一个很重要的含义。起到复卦的人，要做好心理准备，你将面对反反复复、折折腾腾、前前后后的状态，即你以为事情已经变了好几次了，就这么定了，不再改了；不，只要在这个格局里，事情就永远不定，一直在变。

所以在复卦开始，以及之后相当长一段时间里，运程是跌宕起伏的。就像飞机在起飞的时候总是比较颠簸的，直到真正进入了平流层才会比较稳。

所以从冬至到开春，那段时间才是最冷的。

我们要完成一件事，也不是一天就能完成的，这很可能是相当长的一个过程。甚至这个过程相当颠沛流离，相当不确定，会有各种反复、阻力，会有各种看似柳暗花明实则阴险狡诈的事情出现。

但只要心里有方向，心里有定力，知道这些折腾只不过是把那些不忠诚的人，跟你不同道的人筛选出去的过程而已，你就会坚持下去。

老股民都知道，真正的庄家要拉升股票之前，会大量洗盘，所以那些没有坚定意志的人是绝对炒不了股票的。

为什么？因为只有真正的庄家才能够理解这个震动意味着什么。同样的震荡，对于庄家来说叫洗盘，对于玩家来说是尽量咬着别掉队，掉下来之后也别后悔。所以你抱持庄家心态，还是玩家心态？还是你本来只有玩家的命，却幽幽地感受到了庄家的心理？总之，这都是一念之间的结果。

有一次，我们举办了"睡觉营"，请来了一位很受欢迎的老师，我连续两天听他的课，便问他："老师，如果用一句话来讲述你所有的内容，那是什么？"

他说："我就想说一句话，每件事情都是转念而已。立地就可以成佛，一念成佛，一念成魔。任何事情既可能是坏事，也会马上成为好事。因为从本质上来说，事情本来是没有意义的，好和坏都是我们后来加上去的。"

所以不要因生活给你的种种不确定而感到焦虑、痛苦、烦闷。

复卦告诉我们一个道理，要用欢喜或者等待、休息的态度，以及敦厚的态度，来面对频频发生的变化。

变化本身只是变化而已，因为变化而导致你情绪的变化，才会真正伤害你。

☷ 梁注·观卦小笺 ☷

- 任何事情，不能够一下走太远，得有一股韧劲，出去一下弹回来，再出去一下再弹回来，在这样的过程当中往前进。

- 在有些东西实在找不到的情况下，就等等，它总会自己出现的，至于它以什么样的方式出现，就不得而知了。

- 变化本身只是变化而已，因为变化而导致你情绪的变化，才会真正伤害你。

43

【 颐卦 山雷颐 】
自求口实的境界

待在本地的时候，心里面可以怀着世界；
去到世界任何一个地方，都能够成为自己。

颐 卦

贞吉，观颐。自求口实。

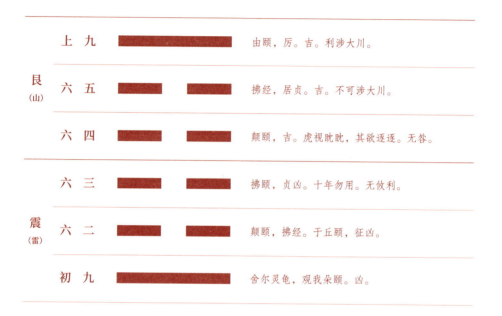

	上 九		由颐，厉。吉。利涉大川。
艮 (山)	六 五		拂经，居贞。吉。不可涉大川。
	六 四		颠颐，吉。虎视眈眈，其欲逐逐。无咎。
	六 三		拂颐，贞凶。十年勿用。无攸利。
震 (雷)	六 二		颠颐，拂经。于丘颐，征凶。
	初 九		舍尔灵龟，观我朵颐。凶。

《象》

山下有雷，颐。君子以慎言语，节饮食。

《彖》

颐，贞吉，养正则吉也。"观颐"，观其所养也。"自求口实"，观其自养也。天地养万物，圣人养贤以及万民。颐之时，大矣哉！

什么东西可以把山都吞掉？

颐代表脸颊，又代表牙齿。那么吃和我们的生命有什么关系？

我们应该如何认真地看待吃这件事情？

病从口入，祸从口出，又和颐有什么关系？

吃饭睡觉，颐养天年

山在上，雷在下。山代表止，雷代表动。什么是上面像山一样不动，下面哼哧哼哧，震动得很厉害？

其实它代表的是人们咀嚼食物时的样子。

圣人推天道而明人事，透过一个大自然之象来对应自己生活的常态。圣人发现，人们在咀嚼食物的时候，上面的鼻子，是不动的，下面的牙齿是动的。

于是，"颐"就代表了咀嚼的过程。"颐"本身也有脸颊、牙齿的意思。你发现了吗？带"页"偏旁的字，大多和脸有关，如颈、颔、颐，须。在甲骨文体系里，这些是从一个字根里延展出来的。而今天我们讲的颐卦，跟很多成语都有关，如颐养天年、大快朵颐。

整部《周易》，主要探讨几个问题。

颐

第一，出征。什么时候适合打仗、出征、抓俘虏？

第二，抓人祭祀。怎么把人逮过来，剖开之后做祭祀？

第三，生产，尤其是生产人这件事情。巽卦讲过这件事，咸卦也讲这件事。生命要先从男女开始构建。这在古代是很重要的事情。

第四，饮食。民以食为天，食色，性也。

如果你是一个领导者，你也会关注这些话题。这些事情和今天发生在我们每一个人的生命中的事情也是一样的。

我们每天真正关心的事情，也可以总结为男女的事情，如情感和婚姻；打仗的事情，现在变为职场、经商；祭祀的事情，如心灵成长、心理健康；还有就是饮食的事情。

颐卦涉及咀嚼食物和脸颊，后世很多人都把颐卦引申为"养"。我们说"颐养"就是指吃得好加上活得久，以及由此扩展的一系列概念。

所谓"颐养天年"，大概有两层含义。

第一层含义是，可以一直带着那一口牙活到老，老的时候不会没有牙吃饭，这相当不错。我的师父张至顺道长，一百零三岁的时候还长出了一颗新牙，满口的牙齿又白又硬。我觉得这就真正叫"颐养天年"了。

第二层意思是，当一个人很注意说话和吃饭，就不会"祸从口出，病从口入"。这两件事情都调教得比较好的时候，人就能够避免因言获罪。

很多人，尤其是比较聪明的人，在年轻的时候常因说错话而得罪人，最后导致人生的悲剧，自己也不知道怎么会混成这个样子，明明我很努力，但是为什么不能善终？也许就是因为说话不够圆融。

你说的有些话可能是真的，但真实和真诚还是不同。如果你的话里只有真实而没有真诚，没有站在对方的角度考虑的那一份涵养和诚意的话，最后就会被人在暗中戳下刀枪。

其实亚洲人，尤其是中国人，因为很早进入农业社会，人口密度很大，所以人与人之间的微表情极其微妙。常常是说者无心，听者有意，种下祸根。这类事情影响着国民的心理。

纵观世界，中国人对人与人之间微妙的交流特别敏感，这在世界文明中并不多见。我们的文化很注重这些微表情，另外一个人口大国印度也是如此。

颐卦讲的是，我们借由"上面不动下面动"这样一个情景，联想到了咀嚼食物，又从咀嚼食物延展到吃，延展到养生这一系列的概念。

为了更便于记住"颐"，对于"吃与山雷"这一卦的关系，还有一个特别有意思的解释。有人说，如果山底下有雷震的话，可能会山崩地裂，那个情形就好像大地把整个山给吞掉了。

吃个卤煮、水果、叶儿粑、肥肠、夫妻肺片、豌豆尖，那叫"小吃"。"大吃"是什么？就是地把山吃了。

"山下有雷，可能会导致大地把山吞掉了"的一个象，也许可以帮助你记住"山雷颐"。

慎言语，节饮食

颐：贞吉，观颐。自求口实。

当我们观察"颐"这个动作，即当我们观察脸颊或咀嚼这个动作时，往往会考虑一个问题：自求口实。

自求口实最表层的意思是能够让自己吃饱，把嘴塞满。深一层的意思是，经过自己的努力后能够颐养天年，不至于饿肚子。

颐

再引申下来，就是能够使自己所付出的努力有点回报，不会因为自己以前所做的那些错事、说的那些愚蠢的话，或者自以为聪明但其实很愚蠢的话，落人口实。一个所谓能够颐养天年的人，最终达到一个很朴素的境界，就是"自求口实"。

梁某人一直在想，我们也算是幸运的，经历了改革开放几十年的人，见过资本的扩张、全球化，见过各种声色犬马，到老的时候发现，这些东西都不过是浮云，幸福无非就是一箪食一瓢饮，能够吃饱饭，牙齿都还在，能够不会因言获罪，能够在山上做个方外之人。

如果占得此卦，大致的意思是运程还不错，有始有终，而且有饭吃，精神比较丰富，而且还能够不因言获罪。当然，这样说是正着说。

如果反着说，占到此卦一定要注意食物的清洁、营养搭配，注意"吃"方面，以及注意不要因口舌是非招引祸端。这是这一卦反过来给我们的暗示。

所以《象》曰：**山下有雷，颐。君子以慎言语，节饮食。**

周公旦以及以孔夫子为代表的儒家学派对这一卦的注解，在引申层面做了两个很重要的提醒：第一，当你占得此卦时，你可以去吃，但正是因为有吃的，所以不要吃得太饱，要节制饮食；第二，但凡涉及口舌之事，都要谨慎言语。

山雷颐：六爻细解

初九：舍尔灵龟，观我朵颐。凶。

舍弃了你的那些灵龟，来看我大快朵颐，这种情形很危险。

灵龟是以前用来占卜的道具，它可以不饮不食，存活千年，所以得天地之灵性。后来引申为每个人心中都有的那一份灵秀之气。我们每个人的内在其实都是有通道的，都是看得见天机和真相的，只不过后天因为各种习性、物欲遮蔽了我们的内心，所以看不见了。

有句话讲得特别好："其嗜欲深者，其天机浅。"那些在欲望里沉迷得太深的人，就会猪油蒙了心，看不见事情的真相。所以我发现，那些在物质上并不是特别富足，同时也不暴饮暴食的人往往有个特点，就是他们虽然不一定获取了很多知识，也不一定读过很多书，但看问题往往一针见血。

之前有一阵子，很多朋友因为股票暴跌，心情很沮丧。梁某人也因为跟着投了一点，心里面有一点怅然。

我旁边有个朋友说："梁老师，股票涨了，你会多吃一口吗？"我说："不会。""股票跌了会影响你的日常生活吗？"我说："也不会。"他问："那你为什么那么难过呢？"

这话我也说得出来，也可以用来劝导别人。但这个朋友在那个当下对我的开解，真的很有力量。

因为我发现，当一个人决定把钱放进股市，就像决定把女儿嫁给一个男人一样，你之后还能够做什么呢？除了哭泣，除了爱，除了思念，除了被纠缠，你做不了任何事情。

所以巴菲特说，选股犹如选妻，这是很深刻的道理。

"舍尔灵龟，观我朵颐"，不太好，直接的结论就是凶。

有人说"朵"是运动，有人说是舌头，所以"大快朵颐"就是食物或者这件事情，极大地使我的舌头和牙齿感到爽快。

这一爻实际在说，如果一个人放弃了内在的灵性，放弃了对天地的尊重、对事情本质的了解，而沉浸于那些大快朵颐的事情，这种"舍尔灵龟，观我朵颐"的事情实在非常凶险。

有个朋友前段时间来问我他的运程，我就起到了这一卦，大概预示了，如果他在这个时候不再去听从自己内心里那个神圣的声音，而被这一些日常的物质生活所影响，这是很危险的。

这个朋友眼睛抬了一下，说："谢谢你提醒我这件事情。"

其实我在说这个事情的时候，也在劝勉自己。当年创办正安中医的时候，真的是"小伙子睡凉炕，全凭火力旺"，完全不知道中医药行业有这么多门道。中医药行业的市场规模很小，即使你在中医行业里做到最好，和在其他行业做到五流，也没有多大区别。

但当时为什么做？是因为内心里有一个信念在照耀着我，因为我相信中医，所以就做了。结果做着做着，生活的泥潭、成本、考核、市场竞争……加上年纪大了之后也受到了一些挫折，那种神圣感就没有了，有些时候就埋在苟且的生活里去了。随便找个理由让自己成为一个苟且的人，这很危险。所以，要多回到那个纯粹的精神世界之中。

六二：颠颐，拂经。于丘颐。征凶。

有人说"颠"通"慎"，指慎重地吃饭。有人说"颠"通"躺"，即躺着吃东西。

中国的文字演变实在太复杂了，我把它理解为"慎重"，而"颐"代表口舌和牙齿。"颠颐"的意思是慎重地吃东西。

"拂"是轻轻拨走的意思，也有违背的意思；"经"通"天"，所以"拂经"就是把天道拨开，违背天道的意思。

"颠颐，拂经"，不顾天道，只顾谨慎地吃东西。"于丘颐"的解释就更复杂了。有人说是在土堆旁边吃东西，有人说是"丘"代表空性，牙齿都吃得空掉了。

颐

总之这几句话大概的意思是，哪怕你在吃上是认真的，但如果你离经叛道，不符合天道，那还是很凶险的。

什么是"经"？所谓"经天纬地"，有人说，明朗朗天道是为"经"，活泼泼人间是为"纬"。

在日常生活的层面上，是可以声色犬马的。但仅这样是不够的，你还要借饮食男女通天道。

天道就是"**损有余而补不足**"。你可以享受人间的食物、男女之情；但你如果没有节制，"损有余而补不足"，就会很危险。

我们说中国人既不禁欲，也不纵欲，而是节欲。为什么节欲好？因为它通天道。天道并不是要灭掉你，而只是"损有余而补不足"。

用今天的话来说，这就叫作"共同富裕"，是"重新思考财富分配"的逻辑。不能让那些借助过度资本扩张或投机倒把的人赚了很多钱，而那些努力工作的劳动者得不到钱。

因为买了几套房、买了些股票，或者继承了家产，而赚了很多钱就炫富，是很危险的一件事，所以说"征凶"。

以此比喻日常，就要学会谨言慎行，学会节制，否则很容易招致祸害。追求富裕和追求安全，是不一样的。

历史已进入一个新的阶段，一味地追求经济扩张和财富膨胀，可能已经有违天道，很危险。

六三：拂颐，贞凶。十年勿用。无攸利。

"颐"是牙齿，代表吃；"拂"是违背的意思。吃都吃不好，违背养生之道，出征或者占卜都是很凶险的，十年都不会有作为，无攸利。

前面说，如果你吃得很多，但你不懂得节制，这是不好的。但到第三爻的时候，如果你反过来，太不注重吃了也不行。饭都没得吃了，很危险。

这个周期是十年。至于这个十年意味着什么，就见仁见智了。

十年是一个特别有意思的周期，如果你愿意的话，可以拿自己的人生思考一下，是不是大概十年就会出现一次巨大的生命转折？

有些人说逢九必变，有些人是逢三变，每个人可能不一样。梁某人发现有一些重要年份，对自己生命过往的几十年来说很有周期性。

关于这一卦的讨论现在有很多版本。梁某人的建议是，要注重饮食，当然这不仅仅指食物摄入，更指营养摄入，甚至指吸收知识，毕竟"吃"进知识也是一种"饮食"。不要违背了"摄入"的重要性，否则很危险。

一旦落入一个被动的场景里，这十年就没什么起色。怎么折腾都不对，出去也不对，回来也不对。

六四：颠颐，吉。虎视眈眈，其欲逐逐。无咎。

经过了"十年勿用"，其实一个人的内在就已经经历了很多，从痛苦到压抑，从绝望到无奈。但"天无绝人之路"。十年之后，重新重视摄入食物的规律，重新开始吸收知识，重新大口大口地吃东西，就会"虎视眈眈，其欲逐逐。无咎"。

梁某人是1974年出生的，到了20世纪80年代，中国进入了一个特别有意思的阶段，就是"虎视眈眈，其欲逐逐"。社会开始发展经济，大家开始有一种底层的欲望，这个时候是"无咎"的。

为什么这种追求美好生活的强烈欲望"无咎"？因为已经经过了十年的韬光养晦，经历了十年的"勿用"，经历了十年的郁闷，那个时候应该抓紧时间的尾巴，所以"虎视眈眈，其欲逐逐，无咎"。

但这时我们看到的情形是跟着六三爻来讲的，如果没有六三爻的"十年勿用"，后续"虎视眈眈，其欲逐逐"所展现的奋发图强的状态其实很危险。

以此卦来喻世间，经过了长达"十"字为数的痛苦，比如十个月的空窗期、十年没谈恋爱、离婚十年等，这个时候"虎视眈眈，其欲逐逐"，老天也觉得也没问题——都苦了那么久了，就应该这样，起码这是无咎的。

所以《象》曰：**颠颐之吉，上施光也**。在这个时候，你去吃东西，大口大口地吃，就算吃得很猛烈，上苍也不会反对。它会把自己的光芒照耀给你，这就叫"上施光也"。

六五：拂经，居贞。吉。不可涉大川。

刚刚讲了，"拂经"就是违背天道，但是你不折腾也是好的。"居"就是守住，安居于当下，安居于内在，安居于自己能力范围内，也算是吉的，但"不可涉大川"。

很多人都说要创新，还有人说要认识到自己的能力，做自己能力范围内的事情。哪种说法对？按《周易》的解释，对与不对，因人、因时、因地而异。

在这个阶段，如果起卦求得此爻，哪怕你有一点离经叛道，只要你能够安居于当下，不涉大川、不折腾、不突围而出、不搞无意义的创新，就还是吉祥的。

承接前面讲的欲望爆棚之后，它又在讲"居贞。吉"了。所以你看爻辞之间的变化：左边之后在右边，右边之后在左边，上边之后在下边，下边之后在上边，一直处在这样一种动态平衡的状态里。

你发现没有？整个《周易》在讲故事的时候，常常有类似的内在叙事逻辑。但这哪里是叙事逻辑？这就是生命的本质。

所以在一定范围之内震荡、上下行，就是物质本身的自性——自然而然的性。

颐

上九：由颐，厉。吉。利涉大川。

"颐"指脸上口和舌这一块，由此代表顺着自己的种种经历。"厉。吉"，表面上危险，其实是吉祥的，有利于跋涉大川。

到这个年纪了，顺着自己的方式和习惯，去吃或不吃。这个"吃"既代表了吃食物，又代表了"吃"知识，同时也代表说话。

人到老之后，会活出这样一种状态：什么都可以吃一点，但也可以不吃；什么都可以说一点，但也可以不说。说东的时候，顺便说一下西。讲到真理的时候，又讲一点男女之情，讲到下棋的时候，偶尔还可以喝点小酒。

由此而出现的状态叫"**由颐**"。"由颐"的状态就是由着这一个口舌、这一系列人生的惯性，虽然好像有点"老不正经"，但其实已经到了"随心所欲不逾矩"的地步。

所以，既可以出去，也可以不出去；可以待在原地，但是心驰八荒；可以周游世界各地，但是神色自若。

我想起一个特别有意思的故事。我认识一个老人家，他跟我说，他爷爷家以前很有钱，在大概民国的时候带上家里的佣人、厨子，八十几个人坐上一艘环球邮轮去了瑞士。

老爷子到了瑞士后做的第一件事是，带上辣椒找了当地一家中餐馆。当然这个中餐馆早就已经被改进了，早年华人去国外做的中餐，都是改良了的左宗棠鸡等，那些甜甜酸酸的食物，早都不是川菜了，但还披着川菜的外衣。

这位老爷子到这家川菜馆跟老板说："我给你钱，你把你们家的厨房借给我。我自己带了厨师、干辣椒、烟熏腊肉，我要自己做饭。"于是他就在瑞士做了一桌川菜宴席，自己吃得很高兴。

他回来跟家里人说，一个人最重要的就是：**待在本地的时候，心里面**

可以怀着世界；去到世界任何一个地方，都能够成为自己。这个状态就叫"由颐"。

对人生坚定的怀疑

颐这一卦，说一个人老到舒服了，可以这么描述：他有一种对人生坚定的怀疑。什么叫"坚定的怀疑"？年轻的时候，相信过爱情，老的时候不相信了；年轻的时候相信过亲情，老的时候也不相信了。

他知道年轻的时候给亲人的爱只不过是自己的习惯和责任。如果你说因为年轻的时候为了孩子付出，老的时候要求孩子们还回来，那你就被这件事情绑架了。

一个活得明白的老头，不会因为自己爱过孩子，辛辛苦苦把孩子养大而心存道德绑架之心，所以他连亲情也不是那么相信。当然他也不相信爱情。经过了这么多段爱情之后，他知道爱都是当下的。爱的时候就爱，不爱的时候就不爱了，但是不爱不等于恨。有些人年轻的时候之所以会恨一个人，是因为还很爱对方。如果不爱对方了，其实不会恨。

不相信爱情，不相信亲情，当然也不相信成功。因为他见过太多亲戚朋友上市又下市，赚了钱，又因为赚钱之后出现各种问题。

我认识一个这样的老头，年轻时得过大病，医生跟他说不要喝酒。他反驳说："你在我身体外面擦酒精叫卫生，我在我内脏里面擦酒精，怎么就不卫生了？"结果劝他不要喝酒的医生都去世了，这老头现在还活着，还每天喝酒。

有一次，我和他儿子聊天时说："其实你爹呀，喝不喝酒都能长寿。不

颐

是因为他喝了酒长寿，也不是因为他不喝酒而长寿，而是因为他不在乎喝不喝酒这件事情，甚至不在乎得不得病这件事情。他心里宽，所以长寿。"他儿子说："也不是，就是因为他长寿，他才心宽。"这也对，这叫幸存者偏差。

所以梁某人讲到由颐卦最上面一爻的时候，讲到了人老时的状态：什么都不相信，坚定地不相信，不相信亲情、不相信爱情、不相信财富、不相信成功，不相信好也不相信坏，甚至不相信自己。

他的这种不相信里有一种忠诚感，也有一种相信感。他最终相信了自己的不相信，也就是相信变化，相信不确定，相信不固定，相信没有成见。

这是梁某人所理解的"由颐"。由着这个"颐"利涉大川，在哪儿都可以。

☷ 梁注 · 观卦小笺 ☷

- 有些话可能是真的，但如果你的话里只有真实而没有真诚，没有站在对方的角度考虑的那一份涵养和诚意，最后就会被人在暗中戳下刀枪。

- 我们每个人的内在其实都是有通道的，都是看得见天机和真相的，只不过后天因为各种习性、物欲遮蔽了内心，所以看不见了。

- 在坚定的怀疑里，有一种忠诚感，也有一种相信感。他最终相信了自己的不相信，也就是相信变化，相信不确定，相信不固定，相信没有成见。

44

【 屯卦　水雷屯 】

开始之象，以不动为动

对于历史来说，十年是倏忽一瞬间。

但对于我们的人生来说，那就是极其漫长且重要的十年。

屯 卦

元亨，利贞。勿用有攸往。利建侯。

	上 六		乘马班如，泣血涟如。
坎 (水)	九 五		屯其膏。小贞吉，大贞凶。
	六 四		乘马班如，求婚媾。往，吉，无不利。
	六 三		即鹿无虞。惟入于林中。君子几，不如舍。往，吝。
震 (雷)	六 二		屯如邅如，乘马班如。匪寇，婚媾。女子贞，不字，十年乃字。
	初 九		磐桓，利居贞，利建侯。

《象》

云雷，屯。君子以经纶。

《彖》

屯，刚柔始交而难生。动乎险中，大亨贞。雷雨之动满盈，天造草昧。宜建侯，而不宁。

当云碰上雷意味着什么？

这种云雷碰撞之下会出现什么样的情形？

对于处在初期发展的事物，那种不确定，

甚至略带鲁莽和暴力的冲突，对生命的建构又意味着什么？

中国的人才流动有怎样的规律？这些规律背后又是什么？

蠢蠢欲动，天雷勾地火

水雷屯，上面是坎卦，下面是震卦，是为水雷。"屯"在古代念"zhūn"，所以有些人念水雷屯（zhūn）。

"屯"这个字很有意思，如果回到它的原意的话，屯卦是让人感到生机勃勃的一卦。

《序卦》：**屯者，物之始生也。**

"屯"通"胜"，"胜"现在写作"臀"，"胜"之本字是"吕"，字形就像一个人的屁股。

屯，动也。"屯"字如果加绞丝旁是"纯"，通"蠢"。蠢不是愚蠢，而是蠢蠢欲动，是内在生命力很旺盛，需要找个地方发泄出来。

大概从小学四年级到初一那几年，我经常有一种感受，坐在那里等着上课，或者等着吃饭，会突然感到身体里一阵酥痒，好像有劲没处使，浑身的气转来转去。

以前不懂，就知道这感觉好奇怪。后来才知道这是元气在启动，却没有地方宣泄的一种流动感。

早在孔夫子奠定中国式道德体系的几百年前，《周易》就已形成，所以我们要把时间和空间推到那个时候，那种蠢蠢欲动的感觉，就像天雷勾动地火。

什么叫作"水雷"？水在地为水，在天为云；雷在地为震，在天为雷。水雷屯也指云雷碰撞之下，天上的云互相摩擦产生了电，那个声音就叫作雷。

小的时候，我经常被雷声吓到，尤其是在攀枝花时。攀枝花地势上更接近云南，云南的风很大，加上又是山区，水汽会迅速蒸腾上升。

为什么大理的"风花雪月"是为四景？因为那里的风真的大。风大的地方，云卷起来力量就大，再加上水汽蒸腾迅速，于是云层撞击得很厉害，这叫"云行雨施"。

云雨是碰撞、折腾，夹着汗水与泪水，各种低沉的轰鸣和高亢的嘶叫，地籁、天籁、人籁，有些时候人籁就是天籁。

我为什么这样讲？其实我是想为大家引入一个视觉画面。云雷屯卦讲的就是天上的云团团相聚、摩擦、碰撞所产生的那种电。

水雷屯的第一性原理

英国著名动物学家德斯蒙德·莫利斯写的《裸猿》是我最喜欢的社会科学类读物，书里开篇就讲到一个问题：女性为什么会有乳房？即使不是哺乳期的时候，女性也会有乳房。如果对照黑猩猩等和人类相近的哺乳动物，你会发现它们在非哺乳期的时候乳房并不明显。

经过作者的考据，在古代的时候，两个哺乳动物在云雨之时方向一致，雌性是背对着雄性的。但随着私人占有制的发展，雌性希望让雄性看见她的脸，从而让雄性记得自己生出的小孩是他的。

作者说，女性的乳房本质上是一种对臀部的模仿。

有一次我跟阿那亚的马寅讨论一个问题，他虽然是做地产的，但是有的时候也帮艺术家、作家做展览。

马寅说，他观察到那些"60后"、"70后"，乃至"80前"的艺术家，都喜欢丰乳肥臀的艺术作品，但后来年轻的艺术家们都偏向于更中性的女性。原因就是以前的艺术家小的时候，通常吃不饱饭，所以有饥饿感，他们对于丰腴的形象有更强烈的追求和冲动。

而"90后"或更年轻的艺术家们，从小就活在物质相对丰富的年代，他们对食物的渴求没有那么的强烈，反而对比较中性的体质、身体更加认同。

我在此没有任何冒犯的意思，我只是想说，有一些话题看似关乎情绪、道德和所谓生理、伦理，其实有一种与生俱来的动物性基础。

《周易》的创作时间大概处在殷商以后，尽管文明已经发展到了一种程度，已经有了青铜器的制造，有了八卦，也出现了甲骨文，但周文王所处的时空仍是"被折叠"的。

他一方面在努力接触殷商的算法、文明、祭祀、统筹兵力的方法以及管理国家的方法，另一方面，他的周围全都是野蛮部落，还有很多原始人，甚至有所谓的"抢婚"习俗。

慎终追远，源远流长。我们必须回到一件事情发生的时期，看到它的本质之后，才能够理解它是如何流变的，才能知道它的"第一性原理"。

所以我们把讨论卦象的时间拉回那个时空里，才能够回归《周易》的本质。

屯卦的"第一性原理"是什么呢？君子看见了云雷交合，想到了人世间的婚媾之事，体察到万事万物在婚媾之前的蠢蠢欲动、荷尔蒙爆棚的感觉。

虽然这是一种生命力的迸发，但它仍然处在事物的极早期，因此也属于比较困难的阶段。

屯卦说：元亨，利贞。勿用有攸往。利建侯。

这是一个开始之象，万事万物在从零到一的阶段，几乎还没有开始。"亨"的意思是亨通，也可以解释为适合祭祀。"贞"通占卜的"占"，"利贞"就是利于占卜。"勿用有攸往"，指要做长期远行的打算。"利建侯"指适合在本地安营扎寨。

有人说《周易》有若干个难卦，坎卦算一个，屯卦也算一个。

让我们来看看屯卦六爻里的六个故事场景。

水雷屯：六爻细解

初九：磐桓，利居贞，利建侯。

你还处在部落发展的早期，不要着急亮剑。盘踞在某个地方，大力发展人口。因为你要去作战或突围，必须要有足够丰厚的人力资源和足够多的粮草。所以在这个时候千万别折腾，待在一个水草丰茂的地方，安营扎寨。

"利居贞"，适合待在家里。然后"利建侯"，就是在这个地方成立一个小部落，为有朝一日问鼎天下做准备。如果以此来问运势，这个阶段要以不动为用，以储备资源为用。事物处在一个孕育的早期，更多的是要完成一些物质准备、理论架构、知识储备、人才储备等等。

如果以此来问经商，这可能是创业的初期，多半比较艰难。如果问婚姻或者亲密关系，雷为阳气，云为阴气，刚柔始交而难生，象征刚刚开始谈恋爱或刚刚结婚，还处在一个情感磨合的初期，彼此之间既有生理上强烈的碰撞，也有精神上强烈的磨合。

那些初谈恋爱的青年男女，白天吵架，晚上"打架"。打完架之后，第二天就好了。

你可以回想一下自己的十五岁到三十岁，你的生命状态是什么样的？大概就是这样。

因为那个时期人的大脑还未发育完全，世界观也不稳定，两个人还在磨合。再加上双方可能都是从小娇生惯养，所以突然两个人要在一起，肯定是像暴雨和云的冲撞。

但这是精神的碰撞，身体的碰撞又不一样了，那是另外一种碰撞。所以叫作"利居贞"，就是适合在家里待着，适合磐桓。

六二：屯如邅（zhān）如，乘马班如，匪寇，婚媾。女子贞，不字。十年乃字。

有一天，部落门口突然来了好多人，他们骑着高头大马，绕着部落开始奔跑，尘土飞扬。

大家都很紧张，以为是匪寇来了，以为是要打仗了，男人挖陷阱准备长矛……在混乱期间大家突然发现，所谓的匪寇原来不是来抢人的，而是来求配偶的。

其实这也算是抢，只是他不抢粮食不杀人，抢的是女人。在古代，有一种非常常见的抢婚制度，因为部落的男女是不能够在一起的，近亲结合会生出畸形的胎儿，这不利于优生优育。古人早就知晓这个道理，所以就去隔壁山头的部落里去抢。

这个部落里的女子都很贞洁，但被强行占有了，叫作"女子贞"。

"不字"就是不生育的意思。大家听说过"待字闺中"吗？就是在自己的闺房里等待怀孕的意思。

这个"字"很有意思，上面一个宝盖头，下面一个"子"。宝盖头就是家，下面就是子嗣。

"不字"的意思，是一开始没有怀孕。十年之后终于怀孕，叫"不字。十年乃字"。

如果以此卦比喻你的状态，可以联想自己的故事场景，比如在亲密关系里，或在商业格局里，抑或是在你的时运里……总之你正在待着，突然被一股外力冲了进来，而你无法对抗。

你以为它很凶险，但实际并没有那么凶险。

如果你自己创办了一家小公司，但突然有人说："我要投资你。"一开始你说："我不要钱。"但是不要钱干不成大事，员工都会被挖走，竞争对手会打压你，最后这些因素都会推着你往前走。

开始的时候你半推半就，结果被推到最后，一家小清新、小理想的公司，十年之后居然做大做强做上市了。你也不知道是不是违背了自己的初心。

很多人刚开始创业，也不是为了上市，也不是为了发财，而只是做自己喜欢的事情。

往往那些一开始就想迅速扩张资本的公司，最后经常会出现各种问题，反倒是那些守着自己一亩三分地把事情做好的人，被别人看上，非要帮助其做大。

你可以看看中国的一些长寿企业。无论它们是做电器、做半导体、还是做酱油、做汽车，很多公司从最开始的时候，都有一种长期主义的情怀，都想自己把自己打磨好。

总之，十年真是一个很有意思的时间周期。

好多事，你得按十年的周期去看。十年对于历史来说，就是倏忽一瞬间，而对于我们的人生来说，那就是极其漫长且重要的十年。

六三：即鹿无虞。惟入于林中。君子几，不如舍。往，吝。

这一爻讲打猎、追鹿。鹿只是一个比喻，既有可能是野兽，也有可能是俘虏，或者人牲，还有可能是女子。

总之你追求他，没有什么坏处。不过他跑了，隐入林中。

"几"通饥饿，意为虽然你已经很饿了，很想得到他，但是他在密林中，不知道周围有没有埋伏。思前想后，还是舍弃吧。如果继续往前走的话，就会"吝"，即有灾祸的意思。

到了屯卦的第三个阶段，你变得很主动了，到处去找猎物。至于猎物是什么，见仁见智。

此爻比喻的场景就是，你正在追逐的，你正在想要获得的东西出现了，但是跑了。他可能跑到国外去了，可能躲入了人群当中……总之，让你进退维谷，跟着进去可能会陷进去；如果不跟，你又饿得半死，心急火燎。

我们先来做个游戏。跟着我，先呼吸，安静下来，想象你自己正处在一个大草原上。这个时候你的前面出现了一只动物。

请问这只动物是什么？

它看见你了吗？你对它发动追击了吗？

它在跑吗？它跑的时候，是朝什么地方跑的？

你是怎么追它的？旁边如果有其他动物，是什么动物？

如果你马上就要追到它了，你会想对它怎么样？

如果它跑入了密林中，你追不到它的时候，你心里会涌现一种什么样的情绪？

这个练习其实是一种心理学上的冥想练习。名字不重要，重要的是有人告诉你，这个动物代表的就是你正在追逐的东西。

许多人就用这一爻把你拉到某个场景中去，将来没准儿还可以给你戴个头盔，用人工智能算法生成一段 VR 场景，夹杂着风声、雨声，你可以自己去选择各种场景模式，把这个体验的过程拍成录像。

你可以在专业人员的辅导下看这段录像。心理导师不给你答案，只是问你："为什么你选这个场景？你在选择它的过程中看见了什么？你为什么没有坚持？是什么真正阻碍了你？是恐惧吗？如果是恐惧，你在害怕什么呢？"诸如此类。

这种课现在有很多，但梁某人认为"授人以鱼不如授人以渔"，我们要关注其背后的原理。

六十四卦是六十四个元宇宙，每一卦里面的每一个故事场景都是一个生活场景切片。你只要把这些切片拎出来，对它进行冥想练习，就能够发现在面对这种场景时，你是如何做决策的。而所谓人生，就是不断地看到自己的决策，并且接受或反对自己决策的过程。

所以六三在屯卦里讲的就是，反正你要追的没追到，继续往下其实是很危险的。

六四：乘马班如，求婚媾。往，吉，无不利。

有人解释，骑马奔驰，欲求婚配，很吉祥。

有人也说，这个马是一个比喻，婚媾和骑马是一种相应的意象。

"往，吉，无不利。"只要你身体好，就没问题。

六四爻在讲一件事情：你可以如何成功。"乘马班如，求婚媾"讲的是资源整合嫁接。

当你强大到一定程度，不管是在业务还是资源方面，你也要联合能够联合的力量，所谓独木难成林。比如，大公司要收购一些小公司，再或者青年到一定阶段的时候要结婚。强势拿下资源，然后联合，快马加鞭地往前走。

以此卦比喻生活场景，这是吉祥的一卦，放马往前走。

但要注意，因为马上就会有提醒——"屯其膏。小贞吉，大贞凶"，这是九五。

九五：屯其膏。小贞吉，大贞凶。

莫言有部小说叫《丰乳肥臀》，"屯其膏"的"屯"就是臀部的"臀"——这个臀部很肥美。

对于年轻人、精力旺盛的人来说，这很吉祥。对于老头来说，这就很凶险了，所以叫"小贞吉，大贞凶"。

也就是说，当你内在的动力、能力，包括企业的组织生命力还很强盛的时候，是可以去整合的。但如果这个公司已经垂垂老矣、很僵化并趋向官僚化了，这时你要去整合一个业务，想要吞并一个业务一起往前走，往往是很折腾的，甚至是不可能的。

对于被整合进来的新业务，以及整合业务的老公司来说，这都是灾难。

当很多企业老到一定程度的时候，自己已经没什么生命力了，就想要借由收购完成一些事情。当年的诺基亚、摩托罗拉，还有很多类似的老公司都做过相似的事情，你会发现在收购完新公司之后，双方都崩盘了。

所以资本市场对这种垂垂老矣的公司强行并购年轻公司的行为，是不看好的。

从今天来看，如果谷歌或更老一点的公司，如微软，把 Twitter 买了，会有好结果吗？它们之间很可能会形成一种组织文化的强烈冲突。

一个被吞并进来的不受控制的公司，和那个早已经流程化、系统化的公司之间，会形成文化冲突。

但像特斯拉这种生猛的新公司，如果把 Twitter 并购重组进来，则可能产生一种强大的 1 加 1 大于 2 的能力。

这就叫"屯其膏"，虽然很肥美，但"小贞吉，大贞凶"——年轻的吃它，贞吉；年老的吃它，不太好。

上六：乘马班如，泣血涟如。

"泣血涟如"四个字，有颜色、有场景、有动作、有情绪。泣，哭泣；涟，持续不断、到处都是；如是助词。所以这句话的场景是：骑在马上，哭哭泣泣，血花四溅。

何新老师注解这一爻，是古代婚俗之抢婚的情景，还是很有道理的。

那是在万恶的旧社会，女性的社会地位是比较低的，女性是被抢夺的对象。但大家一定要知道，时代进步了，现在女性成了社会的主导。2024年之后进入天风姤卦，这个地球将会出现许多由女人来主导事情的场景。

其实从某种程度来说，真实的中国社会叫"父权母系"。

父亲代表着权力，代表着威望和方向；母亲的性格比较温婉，她心思缜密，做事情认真。而古代大部分的传统家庭都是由女性力量完成家族系统管理的——父亲外出做官，母亲在家里照顾孩子。

若干年之后，父亲辞官回归故里，盖间园子，收几个徒弟。过几年，徒弟出师进入朝廷，又要到外地做官。之后父母过世，徒弟回来守孝三年，搭个草棚居住[1]，完成蜕变——从一个男孩变成一个男人。六十岁左右，运气好的话，就辞官回归故里，重新把在外界收获的知识、信仰、道统注入他的徒弟的思想之中，培养年轻一辈。

这就是中国人才的流动性。

所谓"广阔天地，大有作为"，其实是有一定道理的。**那些从小在田野间疯玩，沐浴阳光的人，很有生命力。以后他们在真正的人生道路上，总有一种从土地里长出来的力量感：他是有根的，是有生命力的。**

以前我和徐文兵老师讲《黄帝内经》的时候也说过，现在的孩子最大的问题就是离土地太远。

我们都知道"身土不二"。如果你去外地有水土不服的情况，就把本地的土带一点过去泡水喝，或者闻一闻。从现代菌群学说来看，这是因为土壤里有微生物、有菌群，它们和我们的肠道菌群之间形成了一体性。

最后让我来总结一下，屯卦讲的是云雷击撞之时，带着强烈的荷尔蒙碰撞出了生命。这个碰撞的过程，有时甚至有霸王硬上弓之嫌疑。但最终，在经历了一段折腾和不确定之后，会进入一个比较常态的可持续发展状态。

事实上，这也更接近中国人对真实历史的看法。

如果我们在《周易》里读懂了这一切，把一些事情放在一个大的历史周期里，看到它早期比较强横的做法，就会产生一种更深刻的理解，以更从容和敬畏的心态看待世间事。

1　古时，子女在父母初逝时，需在墓旁搭建草棚居住。——编者注

☷ 梁注·观卦小笺 ☷

- 屯卦的"第一性原理"代表着一种生命力最开始的迸发，它仍然处在事情的极早期，因此也属于比较困难的阶段。

- 而所谓人生，就是不断地看到自己的决策，并且接受和反对自己决策的过程。

- 那些从小在田野间疯玩，沐浴阳光的人，很有生命力。以后他们在真正的人生道路上，总有一种从土地里长出来的力量感：他是有根的，是有生命力的。

45

【 益卦 风雷益 】

万象更新，大有可为

既不可知，也无须知，
你只需要感谢就好。

益 卦

利有攸往。利涉大川。

巽 (风)	上 九		莫益之，或击之。立心勿恒，凶。
	九 五		有孚，惠心。勿问，元吉。有孚，惠我德。
	六 四		中行，告公从，利用为依迁国。
震 (雷)	六 三		益之，用凶事，无咎。有孚，中行。告公，用圭。
	六 二		或益之十朋之龟。弗克违，永贞，吉。王用享于帝。吉。
	初 九		利用为大作，元吉，无咎。

《象》

风雷，益。君子以见善则迁，有过则改。

《彖》

益，损上益下，民说无疆。自上下下，其道大光。"利有攸往"，中正有庆。"利涉大川"，木道乃行。益动而巽，日进无疆。天施地生，其益无方。凡益之道，与时偕行。

孔夫子从益损二卦发现了怎样的从政秘密？

为什么有的人发烧了，但是膝盖以下还是冰凉的？

这种情况应该怎么治疗？

为什么说"做一个坦荡的人是一种福报"？

为什么有些人会无意识地说谎？

益卦的天道和人道

从先天八卦来说，巽卦是从乾卦发展出来的一阴生之卦，震卦是从坤卦里发展出来的一阳生之卦。

巽卦是由乾卦最下面的阳爻，变成阴爻而来，损了一点点。

震卦是由坤卦最下面的阳爻，变成阳爻而来，增了一点点。

所以益卦是损上益下之卦。

"益"这个字，上面几乎是个横着写的"水"，下面是器皿。水在杯子里装不下了，就会溢出来。所以"益"刚开始的意思是多到装不下，自然而然地流出来，那就到了另一个阶段："损"。

你想一想往杯里装水的过程，杯子是由下往上逐渐被填满的。当水填满了整个容器时，多余的水就会从容器的顶端溢出来。

所以"益"这个字的核心不仅是增加，还包含了减损。当下面在增加的时候，上面注定会被减损。

而人道，往往是添加上面的，减损下面的。

历朝历代的注家在讲到益卦的时候，都说天子或执政者要"损上而益下"。

孔夫子也这样说，当他读到益损二卦之时，发现了为政的核心秘密，就是如何让民间的财富充实、让民间的智慧充实、让民间的资源充实。藏富于民，还富于民，此之谓多多益善。这才是长治久安之计，这才是"益"的本义。

在写到益卦的时候，刚好一位朋友的小孩在发烧。我一摸，他的脖子和上半身都很烫，但膝盖以下都是凉的，尤其到了脚踝，更是冰冰凉。

身体阳气的运行是自下而上的，所以热会自然而然地往上跑，就像否卦一样，天在上的时候就往上走，地在下就往下沉，于是就阴阳离决。

而颠倒过来，地天泰才是我们真正要达成的目的。所以引火下行就是一个很重要的治病法门。

以前我和徐文兵老师讲《黄帝内经》的时候，他提到"坎中实，离中虚"。坎水是需要填实的，而离火需要抽空心火。

整个治病的法则，就是千方百计让下半身气血充盈，而上半身，特别是头脑这部分反而要清火，那是特别容易上火的地方。

头是我们的诸阳之会，一个人再冷，他的头都还是能保持一定温度。为什么我们冬天睡觉的时候，全身都要裹在被子里？唯独头可以露在外面？因为头为诸阳之会。但想要真的睡好觉，秘诀是要让脚暖和，头相对冷一些。

这就是梁某人从自然规律中领悟到的益卦，从天道到人道再到养生之道，推天道而明人事。

益卦的卦辞为：**利有攸往。利涉大川。**

能上能下、能前能后、能来能往这种状态是好的，这叫"利有攸往"。有了这种状态之后，你才能够"利涉大川"。

所以《象》中也说：**风雷，益。君子以见善则迁，有过则改。**

言下之意，就是要学会改变。看见好的东西要向它靠拢，有不好的状态就要学会积极主动地调整。有许多事情只要稍微做一个调整，立刻就能看见巨大的变化。

雷借风势，风借雷势，彼此之间有相互的促进。益卦对应的正是万物酝酿和突进的时候。

如果是问时运，此时正是运途振作之时，要创造新的局面。如果是问作战，一定要一鼓作气。如果是问出行方向，巽（风）和震（雷）分别占据东南和东。

如果你本身八字里木气较弱，就应该往东和东南走，寻找新的机会。如果你本身木气较强，往东边走就容易有肝胆热躁之症，因此需要清肝利胆。

风雷益：六爻细解

初九：利用为大作，元吉，无咎。

"春省耕而补不足，秋省敛而助不给。"所谓的"大作"，就是一年之计最重要的事情，包括播种、做全年的计划，以及祭祀、迁国或者迁都；等等。

这是一个变化之卦，是一个全新开始的卦象，我们称其为"重新出发"。

这个卦象也显示"利用为大作，元吉"。只要在这个时候开始启动一些新的计划，都会是好事，开启就是一个吉祥的状态，无咎。

《象》对这一爻的解释是："元吉无咎，下不厚事也。"

"下不厚事"指老百姓不会认为事情沉重难做，反而觉得可以轻而易举地做好，所以"乐于从事，踊跃争先"，此之谓"吉而无咎"。

许多看似困难的事情，真正发动老百姓去做，往往能做成，实际上，百姓中是蕴含着很大力量的。

人民群众往往会在混序中建立一种规律，这叫"下不厚事"。将令人感到特别紧张、特别恐惧、特别担心的事情交给老百姓们去做，他们自己会愉快地找到解决方式。百姓们还会自己编段子，化解沉重的苦难瞬间。

如果你占到初九这一爻，问时运，刚交好运，可以参与大事。如果问婚姻，大吉祥；问恋爱，这段感情充满了无限可能。如果问家宅，这个宅子是新建的，屋宇宽敞，非常好。

总体上来说，这是值得展望的一卦。

在你看到益卦第一爻时，请抓紧这一个时间窗口，安静下来，认真想一下你以前想都不敢想的事情，然后许一个愿，告诉自己："今年我要把这件事情启动了！"

如果你想去追求一个人，就去追；如果你想出国，就出国；如果你想去考学，就去考学；如果你想创业，就去创业。这是万象更新的一卦。

读《周易》给我们最大的启发，就是《周易》永远会猝不及防地让你活在对未来充满幸福、展望和勇气的开端里。

六二：或益之十朋之龟。弗克违，永贞，吉。王用享于帝。吉。

钱串在一起叫"朋"，王东岳老师说过："一起花钱的是'朋'，一起去赚钱的人叫'友'。'友'是一个手下面握着另外一个手，所以叫狐朋狗友。"

人需要有"友"，一起创造事业；也需要"朋"，一起获得快乐。一个人只有共同为了事业天天打拼的"友"，而没有一起花钱、有共同乐趣的"朋"，也是可悲的。

你想想看，奋斗了一天，晚上回来之后，不知道与谁分享快乐，是不是活得很失败？

"朋"本身是钱串在一起的意思，所以"十朋之龟"就是值很多钱的大乌龟。"益之十朋之龟"，就是有人送给你一只很值钱的大乌龟。在古代，乌龟代表灵兽，是一个大法器，就像现在有人给了你一个超级计算机。

"弗克违"，不要忽视这只大乌龟的灵力，不要违背它的想法。"永贞，吉"，只要坚守你的一些原则，一直都会吉祥的，并且"用享于帝"，即可以享受给你的一切。

之前一位朋友和我聊天的时候说，他准备买一幅画，因为他在一个饭局上认识了一个很有意思的艺术家，那位艺术家很喜欢他，所以就允许他以很低的价格买自己的一幅画。

他开始觉得也还不错，但仍然有点犹豫，问了行家以后才知道，这幅画真的很值钱，而且大概五年之后，价格最少可以翻十倍。他没想到这个艺术家竟然愿意把这幅画以这么低的价格转给他，他甚至有点怀疑是不是被算计了。

当他有这种质疑的时候，就占到了益卦的这一爻，这就是"十朋之龟"。《高岛易断》里就说，这是意外得财，世代保有，永久吉祥。

六三：益之，用凶事，无咎。有孚，中行。告公，用圭。

什么叫"益之，用凶事"？去帮助他，但有凶险的事情，不过不用害怕。

"有孚"，有俘虏。"中行"，回来的时候，不要走偏门小道，要走日常经常走的那条大道。"告公，用圭"，用玉圭祭告祖先。

益

大致来说，在这个过程当中，你有可能会帮助别人，但自己不一定有好的结果。

比如听说一位朋友发烧感冒了，你跑过去给人家送药，结果自己也被传染了，这就叫"益之，用凶事"。

但就算发烧也没什么坏处，你还会意外地获得一些回报，用古代的话是"有孚"，现代将其引申为俘获到的好处。

不过当你获益的时候，请牢记要坚守正道，走那些大家都了解的路，不要走邪路，也不要走歪路。

同时还要深刻地理解到，你获得的好东西只是假借那个朋友的手给你的，但又是谁给他的呢？有可能是你的祖先给的，所以要用最敬重的语气向祖先感恩。

你相不相信？有很多礼物实际上是你爹妈给的，甚至是在天上的爷爷、奶奶、外公、外婆给的。

我以前不觉得，现在越来越深刻地感受到，我的很多东西真的是我爷爷给我的，比如我与中国传统文化的连接。我父母都不是对中国文化很感兴趣的人，但我爷爷是。他是一个玉器匠人，在我很小的时候，他带我去看怎么做玉器，怎么买玉器，以及怎么让一个观音的脸从一块玉石里浮现出来。他也很偶然地给我讲过一些关于玉器和中国文化的东西，甚至给我讲过一些关于《逍遥游》的内容。

那个时候我完全不知道这对我会有多大影响。直到今天我才意识到，我对中国传统文化的热爱，很多都来自我爷爷。

而外公是一位中医爱好者，他从小就体弱多病，算八字的先生说他活不到三十岁，结果他自学中医，自我调理，活到了八十九岁。

你从小耳濡目染的东西，你的基因会深深地影响你。

你现在只不过是把它们调取了出来，用你现有的能力和心智模式，与万千因缘相扣合，让它们汇聚在你这里，这就如同你收到了某些礼物。

给你的人，也不是他想给你的，他只是一个媒介，就像你被某个人传染的病毒，不是他要传给你的，他也不过是个媒介，是病毒借助他这个身体，以他为桥梁，来到你这里而已。

所以我们一定要知道，现在自己获得的很多东西都是从更远的、更不可知的、更无意识的某人在某地以某种方式给你的。

这种跨越线性因果的人，一定心里是有某种感恩力的。当他获得了某些东西的时候，他一定要去感恩不知道在哪里的那个"谁"。

这个"谁"，可能是你的外公、外婆、爷爷、奶奶，甚至是更久远、在更远处的某个人。

这种感恩不是向某一个具体的人感恩，而是感谢这种甚深精妙的机缘，也要感谢开创这一系列的好人或好事。

回到这一爻，"告公，用圭"。"公"指祖先，但我想说的是那一些无量的万千因缘，用手上最宝贵的玉器去祭祀。要在内心，用最诚挚的谢意感谢所有人。

以此爻问运势，刚开始运途多有不顺，并不像你所想象的那么好。你的热情、付出可能会迎来冷脸冷屁股。但只要你言行诚实，对他人充满信任，就可以"无咎"，并且会收获额外的嘉赏。

以此爻问感情，也许他刚开始让你不舒服，但试着用一颗真心对待他，最终他会感觉到原来你真的很好，然后用一种你意想不到的方式回馈你。

当一个人到了一定年龄的时候，就开始把自己的视角从自己的行为和人际往来中抽离出来。他看见这一些表面的互动背后有着更深远的况味，今天这一秒钟你获得的或失去的东西都与当下无关，尽管当下显得是如此清晰。

当你能够站到远处，看见那些更宏大背景下的作用力的时候，就会对当下许多的好坏保持一种淡然感。

你只需要用你习惯的诚恳、习惯的中道、习惯的宽恕去面对它就好了，它背后的算法是如何进行演绎的，既不可知，也无须知，你只需要感谢就好。

六四：中行，告公从，利用为依迁国。

行走你的中道，祭告宗社的林木，利于建立城邦。

什么叫"中道"？爸爸妈妈从小就告诉你的那条路，不怕告诉别人你正在走的那条路，就是正路。

有些时候，一个人选择走一条看似没有什么创意的路，其实是很正确的，因为他掩藏自己意图的成本是很低的，他因心怀鬼胎而带来的能量损耗也是很低的。

做一个坦荡的人其实是一种福报。

我经常会很羡慕有一些人"事无不可对人言"，没有什么事情不可以说的。哪怕有时候他讲出来的话并不高级，也不见得有多么宏大，但他并没有因此觉得很难过。

有一天，我看胡希恕先生讲《伤寒》里的一个故事，他说："穷人才说谎。"这个"穷"不仅仅是财务上的"穷"，有时候是来自心智上的"穷"。

一个人内心里觉得有亏欠感，有不充盈感，他就会习惯性地说谎话。说谎也不是为了获得什么，而是一种内心匮乏的自动反应。

如果你有时有意无意在撒谎，你就要问自己，自己到底在哪个地方亏欠了什么？

所以第四爻讲的是，你只要走到一条正路上，跟宗社的林木（指所在的环境）和有情无情的众生做好你的祭告。这对于你建立城邦、开疆拓土，建立一番家业很有帮助。

我有一种体会，如果你把自己的房间打扫干净，每天点熏香、放鲜花，保持窗明几净，然后反复播放一些频率比较稳定的音乐，你会发现日子久了，这个地方可以帮你稳定心神。我以前住在一个平房里，就用这种方式对待这个房子。我每次出差回来，只要回到那个房间，瞬间就觉得自己的心安静了。

房间里的每一块砖、每一根柱子、墙上挂的画，甚至窗帘，好像都是完整的，它是一个隐秘的生态系统。

你进来之后，就像把水晶石放回了水晶洞，感觉自己好像是回来充电的。

我以前觉得这是一种心理作用，直到后来我碰到一位物理学家，这位物理学家说："录音带可以记录声音和影像。你有没有想过，一个空间里的木头、茶杯、桌子，可能也以自己的方式在对一些信息进行'刻录'呢？"

"如果你长期在一个地方'刻录'一些稳定的信息，那么整个场域的信息就是稳定的。只是我们无法用现在的手段，把在这个时间和空间里记录的信息还原出来而已。"

也许我们所在的空间里的每一样东西，都像录像带一样，都被"刻录"着某一些信息。我们无法把它们提取出来，可能只是因为技术限制，也许有一天就可以做到了。

所以这一爻讲"中行，告公从，利用为依迁国"，其实我隐隐约约感受到了这样一种意境：你行走在一条主流的、坦荡的路上，没有心怀诡计，没有不可告人之事。你周遭的环境频率也很稳，环境所记录下来的信息会以稳定持续的方式回馈于你。

如果你和这个频率之间形成了某种稳定的关系，你就可以建立自己的理想国了，也就是一个稳定仓。

九五：有孚，惠心。勿问，元吉。有孚，惠我德。

有俘虏，但要保持仁慈，不要责怪他，他们就会怀念我的仁德。

你会发现益卦很有意思，它在讲**你该如何真正地获得增长**。

我看到《周易》卦象的爻辞里，告诉你要将心注入，告诉你要正心诚意，体现同情心的原文，其实不多。看来周文王在写这些文字的时候，是发自内心地感受到了一些东西。

在这个世界上，除了行动，发心也很重要。而这个发心，是在"喜怒哀乐之未发"时，在起心动念的时候，就已经发挥了重要作用。

我们通常看一个卦，最重要就是看第五爻，因为第五爻属于这个卦的黄金分割点，是关于这一卦的核心，我称其为卦胆。

"有孚，惠心。勿问，元吉。有孚，惠我德。"对待俘虏要仁慈，不要太多责备，这样才会有更大的收获，并且他们还会怀念我的仁德。

你会发现，儒家的广泛同情可能就是从这一卦里发展出来的。

怪不得孔夫子在讲到"损益"二卦的时候，和子夏说，我告诉你，当我在读损益这两卦的时候，我心有戚戚，我感受到了巨大的能量震动。原来人世间的所有损益都无外乎于此。

上九：莫益之，或击之。立心勿恒，凶。

不要既助益他，又打击他，这样持心不专，凶。

如何理解这个故事？我举个例子，有些家长特别爱孩子，但有些时候会有意无意地把对配偶的不满转嫁给孩子，特别是当发现孩子身上有另一半的不良特质时。

当他们爱孩子的时候，就一直帮助孩子。但当他们看见了孩子所遗传的不好的印记时，就开始打击和责备这个孩子。这种又打击又责备的状况，其实是非常普遍的。

周文王在卦辞里说，这种既益之又损之，就是既表扬又打击孩子的行为，用心不专，最后的效果并不好，千万不要这样做。

你觉得自己付出了很多，却埋下了很多恶的种子。这种恶将来有一天，会以某种方式回流给你。

当你老了，被孩子气得不得了的时候，一定要知道，这或许和当年你的"用心不专"有关，因为你对他的打击和表扬没有做到平衡。

所以周文王说："立心勿恒，凶。"如果父母对孩子的情绪输出不稳定的话，就叫"立心勿恒"。"勿"是不够的意思，所以你的用心不够恒定的话，是凶的。

整个益卦，用这样一爻来收尾，它在说的是给予。给予是一门艺术，所以不要让自己的给予最终变成没有稳定性的操作，这最终总是不太好的。

以此爻问时运，整个益卦走到最后的时候，好运已经退去，需防止意外的灾祸。以此来问两人的关系，恐怕不能白头偕老。因为你在对损益的拿捏上，没有把握好艺术的尺度，最后导致分崩离析。

什么时候该给，什么时候该拿走，什么时候该表扬，什么时候该批评，都是一门艺术。

如果你要问梁某人有什么建议的话，我唯一的建议就是：**不要给太多，不要随意拿，也不要心怀怒气。**

当然有些时候，我们要保持一种觉察：你对他的批评，是因为你爱他？还是因为你恨自己，所以连同恨了自己的另一半？

这个东西只有你自己知道。只要看清楚了，很多问题就迎刃而解了。

☰ 梁注·观卦小笺 ☷

- 就是要学会改变。看见好的东西要向它靠拢，有不好的状态就要学会积极主动地调整。有许多事情只要稍微做一个调整，立刻就能看见巨大的变化。

- 读《周易》给我们最大的启发，就是《周易》永远会猝不及防地让你活在对未来充满幸福、展望和勇气的开端里。

- 你只需要用你习惯的诚恳、习惯的中道、习惯的宽恕去面对它就好了，它背后的算法是如何进行演绎的，既不可知，也无须知，你只需要感谢就好。

46

【 震卦　震为雷 】
事有不成，必有所惧

普通人听见雷声都会恐惧，
而知道趋势的人听见雷声，
只会欣然接受。

震 卦

震来虩虩，笑言哑哑，震惊百里，不丧匕鬯。

震 (雷) 上 六		震索索，视矍矍，征凶。震不于其躬，于其邻，无咎。婚媾，有言。
六 五		震，往来，厉，亿，无丧，有事。
九 四		震遂泥。
六 三		震苏苏，震行，无眚。
震 (雷) 六 二		震来厉。亿丧贝，跻于九陵。勿逐，七日得。
初 九		震来虩虩，后笑言哑哑，吉。

《彖》

洊雷，震。君子以恐惧修省。

《象》

震，亨。"震来虩虩"，恐致福也。"笑言哑哑"，后有则也。"震惊百里"，惊远而惧迩也。出可以守宗庙社稷，以为祭主也。

为什么"震动"的"震"和"镇定"的"镇"发音一样？

当我们面对激荡冲突的时候，为什么你的镇定能够反映你内心的能量？

在动荡和充满不确定性的年代，如何观察契机的变化，

才能让自己开创一个全新的局面？

震

阳气回升，在天为雷，在地为震

这一卦叫震，由上下两个震卦组成。

震卦是从坤卦演化出来的。将坤卦最下面的阴爻转换为阳爻，就变成了震。

你可以想象一下，大地经过了严寒后，阳气收缩在地底的最深处，过了冬至之后，阳气开始重新往回走。

整个地气会在一年当中，随着冬至与夏至的转换，出现不同的深度。那一股阳气在最底下，过了冬至就开始往回走，走到震这一个阶段往上冲的时候，势必与整个地壳板结的状态形成撞击。

于是在地底下有些地方，冰开始解冻，气开始撞击，这就是震的样子。

在周易六十四卦里，震卦把两个震卦叠在一起。在天成象，在地成形，这个气整个在往上顶的时候，会在天空中形成撞击，于是在天上形成声音。

它在地底下，是阳气回升之后那一股激荡，所以叫作"在天为雷，在地为震"。

当我们理解了这种情形，自然而然就能够理解，为什么有些人早上醒来会在被窝里先来一个晨屁。不知道你是否有这样的经验：如果晚上睡得特别好，第二天早上的屁，就会来得特别响。

震

其实这很有意思，一个人在睡觉的时候，他的身体在干什么？他的血液回流到身体的最深处，进入肝肾，经过一夜的清洗，早上阳气在出腾的时候，会在我们的身体里形成激荡，于是，屁就来了。

所以每个人都会从日常生活中，发现他的身体是如何像一个法器一样，应和着天地契机的转换。如果晚上睡得好，早上醒来在被窝里放的那团屁很响亮，那一个有所感的人就会知道，这预示着今天是震动的一天，是能够通便的一天，是舒爽的一天！

有经验的农夫也知道这样的道理，那些突如其来的，在经过了长时间的凝固、肃杀、不作为、停止、休眠之后的春雷，预示着春天即将来临。

如果以此比喻整个时事，那些曾经被压抑、被禁锢的东西，由于人心的绝望而带来的一切，都会因为一些震动，而引起大家对新的生命、生机的期待。

巨大的震，往往带着巨大的机会

震，亨。震来虩（xì）虩（xì），笑言哑哑，震惊百里，不丧匕鬯（chàng）。

这个雷声震动的声音很大，足以让一般人感到恐惧。但一个真正的君子知道这是好事，因为这代表着希望的开始，所以反而能够保持微笑。

那些震动百里的声音，没有让真正的圣人把手上祭祀的工具弄掉在地上。

这是一个什么样的情景？那些祭祀者，也就是把自己的生命、自己的所有体验与道同齐的人，他在进行高端的行为艺术。

真正的高人，都有这样一个特点，当他把自己的心与天地的转换形成共振的时候，他们都知道，震动并不见得是坏事。

我们常常说，一个人在面对那些突如其来的变化时，能保持镇定，不仅是因为他有这种天赋。更重要的是，他知道这并不是坏事。

比如，有经验的股市操盘手，他看好一只股票，突然这只股票出现大幅波动，甚至还出现了巨大的下跌。此时，没有经验的人就会感觉大难将至，于是赶紧抛售。而有经验的人就知道，这是在起飞之前的一次深蹲，是自己等了很久的一个买入的信号。

同样是突如其来的变化，为什么我们会有完全不同的反应呢？因为普通人看见的是震动的现象，是大大的声音，是突如其来的起伏，这些会让你的心神不安。

而那一些活在周期、活在对未来的判断、活在未来趋势里的人，能更清楚地看到，这场震动是提醒自己做好之后一切的准备。

巴菲特说："别人贪婪的时候我恐惧，别人恐惧的时候我贪婪。"

这完全印证了"笑言哑哑"这句话，普通人听见雷声都会恐惧，而知道趋势的人听见雷声，只会欣然接受。

"匕"指一种盛酒的礼器，有点像一个大勺子。"鬯"指酿出来的美酒，据说这种酒可以让身体经络通畅。所以在古代，人们会用大勺子这种礼器装着这种酒，用来祭天。

"不丧匕鬯"描述了这个场景，在突如其来的震动面前，那些推天道而明人事的圣人端着酒器丝毫不乱，甚至还欣然表示感恩，因为这就是他所期待的一切。

以震卦比喻时事，事情马上要出现巨大的突破。在此之前，会出现一段时间的跌宕、震动，甚至出现一些看似很令人惊恐的现象。只要你心里面充满了定见和远见，就会对当下出现的这些不确定的事情感到欢愉。

每当出现巨大震动、情绪激荡的时候，只要你能够保持镇定，能够压得住，其实往往会发现这其中蕴含巨大的机会，能够让这个事情出现一次革命性的升华。

天地之间有一种很奇妙的深蹲感——在它深蹲下去、跳起来之前的那一刹那，就是"震"的样子。

借恐惧来修省

"洊雷，震。君子以恐惧修省。" 这句话来自《象》。

后世儒家在看到震卦时，会问自己一个问题："这样一个现象，对我们的为人提出了什么样的要求呢？"这个要求就是"以恐惧修省"。

梁某人曾经听过一个说法，十万八千法门，每一个法门都是可以用来做修行的通关密钥。

有些人是以愤怒金刚相做修行，有些人是以退隐忍让做修行，有些人是看见自己的欲望做修行。在这里则是"君子以恐惧修省"。

也就是说，每种情绪都是一把通往我们灵魂深处，乃至借灵魂深处进入宇宙深处的钥匙。

当一个人处在情绪的巨大震动过程中的时候，在某种情况下，这也是一种开启。

古代的儒生看见震卦的时候，会联想到有关修行的思考：我怎么借由我的恐惧来修行？

看见自己的恐惧，是获得超越的一个很重要的法门。

许许多多的事情的本质是出于你的恐惧。事有不成，必有所惧。

你看见了自己的恐惧来自哪里，这是你突破自己人生障碍的一个很好用的法门。

朴树在一首歌中唱道："你在躲避什么？你在害怕什么？"我想可能朴树老师也在他的音乐创作和人生思考当中，一直回想着一个问题，我们怎么样能够借自己的恐惧看穿自己，进而突破自我？

一些人有社恐，社恐的本质是缺乏被讨厌的勇气。而这个"被讨厌"，只不过是一种心理设想的可能性。

有些人还没说话，还没去到那儿，就已经想到别人冷落自己的样子了。

我跟太安私塾的同学已经上完一年的课了，虽然我们之间已经非常熟悉了，但是毕业的时候只有一个同学来加我的微信。我很好奇："咱们一起吃过那么多次饭了，一起坐在车上开玩笑，一块儿聊得很愉快，怎么到了毕业的时候，你才来加我的微信？"

这个同学说："我就是不知道怎么主动加别人微信。也许我隐隐地害怕，如果自己提出申请之后你没通过，我就会感觉到自己受到了很大的伤害。"

一个很久都没有联系的朋友，突然有一天告诉我："你知道吗？我一直很怨恨你。"

我说："你恨我什么？"

他说："你为什么不让我看你的朋友圈？"

我不知道自己哪天不小心屏蔽了他，这个无心之失使他一直在暗中恨我。

我开玩笑说："你恨我什么呢？我发朋友圈也不会发什么私事，都是转发一些文章之类的。"

但他觉得这代表了我对他有意见，我内心肯定存在某种对他的不满。

他说："一定是我很糟糕，或者做了什么对你不好的事情，被你感觉到了，所以你现在报复我。"

我说："天呐，这完全是你的想象！"

你是这样的人吗？别人一个眼神，就足以让你难受一整天？别人不回你微信，你就会揣测自己是不是不重要？

你发了一个加好友请求，但人家没有通过，你就会难过好多天，甚至后来都不会主动加别人微信？

我们可以称这些人是社恐，但其背后都是对自我认知的想象投射，自己想象出来的别人对自己的不满、对自己的担心的一个投影。

如果你也是这种人，就要问一下自己：恐惧来自哪里？

曾经一个老师告诉我，一切的情绪都只是习惯，你只是习惯于恐惧，至于究竟是什么东西让你恐惧，那根本就不重要。

有些人习惯于想象自己被人拒绝，所以他就将别人那些有的、没有的，或者很不重要的表情，曲解为在讨厌他、拒绝他。

这是社恐的根源。

所以我常常在想，如果一个人从小被恐吓，比如爸爸妈妈为了不让他做什么事情，就恐吓说："你再不听话，我就要打你""你再不听话我就告诉老师""再不听话就让警察叔叔来把你带走"……那孩子长大会怎样？

我小的时候就被这样对待过，如果我不听话，我妈就说让人把我抓走。

我不知道你有没有经历过类似情形，某个人，因为他自身的局限性，选择用一种简单粗暴的恐吓方式，要求你完成他给你的指令。

这些事情在操作的时候很简单，一句简单的恐吓，就能够让你做或者不做什么事情，但是给你埋下了极其深远的烙印——你活成了一个不知道自己为什么恐惧，而只是习惯于恐惧的人。

这就是情绪，但这不过是一个人的业力，不过是一个心智模式的习惯。

传播学里有一个特别有意思的定理，人们往往只会记住这个结果，但会忘记这个路径。忘记之前是谁告诉你的，以及是在什么情形下告诉你的。

那些习惯于觉得自己是个穷人的人，哪怕他有很多钱，心里面还是觉得自己是个穷人。

乐观是一种习惯，恐惧是一种习惯，怀疑是一种习惯，相信是一种习惯，一切都是习惯。

我想跟大家讲的是，古代的圣人在看见震卦的时候，联想到可以从观察自己的恐惧、分析自己的恐惧、回溯自己的恐惧开始修行。

如果你看破恐惧的本质，认识到这只是自己长久以来情绪反应模式的一种习惯，就可以突破恐惧。而那种突破了恐惧的人，就怎么样都不会难受了。

我曾经采访过一个身经百战的老将军，我问他："您这一辈子见过最牛的人是谁？"

他说是他以前的团长，敌人已经在前面不到几百米了，团长却说："我睡一分钟。"然后马上就能睡着，一分钟后醒过来继续战斗。炮弹已经在门口了，他如何能做到立刻就睡着的呢？他的恐惧去哪里了？

《徒手攀岩》这部纪录片讲了一个人经过长期的训练后，他的脑区里就没有了在攀岩时的恐惧感。

佛教里有个很著名的修行法门，现在的脑神经科学家也在进行相关研究，那就是通过冥想、观察，重塑你的大脑神经元，把你对这个事实的想象和情绪反应一层层地剥开。

然后你终于发现，所有的欢乐、悲伤、恐惧、愤怒、担忧，都不过是你大脑的习惯。当你意识到这个东西与你正在经历的客观世界无关的时候，就可以解脱了。

震为雷：六爻细解

震卦的爻辞，讲了在剧烈震动过程中人们的六种反应。

初九：震来虩虩，后笑言哑哑，吉。

这是很奇特的一爻，它和卦辞几乎一样，不知道是卦辞模仿了它，还是它模仿了卦辞。总之从表面上来说，当年立定震卦这个体系的君子，一定觉得这句话很重要。

这句话是什么意思？震动很激烈，巨大的声音传来的时候很厉害，但君子依旧保持"笑言哑哑"的微笑，是非常吉祥的。

《世说新语》里关于魏晋名士的所有故事，其实都是这句话的反映。比如传来前方打胜仗的消息，你下棋时的动作是不是能够保持一样？

后世以此来衡量一个人的根器，以及他的境界。这背后其实有很多东西：你是否能够洞见事情的规律？你是否能够控制自己的情绪？你是否能把自己的情绪与发生的事情剥离开来？

如果占得此爻，说明时运正在处在剧烈的震荡过程中，未来只要你能够保持镇定，那就是吉祥的。

六二：震来厉。亿丧贝，跻于九陵。勿逐，七日得。

翻译过来就是，震动越来越厉害了，有摧枯拉朽之势，还有可能丢失很多钱财。登上高峰的时候，也到处在震。不用逃，七天之后就可以获得安定。

如果你正好占得此卦，说明你正在经历一些巨大的情绪或外界的震动。在这个时候，你可能要寻找一个躲避的方向，在高处躲着，或者在某个地方固守。比如地震的时候，你正好在山顶上怎么办？不要跑，过七日就可以安定。

这不是一个固定的数字，七是变化之数，可能是七小时，也可能是七天，还可能是七个月，甚至可能是七年。但总之，你要知道，这是要经过某个周期之后才会变好的一个格局。没有办法，你只能保持镇定。

在面临巨大变化的时候，除了保持微笑，我们还可以保持不动。不动也是一种动，因为不动是若干种动之中，最有效的一种选择。

一个人要很努力才能够保持镇定，我们称其为"积极的不作为"。

六三：震苏苏，震行，无眚。

余震未绝，震动过去了，却仍然不得安宁。

如果以此来比喻你正在经历的事情，就说明还有余震，事情还没有完全过去。但没关系，只要保持谦逊、谨慎，就能渡过灾祸。

如果此时你问的是你的身体，从卦象上看起来，你的身体出现了很多问题，甚至出现了"打摆子"[1]的情况，这说明你还在这一系列问题的后续影响中。不过不用担心，很快就会好的。

九四：震遂泥。

震动使你深陷泥潭，这时候怎么办？不要再折腾，要等着。

1　"打摆子"是疟疾的俗称。——编者注

如果你正在炒股或投资，这代表你正在经历一段股票的震动期。

在震动的过程当中，如果你相信它在未来会保持上涨，那最好的方式就是关掉手机，不要每天去看。否则你的情绪就会陷入其中，你也会被这个震动深深地套牢。

有些时候我们看见震卦，想到自己在投资的情形，就会有一个很有趣的反省：炒股到底是在炒什么？说白了，炒股炒的是你有没有被庄家震出来的过程。有些人就被庄家震出来了，有些人就震进去了。

总之，你是否能够在震动的格局当中，看清楚自己的恐惧，看清楚你对内在价值的判断，这才是炒股的乐趣和意义所在。

六五：震，往来，厉，亿，无丧，有事。

这个大的震动来得很厉害，很可怕，但没有伤亡，不会有巨大的损失。也许有一些损失，但不会太大，不至于全军覆没。

通常一个卦象到第五爻，特别值得我们留意，一个卦里最核心的要义，往往藏在第五爻。

震卦整个卦象说的就是：**震动本身并不会带来危难，你对震动的过度担忧才会带来危难。**

学过《周易》的人会有一个收获——他知道该如何面对变化，尤其是对一些你不能控制的变化，知道这些变化都是在考验自己。

震卦的第五爻就是说，这个震动很可怕，时来时去，会给你带来损失，但不会给你带来致命的损失。

知道了这个底线之后，你在对待所有的不确定、激荡、冲撞时，心态就会不一样。

上六：震索索，视矍（jué）矍（jué），征凶。震不于其躬，于其邻，无咎。婚媾，有言。

震动仍然一波又一波地来，电光一闪又一闪，这个时候出行无疑是有凶险的。

大震并没有能够摧毁自身，叫"震不于其躬"，但可能会影响你的邻居，不要怕。但在这时注意不要交媾，否则会遭殃。

总之，在天上打雷地上震的时候，你的所有反应都可以在这一个卦象里被描述出来，它唯一给你的提醒就是：这个时候不要交媾。为什么呢？

因为这个时候容易滑胎，而且你此时精神上的恐惧会成为一个种子埋进去。

以前我采访过脉诊仪发明者王唯工先生，他讲了震动频率对生命的影响。一个人为什么有所谓的先天性格禀赋呢？有两个时间点很重要。一个是当你出生的时候，在你的呼吸的一瞬间，大气进入了肺部。还有一个时间点是精子进入卵子的那一刹那，天地之间很多的频率都会记录在这个时刻里。如果这时候你恰好成型，此时的频率就成了你先天的一些底层性格代码。

这也能很好地解释为什么同样的父母生了好几个小孩，他们生长在同样的家庭，就读在同一所学校，生活在同样的环境里，但性格禀赋完全不同。关键变量是他们成为人时的时间。

据说，那些真正的铁板神算，不仅要看这个人出生时候的八字，还要倒推这个人在最开始形成那一刹那生成的八字。这两个时间加在一起算，才是真正的高手。不过这个方法对现在的人来说，已经很难了。

据说以前在宫里，皇上在临幸嫔妃的时候，会安排一个太监在门口记录时间点。他们真正把一个未来皇子最重要的时刻进行了精准记录，由此进行的推算可能挺有意思的。

善报永远会在某个时刻来临

整个震卦通篇看下来，是处变不惊的卦象，借由观察外界和内在的巨大震动来修炼自己，让自己看清楚这些震动的皮相和外相，从而坚定自己内心的方向。

我现在越来越能够理解，以前有一些老先生为什么每日玩"易"，没事的时候待着，就拿出一个卦辞来琢磨，就像牛反刍食物一样，把自己人生的所有体验用来反刍，与卦辞应和。

所以你看那些有智慧的老年人，他不会无聊，他不需要一定去看电视、去旅行，不渴望天伦之乐，他一个人待着，没有容貌上的焦虑，也没有特别兴奋。他在干什么？他在用自己的人生和自己的智慧与那些经典进行研磨，这种乐趣不足为外人道也。

说到此处，我想跟大家分享一个小小的体验。梁某人的外婆是一个神仙一样的人物，已经一百多岁了。前几年，外婆因为肠梗阻住进了 ICU，旁边全都是各种新冠重症病人。老太太看见旁边的人也不舒服，就说要离开，结果凭借一己之力就搬回来了，而且居然没有感染新冠病毒，现在还生龙活虎的。

过年时我去看她，握着她的手，她的手很柔软，人耳聪目明。外婆跟我讲了两个金句。第一句是："哎呀，不爱跟那些八九十岁的人打麻将，那些人耳朵都背了。"她一个一百多岁的老人，说自己不爱跟他们玩。

第二句是："冬冬，记到起哈（记得哈），善有善报，恶有恶报。恶报来得快一点，善报会来得晚一点。但你要记住，善报永远会在某个时刻来。"

一位活到一百多岁的老人家，在跟你说这句话的时候，是很有力量的。

我那时就涌出了一个感受，什么叫神仙？神仙就是活着演给你看的人。

从某种程度上来说，我觉得我的外婆就是这样一位神仙。

震卦就是这样一卦。希望大家学"易"之后，当你也一百多岁时，坐在油菜花田边，眺望远方，可以用自己的人生来回味这一辈子的种种经历、经历的所有折腾、所有当时让你感到恐惧的事情，你能安然地坐在这里，告诉自己说："原来所有的折腾，只要不把你折腾死，都不过是个玩笑，只不过是让你看见自己与生俱来的或是童年留下的那些恐惧而已，而它仅仅是个习惯。"

震

☶ 梁注·观卦小笺 ☶

- 真正的高人，都有这样一个特点，当他把自己的心与天地的转换形成共振的时候，他们都知道，震动并不见得是坏事。

- 天地之间有一种很奇妙的深蹲感——在它深蹲下去、跳起来之前的那一刹那，就是"震"的样子。

- 有很多时候，在面临巨大变化的时候，除了保持微笑，我们还有一个方法就是保持不动。不动也是一种动，因为不动是若干种动之中，最有效的一种选择。

47

【 噬嗑卦　火雷噬嗑 】

人生困局行动指南

当你身处某种困局当中时，
要懂得放弃一些东西。

噬嗑卦

亨。利用狱。

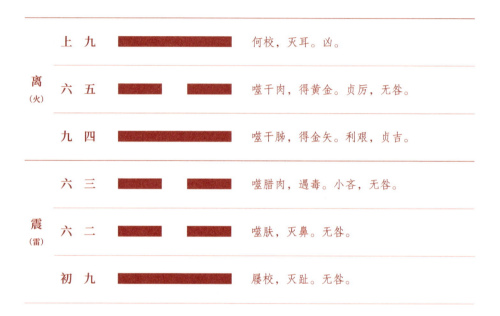

	上　九		何校，灭耳。凶。
离	六　五		噬干肉，得黄金。贞厉，无咎。
(火)	九　四		噬干胏，得金矢。利艰，贞吉。
	六　三		噬腊肉，遇毒。小吝，无咎。
震	六　二		噬肤，灭鼻。无咎。
(雷)	初　九		屦校，灭趾。无咎。

《象》

雷电，噬嗑。先王以明罚敕法。

《彖》

颐中有物，曰噬嗑。噬嗑而亨，刚柔分，动而明，雷电合而章。柔得中而上行，虽不当位，"利用狱"也。

面对如鲠在喉的生活，我们应该把它吐出来，还是把它嚼烂了吞下去？

如果生活的所有苦难都可以嚼烂之后吞下去，

那种打掉牙齿和血吞的气概，是不是一个生活中真正的勇者应该拥有的？

你在被束缚的世界里如何吃得到东西，又如何让它为你所用？

如果你正在被束缚

这一卦叫火雷噬嗑，"噬"是咬、吃的意思，"嗑"是上下颚合在一起的感觉。

噬嗑，离上震下，上面是火，下面是雷。如果把火和雷拼在一起，看上去很像上面和下面的牙齿正在咬着食物的象形图案。

面对如鲠在喉的生活，我们应该把它吐出来，还是把它嚼烂了吞下去？

梁某人窃以为，以前人们把自己的身体视为一个大熔炉。我们把自己的人生投入宇宙，被这个宇宙所咀嚼，然后灰飞烟灭。同时我们也效法宇宙，把食物吃到嘴里咀嚼，然后在自己的小宇宙里也让食物灰飞烟灭。

这是一个双向互动的过程。所以咀嚼食物被视为熔化天地的开始。

中医里的扶阳派认为，天地之始都是基于坎离二卦，天地之间都是基于火来推动。这个火，不是我们看见的明晃晃的火，而是温度，到一定温度的时候，事物就开始发生质变。

很多人都在讲，噬嗑是一个狱中之卦，因为它说："亨，利用狱。"讲的是如何利用惩罚、囚禁、暴力手段来完成统治，这是很多易占家讨论的话题。

不过何新先生说，看通篇的爻辞，一会讲吃腊肉、吃干肉，好像这和祭祀之后大家一起吃东西有关。

梁某人觉得这一卦有点像周文王的日记，是他被关在监狱里的时候，吃不同食物的记录。等你看后面爻辞所描写的细节，你就知道他的故事是什么了。

那这个场景对于占卜来说，意味着什么呢？梁某人的解读是：如果你正在被某种困境所困，你如何在这种被束缚的世界里吃得到东西？你吃到了什么东西？你又如何面对自己吃下去的东西，让它转而为你所用？

如果你正在被生活中的某些事束缚着，如婚姻、事业、房贷、家庭、儿女、情感、承诺、债务，那么，你在你的"监狱"中能吃到什么？你该如何吃，如何化解、如何思考、如何面对？

束缚你的正是你最应该利用的

噬嗑卦的卦辞是：**亨。利用狱。**

总的来说，一个在监狱中的人，仍然可以保持亨通。很显然，"亨"可以代表两个意思。

第一，代表的是享用，这是一个祭祀用语，即你要享用这些食物。第二，代表的是通达。哪怕在监狱中，哪怕被束缚，你仍然可以保持你的通达，仍然可以享受当下的每分每秒。哪怕你正在被囚笼和监狱所束缚，你还是可以利用它。

那些束缚你的，正是你最应该利用的。

穷人和富人最大的区别在于，穷人被债务所束缚，富人却利用债务束缚别人。虽然他自己有债务，但当他的债务足够多的时候，他根本不害怕。

比如之前一位房地产大亨要去跳楼，下面的人马上拿垫子铺上，营救他。哪怕他欠了几个亿，人们还不是要用各种方法去救他？因为他欠得太多，大到不能倒下。

同样是那些人，你生他的气，你讨厌他、你不理解他，但人家就是"利用狱"。你把欠钱当作人间地狱，人家把欠钱当作自己升华的途径，这就叫"利用狱"。如果一个人能够利用债务，那他能不能还利用别的呢？这就见仁见智了。

有些人为身体所累，佛家的修行人说，不会"乘愿再来"了，而要超越六道轮回，不受这肉身之束缚。但道家弟子说，身体是一个法器，是我们用来行善积德、享受人生、体悟大道的道具。

这又有何不妥呢？

其实对于我们的生命和灵魂来说，最重要的监狱就是我们的身体，我们一世都会为这个"监狱"所束缚。但活得开朗明白的人就知道该如何用好这个监狱。

所以噬嗑这一卦最精彩的就是这三个字——"利用狱"。噬嗑在《象》里的解释就把这一卦引申到和刑法有关了。

《象》曰：**雷电，噬嗑。先王以明罚敕法。**

噬嗑卦喻指帝王要效电之明，效雷之威，正其国法，即用雷霆手段明确规范，并进行管束。这也很合理。

　　周文王身在狱中的时候，做的是如何利用囚牢去穿越时空，给他的后代去解释他这段经历，而且他还以此立下法律和监狱体系来协助国家进行管理。

　　不同的视角正是后来自由的人在利用祖先的故事去完成教化的基础。

　　所以我们在读卦辞和象辞的时候，要清楚地看到中间的差别。如果你在面对生活时如鲠在喉，你要选择成为一个什么样的人呢？这是我们今天在开篇就和大家讨论的问题。

　　噬嗑卦是讨论在被监狱所束缚的状态下，你该如何自处的话题。所以当我们讲到这一卦的时候，请你联想一下，当下什么是你生命中"最重要"的囚笼？

火雷噬嗑: 六爻细解

初九: 屦校, 灭趾。无咎。

　　何新老师解释说，吃祭肉时，要吃胫骨那一块，还可以吃脚趾，不用害怕。还有些人解释，这是在狱中被人绑住了脚，脚趾被剁了的情景。

　　你如果读过《庄子》，你就会发现《庄子·德充符》讲了战国时期有大量没脚趾、断脚的人。在商朝，有人没耳朵、眉毛被剃掉、牙齿被拔掉，甚至鼻子被锯掉，这是很常见的。

　　在古代，一个人稍微犯点错，就可能被剁手剁脚。现在你闯个红灯会被扣六分，如果在以前可能就是被剁掉脚趾。所以在那个故事的场景下，"无咎"指的是问题不算很大，只是被剁了脚趾，或只是在吃脚趾而已。

如果这一段真的是周文王所讲的话，那么有可能是周文王在狱中被人剁了小脚趾，也可能是有一天外面做了大型祭祀之后，把这些剩下的肉分给监狱里的人吃，然后他分到了一部分小腿肉以及脚趾肉。

这是不是听起来很恐怖？我们读书时要学会将意识投射到那个时代，这种情景在那个时代是很正常的。就像现在大家聚餐的时候，有人递了一只凤爪给你一样正常。

我们广东人吃早茶时都爱吃凤爪，用豉汁、豆豉、香油蒸，蒸得软软的。很多没有吃过家禽脚的外国人，看中国人吃这个东西，觉得简直匪夷所思。这就跟你今天读这个卦辞，看见文王当时吃人的脚趾是一样的感觉。它们就是你内在的联想投射而已。

如果占到此卦，说明你会有一点小小的损失，但没有大的问题，要懂得舍车保帅。

当你身处某种困局中时，要懂得放弃一些东西，这对于你获得更长期的东西是有帮助的。

比如，现代很多人千方百计地想被一种金手铐所铐，比如上市公司的股权，但你必须在这个公司上班有一定年限后才能拿到。

你得到的是未来的收益，你失去的就是当下的自由。这相当于先服刑，但你能得到一点好处，也就是这个卦象里对应的小脚趾。

你愿意拿一些可以舍去的、不伤筋动骨的东西，去换取更大的利益，所以这个卦里有"无咎"二字。

具备深度思考能力的人，占到此爻时，一定要思考的问题就是：我究竟要成为一个什么样的人？我愿意在这个过程当中放弃什么？

我曾经听过这样一个故事，有一次，将军在渡河之前要跨越天堑，去问领导该怎么打。领导在屋中踱步，第二天早上拿了张纸条出来，上面写着"二十万"。也就是说，这场仗打下来要牺牲二十万条性命。

每一条性命的背后都是一个家庭，每一位士兵都是母亲的孩子、女人的丈夫（或男人的妻子）、孩子的父母。但是在战争、革命之中，在这种大的历史事件中，站在元帅和将军的角度，这场仗就是要这样打的。

有时我在看一些国际新闻的时候，其实也在想，绝大部分的人不可能成为超级领袖的主要原因，就是他们在心智上完全不能够接受和理解这样的事实，即所谓"慈不掌兵"。

但是"其大无外，其小无内"，就算你做不了天下的领导，做不了公司的领导，做不了一家之主，但你总要做自己的主人。你对自己的身体负责，你对自己的生命负责，也就是说你就是自己的领导。

你自己的生命和身体也是一个国家，也是一个宇宙，你还是要承担一个身体领导的角色，你还是要问自己一个问题：你为了这样做，你要放弃什么？你可以放弃什么？

六二：噬肤，灭鼻。无咎。

"肤"指的是身体的表皮。总之，表皮被割了下来，鼻子也被割了下来，也是无咎的。

在有着吃人习俗的残酷的旧社会，那个故事场景虽残忍，但是你得知道"吃"是不可避免的，只是你不吃人而已。

前段时间，有个朋友送我了一筐大闸蟹，送到的时候还是活的，我把它们放在浴缸里，没一会儿就爬得满浴缸都是。

如果你是一个修行人，这时该怎么办呢？你是不是要拿甘露碗洒水在上面，放一晚上的"超度经"呢？你只看见了动物作为生命的存在，那你在吃鸡蛋的时候，是不是也算杀生呢？

如果有一天我们的设备进化到可以读懂一朵玫瑰花的情感，读懂一颗西蓝花的趣味，读懂一颗圆白菜的世界观以及它的菜心、菜命，你甚至都能听到它的声音了，你还能吃菜吗？说得再小一点，喝水的时候，一口水里也是无数众生，对吧？

你接吻的时候，你把别人口腔里的生灵都吞到自己的肚子里去，你又如何面对这样的生命残杀呢？

所以尹烨老师讲过一句特别有意思的话："那些口口声声讲保护动物的人，他的世界就只能看见动物的命，他连植物有生命这些基本事实都无法尊重。"

万物互联，我们吃食物，自己终究也会被天地吃掉，这就是生命。

如果有机会，你带着孩子去一下非洲大草原，看看那些草原上的动物是如何相互成就的。

一个国家地理杂志的摄影师，长期跟拍一个羚羊部落，发现有几只羚羊特别可爱。每天透过摄影机拍摄的时候，他都很细致地观察这些羚羊的表情、眼神，以及母亲和小羚羊的关系。

后来有一天，他目睹了一只狮子扑过来把一只羚羊吃了。他很喜欢这只羚羊，甚至对它产生了感情。但他说，作为一个摄影师，只能在旁边看着。

如果你保护了羚羊，那谁去保护狮子呢？狮子也是需要食物的。它也是位母亲，也要捕获羚羊喂它的孩子。在它的家里，可能有垂垂老矣的狮子、嗷嗷待哺的幼崽，难道狮子的捕食行为不具有某种慈悲吗？

所以当我们读《周易》的时候，一定要和孩子们分享这样一种更开阔的世界观，不是"吃不吃"的问题，而是吃的时候要不要浪费的问题。你可以吃食物，但如果你把它浪费了，这是不合理的。

我们带着小朋友去动物园，看完小白兔，中午去吃兔头、兔肉的时候，一定要跟他说："兔子奉献了生命，厨师又用复杂的烹饪过程做好后给你吃，你对它最大的尊敬就是享受它、吃好它。否则，你刚刚吃了一口就扔了，这是一种浪费。这种浪费对于你的心性来说叫'不敬'"。

这才是我们真正要修行的，对万事万物心存感恩、心存尊敬。尊敬它的命运，感谢它赐予你的一切，而不是虚伪地敬而远之。

这才是梁某人个人认为的，一种如实的生命观。

噬嗑

六三：噬腊肉，遇毒。小吝，无咎。

这一天啃吃的腊肉，有可能是狗肉、驴肉，也可能是人肉，总之是风干的肉。你遇到了毒害，虽有小灾，终无大害。

梁某人曾经帮助几家公司在美国上市，也曾经参与几家公司的 IPO，所以目睹了很多年轻人在公司上市之后，突然套现了一大笔钱。

这算是一件好事了吧！但一夜之间获得的这笔钱，反而害了他。有些人跑去赌博，还有些人突然有了钱后不知所措，一副小人得志的嘴脸，这些都是给了你腊肉之后所埋下的毒。因此，我们在狱中可能损失东西，也可能获得东西；获得的东西看着是好的，但也许对你是有毒的。

这种抽离世界的看法很有意思。有一天，我儿子在家里和他妈吵架，我本来想做个和事佬，后来不知道怎么回事，我就被拖下水了，最后变成了我和孩子妈妈之间大吵一架。

本来正在被批评的儿子突然变成了旁观者。我看着他，他看着我，他突然说："爸，我作为一个旁观者看着这个场景，觉得挺有意思的。我突然发现这个事情不会影响我的情绪了。我刚才还生气，现在不生气了，好像一切与我无关一样。"

我说："当然了，这个事情现在变成了我和你妈之间的矛盾，当然与你无关了。我现在引火自焚，为了拯救你，太不容易了。"伟大的父亲虽各自有不同的伟大，但是本质都是爱。

九四：噬干胏，得金矢。利艰，贞吉。

在吃干肉的时候，突然咬到了箭头，"矢"是箭头的意思。尖针可能会把嘴戳破，但最终是好的。而且有了这种心态之后，可以去艰难地远征，所以吉祥。

在吃腊鱼的时候，你可能会不小心吃到鱼钩，这条鱼把曾经钩到它的那个铁钩一起馈赠于你。

你在获得某一种食物的时候，也会获得其所带来的某种诅咒——所有祝福里都隐藏着某种深深的诅咒。当然，反过来亦成立，那一些诅咒里也包含着祝福。

六五：噬干肉，得黄金。贞厉，无咎。

帛书版《周易》解释说这是遭遇了毒害，出行有灾，但无须害怕。在狱中的时候吃了有毒的干肉，没关系，只要毒不死你，你就能够继续前行。

上九：何校，灭耳。凶。

想吃骨头却不小心吃到了耳朵，这是一件很糟糕的事情。

消灭不了你的，终将会成就你

我们再把"噬嗑"这一卦的场景统摄一下。其实，这些都是在讲你深陷一种困境当中的时候，你会遭遇许多的坏，也会得到许多的好。

当你吃到难以下咽的食物，或者你发现很好吃的食物里面却有钩子、有箭头、有毒的时候，请你记住这句话：**那些不能够消灭你的，最终都会成就你，**所以"利艰，贞吉"。

所有曾经限制你的东西，所有曾经加害你的东西，所有曾经诱惑你的东西，所有曾经喂养你的东西，最终都会成就你。

这一切会在心理上和生理上给你支持，并转化为让你远行的力量——那些食物在生理上支持了你，那些限制在心理上成就了你。

因此，噬嗑卦在梁某人看来，完全就是一个人生困局的行动指南。总结成一句话就是：任何的困难、任何诱惑、任何给予、任何的限制，如果消灭不了你的，那终将成就你。

☰ 梁注·观卦小笺 ☰

- 哪怕在监狱中，哪怕被束缚，你仍然可以保持你的通达，仍然可以享受当下的每分每秒。哪怕你正在被囚笼和监狱所束缚，你还是可以利用它。

- 对于我们的生命和灵魂来说，最重要的监狱就是我们的身体，我们一世都会为这个监狱所束缚，但活得开朗明白的人就知道该如何用好这个监狱。

- 所有曾经限制你的东西，所有曾经加害你的东西，所有曾经诱惑你的东西，所有曾经喂养你的东西，最终都会成就你。

48

【随卦 泽雷随】
跟随大时空的节奏走

获得关于时间节奏的密码，
就能得天下。

随 卦

元亨。利贞，无咎。

	上 六		拘系之，乃从。维之，王用亨于西山。
兑 (泽)	九 五		孚于嘉，吉。
	九 四		随，有获，贞凶。有孚在道。以明，何咎？
	六 三		系丈夫，失小子。随，有求，得利。居贞。
震 (雷)	六 二		系小子，失丈夫。
	初 九		官有渝。贞吉。出门交有功。

《象》

泽中有雷，随。君子以向晦入宴息。

《彖》

随，刚来而下柔，动而说，随，大亨贞无咎，而天下随时，随之时义大矣哉。

为什么成长的最好策略是跟随？

如何跟随？什么时候放弃小利，什么时候把握大方向？

跟随的核心是时间还是空间？

掌握时间的密码

随，兑上震下。上为兑卦，"兑"加一个竖心旁就是"悦"，兑的意象就是愉悦的状态。下面是震卦，震卦是指震动，有节奏地动、有韵律地动、有冲突地动。

从乾坤二卦生六子的关系里，兑卦一般被认为是少女卦，如果起到和兑卦有关的，都提示了一种少女般的美妙。而震卦对应的是长男，是大哥。情窦初开的少女，遇见这样稳重可靠的大哥，自然愿意跟随他前行。

跟随是一种很重要的战略。跟随的密码在哪里呢？是时间，跟随时间。

时间是宇宙里很重要的一个维度。尤其在古代农耕社会，最重要的事情就是"随天时"，知道春分的时候该干什么，谷雨的时候该干什么，立秋的时候该干什么，冬至的时候该干什么。每一件事情都应该按照时间节点来，这叫"随"。

王弼当年注《周易》的时候说："**得时，则天下随之矣。随之所施，唯**

在于时也。"

获得关于时间节奏的密码，就能得天下。能够跟随大时空的节奏走，本身就是一种大智慧。

《象》说，"**君子以向晦入宴息**"。如果用广东话读"宴息"就更明白了，吃完午饭休息的时候叫"瞓晏觉"。

以前古人闻鸡起舞，早上五点钟就起床开始劳作了，到了十点开始吃饭，而十一点之后的一段时间太阳高照的时候，通常是去睡午觉的，广东话叫"晏觉"。所以"宴息"指的是，经过一上午的折腾之后，在中午休息的状态。

所以随卦不仅仅讲的是"随之而动"，还要讲"随之而静"。动和静，都以时间作为非常重要的机锋节点。

有一次和一个朋友聊到投资，他说这些年也买了很多股票，长期来看没有一只股票不符合价值投资的理念，但很少挣到钱。他认真复盘，得出个结论：股票没买错，但是时机不对。

在投资界有一句话：只会买贵，不会买错。哪怕时机不对，你只要熬得住，也能挣钱，但那种持股体验很糟糕。

如果你能够在比较好的时间窗口买入，在你持有这只股票的大部分时间里，它的股价都高于你的购买价，那么即便它有波动，你的内心还是很愉悦、很舒服的。

所以投资、创业都要讲究合时宜。如果你在 20 世纪 90 年代初创业做房地产公司，2000 年初做互联网公司，2010 年前后做移动互联网公司，那就很合时宜。

那现在这个时代做什么公司，才符合时间规律呢？梁某人看来，在这个时间窗口就适合做养老有关的事情。

　　前段时间去一些国家参观考察的经历，让我确信随着人口老龄化，有许多相关的产业会成为朝阳产业——在一个夕阳时代涌现出的朝阳产业。

　　我看一些东亚国家的经验访谈说，其实郊区大盘型的养老院，并不适配东亚人的文化习俗。大部分受到儒家文化影响的人还是希望在自己家里，和自己的儿孙在一起度过晚年，因此居家养老才符合中国的发展趋势。

　　我看到有些国家的社区里，就出现了一些类似"托老所"的机构。这个机构提供一些老年看护的服务机制，如果遇到老人突发疾病需要抢救，立刻会从这个地方发车送到定点医院。如果家里儿女出去旅行，老年人就在这里住几天；需要短期输液治疗的老人也可以在这里住几天。

　　这种机构在当地很流行，相关人员的培训也是一个大市场。

　　什么叫"做得其时"？在未来看得见的十年、二十年、三十年里，借由设备、更优质的培训，利用人工智能的方式，去帮助老年人获得更舒适的晚年生活，这就是时代的需求，也就叫"随其时也"，做这样的事情就叫"做得其时"。

　　在不同的时间，从做房地产到做互联网，再到做移动互联网，然后到现在做和养老有关的事情，梁某人认为这就是随卦的精义。

　　所以随卦的卦辞是：**元亨。利贞，无咎。**

　　如果你真正能够跟随到某个东西，你就会"元亨"，然后"利贞"，然后就"无咎"。总体来说，这六个字非常精妙且吉祥。

时间、地域、行业的三驾马车

　　"随"这个字让我想起了小时候看过的一本叫《定位》的书，这本书让梁某人受益终身。

这本书提到一个很重要的道理：个人的努力是一匹马，但这匹马是比较不重要的马。

排名第一的马是时间，你得骑上时间这匹马，在什么时间做什么事情，这匹马才比较重要。

排名第二的马是地域这匹马。比如在过去的几十年，你只要从欠发达地区来到深圳，不用太努力，只要认真工作，你的生活大概率会比留在家乡的朋友高出好几个层级。难道只是因为你足够聪明吗？是因为你驾上了地域这匹马。

排名第三的马是行业这匹马。比如在中国，过去几年进互联网大厂或银行，基本底薪都比很多行业里总监级的人还要高。

我当年在互联网公司工作，后来投资了一家旅行社，发现高端旅游业的总监以及副总裁级别的工资，也仅相当于我以前所在互联网公司里实习生的工资水平。

这就是行业不同导致的不同。

所以梁某人刚刚出来创业的时候，有一位老师跟我说："梁冬，你记住，你在一个正确的时代，中国正在复兴。从 2005 年、2006 年开始往后的很长一段时间，整个东亚都是以中国为核心的，地运在上升，所以在这个时间、在这个地点，选择进入健康产业，是很好的。"

后来我出来做《国学堂》的时候，碰到了王东岳老师、徐文兵老师、刘力红老师、李可老师、邓铁涛老师、郭生白老师等。从《国学堂》到《生命·觉者》，一路走来遇上的几十位老师，无须直接传授太多内容，以与老师们吃吃饭、聊聊天、喝喝茶的交流方式，我就已经获得了巨大的帮助了。

他随便指点你："你去找 ××× 吧。"那就比我们在外面摸爬滚打十几年还要好太多了。

后来我跟着吴伯凡老师做《冬吴相对论》。吴伯凡老师很厉害，你只要在他身上随便扎一个眼，他就跟你讲列夫·托尔斯泰、讲契诃夫、讲《红楼梦》、讲《围城》……他的言谈都在滋滋地冒智慧的油。

跟他们做节目其实是不辛苦的，只要保持一种开放的心态，保持"蒙态"，保持"饥渴"（stay hungry，stay foolish）就可以了。

人家都说："梁冬你做了很多事情。"其实哪有做什么事情，不过就是一个大战略的成功，就是"随"。

你只要跟随，其他的都好说。

后来有一个人帮梁某人看命盘，他说："你这个格局很奇妙。你的格局就是一个'从格'，这是很少的人才有的命格。"

什么叫"从格"呢？这个命格的人，自己努力都没什么用，跟着厉害的人才有前途。

我瞬间觉得这个解读太妙，随之觉得甚好。于是我逮着谁跟随谁，只要这个人在某个地方比我厉害，我就千方百计在这方面跟随他。

我后来发现这件事情可以推而广之。不是说看见一个厉害的人才跟随，你也可以跟随一个看起来没有那么厉害的人，因为他总有某个地方是值得你学习的。于是，我就领悟了"三人行必有我师"和"见贤思齐"这两句话了。

当你读了随卦之后，再去读《论语》，你才发现，这不是简简单单的人生格言，其中包含孔子和学生们在读完《周易》之后的洞见。

也许不是每个人都适合跟随战略，不过在我目力所及，绝大部分的人在成为一代天骄之前，在有主见之前，在能够坚守信念之前，需要找一个标杆，找一个标准。

腾讯、百度、阿里、华为这些公司都是在进入行业的时候，先找一个学习的榜样，学完之后再把它们的产品投入中国市场上去看用户的反馈。

先向竞争对手学，再向消费者学，再向供应商学，再向技术前沿学，学完一圈之后，你大概就能衍生出一种很强的能力。

有智慧地跟随

随

《象》说随卦：**泽中有雷，随。君子以向晦入宴息。**

它不是"泽中跟雷"，而是"泽中有雷"。也就是说，"泽"不仅仅是完全跟随雷动，而是把"雷"的动向包含在自己这一汪水泽当中。

少女跟随大哥，并不是"傻白甜"地跟随。真正的少女，是表面上的跟随，但拥有暗中不断去帮助年长者调整情绪的智慧。

一天晚上，我和太安私塾的同学吃饭，有人带着自己的女儿一起来。小孩子十三四岁，已经开始有自己的主见了。

当时，饭桌上的父母们都在讨论如何成为一个好父母，最后得出一个结论，对待这些正在成长的孩子，做父母的就学会一件事，叫"示弱"。

什么是"示弱"呢？平常能够让小朋友自己做决策的，那就让小朋友自己做决策。你要买什么样的书包？买什么样的衣服？你怎么决定你的工作计划、学习计划？你如何考核你自己的学习能力？你怎么读书？

父母要做出兴奋鼓励的样子，或者给一些暗示和帮助，但不要随意打断他们，或者直接告诉他们应该怎么做。

我发现很多能干的父母，总是告诉孩子应该怎么做，也许在某件具体的事情上这个小朋友做对了，但从更根本的层面上来说，这样的父母损害了孩子自己做决策的能力和担当。

所以，父母要学会像少女那样在表面上跟随孩子，提供鼓励和包容，这叫"泽中有雷"。少女的跟随不是简单的跟随，而是用带着鼓励的、暗示的方法，引导你走一条更好的路。

想象一下，一个人驾驭着四匹马的车在奔跑，看着好像是驾车的人在跟随着马跑，但其实在机锋之处，都是驾车的人在把握方向。你拉了一下缰绳，马车往左边一点点，往右边一点点。

所以跟随的秘诀就是，暗自把握方向，暗自给一点启迪，这叫"泽中有雷"。

泽雷随：六爻细解

初九：官有渝。贞吉。出门交有功。

翻译过来，官府将有变化，预兆吉祥，出门能获成功。

新一届的领导班子上台，这叫"官有渝"。"贞吉"，这是好事情，是吉祥的预兆。"新官上任三把火"，新的领导班子上来之后，很多的利民政策也会随之发布出来，所以预兆是吉祥的。

同时这段时间是利于出行的。随卦本体为震，代表东方；客体是兑，代表西方。在东方的人，要往西方走，以主入客。

如果你占到此卦，在这一年里应该是从东向西走，到欧洲看一下。从中国往西出发，先经过中亚地区，再去到迪拜，再往西去到欧洲。

在这条线上你会看见一些很奇妙的故事，叫"出门交有功"。

六二：系小子，失丈夫。

这句话的原意是捉住了小的，丢掉了大的。

我们都知道整个《周易》卦辞本质上是周文王的日记。所以有人说，周文王用这一卦的这一爻记录了当时他们抓住小俘虏，丢掉大俘虏的过程。

占到此爻，说明你可能会有小利，但会失去一些大利。在商业上会有贪小失大的忧虑。比如，在这个阶段我在做股票的时候，可能不会为了一些小钱去做短期波动交易。有些人觉得涨了十几个百分点之后，就赶紧把它卖了，得到了一些小的好处。结果它跌下来之后马上反弹，他们就错过了补仓时机。如果你有过买股票的经验，你就会知道，在某一些阶段要做左侧交易，有的时候要做右侧交易。

在春季行情初期，对于那些具备长期交易价值的、大票性质的、大宗消费的股票，以及优质的互联网公司，应该做长线布局，而不是追逐十几个百分点的短期套利机会就匆忙离场。这样的话，你下了车就再也上不了车。

六三：系丈夫，失小子。随，有求，得利。居贞。

到了六三爻，你要把大家伙绑住，可以在局部让一些利，但要记得跟随大方向。在这个过程当中，保持跟随主流大方向的定力，不拘小节，所求就会得利。而且你的获得与你停在此处守得住的定力息息相关，这就是"居贞"。

有些人一辈子没做对什么，却嫁了一个好老公。有些人一辈子没做什么大事，却找了个好老婆。两人也会经常吵架，但是总的来看，到了晚年还不错，这就是"居贞"。

有大智慧的人，有时会刻意屏蔽那一些小分歧，对当下的问题去求同存异，才能够在长线上获得大的收益。如果占到此爻，说明交了正运，求财求名，没有不如意的。

问商业，"小往大来"，一定能得利益。

问征战，生擒敌人将领，必然得到大捷。

问家宅，家道丰盈，不过要多关注家里的小孩，防止有灾或有病。

问疾病，家里有人正好感染了疾病，如果是孩子就比较危险，大人则情况还好。

《周易》中一个最有意思的地方就是关联，自己的生活场景与卦辞爻辞之间可以进行某种思想意识上的关联，然后寻找蛛丝马迹以获得启示。

九四：随，有获，贞凶。有孚在道。以明，何咎？

跟随打猎是有收获的，但这个收获里暗藏着一定的凶险。可能在行进的路上有埋伏，会有坏事发生，但所幸被看见了。

既然看见都无可避免，又何须畏惧呢？没有那么可怕，所以叫"以明，何咎"。

九五：孚于嘉，吉。

略懂一点《周易》的人都知道，第五爻的位置最重要，整个随卦重点就是"孚于嘉，吉"。

你跟随着大师获得了很多东西，于是你把其智慧收入囊中，吉祥。

那些伟大的猎人常以猎物的面貌显现，真正的"大哥"常以"少女"的样子显现，所以叫"泽中有雷"。

如果你此刻心里正在想，我要跟随我的大哥，我的男朋友。你表面上跟着他的方式走，走着走着，你会发现你居然把他带回了自己的家里。

想过这样的好事吗？不要不敢想！愿望还是可以有的，万一实现了，就叫"孚于嘉，吉"。

以此卦问时运，目前正处盛运，凡事都吉。问家宅，一定是一个积善之家，众人愿望还是可以有的，都信任且听从。问疾病，没问题，很好。

上六：拘系之，乃从。维之，王用亨于西山。

你跟随的人最后如何对待？到第六爻其实已经是变化之爻了。

你跟他已经走了一圈，最后把他带回家。这个"他"可能是你跟随的大哥，可能是你跟随的事业，可能是跟随的某个崇高的理想，"他"是什么取决于你的界定。

你把"他"拢回了自己的体系之后，你们是要一起超越当下的，不是为此时此地的一些局部小利益，是要以更高、更伟大的利益为目标，所以说"拘系之，乃从。维之，王用亨于西山"。

那些内心有伟大使命的人都知道这句话意味着什么——到了随卦最高潮的部分，不是跟随，而是升华。

☶ 梁注·观卦小笺 ☶

- 有大智慧的人，有时会刻意屏蔽那一些小分歧，对当下的问题去求同存异，才能够在长线上获得大的收益。

- 不是说看见一个厉害的人才跟随，你也可以跟随一个看起来没有那么厉害的人，因为他总有某个地方是值得你学习的。

- 先向竞争对手学，再向消费者学，再向供应商学，再向技术前沿学，学完一圈之后，你大概就能衍生出一种很强的能力。

49

【 无妄卦 天雷无妄 】
你的灾与福，与你无关

走能走的路，说能说的话，做能做的事，
然后与不能干预的事情，不能改变的事情共存。

无妄卦

元亨。利贞。其匪正，有眚。不利有攸往。

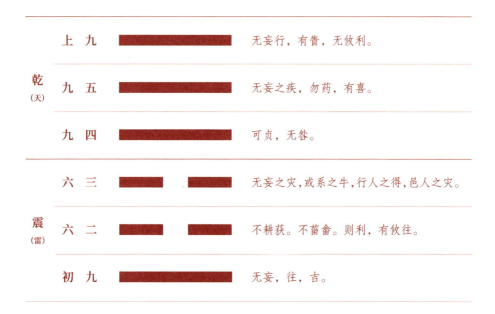

	上 九		无妄行，有眚，无攸利。
乾 (天)	九 五		无妄之疾，勿药，有喜。
	九 四		可贞，无咎。
	六 三		无妄之灾，或系之牛，行人之得，邑人之灾。
震 (雷)	六 二		不耕获。不菑畬。则利，有攸往。
	初 九		无妄，往，吉。

《象》

天下雷行，物与无妄。先王以茂对时育万物。

《彖》

无妄，刚自外来，而为主于内，动而健，刚中而应。大亨以正，天之命也。

你获得和失去的, 都是你应得的吗? 如果不是呢?

如果糊里糊涂地活着才是人生的真相, 你该如何看待你的生活?

没有来由的好事或者坏事, 哪个值得关注?

混混沌沌, 稀里糊涂

无妄而得就是那些糊里糊涂、不明就里的获得。它有它的道理, 只是不是你所能理解的道理。以无妄对万物, "物与无妄"。

明白这一点之后, 你就知道, 所谓的无妄之灾, 也不是真的无妄。

无妄这一卦很难理解, 我们以前听说过 "无妄之灾"。有的时候去庙里, 见到老和尚会写 "莫妄想"。

"妄" 这个字用广东话说是 "戆居", 就是傻傻待在那儿不知道干吗。

"妄" 字在帛书版《周易》里与 "孟" 相通。在古代, 妄想的 "妄", 孟子的 "孟", 明亮的 "明", 是同源分化字。

"明" "孟" "妄" 这三字的意思是明白; "无妄" 就是不明白。

天雷无妄, 上面是天, 下面是雷。以前我们常听到一句俗语, "天要下雨 (打雷), 娘要嫁人", 由她去吧。

为什么? 你解释不清楚, 也干涉不了, 也无法阻挡, 这种状态就是

"无妄"。

"无妄之灾"也是这个意思，不符合逻辑，稀里糊涂，不是因为你做对了什么，做错了什么，反正就遭殃了。

《尔雅·释训》里说："梦梦，沌沌，乱也。"懜（méng）懜（méng）洞洞，昏也。翻译成今天的话，就是混混沌沌，糊糊涂涂。

古代的人一定也充满了对宇宙的好奇，他们试图去解释一些现象，力所不能及的就归为"解释不了"。

你发现了没，一个人活到"解释不了"的境界里时，是他获得解脱的开始。

比如我常常碰见一些人，他的所有痛苦都来自他常问的一句话——"凭什么"。

凭什么他就能当处长，而我只能做个科长？凭什么这个女人毫无过人之处，却家庭和睦？有些人的心态就是局限于"凭什么"。

答案就是"不凭什么"，就是无妄——好和坏，很多时候都与你无关。以前的互联网人都喜欢说一句话：我消灭你，与你无关。

比如在北欧的一个地方，手机工程师还在认真设计手机键盘，还在想着键盘怎么设计得小巧好用、摁起来有弹力……结果市场一夜之间告诉你，"你失业了，因为苹果出现了，不需要再做手机的按键了"。

诺基亚、摩托罗拉、爱立信的公司里，以前有很多这样的手机工程师，突然之间，他们做的事情一点意义都没有了。

这两年很多人都在讨论 ChatGPT。ChatGPT 刚刚出现的时候，谷歌的工程师很紧张，谷歌两个创始人本来都退休了，结果全部回来上班。

为什么？一个从天而降的人工智能互动系统，其实特别可怕，可能一夜之间就会颠覆整个搜索引擎系统。因为人工智能用五秒的时间就可以在网上整合各种资讯，自己组织出来一份自然语言的答案。

那些勤勤恳恳做了一辈子搜索引擎的工程师，就像研究怎么把键盘做好的工程师，可能在某一天也突然失业了，能怪谁去？这就叫无妄。

我们明白了这一点之后，再来看无妄卦，你就能理解很多故事了。

人起心动念稍一不正，行事偏差，就会出事，不利于往前行进。

在迷迷糊糊的过程中亨通，并且是大献享——一次祭祀的过程中，一起享受了这次祭祀。利于出行，但不利于远行，行事不正就会有灾殃。

无妄

改变能改变的，接受不能改变的

后世的人在《象》里解释无妄卦：天下雷行，物与无妄。先王以茂对时育万物。

什么叫作"物与无妄"？高岛吞象这样解释：天底下的万事万物，随着阳气的蒸腾勃发，有些蛰伏，有些发育，有翅膀的会飞，有脚的会走，各自表现出本性而没有差错，就是"物与无妄"。

为什么这个动物长出了翅膀，那个动物长出了鳍？为什么这个动物有五个脚趾，那个动物就长了六个脚趾呢？

就像古代圣贤在天要打雷时联想到"以恐惧修省"一样，古人将万物升华成了一个概念，大自然有它更复杂的算法，人类的简单逻辑、单向思维是无法给予精准的计算与描述的。

万物有万物的偶然性，这些偶然的事物合在一起，构成了这个宇宙。其中说不清、道不明、糊里糊涂的给予或拿走，对人来说都叫"无妄"。

所以"无妄"不是真的模糊，而是高级的、无法言说的运行法则。

从这个角度来看，我们真的可以在某种程度上，把无妄理解为大自然"模糊却精确"的特性。

它不能够用人类特别精准的语言来描述，不管是计算机语言还是文字语言，不管是中文、英文，还是绘画、音乐，都不能够精准描述，你只能最大限度地模拟而已。

道体本身的模糊性、不精确性、力量感、浑然感，就叫"无妄"。

无妄

一个领导者有些时候面对混乱的次序，只能够"以茂对时育万物"，用一种与时间和万物共同生长的方式管理它们，通过与它们同齐、和它们共振的方式相处。

所以无妄就是看见了天雷勾地火，人类无法用自己的语言去描述、解释、管理的时候，那一种退而与之共振的想法。这是获得解脱的不二法门。

庄子说："吾生也有涯，而知也无涯。"西方哲学家们也常常说，当一个人知道得越多，他才知道自己越无知。

当面对无法完全理解的事物时，人们通常有两种态度。

一种人的态度是：我不去刻意理解它，我只与它共存。怎么为它命名，怎么描述它，那是次要的；能描述就描述，描述不了就不描述，能解释就解释，不解释也可以。

当然还有一种人，他要明知不可为而为之，明知解释不清楚，还是要去尽可能解释。

梁某人认为这两条道路可以兼具：**走能走的路，说能说的话，做能做的事；然后与不能干预的事情，不能改造的事情共存。**

改变能改变的，接受不能改变的。

无妄这一卦显然与《道德经》存在相通之处。庄子和老子在读到这一卦的时候，好像获得了某一种"信实"，天地之造化为信。你在造化中感受到了它的信息, 你只是知道有, 却不知道如何说。

真正让你感动的爱情, 都是一见钟情

如果取得此卦, 目前正得运, 凡事皆相宜。就算你糊里糊涂地活在这一个阶段, 跟着往前走就行了, 好与坏也不是你能左右的。别人都在干什么, 你就干什么。对意外的事情不必介意, 吉凶全不在自己。

如果以此问感情、问婚嫁, 两家素有往来, 门当户对, 或者两个灵魂虽然刚刚碰到, 其实早已共振。

梁某人衡量爱不爱一个人的很重要的标准就是, 你有没有对那个人一见钟情。

那个你发现很相爱、相处得很舒服的人, 一定是你第一眼就爱上的。如果刚开始不是很喜欢, 后来努力喜欢的, 最后还是会有点拧巴。

那些真正让你感动的爱情都是一见钟情, 为什么? 因为你们这一次的相遇, 只不过是一次重逢。你们的关联由来已久, 或者说你们的基因早就认识。

如果你能在一个人身上闻到体香, 别人却闻不到。这可能是因为你的基因选择了他。

王东岳老师说, 为什么人觉得屎是臭的, 而苍蝇觉得屎是香的? 这是因为人已经不能从一坨屎里面获得能量, 但是苍蝇可以。

如果问婚姻取到这一卦, 就意味着门当户对, 灵魂共振, 和谐美好都来得莫名其妙, 但这再美妙不过了。

天雷无妄：六爻细解

初九：无妄，往，吉。

"无妄之往，得志也。"这是《象》对这一爻的解释。你往前走，不需要有太明确的程序和逻辑，也不需要太明确的理由。你活在志向里，活在春风里。

有一句话讲得特别好，花在风中自来香。你觉得花香，是因为你被它所吸引。为什么你会闻到这个花香，而有些人就喜欢另外的花香呢？这是没有理由的。

这从基因的层面可以解释。很多年前，梁某人曾经投资过一家基因检测公司，那位创始人跟我说："人的基因真的很复杂。比如有些人莫名其妙就不爱吃西蓝花，后来我们发现有某些基因的人吃西蓝花时感觉是苦的，有些人就吃不到这个苦味。"

你如果是一个吃不到西蓝花苦味的人，怎么能够理解一个觉得西蓝花很苦的人呢？

这是从现代科学的视角上进行的粗略类比。但这是不是一个理解的法门，是不是一个能成立的解释呢？也不一定。但我们起码知道，原来和别人不一样是正常的。

换句话说，你自然而然地做你自己，就挺好的。

有一次我在一个演唱会上，看见一个大叔在喊："王俊凯，做自己！王俊凯，做自己！"当时我就觉得这个大叔活明白了。

六二：不耕获。不菑（zī）畬（yú）。则利，有攸往。

不用种地，就有收获，不用开垦农田，庄稼自然熟了。你只需要看着它来，看着它去，天何言哉，风雨兴焉。

无妄

有许多事情，你以为是你努力的结果，那只不过是你给自己一个理由罢了。

关于改革开放几十年来富起来的这批人，坊间有一个流传甚广的寓言。三个人乘坐一部电梯，一个人在电梯里磕头，一个人在电梯里一直咽口水，另外一个人在电梯里做引体向上。他们从一楼到了三十楼，电梯开门之后，有人问他们："你们怎么上来的？"

一个人说："我是一路磕头求着上来的。"另一个人说："我是做引体向上上来的。"还有一个人说："我是一路咽着口水，打碎牙齿往肚子里咽，忍着吃了很多苦上来的。"

事实上，大家都是坐着电梯上来的。

过去几十年的大运中，中国人活在一部高速飞升的电梯里，不知不觉就有了车、有了房，人们觉得是自己努力的结果，却忽略了时代带来的力量。

既然有上行的电梯，那就有下行的电梯。有上就有下，有出去就有回来，这叫"利有攸往"。

如果拿到此卦，仿佛冥冥中有一个声音告诉你："你可以借由莫名其妙的等待，获得很多好的东西。"

但同时，对于所有获得的好东西，你都要心存一种更高层次上的感恩。它并不是你所以为的通过自己努力或按你的计划得来的，它是在更高层面上、更模糊的运行架构里，不小心甩给你的，仅此而已。

于是，不以物喜、不以己悲的情怀才会油然涌出。这并不是因为你获得了什么，所以不以物喜；也不是因为你做错了什么，所以不以己悲。

以前我们在中学读到《岳阳楼记》中的这一句"不以物喜，不以己悲"的时候，觉得这是儒家的处事修身之道。但读了《周易》，特别是无妄卦之后，才会知道这句话的真谛是：那些你得到和失去的，都与你无关。个人的主观能动性在天地面前，只不过是一个假象而已。

六三：无妄之灾，或系之牛，行人之得，邑人之灾。

这个故事的场景是：一个人经过了一个村庄，发现了一头牛，他就把这头牛牵走了，这叫"行人之得"。对于把牛牵走的人，他有所得。而对于这个村庄里牛的主人，牛就丢了，这叫"邑人之灾"。所以前面那句是"无妄之灾，或系之牛"。

这个故事很深刻，你觉得你得到了一头牛很幸运吗？他觉得他失去了一头牛很不幸吗？其实都是无妄的。

在行人那里是"得"，在邑人那里是"灾"。但如果你站在上帝视角看，什么是得？什么是失？不过是一头牛从这个地方到了那个地方。

如果你是上帝，你看到这个故事，你会觉得有好处还是没有好处？其实皆是无妄。

对于得到牛的人和失去牛的人，他们的得失心就是"妄"。站在上帝视角的人会对他们说：保持无妄，请在是非对错之外活出自己。你们得失的痛苦和快乐，都是没意义的。

如果占到此爻，问财运或问得失的话，一个高级的解卦师会告诉你："不要认为你现在得到的就是得到，也不要认为你失去的就是失去。不要因为得到而感到开心，也不必为失去而感到烦恼。这不过是你处在当下的世界观里的局限性使然，仅此而已。"

九四：可贞，无咎。

这句话是什么意思？当你理解了这一切之后，你才能够真正地走出去，才不会犯错。

"无咎"不是说现实生活中真的没有得失，而是指你没有得失心，这种心态才是能够走得远的重要基础，也就是"可贞，无咎"。

九五：无妄之疾，勿药，有喜。

莫名其妙地想吐，吃不下饭，怎么回事呢？不要随便吃药。

很多健康问题，不能仅凭你看见的某个症状，就断定根源。以高血压为例，治疗高血压是必要的，但有一些人治疗高血压的方法特别粗暴。

比如，你只使用舒缓心脏肌肉收缩的药，来降低心脏的搏动强度，于是就没有高血压的症状了。但是身体之所以出现高血压，是因为它需要有这么高的血压来达到另外的目的，比如缓解身体某些部位的缺氧。所以如果你只是简单地降压，可能会导致脑出血、脑卒中等严重后果。

这个例子是国医大师陆广莘老师很多年前跟我讲的，他说他常年给很多高血压病人看病，好多都是由于治疗方法不当，脑部缺血，进而再产生的新问题。

什么叫作系统论，什么叫作全局论，其实就体现在这些事情上。

《第五项修炼》的作者彼得·圣吉跟南怀瑾先生学道学了很多年。有一年我采访彼得·圣吉，他说："许许多多的人从来没有站在系统的角度来看问题，只是局部地看到一件事情的好和坏，如果解决问题只从局部入手，那会越干涉越有问题。**如果你站在系统的角度看，也许有些问题还不是问题；也许有些时候要解决一个问题，你得从另外一个方向来入手。**"

所以这一爻的爻辞是"无妄之疾，勿药，有喜"。当你觉得不舒服的时候，如果占得此爻，你要问一下到底这个症状是不是根本上的疾病，需不需要吃药呢？

我们在医馆的个案中观察到，在患呼吸系统疾病期间吃生冷水果的病人，后期普遍出现咳嗽的症状。大部分吃了清热寒凉药的，同样出现了咳嗽的症状。

无妄

而用调和太阳和少阳的方法，用温热驱寒的方式来治愈的病人，后遗症都很少。

上九：无妄行，有眚（shěng），无攸利。

糊里糊涂地出行，有灾害，不得利。

很有意思，前面都在讲，你糊里糊涂生病，不要乱用药；你糊里糊涂有所收获，不用管它。为什么最后说糊里糊涂出行，就有灾害了呢？

可能周文王讲了这样一个场景：你糊里糊涂地出去，无论是有好处还是没有好处，结局都是注定的。

你觉得有或没有好处的时候，都是在非究竟层面，在你个人的利害角度关系里。它可能体现为：当下对你有利，或当下对你无利。但总体上来说，这就是糊里糊涂地开始，糊里糊涂地结束。

所以无妄卦整个六爻都在讲一件事情：在生活当中，在一个复杂的系统世界面前，绝大部分普通人在无奈的时候，只能采取一种生命的策略——那就是接受自己糊里糊涂地到来，接受自己糊里糊涂地得到、糊里糊涂地失去。

这是一种行为艺术，是一场臣服实验。试着做一做这个行为艺术，你不一定会获得更多，也不一定会失去更多，但起码你会开心很多。

今年过年的时候，一个朋友给我发了一段祝福视频，我觉得挺有意思的，很对我的胃口，他说的是："祝大家在新的一年里，心里没事，兜里有钱，眼里有光，手上有活。"糊里糊涂地开始，稀里糊涂地结束，这就是无妄。

☰ 梁注·观卦小笺 ☲

- 人类无法用自己的语言去描述、解释、管理的时候, 那一种退而与之共振的想法。这是获得解脱的不二法门。

- 你往前走, 不需要有太明确的程序和逻辑, 也不需要太明确的理由。你活在志向里, 活在春风里。

- 如果你站在系统的角度看, 也许有些问题还不是问题; 也许有些时候要解决一个问题, 你得从另外一个方向来入手。

无妄

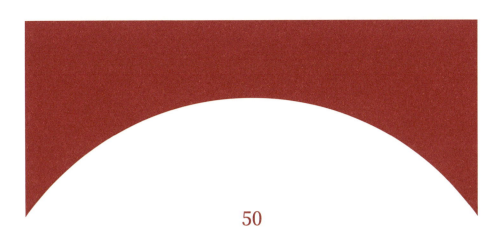

50

【明夷卦 地火明夷】
局势有变, 当如何自处

没有经历过明夷阶段的光芒万丈,
是没有力量的。

明夷卦

利艰贞。

坤 (地)	上 六	▬▬ ▬▬		不明，晦。初登于天，后入于地。
	六 五	▬▬ ▬▬		箕子之明夷，利贞。
	六 四	▬▬ ▬▬		入于左腹，获明夷之心，于出门庭。
离 (火)	九 三	▬▬▬▬▬		明夷于南，狩，得其大首。不可，疾贞。
	六 二	▬▬ ▬▬		明夷，夷于左股。用拯。马壮，吉。
	初 九	▬▬▬▬▬		明夷于飞？垂其翼。君子于行？三日不食。 有攸往，主人有言。

《象》

明入地中，明夷。君子以莅众，用晦而明。

《彖》

明入地中，明夷。内文明而外柔顺，以蒙大难，文王以之。"利艰贞"，晦其明也，内难而能正其志，箕子以之。

当不得不潜藏的时候，是应该等待未来的光明，

还是做好忍受更长黑暗的准备？

当你受到挫折，外面的舆论也突然开始攻击你，

在身心受伤的时候，你接下来该怎么办？

幽暗之后可能并不是转机，而是更加幽暗。

这对决定蛰伏的人来说意味着什么？

明夷

隐藏光芒，蛰伏为上

明出地上的卦象称为"火地"，是晋，是上进的意思。明入于地的卦象是"地火"，是明夷，是光明受伤的意思。

君子目睹这样的景象时，会产生一种什么样的情绪？可能是乐观，因为他知道明天早上太阳还会升起，只是当下太阳落入地下，整个大地将沉寂于黑暗。

当你心里怀揣着对光明的向往、对太阳的感恩，看见太阳落至山下，天空慢慢地变红变暗，你的心情是怎样的？

周文王当年看见太阳落山的景象，心里一定是有一点哀伤的，他一定会想到自己的光芒因为格局、局势的变化要隐藏起来。

关于明夷卦，《象》曰：**明入地中，明夷。君子以莅众，用晦而明。**

光明潜入地下，这就是明夷。君子看见这个情形，想到如何用一种他的方式来统摄群臣。

他的方式，或者说他的发展战略是什么呢？就是一个词——"用晦而明"，意思是隐藏光明不用。智慧不用、权力不用、能量不用、个人品牌 IP 不用，总之让自己完全隐在幕后。

乾坤二卦是《周易》的总纲，其余六十二卦都是乾坤二卦的演绎。乾卦到了最后是"群龙无首"——龙角被光明遮蔽后，就要隐入地平线以下，这就是"群龙无首"。坤卦讲的是"履霜，坚冰至""利远征"。

大致来说，白天光明有能量的时候，就展现自我，创造 IP，释放光芒。而冬天夜晚来临的时候，就隐藏自我，深居简出，或走向远方。

当我们明白了乾坤二卦的格局后，再来看明夷卦，就会明白为什么明夷卦的卦辞是"利艰贞"。

什么叫"利艰贞"？在这种晦暗的情况下只能隐藏自己，进行艰苦的"长征"，也就是隐藏或是离开本地。这个地方已经没有你的位置了，你也不需要、不适合在这个地方展示你的光芒。所以明夷卦是坤上离下，利艰贞。

当我们起到此卦的时候，有一个声音会告诉你：不要擦枪走火，不要显扬自我，要学会收敛，要学会让自己的光芒沉潜下来，潜龙勿用。

地火明夷让我们看到，很多历史人物在绽放巨大光芒之前，都会经历若干次明夷的阶段，他们或隐藏，或读书，或少交流，这些都是有意思的智慧。

一些互联网大佬，突然清空自己的微博，清空自己朋友圈的内容，不接受任何媒体的访谈，甚至连自己公司的年会都不出来说话，好像这个人就消失了一样。他们在干什么？他们在地火明夷，在隐藏自我。

为什么？因为他们知道这是一个必经的过程，如果不经历这个过程，你在下一个阶段还想出人头地，还想保存实力，还想有所作为，是不可能的。

也就是说，没有经历过明夷阶段的光芒万丈，是没有力量的。理解了这一点，再回来看明夷卦，你就会知道"利艰贞"可能是新的远行，也可能是在为未来做规划。

用你的隐忍，换得生存

在古文里"明夷"有两个意思。一指太阳，古时候称太阳为金乌。二指一种鸟，在《夏小正》里面就有"鸣弋"，弋属于鸷鸟，是鹰的一种。

明夷卦中有一句爻辞是"明夷于飞"，这让我想起当年在凤凰卫视的时候，经常听到"凤凰于飞"，《诗经·国风》里还有"黄鸟于飞，集于灌木"。

"于飞"大概的意思就是，鸟在天上盘旋，最后还是要落在灌木之上的情景。"明夷"既有太阳，也有鸟的意思，结合在一起就是太阳鸟。

如果你去成都的金沙遗址，你会看见一个圆圆的像风火轮一样的标志，那个标志后来被简化成了凤凰卫视的台标。

整个卦象的景象就是，太阳落山的时候，大型的鸟飞来飞去，寻找自己的方向，然后落在灌木丛中。可能有些鸟受伤了，有些鸟要栖息，有些鸟要朝着某个方向迁徙。

有一些占卜师对这一卦比较悲观。以此卦拟人事，象征气运衰薄，家庭不幸。坤为老母在上卦，离为中女在下卦。如果我们就这一卦来讨论家庭情况，一般就是女儿已经开始变聪明了，却得不到母亲的爱护，母亲压制着女儿。

我们推而广之，许多家庭都会有这样一个已经长大的女儿，她明白事理了，能量也很强了，但母亲认为她还不行，因为母亲一直都是那个掌权者。于是许多家里就会出现女儿和母亲之间的冲突。

如果你恰好是这样的一个女儿，又恰好看见明夷卦的卦辞，你就知道在这个时候，你要用你的幽暗、隐忍、不作为，来换得你的发展。时间是在你这一边的，根本不需要做什么，到某一个阶段，火自然而然会出来，明亮还是会出来。

以此卦问时运，艰难，应该深自晦匿。

如果问征战，明修栈道，暗度陈仓。

如果问营商，很难获取利润，还有可能被人暗中分肥。

如果问功名，离火被坤土所困，功名无法显达。

如果问婚姻，一定不是明媒正娶，有地下恋情之嫌疑。这样的爱情是不被你的父母或主流社会认可的。

地火明夷：六爻细解

初九：明夷于飞？垂其翼。君子于行？三日不食。有攸往，主人有言。

明夷的爻辞里，讲的全是关于鸟飞的故事。鸟在太阳落山的时候受了伤，要把自己隐藏起来。为了保护自己，要么躲到灌木丛中，要么飞到远处。

"垂其翼"，它经过一段时间的蛰伏之后，是要往远处飞的。它已经没有力气去扑腾了，于是展开翅膀往前滑翔。受了伤，往外跑的时候都没有东西吃，故称"三日不食"。"有攸往，主人有言。"有人说这意味着往远处去的时候，可能有灾害，也可能有诽谤。

总之，当一个君子受到了挫折，要隐藏自己的时候，往往祸不单行。不仅仅受伤，还有各种人诽谤你，说你坏话。

你开始走霉运的时候，不仅仅是身心受伤，外面的舆论也突然开始攻击你。这样的案例在互联网时代比比皆是。昨天满互联网的人还在吹捧你，说你如何好，今天下面跟帖的人就全是骂你的。

以此卦问时运，正值艰难气运，应深自晦匿。

如果问征战，或问公司运营，军中粮食已尽，账上现金不够了，要暂时缩减人手，砍掉个别业务。一些比较大的互联网公司都是这一派景象：业务开始收缩，现金流受到影响，股价应声下跌……

用此卦象去观察曾经风风火火的人、事、物，你就知道终有一天，他们／它们会落入这个格局。曾经飞得有多高，现在伤得就有多惨，招致的非议就有多狠。

不过幸好，我们在读《周易》的时候知道，这是整个时运变化的必然现象。如果你有了这种宏观视角，自然而然就会去躲避，而不会在内心产生愤恨与忧伤。

如果以此卦问感情，很典型，这是一段伤痕累累的感情，你可能流言缠身，只能远走他方，以疗情伤。

六二：明夷，夷于左股。用拯。马壮，吉。

鸣叫的大鸟左腿受伤，但被拯救了，所幸马儿还雄壮，吉祥。

这可能是当时周文王看到的一个景象，就记录了下来。

言以喻心，你在某个时刻看见的景象，不是你真正看见的，而是你内心的投射。如果你内心正好有这样一个景象，你就会看见鸟儿受伤的情形。

有一个成语叫"兔死狐悲"，为什么狐会悲呢？是因为有共鸣。狐狸和兔子本来是天敌，但兔子死了，狐狸看见兔子的尸体，想到自己有朝一日也可能像兔子那样死掉，所以就悲伤。

《红楼梦》里有这样一个故事，一日宝玉看见黛玉在葬花，这些落花代表了曾经璀璨的花样年华。宝玉在一刹那间感受到了悲凉，于是他想："如果有一日我死了，有谁会与我一起呢？"

此情景发生在《红楼梦》中大观园的极盛之时，在他们生命中最美好的时刻，宝玉却看见了大观园必然的衰落，他不仅仅是在为个人命运悲伤，作为一个有灵性的人，他知道这一切喧闹终将会呈现衰落之象。

所以周文王在看见一只大鸟的腿受伤时很是难过，所幸的是，他发现这个鸟最后被拯救了，而且马还挺强壮的。也就是说鸟不行了，马还可以。一些受伤掉落的人，在昏暗时刻丢掉了一些东西时，却发现了一些新的东西，这叫"马死落地行"。

因此，有智慧的君子，不会放过任何一次伤痛。哪怕是受伤，他也可以在这个过程中，重新获取生机。

如果以此喻感情，你可能在某个地方受了一段情伤，而就在这个过程中，你又收获了一段新的感情。

如果鸟不受伤，就不会发现马。这是不是很有趣的一件事情？关上一扇窗，打开一扇门。上苍总有好生之德，你的心不在这个地方死，就会在那个地方活。

九三：明夷于南，狩，得其大首。不可，疾贞。

这里的"明夷"通太阳鸟，鸟鸣叫着往南方飞。狩猎的时候抓到了首领，这可不好，赶紧跑。

有很多人现在做业务都喜欢从北往南跑。疫情防控期间，这个现象尤为明显——从中国的北方到南方，乃至辐射到更南的东南亚地区，新加坡、马来西亚、越南等地都成为迁徙目的地。

这种由南向北的迁徙路径，在中国历史上形成特殊规律。从西晋衣冠南渡到南宋偏安临安，每逢中原动荡，南迁似乎就成为默认选项。

翻开历史，真正的王朝没有在南方建成的。即便朱元璋在南京称帝，最终还是要迁都北京才能镇住江山。南方顶多出些偏安小朝廷，过了长江气数就弱几分。

可能有一个原因，南方生活比较舒服，整个南方的民风倾向于追求日常吃喝和雅致生活的氛围。南方的底层文化有一种"追求理想，不追求物质"的氛围。

因此，南方只能是片刻逗留，不可久留。

六四：入于左腹，获明夷之心，于出门庭。

这只明夷太阳鸟被射中了左腹，叫"入于左腹"，击中了它的心脏，只能够把它扔出门庭。

前段时间梁某人在北京拜访了一位老太太，她在卦象方面相当了得。她本身就是一位研究鱼雷、导弹、水雷方面的军事科学家，后来她还研究地磁场。大概在 20 世纪 60 年代的时候，出于对自己命运的关切，她开始研究《四库全书》，经过了五六十年终有大成。

我见她的时候是疫情之后，九十多岁的老太太耳聪目明、气色极好，能轻松地把腿盘起来跟我们聊天。

她给我讲了一个观点：别跟着那些人往南方跑，没意思。只能躲得了一时，最终大成就还得在正北方。

我问："为什么是正北方？"

明夷

她说的大意是，在未来的若干年，随着地球气候变暖，整个地球的北方，包括加拿大、俄罗斯的西伯利亚地区等苦寒之地，会变得宜居，反而有地气勃生之象。

这种说法和我听到的很多主流看法不一样，我们拭目以待。

六五：箕子之明夷，利贞。

箕子是殷商的一个朝臣，据说他暗中支持周文王，后来被放逐。因为不受待见，他只好远行。

上六：不明，晦。初登于天，后入于地。

第六爻讲的是这个故事发展到极致之后的转机。这一爻讲"晦"，太阳落入大地之后，开始幽暗。这一爻讲述了整个明夷卦的内胆，伤心总是难免的，你又何苦一往情深。此处不留爷，只能去远处。开始的时候还有一个往上升的迹象，最终还是要潜伏入地，入得更深。

《高岛易断》里面说，占到此爻，运程刚开始的时候还行，但后来会越来越不好，凡事要做退一步的考虑，这样才能无咎。

你以为自己已经藏了一段时间了，开始转变了。不，在明夷卦的格局里，地板下面还有地板，幽暗之后还有幽暗。还要进一步地潜藏，才能够无咎。

以此卦问心态，就是要隐藏心思，隐匿行迹，不宜自我炫耀。

以此卦问经商和股价，跌完之后还会继续跌。

很多人都是在一只股票跌了 95% 之后破产的。当一只股票跌了 95% 之后，很多人会全仓杀入。因为你觉得肯定不会再跌了，结果从 95% 跌到 97% 的时候，又损失了很多钱。

有数学基础知识的人都知道，一只股票从 100 元跌到 5 元的时候，已经跌了 95%，你认为很好，于是开始加仓。当它跌到 4 元的时候，你再加仓，甚至加杠杆，结果最后跌到 3 元。

以 5 元建仓的成本来说，跌到 3 元时已经跌了 40%。如果你加一倍杠杆，就跌掉了 80%。如果跌到了 2 元的时候再加一次杠杆，就跌爆仓了。所以很多人都是在 5 元建仓，到 2 元的时候破产的。

从历史上的股灾来说，真正破产的人都不是一开始就破产的。而是一开始逃顶之后赚到了钱，又等着捞底的人，越捞越深，越深越加杠杆，最后一把破产。而在整个周期当中，它只不过是从 95% 跌到了 98% 而已。

对于中国人民来说，面对如今全球经济下行的压力，我们应该对未来有一种信心，我们要扛着。有些时候胜利不是因为我们做对什么和做错什么，而是我们比别人晚一点点倒下而已。当然，这只是一个比较乐观的假想。如果我们没扛住，那问题就变得更加严峻了。

总之，明夷卦给我们的启示就是，一定要知道**暗处之后还有暗处，跌下来后还有可能跌得更深**。这才是明夷卦第六爻讲述的"不明，晦。初登于天，后入于地"。用一句话来总结，当一个人潜入地下之后，他应该明白，比糟糕还要糟糕的时候，比你想象的还要久。

☷☲ 梁注 · 观卦小笺 ☷☲

- 白天光明有能量的时候，就展现自我，创造IP，释放光芒。而冬天夜晚来临的时候，就隐藏自我，深居简出，或走向远方。

- 有智慧的君子，不会放过任何一次伤痛。哪怕是受伤，他也可以在这个过程当中，重新获取生机。

- 你以为自己已经藏了一段时间了，开始转变了。不，在明夷卦的格局里，地板下面还有地板，幽暗之后还有幽暗。还要进一步地潜藏，才能够无咎。

51

【 贲卦 山火贲 】
奔跑本身就是奔跑的意义

有些时候奔跑本身就是意义，
奔跑本身不是为了寻找对手，
而是为了寻找同伴。

贲 卦

亨。小利有攸往。

	上 九	白贲，无咎。
艮 (山)	六 五	贲于丘园，束帛戋戋。吝，终吉。
	六 四	贲如，皤如。白马翰如，匪寇，婚媾。
	九 三	贲如，濡如。永贞，吉。
离 (火)	六 二	贲，其须。
	初 九	贲其趾，舍车而徒。

《象》

山下有火，贲。君子以明庶政，无敢折狱。

《彖》

贲，亨，柔来而文刚，故亨。分刚上而文柔，故"小利有攸往"。（刚柔交错），天文也。文明以止，人文也。观乎天文，以察时变。观乎人文，以化成天下。

上面是山，下面是火，意味着什么？

为什么很多椅子没有靠背，或者靠背离身体很远？

人生的意义到底是什么？

如果你占到贲卦，可能面临一个什么样的情景？

贲

能量喷薄而出

当你心中有很多话想说，这些话夹杂着口水一起被输出时，那个状态叫"喷"。所以"喷"不仅仅是指有话要说，更重要的是有气要放。

那些网络喷子为什么要喷人？一定是他在现实生活中没有可宣泄的地方，所以成了键盘侠。他喷人并不是别人犯了什么错，而是自己内在的痛苦需要用一个安全的方式来释放。

所以每次我看见网上这些无缘无故喷别人的人，心中只会产生某种同情，觉得他在现实生活中一定是一个很苦的人。

这一卦很有意思，叫贲。上面是山，下面是火，就是一个火山喷发之象。人类应该在很早的时候，就目睹过火山岩浆酝酿喷涌而出的样子，这个情形被凝聚成了"贲"这个概念。

清末著名伤寒学家郑钦安把身体里推动气血运行的能量称为"相火"，

所以叫"相火以位"。而明火的功能主要是照耀我们的心灵意识，让我们能够辨清事物的好坏，所以叫"君火以明"。

贲卦是上山下火，火在山的下面，即将喷射而出，这种状态叫"贲"，后来引申为纷繁的样子。何新先生在讲到"贲"字的时候，提到《说苑·善说》和《左传》里的"贲"字都写作"虋"，形容草木蕃秀的样子。

《黄帝内经》有"**夏三月，此谓蕃秀**"。"蕃"也对应"虋"，植物把天地的能量吸收之后，从根系把水气和热气带上来，自下而上往外喷露，一直透到表皮上，就开出了花，长出了繁茂的枝叶，结出了果子，一片生机勃勃的样子。

用现代的话来说，这个气透过根系把水从地下吸收上来，顺便也吸收了地下的各种营养物质，再将这些物质转换为植物身体的一部分。同时它也吸收了太阳的光能，进行光合作用，于是就呈现出一种纷繁的形象。

人也是这样子的，小孩子肾气充足的时候，就有一种动能，他就喜欢奔跑。我们和小朋友一起走，他总是先跑到前面，再跑回来，再往前跑。为什么？因为他肾气充足，要找地方喷出来。而当我们力量越来越不够的时候，这股奔劲就没了。所以人老了之后喜欢站着，或者打坐。但你叫小孩打坐那是很困难的。

气血不足的人，就跟快没气的煤气罐得斜着晃一晃一样，常要半躺着，让那点气全部涌到心口和脑子才行，否则气就供不上。

我有一年读《扁鹊医案》，上面的一个故事让我印象深刻。扁鹊经过一户人家，看见一个丫鬟斜靠着柱子站着，他说这个姑娘活不久。后来果真应验了。很多人问他为什么，他说这么年轻的人连站都站不直，还要下意识靠着那个柱子，说明这个人气不足。

我们看中国的桌椅，都是没有靠背的或者靠背离你的背很远，这是为什么？就是提醒你别靠着，坐的时候就用自己的气顶着你的脊柱。所以中国古人无论是跪坐还是在椅子上坐，都主张人要坐直。这就是在不断训练你，让你的气充足。

站桩、打坐、平常的坐姿都是这样的。中国古人没有发明出可以让你"葛优躺"的沙发。不是中国人发明不出来，而是不坐沙发有好处。

所以"贲"被引申为火山的岩浆要喷出来的景象，引申到植物上就是蕃秀的样子，引申到人身上就是奔跑的样子，是那些储存在根里的能量正在往外喷射时，所呈现出来的活力和冲劲。

那些与生俱来的生命力

贲卦的卦辞是：亨。小利有攸往。

"亨"代表亨通，也表达献祭。这个事情是能带来好处的，不是很大，但有助于来来去去。

如果占得此卦，说明你已经进入了一个时空格局里，那就是到处奔波。

这两年，国家鼓励消费，释放出更多流动性；企业也努力扭亏为盈，求生存，谋发展。这些都是你自然而然有的动作，也就是"贲"，逼迫你要开始奔跑。

《象》曰：**山下有火，贲。君子以明庶政，无敢折狱。**

周公旦和孔夫子等人对这一卦的解释进行了引申，把这种动能的解释转换到了文化上，把相火这部分淡化，强调了君火，也就是辨别是非的部分，要用文化、文明、意识形态，用美学、用生活方式去改造人，所以叫"君子以明庶政"。

辨别是非，用制定好的规则与法律进行管理，最好不要涉及太强烈的暴力统治，即"无敢折狱"，也就是不要随便把人扔到监狱里，不要随意使用强大的国家机器。"无敢"是什么意思？就是尽量不要。

如果你是一个很好的父亲或母亲，你的孩子精力旺盛，跑跑跳跳，不小心把家里的碗给打碎了，你要打他、骂他，还是要理解他？

他就是有这么强的活力，他就是待不住，你就找一个让他踢足球的地方，让他去发泄出这种能量就好了，不应该恐吓他、体罚他。

父母以什么样的方式对待孩子，背后反映的就是你自己如何看待那些与生俱来的生命力。这是社会作为一个共同生命体所具备的一种自下而上的、最重要的动能。

山火贲：六爻细解

何新老师解释"贲"通"奔"。也有很多人解说火代表文明，代表装饰，所以把"贲"理解为花纹、装饰、文化、文明。如果用后者来解释爻辞，就很牵强。但把"贲"理解为奔跑，会发现六爻里的句子就很容易理解。

所以梁某人更倾向于把"贲"解释为奔跑，我们再来看六爻的故事。

初九：贲其趾，舍车而徒。

"趾"指脚趾，也指方向；"贲"是奔跑。"贲其趾"的意思就是踮着脚趾奔跑。不乘车，而是徒步而行，叫"舍车而徒"。

用这一爻比喻事业，你会从所在的单位出来独立发展，比如从事自媒体创作。以前制作电视节目是很难的，但现在随便谁开一个视频号都可以叫"老张的频道""老王的频道"。

很多人在做自己的经销商，甚至一个人就可以开发一款产品、一个人就是一个"大 V"、一个人就是一个学校。这种事情随着越来越多的人从原来的组织出来自我发展，变得司空见惯。

你可能会说，这种形式不是已经存在很多年了吗？不，有些人还没开始，而有些人即将开始。

所以在未来，一个人想做自媒体真的是在进入一片红海，要跟十四亿人竞争，这很不容易。随着翻译软件和 AI 的盛行，你会发现来自不同国家和地区的人，甚至是机器人在讲同样的段子。

在国外的朋友告诉我，现在很多国外的视频博主，居然会把中国抖音上的段子重新演绎一遍，然后作为自己的视频内容发布出来。

"贲其趾，舍车而徒。"你脱离了某个组织自己奔跑，好像是一件自由的事情，但也意味着，从此你必须面临来自世界各地的，有情甚至是无情众生的碾压，这会很辛苦。

以此卦来比喻，获得了个体自由，但失去了集体的呵护。

有得就有失，有失就有得。你想得到自由，就得失去庇护，你想得到庇护，就得放弃部分的自由。

六二：贲，其须。

"其须"有两个解释，第一个注解为无须休息，要奔跑；另外一个解释为胡须，大概就是吹胡子瞪眼的样子。不管是奔跑还是胡须，都能体现出贲卦在第二个阶段会经历的姿态：加速度，你还得继续喷。

这代表你踏上高速列车的时运已经到来，或者说你已经进入了快车道。无论你主观上是否愿意，都说明你现在的时运很好，你正在往前奔跑。

但《周易》中的好坏都是模棱两可的。在你快速奔跑的时候，要小心不要崴了脚，小心不要消耗太多的能量。

如果把"其须"理解为胡须，就是说在你吹胡子瞪眼的时候，不要让胡子蒙蔽了你的眼。

一个朋友来问孩子是不是应该出国留学，刚好占得此爻。我一开口就问她："这个出国留学的选择，是不是与某一次你和孩子的吵架有关？你们吹胡子瞪眼了？"

对方点头称是。

九三：贲如，濡如。永贞，吉。

"贲如"就是飞奔，"濡如"是口水沫的意思。翻译过来就是大汗淋漓地飞奔，要永远守住你的底线，守住你奔跑的初心，是吉祥的。

大致来说，就是已经上路了，停不下来了，跑也得跑，不跑也得跑。

看到这一卦的时候，我就想起了《阿甘正传》，电影里有一个非常经典的桥段，阿甘不知道为什么就开始跑，开始时，大家都认为他是傻子，后来有一两个人跟着他跑，接下来越来越多的人跟着他跑，到最后一大群人跟着他一起跑。

相信大家都能记起那个场景，其实这是一个非常重要的隐喻：你跑向哪里不重要，你是谁不重要，你为什么跑也不重要，只要你一直跑，就会有人跟随，跟随的人多了之后你也就停不下来了。

阿甘跑到最后突然停在了一个地方，他停下之后，后面跟着他的那些人也不知道该干什么了。

很多时候我们在奔跑，以为自己知道为什么要跑。其实你认真想想，你不过是跟在阿甘后面奔跑的人而已。

你以为你在为买房而工作，你以为你在为儿女将来的成就而奋斗，你以为你为了养老而奔跑，你以为你为了照顾父母而奔跑……其实不过是别人都在这么干，你也跟着奔跑而已。

突然有一天，停下来也就停下来了，你发现也不需要自己干什么。好多人都是这样，奔跑了一辈子，从这个单位换到那个单位，再搞一些零钱去炒股，再暗地里资助几个朋友开个小公司，做了无数的准备。突然有一天发现，啥也不需要，可能最后都不能如愿。

经常也有朋友这样告诫我："梁老师，你总是忧心忡忡地从这儿奔跑到那儿，从这儿想到那儿，哪怕人坐在这里，心里面也在不断奔跑。请问你最后奔跑到哪儿了呢？还不就是这些东西？"

这叫"贲如，濡如。永贞，吉"。奔跑吧，挥洒汗水吧，只要守住你的初心，就还是吉祥的。

六四：贲如，皤如。白马翰如，匪寇，婚媾。

眼前尘烟四起，那匹鬃毛雪亮的高头大马打着旋儿冲过来，乍看像劫道的强人，细瞅竟是下聘的使队。

这一爻讲的是，当你在奔跑的时候，或者是你看见很多人都在奔跑的时候，你可能会产生一种恐惧，你以为会有人来打劫你——一群人奔跑就是怕被别人打劫，如果你跑不赢别人，就会被别人打劫。你跑不赢 KPI，就会被 KPI"打劫"；你跑不赢通胀，就会被通胀"打劫"。

这一爻很有启发性，你会突然发现，人生不是仅仅为了奋斗出一个输赢，而是在奋斗的过程中找到真正的朋友。

六五：贲于丘园，束帛戋戋。吝，终吉。

奔驰在田园之上，彩旗飘飘，虽然会有困难，但最终会吉祥。

这一爻也是讲奔跑时的情形，所以我越来越相信，《周易》就是周文王以某一个关键词展开的主题作文。在奔跑这件事情上，有好多个场景，有些时候是绕圈跑，有些时候是在田园里跑，有些时候是在草地上跑，有些时候是从车上跳下来跑。

周文王用一个个故事记载了不同场景下奔跑的情形。可能他用这些比较浅显的文字帮自己记下某些回忆，他不方便说具体的场景和事件，只有他心里知道这一段内容讲的是什么。

到底是在哪一个丘园里？彩旗到底是怎么飘的？到底遇到了什么样的困难？最后是怎么吉祥的？……这些他都没有说，只记录了这些情景。

我们遇到过这样的情形，你想把一件事记下来，但又怕写下这件事后被别人看见，并作为打击你的工具，怎么办？你就提取出一些不会错的标志性信息，把它记下来。只有自己知道这是在说什么，别人完全不知道，后世的人只能发挥想象去猜测。

这一爻讲述的就是，你的奔跑已经进入了广阔天地，你已经不是在一个很窄的赛道上跑了，而是在田园之上，这里彩旗飘飘。

从你敢于从车上跳下来跑，到跑到大汗淋漓，到跑得吹胡子瞪眼，到在跑的过程中找到同伴，再到关系密切，最后你开始怀疑自己，开始碰到困难，开始想"我跑来干吗"，整个过程是有节奏的。但要记住，即便过程中有困难，结论是"终吉"。

也就是说，奔跑到一定程度的时候，你已经达到体能的极限，你觉得没意思了，但要告诉你的是，哪怕你这样觉得，最终还是会很好的，坚持就是胜利。

上九：白贲，无咎。

有人解释说：白白奔跑，但也没有什么坏处。意思是，跑一辈子之后发现，跑不跑都没什么要紧，跑完没什么意思，但也不算坏。人生就是这样，跑也不见得不好，不跑也不见得好，反正就这样了。最后得出的结论就是：跑到哪里不重要，跑过才比较重要。

还有另外一种解释是：飞奔吧，无须畏惧。"白"通"飞"，"白贲"指的是迅速飞奔。何新老师把这句话从音韵、格律、声调等各个方面进行注解，最后说，"白贲"对应的是飞奔。

每个人有不同的解释，梁某人更愿意把它放到一个大的故事环境下来看。我觉得，贲卦就是一个关于我们人生奔跑的缩影。

终有一天，你需要跳离某一个地方，可能是从原生家庭里跳出来自己跑，可能是从以前所在的单位里跳出来自己跑。总之在人生的某一个阶段，你要完成你的精神断奶。

你一路跑着，跑的过程中有朋友、有竞争、有困难和痛苦，最后发现自己白跑了一辈子，但这也不是什么坏事。

如果从这样一个角度来讲述这个故事，你会突然对自己人生的奋斗充满了一种别样的观察。这个观察就是：奔跑本身不是为了奔跑的结果，奔跑本身就是奔跑的意义。

有一句话讲得特别好，送给大家：生活本身就是生活，而不是为生活做准备。

梁注 · 观卦小笺

- 有得就有失，有失就有得。你想得到自由，就得失去庇护，你想得到庇护，就得放弃部分的自由。

- 人生奋斗不是仅仅为了奋斗出一个输赢，而是在奋斗的过程中，你才会找到真正的朋友。

- 生活本身就是生活，而不是为生活做准备。

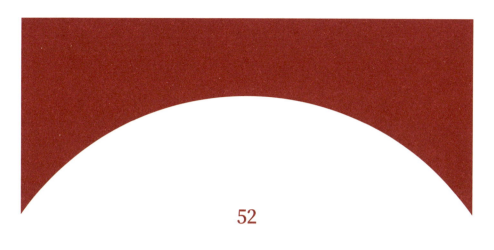

52

【既济卦 水火既济】
中国人的隐秘人格

不以渡过河，
或者不真正以渡过河为目的的人生，
才是真正的人生。

既济卦

亨，小利。贞，初吉，终乱。

	上 六		濡其首，厉。
坎 (水)	九 五		东邻杀牛，不如西邻之禴祭。实受其福。
	六 四		繻有衣袽，终日戒。
	九 三		高宗伐鬼方，三年克之。小人勿用。
离 (火)	六 二		妇丧其茀，勿逐，七日得。
	初 九		曳其轮，濡其尾，无咎。

《象》

水在火上，既济。君子以思患而豫防之。

《彖》

既济，亨，小者亨也。"利贞"，刚柔正而位当也。"初吉"，柔得中也。终止则"乱"，其道穷也。

为什么有时候玩游戏，明明通关了，却觉得很失落？

到底人生是不是一场游戏？游戏的本质又是什么？

那些年轻时很成功的人，年老后如何回望自己的一生？有怎样的心得？

既济

水火既济，完美一卦

每一个人都很努力地想要过河，想要获得解脱，为此杀伐决断，勇于牺牲，勇于创新，勇于抛弃。结果真正过了之后，发现过完河又如何？你仍然会被命运的洪水淹过头顶，那种卑微和绝望，都体现在了既济这一卦里。

坎上离下，水火既济。这是很多人感觉很熟悉或者假装很熟悉的一卦。上卦是水，下卦是火。主体是火，客体是水，因为火在水里，所以水具有动势。

如果把它视觉化的话，大致就是太阳从地平线升起来以后，天上的水汽、云雾被激荡开来的样子。阳光明媚，山清水秀。周文王看见这样一个在阳光普照下乌云散去的明媚场景，心情大好，联想到了正在考虑的问题：到底怎么样渡过河？周文王终其一生都在想用何种合适的方式渡过河，统一不同的部落，灭掉殷商。

所以既济卦讲的就是渡河，"既"是已然的意思，"济"是渡河的意思，"既济"就是已经过了河。

历史上很多注家说这一卦格局极其精美，"正当位"：第一、三、五爻是阳爻，第二、四、六爻是阴爻，没有比这更完美的一卦了。卦象完美，又当位，又得令，天色大好，又过了河，好还是不好呢？

人生没有解脱

既济

既济卦说：**亨，小利。贞，初吉，终乱。**

这件事情看上去是不错的，有小小的正确，可以远征。刚开始的时候一切都是那么美好，但最终是一派乱象。为什么一切都那么完美，过河都过得那么漂亮，却以"终乱"结尾？《周易》之所以拥有某种奇怪的智慧，就在于它包含了某一种隐藏在祝福里的诅咒。

《象》曰：**水在火上，既济。君子以思患而豫防之。**

水在火上，火能推动水变成水蒸气，一炁周流，如此完美。一个真正明天理的人看见一切都那么完美的时候，他会觉得哪里不对劲，所以"君子以思患而豫防之"。

在没有任何不好征兆的情况下，到底哪里不对？如何预防祸患？我觉得这一卦完美地体现出了中国人的隐秘人格。

我小的时候常常觉得，自己作为一个中国人是有点不尽兴的，在最开心的时候总是平白无故地难过，周围的人都在大笑，我却突然落寞起来。

初中二年级，我第一次听李宗盛唱《寂寞难耐》的时候，瞬间被击中，当时就觉得此情甚好，此词高级，但不知道高级在哪里。后来我发现它其实蕴含着一种隐秘的、悠久的终极人格，每一次出现好的状况时，一个声音就会告诉你：小心。

佛家弟子常常说要得终极解脱，但其实真过了河之后，你会发现你还有河要过，你永远都过不完。

就像一些家长，觉得把孩子培养成本科生或者博士生就可以了；但等孩子毕业之后，家长发现还是不行，要给孩子找到好的对象；等孩子找到伴侣，家长仍然觉得不行，要让他们生个小孩才行。

我已经五十出头了，活得还算明白，也生逢一个好时代，但我的母亲肯定还是放心不下我，即便她已到了天上。

你会突然意识到人生是无法得到解脱的，不管你达成多少目标，不管你做得多么好，都无法真正"过河"。

你以为你可以从这个游戏里跳出来了，但其实你会进入一个更大的游戏，一切都是不增不减、不垢不净、不生不灭的。

当你发现自己解决不了大的问题，甚至根本就不存在可以解决的问题的时候，你是否还决心要成为一个生活的勇士，不惧渡河的困难？

渡河不是目的

一般人面对一条河，思考的是过得去还是过不去。

一位资深游戏玩家说："当你真的把一个游戏打爆了，所有关卡都通过了之后，你会觉得一点意思都没有，怅然若失，你恨不得这个游戏一直打不完。"

人生一道又一道的坎，就像游戏中的关卡一样。事实上，高级的游戏就是一直给你制造各种困难。

有些时候我在想，明明那些玩家都知道，在一个游戏里不断升级，不断打怪，不断冲关，一关又一关地过，其实也得不到什么，为什么还玩？

这就涉及一个问题：到底人生是不是一场游戏，游戏的根本目的又是什么？玩游戏的目标真的是把游戏打通关吗？你去问那些游戏玩家，如果一晚上就把游戏打通关了，或者说一两个小时就把游戏打通关了，有意思吗？

那些眼神迷离、通宵打游戏的玩家，就像在尘世间闯关的眼神迷离的众人。当我们到达所谓解决完问题的那一个点时，会发现只有两种可能：第一，已经没有时间继续打了；第二，如果有时间的话，前面还有更多的关卡。

于是既济卦带出了一个非常高级的世界观，这个世界观不以解决问题、克服困难、渡河为目的。这个世界观仅仅是假装在渡河，假装在过关。这个"假装"的世界观高级在哪里？在于，过了，好像也没有太高兴；过不了，好像也没有太失落。

从这个维度重新看中国古人的智慧，你会发现他们对人生的看法其实清醒无比、透彻无比。哪有什么巅峰，哪有什么要解决的问题，不过是假象。如果一个人真的相信这一切，那就是一辈子为自己的奋斗而感动而已，不过就是让自己快乐一点，或者假装快乐一点。

有一年我在新西兰看蹦极，那里有一行字很有意思："勇敢一些或者假装勇敢一些，反正别人也不知道。"这句话非常好用，可以套到任何场景。

渡过河，或者假装你可以渡过河，反正别人也不知道。

快乐一点，或者假装快乐一点，反正别人也不知道。

有智慧，或者假装有智慧一点，反正别人也不知道。

很惨，或者假装很惨，让别人快乐一点，反正别人也不知道。

所以当我读既济卦时，我突然隐隐感受到了周文王给我们的隐秘的告诫：千万不要把游戏玩得太投入，入戏可以很深，但出戏一定要快。

学既济卦能得到什么启示？我觉得是：**不以渡过河，或者不真正以渡过河为目的的人生，才是真正的人生。**

水火既济：六爻细解

"既"指已然，"济"指渡河，这一卦是在讲述你在可以过河的情况下，会面临什么。

很多人都知道，在周文王的世界里，国之大事，在祀与戎——要不然就祭祀，要不然就打仗。

在"既济"这个主题下面，周文王以散点记述的方式写了若干个小片段，这些片段之间看似没有关联，但连在一起就隐秘地指向了某种关系。让我们展开这个故事。

初九：曳其轮，濡其尾，无咎。

"曳"是拖拽的意思，拖着轮子，就能渡过河去，所以"无咎"。

这件事情令人振奋，因为在古代河似天堑，是行军打仗的坎。周文王用此爻描述跨过大河的兴奋。

六二：妇丧其茀，勿逐，七日得。

有人说"茀"是假发，有人说是线头比较乱的蓑衣。不管是什么，大概的情境是：一个很重要的女人参与了这场战斗，在过河的过程中，她的头发或衣服丢了。要不要把失物找回来？"勿逐，七日得"，不要去找，七日后可以再得。这隐晦描述了在丢失某样东西之后的心情。

有很多人都在占到这一爻时问自己："我所丢失的东西怎么办？要不要把它找回来？"至于丢失了什么，见仁见智。有些人丢失了股票收益；有些人丢失了一个创业的机会；有些人丢失了男朋友；有些人丢失了"项链"——我们小时候都学过莫泊桑的短篇小说《项链》，最后发现丢的不过是假项链。

你觉得丢失的这个东西很重要，在思考要不要找回来，这一爻告诉你：不要去找。在行军的路上，不要因小而失大。**在前进的过程当中，什么都可以丢，只要你在往前走，失去的总会回来的。**

常常会有一些女性来问爱情："我把我的男朋友弄丢了怎么办？"这一爻告诉你：只要继续奔跑，成为一个有价值的人，变得更有能力，他自然就会回来的。而且丢了他也不见得是坏事，只要你足够厉害，会有更适合的男朋友的。

很多男性问这个问题，答案也是同理。你只要足够好，一直往前走，保持一种成长的心态，女朋友就算是丢了，过段时间也会回来的。就算她不回来，也会有新的人进入你的生命里。

这些丢失的东西重要吗？放在前面讨论的问题里，连过河本身都不重要的话，过河的过程中丢的东西会重要吗？这是一种很有意思的人生态度。

九三：高宗伐鬼方，三年克之。小人勿用。

高宗指的是武丁，他讨伐一个叫鬼方的部落，足足打了三年才取得胜利。这个过程中的启示是，不可以用小人。

《周易》里常常提到"君子""小人"，它们的定义和现在略有不同，尤其"小人"所指不同。有些时候指的是小孩子，有些时候指的是奴隶，有些时候指的是品格一般的人。

在这个场景下，什么叫"小人勿用"？可能的意思是，完全依赖临时收编的奴隶是不可取的。也就是说，在解决问题的过程中，用临时拼凑起来的团队是不行的。

六四：繻有衣袽（rú），终日戒。

"繻有衣袽"，何新先生解释为下雨有蓑衣。"终日戒"的"终"在古文里可指"冬"，讲的是夏天有雨的时候可以穿，冬天把它脱掉比较好。

九五：东邻杀牛，不如西邻之禴祭。实受其福。

帛书版《周易》中"禴"这个字用的是"濯"，这是殷商时期在春天的一种祭祀方法。东边邻居选择用杀牛的方式祭祀，西边邻居的祭祀稍微"薄"一点，没有用到杀牛这么大的祭礼。

在古代，杀一头牛跟杀一个年轻力壮的酋长一样，是很盛大的祭祀活动。与其用很大的力气去杀牛向天祭祀，不如简单祭祀一下。祭祀完，大家还可以把东西给吃了。

上六：濡其首，厉。

水淹没了头，是有灾害的。

所有的拿起，不过是为了放下

如果让梁某人用一个比较粗浅的故事来描述既济卦，大概是：周文王殚精竭虑在想，我到底怎样才能够渡过河？可以用马拖着车漂浮在水上过河。在这个过程中，丢了东西不要管，一直往前走。花三年时间突破各种障碍，事情就办成了。在这个过程当中，该扔掉什么就扔掉什么。比如夏天穿的衣服到了冬天不合适，必须舍弃。只要前方有一点好处，就应该团结在一起往前赶。

整个解决问题的节奏是不管不顾地往前奔，一路都在解决问题。但最后不管你如何抛弃，如何努力，发现河水还是会漫过头顶，还是会有危险。

整个既济卦饱含着一种人生况味，最开始的时候想要过河，想要达到目的，于是不择手段，该放弃什么就放弃什么。把一切最狠的事情都干完了，对自己也够狠了，境遇也够惨了，甚至连祭祀都不是很看重了……结果又如何呢？命运的潮水还是淹过头顶，人还是坠入命运之渊。

所以既济卦讲的是，不顾一切、不择手段地达到目的，渡过河去寻求解脱，最终发现还是没能解脱。这像极了我们的人生。有些人奋斗了一辈子，打了一辈子胜仗，一辈子杀伐决断，一辈子披荆斩棘，临了一笑置之，发现苍天饶过谁，都不过如此。

我们读历史书的时候会发现历史也是如此。你以为自己是一个理性的人，是一个有手段的人，是一个决绝的人，是一个勇敢的人，是一个聪明的人，是一个幸运的、能过得了河的人，你甚至以为自己是一个已经过了河的人，但最终你还是发现，自己也不过是一个假装奋斗了一辈子的人而已。

梁某人在过去这二三十年，经常会和那些有名、有钱、有权力、有大成就，什么都体验过的老先生聊天。我往往会不经意地发现，在说起自己的辉煌时刻时，他们眼中有一种无意义的无奈，一种属于成功者的无意义感。

很多人说："管他的，先成功了再说，我到时候起码拿起来过，再放下也显得比较有底气。"可能是吧！人生所有的拿起，都不过是为了最后放下的时候对自己有一点点交代而已。

你看看既济卦最后那四个字：濡其首，厉。那一些过河的人，在最后阶段头被水淹没，悲凉、糟糕、没意思的情绪，全来了。

很多人都问我是不是一个对世界有点悲观的人。我反倒想问：当你最终洞见，哪怕你足够幸运、足够勇敢、足够坚定，获得了一些成功，却仍然无法得到解脱，你还会认真去玩吗？

当你彻头彻尾地理解了，你就可以在勇敢和认真之余，隐隐地给自己预装一个游戏者的心智模式。哭、笑、愤怒、遗憾……这些情绪都有着真诚的底色，但你可以不相信这些是真的。

既济

☷ 梁注·观卦小笺 ☷

- 一个真正明天理的人看见一切都那么完美的时候，他会觉得哪里不对劲，所以"君子以思患而豫防之"。

- 在前进的过程当中，什么都可以丢，只要你在往前走，失去的总会回来的。

- 人生所有的拿起，都不过是为了最后放下的时候对自己有一点点交代而已。

【 家人卦　风火家人 】
生命修炼的心法

—————————·—————————

观察权力更替、观察人的命运、
观察一个组织未来发展变革很重要的视角，
就是看那个隐秘的、躲在幕后的女人是什么样的。

家人卦

利女贞。

	上 九		有孚，威如，终吉。
巽 (风)	九 五		王假有家，勿恤，吉。
	六 四		富家，大吉。
	九 三		家人嗃嗃，悔厉，吉。妇子嘻嘻，终吝。
离 (火)	六 二		无攸遂，在中馈，贞吉。
	初 九		闲有家，悔亡。

《象》

风自火出，家人。君子以言有物而行有恒。

《彖》

家人，女正位乎内，男正位乎外。男女正，天地之大义也。家人有严君焉，父母之谓也。父父，子子，兄兄，弟弟，夫夫，妇妇，而家道正。正家，而天下定矣。

一个家族、一个企业的生命状态如何借由一个女性的成长而得以发展？

一个女人只是代表一个人，还是代表了某一种品格？

什么才是真正的修行的本质？

女人才是家族力量的核心

家人

风火家人，上面是巽卦，下面是离卦，是为风火。巽除了代表风，也代表木。所以从本质上来说，家人卦就是一个火借风势、火又燃木的格局。

从卦象上看，它展现了一个相生相旺的情形。周文王是如何诠释这个情形的呢？

《说文解字》说："婚，妇家也。"李鼎祚的《周易集解》里引用马融的话说："家人以女为奥主，长女中女各得其正，故特曰利女贞。"很多解读《周易》的人认为，"家人"就是指家中的女人。也就是说，周文王可能在用"女人约等于家人"这个观念，来讲旺财旺丁的事情。

其实，在古代部落时期，女人的地位非常重要，她们才是真正的权力中心。比如，周文王整个家族的兴起就源于他的爷爷、爸爸分别娶了来自先进文明部落的太姜、太任这样有文化的女人。

所以说，嫁错一个男人，女人会后悔一辈子；但娶错一个女人，男人大概率会后悔三辈子。因为女人能潜移默化影响一个家族的好几代人。

认真观察一下，你会发现在真正的中国大家庭，都是家里的老太太，也就是外婆、奶奶等，在扮演一个极其重要的角色。而且这个隐秘的权杖一直在女人之间传递，她们才是家中真正的权力中心。

比如《红楼梦》中，贾母在世的时候，整个家族秩序井然，无论儿子、儿媳妇们做什么决定，老太太都能够一言九鼎。

女性力量真正决定了一个家族的力量，包括从家族扩展出来的地区、士族、国家的根本力量。

所以有一种观察一个社会有没有前途的方法，就是看这个社会中的女人是不是有足够的智慧，是不是有足够的勇气，是不是足够聪明。

做艺术科普的意公子很喜欢讲苏东坡，苏东坡的妈妈出身大家族，后来嫁给了苏东坡的爸爸。苏东坡的爸爸少时都在外面玩，玩到后来自己都不好意思了，便跟他老婆说："我是不是应该做点什么正经事？"

苏东坡的妈妈说："夫君，我等你这句话等了很久了。"这才有了苏东坡父亲带着苏东坡和弟弟一起学习、考试的故事。

我们能看到"三苏"的传奇故事，其背后一直有一个女人在推动这一切。她不仅仅参与其中，而且促成了关键转变。

这叫妇人，妇人在这一卦里对应的就是"家人"。

一个男人，如果他家里的女人很贤德，那么他就能够真正地去创造。如果你观察一些企业家或者政治家，就会发现他们的前途、命运无不和他身旁最亲密的女人有关。

所谓"家和万事兴"，其实是家里的"女人和"才能万事兴。女人得其正位，女人有智慧，这个家才会有智慧。

周文王很清楚地知道，家族要发达、要兴旺，要木借火势、风借火势，必须要有女人力量的加持。

我曾经跟吴伯凡老师开玩笑地说："你的名字起得好，首字母缩写恰是W–B–F，women's best friend，也就是妇女之友。"

你会发现，如果一个人真能成为妇女之友，他一定有一种很独特的魅力，他能兼顾男女的本质特征。尤其是能读懂女人内心的声音，能得到女人的支持，这样的人才能真正地得到天下，即营销学中所说的"得女人者得天下"。

一切从女性中来，到女性中去

家人

家人卦的卦辞是：**利女贞。**

整个卦象显示女人坚守正道有利，利于女人勇闯天涯。

《象》曰：**风自火出，家人。君子以言有物而行有恒。**

"风自火出"，风和火之间相互支持，彼此之间给予对方很多力量，这就是家人卦的核心。

"君子以言有物而行有恒"，这主要源自周公旦的解释，后经孔夫子及其弟子传承后，逐渐把内涵归到君子修养上，君子说话要有物，做事情要恒长。

这当然都没有错，但我们学《周易》要回到本源上来，"家人"原本讲的就是依赖女人。

美国人很喜欢说"of the people, by the people and for the people"，我们可以把它改一下，变成"of the women, by the women and for the women"，翻译过来就是"一切为了女性而存在，一切从女性中来，到女性中去"。

　　如果真明白了这句话，你的生意也许就很容易做了。

　　做电商的人都知道，消费行为的决策者绝大部分是女性。很多信息传播者也是女性，甚至现在很多内容创作者还是女性，男性被边缘化。可能有些男性朋友不太爱听这些话，不过如果你还没有意识到这一点，那么你可能真的会被这个时代抛弃。

　　在地球上已经延续了长达数千年的父权社会中，一直以来男性都扮演着非常重要的角色，女性似乎长期在受压迫。但到了最近这二十年，女性作为消费者、传播者、生产者、组织者、规划者，已经越来越重要。

女性：先成为自己

　　我觉得周文王应该很清楚地看到了一个事实：妈妈特别重要，妻子特别重要，女儿特别重要。这实质是中华文明早期性别平等意识的萌芽。

　　清朝末年有一位先生叫王凤仪，他大力提倡女子学校，他说一个民族之未来全在女人的品格之上。他希望女人能够具有一种真正意义上的智慧与勤劳，然后她们自然而然地就会培养出优秀而勇敢的后代。

　　有一天，我跟我儿子说：“其实找女朋友的方法很简单，如果你想知道她是不是一个对的人，看一下她的妈妈是什么样的生命状态就好了。”

　　绝大部分的女孩子年轻时会跟她们的妈妈作对，不断地吵架、抗争，但在反抗妈妈的过程当中，她们反而不断强化了自己和妈妈之间的联结，渐渐地她们会发现自己也越来越像妈妈。

　　说到这里，有很多的女性，包括我认识的许多女性朋友都暗自摇头，因为她们其实很不希望自己的女儿成为像自己这样的女人，或许那会是一种悲剧。

还有一个朋友跟我讲过一个特别有意思的事情，他说看一个人的职业幸不幸福，就看他是否希望自己的孩子将来继承他的工作。

有些做官的人，自始至终都不希望自己的孩子将来做官；有些做生意的人，一心希望自己的儿女将来能考上公务员，而不要受做生意的苦；还有些当老师的，打死都不让自己的孩子将来当老师，而想要让孩子去经商。

一个人鄙夷自己的职业，缘何如此？这和我刚才讲的很多女人希望女儿将来不要成为自己，是一样的逻辑。如果你对自己的人生很不满意，那么你大概率不希望自己的女儿成为自己这样的人。如果你希望你的女儿能够像你这样，那么说明你对自我还是肯定的。

梁某人在讲风火家人这一卦时，其实带出了一个很少和大家分享的一个观察世界的视角：**观察权力更替、观察人的命运、观察一个组织未来发展变革很重要的视角，就是看身处其中的女人是什么样的。**

当你开始意识到要从这个角度去观察问题的时候，你瞬间就会觉得世界变得很简单。

家人

风火家人：六爻细解

初九：闲有家，悔亡。

"闲"在古文中亦指栅栏，围住房子的栅栏既能够隐隐约约透出缝隙，又能够遮挡外物，有限制之意。从这个意义上说，"闲有家，悔亡"是指栅栏把家隔绝得比较好，女人能清晰地知道自己的势力范围在哪里，不随意离家，大家也就能各安其所。

这并不是说要限制女性的意思，而是在说，很多时候女人真正的影响力不是靠走出去闯天下产生的。

《道德经》对阴性文化的崇尚，也跟这一点有关。

占得此爻，如果问运势，通常来讲，目前好运刚来，但是应该知道自我检束，这样才不至于招惹灾祸和悔恨。

如果问疾病，则表明处于疾病初期，应该谨慎保养，这样才不会有灾祸。

如果问姻缘，则表明女方来自一个家风比较严明的家庭，值得娶。你要娶的这个女孩子可以旺好几代人，因为她的家教很严。

六二：无攸遂，在中馈，贞吉。

不宜远行，要走正道，则出行吉。

我觉得这句话隐隐是指，在那时候一个在家里掌管一切的女人，要守于中军帐里，不要到外面去，让优秀的人去做事情就可以了。所谓"贞吉"是让别人出行有利。你要做的事情就是守住家中，把握住全场的节奏和情绪。

懂足球的人都知道，球队的队长是一个非常重要的角色，他前进和后退的节奏会带动整个团队的节奏。一个好的队长，往往不是进球最多的那个人，他可能是最能够稳定整个球队节奏的人。而且很多时候，队长都是这个球队的中锋。

九三：家人嗃嗃，悔厉，吉。妇子嘻嘻，终吝。

有人说"嗃嗃"指的是家里的人要严肃谨慎，这样就不会招惹灾祸。也有人说"嗃嗃"是指全家人热情、欢乐，这样家中才没有灾祸。

结合后面这句"妇子嘻嘻，终吝"——如果一个家里的女主人嬉皮笑脸，最后这个家一定是要倒大霉的。也就是说，家里主持大局的女人是不能够嬉皮笑脸的，她得有一个范儿，得有镇住这个家的气场。

所以，由此可知前一句"家人嗃嗃，悔厉，吉"可能讲的是家里的女主人要保持严肃、认真的样子，这样全家才能吉祥。

家人卦本来是风火相生之象，本就有点阳气外溢。为了合乎中道，此时就要通过内在的自我约束来中和。所以，文王在讲到这个家族场景的时候，特别提到，在家里女主人要严肃认真。

这和我们很多人想象中的不一样，很多人都觉得，家里就是一个放松的地方，保持欢乐祥和多好啊。也许对于小家庭来说是这样，但对于大家庭而言就不可取了。家中的老太太作为大家庭的主心骨，太欢快会让人觉到她没有威严。

你要知道，周文王所处的是一个大家族，据说孩子都有几十个。在古代，这么大一个家族，是谁在把控这一切？

大部分的时间，文王要么被抓待在牢里，要么在自己家的地窖里占卜。操持整个家庭的是谁？肯定是文王的老婆，后来则是他儿子武王的老婆。也就是说，这个大家庭一直以来都是被那些严肃、认真、有威望的女子执掌着的，这样的家庭自然不会乱。

六四：富家，大吉。

因为有了前三爻的铺垫，随着这个女人把家庭事务管理得井井有条，第四个阶段，即第四爻，则显示，家里的财富得以积累，这个家变成了一个大户人家。

传统意义上，"富家"是怎么来的呢？我们从九三爻来看，这个家是经过了严肃、认真的大家长的管理，才慢慢地累积起财富的。这和我们以前的认知真的很不一样。

庄子曾经也说过类似的话，他说，那些很和善的人，大概能管理三五个人。如果要管几十个人，这个人一定要有一种威严的样子。如果要管一千人、一万人，那就要有更大的气场，更要有某种手段、能力才行。

我们在读这些古文的时候，就会知道为什么现在很多家庭会解体，无法成为大家庭了。除了社会结构学的原因，这还在于现代人都想要拥有自己的小家庭，想拥有自己的独立空间，这当然是西风东渐的结果。但从本质上说，也和很多女人不懂得如何真正地持家有关，不能随意应付，而是应当靠严肃、认真的态度来维系。

九五：王假有家，勿恤，吉。

君王亲临大户之家的家庙，这个时候，不要害怕，这是吉祥的事情。

家人卦用前面几爻不断在讲一个家族是如何修炼的。修炼到第五个阶段，即九五爻，也就到了核心阶段。它说"王假有家，勿恤，吉"。一个家庭修炼到君王到你家来视察，甚至到你的家庙来看一看，这真是光宗耀祖的事情。

很多企业的"家庙"就是这个企业的历史陈列馆，之前的艰苦创业故事、第一代产品等都会被陈列在这里。

有很多人自始至终都没有想过自己的企业有一天能够引起广泛关注，所以他从来就不录像、不录音，将来有一天企业做大了可能会追悔莫及。

上九：有孚，威如，终吉。

孚，通"福"，有时也通"俘"。"有孚"指的是你有朋友来，或者有福气降临。

当时，周是殷商的"人牲代理人"，抓俘虏是他们的工作。如果他们抓到了很多俘虏，这是很有福气的事情。而且这个俘虏有可能是高大威猛的俘虏，这都是非常吉祥的事情。

把自己修炼成美好的样子

整个风火家人卦在梁某人看来，就是一个家族隐秘的修炼历史，也是一个女人的成长史。

后世有人把这一卦当作一个很重要的修炼丹道的口诀。

梁某人曾经听一个道士讲，很多人修炼，最终就是要把自己体内像婴儿一样纯净的"内丹"守住：不要让自己元神涣散，要一直含光内守，不喜不悲。

只要守中，保持中正状态，你的生命就会自然而然地获得某种良性的进化。在这个过程当中，福气自然会来，尊贵的人自然会来，钱财自然会来，一切都会来。

道不远人，既来之，则安之。

你把自己的灵魂、阳气修炼好之后，你会发现"人能常清静，天地悉皆归"。

那些好事不是你努力去向外求来的，而是在你把自己变成配得上这一切的状态之后，它们自然而然地出现在你的生命中的。

所以，家人卦从本质上说，是一个生命修炼的心法之卦，而心法的核心就是，守住你的坤德。

身体也有坤德，脾属坤土，乃后天之本。

那个道士最后对我说，修炼就是养好你的脾胃，让中宫脾胃之土自己修出一种厚德来，这样你就会后天返先天。这对于个人而言是这样，对于组织而言是这样，对于家庭而言是这样，对于国家而言亦是这样。

一个国家的坤德是什么？厚德载物也。有足够的包容心，能够包容各种人，当不同的人都能够在这片土壤里获得成长的时候，这个国家就会发

家人

展出一种独特的竞争优势。

　　如果有一天，越来越多的优秀海外华侨，甚至其他国家优秀的科学家、艺术家、投资家、有特殊能力的人蜂拥而来，中国就会更有前途了。从这一点上说，把自己修炼成配得上这些优秀事物的状态，就是风火家人的秘诀。

家人

〓 梁注·观卦小笺 〓

- 女性力量真正决定了一个家族的力量，包括从家族扩展出来的地区、士族、国家的根本力量。

- 那些好事不是你努力去向外求来的，而是在你把自己变成配得上这一切的状态之后，它们自然而然地出现在你的生命中的。

- 修炼就是养好你的脾胃，让中宫脾胃之土自己修出一种厚德来，这样你就会后天返先天。

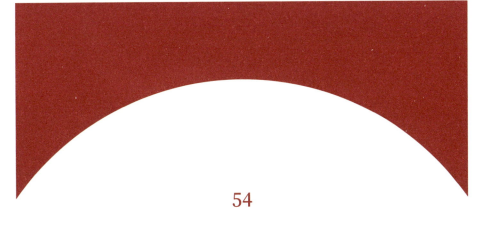

54

【 丰卦 雷火丰 】
把心收到腔子里

如果那朵花把你的心神引出去了，
你看见的是那朵花。
但你把那朵花映回自己心里，
你就会变成那朵花。

丰 卦

亨。王假之。勿忧，宜日中。

震 (雷)	上 六	丰其屋。蔀其家，窥其户，阒其无人，三岁不觌，凶。
	六 五	来章。有庆誉，吉。
	九 四	丰其蔀。日中见斗。遇其夷主，吉。
离 (火)	九 三	丰其沛。日中见沫。折其右肱。无咎。
	六 二	丰其蔀。日中见斗。往得疑疾。有孚，发若，吉。
	初 九	遇其配主。虽旬。无咎。往有尚。

《象》

雷电皆至，丰。君子以折狱致刑。

《彖》

丰，大也。明以动，故丰。"王假之"，尚大也。"勿忧，宜日中"，宜照天下也。日中则昃，月盈则食，天地盈虚，与时消息，而况于人乎，况于鬼神乎？

生命的高光时刻，为何要懂得收敛？

是马上收敛，还是用好这一股托举你的力量？

那么什么时候才应该收敛呢？

所谓"丰"，代表了一种什么样的生命状态？

你应该做什么样的事情，才能令自己的运气得以保存？

为什么一个人的起心动念，哪怕是很隐秘的内在想法，都要认真对待？

丰

蓬勃的力量

如果到了人生的巅峰时刻，好运降临，阳光普照，你觉得天地都在膨胀，连自己都隐隐有一种在膨胀的感觉的时候，你该怎么办？每个人都应该花点时间去观察自己膨胀的状态，也要观察自己如何收敛膨胀，这样才能令自己的运气得以保存。生命的高光时刻，也要懂得收敛。

雷火丰卦，上面是震，下面是离，震为雷，离为火。

《说卦》云："**帝出乎震。**"

古代有一个传说：天神是有声音的，虽然你看不见他的样子，但是你听得见他的声音。就像我们看不见风，但可以听见风经过时树枝摇摆发出的沙沙的响声。我们看不见天神，却可以听见他走过去的声音，那个声音就是雷声。如果太阳之上还有一个天神的话，这个天神从视觉上来说，就符合雷火丰卦的意象。

从时间序列上来说，这是从春入夏的一个卦象。《黄帝内经》说"**夏三月，此谓蕃秀**"。这时万物进入一年中最繁茂的阶段。

我小时候生活在广州的巷子里，某一户人家的院子里有一棵很大的樱花树，大概春夏交接的时候，也就是雷火丰卦对应的时间点，树木的枝叶茂盛，鲜花怒放。那个时候，人们的内心就会生出一种"艳"的感觉。

丰，色为艳，艳就是很绚烂的情形。在视觉上、在听觉上、在身体感受上，你都能感受到一种蓬勃的力量从内向外伸展，这种状态叫"丰"。

"丰"经过了一段时间，从发芽到开花，从开花到结果。到了秋天的时候，把这一个个果实收下来，我们称之为"收"。所以我们可以尝试这么解读：丰是丰，收是收，所谓"丰收"其实蕴含了一个时间跨度——丰在春夏，收在秋天，它经历了从春夏之交到夏秋之交的这个过程。

丰

阳气通达，炁体源流

上面是震卦，显示天帝在上，下面还有太阳，所以丰卦展现了一个光明丰盛的情景。周文王在目睹这样一种气象的时候，他是如何结合现实来解读和描述它的呢？这是一个非常有趣的事情，我们甚至还可以从一些自然现象中来看这个情景意味着什么。

在南方生活的人会特别有感受，比如广州到了春夏之交，几乎总会出现这样一种天气，白天炎热，到了下午两点钟左右就开始打雷下雨。下完雨，太阳很快又出来了。这样的情景就是雷火丰。随着夏天的来临，一切变得非常丰满，植物有植物的丰满，动物有动物的丰满，天气有天气的丰满，人亦复如是。

在这样一个背景之下，就有了"**亨。王假之。勿忧，宜日中**"的卦辞。

在一个天地亨通的状态里，"王"可以有很多种理解，可能代表殷商的王，也可能代表天帝。"假"是降临的意思，王或者天帝会降临人间。此时一种生机勃勃的气象笼罩了整个世界，好运当头，没有什么可担心的事情。"宜日中"，此时适宜在整个天地之间，在阳光普照之下，去体会"氽体源流"的感觉。

当然，这肯定会带来一个问题，有很多人都有这种体会，如果你的体质本属阴寒，去做艾灸或晒太阳的时候，你就会感到发痒。

痒者，阳也。痒是阳气通达的表现，是病气往外走的气象。我在开展临床工作的时候，有一天有个病人说，他本来是有脚气的，洗完澡之后脚就会很痒。他问我："如果脚气是真菌引起的，我应该在洗之前痒，为什么洗了热水澡之后反而脚会痒呢？"

我说："这说明痒不仅仅来自外部真菌的影响，它还来自内部气血的影响。本来脚末端的气血运行已经不太好了，你在洗热水澡的时候，热水刺激督脉，气血就走到了最远端，也就是脚趾端，阳气聚集过来了，所以脚就会痒。"

所以李可老师说，当一个从来不觉得痒的人，突然开始觉得痒了，不要随便认为这是不好的，这可能是此人正在好转的迹象。

君子恩威并施

回到丰卦，天神降临，万物繁茂。你沐浴在这样一个阳气充盈的环境当中去感受着一切，后面的爻辞说你会得一种病，但是没事，你最终会好转的。

《象》曰：**雷电皆至，丰。君子以折狱致刑。**

象辞讲到噬嗑、贲、丰、旅这四卦时，都呈现了离火照亮天地之间的情形。周公旦和孔夫子后来把带有离，能够用光照亮天地、看清黑暗的情形，引申到如何以此来看清世间真相的意义上来。再进一步引申，可以理解为是不是能够把"刑狱"这种手段用得更好。

如果你办案思路很清晰、价值观很端正，事实终究是可以暴露在阳光下的，那么用好监狱、用好刑罚就是非常重要的一种手段。虽然"君子尚义，小人尚利"，但真正的大丈夫也是恩威并施、仁义并用的，礼法和刑罚都是要用的。

占卜到丰卦，如果问时运，正是气运旺盛之际，但丰年不忘歉收，即不能忘记那些不丰收的时候。虽然把握着丰收，但心里仍要叮嘱自己，可能未来会有不丰收的时候，要做好准备，这样才能长保丰盈。

如果问经商，则获利会颇丰，但必须谨守公平道义，否则有可能会被牵连到诉讼案之中。象辞里的"以折狱致刑"为这一卦的解读补充了某种启示：小心因为赚钱而官司缠身。

如果问功名，雷电有威名和发达之象，则你可能会担任检察官、法官，加入部队等。很多人都很清楚，如果你的孩子将来要找一份工作，加入公安系应该是不错的选择。

如果问婚姻，雷为公，电为母，属天作之合。这说明你的婚姻是门当户对的，而且你们的姻缘会结出美好的果实，你们的孩子也会养育得很好。

如果问家宅，则这个住宅应面朝东南，这样财气会更加旺盛。

如果问疾病，则显示这是肝火上升的病症，应该服用类似泻肝火的药，尤其应该注意静养。

雷火丰：六爻细解

一个人总会有人生的辉煌时刻，少年得志也好，壮年得志也好，总是有机会的。

但有人生的辉煌时刻特别要小心，我们应该如何把握这样一种状态？我们是否应该默默在某些地方保持警觉呢？让我们结合爻辞展开分析。

初九：遇其配主。虽旬。无咎。往有尚。

"配"可解为"妃"，所以这一爻大致解释是：在这样一个辉煌时刻，内心的欲望也开始蓬勃出来。此时遇见一个妃子，让她跟你一起出巡。所谓的出巡，在古代包括打猎、游山玩水等活动。用今天的话来说，即带着女朋友行走天涯。

常常有人问，什么时候我才能遇到那个真命天子，什么时候我才能遇到那个适合我的女孩子，什么时候我才能结婚？其实，外在的因素都是触发缘分的契机，真正的时机是你的内在已经为这个人的出现做好了准备。你内心的欲望已经蓬勃到某个程度的时候，那个人自然就出现了。

所以很多人觉得很奇怪，自己怎么会跟这个人结婚呢？怎么会跟那个人谈恋爱呢？其实关键在你。那个时候你内心的意念强到了极点，因缘际会，遇见谁便觉得谁好看。

以前那些修行人为什么主张禁欲呢？因为经过一段时间的节制后，人就会发现什么东西都是好东西。

一个厨师曾经跟我说，把食物做得好吃的秘诀，就是上菜晚一点。先给客人上一些酸酸甜甜开胃的食物，再让他喝一点开胃的小酒。这个时候他的身体已经开始在期待食物了，此时给他一份食物，只要不是太难吃，他都会觉得特别好吃。再加上一些适当的氛围、服务员的眼神暗示，整个空间笼罩在饱和色调所带来的愉悦氛围中，让人产生满足感和幸福感，客人就会觉得这个地方特别好，这里的食物特别棒。

其实与食物无关，是你内在的需求在引导你产生这种感觉。

我们可以把"妃"当成一个比喻，推而广之，如果这个时候你能够遇见一个对的人，其实是你的内在生命力被激发而外显的表现。因此，各位单身的男女青年，你们为什么到现在还没有碰到那个对的人？只有一个真正的原因——你还没有足够强烈的意念。

占得此卦此爻，如果问时运，此时你是可以找到与自己匹配的种种助缘的，是会有好运的。而且这个运程持续的时间还会很长，可能有十年的好运。

稍微学过八字的人都知道，每个人都有所谓的大运起点。如果你认真研究一下，"十年"真的是一个挺有意思的周期。

梁某人曾认真思考过这个问题，以每十年为一个周期来看，我发现果然是十年遇一大运。似乎每过十年，自己生活的地方、自己所从事的职业、自己经历的某一些事情，会有很大的变化。至于你的十年大运是在哪一年开始，可以自行回溯。

你看见自己生命的节奏之后，你会对自己生命发展的节奏有了豁然开朗之感。

什么叫生命发展的节奏？也就是，你大概知道这两年适合去激发你的生命力，那么你就往外走、去学习、去突破、去大胆地创想。如果这几年不是特别适合有大的发展，那么你就应该收敛、学习、沉淀。

所以，没有所谓正确的或错误的人和事，只有在合适的时间，做合适的事情，遇到合适的人。总之，这一切还是要向内看，关注你自己的生命节奏。

六二：丰其蔀（bù）。日中见斗。往得疑疾。有孚，发若，吉。

有人说"蔀"是指高大的植物，甚至高大到可以遮住阳光的地步。郑玄把"蔀"理解为菩萨的"菩"，引申为覆盖、包裹的意思。

南方很多人其实不太喜欢住在一楼，哪怕有一个院子，他也会觉得住在一楼很不舒服。第一，它很潮湿；第二，如果院子里的植物突然长得很茂密，人就晒不到太阳了。

在这种情况下，周文王记述了一个细节，有一些人可能患上奇怪的病，但等这个病消散掉就好了。有一些病，不要以为得了是件坏事，它有可能是件好事。

李可老师曾经说过：如果用一些扶阳的药，有些时候病人会突然出疹子，甚至会拉肚子，也可能突然出冷汗或者呕吐。

定力不足的大夫就会被吓到，病人也会被吓到并质疑："本来好好的，吃了你的药之后却出现这么多问题，浑身发痒，还流脓，你的药不会有问题吧？"

但有定力的大夫会告诉病人，这些问题本来就潜伏在你的身体里，只不过因为种种原因被隐藏住了。现在趁你病得还轻的时候，用一些扶阳的药让它们发散出来，这其实是件好事。

我就经历过一模一样的情形，有一年我请国医大师陆广莘先生帮我看病，他给我开了个方子，我吃完之后开始疯狂吐痰。

我于是有点怀疑，便跑去问陆老："我本来都挺好的，怎么吃了您的药之后吐那么多痰呢？"

陆老看着我，嘿嘿一笑，说："在你吐痰之前，这个痰在哪儿？"

我恍然，答道："是哦。"

他说："为什么以前不吐呢？"

我再次恍然，说："是哦。"

他说："你有没有觉得吐完之后好了一点呢？"

我说："是。"

他就不说话了。

我突然理解了，有时候你的身体在治疗的过程中出现了一些状况，这可能真的不是坏事。

所以，从医理上说，在夏天让自己身体里的阴寒之气表达出来，不见得是坏事。这就是为什么要发展出所谓的三伏灸。

有一些人，在冬天得了寒凉之病，它变成伏邪，即潜藏在人身体里面的邪气。到了夏天的时候，整个天地之气是被往外拖的，如果你再灸一下，助身体一臂之力，你身体里的生机自然会把这些伏邪往外推。

所以这一爻特别有意思，"往得疑疾。有孚，发若，吉"，那些奇怪的病，你把它发出来之后，是吉祥的。

九三：丰其沛。日中见沫。折其右肱。无咎。

有人说"沛"指旗帜，"丰"是丰沛、庞大的意思，"日中见沫"的"沫"指的是长长的彗星。像旗子一样的云彩把日光遮住了，因此人看见了彗星。彗星在白天也会出现，只不过白天阳光很充沛的时候，你肉眼看不见而已。如果白天日光被遮蔽住了，你就可能会看见彗星。

在这个过程中，"折其右肱"，也就是右边手臂受伤了，可能是被吓到了，可能是从马上摔下来了，也可能是崴到了。这记录了周文王看到的某些事情带来的一个情景：右边的手臂受了伤，但是没有大碍。

如果占得此卦此爻，此时的运程有一点点颠倒，明明是白天，却像夜晚一样，甚至可以让你看到天上的彗星，所幸的是性命无忧。

如果以此爻来问疾病，则要当心右边的手臂有损伤。很多时候，一些人不小心摔了一跤，手臂就骨折了，这个寸劲儿很可怕。

梁某人曾经发生过一件特别神奇的事情。有一次我要搬家，当时心里隐隐地不想动，但又不好意思不参与。当时，我家里有一尊佛像，我在想这件事情的时候正准备去磕头，当我的手触地的那一刹那，我的整个手动不了了，站起来之后就觉得特别疼。

我跟家里人说："我手受伤了，很疼。"他们说："得了吧，一说搬家你手就疼，你怎么刚才没手疼啊？"结果我跑去拍 X 光片，发现右手果然骨折了。所以许愿要小心，尤其是在佛祖面前。起心动念之际，佛祖可能正好看见了。

可能这只是一个偶然事件，但是我想借这个故事来说明，一个人的起心动念，哪怕是很隐秘的内在想法，都要认真对待。《中庸》和《大学》特别提到要慎独，即使是在天知、地知、无人知的情况下，你的起心动念也是有力量的。

很多人说，一个人心里想的东西是无所谓对错的，这可不一定。经过我这么多年的观察，一个人的起心动念，真的会外化出很多意想不到的结果。

我在太安私塾面试学生的时候，有很多同学问我："梁老师，您为什么一定要求视频面试呢？您是以貌取人吗？"我说："是的。"

一个人如果在三十五岁以后满脸横肉，他肯定是有问题的。小的时候，你的长相是父母决定的，但到了一定年龄之后，你的长相就是由自己决定的。并不是说一个人的外表一定要好看、要精致、要漂亮，而是从面相上，我们常常能看到一个人的内心世界。

如果一个人拥有某种喜乐的精神，或是想要让自己变得好的念头，他的面相自然会呈现出一种舒服的样子。所以我常常在面试的时候先看对方几眼，再和对方聊几句话，基本就可以更了解这个人了。

每个人的声音也很独特，认真地听一个人说话，如果他有什么病症的话，也大概能听出病在什么位置，病情是什么样子的。总之，观察一个人，望闻问切，都要做。

九四：丰其蔀。日中见斗。遇其夷主，吉。

又是非常繁茂的植物遮住了阳光，以至于在白天的时候都能见到北斗星。"遇其夷主"，何新先生将"夷主"解释为美丽的主人。前面一爻说遮天蔽日，就摔伤了手；这一爻又说遮天蔽日，就能够碰见美丽的主人。

遇见了美丽的主人其实是一种比喻，它的意思其实是，如果你经过前面几爻，来到第四爻的时候，你会发现自己的内在能量充沛，如果慢慢把光线收拢一点，你能看到更多、看得更清楚。

如果外界环境太亮的话，你反而看不清。最典型的场景就是开车，如果在光线特别强烈的情况下开车，你需要戴一副墨镜遮光才能够看得更清楚。

丰卦的九四这一爻，讲的就是在朗朗乾坤、日光照耀强烈的时候，适当有一点遮蔽反而是好事。在遮蔽的过程中，人反而能看见更多美好的事物。你有没有发现一个很有趣的现象，看一个东西的时候，你把眼睛眯一下，遮住大部分的光之后，反而能看得更加真切。

我读大学的时候，有门选修课是素描。在课堂上，我们学习画圆锥，从圆锥迎光的那一面到背光的那一面，是明暗渐变的过程。画画的人需要把眼睛微微闭上之后，才能够更清楚地看到图画的明暗变化，这样在落笔的时候，才能画得更好。

也就是说，任何事情，过了，你就要把它往回收一点点。中道的思想其实完全体现在了《周易》的卦辞和爻辞里——过了就要收一点点，不够就要打开一点点。

六五：来章。有庆誉，吉。

光明再次来临，要庆祝，吉祥。

承接上一爻的内容，那些遮蔽住太阳的云也好，夏季繁茂的植物也好……如果都被挪开了，阳光得以重新照耀大地，这是非常吉祥的事。

此时，你的整个人生得到了充分的表达。对于每个人来说，这就是人生的高光时刻。

但是，当我们的人生到达智力、体力的高峰，当我们的环境给予我们足够的机会的时候，我们要如何留意自己的言行？其中最应该注意的就体现在了丰卦的最后一爻。

上六：丰其屋。蔀其家，窥其户，阒（qù）其无人，三岁不觌（dí），凶。

第六爻讲的是，当这种高光时刻降临在你身上的时候，你要看见未来是什么，也就是我们说的看见事情发展的方向。

有钱了，盖了大房子，郁郁葱葱的植物遮蔽住外面的庭院。此时若透过窗户看屋内，"阒其无人"，整个房子里面是没有人的，说明人都出去了，都在外面晒太阳。

关键是"三岁不觌，凶"。"觌"就是祭拜。你内心的神明或屋子的祖先是藏在这个房子里的，如果三年都不去祭拜，是很凶险的事。

如果把自己的身体视为一个房屋的话，它拥有庞大、健硕的外壳，但阳气全部外浮，收不回来怎么办？长达三年的时间都没有收回来，那就是出了凶事。如果你长时间不能和自己内心的神明对话，是为凶兆。你能不能够把自己的心收回来，让自己端坐于屋中？

我们在祭拜的时候，到底在拜什么？梁某人认为，我们只不过是通过一个行为艺术，在祭拜自己内心的定见，祭拜那个内心里幽幽冥冥的"自在"。而"自在"就是，自己在。心不在焉，就是自己的心不在自己的腔子里。程颐说，心要在腔子里。南怀瑾先生遇到的一位高人说，看花就要把花的精神收到自己的眼神里来。你在看花的时候，到底是你看到了花，还是那朵花进入了你的心？这是不一样的。如果那朵花把你的心神引出去了，你看见的是那朵花。但你把那朵花映回自己心里面，你就会变成那朵花。

这话讲得有点玄，我们可以花一点点时间去琢磨、反思。一件事情发生了，到底是你的心神在它那里，还是你把它收进了你的心里？这两种状态是不一样的。如果你的心神被吸引出去，你确实会感到很爽，但你也会觉得自己是飘忽不定的。如果你把这件事情收进你的内心，你就会发现它才能够真的为你所用。

我们来总结一下丰卦：随着天神的降临，随着好运气的来临，随着阳光普照，我们的身体开始蠢蠢欲动，充满蓬勃的生机。身心中的阴寒之物在被往外拖，身体虽然出现了一些表面的疾病，但仍是吉祥的，很快就会好转。在这个过程当中，由于外界环境很亮，有时候我们需要眯上眼睛，或者还要借助那些遮住阳光的云来帮助我们看清更多美好的事物。如果我们经历过这一系列的过程，就会获得极大的丰盛的人生，但随之而来，如果不懂得收敛自己的心，三年之后，这一切终将离你而去。

这就是丰卦所蕴含的意味。

任何时候都要把心装回腔子里，任何时候都不可以太过，哪怕是在天地给予你最好的祝福的时刻。

　　所以，丰卦给我们最大的启示是，**你可以尽情地舒展你的人生，但仅仅尽情舒展是不够的。念兹在兹，把神装回自己内在的世界里。**

　　"三驾马车"是经济学上对出口、投资、消费的比喻，但最终能否推动经济还是要看这个国家人民的意识，人民是不是有蓬勃向上的信心去学习、工作、奋斗，是不是有踏踏实实过好日子的心念。

　　当每个人都知书守礼，当每个人都开始不那么铺张浪费，当每个人都回归生活的常态，认真吃饭、认真读书、认真工作的时候，气就自然而然地聚回来了，这个时候也就不用担心什么了。

　　练好内功之后，那些自身的美好自然会吸引聚拢其他实实在在的好东西。如果天天在外面折腾、张扬，你最终会发现一切都是虚的。

　　这就是丰卦给我们的启示。

☲☳ 梁注·观卦小笺 ☲☳

- 没有所谓正确的或错误的人和事，只有在合适的时间，做合适的事情，遇到合适的人。

- 如果一个人拥有某种喜乐的精神，或是想要让自己变得好的念头，他的面相自然会呈现出一种舒服的样子。

- 你可以尽情地舒展你的人生，但仅仅尽情舒展是不够的。念兹在兹，把神装回自己内在的世界里。

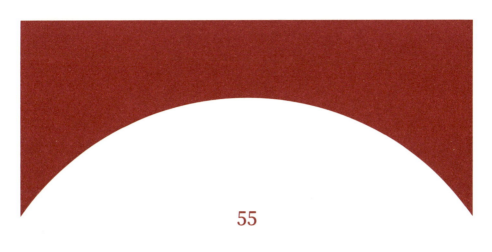

55

【 离卦　离为火 】
文明的丛林法则

我们发乎善良，发乎希望，
发乎永不磨灭、永不绝望的乐观主义精神，
才构成了世界的真相。

离 卦

利贞，亨。畜牝牛，吉。

上 九		王用出征，有嘉折首，获匪其丑，无咎。
离(火) 六 五		出涕沱若，戚嗟若。吉。
九 四		突如，其来如，焚如，死如，弃如。
九 三		日昃之离，不鼓缶而歌，则大耋之嗟，凶。
离(火) 六 二		黄离，元吉。
初 九		履错然。敬之，无咎。

《象》

明两作，离。大人以继明照于四方。

《彖》

离，丽也。日月丽乎天，百谷草木丽乎土。重明以丽乎正，乃化成天下。柔丽乎中正，故亨。是以"畜牝牛，吉"也。

为什么中国人把"火"和离别的"离"用同一个卦来表达？

文明又如何在火中孕育出来？文明又如何发生异化？

如果文明包含婚姻、科技、感情、商业、技术，

那么这些异化如何体现在离卦的故事中？

周文王想揭示的真相又是什么？

离

火，带来了文明的开端

我们来看离卦，大部分人都知道，"离"代表的是火，上面是一个火，下面是一个火，故称"离"。

为什么"离"字对应的是火？我们很多时候都会说离别，"离"还可解为"丽"，是明亮的意思。明亮为什么要跟分别、乏味、走开有关？这中间也许隐隐有某种关联。

人类的整个文明，和火的使用有关。因为有了火，人开始拥有了三样东西：第一，熟食；第二，安全感；第三，社交。

首先，食物被火加工熟了之后，改变了人的肠道菌群。吃熟食的肠道菌群和吃生食的肠道菌群有很大的不同，甚至会决定我们的激素分泌状况。

某次梁某人经过一家小小的日料店，当晚吃了各种生肉。我有一个很

强烈的感觉，吃了一肚子生肉之后，整个身体的状态和平常吃熟食时完全不同。

如果你再观察一下那些分别经常吃肉和经常吃蔬菜的人，他们的身体状况完全不一样。火的使用让人的肠道菌群乃至整个激素分泌都发生了变化，这些变化或许和我们成为所谓的文明人有很大的关系。

其次，火带给我们一种难得的安全感。

以前原始人住在树上，为了躲避其他动物偷袭，晚上会紧紧地抱住树枝。现在还有一些集体无意识理论提出，我们之所以在睡觉的过程中会醒来，就是因为没有安全感。

哪怕是出生在沙漠的人，也会有那种从高空掉下来的恐惧感。这可能和远古时期人类的普遍恐惧有关，也就是怕自己从树上掉下来。

当人开始使用火以后，一切就不一样了。你可以躺在火堆旁边睡觉，也可以在洞穴口点上篝火，睡在洞里。有了火的保护，老虎、狮子等猛兽就不敢近身，于是人类就有了一段比较安稳的睡眠时间。所以火带给我们极大的安全感。

最后，火还给我们带来了一个社交的场景，大家围着篝火烤肉，自然而然地一起跳舞，一起喝酒。据说人类最开始对植物进行驯化，并不是为了吃，而是为了酿酒。

围着火的一群人，彼此就拥有了聊天的机会。梁某人曾经研究过"谣言"议题，研究过社会交往，研究过借由语言创造的社会集体。在研究的过程中，我发现火堆真的很重要。

当一群人完成了一天的狩猎工作，围着火堆的时候，他们一边喝酒，一边唱歌，一边跳舞。他们围在火堆旁边，开始聊天，聊着聊着，就从真实的事情聊到了想象的事情。

男人在外面打猎，本来可能是仓皇而逃的，此时却可能会添油加醋，讲述自己是如何英勇奋斗的；女人则在火堆边跟男人描述她在家里是如何照顾孩子和老人的。所以，火促进了语言的交流。

离，燃烧的分离

"离"可以代表火，那么"离"为什么又能代表"分别"呢？梁某人有一点揣测供大家参考：火有一个特征，就是使物体燃烧。以前团聚在一立方米的木头里，燃烧后物质之间发生了分离。

光可以去到很远的地方，热也可以辐射到很远的地方，这是一个扩散的过程。从宇宙的维度来说，这类似于大爆炸的过程。

所以"离"和燃烧时发生的这种"分离"现象有关。

总的来说，火给我们带来了光明和温暖。温暖会让我们感到放松，光明可以让我们更好地进行交流，这些都是文明的开始。

周文王目睹了火，尤其是上下两个火叠在一起，他其实在试图讨论：文明从何而来，而这个文明又和离卦的故事有什么关系？

国之大事，在祀与戎。祭祀和打仗永远是周文王最关心的话题。

总体而言，这是一个适合出行，利于远征的卦象。"亨"同享用的"享"，古时候可能是同一字，通常有"亨"这个字的时候，讲的都是祭祀之后，大家心情愉快地共同分享食物。从上苍那儿获得留下的食物，叫"老天爷赏饭吃"。

"畜牝牛"，买一头母牛，可能用来耕地，可能用来生小牛，也可能用来祭祀。总之不管怎么样，把母牛买回来都是很吉利的。

这个故事也是一个比喻。离卦的卦辞实际讲的是，在热量充足，人很舒展的情况下，应该去做一些投资。这些投资会膨胀，这个过程会令你的资产增值，所以叫"畜牝牛，吉"。

中国文化有个很大的特点，就是把若干看似独立的意义孤岛连在一起，从而形成一个故事。

火很明亮，很温暖，构成物质的分子与分子之间的间隔越来越远，发生了分离。在这样的情况下，能量丰富了，人就可以去买牛，做投资。这几个情形联系在一起，就构成了离卦的故事梗概。

为什么说解卦师很重要？因为解卦师最重要的一个工作，就是帮助你把这一个个离散的意义孤岛，与你当前正在担心、思考的事情结合在一起，从而建构一个完整的意义，形成一种比喻。

在梁某人看来，人类的本质就是故事的总和，而故事本身就是以"以此物比拟他物"为依托的。

所以**整个人类所谓的文明，本质上就是在温暖的、有安全感的地方，借由火带来的丰富物质，引发的一系列的故事。**

离

文明的优势，在于不确定性

《象》曰：**明两作，离。大人以继明照于四方。**

什么叫"明两作"？上面是离，下面是离，两个火，所以叫"明两作"。

"大人"是指脱离了低级趣味的人，他们不仅仅是为了生活而奋斗，而且是站在了意义的层面上去看人生，看宇宙。"大人以继明照于四方"，伟大之人延续光明的状态来滋养四方，启化众生。

《大学》说："大学之道，在明明德，在亲民，在止于至善。"有人说"明德"是指日月变化之德，也有人说是指明亮明火之德。讲到此处，有同学或许会产生疑问，那么中国文化到底怎么学？怎么都没有一个精准的定义和概念呢？

也许中国文化的优势，就在于百花齐放，或者说不确定性。更重要的是，**因为不确定性，中国人可以在文字和概念中寻找差异和联结，从而构建出一个丰富的、多维度的故事。**

火是极度不稳定的，我们用什么方法来描述火的形态？我们能如何框住火？

我们可以用杯子装水，用方的杯子装水，水就是方的；用圆的杯子装水，水就是圆的。但火是往上蹿的，它蹿出来的部分，你是无法把它限制住的。如果你像装水一样，把火完全封闭起来，这个火自然就熄灭了。这就是"离"的特征，如果"离"代表一种文明的话，它所对应的最大优势，就在于它的不确定性。

离为火：六爻细解

初九：履错然。敬之，无咎。

"履"指鞋，也指鞋印。鞋摆的方向不对，鞋印所示的行走方向不一致，就是"错然"。

如果起到这一爻，问感情，通常意味着男女双方南辕北辙，鸡同鸭讲，离心离德，互不匹配。在这样一种状况下，只有一种方法可以"无咎"，就是"敬之"。

现代很多家庭的亲密关系都是错然的，同桌吃饭却各自刷手机，同床睡觉却各自做梦。这是很普遍的情况，这就叫"履错然"。对于这种情况，只有一种应对方法，那就是"敬之"。

古人说夫妻之道在于相敬如宾，什么是相敬如宾？夫妻要长时间保持爱情的新鲜是很难的。到了一定阶段，夫妻就会变成朋友。再到一定阶段，夫妻也许还会彼此心生怨恨。

这时候，一个学过《周易》的人，一个有文明根基的人，会知道这不是偶然，而是必然。那么之后他就不会对对方心存怨恨，而是自然而然地发展出一种应对的策略，这个策略就是"敬之"。你应该对对方保持敬意。

爱是发乎情的，不管是亲情还是爱情，都是欲望的表达。但敬是理性的，敬会让对方觉得自己很重要。所以**"礼"的本质，就是让对方觉得自己很重要。**如果能够保持"敬"，就无咎。

初九这一爻预示着在炎热天气下，地上干旱，有些时候会产生各种乱象。

火是带来光明和温暖的，但任何东西多了之后，就会导致错乱。

文明可能是爱情带来的，也可能是学术带来的，还有可能是知识进化带来的。在目力所及的未来，人类一定会出现各种错然，用塞缪尔·亨廷顿（Samuel Huntington）的话来说叫作"文明的冲突"。

文明主体在各自发展到一定阶段的时候，都会形成某种冲突。地球就这么大，在全球化的过程中，人类文明出现了冲突之后，人类要以什么样的价值标准来进行行为判断？这是核心问题。

表面上看，世界的冲突是源于利益，但实质上，这背后还有一个东西。我们要意识到：**文明的冲突本质上是价值观的冲突。**

比如，我们以前的口号是"落后就要挨打"，现在又因为强大所以被

离

"卡脖子"了。到底是落后还是强大导致人家不喜欢我们呢？显然，强大和落后都不是关键，或者说它们与文明的冲突之间并不存在正相关性。

文明的冲突背后，除了利益，除了强大与弱小的差别，还有一样更重要的东西，那就是价值观。

你会发现，刚开始人和人是基于血缘而产生联结的，然后是基于利益而产生联结的，最后都是基于价值观而产生联结的，所以最终也会因为价值观而产生隔阂。

你会发现一件很有趣的事情，很多家庭中，家庭成员彼此之间是没法交流的。如果不是因为大家是直系亲属，必须在一个群里，你可能这一辈子都不会跟某些人交流。

为什么会这样？从本质上来说，到了一定阶段，在大家的价值观发展到一定程度时，人与人之间就出现了所谓的文明冲突，这就叫"履错然"。

所以要以尊敬的态度来处理冲突，尊敬的背后是哲学，尊敬的背后是理性，尊敬的背后是求同存异，要放下对感情的执着，否则就会出错。

六二：黄离，元吉。

"黄离"可能是指清晨或傍晚的太阳，不是正午的太阳，只有朝阳或夕阳才会变成黄色。清晨和傍晚的太阳照射到人身上才是最舒服的，所以称"元吉"。

如果我们借此来比喻文明的话，文明的初期是幸福的，文明的末期也可能是幸福的。文明的快速发展期不一定带来快乐，很可能带来焦虑。

比如，ChatGPT 刚刚兴起的时候，大家都很兴奋，会去问 ChatGPT 一些奇怪的问题。等到 GPT-4 推广的时候，人们就开始有点害怕了，因为它的发展速度真的太快了。

如果以这样一个速度再发展五年、十年，在我们的有生之年，目力所及，大概都会感受到人工智能对人类的碾压，就像两个太阳在天上炙烤一样，烤得人都没有了精气神。

我倾向于认为"黄离"指的是朝阳，很多文明、事物在初期的时候，给你带来的东西都是美好的。

很多人经常缅怀自己在公司初创时期的经历，虽然没什么钱，也没什么人，也没什么资源，但是很愉快。爱情也是，两个人最开始在一起时也没什么钱，只能够买一碗猪脚面一起吃，但是很幸福。

为什么很多东西发展得越来越好了之后，我们反而感到不幸福了？为什么后来就没有以前那么"吉祥"了？这背后的原因，其实是所有的文明在发展过程中都会走向异化。文化会是这样，艺术会是这样，爱情会是这样，一切事物，包括喝茶，都会是这样。

我现在看到很多"茶人"，看起来挺高级的，什么茶都喝过了，什么茶都知道了，但个个脸色暗沉，为什么呢？可能喝茶喝多了，水摄入过多导致湿气太重。如果不喝茶，这些人恐怕一辈子都不会一下喝那么多水。我统计了一下，如果一天有朋友来，我们要喝茶，我能喝掉两大桶水。

喝到肚子里的是茶，也是水。所以连喝茶都会异化，更不要说其他的了。也就是说，初期的幸福发展到一定程度，它也会让你感到难受。这是必然的，这是文明的诅咒。

九三：日昃之离，不鼓缶而歌，则大耋之嗟，凶。

有人说"昃"代表遮蔽，"日昃之离"是说发生了日食。有些人则认为它指的是黎明时的日出。梁某人个人认为，"日昃之离"代表的是太阳被遮蔽住了。因为下一句"不鼓缶而歌"，可以联想到天狗吃月亮时，人们拿铁盆出来敲的场景。可能在殷商时期人们就已经有这样的传统了。

此爻预示着凶险。如果人们不出来敲盆唱歌，这个太阳就可能会被吃掉，这是很凶险的事。

这是一个关于日食的故事，人类很矛盾，既怕太阳太热，又怕太阳被吃掉。这就是我们对文明的态度——既怕它来，又怕它不来。

你会发现这个世界上几乎每件事情都如此，都是以此喻彼。

九四：突如，其来如，焚如，死如，弃如。

此爻初读起来很吓人，是什么东西突如其来？爻辞中没说。然后说接着来的时候猛烈燃烧，顷刻之间万物化成灰烬，最后消失无踪迹。

我觉得这里指的是因为太热，导致山火突然袭来，顷刻之间万物全被烧光，"死如"。

在山林大火的时候，不要说植物被烧光了，连依附于植物的一切动物也都被烧光了，蚂蚁、穿山甲、兔子、老虎等全部被烧光。

有一年，在《冬吴相对论》节目中，我和吴伯凡老师讨论过山火的问题。现代人保护山林，做得越来越成功了，大部分山林不再遭遇山火。但正因如此，当有一天山林不小心突然烧起来时，人类几乎没有抵抗能力。

而一片森林完全烧尽后，会变成肥料。那些被烧得像炭一样的植物和动物，最终回归大地，滋养出新的生物，焕发新的生机，这是由毁灭而带来的生机。

这是大自然的自我修复能力，也是一种天道。周文王在观察离卦时，看到火象太盛，他便描述了这样一个恐怖的情形。

假如你是澳大利亚的一个原住民，突然一夜之间，山火来袭，你会怎么样？你一定会觉得恐惧，觉得一切都完了。但没有完，一切烧都烧不完——野火烧不尽，春风吹又生。

所以，这一爻的后面，马上对应的就是六五爻。

离

六五：出涕沱若，戚嗟若。吉。

看见这样一个情景，为之流泪、叹息，这是吉祥的事情。为什么一切全烧完了，人们哭得稀里哗啦的，反而是吉祥的事？因为一切事物被烧掉之后，你会看到置之死地而后生的真正生机。

就像一段感情一样，夫妻两个人吵架，闹得昏天黑地的，最后只有三个结果：第一，磨合出闹完之后就和好的复原力；第二，闹完之后就离婚；第三，离婚后，重新结婚了，也挺好。

我发现很多人到二婚、三婚的时候，夫妻感情挺好，因为双方都成熟了，也能够重新规避性格上的冲突。

如果你看见一对中年夫妇，夫妻二人柔情蜜意，到哪儿都牵着手、扶着腰，他们很可能是二婚或三婚。两人岁数加在一起都九十几岁了，为什么还能那么甜蜜？

因为他们年轻的时候没有享受爱情的甜蜜，反而生恨，最后会离婚。后来他们找到真爱，就会非常珍惜。

在这样一个背景下，便有了最后一爻。

上九：王用出征，有嘉折首，获匪其丑，无咎。

这个时候大王出征，能够斩首敌人，并且擒获他们的首领，没有灾害。

整个故事讲述的是，当一切都化为灰烬的时候，你还可以做一件什么事情？你可以到外地去，从别人那里获得新的补给。

这背后其实是一个丛林法则。美国之所以在过去两百年屡次遭遇危机而不倒，其中一个很重要的原因是，它总是在出现问题的时候进行危机转移。它会走出它的地界，到别人那里，用别人的资源和食物，来补给自己。

第二次世界大战中，美国凭借地理优势与主动政策，把国外优秀的人才吸收过来。

　　我们读《周易》，可以读到一种原始丛林里的残酷。如果大家都以这种丛林法则去看世界的话，谁还会来维持这个系统的稳定？谁还会来做好人？

　　所以，从周文王到周公旦，再到孔夫子，他们都在做一件事情，就是对这个残酷的真相做一些文明的"转基因改造"，以此来告诉我们：大人以继明照于四方。君子也许是已经知道了真相的人，但他仍要坚定且温暖地持守对文明的信念。

文明的进化与异化

　　离卦的本质，在于探讨人类对文明的进化与异化的态度。

　　我们对文明应不应该感到绝望？这个文明包括科技的发展、文化的发展、礼教的发展、制度的发展、工商业的发展，等等。对于这些发展，我们应该持有什么样的态度？

　　其实我读离卦读出了一种况味。火所带来的文明注定会造就分离，人们因为这个地方太热而不得不远走他乡，然后产生温暖的成就感，也产生了进化。但同时，文明也一定会出现异化，这个异化会造成许多不和谐，甚至会带来灾难。

　　文明最终也会出现外溢。当你出现内部问题的时候，就要到外面去找各种资源来寻求某种平衡。

　　这些都是文明在演化过程中的自冲突、自组织、自平衡、自净化。

　　一个文明人，已经了然文明本身会出现这样的情况，那么你的态度应是什么样的？是批判、警惕、拒绝发展，还是吸收它、接受它、使用它，甚至超越它？这其实是个人的选择问题。

由此引申出来，我们对今天的人工智能的态度也是这样的。你到底是排斥、恐惧、批判它，还是即使知道它会在这个过程中对我们造成伤害，也仍然选择相信它是一个终将帮助我们进化的平台呢？

其实，很多事情和这个事情本身已经无关了，更多的时候，重要的是你的选择。而我们这种发乎善良，发乎希望，发乎永不磨灭、永不绝望的乐观主义精神，才构成了世界的真相。

世界本来什么都没有，不过是我们意识的投射。如果你相信人类的共同意识是有力量的，你就应该对未来充满一种审慎的乐观。

梁某人有时候会被人批评，他们说我有时候比较悲观。这可能是因为吃的东西太热，需要做一些降火的调理；也有可能是因为睡得太晚，导致阳气不足；还有可能是到了一定年纪之后，激素分泌不足引发了悲观情绪。

不管怎么样，人总是借由读圣贤书发展出理性的乐观主义。

梁注·观卦小笺

- 整个人类所谓的文明，本质上就是在温暖的、有安全感的地方，借由火带来的丰富物质，引发的一系列的故事。

- 刚开始人和人是基于血缘而产生联结的，然后是基于利益而产生联结的，最后都是基于价值观而产生联结的，所以最终也会因为价值观而产生隔阂。

- 如果你相信人类的共同意识是有力量的，你就应该对未来充满一种审慎的乐观。

【革卦 泽火革】

只要没被干死, 你就能干成

"革"这个字包含了三重含义:

第一是时空大转变的那个临界点;

第二是从依附态变为独立态;

第三是一旦变革成功, 可以持续很长时间。

革 卦

巳日，乃孚，元亨，利贞，悔亡。

	上 六		君子豹变，小人革面，征凶，居贞吉。
兑 (泽)	九 五		大人虎变，未占有孚。
	九 四		悔亡，有孚。改命，吉。
	九 三		征凶，贞厉。革言三就，有孚。
离 (火)	六 二		巳日，乃革之，征吉，无咎。
	初 九		巩用黄牛之革。

《象》

泽中有火，革。君子以治历明时。

《彖》

革，水火相息，二女同居，其志不相得曰革。"巳日乃孚"，革而信之。文明以说，大亨以正。革而当，其悔乃亡。天地革而四时成。汤武革命，顺乎天而应乎人。革之时，大矣哉！

所谓变革，究竟是什么？

如何判断当下适不适合变革？

在变革的大时代，你我这样的普通人如何才能安身立命？

巨大周期内的变革

没有人敢说他真正懂《周易》，这部经典可以说是整个中华文化的源流，蕴含着巨大的不确定性。所以我们每个人在试图学习《周易》的时候，都应该涤荡心神，都应该毕恭毕敬。

设想一个情景，黎明前夕，太阳在地平线以下呼之欲出。你站在沼泽之中满身泥泞，突然看见阳光破晓而出，这时候你心里一定期盼着自己泥泞的身体能重新被晒干。

由冷变热，由暗变亮，由湿漉漉变为干干爽爽……这些都是巨大的变化，这种变化大致就称为"革"。

如果你从一个动物身上剥下一张皮，把表面的毛去掉，再经过一系列操作，你就能得到一张革，它耐用又干净，还可以长时间存放。

"皮"和"革"是两个东西。"皮"紧贴身体，靠五脏六腑的气血濡养而成。而"革"是从身体上剥离下来，经过加工后独立存在的。

"革"可以保存很长的时间。有一次，梁某人在意大利的二手市场看到一只牛皮手提包。老板说，这个皮包的故事很传奇。皮包的主人曾经是一名船长，带着这个皮包环游世界，后来把它传给了他的孩子，最后这个皮包被卖到这家店，希望能遇到一个有缘人。

当我捧着这个皮包的时候，心里在想："哇，这个包已经存在超过一百年了，却依然拥有一种柔软而坚韧的品质。如果它只是依附于某一具身体，早就已经腐烂了。"

所谓变革，不是一件短周期内可完成的简单之事，而是一件长周期的大事情。比如，夏被殷商取代，叫"革"；周承接商文明，也叫"革"。

从卦象上来说，泽火革大致就是太阳喷薄欲出之前，身处沼泽之地的一种状态。你会想到，自己的皮毛或是古人正在处理的某一个祭祀物品的皮毛将会被烤干。

革

当一个人或一群人已经感受到新的时代即将来临，有一些东西将会从其依附的生命体中剥离出来而独立存在，那就是"革"。

所以，"革"这个字包含了三重含义：第一是时空大转变的那个临界点；第二是从依附态变为独立态；第三是一旦变革成功，可以持续很长时间。

总体来说，泽火革讲的就是在一个巨大周期中的变革所产生的一些故事。

许多变革正在涌现

我们来看一下卦辞：**巳日，乃孚，元亨，利贞，悔亡。**

这是一场盛大的祭祀，有俘虏可以献祭，是有福气的，利于远征出战，在这个过程中没有人逃亡。

我一直觉得这是周文王对某一次重大的对外征战的占卜。《象》曰：**泽中有火，革。君子以治历明时。**

"历"指的是历法，也代表着天时。在大变革时期，君子要做的事情就是要理解这个大变革时期意味着什么，从而重新修订历法，重新制定一套适用于当下时空的法则。

在这个过程中，你要理解应该做什么。有许多事情过去是对的，但在这个时代可能就是错的。很多以前不能做的事情，现在可能就可以做了。

当今世界风云变幻，很多人也许没有真正意识到，有若干个不以个人意志为转移，甚至不以人类意志为转移的大变革正在发生。

比如埃隆·马斯克说，也许以碳基为核心的人类，只不过是硅基发展出来的人工智能的其中一个驱动程序而已，而且只有一段很小的代码。

放到大历史背景中，人类对应的不过是所谓宇宙生命演化的一个很短的阶段。整个人类的文明可能都是为了迎接未来出现的人工智能，乃至算法时代所涌现出来的新的生命意识。

在这个背景之下，还有许许多多新的变化同时涌现。比如货币形态正在经历变革，钱到底意味着什么？是国家信用，还是群体共识？看法不一而足。再比如能源持续迭代，千百年来人们都是以炭、煤、油作为主要的动力来源，未来主导能源可能是太阳能、核能，甚至氢能。氢能是我们现在知道的最环保的能源，因为它燃烧后产物是水。

在这个大变革时代，我们每个人该如何寻找自己的定位呢？大到要不要换个生活环境，小到如何对小孩子进行教育，如何规划自己的下半生，这些都是革卦试图探讨的命题。

革

泽火革：六爻细解

你可以想象一下，周吸收了商的文化，比如铸造青铜器的技术、占卜的方法，同时发展了自身风格。渐渐地，周要脱离殷商，要独立成为一个存续几百年的生命体，这个状态就是从皮到革的过程。

我们来看一下，周文王如何用六小段爻辞比喻这场变革的发生。

初九：巩用黄牛之革。

"巩"的意思是"贡"，这句爻辞的意思是在祭天的时候要用黄牛的革。

今天有很多人说的"黄牛党"，其实是对黄牛的一种侮辱。因为在古时候，黄牛的身份非常尊贵。

在农耕时代，牛是非常重要的生产工具。因为那时牛的生产力远大于人，一个村子里几户人家可能要共用一头牛。其实在 20 世纪中叶，耕牛是重要的生产资料，牛的命可能比人的命还要金贵。所以在古代，杀一头牛来祭天，比杀几个人牲还要更慎重。

"巩用黄牛之革"，其实代表了这个祭祀活动的隆重，表明做某事需要备足诚意，下很大的决心。在你要干大事之前，拿出黄牛的革作为祭品，足见诚意所在。

启动变革之前必须要立下大决心，要付出大成本。

在辛亥革命爆发之前，孙中山先生做了很多的筹备工作。从美国的檀香山到日本神户，孙中山先生在海外华侨中募集资金。启动大革命的人，必须要有一个大愿景，要立大志向。怎么体现你有大愿景呢？拿出你最珍贵的东西。

六二：巳日，乃革之，征吉，无咎。

在祭祀这一天把牛皮剥好，心中立下宏愿之后，出征是吉祥的，没有灾害。也就是说，往往在大变革开始之际，最重要的事情不是出发，而是祈祷和许愿，累积你的福德资粮。

所以到第二个阶段，把牛皮做成皮革之后祭天，再准备出发，占卜的结果是无咎。

九三：征凶，贞厉。革言三就，有孚。

出征并非一帆风顺，很快就面临各种困境，出行不利，即"征凶，贞厉"。推行改革也是如此。一切变革都需要付出代价，变革越大，代价就越大。

此时要"革言三就"，用牛皮把胸前的盔甲裹三圈，以做好防护。

古代曾以皮甲作为主要的护身装备，后来辅以铁甲，提升防御力。那时的将军、战士把牛皮做成革，在身上裹好几圈。普通的箭不能射穿它，刀也很难砍断它。

所以"革言三就"的意思是，你要充分意识到风险之大、代价之高、前路之危险。但没关系，只要你做好防护就"有孚"。有人说"孚"代表俘虏，也有人说"孚"代表福气。不管是抓到俘虏还是有福气，都意味着在这样一个凶险的变革初期，只要做好准备，还是不会出错的。

九四：悔亡，有孚。改命，吉。

何新先生将"悔亡"解释为归而逃亡，虽然在前进的过程中战败，开始往回逃亡了，但是"有孚"，将扭转天命，吉祥。

在做正确的事情的过程中，不一定是一帆风顺的。但只要这件事是对的，只要你没被消灭，你就能成事。所有不能够把你消灭的，最终都会成就你。因为你知道，时运在你这一方，待天运来的时候，自然而然时移世易，这是一件吉祥的事情。

如果以此来比喻恋爱，那就是退转，最后分手。虽然这个过程很痛苦，

革

就像皮掉了之后还连着筋骨血肉，但是必须分开，因为天命已改，整个时运已经改变。

变革这件事情，从头到尾都不是一件开心的事，而是一直充满了征战和痛苦的。但没有关系，这就是时运的驱使。

你以为你能改变时运，是因为你的努力吗？不，所有真正能够在大时代里参与变革的人，都不是因为他发动了变革，只不过是他听到了召唤而已。他只不过是天运的棋子，下一盘大棋的人从来就不是某一个人。

所以，那些真正能够做大事情的人，不过是在合适的时间，做了合适的事情而已。否则，即使一个人再努力、再成功，在细节上每一次都做得再好，最终也可能会失败。

有些人在过程中屡次失败，最终却成功了。他为什么成功了呢？有些人很多事情都做得很对、很好，为什么最终却不成功呢？

其实成与不成之间，最重要的是尽人事、安天命。

五、六爻，我们对照来看：

九五：大人虎变，未占有孚。

上六：君子豹变，小人革面，征凶，居贞吉。

什么叫"大人虎变"？什么叫"君子豹变"？如果你在网上搜一下老虎和豹子身上的花纹，你会看到老虎的花纹仅有几道主纹路而已，而豹子的皮毛有很多斑点。

"大人"是干什么的？在梁某人看来，大人是制定总纲领、设计顶层结构、设立大原则的人。"大人虎变"的意思是，大人在底层框架、顶层设计上进行变革。而跟随大人的中层管理者，要做的事情就是"豹变"——制定一些规则流程、细节条款，把大的原则细化落地。所以"大人虎变"，是像虎纹般构建总纲。"君子豹变"是渐进式改革，这个地方变一点，那个地方变一点，是一种局部的结构改变。

"小人革面"是什么意思？那些不能真正参与变革的普通人，不能创造历史，也不能主导历史，要做的就是顺应时势。

就像有人设计出整个网络语言的底层架构，有些人在这个架构上设计了一些应用程序。而有些人则只需要去使用、支持这些应用程序即可。

比如，直播软件有一键美颜的功能，它会把你变得唇红齿白，还能修饰脸型。那些"大人"设计的是底层架构，那些"君子"（应用开发者）根据这些程序和语言生态，做出了一个又一个的应用程序。

普通人做什么呢？就是应用这些程序进行"美颜"，这叫"革面"，把向外呈现的面孔，更换一番而已。

这就涉及另一个问题：在变革的大时代，我们要看清自己的角色，认清哪些人是"大人"，哪些人是"君子"，哪些人是"小人"。

我觉得，我充其量就是个"小人"，处在什么时代，就换上什么面孔。

我有个朋友前段时间开了一家餐厅，请了很多"网红"。我们看到一个"网红"，他在社交平台上有很多"粉丝"，拍出来的照片都很好看，但真人并没有照片里那么好看。

所以，对有些人而言，其真实样貌已经不重要了。数字世界里的那张"假脸"——被革过的脸，对他们来说才是真实的。

这就是"小人"，我这里所说的"小人"并不是品德恶劣的人，而是大时代里的微小存在。

第五爻和第六爻其实都在讲，大变革时代，每个人要认清自己的角色。

要么你就参与顶层设计，要么你就做系统开发，要么你就把开发的应用程序用好。

人工智能出现了之后，有些人在做大模型建设，有些人根据这些 AI 技术研发各种应用程序。我们这些普通人，负责使用这个应用程序就可以了。

第五爻说"大人虎变，未占有孚"。真正的顶层游戏设定者，他们不用占卜，都是有福的。因为他们就是制定规则的人，他们本身就合乎天道。

第六爻的"君子豹变，小人革面，征凶，居贞吉"意思是，在这样一个大变革时代，天运已改，你再出去征战就是凶险的，在家里待着就是吉祥。

举个极端的例子，有些人在中国改革开放的大时代下，还把家里祖传的四合院卖了，跑到国外去打工洗盘子。结果回国之后，发现好不容易奋斗了几十年，连个厕所都买不起了。在变革已经发生时，就别出去折腾了。

整个革卦都在讲在天运已变的情况之下，英雄辈出，有些人扮演这个角色，有些人扮演那个角色。

巧合的是，根据《皇极经世》的推演，2025 年的值年卦正是革卦，许多巨大的变革将在这一年涌现，我们拭目以待。

不过绝大部分的人都不过是大变革时代的一粒微尘，只需要知道天运正在变，知道什么时候顺势而为，什么时候安守本心，就可以了。

☳ 梁注·观卦小笺 ☶

- 有许多事情过去是对的，但在这个时代可能就是错的。很多以前不能做的事情，现在可能就可以做了。

- 做正确的事情的过程，不一定是一帆风顺的。但只要这件事是对的，只要你没被干死，你就能干成。所有不能够把你消灭的，最终都会成就你。

- 所有真正能够在大时代里参与变革的人，都不是因为他发动了变革，只不过是他听到了召唤而已。

【 同人卦　天火同人 】

自下而上的力量也能干大事

当你的眼睛不断往上看，
当你把自己的身段不断往下放，
你获得成功的概率就会更大。

同人卦

同人于野，亨。利涉大川，利君子贞。

乾（天）	上 九	同人于郊，无悔。
	九 五	同人，先号咷而后笑，大师克相遇。
	九 四	乘其墉，弗克攻，吉。
离（火）	九 三	伏戎于莽，升其高陵，三岁不兴。
	六 二	同人于宗，吝。
	初 九	同人于门，无咎。

《象》

天与火，同人。君子以类族辨物。

《彖》

同人，柔得位得中，而应乎乾，曰同人。同人曰："同人于野，亨，利涉大川。"乾行也。文明以健，中正而应。君子正也，唯君子为能通天下之志。

所谓的"同人"是什么？这一卦在周文王的时代代表着什么？

如果你想做一件大事，有哪些注意事项？

占到这一卦，对我们有怎样的启示？

聚"乌合之众"，翻逆风之盘

天火同人，上面是乾卦，下面是离卦，乾象征天，离象征火，所以叫作天火同人。

《说文解字》里说，"同"，合会也。"同"，可解为"统"，"统"在古时候也有聚合、汇总的意思。所以，"同人"就是人口聚集的情形。

什么时候会出现大规模的人口聚集？在古代，除了治理黄河、调整农耕，还有战争时期。你有没有想过，烽火连天是一个什么样的景象？

我们结合下面的故事会发现，"天火"可能是周文王的隐喻，他隐喻的是烽火或战火。

有人说，"同"是古代的面积单位。《汉书·刑法志》里说："殷周以兵定天下矣……而犹立司马之官，设六军之众，因井田而制军赋。地方一里为井，井十为通，通十为成，成方十里；成十为终，终十为同，同方百里。"

"终十为同"的意思是，十个"终"的辖区构成一个"同"。这段话描述了以井田制为基础，核算军赋的征发规模。

周部落和殷商的军队，有很大的差别。

殷商有了已成建制的标准化军队，武器也很先进，其青铜武器可谓杀人如麻。但周只能够团结西南地区的小部落，所以叫"西南得朋"。我们可以想象一下：一个部落选出来几个人，大家拿着石头、铁块，用绳子绑一些树枝当作武器，牵着打猎用的狗熊、鹿就去打仗了。

所以《封神榜》里描述姜子牙率领神兽在打仗，很可能就是因为每个部落抽调出来的兵马、武器都不标准，有什么动物就牵什么动物出来打仗。

把这些人聚集在一起，于是便叫"同人"。

我们来看一下天火同人的卦辞：同人于野，亨。利涉大川，利君子贞。

《尔雅·释地》说："邑外谓之郊，郊外谓之牧，牧外谓之野。"城墙之外的地方是"郊"，郊区的外面叫"牧"，"牧"的外圈才是"野"。到了牧野之地，已经离人的住所很远了。

同人

为什么要在那个地方"同人"？只有在这样一个大面积的空间里，才能把更多人聚集在一起进行操练，这就是"同人于野"——各个部落里的散兵游勇，一群带着野兽的朋友，聚集在一个宽阔的牧野之处。

周文王把天火同人卦作为一篇日记，记载了当时汇聚西南各个部落的群众进行战前动员的情形。

有人说周和殷商之间的关系，经历了从附庸到分庭抗礼，最后灭掉殷商的过程。

在这个过程中，有三件事是周能决胜的关键。

第一，使用算法。周文王掌握的这套周易系统取代了殷商的祭祀体系，他通过祭祀获得某种统治权，用现在的话说，就是用技术手段完成一次新的统治权转移。

第二，汇聚力量，汇聚那些以前被看不起、被剥削、被奴役的西南诸多小联盟的力量。

第三，在殷商内部寻找了一些分裂因素，让这些反对力量能够为周所用。

那些被所谓的主流，所谓的先进、文明的士族文化看不起的"乌合之众"，若能把他们联合在一起，就是争夺主位、逆风翻盘的关键力量。

天火同人卦，讲的就是这样一个情形。

自下而上，蔚为大观

当我们看到这个卦象的时候，会发现那种自下而上、看似不靠谱的力量涌现出来的过程。

当年互联网崛起的时候，传统媒体是看不上的，恰如那句话："开始的时候你看不起，后来你看不懂，最后你跟不上。"

许多翻天覆地的变革，都是从底层开始的。整个互联网的崛起就是一个逆袭的过程，最初它是一些精英知识分子所不齿的。就像在中国，淘宝打败 eBay，QQ 打败 MSN，百度打败谷歌，这都是自下而上的过程。拼多多的崛起，也是这样一个过程。

根据这个原则，今天的 ChatGPT 将会以什么样的方式崛起呢？

很多人都认为 ChatGPT 将会自上而下在技术上统治人类。不过梁某人读到这一卦的时候想到，可能真正让 ChatGPT 焕发力量的，是技术与"草根"应用结合在一起所产生的东西。

举个例子，有一些特别小的公司开始用 ChatGPT 之后，将其和招聘、财务、行政结合在一起，慢慢地形成了一个生态。

现在已经有人把 ChatGPT 和 iPhone 的应用程序结合在一起，和 VR 眼镜结合在一起，等等。

很多人说，以前叫"互联网"，现在叫"ChatGPT+"，因为它开放了数据接口，可以让别人利用其能力。

如果是这样，真正产生意义的就不只是那些顶层设计层面的变革，还包括从下沉市场的创新者，从八线城市的电商那里涌现出来的力量。

所以，不要轻易提出某一种判断，自下而上的力量也能干大事。

天火同人：六爻细解

同人

在同人卦之前，我们讲过革卦，讲的是怎样从一个生命体当中剥离出来，独自发展的故事。而到了同人卦的阶段，则来到具体的操作层面——集结军队，在野外训练。

周文王在记录这件事的时候，其实还隐含着一种"正义"的观念。以前的部落到处把其他部落的人抓过来做人牲，用技术优势降维打击，这种事情就是"不义"。

周部落刚开始也参与了这个"不义链条"，但最终周文王发现，他还是要反过来去团结那些曾经被他迫害的部落，完成一个"义"的过程，这就是"同人于野"。

我们来看一下爻辞。

初九：同人于门，无咎。

首先干什么？把大家聚集在门口，进行战前动员。就像以前村子里的人去打仗，要在村口先集合，即"同人于门"。此爻居然用的是"无咎"！这个时候本应有一种忐忑的心情，占卜却说没什么坏处，这是为什么？这说明大家汇聚在一起做事情的时候，只要能够团结一致，就已经难能可贵。

六二：同人于宗，吝。

接下来把大家再汇聚到宗庙门口，此时占卜却说不太好，这又是为什么呢？肯定是当时出现了一些纷争。那个时候没有话筒，也没有无人机指挥，一群人你挤我，我挤你，可能出现了混乱。可能几个部落一不小心就先打起来了。总之，团结初期经常会出现种种不稳定的情况，这叫"吝"。

大家团聚在宗庙门口，相当于要建立或整合起一种共同的意识形态。宗庙的本质是一种意识形态。把这些不同的意识形态整合成一种，刚开始并不是那么顺利，但只要方向正确，即使操作细节不完全对，也并不会出现很大的问题。

九三：伏戎于莽，升其高陵，三岁不兴。

大家商量了一下，不能就这样盲目往前冲，否则会被敌人乱箭射死。此时要派出一支精锐部队埋伏于丛林，即"伏戎于莽"，为这些精壮士兵配上最好的武器。然后"升其高陵"，先去夺取对方的高地，因为站在高处就可以看见敌军行走的方向。

这场仗很可能并不是我们想象的那样，大家聚在一起就冲锋陷阵。而是大家先聚集在一起，但什么事都不着急干，各自先进行战前动员和练兵。然后从中选拔出一些优秀的青壮年，让他们隐藏于丛林之中，在那里进行一些游击战的训练。在这三年里，练兵，观察，做思想统一工作，还要打造一些高精尖的兵器。总之，战前动员大会开完后的三年内，需要暗中训练最精锐的力量。

第三爻讲的是，干一件大事之前，总是需要有这样一个蛰伏的过程。

同人

如果占得此爻，大致说明你心里已经有了梦想。你要干一件大事，但一旦决定并动员完之后，就应该蛰伏起来，去研发科技，去储备粮食，去储备人才，去储备意志，积蓄力量以待来日占领高处。

九四：乘其墉，弗克攻，吉。

敌人也可能意识到了你们的行动，于是他们加高了围墙。此时不进攻，就是吉祥的。

九三爻讲的是，我方要养精蓄锐，攻占高地。九四爻讲的是，敌方也在增加他们的围墙高度。

以前的敌人不怕你来，也不怕出去打你，所以他们搞"全球化"。现在他们突然发现有威胁了，便开始加高围墙。套用现在的话来说，他们也在封锁技术，一切技术交流也要限制起来，他们的这种做法，叫作"乘其墉"，这也是双方在为最后的决战做准备。

九五：同人，先号咷而后笑，大师克相遇。

同人

众人汇集，最终决战时刻来临，先经历悲后迎来欢笑。刚开始打得很辛苦，经过了若干年的奋战，终于得到了胜利的果实。

这种大战，往往最后都是草根逆袭。因为很多时候，弱势的一方具有一种置之死地而后生的勇气，这就是俗话说的"光脚的不怕穿鞋的"。

一个文明发展到一定程度的时候，技术一定很厉害，但是其斗志反而可能衰减了。

所以，最后决定双方胜负的，往往不是技术因素，也不是资本因素，而是决战的斗志。谁不怕牺牲，谁敢于拼命，谁就更有可能赢。

比如，19世纪英国可谓占据霸主地位，但殖民地民众站了起来，勇敢抗争，最终重获主权。

所以大战之中，最后会师的时候，就会经历先哭后笑的过程：哭的阶段不可避免，甚至比你想象的还要惨烈，还要悲壮，还要痛苦，但最终还是会取得胜利的。

上九：同人于郊，无悔。

大家在郊区汇聚，赢得这一次的大战后，举行了一个庆功仪式，这个时候已没有什么灾害了，也就无悔了。

这一卦揭示的是自下而上逆袭的规律，这不仅仅是我们想象中的变革，它几乎发生在所有领域。比如，那些刚开始资源不足的小公司相互联合，最终翻盘。

只要你对你所做的事充满信心，并且相信这件事是符合大众信念的，那么平常被看不起的力量一旦联合起来，也能干大事。

这就是天道之下，烽火连天，同人于野。所以，你今天到底处在什么样的位置呢？

这一卦告诉你，当你的眼睛不断往上看，当你把自己的身段不断往下放，你获得成功的概率就会更大。底层人民的联合，无产阶级的团结，才是真正的革命，才是历史发展的方向。

同人

☰ 梁注·观卦小笺 ☰

- 你要干一件大事，一旦决定并动员完之后，就应该蛰伏起来，去研发科技，去储备粮食，去储备人才，去储备意志，积蓄力量以待来日占领高处。
- 只要你对你所做的事充满信心，并且相信这件事是符合大众信念的，那么平常被看不起的力量一旦联合起来，也能干大事。
- 当你的眼睛不断往上看，当你把自己的身段不断往下放，你获得成功的概率就会更大。

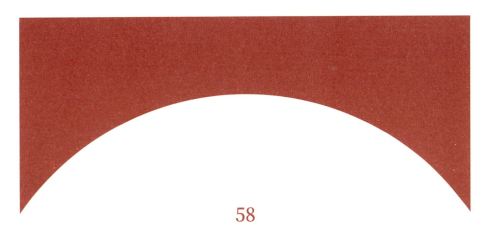

58

【 临卦 地泽临 】
世界总有悲剧，你仍然可以选择快乐

虽然有天道，
但人还是可以在天道里，
做出一些主观能动性的调配。

临 卦

元亨。利贞。至于八月，有凶。

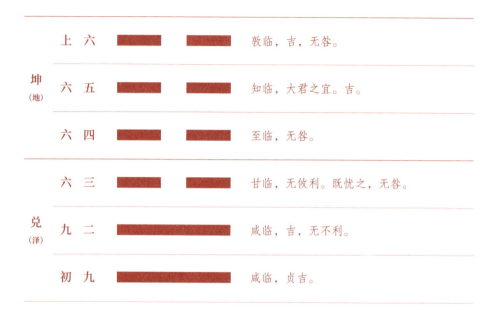

上 六	敦临，吉，无咎。
坤 (地) 六 五	知临，大君之宜。吉。
六 四	至临，无咎。
六 三	甘临，无攸利。既忧之，无咎。
兑 (泽) 九 二	咸临，吉，无不利。
初 九	咸临，贞吉。

《象》

泽上有地，临。君子以教思无穷，容保民无疆。

《彖》

临，刚浸而长，说而顺，刚中而应。大亨以正，天之道也。"至于八月，有凶"，消不久也。

不要随便去算命，命越算越薄

关于临卦有一个很大的误解。这个"临"字，在帛书版《周易》里是"林"，通"淋"。

卦象的上面是坤，下面是兑，即地上泽下，地泽临。大致的情形是：当你站在陆地上时，看见洼地里蓄着一汪一汪的水。

《庄子·秋水》说："秋水时至，百川灌河。"《孟子》说："七八月之间雨集，沟浍皆盈。"气象学研究也显示，我国的雨量以夏秋之交最为丰沛。而临卦用六十四卦方圆图对应的时间来看，差不多也是在七八月份之间，所以它体现了从小雨淅沥到大雨滂沱的情形。

如果你把临卦的"临"理解为下雨的"淋"，才可能理解后面要讲到的"咸临、甘临、至临、敦临"的意思。

临这一卦的卦辞是：元亨。利贞。至于八月，有凶。

在占卜时呈现出了圆满的情形，开始很亨通，但后面跟了一句话："至于八月，有凶。"

一般来说，卦辞里直接说"有凶"的并不多。为什么会"有凶"呢？有人解释是因为八月正是雨水滂沱的时刻。

《秋水》讲过河水漫过的时候烟波浩渺，平常可以蹚着水过去的小河，这时可能会突然把牛马卷到水下，甚至把在河中游泳的小孩子冲跑。

到底这个八月发生过什么事情，现在我们已经无从考据，也许是周文王的一个孩子被水冲走了；也许是某些祭祀品被大水冲走了；也许是庄稼被突然冲坏等。

虽然具体原因我们已经不得而知，但留下来的"八月有凶"这四个字却成了具有某种神韵性的一句话。后世很多人在起到这一卦的时候，总是对八月这个时间产生某种猜想。

前两天有个朋友跟我说，他前段时间参加了一个饭局，饭桌上有一位据说能通晓天上、地下和灵界之事的高人。这个人给我朋友占算后，和他说了一些很邪乎的话，与他四十岁生日有关。

我这个朋友说，他马上就要过四十岁生日了，再结合自己的身体状况，他被吓坏了，整整两天都没睡着觉。他跑来问我该怎么办，我说："这也太不靠谱了。"

据我所知，在解卦界不会有这么凶残的解卦师。如果一个解卦师这样讲，他自己都折寿。因为他犯了忌讳，解卦的忌讳是什么？是给他人造成不必要的恐慌。

所以，**一个人没事不要去算命，尤其不要找那些不靠谱的人算，命越算越薄，很危险**。因为当解卦师在跟你说某句话的时候，他会给你很强的暗示，你又会有自行脑补的过程，结果最后自己把自己吓得都不能正常生活了。

临

比如说到"八月有凶"，大家就会想自己八月份会怎么样。万一有个不开心的事情，比如车被剐蹭、手机丢了，你就会产生很多联想。

一百个人起卦时看到这句话，可能其中有五十个人记在了心里，最后有三十个人联想到在八月份确实出现了一些不愉快的事情，于是就会跟别人说："你看我当时起这一卦，八月有凶，果然这样。"

当然，这里说的大水只是一个比喻，比如因为货币大量释放，到了七八月份的时候，突然股市暴涨，大家也要谨慎。

这仅仅是一个例子，并不是我认为股市会涨，而是当你看到这个卦辞而联想到七八月份股市会涨的时候，仿佛周文王在你身后悄悄地、温暖地告诉你："你要小心哦，不要因为水涨得太大而坠入这一波潮水当中。"

也许你就会考虑到，自己在这一波行情里要保持警惕，不要太过贪婪，不要随便加杠杆；等等。

在读"易"的时候，每一个人多多少少都会碰到不可思议的判断，但梁某人想跟大家说：我们学习《周易》的过程，是破除迷信，回归德性，进而率性的过程。

虽然《周易》对于我们的命运来说，有更高维度的神秘主义的影响，但是真正会算卦，并且能够很慈悲地帮你解决问题的人少之又少。所以普通人最安全的方法是少算为妙，因为你很可能受到某种不必要的暗示。

在当下快乐的能力

讲到这里，我才愈发觉得孔夫子是很善良的。他知道很多人有可能把《周易》当作一本算命的书看，容易受到一些暗示，遇到好卦就猖狂，遇到不好的卦就慌张，其实都没有必要。

所以儒家对每一卦的象辞注解，往往把这一卦引申到更加开阔的君子之道上。

《象》曰：**泽上有地，临。君子以教思无穷，容保民无疆。**

当我们看见临卦，应该想到的是君子要把自己对世界的热爱，自己所知道的天道，用教化的方式，以及启发人思考的方式，绵绵不绝地推广给普通老百姓，让大家把文化一直传承下去。这就叫"教思无穷，容保民无疆"。

孔夫子以及他的后人对《周易》卦辞做了很多这种德性化的描述。

梁某人在刚开始学习《周易》的时候，对其有一种不经意的怠慢。但随着我学"易"的深入，再结合平常看到的很多故事，愈发觉得孔子真的是一个非常伟大的人。

孔夫子难道不懂这些卦辞里所包含的帝王思想吗？"国之大事，在祀与戎。"祭祀、打仗、革命，他真的读不懂吗？孔夫子一定懂。

但他认为这样不好，不利于构建和谐社会。所以从周公旦到后来的孔氏门人，都在不断淡化周文王在《周易》里所表述的、旨在和殷商切割并推翻其统治的思想。

孔子认为，与其让老百姓受到这样的教化，不如让他们产生这样一种观念：我要成为一个君子，我要帮助别人，我要乐观、我要达观。去帮助别人，让他对世界有一种哪怕不真实的乐观，也是有必要的。

梁某人有段时间很悲观，以至于我的朋友常常说："梁冬，你凭什么？你配吗？你配忧国忧民吗？你配悲观吗？"

后来有一个朋友跟我说："小梁，你实在没有必要这样悲观。也许你担心的很多事情确有其事，但你看看过去的这几十年，哪一年不是足以让人感到绝望的？然而这个世界还是一样在发展。哪怕这些事情真的发生了，难道你就不值得活好当下这一刻吗？难道你读完这些书之后，就是变成一个到处向别人分享悲壮和担忧的知识分子吗？"

我想想也是。看清楚了世界的长期悲观性而决定成为一个乐观的人，哪怕是个假装乐观的人，这种心态并不矛盾。

更何况不管多么糟糕的时代，总会有一些人，在这种环境里寻找到某一个容身之处。

我有一个当过战地记者的朋友，他告诉我，当年美国攻打伊拉克，刚刚轰炸完一个地方，一群小孩子就从被炸得快烂掉的房子里爬出来，在轰炸后的间隙中踢球。

作为一个战地记者，他看到这个场景的一刹那突然很感慨：这个世界上总有一些人，在无力改变一切的时候，在痛苦中寻找一丝快乐。就像这些伊拉克的小朋友，他们踢球的快乐是如此真实，他们的笑容是如此灿烂。

所以他说："一个人有什么理由，不学会苦中作乐，忙里偷闲呢？人生绝大部分时刻，都是在一段又一段的苦中，在空隙里寻找快乐。"

我们今天讲这一卦，结合"八月有凶"这个词，再结合象辞中"君子以教思无穷"这句话，我觉得我突然开始读懂孔夫子了。

他什么都懂，他懂人性的幽暗，他懂历史深处的残暴，在他全都懂的时候，他明知不可为而为之，在无奈之中做一些事情。

这就是一个真正善良的人，就像一个真正爱孩子的人一样，他明知道这个小朋友在骗他，但他仍然用一种包容的方式，暖暖地看着小朋友撒谎，他并不去拆穿谎言，而是在谎言周围播下真相的种子。

所以，讲到这里，我想跟大家分享的是：也许这个世界上总会有这样或那样的悲剧，但不代表在当下你没有快乐的能力。

临

地泽临: 六爻细解

接下来, 我们细读临卦每一爻的智慧。

初九: 咸临, 贞吉。

这里的 "咸" 解释为刚刚来。"咸临" 就是雨刚刚降下来, 预兆吉祥。

在农业社会, 春雨贵如油, 有了甘露之后, 大地便一片葱葱郁郁。

我在清明节前带着儿子回乡祭祖, 离开北京的时候, 天气有点寒冷萧瑟, 树上的枝头还没有完全变绿。结果过了个周末回到北京, 发现整个城市已经郁郁葱葱的一片, 千枝万树的花都开了, 一片妖娆。

那时我突然意识到, 我为什么喜欢生活在北方。我不是喜欢北方的干燥、阴冷, 而是喜欢那种绝望枯寂之后, 突然有一天春回大地的感觉。在南方, 你很难有这种体会。

第一爻讲的是适逢甘露。占到此爻, 如果你求爱情, 那么你的爱情运要来了; 如果你正在融资, 那么你的资金要到账了; 如果你问事业, 那么现在开始将有一种从天而降的加持。总之, 你那些干枯的东西重获润泽。

所以有:"**初九: 咸临, 贞吉。**" 在最开始的时候, 水来得正是时候, 让那一颗异动的心、干燥的心、枯萎的心重新复苏。

九二: 咸临, 吉, 无不利。

继续有新的雨, 没有什么不利。但你发现没有? 同样是降新雨, 前面是预兆吉祥, 到了二爻就只是 "无不利"。虽然雨没变、人没变, 什么都没变, 只有位置变了, 时空变了。

也就是说, 那些刚刚给你的好东西, 你拿到的时候会很舒服、很畅快, 充满吉祥。但再给一点的时候, 你觉得没有什么不好, 但也没有那么好。

最近有一个朋友在感慨:"对别人太好, 也是一件很危险的事情——升米恩，斗米仇。当你给一个人太多的时候，他也许不会珍惜。"

六三：甘临，无攸利。既忧之，无咎。

连绵细雨已经变成了润雨，像是在梅雨季节，这个时候不得利。

当雨给到土地更多的时候，已经从渴望到不错，到最后有点害怕了，所以叫"无攸利"。不过虽有忧患，不至于发生灾害。

天道不可变，但人道可调

六四：至临，无咎。

很大的雨降下来，还好，不至于发生灾害。

我们再回去看整个临卦的卦辞："元亨。利贞。至于八月，有凶。"雨从一点点滋润开始，到后来大雨滂沱，甚至水漫金山，那个时候雨水已经过多了，会导致不必要的泛滥。

引申开来，经济流动性也是一样的。原本市场上没钱了，突然大规模的流动性注入，刚开始大家欢呼雀跃，但如果流动性过剩的话，就会引发许多的问题。

对一个人来说也是一样的，刚开始有钱的时候你可以改善生活，会感到很幸福。但给你很多钱的时候，就该担心了，担心自己没了奋斗的动力，拿着钱乱花；担心孩子没了学习的动力，只知道玩耍。

当年日本经济泡沫的时候，有人甚至用纸币来点烟，那种景象很可怕。

所以，大水漫灌时会出现很多的问题，吉祥会转换为有灾。

六五：知临，大君之宜。吉。

知道什么时候下雨，知道下雨的总量对于君王的管理到底意味着什么，知道如何控制流动性，是君王最重要的职责。如果你明白这一切，那是吉祥的。这个世界上，技术、文明都在变化，但有一些东西又没什么变化。

古代的时候，一个君王应当知道雨怎么下，知道怎样释放货币。《史记·货殖列传》就讲述了管仲通过调节物价使齐国快速富强的故事。

什么时候多放点钱出来，什么时候多放点粮食出来，什么时候要用粮食来平衡物价，什么时候要用粮食来回收资本，这些都是一个领导人必须天天思考的问题。因为多了也不好，少了也不好。什么时候在什么阶段该做什么事，这是一个很有趣的话题。

上六：敦临，吉，无咎。

"敦"的意思是庞大、敦厚。"无咎"的意思就是暴雨降下来，这个时候是吉祥的，无须感到害怕。

这一爻承接了五爻，君王的职责是明白并预知云雨是如何分配的，做到了这一点才是吉祥的，才无须害怕。

整个六爻结合卦辞，你会看到文王借由这一卦在讲，自然界会有阴晴圆缺、盈亏浮沉的过程。水从无到有，再到太多，如果你只是让它这样自然而然流转的话，其实是危险的。所以卦象叫"至于八月，有凶"。

不过在周文王的视角里，第五爻讲："知临，大君之宜。吉。"也就是说，能够预先知道情况的发展，并且做出适当的预警和调控，提前做出部署，就是吉祥的。

这个故事的背后诠释了一个中华文明非常重要的观念：虽然有天道，但人还是可以在天道里，做出一些主观能动性的调配。

学习中国文化的人一定要意识到，中国文化有一个很重要的核心就是相信人的主观能动性。

在这个体系下，人需要不断地去学习。在这个条件下，人需要有些时候明知不可为而为之。在这个情况下，人需要花很多时间去教育子女，因为教育子女的本质就是想要改变命运，希望经过几代人的努力，通过不断培养后代，孩子才可能完成他的人生逆袭。

这背后都是一件事情，都隐藏在临这一卦的第五爻里。君子不仅要通晓天理，知道时间的节奏，更重要的是知道人可以在这里稍作腾挪，做出提前部署，从而发展出一种完全崭新的世界观。

这个新的世界观是：**世界是难以改变的，但人是可以改变的。世界有些时候会带来很多危险，但人总是可以在这些危险里做出一些小小的选择。**

做一个智慧开窍的人

我曾经听过一个故事，某一个政治家辅佐君主，推行变法，触犯了该国贵族的利益。老君主死后，这个政治家遭到贵族追杀。这个时候，他干了一件什么事情呢？

他趴在了老君主的尸体身上。追杀他的人朝他射箭，把他射死了。但同时有一些箭，也射到了老君主的尸体上。

这些射杀叛乱将军的将士，虽然立了军功，但也都被满门抄斩了，因为他们居然把箭射在了老君主身上。

后世有人评述这个故事，众说纷纭。但你看，只有在最绝望处还要想点办法做点事的人，才能有这个意识，都要死了，还要抱着老君主的尸体，用"绝不允许侵害君主身体"的游戏规则来惩罚追杀他的将士。

一个人如果不相信他在最绝望、最糟糕、最后关头还是可以做点什么的话，他是绝对不会做这件事情的。

一个个体在他微小的生命周期里，仍然可以借由他掌握的知识、他的预先判断、他的努力——哪怕是不太有用的努力，去做一些事情，多多少少也会有一些改变。

哪怕是没有好的改变，人们也因此培养了一种努力的心智模式，或者说是"敬天理、安天命、尽人事"的心智模式。

这种心智模式会沉淀下来，传给子子孙孙，就会让整个民族拥有一种永不绝望、永不放弃，永远在最糟糕的时候还要做点什么，永远觉得能够略有改变的心智。这种心智，可能成为中华民族最重要的核心竞争力。

有一个人类学家说，但凡受到中华文化影响的地区，尤其是儒家文化影响的地区，最终都能够发展起来。

整个临卦在梁某人读来，大雨是不可避免的，要知道流动性多和少会产生不同的影响：太多的话，有危害，而且农历八月份会达到危害的顶点。

作为一个智慧开窍的人，永远要保持一颗重新学习、主动调节的心。哪怕你知道可能作用有限，但保持这个心智模式，你怎么知道它在将来某一个时刻不会发生神奇的作用呢？

☷ 梁注·观卦小笺 ☰

- 对世界长期悲观的人，和看清楚了这种悲观而决定成为一个乐观的人，哪怕是个假装乐观的人，并不矛盾。

- 世界是难以改变的，但人是可以改变的。世界有些时候会带来很多危险，但人总是可以在这些危险里做出一些小小的选择。

- 一个个体在他微小的生命周期里，仍然可以借由他掌握的知识、他的预先判断、他的努力——哪怕是不太有用的努力，去做一些事情，多多少少也会有一些改变。

59

【 损卦 山泽损 】
止损还是坚持的长期逻辑

当你面临很多资源的时候，
这其中可能蕴含着很大的损害和危机。

损 卦

有孚。元吉。无咎。可贞。利有攸往。曷之用二簋，可用享。

艮 (山)	上 九	▰▰▰▰	弗损，益之，无咎，贞吉。利有攸往，得臣无家。
	六 五	▰▰ ▰▰	或益之十朋之龟，弗克违，元吉。
	六 四	▰▰ ▰▰	损其疾。使遄有喜。无咎。
兑 (泽)	六 三	▰▰ ▰▰	三人行，则损一人。一人行，则得其友。
	九 二	▰▰▰▰	利贞，征凶。弗损，益之。
	初 九	▰▰▰▰	已事，遄往。无咎，酌损之。

《象》

山下有泽，损。君子以惩忿窒欲。

《彖》

损，损下益上，其道上行。损而"有孚。元吉。无咎。可贞。利有攸往。曷之用二簋，可用享"。二簋应有时。损刚益柔有时，损益盈虚，与时偕行。

为什么会产生损失？

如何有意识地防止进入"损"这个阶段？

如何止损？如何在可能的损失面前采取不同的策略？

到达顶点后，必然要做减法

在这一章中我们来学习损卦，艮上兑下，是为损；上面是山，下面是泽，叫山泽损。我们常说到损失一词，这个"损"就与《周易》的损卦有关联。

每当大家看见"损"字时，心里都会咯噔一下：怎么会有这样的情形？是不是预示着什么不好的事情？

损

若干年前，梁某人去参观成都一个临水楼盘。楼盘中间有很多湖，一栋栋的房子就像岛屿一样在湖中间立着，特别酷。其中一栋楼的一楼下面就是湖水，有船可以直接到楼门口。当时身边的朋友都说，这个盘将来会涨。

熟悉我的人都知道，在中国房地产市场里，我最看好的城市就是成都。我当时起了一卦，水上面的房子像山一样，下面是湖水，上山下水，我认为这个意象是山泽，一查就是损卦，又看了一下六爻，心里觉得不太好，当下就决定不买了。我到今天都没有买那里的房子。

从那时起，我心里对损卦就有了一个印象：山露在水外面，水在冲击着山的边缘。因为山一直在水里泡着，时间长了山体就会出现一些剥落。而水受到太阳的照射之后，会不断变成水蒸气，水蒸气顺着山体往上蒸腾，到一定高度的时候，自然而然又变成了雨降下来。

所以这样山水环绕的情景就带来了一个意象：这个山根是注定要被泡坏的，而水在不断流动的过程中，注定也是要有损失的。

这样一讲似乎很不高级，让我们看看《潜夫论·遏利》说的"损"："《易》曰：'天道亏盈以冲谦。'故以仁义费于彼者，天赏之于此；以邪取于前者，衰之于后。是以持盈之道，挹而损之，则亦可以免于亢龙之悔、乾坤之愆矣。"

如果用《道德经》的话来解释就是："**道冲而用之或不盈。渊兮，似万物之宗。挫其锐，解其纷，和其光，同其尘。**"王弼在注解的时候说："**以柔居尊，而为损道，江海处下，百谷归之。履尊以损，则或益之矣。**"

这些古文用我们现在的话来说就是：山水有相逢，总是会有一个顶点。事物发展到一个阶段之后，你就必须学会做减法，否则就不可持续。所以叫"道冲而用之或不盈"。

如果你想可持续发展，要做的就是"道冲而用之或不盈。挫其锐，解其纷，和其光，同其尘"。所以，"损"就是当事物发展到一定阶段的时候，必然会因为自身内在的矛盾而出现很多糟糕的情况。

你拥有的资源正在限制你

在梁某人看来，损卦涉及的不仅仅是如何面对损失的问题，还有如何止损的问题。

一个推天道而明人事的人，可能随时在提醒自己，如何有意识地避免进入"损"这个阶段，让自己不要太过头。或者，如果真的到了"损"这个阶段的时候，他会及时止损，并且把这种损失视为理所当然。这一切都是因为你之前的持续获得，并且没有控制好节奏。

让我们来看一下损卦的卦辞：**有孚。元吉。无咎。可贞。利有攸往。曷之用二簋，可用享。**

翻译过来就是：有俘虏，是吉祥的，没有灾祸。利于远行，可以出征。这个时候有人馈赠食物，你可以享用。

这好像跟水没有什么关系，让我们再来看一下象辞："**山下有泽，损。君子以惩忿窒欲。**"

当我们获得了太多资源，一个有觉知的君子应该观察自己内在的欲望，并且要节制这种欲望。

君子在面临水多、财多、民多、利多的时候，一定要在内心告诉自己，这些不见得是好事。我们称之为"资源的诅咒"：拥有太多好东西的时候，你利用它，开始依赖它，最后反而让自己处在被动的状况中。

纵观当今世界，埃塞俄比亚、赞比亚、津巴布韦、委内瑞拉这些资源丰富的国家常常被一些霸主国家制裁。有些中东国家被迫选择与霸主合作，用它们的资源换取保护。

但如果长期依赖出口这些天然资源，自己心里也会很慌——如果有一天这个世界不用石油了怎么办？而且财富也会带来很多社会问题。从长远来说，这些都是不稳定因素。其实，很多国家的能力是被自身资源遏制了。

另外一些国家和地区，没有特别丰富的自然资源，反而把"自己没有资源"这件事用得特别好，发展出了属于它的强大能力。

损卦的卦辞讲，有俘虏很吉祥，又有人送两大簋的食物，一切都很好。为什么在一切都很好，一切资源都给足了的情况下，却用"损"这样一个名字来定义这一卦呢？

大家细品，那些给了你很多资源的状况，是不是在某种程度上令你产生某种隐性的负担呢？

谦受益，满招损

如果你看后面的爻辞，会愈发感受到：损卦背后代表了周文王，乃至后来的周公旦和孔夫子对资源的态度。在获得了太多资源、太多好处的时候，必然会产生"损"的结果。

"满招损，谦受益"这句话是从《尚书》中来的。

谦卦空谷藏峰，看着很平坦，但里面其实是有高山的。内在有凌云之志，但表面看上去波澜不惊，所以"谦"是可以受益的，你还可以获得更多馈赠。

但如果水已经把整个根都泡足了，到了这个阶段后，就会招来损失。

"满招损，谦受益"这六个字，其实为中国人带来了许许多多心智层面上的影响。它的积极作用就是，我们会极力避免做特别夸张、特别过分的事。

比如一座好的中国建筑，一定不会特别张扬，表面上看好像平平无奇。没有什么别致的庭院和景色，它总是把自己的锋芒藏得很好。又比如，你也看不到传统的中国生活方式里有特别过分的地方。

当然它会带来一个小小的问题，就是人们容易小富即安，很容易在得到一定的资源之后不思进取。但是反过来看，恰好是这样一种合乎中道、对谦卦和损卦深度理解的国民性格，保证了这个民族长期以来的生存。

梁某人最近这段时间一直在思考两个问题：第一，中华文明凭借着什么成为地球上延绵不绝五千年的完整文明？即使在历史上多次面临外族入侵，文化根基还是一脉相承。第二，为什么在过去几百年里，中国科技领域的发展也不是一直都在突飞猛进的？

为什么会这样？背后有没有一个统一的原因？当我在读谦卦和损卦的时候，慢慢开始有一点体会了。

我们很难说它是好还是坏，因为一旦讨论它好坏的时候，就落入了二元对立的争辩。所以我只能说，这背后一定隐含着某种更加深远的、无法用好坏来界定的原因。

当我们读损卦的时候，一定要知道"损"不是一件坏事，它可能是一种善意的提醒。事物进入"损"这个阶段，君子应该采取行动，起码应该以某种方式来控制、管理自己的意识和情绪。

损

山泽损：六爻细解

接下来，我们来细读损卦每一爻的智慧。

初九：巳事，遄往。无咎，酌损之。

有人说"巳"也是"已"，如果你把它视作"已"，"已事"指的是已经做完的事情。不过我看何新先生的《易经入门》里说，"巳"通祭祀的"祀"，"巳事"就是祭祀的事情。

"无咎，酌损之"，祭祀的事可以速来速往，如果没有灾祸就逐渐减少。

对于周文王来说，祭祀是一件很重要的事情，但什么时候用牛来隆重祭祀，什么时候要慢慢祭祀，什么时候要赶快祭祀，这是不一样的。这背后总有一些隐秘的原因，到底是什么已无从得知。但它就提醒我们，哪怕是重要的事情，也可以速来速往，可以酌情减少，不会有什么坏处。

为什么要这样？古代的祭祀是相当劳民伤财的。用今天的话来说，祭祀就是花很多时间去进行团队建设。

这不光是指人之间，你和天之间也可以做团队建设，你可以把自己和天组成一个团队，你可以让自己靠近天道。祭祀的过程，其实就是你和天进行团队建设的过程。

有些公司把团队建设做得很厉害，我经常碰到一些朋友说，公司要多进行团队建设，不仅是公司层面，部门层面和小部门层面也要进行各种团队建设。适量的团队建设会让大家很愉快，但团队建设做多了就会变成负担。

所以周文王说，有些时候祭祀也不用太复杂、太详细，可以速来速往赶紧办，也没有什么坏处。

这就是初九，周文王把它放在了损卦的开篇，他埋下了一个什么样的伏笔呢？我们继续看第二爻。

九二：利贞，征凶。弗损，益之。

利于出行，但如果去打仗会很危险。兵力要增加，不能减少打仗的次数。

讲到第二爻的时候，周文王提到了一个场景，时空到了第二爻的阶段，你必须向外扩张，在扩张的过程中可能会有很多损耗，这个时候你要继续投入，不能收缩。

在一段时间里，美国的 App 下载排行榜的前五名中，中国就占了四个，所以全世界都在"围剿"中国出海的互联网公司。

这些中国企业出海受到挤压怎么办？如果用《周易》损卦的观点说，应该"弗损，益之"，不能减少，再增加投入。

《周易》提供了这样一种视角，有时候当你受到某种挤压时，是不能马上收缩的。也许这种挤压是一个势能的拖拽，有句话叫"敌人是弹簧，你弱他就强"。某些时候继续坚持，甚至再加大力度去推动，也许就能突破。

玩过德州扑克的人都知道，有些时候你要及时止损，有些时候你要继续追加——追加也是一种止损的方法。因为你追加的话，敌人可能就退缩了，你反而可以避免损失。

六三：三人行，则损一人。一人行，则得其友。

李硕老师在《翦商》这本书里提到这一爻描绘的故事。周文王的几个孩子发现爹被关起来了，于是一起去殷都走关系营救。结果三人损失了一个人，那就是伯邑考。第二次再去的时候只去了一个人，结果获得了一个盟友，这个盟友是谁？就是姜子牙。

这个故事阐释了这样一种情形，加大投入是可以的，但很可能在加大投入的过程中继续有损耗。此时该怎么办？那就是用时间换空间。

当前面临的困难是不可避免的，但你还是要继续投入，而此时的投入要变成一个可持续发展的低投入——规模小一点，动静小一点，让反对势力不那么警觉。其实就是你把资源捋长了，从大规模投入，变成抓在手里一点一点放。

所以，这一爻讲到了一个投入策略。整个投入的策略分两种：一种是堆头式的，即"三人行"，可能会损失。另一种是慢慢往前推，即"一人行"，反而会有意想不到的收获。

同样拿德州扑克举例，梁某人在和朋友玩德扑的过程中偶尔能体会到天道。有些时候你要一把加码形成震慑力，有些时候又不能一把推上去，因为有可能被突然的翻牌崩掉。所以在看不清楚形势时，在你手上还有筹码时，就应该一点点地跟，也许反而会有所收获。

你不如把资源捋细，一点点地持续给。滴水灌溉，而不是漫灌。总量没有增加，但可持续的时间增加了。最后因为你一直在坚持，反而能够获取时间的胜利。

你想想看，现实中很多事情都是这个样子的——用时间换空间，这就是六三爻讲的故事。

六四：损其疾。使遄有喜。无咎。

何新先生这样解释这一爻：这个疾病逐渐被治愈了，但该办的事情抓紧时间办，没有灾祸。

当年我在成都打算买那个临水楼盘，起到的就是损卦里的这一爻。由于那个时候学"易"不精，一看是损卦，就不买了。

但现在看来，它讲的是这个事会有问题，但只要你速战速决、快进快出，还是吉祥的，所以速度很重要。到了这个阶段快进快出，迅速办好，以防生变，也是一种另外的策略。

你会发现一件很有趣的事情，在可能的损失面前，有些时候你要坚持，有些时候你要持续加大投入，有些时候你要把空间换成时间去长期投入，有些时候你要快进快出，赶紧获利。

有人一定会问，哪个阶段要长期投入，哪个阶段要快进快出？我们只能说，《周易》在讲一种有意义的偶然，一种遥远的相似性，它有一些灵光乍现的谶语。

周文王记录了当时某些点滴的感触，也可能是他对某件事情的一个核心记录。

后世的人把《周易》变为一本占卜书的时候，就会以偶然的方式，比如

损

抽签、扔铜钱、蓍草占卜等，得到了这一卦和这一爻，它给你这句话：速战速决是好的。那么到这个阶段，你就会想："嗯，这个阶段应该这样做。"

六五：或益之十朋之龟，弗克违，元吉。

"朋"指一串一串的钱，以前人们把钱放在龟壳里拿来占卜，据说很灵验。所以越是大龟壳，越是好的法器。有个人送来一个巨大的龟壳，还是放了很多钱的龟壳，这是一个很好的事情，不要拒绝了，是吉祥的。

这个阶段，你会面临突如其来的一些好事，不要拒绝，不要觉得这是件特别可怕的事情，不要产生德不配位的感觉。

上九：弗损，益之，无咎，贞吉。利有攸往，得臣无家。

翻译过来是：不减损，增益之，没有灾害，利于远行，会得无主之臣。

以前的忠臣"不事二主"，所以主子死了，大臣有的会跟着死，不会跳槽，那时也没有猎头。所以你很难找到特别能干的、经过长期培养的家臣来帮助你。

但损卦第六爻告诉你，只要保持自己的力量去远方，你居然可以在外地获得宝贵的人才，这些经过培训、很能干的家臣，就是你得力的帮手。

如果有人占得此爻，我会告诉他："你可能会在远方淘到一个好的伙伴，这个伙伴本来不属于你，是属于另外一个人的。但不知道怎么回事，那个人不见了。现在他愿意跟着你，接受就好了。"

损

觉知自己的欲望，止损不止一种策略

你会发现，整个损卦都在讲这样一个故事：资源中也可能蕴含着很大的损害和危机。在这个过程中，你可以有若干个策略。

有些时候，你要用继续投入的方式吓退你的敌人，以避免损失；有些时候，你要缩减你的投入规模，增加你的投入时长，用时间换空间，以避免损失；有些时候，你要速战速决、迅速套利，迅速了结离场，来获得避免损失的可能性；有些时候，别人给你馈赠，你接受就好了；还有些时候，你要到远方去，在别的地方会涌现一些你想不到的资源。

所以，我觉得损卦是一个特别好的决策之卦。有些时候，我们不知道该如何决策，到底应不应该出行，到底应不应该接受这份资源，到底应该如何投入，到底如何面对困难……在婚姻、投资、商业决策等人事物的处理上，我们都可能会犹豫。

而损卦恰好告诉你，如何避免损失、如何迅速获利、如何长期获利等一些策略性的建议。

它们看似没有逻辑，但又隐含了某种长期的逻辑。**长期的逻辑是什么呢？是你要时时刻刻保持觉知，并且观察自己的欲望是什么。**

就像象辞说的"君子以惩忿窒欲"，收到别人给你的东西，你发现这个东西的确是你需要的，笑纳就好了。如果得不到，也不要愤恨。

如果你的欲望太大，不能得到满足的话，要延迟获得满足，要制衡自己的欲望。如果在此处不能够如愿，要看向远处，离开此处，到别的地方去获得新的发展。

一言以蔽之，在读损卦的时候，千万不要被"损"这个字所迷惑了。它并不是极糟糕的一卦，它只是告诉你如何避免损失。这一卦提供了几个策略，你在占卜时可以结合自己的情况来做出一个判断。而且它在提醒你，很多方法都可以，法无定法。

损

☲　梁注·观卦小笺　☲

- 当我们获得了太多资源，一个有觉知的君子应该观察自己内在的欲望，并且要节制这种欲望。

- 有些时候你要及时止损，有些时候你要继续追加——追加也是一种止损的方法。因为你追加的话，敌人可能就退缩了，你的损失反而可以避免。

- 如何避免损失、如何迅速获利、如何长期获利？这其中隐含了某种长期的逻辑。你要时时刻刻保持觉知，并且观察自己的欲望是什么。

损

【 节卦 水泽节 】

甘于节制，乐在其中

节欲不是禁欲，
而是不纵欲、不禁欲的一种中间态。

节 卦

亨。苦节，不可贞。

	上 六		苦节，贞凶。悔亡。
坎 (水)	九 五		甘节，吉。往有尚。
	六 四		安节，亨。
	六 三		不节若，则嗟若。无咎。
兑 (泽)	九 二		不出门庭，凶。
	初 九		不出户庭，无咎。

《象》

泽上有水，节。君子以制数度，议德行。

《彖》

节，亨，刚柔分而刚得中。"苦节，不可贞"，其道穷也。说以行险，当位以节，中正以通。天地节，而四时成。节以制度，不伤财，不害民。

劫难的"劫"，拦截的"截"，节约的"节"，清洁的"洁"，
这些词的背后有没有一种共性？
那些有节制的人，如果过分节制，是不是又背离了节的本质？
两性关系、欲望、财富都要置于什么样的框架方能平衡？

攒小钱，做大事

在这一章中，我们一起来学习节卦。

坎上兑下，坎为水，兑为泽。飞流直下三千尺的瀑布砸在地上，激流四处漫溢时，会遇到一些洼地，水在洼地被积蓄起来，形成了一个又一个小湖泊。

周文王看见这个现象，有了一些有趣的联想。如果我们把奔流的水视为我们的欲望、我们的财富、我们的能力、我们的资源的话，这些水该如何利用？

小时候，我妈常和我说："我这辈子最大的乐趣就是把几个月的工资攒起来，要么做一套家具，要么给你买一个玩具，要么就带着全家人一起从攀枝花回广州看爷爷奶奶。"

我妈是一名会计，她最喜欢做的事情就是把平常那些灵活支配的钱存起来，去办一件事。

　　家总在她的手里焕然一新，每次我爸一出差，我妈就在家里重新布置家具。等我爸回来，他还以为走错房门了。

　　有一次，我在家里看见我爸走进家门的时候一脸错愕，以为自己走错了屋子，以为搬家了没通知他，因为家里的样子跟他离开时完全不一样。这些家具就是我妈用工资、奖金攒起来做的，直到今天，还有几个柜子依然在用。

　　这就叫"节"，通过节约的方式把流动资金汇聚到一定的数量，才能够做一件大事。

合乎中道的"节"

　　节卦的卦辞是：**亨。苦节，不可贞。**

　　"亨"是亨通，或指一场大献祭，大家享受这样一次献祭的过程。如果觉得节制是件苦差事，那是走不远的。"贞"代表远征，"不可贞"代表走不远。

　　《荀子·成相》说：言有节。郑玄注：节，法度也。也就是说，面对水这种流动的东西，需要用一些相对成型的容器令其受到约束。

　　但"节"又不是完全不放开。中国人不讲纵欲，也不讲禁欲，而是讲节欲。纵欲的时候，你会产生空虚感；禁欲的时候，你会产生苦难感。所以，**细水长流的节欲才合乎中道。节欲不是禁欲，而是不纵欲、不禁欲的一种中间态。**

　　读懂了《周易》，你会发现《中庸》完全得《周易》之精髓。

沼泽里的水并不是完全没有去处的，是有地方可以流动的。

有一年我去缙云山，沿着石阶上山时看到一层一层的池塘，很美。山上的泉水慢慢地流入第一层池塘，水满了之后，又流向第二层，就这样一层一层地流下去，这就是"节"。

以节度之，方为德行

《象》曰：泽上有水，节。君子以制数度，议德行。

君子观察到水流到泽，一层一层被拦截，可以为人所用的状态下，要制定量化标准来衡量工作规范，在这个过程中去讨论什么叫"德行"。

有一天，我和几个朋友讨论：当你在股市里赚了钱以后，你是不是应该止盈？当你亏到一定程度的时候，你是不是应该止损？

巴菲特的态度是：从长期来看，只要这个公司好，那就不要随便买卖。

但如果你认真观察，会发现巴菲特也会在合适的时候减持或加仓，比如他大规模抛售比亚迪，且在某项资产价格处于低位的时候大量买入。当年股灾的时候，他买了很多高盛可转债。从长期来看，巴菲特的这些操作显得没那么突出。

回到我们之前讨论的问题，一个人在股市赚到钱的时候，应不应该及时卖掉？如果你设定了一个游戏规则，盈利10%就减仓，你能不能做到？

有人说，你就应该按照自己设定的游戏规则操作。也有人说，明明知道股票已经在涨，而且这个势头不会停，为什么不能够让子弹再飞一会儿？你为什么要在这个时候减仓？你应该加仓才对。

其实这场讨论涉及的主要问题是：你能否在波动的过程中，有自己内在的法度，即有没有一个你内心可接受的区间。

假设你的股票今年总体亏了 15%，你能否接受？如果你不能接受，那么，你要及时止损了。如果你自己设定了目标收益，当你赚到这么多钱之后，你为什么不能够让别人再赚剩下的钱呢？

不要贪图赚尽每一个铜板，这就叫节制。

投资是一种策略，可能并不完全适合每一个人。但据梁某人的观察，对于多数人来说，心中存在一个可接受的亏损范围是合适的。它有助于你管理自己的期望值，也让自己的损失控制在一个相对可以看见的范围之内。

我和很多朋友讨论过，为什么有些人在股市里一度赚了很多钱，却仍然很难受。原因是多数人都有这个交易模式：赚了钱不跑，刚亏钱也不跑，亏到后来实在难以承受才跑。

如果你每一次赚了钱都不跑，在震荡的股市里总要到亏损很多的时候才减仓，那么几次操作下来，你会发现自己的钱越来越少。

这说明你的心智模式决定了这样一个结果。水是无形的，而你设计出来的游戏规则是有形的。

这就是绝大部分的人在股市里跑不赢计算机的原因。因为计算机程序是设定好的，它没有情绪，不会恐惧，不会贪婪，不会心存侥幸，它在遵循一定的规则。

有一次我去参加一个聚会，聚会上的人刚刚从戈壁回来。有一个同学说，那些心情好时一口气走几十公里，但第二天累得在帐篷里休息的人，大多走不远。那些规定好自己每天走十公里的人，反而最终走得更远。

即使有力气，走够十公里也不走了；即使状态特别差，也要走八九公里，这恰合"君子以制数度，议德行"。这种人就像君子一样，是用一定的标准来管理自己的行为，他是可以讨论所谓的品格德行的。

　　我看过一本书，书上说那些疯狂节食的人，曾经一定疯狂贪恋美食。他们表面上追求健康的身体状态，实则始终在与自己的食欲博弈，这在本质上仍是对食物的过度关注。

　　总结而言，无论是自我管理，还是财运、身体健康、爱情等，都需要"以节度之"。

　　所谓"度之"，就是你得有谱。中国人常常说"这人做事靠谱"，什么叫"谱"？就是他的行为是在一个动态范围内合乎中道，呈均值回归的特性。

　　当然，《周易》的六十四种卦象代表六十四种策略，这只是其中一种策略。有些时候我们要放马过去，有些时候要按兵不动、匍匐而行，有些时候做事情要有节制，没有一套完全的标准，也没有永恒的打法。面对不同的情境有不同的策略。这就是学《周易》的乐趣。

水泽节：六爻细解

初九：不出户庭，无咎。

　　不离开家门，在自己家的院子里是无咎的。此时你还没有出去闯荡的力量，非要出去是不好的。

　　就好像有些人心里明明没有很多爱意，却非要让人家表白，这是一件挺痛苦的事情。

　　比如一对小情侣正在看电视，气氛很平淡。这个时候女生问："你有没有很爱我？"男生该怎么办？有一些人会敷衍地说："爱爱爱。"有些人看似很真诚地说："亲爱的，你是我最爱的人。"还有一些"直男"不知道怎么回答，就不说话。因为他们明显听到自己内心里说不是很爱，起码现在这个时刻不是很爱。

这个女生，非要让人家表态，这就叫"牛不喝水强按头"。此时应想到"不出户庭，无咎"。女生应允许他保留当下尚未积蓄足够的动能和势能的状态。

九二：不出门庭，凶。

九二承接上一爻，同样是"不出"。为什么前面是无咎，后面是凶呢？

标准就在于内在能量积蓄到了什么程度。当你蓄能到一定程度的时候，不释放出来也是不好的。

每个人都有过激素分泌旺盛的时刻。在你年轻的时候，你总是想表达些什么。这个时候，如果你已经积压了很多青春期的郁闷、对生活的观察，你很难不把它写出来。创作并不是为了给别人看，而是因为你想要表达，属于情感的自然流露。

如果你想到了自己年轻的时候，有过类似的状态，你就能理解"不出门庭，凶"。

六三：不节若，则嗟若。无咎。

这句话的意思是，不知道节制，难免会有所失意，但没有灾祸。

假如你爱意泛滥，那你难免会很失望，但没什么灾祸。情侣之间常会有这种状态：两个人相处久了之后，感情没有那么浓了，但有一方总是希望对方能保持热恋状态。这个时候你就要理解，人和人的关系不是永远都只有一种节奏的。如果一个人不知道有些时候关系可以进一步，有些时候可以退半步，那么这关系很难长久。

与同性朋友相处也是这样。有段时间两人特别好，特别能聊，每天恨不得都有很多交谈，一直在一起喝酒、吃饭。突然一天发现，没有那么多话要说，慢慢心生芥蒂。其实这完全没有必要。

如果你了解天道，明白"君子之交淡如水"的道理，你就知道许多东西都是有节奏的。如果你允许一些事情在某些时候紧，某些时候松，这便形成了节律。当我们处在这个节律中，方可圆融。

所以第三爻说的是，如果你不知道节制的话，情绪就会泛滥，要么是爱，要么是恨，要么是绝望，要么是埋怨。

想来我们绝大部分人都活在两种模式里，一种叫"我就要，为什么不可以"，另外一种叫"就不可以"。

那么，在"不可以"的时候，我们该怎么办呢？在"可以"的时候，我们又怎么能够收住呢？

有时候，你可以向天求助，但是你可不可以也花一点自己的力气去接呢？老天送给你的钱掉在地上时，你也得弯腰捡一下。

当然也有些人就不相信规律，只靠硬拼，最后可能命运多舛，总是被天意戏弄。

自己完全躺平、等着天上掉馅饼和完全不相信天意、只靠自己的个人努力，这两种选择都会陷于极端，都不得中意。可取的是中间状态，既要尽人事，又要安天命。

前两天一个朋友发了一段视频给我，是当年木心对孔子的评价，木心老师说："孔夫子'食不厌精，脍不厌细'，他有精致的利己主义者的倾向。"

朋友问我怎么看这种评价，我说："每一个读孔子的人，都不过是借孔子来表达自己。"

朋友问："那你借孔子想表达什么呢？你在孔子那里看到了什么？"

我说："我在孔子那里看到的是'尽人事安天命'，就是取中庸之道，既要努力，也要接受这个宇宙法则的限制。"

当你活在这样一个欲望区间的时候，你就不那么纠结了，当然也不那么快乐。有些时候，过度的快乐其实是有害的，因为过度的快乐会带来强烈落差。那种欢聚之后的落寞，无以言表。

就像当年梁某人主持完一场很大的晚会，大家都说去庆功，但是我突然觉得很没意思，于是就回到自己的陋室煮了一碗泡面吃。

当我在自己房间里看着电视里自己主持的那个节目片段，画面星光熠熠，流光溢彩。当时我觉得很不真实，那种在舞台上很开心、很成功的场景特别不真实。反倒是那种慢慢悠悠的生活，相对平淡的生活，不会带来太大的情绪波动的生活，才让人觉得踏实。

宗萨蒋扬钦哲仁波切有一本书叫《不是为了快乐》，书中提到，很多人都误解了，以为修行就是为了快乐。其实不是的，你能修到没有不快乐的状态就不错了，你如果能活在"不是很快乐，也不是很不快乐，幽幽的快乐、幽幽的默契"中，那就很好了。

六四：安节，亨。

安于接受节制，才可以平安出行。

九五：甘节，吉。往有尚。

甘于节制，乐在其中，这个时候是吉祥的，出行有奖赏。

上六：苦节，贞凶。悔亡。

此时苦于节度，出行凶，归来的时候也会有所伤亡。

这三爻都在讲一件事情，当你能够享受你的生活节奏时，是处在一个相对舒服和安全的状态里的。当你被自己或别人所设计的节度拿捏住时，当你心里叫苦时，出去也是危险的，回来也会有损失。

一个人可能需要花一点时间去思考，怎样界定自己的行事范围，所以说"君子以制数度"。

通过建立可量化的行为节奏和边界来规范自己的空间，才是一个可持

续发展、能够走得出去、行至远方的策略。

我们要对欲望、资源、优势有所节制，但我也要提醒大家：过度节制也是很危险的。

有一种人对自己很苛刻，要求自己少吃，每天跑多少公里，每件事情都完全按日程表执行。看似他是"有节制"，实际却不一定。我认识好几位这样的朋友，自我约束一段时间之后，突然觉得自己好蠢、好傻。这样虽然达到了一种有节制的状态，但大部分时间人是不快乐的，最后也觉得没意思了。

所以，偶尔放纵一下，在大部分时候处在一个相对平衡的状态，才是对的。

曾经我听过这样一句话：如果你觉得一套房子有 80% 的地方让你喜欢，你就可以买了。如果有你完全满意的房子，那很可能你是买不起的。

我觉得这句话很有道理，最近很多朋友都很纠结，到底买不买房？到底卖不卖房？我总说差不多就行了，不要追求完美。

你要明白，你的生命也就三万多天，就算一天赚一千块钱，也才三千多万，在深圳湾也就只能买半套房子。就算你一天挣一万块钱，从出生那天来算，一辈子也只能挣三个多亿。当然这不少了，但也不算是多么惊天动地的数字，尤其是考虑到通货膨胀。

你只要认真想，假如你一天挣一万块钱，一辈子也不过三个多亿，你会怎么规划自己的生活？你会如何对待你的朋友？如何对待自己？如何对待自己的兴趣？

一想到你的人生是有限的，那么你对很多问题的看法就会完全不一样。

醒醒吧，青年们，**生命是可计算的**。明白这一点之后，你就没有不快乐，也没有那么快乐了。

节

☰☱ 梁注·观卦小笺 ☱☰

- 无论是自我管理，还是财运、身体健康、爱情运等，都需要"以节度之"。

- 如果你了解天道，明白"君子之交淡如水"的道理，你就知道许多东西都是有节奏的。如果你允许一些事情在某些时候紧，某些时候松，这便形成了节律。

- 偶尔放纵一下，在大部分时候处在一个相对平衡的状态，才是对的。

节

61

【 中孚卦　风泽中孚 】
设局亦入局，这就是人生

人生的真相，
不过是在一系列的悲剧当中，
偶尔攥紧的那一点点自主的时光而已。

中孚卦

豚鱼，吉。利涉大川。利贞。

	上 九		翰音登于天，贞凶。
巽(风)	九 五		有孚，挛如，无咎。
	六 四		月几望，马匹亡，无咎。
	六 三		得敌。或鼓或罢。或泣或歌。
兑(泽)	九 二		鸣鹤在阴，其子和之。我有好爵，吾与尔靡之。
	初 九		虞吉。有它不燕。

《象》

泽上有风，中孚。君子以议狱缓死。

《彖》

中孚，柔在内而刚得中，说而巽，孚乃化邦也。"豚鱼，吉"，信及豚鱼也。"利涉大川"，乘木舟虚也。中孚以利贞，乃应乎天也。

你认为自己的人生正在面临什么样的陷阱？

你看见一个猎物，有没有想过它可能是猎人？

如果你正在陷阱中，该如何苦中作乐？

一个完整的陷阱

帛书版《周易》里说"孚"通"复"，也有很多人说"孚"通俘虏的"俘"。

周是殷商的人牲代理人，所以"抓俘虏"是周文王记录在案的故事中非常重要的环节。

中孚卦上面是巽，下面是兑。如何落到抓俘虏的意象呢？梁某人窃以为，此卦的意象不一定来自风和泽，而是来自卦爻结构：上面两个阳爻，中间两个阴爻，下面两个阳爻。一眼看过去，就像是四周围成了一个框，中间有个坑。

我们可以想象，周文王当年看见这个卦象的时候发现，其本身就像一个完整的陷阱。像马路上没有井盖的窨井一样，很容易让人掉下去。这个场景和抓俘虏是一样的。

以前抓俘虏有很多种方法，有时候是直接冲到人家寨子里去，把人抢回来送到殷商换赏钱。还有些时候是挖一个坑，下面放一张网，等那些人

中孚

不小心掉下去，立刻收网抓人，这是最省时省力的做法。

这听起来有点血腥暴力，但在那时，抓俘虏就同猎人打猎一样，你怎么对待猎物，你就会怎么对待俘虏。

《象》进一步描述这个场景：泽上有风，中孚。君子以议狱缓死。

君子有好生之德。面对已经成为阶下囚的俘虏，君子不会马上把他处死，而是选择缓期执行。

君子有好生之德

中孚卦讲的是俘虏掉进陷阱了怎么办，这是一个很有趣的故事。

占得此卦的话，如果你是设计圈套的人，大概率对方已经掉入了你的圈套；如果你晕晕乎乎地在想自己是不是被人算计了，你大概也已经掉入了别人的圈套。

有些时候是这样，高级的猎人总是以猎物的方式出现。你以为他人掉入你的圈套，你又怎么知道你没有掉入他人的圈套呢？世间之事莫过如此。

我们以为手机是为我们所用的，但当手机快没电的时候，你拿着手机接上充电线眼巴巴地等充好电时，谁才是锁链、谁才是猎物？

你以为自己是手机的主人，其实你早已为手机所俘虏。

中孚这一卦，在梁某人看来呈现互为圈套、互为俘虏的局面。只不过有些时候人们顺势而为，半推半就，用被俘虏的方式俘虏他人而已。

不过在这个过程中，《象》说"君子以议狱缓死"，这讨论的是被装进囚笼的人，不要一下子处死，慢慢来，从长计议，君子有好生之德。

《象》是后世人用"美图秀秀"对卦辞做了很多修饰后的产物，它弱化

中孚

了卦辞中很多暴戾之气——天地之间、丛林法则里的那种暴戾之气。

换言之，这种意识层面的"美化"也演变为某种共同的精神传承，沉淀为集体无意识：中国人往往认同并践行自己所设定的某些道德规范。

你是设计陷阱的人，还是落入陷阱里的人

中孚卦的卦辞是：豚鱼，吉。利涉大川。利贞。

通过抓鱼的比喻，这一卦实际是指去抓俘虏。抓到了，所以很吉祥，利于出行。带着俘虏，过河交差，这是一件很好的事情。不过抓鱼的这个过程，很值得我们认真去看。

如果占得此卦，需要花点时间去防范一些意外。如果问感情，你就要思考：你是否正处在一个局中？这个局到底是谁在设计？如果问投资，你要想到这可能是一个陷阱。

如果这段时间你正在想一个问题，恰好看到梁某人正在讲的这个落入圈套的卦象，你会有什么样的联想呢？

学《周易》最大的乐趣就在于它的随机性，当卦象和你当下的情境联结之后，会显示出一种微妙的共识性，也就是在共同的时空之下，一种格局的相似性。

这种相似性所引发的一系列的联想，可能就是《周易》占卜的运行法则，所以一切都是你的心中之象。你内心正在为什么事情烦恼？

梁某人最近正在思考一个问题：到底要不要送孩子到国外读书？结果起出此卦。我该怎么思考和判断这件事情呢？到底谁在设计陷阱呢？这个陷阱又会以什么样的方式运作？还是我想多了？

中孚

最后得出的结论是，可能是我想多了。

真正重要的事情，是不以个人意志为转移的。如果你认为你的人生是有选择的，你就会在你的意象中进行选择；如果你认为你的人生最终是无选择的，你自然而然地就会等待那个可以最终让你选择的东西出现——你只是在等待而已。

这是你的人生观决定的，没有人能帮你，这就是你的命运使然。

当我们看到这个卦时，有一个声音会隐隐提醒你：你是否正面临一个陷阱？或者，你是否正在设计一个陷阱？

风泽中孚：六爻细解

初九：虞吉。有它不燕。

"虞吉"的意思是不吉祥，"它"通"蛇"。这句爻辞的意思是，有蛇来，不吉祥。猎人本来是去打猎的，要设计一个陷阱，但怎么会有一条蛇？让人心里有种隐隐的不安。

无论是在东方文明，还是在西方文明里，蛇都是不吉祥的象征。也许在远古时期，蛇是主要伤害人类的动物，咬伤人、释放蛇毒等。从远古时代开始，人类就有一种非常深刻的与恐惧有关的集体无意识，并留在我们的基因里。

比如做梦，一部分梦来自现实世界的经历，另外一部分梦来自潜意识，这个潜意识可能源于祖先的经历。从高空坠下，有蛇来咬……这些令人恐惧的梦，都可能和祖先长期以来面临的威胁有关。

在这一点上，我们看到了中孚卦初九爻说的也是这件事。

中孚

九二：鸣鹤在阴，其子和之。我有好爵，吾与尔靡之。

有一只鹤在树的阴面叫唤幼鸟，它的幼鸟在回应它。突然想起来，我有一个好的酒杯，想和你一起喝杯酒。

短短几个字描绘出了这样一个场景：有温暖的氛围、柔和的月光，有甜香的酒气，甚至有喝酒之后的恍惚意味。我觉得这个场景描述得很精妙，甚至很让人向往。小桥流水人家，有鸟飞向天涯。鸟在上面叫着，我在下面有酒喝，这是一种最初的诗意人生。

这样一个故事的背景是在等着设陷阱、抓俘虏。梁某人窃以为这代表了一种情绪：当形势非常紧张的时候，你却涌出一种在这个过程中及时放松的意愿。

中孚这一卦，我认为其关键不在第五爻上，而在这第二爻上，当然这是见仁见智。

我很佩服一种人，在最紧张的时候，他们仍然能够闲庭信步。因为他们知道这一切都是外象所化，没有任何事物能拦得住他们内在的安详和追求幸福生活的毅力。

《世说新语》里有一个故事讲到，有个老人要在王家选女婿，王家子弟纷纷精心打扮、高谈阔论，只有王羲之若无其事斜身躺着，很是与众不同。老人说此人不得了，这就是我未来的女婿了。

为什么古人对在危急时刻能够放松的人有一种偏爱呢？我想这背后有一种中国文化独特的况味。总有这样一种人，他的频率由他自己做主，他不被环境所裹挟。

你认真想想，如果你身边有这样一个人，会是什么样的情形？

我认识一个摩羯座的男孩子，他是我们太安私塾的同学。当别人拿他开玩笑的时候，他总是淡然微笑，既不反驳，也不愤怒。他按照自己的节

中孚

奏，总是一笑置之。

我看到他那种淡然的笑，觉得此人心量极大，前途不可限量。有一天我问他："当别人这样调侃你的时候，你怎么能保持微笑呢？"

过了一会儿，他说："梁老师，我真的不知道该怎么回应。"

我说："对不起，我误解你了。但我觉得这种默然浅笑还是很好。"

他说："好吧，我努力将被迫的回应转变成一种主动选择吧。"

这让我想起曾经有一个女演员，她早年间跟着著名的导演去参加电影节。在酒会期间，别人都在开玩笑的时候，她就淡淡地笑。当别人在聊一些八卦时，她也是这样。所以国际媒体说，此女子不得了，她的笑充满了东方的魅力。

所以不管怎么样，镇静自若地微笑，哪怕只是显得镇静庄重，时间长了以后，也会沉淀为一种智慧。因为它符合人类深层次的意识中对克制的审美诉求。

六三：得敌。或鼓或罢。或泣或歌。

逮着猎物了，抓到敌人了。这个时候你可以击鼓，有人在哭，有人在唱。为什么哭呢？可能是敌人的一些亲属在哭，也可能是战友喜极而泣，不知道具体原因，总之情绪达到了高潮。

在古代，抓住一个敌人就像我们现在中彩票一样，因为那时抓到一个俘虏，带回去可以卖好多钱。

六四：月几望，马匹亡，无咎。

月即将变圆，马逃走了，不用太担心。

九五：有孚，挛如，无咎。

这个时候又有俘虏，快捆住他，不用担心，不用害怕，一切都很好。

上九：翰音登于天，贞凶。

中孚

野鸡一下冲上天，预兆有凶险的事情将发生。

有可能是俘虏部落的那些人正在赶过来，接下来会有一场恶斗。他们行色匆匆，野鸡因此受到了惊吓，飞了起来。

古人会观测一些现象，去推测正在发生的事情，这是中国传统文化中很有意思的现象："观其象而得其气"，你看到了一些现象，马上就要想这个现象背后意味着什么。

中医也是一样的，你看到病人突然脸变得很红，你要问他到底什么原因引起的。是高血压犯了，还是便秘闹的？是耳朵堵住了，还是湿疹导致痛风？总之他突然出现了一种外在的象，你就要研判他内在的气机发生了什么样的变化。

人生无非是在苦中作乐，忙里偷闲

整个中孚卦都在讲抓俘虏。我比较喜欢九二爻。前前后后都在描述紧张地抓俘虏的场景，只有在这一篇中，还有喝小酒的片段。

很多时候，人生无非就是在苦中作乐，忙里偷闲。很多人都知道苦中作乐，却不知道忙里偷闲。你认真想想，也许那些真正让你回味的时刻，都是在这种很紧张时的偷闲时刻。

这让我想起了 2022 年我最美好的回忆。虽然 2022 年发生了很多不开心的事情，也有很多让自己很焦虑的事情，但其中有一段时间是全国新冠疫情形势很紧张的时候。那个时候气氛很紧张，但又是真的难得休闲。我不需要做任何事情，也做不了任何事情。于是，我们常常在北京的温榆河边搭帐篷烧烤。在这些紧张的事情中间，懂得"偷得浮生半日闲"，才是人

中孚

生至为精妙的智慧。

哪怕你不是那个抓俘虏的人，而是掉进陷阱里的人，但你困在陷阱里的时候，是否会掏出自己兜里的小酒杯喝上一小口？

我看这段的时候，没觉得自己是一个猎人，大部分的时候我都觉得自己可能是猎物。就像我们进入股市，已经认定了自己"做韭菜"的命运。作为一株"韭菜"，你能不能在这一次被割和下一次被割之间，还拿出酒杯来喝一口？

梁某人的观点是，人这一辈子都是在或大或小的陷阱里，你不是在陷阱里，就是在掉进陷阱的路上，这就是人生。

在这样的人生中，学会拿出自己的小酒杯喝一口。这个小酒杯到底指什么？是用你的手机刷一刷短视频？是你拿出你的小楷笔墨来写写字？是听一听你喜欢的音乐？是和你心爱的人发一条挂念的信息？还是闭上眼睛想一想自己最可爱的宝贝儿女呢？都可以。

千万不要在被外界的紧张、痛苦、焦虑、愤怒、恐惧裹挟之后，忘记了中间总是有些所谓的空隙。**人生的真相，不过是在一系列的悲剧中，偶尔攥紧的那一点点自主的时光而已。**

中孚

☰ 梁注·观卦小笺 ☰

- 高级的猎人总是以猎物的方式出现。你以为他人掉入你的圈套，你又怎么知道你没有掉入他人的圈套呢？世间之事莫过于此。

- 很多时候，人生无非就是在苦中作乐，忙里偷闲。很多人都知道苦中作乐，却不知道忙里偷闲。

- 千万不要在被外界的紧张、痛苦、焦虑、愤怒、恐惧裹挟之后，忘记了中间总是有些所谓的空隙。

62

【归妹卦 雷泽归妹】
许多目标，不过是过程

华丽的故事，
不过是这个结果的序章而已。

归妹卦

征凶，无攸利。

震(雷)	上 六		女承筐，无实。士刲羊，无血。无攸利。
	六 五		帝乙归妹，其君之袂，不如其娣之袂良。月几望，吉。
	九 四		归妹愆期，迟归有时。
兑(泽)	六 三		归妹以须，反归以娣。
	九 二		眇能视。利幽人之贞。
	初 九		归妹以娣。跛能履。征吉。

《象》

泽上有雷，归妹。君子以永终知敝。

《彖》

归妹，天地之大义也。天地不交，而万物不兴。归妹，人之终始也。说以动，所归妹也。“征凶”，位不当也。“无攸利”，柔乘刚也。

你有A和B两个选择，你想要A，但也可以接受B，最终你会得到哪个？

如果你意识到自己的选择不过是一个序曲、前奏，

那你会如何看待这些选择？

如果你对得到的结果不满意，你该如何看待这个结果？

守住自己内心的中道

归妹的卦辞有点吓人：**征凶，无攸利。**

《释名》说"妹，昧也"，是昏暗不明的意思。《象》曰：**泽上有雷，归妹。君子以永终知敝。**

部分注家对归妹卦是这样讲的："归妹"指的是归于幽冥，不是一件好事。"永终"通"用中"，"知敝"的意思是知道那个秘密。当君子看见这个卦象的时候，在想如何守住自己内心的中道。知道一切都发生在幽冥之中，就要守住那一颗心——那颗心近乎道心，正所谓"道心惟微"。

但如果你看了下面六个爻辞的故事，你会发现这个"妹"好像也没有那么幽暗。归妹可能指的是女子婚配。"归"可表出嫁，所谓的归妹可理解为嫁女儿，可能是两个女儿一起嫁人，也可能是一个出嫁了一个退婚了。

有很多时候，你要的是 A，得到的却是 B；或者你陪着 A 去面试，结

归妹

果 A 被拒绝了，你被留下了。你看爻辞，大概会发现归妹卦讲的就是一种生活错配的场景。

梁某人尽可能把自己读到的书，自己知道、看到的不同方面分享给大家，是非对错大家自行判断。你希望在这里看见什么？事实上每个人看见的，都是他能看见的部分。

归妹上面是雷，下面是泽。大概的场景是下面一片水域，上面正在打雷。在周文王的时代，把嫁女儿和上雷下泽联系在一起，这就是推天道而明人事。

《高岛易断》根据卦辞和爻辞，虚拟出这样一个场景：本来妇从夫、臣从君、下级跟随上级是很正常的秩序，但这里有错配之嫌疑。

高岛吞象说，此卦大概的情景是：你以为选的是他来管这摊事，结果却是另外一些人正在获得上层的喜欢和支持。

本来董事会选出了总裁和副总裁，结果副总裁被提拔了，总裁被换下来了。我说的是公司，类似情景也可能发生在家庭中。

总之，生活中的错配，会带来一系列不合适。

不经意的备胎，往往成了最重要的结果

梁某人前段时间坐飞机从广州到北京，买了 A 航班机票，B 航班作为备选方案。当时天气不是很好，第二天又必须赶回去上班。

当下我起了一卦，看看 A 航班能不能准点起飞，起到的就是归妹这一卦。因为它是一个错配卦，我就在想，B 航班是一个小飞机，这个归妹卦会以什么样的方式让我坐不了 A 航班呢？

正在此时，一个电话打过来，说 A 航班晚点，已经推迟两小时登机了，B 航班有最后一个座位，问我要不要坐。

我想"小飞机就小飞机吧"，于是也就换了，真是应验。

也就是说，当归妹卦出现时，可能预示着，那个备选、那个你以为自己不会选中的东西，往往会成为最终的选择。或者反过来，我以为我只是个候补，没想到我原来是那个伏笔，我是要在最后的关键时刻出场的。

归妹卦大致讲的是因为错配而出现的一系列困难，但如果你的心量大一点，会发现也不见得是坏事。那些不经意间出现的东西，往往成了最重要的结果。而在此之前，**华丽的故事不过是这个结果的序章而已。**

你怀着这样的心情，你就会自然而然地发现，生活之中没有坏事。

我们来看爻辞的故事。

雷泽归妹：六爻细解

"归妹"有两个版本的解释。

一种观点认为，"归妹"就是嫁女，"妹"指少女，"归"则指女子出嫁，古时候以父系氏族的视角，归于夫家才是回归女子本来的家。

另外一种观点认为，"妹"通"昧"，就是不明朗、不明确、幽冥的状态。所谓"归妹"，就是归于幽冥。君子看见这个情况，要省思自己如何保持初心，如何能够在幽暗的状况下生存。所以《象》里说**"君子以永终知敝"**就是用好中道，知道一切东西都隐藏在下面。

以梁某人的肤浅认识，还是回到嫁女这件事情上，因为后面的这六段故事，讲的都是这个事。

初九：归妹以娣。跛能履。征吉。

"归妹"就是女儿出嫁。"娣"有人解释为姐姐，有人解释为姨妈。也就是说，嫁女儿的时候，找了另一个年长的女性陪同她一起出嫁。

在以前，"嫁一陪一"是常有的事。那时妻子要起早贪黑地干活、侍奉公婆、生儿育女，所以一个人搞不定，可能需要有一个姐妹帮她。现在想起来，那真是压迫女性的时代。

在后来比较成熟的嫁女习俗里，女性一般是带一个丫鬟出嫁。如果没有丫鬟，那就带一个稍微年长的女性出嫁。如果嫁的是身份正统的小女儿，就需要表姐或远房亲戚家的姐姐来辅助、照顾她。

这一爻里有一句话是"跛能履。征吉"。跛脚的人能走路，远征吉祥。

为什么跛脚的人能走路，出征的时候就吉利呢？梁某人觉得，周文王在写这段的时候刻意隐瞒了一些情节——到底是谁跛脚？有三个可能性。

第一个可能性是，娶妻的那位是跛脚的，或者某一天把脚崴了，但不影响出去打仗。

第二个可能性是，娶了这个女性后，发现她跛脚，但她姑且能走。算了算了，也不影响出去打仗。

第三个可能性是，一起出嫁的姐姐跛脚。但这个可能性是最低的。

九二：眇能视。利幽人之贞。

"眇"是眼盲。就是说，盲者能视，利于在深夜或幽暗的时候出征。也有人解释为，盲者能视，这利于隐士出行。

你怎么看前面的"跛能履"和这里的"眇能视"？跛脚的也能出去打仗，眼睛瞎了也能够往外走。这说明什么？说明一切皆有可能。

以前我们会觉得，文盲怎么能够做当代艺术家呢？现在有了人工智能技术，只要你能说话，能发出一个指令，你就能创作出一幅奇怪的画。

归妹

把这幅画放到一个当代艺术展里，好像也很有文化，很有当代艺术性。很多当代艺术作品，如果不是很有钱的行家收藏，很有名望的画廊炒作，和文盲的作品就没多大差别。

有些时候梁某人有点"黑暗"的想法：当代艺术作品是不是真的那么伟大、那么有思想力呢？当然有一些艺术家是非常伟大的，比如达利、梵高。但在梁某人看来，有些画纯粹就是"疯子"画出来骗"傻子"的，最后就看"疯子"多还是"傻子"多而已。

所以周文王在写这段故事的时候，可能就是在提醒自己：不要以为不可能，或许一切皆有可能。

六三：归妹以须，反归以娣。

明媒正娶的妹妹可能有问题，反倒是陪妹妹一起出嫁的姐姐很好，于是出现了这样一个情况：把娶来的妹妹退回去了，把嫁过来的姐姐留下来了。这是典型的"买椟还珠"。

我们经常看到这样的例子，一些女演员觉得自己去面试没有信心，找了姐妹一起去，结果自己没被选上，陪她去的姐妹反而成了女主角。一些男人以为自己很了不起，带着兄弟去相亲，结果兄弟和相亲对象终成眷属。

看起来都是日常生活中的一些琐事，但其小无内其大无外，再大的事情可能也是如此。我们的目标往往成了一个手段，而过程中的手段却成了最终的结果。

九四：归妹愆期，迟归有时。

嫁女误了时间，时间错位之后，再嫁就要另行择时。

这一卦从头到尾都在讲嫁女儿，嫁娶实际上也是一种合作。一件事情就算你全部都谈好了，一旦时间错位，过了这个时间窗口之后就很难再决定了。

归妹

你本来都已经决定买这个房子了，当时想买的心情极其迫切，说好过两天就付款。结果回去想了一下，万一今年股市暴涨呢？万一过两天经济又变了风向呢？万一之后房价还是涨不上去呢？

思来想去，犹豫不决。虽然非常喜欢这套房子，但一般七天之内如果没有买下它，你就不会再买了。

不管是嫁女儿、收购、合并，还是做某个决策，只要这个时间窗口一过，这个事情就会变得遥遥无期，我们心里就会涌现出一种"再等等"的心态。所谓"再等等"，就是再也等不到了，很多时候说再见，就是再也不见。

因此，归妹讲的不光是人的错配，也是资源的错配，有时也是在讲时间的错配。时间错位之后，事情就变了样。

六五：帝乙归妹，其君之袂，不如其娣之袂良。月几望，吉。

帝乙指商纣王的父亲，他把女儿嫁过来。古代帝王的女儿就是联姻工具，用来收复各个地方。姐姐的衣裳还不如妹妹的衣裳美。月将消亡，算是吉利，但心里总是有点隐隐地不高兴。

为什么会这样？因为通常这种跟随的人，才是真正有用的。公主太惹人注目，她就是一个摆设，需要一个陪嫁者去联络各方，去控制周围的环境，去通风报信。陪嫁者聪明、漂亮、能干，很可能更加受重视，是真正用来打入这个家庭的"钉子"。

上六：女承筐，无实。士刲（kuī）羊，无血。无攸利。

女子捧着筐，但这个筐里没什么果实。这其实是一个比喻，可能讲的是嫁过来的这个女儿不能怀孕。她的子宫就像那个筐一样，虽然她捧着个筐，但没果实。男人把羊剖开，羊不流血。会不会又是一个隐喻呢？

你以为的因，其实是果

归妹整个卦象都在讲错配。

梁某人以前做《国学堂》，去采访了徐文兵老师，发现中医很有意思，于是就去开了医馆。

我本来以为，我就是一个开医馆的。结果没有想到，因为开了医馆，发现人才不够，就想办一个中医教育机构。

我以为我要办一个中医教育机构，没想到又发现老师不够用，就办了一个太安私塾。

我以为我办太安私塾是培养学生，结果没有想到这些学生个个比我优秀，好几个都快成我的老师了，估计有一天我会拜他们为师。

由此来看，我们会发现"归妹"几乎是人生的一个常态。你以为你的目的是做这件事情，结果你发现你所做的这件事情不过是一个序章，是为了引你进入另一件事情。

如果变卦，可能会转到另外一卦，就是中孚——上面是风，下面是泽。但也可能变成兑卦。中孚卦代表陷阱，兑卦代表珍珠。你以为这是个陷阱，结果掉下去之后发现陷阱底部有一颗珍珠，这种事情常常会发生。

其中蕴含了一个特别有趣的场景：**我们的人生其实没有一个真正的结果，每一个结果都不过是另外一些事情的因缘。**

所以很多时候，果就是因，因就是果。很多时候我们以为的"因"，只不过是那个"果"的中间序曲。想到此处，你还有什么好执着的呢？你以为重要的事情往往都不那么重要，你认为不那么重要的事情，最终却可能对你造成极其深远的影响。

所以请对那些不太重视、觉得意义不大的人或事物多留点儿心；对那些特别看重的事情，心里要暗暗地想，这只不过是一个阶段而已。

于是，你就慢慢地让自己的心回到了中道——不以物喜，不以己悲。因为你看见许多目标不过是过程，许多备选方案才是未来的伏笔。

归妹

☰☱ 梁注·观卦小笺 ☰☱

- 我们的目标往往成了一个手段，而过程中的手段却成了最终的结果。

- 我们的人生其实没有一个真正的结果，每一个结果都不过是另外一些事情的因缘。

- 对那些不太重视、觉得意义不大的人或事物多留点儿心；对那些特别看重的事情，心里要暗暗地想，这只不过是一个阶段而已。

63

【 睽卦　火泽睽 】
可能是提醒，也可能是祝福

你今天完全不能相信或不能想象的事情，
明天就很容易被实现。

睽 卦

小事吉。

离 (火)	上 九		睽孤，见豕负涂，载鬼一车，先张之弧，后说之弧。匪寇，婚媾。往，遇雨则吉。
	六 五		悔亡，厥宗，噬肤。往何咎。
	九 四		睽孤，遇元夫，交孚。厉，无咎。
兑 (泽)	六 三		见舆曳，其牛掣。其人天且劓。无初，有终。
	九 二		遇主于巷。无咎。
	初 九		悔亡，丧马。勿逐，自复。见恶人，无咎。

《象》

上火下泽，睽。君子以同而异。

《彖》

睽，火动而上，泽动而下。二女同居，其志不同行。说而丽乎明，柔进而上行，得中而应乎刚，是以小事吉。天地睽而其事同也，男女睽而其志通也，万物睽而其事类也。睽之时，用大矣哉。

从"乖张"到"乖乖","乖"的意思是如何变化的?

当你看到那些极其不靠谱的事情, 你是如何理解的?

为什么说如果你胆子大, 可以等待时机,

如果你格局小, 最好对"大事"敬而远之?

乖张的事情, 让你变得更开阔

众目睽睽的"睽", 在帛书版《周易》里用的是"乖"。《序卦》说: 家道穷必乖……睽者, 乖也。乖, 分离也, 隔绝也。

"乖"在古语里有与道分离的意思。我们说这个人行事很乖张, 意思是这个人思考、说话、行事都极其不合于道, 让人觉得不靠谱——如果你把"谱"视为大道的话。"靠谱"这个词, 表面看是一个俚语, 其实暗含与天道合齐之意。"乖"后来怎么演化成了现在代表可爱的"乖", 其实是集体无意识促成的, 伴随着我们语言的演化而演化出来的。

这一卦是离上兑下, 火在水上面烧。火在水下面烧, 会有水蒸气, 可以推动飞机、轮船。但火在水上面烧, 是什么样的情景呢? 你见过吗? 能在水面上点火吗? 这个现象令人觉得很奇怪。

"乖"和"怪"两个字背后可能有一点关联。"乖张"与"光怪陆离",

也隐隐有某种联系。

《象》曰：上火下泽，睽。君子以同而异。

君子应该用一种大同思想，来统合彼此的差异。这其实是对睽卦里分离和差异的含义，做了某种填补和回溯。

这一卦本身讲的是分离、乖张和不靠谱，但作为君子，你需要用一种大同思想来统合差异。也就是说，在真正的大修行者眼中，那些乖张的事情，都是用来让你变得更加开阔、让你拥有某种大同思想的练习。

用现在流行的方式来表达就是，小孩子才看见差异，而成熟的大人总是在差异中看见相同点。在相对的世界里看见了统一的世界观，这是一个人进化到一定程度的标志。

成年人的世界只有选择，没有评判。

可先做小事，不要妄动做大事

睽卦的卦辞是：小事吉。

意思是，干点小事还可以被接纳。这句话没点明的部分就是，大事不宜。在一个冲突矛盾的时空格局里，很多事情看着都不靠谱。你要控制自己的志向和欲望，可以做一些小事，先不要谋划大事。

这两天如果你正在买房子或者租房子，面前刚好有两个选择：一个大一点的房子，花钱多一点；一个小一点的房子，花钱少一点。

如果你占到了睽卦，宜选择那个小一点、便宜一点的房子，因为你不知道未来的时空格局会以什么样的方式突变、分离。

在时空格局这一盘大棋下，一些事情的发生是合理的。但对于我们这些小市民来说，就不能理解了。在我们看来，有些东西有点"睽"，即不合理、很奇怪。

所以在这种时空格局下，做点小事是可以的，千万不要干大事。

从匪夷所思到理所当然

现在看到睽卦，我们只能够取其乖张之意，而不能守其乖张之始。你一定要知道，世界上会不断发生新奇之事，但你不要觉得这些现在看起来不靠谱的事，将来也不靠谱。

有许多事情在当年是匪夷所思的，但在后来的人们眼里，就理所当然了。

如果二十年前有人告诉你："这个机器会教你赚钱，帮你写商业计划书，给你发指令叫你做事。"你会觉得这是天方夜谭，但现在大家似乎慢慢接受这件事情了。

尹烨老师说过，高科技就是之前匪夷所思，现在勉为其难，将来理所当然的事情。

现在想想，我们每天都处在这样的一个过程里。你今天完全不能相信或不能想象的事情，明天就很容易被实现。

你现在觉得以后要是没工作怎么办，到时你可能会发现，原来一个人想要工作，不但没有酬劳，还要花钱。某个教授说："现在大学生如果要去工作的话要花点钱。"这个观点遭到大家口诛笔伐。但你将来有可能会发现，你的孩子想要找份工作，需要花钱赞助那个企业，人家才肯给他一份工作。

以前你要很努力地去赚钱，以后有可能努不努力都挣不到钱，但你要

睽

重新学会如何花钱，花钱变成了另外一门需要掌握的技能。

现在还有人靠开车来挣钱，也许未来有一天你要想开车还需要花钱。比如你想过一把开车的瘾，需要买张票才能开手动挡的车。

我还能想象在未来二三十年里可能出现的光怪陆离的事情，比如让男人怀孕、生孩子。

有一天，这个世界所有东西都会反转过来。现在看来光怪陆离的事情，到那时会变得理所当然。现在看来非常合理的事情，未来会变得极其不合理。

作为现代人，我们应当拥有的最重要的一种心理素质就是：打破内在的成见，相信一切皆可反转，一切将会合理，一切将会变得奇怪，一切将会有所突破。

火泽睽：六爻细解

初九：悔亡，丧马。勿逐，自复。见恶人，无咎。

没有人逃亡，但丢失了一匹马。不要追逐，自己会回来。看见恶人不要惧怕。"恶人"亦作"兀人"，就是那些被断足之人。

我们可以想象这一爻描绘了这样一个场景：电闪雷鸣，陌巷之中，一个人的马走丢了，他心中彷徨，不知道该去哪里追，心想算了，过段时间马自己会回来。他见到了一个长相奇怪，被断足的人，告诉自己不要畏惧。

据李硕老师推测，周文王的大儿子伯邑考当过商纣王的车夫。有一天他驾车出去迷路了，马也丢了，在陌巷里走着，这个时候碰到了很奇怪的人。

彼时人口贩卖的流程可能就跟某个杀猪村杀猪的流程一样。在杀猪村里，有些人负责杀猪，有些人负责刮毛，有些人负责做罐头，有些人负责做猪蹄。殷商时期，"人肉产业链"可能是一条成熟的产业链。

李硕老师脑洞大开，推测伯邑考碰到了姜子牙的女儿，虽然她年长点、凶残点，但他们还是因为政治联姻走到了一起。后来伯邑考被做成肉酱，这个女儿改嫁给武王。武王英年早逝，而他的儿子还没长大，于是国家暂时交由周公旦管理。

武王的儿子掌权后，背后站着姜子牙的女儿，以及姜子牙这样一个手握军权的外公。周公旦离开权力中心，转而致力于用文化推动社会发展，促成相关制度的建立。

这是李硕老师的推测。到底是不是这样呢？今天我们允许各种合理的猜测。

九二：遇主于巷。无咎。

在小巷子里，碰到了某个故事的主人公，无须害怕。

这个故事的主人公是谁呢？不知道，可能是商纣王，也可能是另一个大人物。据李硕老师推测，周文王或伯邑考可能在这个巷子里碰到了姜子牙。

我们听过姜子牙在河边垂钓，周文王去拜见他，他辅佐文王、武王伐纣的故事。其实回溯当时的社会，一个手无寸铁的人，如何掌握某种军事能力呢？结合各类史料，李硕老师推测姜子牙的出身应该是屠夫。

我觉得很合理，姜子牙可能曾是某个部落的领袖，后来四处漂泊，潜藏到了殷商的首都，变成了屠夫行会的会长。

你想想看，当时什么人可以合法使用刀具？屠夫是其中之一，而且屠夫以青壮年男子为主。他们不怕死，也不怕见血，对动物躯体也非常了解，还生活在都城里，可以里应外合。所以，姜子牙可能拥有一支具备强大战斗力，且可以潜伏在殷商都城里的队伍。

如果你是周文王，要找一个合作伙伴，你会找谁？找潜藏在殷商都城里，仇视殷商王朝，足智多谋，读过书，会杀人，不怕死，还可以团结一群屠夫的姜子牙合作，更符合历史逻辑。

所以"遇主于巷"，可能是当时周文王或者伯邑考碰到了姜子牙。

六三：见舆曳，其牛掣。其人天且劓。无初，有终。

"舆"是车的意思。碰到了一个人坐在牛车上，驾车的人没有鼻子，而且须发杂乱。刚开始看着很吓人，很乖张，但这次相遇的结局不错。

为什么结局不错？一定是后来发现这人能够为"我"所用，能与"我"达成合作。政治家、军事家的眼中没有小情小爱，一切有利于推翻殷商的事情，就是好事。

九四：睽孤，遇元夫，交孚。厉，无咎。

看见了孤儿，遇到了前夫，立即回转。回去的路上有危险，但没有灾害。

这一爻辞很能够呈现一个电影场景。梁某人读本科时学的是电视编导，大部分时间不是在拍照就是在"拉片"。"拉片"的意思就是拿电影去拉框架，看镜头组合，看音响音效，看故事叙述方式……一个环节一个环节来看。

所以当我读到这一段文字的时候，有一种毛骨悚然的感觉，一个情景在我脑海里闪现出来：大雨滂沱，电闪雷鸣，老鼠、猪都在跑……而我怀着恐惧的心情，在雨夜狂奔，终于找到一个安全的地方擦拭脸上的雨水和汗水，热水下肚，那种没有灾祸的感觉一下子涌上心头，充盈着我的身体和意识。

有一天我跟小小梁讨论一个问题，为什么人现在还是要再多看一些文字? 现在很多小朋友一上手就看视频了。文字和视频最大的差别是, 你读文字的时候, 是借由文字内在生成音乐、图像、情绪, 生成全息影像, 再对它们进行叠加整合成一种感受。

这是借由读一段文字而产生的内在世界, 能产生阅读的快感。如果你光是看电影、电视剧或短视频的话, 很多感受不是内在生成的, 那些自我想象和联想的神经元就不能够被调动。此时, 一个人的心之力就会变弱, 或者他的念之力就会变弱, 你很难在内在世界生成一个属于你的全息影像。

这件事情说小也小, 说大也大。我们展开来说, 一个人之所以能够成就一个世界, 可能是因为他首先在内在世界里已经看清楚, 并且生成了与之相关的全息影像。他只是在外部世界里, 寻找一个投影而已。

如果你没有办法生成内在世界, 很可能你就无法真正动用你的意识去开启属于你的外部世界, 这恰恰是阅读的意义。

六五: 悔亡, 厥宗, 噬肤。往何咎。

没有人逃亡, 去宗庙吃了一嘴的肥肉。去又何惧。

上九: 睽孤, 见豕负涂, 载鬼一车, 先张之弧, 后说之弧。匪寇, 婚媾。往, 遇雨则吉。

"豕"代表猪。窥视整个情景的时候, 看见猪搏斗于泥涂, 这叫作"见豕负涂"。

摇臂拉全景, 电闪雷鸣, 大雨滂沱, 恐怖的音乐开始响起。这个时候, 你心里是不是很害怕? 是不是很担心遭遇打劫? 在雨夜陋巷, 来的人并不是匪徒, 而是来求婚的, 这个时候, 遇到大雨是吉祥的。

我们可以串联整个故事, 进行如下推测。

周文王想要和姜子牙合作, 姜子牙说: "让你儿子把我女儿娶了, 咱们才能够形成事实上的联盟。我当然会为我的女儿全力以赴, 我会动用我的

睽

所有资源。否则大家提头卖命，何苦来哉？"

如果你能理解姜子牙的女儿和周文王的儿子之间的婚姻，是基于这样一种战略联盟，是基于要一起推翻殷商而形成的组合，你就可以想象两人的婚姻是什么样的状态。

为什么周武王一直处在恐惧当中？除因为他哥哥被剁成肉酱之外，他还有没有其他压力？据传，周武王因为压力过大，每天失眠，需要和他的弟弟周公旦聊天排解心中苦闷。

这些故事都在《周易的野心》里，这也是李硕老师向我描述的故事。他参考了很多古文献，脑洞大开想象出来这些历史故事。

你听起来可能觉得匪夷所思，但是你认真想想，会发现这些故事虽在意料之外，却在情理之中。

所以，整个睽卦讲的就是那些极其不靠谱的事情所饱含的深意。

如果你格局不够、能量不够，你就对"干大事"敬而远之，去做点小事。如果你认为自己可以接受现状，那就静观其变。再过三年、五年、十年，再往回看当时自己所经历的这些怪事，就会意识到曾让你觉得那么不靠谱的事，已变得合情合理。

一言以蔽之，那些让你觉得离经叛道的、不舒服的、匪夷所思的外象，可能是一个提醒，不要太过嚣张，做点小事，待在舒适圈里；也可能是一种祝福，这是一张长期承兑的汇票，需要你花几年的时间回头再看，你会发现命运给你的这一切，饱含了奇怪的意味。

在梁某人看来，《周易》的魅力就在于穿越时空，颠倒生死梦想。所以，如果你愿意的话，把最近自己的经历写下来吧！然后封存打包，五年之后再来看今天你写下的东西，你可能会说："咦，我这个人还可以嘛！"

☲ 梁注·观卦小笺 ☱

- 在真正的大修行者眼中, 那些乖张的事情, 都是用来让你变得更加开阔、让你拥有某种大同思想的练习。

- 世界上会不断发生新的奇怪的事, 但你不要觉得这些现在看起来不靠谱的事, 将来也不靠谱。

- 有一天, 这个世界所有东西都会反转过来。现在看来光怪陆离的事情, 到那时会变得理所当然。现在看来非常合理的事情, 未来会变得极其不合理。

睽

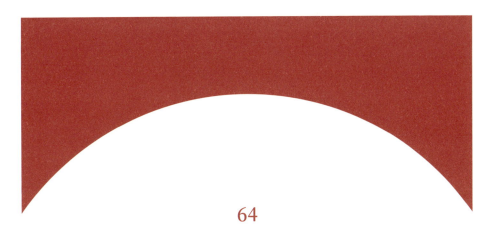

64

【 兑卦 兑为泽 】
温情脉脉的丛林法则

天地不仁，以万物为刍狗；
圣人不仁，以百姓为刍狗。

兑 卦

亨。利贞。

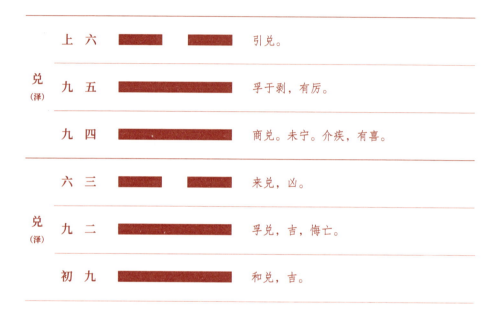

	上 六		引兑。
兑 (泽)	九 五		孚于剥，有厉。
	九 四		商兑。未宁。介疾，有喜。
	六 三		来兑，凶。
兑 (泽)	九 二		孚兑，吉，悔亡。
	初 九		和兑，吉。

《象》

丽泽，兑。君子以朋友讲习。

《彖》

兑，说也。刚中而柔外，说以"利贞"，是以顺乎天而应乎人。说以先民，民忘其劳。说以犯难，民忘其死。说之大，民劝矣哉。

为什么兑在帛书版《周易》里面是另外一个字"夺"？

如果兑和争夺有关，那会给我们带来什么样的启示？

如果你是被争夺的对象，你该如何自处？

如果你是争夺他者的对象，你又该如何？

因连接而相互争夺

兑卦，上下都是兑，卦辞是：**亨**。**利贞**。是一个还不错的卦。

兑代表少女，很多人会把"兑"与愉悦联系在一起，认为这是一个与"快乐""说话""有水""少女"这些关键词相关的卦，并以此为基础展开对整个卦辞的解释。

但是，帛书版《周易》居然用的是"夺"。历史上部分注家认为"兑"和"夺"是通假字，"兑"字的原意是争夺。据《礼记》郑玄注，兑或为夺。《广雅·释诂》认为，兑，取也。《淮南子·本经训》认为，予之与夺也。

"兑"字很像兄弟的"兄"。有的社会学家观察一个部落发现，男性之间和雄性猩猩或雄狮之间很像，大哥对小弟都是打压的，都是有掠夺性的。

我以前看过一篇文章，讲成吉思汗如何射杀他的弟弟，还有李世民杀了哥哥李建成和弟弟李元吉，才登上了皇位。在古代大部落中，或者在皇族里，兄弟之间根本谈不上温情。

在帝王的剧本中，就是让儿子们相互争夺，最后胜出的继承皇位，其他的兄弟，好一点的情况做一个亲王驻守边疆，永世不得回京；差一点的，有谋逆之心，直接被干掉。

以前我实在不理解为什么"兄"和"凶"是同一个发音，读完中国历史之后，起码在这个维度上我觉得有道理：真正的危险都来自大哥，或者说来自大哥对小弟的提防。

兑卦上面是泽，下面也是泽，理论上来说是两水相接的愉悦之象。

当你把这种意象视为一种连接，你就会发现水和水之间也有相互争夺之象。比如两个池塘被连在一起之后，就会有一个池塘把另一个池塘里的资源吸收过来的可能性，连水带鱼、青蛙、蝌蚪，全部吸收过来。

你去观察一下植物叶子上的水珠，过一段时间之后，可能一些小水珠就会被大水珠吸附过去，二者形成一个更大的水珠。

在自然界，通过合并慢慢壮大的现象比比皆是。

君子观天象而明事理，周文王看到兑卦，可能就预测到因为"连接"而出现的"夺取"，以及最后"兼并"的结果。

某一个产业刚开始出现的时候，是非常多元化的状态，百舸争流。手机行业是这样，电动车行业亦复如是。但很快它们就会彼此兼并，就像池塘和池塘之间连通之后，吸收再合并一样。不出几年你就会发现，中国电动车市场最终可能只剩下几个品牌。

一般来说，一个大品牌会占据 55% 左右的市场，第二名占据 20% ～ 30% 的市场，第三名只占据不到 10% 的市场。其他的品牌就被用户归入可看可不看的领域，有的会成为小众品牌。

总之，同一行业不同品牌在寻找各自定位、各自市场的过程中，最终可能会相互兼并。

在帝王或相信丛林法则的人眼中，没有什么好与坏，连接、吸收、合并就是自然而然的事。

自然涌现的能力

《象》曰：**丽泽，兑。君子以朋友讲习。**

《象》是一个君子易的视角，它是把天子易视角中残酷的丛林法则，引申为人间正人君子之间的交友规范，这是一种社会教化的努力。

它将池塘之间争夺资源最后兼并的过程，转换成为朋友之间可以多一点交流，多一点传习的意向。

我甚至怀疑《论语》中"学而时习之，不亦说乎？有朋自远方来，不亦乐乎"，就是来自《象》对兑卦的解释。"说"就是愉悦的"悦"，学习交流的过程中交换了思想的"菌群"，这种"菌群"的交换产生了一种精神上的共鸣，也不失为一种真正的愉悦。

然后在"学"的过程中，不断加强"习"，我认为"学"是知识的传递，"习"是能力的提升，是刻意练习而来的。很多人说，人工智能发展到现在这个阶段，还有什么是有价值的？

我和很多朋友探讨过这个问题，人工智能的发展可能会让很多领域在一夜之间门槛变得非常低，几乎所有人都可以写爆款文章，进行当代艺术创作，甚至可以"换头换脸"。

当知识贬值得越来越迅速的时候，能力就变得越来越重要了。

什么是能力？当你明明知道应该这样做，却怎么都做不到时，你就明白了自己能力的不足，你需要长时间的刻意练习才能做到。

比如说做红烧肉，很多菜谱都很清楚，盐三克、味精两克、花椒多少、醋多少。你看着好像都很清楚，但要想真正做出一碗超级好吃的红烧肉，除了可以量化的配方，还需要很多做饭的技巧。

有一天晚上，我们跟新荣记的张勇大哥一起吃饭。席间，有另外一位大哥说："勇哥，过两天我要请一个朋友吃饭。上次我们到你这儿吃的时候，那一份菜单特别好，就按照那份菜单再来一桌。"

张勇沉吟了一下说："要不要我重新给你出一份菜单？"

我坐在旁边，立刻感受到了一名好厨师特有的风骨。他认为那一天里那个菜单是合适的，但过几天那个菜单可能就不合适了。因为食材改变了，空间改变了，来吃饭的人改变了。

一个厨师可能没有清晰的道理，但他凭着自己的直觉和感受，能够给食客出一份新的菜单。这是结合了对时间、空间、食材等的感受，经过长年的经营和训练之后，自然涌现出来的不假思索的方法、判断以及行为，这就是能力。

所以孔夫子说"学而时习之"，他讲的是知识和能力之间的关系，很可能出处就是《象》对兑卦的解释。当然，《象》是君子易的视角。当你代入周文王的视角之后，你就会发现，温情的背后很可能都是更加直接的丛林法则。

兑

兑为泽：六爻细解

当你将"兑"和争夺的"夺"联系在一起的时候，你就更能够理解这一卦的意向很复杂。

初九：和兑，吉。

如果这是比较平和的争夺，或者兼并是基于大家自然而然的交流，那就是吉祥的。

九二：孚兑，吉，悔亡。

在梁某人看来，"孚"可以解释为俘虏，也可以解释为诚信。《周易》最大的魅力在于不确定性，给了后世诸人发挥的空间。梁某人倾向于认为"孚"就是俘虏的"俘"。因为在很长一段时间里，周文王的核心诉求就是抓俘虏。争夺俘虏成功，这是一件吉祥的事情。"悔"是很少或者没有的意思。"亡"就是丢失。在抢夺俘虏的过程当中，没有很多伤亡。

很多人会说这是一个愉悦的口水之卦，但如果你换个视角，你会发现这是一个抢夺之卦——你不抢夺别人的，别人就会抢夺你的。

有很多抢夺甚至发生在无形当中。比如说美国印了那么多的美元，它就是在向全球征货币税。再比如通货膨胀，某种程度上来说，也是一种社会资源对个人的抢夺。九二爻说的是，我能够把其他部落的人抢过来做俘虏，也是吉祥的。

有一天，有个朋友跟我说了一句话，他的观点堪称石破天惊，把我吓到了。他说："地球上最好的商业模式就是把别人的变成你的。哪有什么创造，重组才是真正的硬道理。"

我觉得我的恐惧是看到历史幽暗处时感到的恐惧。如果有一些人遵循丛林法则，他就会倾向于把别人的东西据为己有。也就是说，在他们的世界里，最好的商业模式就是把别人的变成自己的，他们就不用种植，不用创造，靠抢夺就行了。

这其实很危险，这是一种存量思维。一个君子，一个现代人，至少应该拥有增量思维或无量思维，即你的就是你的，我再去创造新的。

兑

比如，你们都在油车领域"卷"，"卷"到最后大家都在比谁的发动机好，我直接研发电动汽车有什么不好？你们都在选手机，我突然有一天搞一个不是手机的东西，也能达到手机的效果，直接用脑电波传信号怎么样？你们"卷"得再厉害，有什么意义呢？

当我看到"孚兑"这个词的时候，我想到了对俘虏的争夺和存量思维，**而现代人应该拥有的是增量思维。**

六三：来兑，凶。

有人来争夺，这是一个不吉祥的事情。

如果你某天不小心占到了此卦的此爻，你应该明白，有人正在暗中抢夺你的某些东西。如果你来问姻缘，就是有人正在抢你的对象。当然，你也可以换个角度看：旧的不去，新的不来，抢走就抢走了，能被抢走的说明也不值得留下来。

修炼自己，让自己像一块吸铁石一样，守株待兔就好了。以前我老觉得守株待兔是一件很被动的事情，现在想想，如果你有足够强的吸引力，比如你身上全是兔子喜欢的味道，浑身散发出一股胡萝卜的香甜味，你怎么会担心兔子不来呢？所以最重要的还是自我修炼。

九四：商兑。未宁。介疾，有喜。

商议怎么争取、怎么兼并、怎么去抢，大家争吵不宁。有人因此得了大病，有人反而非常欢喜。

这很可能是当时发生的一场争论。周文王作为"俘虏代理人"，他当然要考虑如何去争夺其他部落的地盘和人口。在这个过程中，自然会有一些内部策略性的讨论，应该怎么去打，应该怎么抢，在这个过程中一定会有意见分歧。

两口子关于教育孩子都会有很多的分歧，更何况一个部落、一家公司。

应该做些什么、该怎么做，一定是有很多争吵的。一些人经历过创业，还能够把公司维持住十年八年没有倒掉，必然经历过一些修炼，因为这中间一定有无数争吵，这个叫作"商兑。未宁"。

九五：孚于剥，有厉。

把俘虏弄过来，并且把他的皮给剥了，有灾难。

上六：引兑。

"引"是悄悄、暗中的意思。"引兑"就是暗中夺取。

圣人不仁，以百姓为刍狗

　　兑卦这个完整的故事看下来，那些表面上充满少女感、让人很愉快的状况，最后都是一种争夺。

　　到底你是被争夺的对象，还是你的东西要被别人夺走，又或者是你主动去争夺别人的东西，这些都是见仁见智的。六爻其实是一个源故事，它用某些关键词引述了一些场景和动作。当我们读《周易》的卦辞时，可以根据现实生活里正面临的情景，去和六爻中的某个故事联系在一起。

　　"螳螂捕蝉，黄雀在后。"当你在考虑要争夺点什么的时候，也要想到可能有人正在观察你，正在想从你这里夺走点什么。当你在思考如何防止别人抢你东西的时候，你要明白这个世界是一个丛林世界，就算你不抢人家的东西，人家也在算计你。你会因此心生愤恨和恐惧吗？其实大可不必。

　　梁某人读《周易》的时候有一个很深的感触，在帝王的视角里，没有什么太值得愤怒的事情，这就是丛林法则。

　　有一天一个朋友跟我说，几年前他去非洲旅行，在丛林中观察一个野

兑

牛群落。有一天有几只猎豹夜袭野牛群落，他眼睁睁地看着牛妈妈被吃掉了，牛爸爸带着小牛一路狂奔逃掉了。

这个朋友说，他观察了十几天的牛妈妈，一夜之间就被豹子吃掉了肉，被鬣狗吃掉了内脏。到第二天早上再看的时候，连牛骨头都被舔得干干净净，血丝都被蚂蚁吮吸干净了。在非洲的大草原上，昨天还是一头牛，今天就是一堆干干净净、连血都没有的骨头。

他说，当他旁观整个过程之后，发现人间的许多游戏规则在大自然的丛林法则面前是如此不堪，如此不真实。假如你看见了这个景象，你会涌出什么样的思绪呢？这也许就是周文王看见池塘与池塘之间相互争夺资源、相互兼并时，联想到的一切。

在争夺与被争夺的过程当中，你会选择成为那个被气得浑身发病的人，还是超越这一切，变成一个自在而喜乐的人呢？

这个讨论很深刻，甚至很无情。天地不仁，以万物为刍狗；圣人不仁，以百姓为刍狗。在大自然面前，有很多事情，作为个体的我们只能保持沉默。

☰ 梁注·观卦小笺 ☰

- 当知识贬值得越来越迅速的时候，能力就变得越来越重要了。什么是能力？当你明明知道应该这样做，却怎么都做不到时，你就明白了自己能力的不足，你需要长时间的刻意训练才能做到。

- 一个君子，一个现代人，至少应该拥有增量思维或者是无量思维，即你的就是你的，我再去创造新的。

- 在争夺与被争夺的过程当中，你会选择成为那个被气得浑身发病的人，还是超越这一切，变成一个自在而喜乐的人呢？

65

【 履卦 天泽履 】
年轻人，不必扮演听话的小孩

内心要全然接受你的周遭环境，
你才能被环境接受。

履 卦

履虎尾，不咥人，亨。

	上 九		视履，考祥。其旋，元吉。
乾 (天)	九 五		夬履，贞，厉。
	九 四		履虎尾，愬愬，终吉。
	六 三		眇能视，跛能履。履虎尾，咥人，凶。武人为于大君。
兑 (泽)	九 二		履道坦坦，幽人贞，吉。
	初 九		素（错）履，往，无咎。

《象》

上天下泽，履。君子以辩上下，定民志。

《彖》

履，柔履刚也。说而应乎乾，是以"履虎尾，不咥人，亨"。刚中正，履帝位而不疚，光明也。

为什么上级只会对最信任的下属大发脾气？

如果你是一个追随者，面对一个脾气暴躁的上级时，

应该如何承接他的一切？

为什么最伟大的追随者反倒要有一种领导者的心态？

脾气背后的爱和信任

这一节我们一起来学习履卦，步履的履，鞋履的履。

有学者认为，"履"也通"礼"。踩着鞋按照某一个步调跳舞，是上古时期传下来敬天爱人的仪式，为"礼"。

我们看巫师在舞动身体的时候，总有某些舞步。小说中段誉的凌波微步就是根据八卦的图形，在某一个设计好的节奏里跳来跳去，从而形成独特的躲避敌人攻击的方法。当然这是金庸先生的一个创想。总之在古时候，有人穿着鞋，按设计好的舞步跳某种舞蹈，形成一种至高无上的礼仪。

履

乾上兑下，是为履。乾代表父亲、至刚、至强、权威、上天；兑代表少女、顺从、跟随、温和、水泽。

你看见这个卦象，会想到什么？这是一种非常明显的上尊下卑之象。在这样一个格局里，上面的权威者突然像老虎一样呈现出要吃人的样子。

为什么？

试举一例，我看见某些企业的领导，在外面对谁都非常亲切，转头对最信任的下级发起脾气来。而且他们很容易发脾气，比如下级做事情有点不得体，就会被怒骂。有时候，家里的老父亲对女儿也是这样。

为什么会这样呢？梁某人窃以为，这背后代表着爱和信任。

很多年前，我见过一位我很尊重的老总在责骂跟随他多年的一个下属时，一个烟灰缸就扔过去了。这个下属被砸完之后，虽然当下也生气，但很快两人又和好了。

我问这个下属："为什么你的老板脾气那么大？这么多年他都是这样对你的吗？"

他嘿嘿一笑说："如果他不信任我了，就不会这样对我发脾气了。"

上位者的爱与呵护，很容易以一种严厉的方式呈现出来。细心观察就能发现，现实生活中那些平时温和但经常对你发脾气的人，一定是他觉得在你这里是自在的、放松的。

很多人会说："这不是扯吗？这不是说明这个人的品格有问题吗？"我只能说是这些人没有仔细观察生活。但凡深入观察一个上级与最亲密的下级或一个老父亲与最爱的女儿之间的相处模式，你就会发现这样的情景并不少见。

有些时候，下位者或小女儿不理解，会感到非常委屈。但是经过了若干年的磨合之后，他会意识到其中充满了信任与爱。而且更有意思的是，如果你发现，那些经常对你发脾气的人从某天开始突然对你彬彬有礼起来，那么一定是出了什么问题。要么是他已经把你排除在他的核心圈之外，要么是他已经决定让你出局，又或者他另有计划了。

所以，履卦很能够反映出在一段真正紧密的关系里，人与人之间真实的状态。明白这些后，当你看着慈祥的老父亲突然变成"老虎"时，一定会觉得有意思。我只能用"有意思"这三个字来形容。

年轻人不必扮演听话的小孩

履卦的卦辞是：**履虎尾，不咥人，亨。**

我认为卦辞的意思是，踩到老虎的尾巴，它虽然生气，但并没有把你吃了，这是一个亨通而吉祥的事情。

乾上兑下，古人低头看明媚、平静的湖面，也就是"兑"，也抬头看天上的蓝天与白云，就是"乾"。

这恰如以前我们提到的《庄子》里的话，"**至人之用心若镜，不将不迎，应而不藏，故能胜物而不伤**"。如果你是一个表面上很弱的人，当你看见极其刚强、猛烈、权威的力量时，你如何面对？答案是"用心若镜，应而不藏"，你就不至于被这股力量的暴力伤害。

如果你是一个存储器，就会有粘连，因为你把这些东西存在你那儿，就会涉及存储量够不够、这些数据会不会把你撑爆的问题。但是，如果你是一面镜子，你只是反映这一切，他的愤怒和你所呈现出来的样子，反而会达到一种新的和谐。

《象》曰：**上天下泽，履。君子以辩上下，定民志。**

在这样的一个意象之下，君子要清楚上下尊卑的位置，并通过礼制推广开来，公正教化，形成一种稳定的格局，这叫作"定民志"，即让老百姓自愿遵从礼制。

这段话当然是从周公旦到孔夫子对天子易的君子化版本，整个儒家核心的理念都是以《周易》的精神为根基，来确定社会的稳定管理架构，也就是"辨上下，定民志"。分辨谁在上面，谁在下面，从而确定人民群众对这件事情的看法，大家有一个共同的潜意识。

君子看见这样的意象时要明白，确立一个游戏规则，不至于以下犯上，是保持一个系统能够稳定运行的方法。

不过这是君子易。熟悉梁某人的朋友都知道，在我的眼中《周易》是天子易和君子易的合体。同时，我们在读《周易》的时候，要借由这两者之间彼此的切换，去感受一种真正意义上的慈悲和智慧。

有一次梁某人跟同事探讨一个学术问题，我俩意见很不一致，争辩得不可开交。我忽然看到他眼神中带着些许害怕，于是我说："我们不谈论这个话题了，谈论一下《周易》吧！"我们随便起一卦，起出来的就是履卦。

我说："你是不是觉得踩到老虎尾巴了？"我是属虎的，在公司里起码也算是个董事长，所以面对这些小朋友时，有时会忘乎所以，呈现出一个企业主的嘴脸。

我瞬间意识到自己的问题，原来我太把他当自己人了，对方却没有真正意识到这件事。他真的是我信任且听话的下属。

我意识到了我的愚蠢，同时也意识到我所理解的那个时代已经过去了。于是我立刻"小人革面"，换了一张脸说："这位同学，对不起，你们虽然是年轻人，但你们也有自己的学术专长，不要被我的权威所影响，你可以表达你的态度。"

各位企业主，你们都必须意识到：虽然现在工作不好找，但你们公司的年轻员工是听着"我的地盘我做主"这样的广告词长大的。所以不管他们是什么角色，不管他们有多么稚嫩，他们都不认为自己需要做一个听话的小孩。

　　这就是这个时代里，做企业主的人、做领导的人、做父母的人，必须意识到"弹性转换"，否则只会自取其辱。

　　当我读到履卦的时候，再次想到这一点。不过我觉得，面对真正自己喜欢和信任的人，我还是希望能够跟他用坦诚的方式来交流，因为这背后代表着一种信任，即彼此之间对角色的认定和信任，这种关系才会长久。

全然接受环境，你才能被环境接受

　　"履"在帛书版《周易》里是"礼"，代表一种踏着舞步敬天爱人的行为艺术。

　　梁某人认为这一卦其实讲了一个故事：当你是一个下级或弱小者，面对一个刚强有主见、像老虎一样的上级时，既要跟随他的节奏跳舞，又要保证不小心踩到他的"尾巴"之后，不会被他咬了、吃了。既要学会了解他的性格，明白对你的呵斥和批评是一种爱和信任，又要知道用心若镜，不会被他的批评真正伤害到。

　　《庄子·人间世》里就有类似情形。颜回要去某个国家做官，劝诫暴君，去问老师孔夫子："如果我去做这个官，要怎么办？"

　　孔夫子就说："如果你真的去到别人那里，伴君如伴虎。你认真勤勉不行，你发动群众大搞生产不行，你不做事不作为也不行，最重要的事是要用心若镜，即'斋其心'，把你的心放空，暖暖地看着周围的一切。"

　　也就是说，**内心要全然接受你的周遭环境，你才能被环境接受**。我们的世界是自己意识的投射，当你以什么样的情绪对待外界，外界就会以什么样的方式对待你，所以你要"斋心"。

履

颜回"斋心"了一段时间之后说:"我终于懂得了,要真正融入一个集体,关键不在于做事,而在于你要发自内心地不抗拒这个环境,否则,你就会被环境抗拒。"

履卦讲的故事亦复如是。作为一个下级、从属者或者女儿,如何面对像上级、父亲这样的强势者?上位者用这种威严,甚至近乎苛刻的态度来对待你时,你的态度、心法与做法,实际上是你在人间最重要的功课之一。

天泽履:六爻细解

初九: 素(错)履,往,无咎。

帛书版《周易》作"错履",我们可以尝试解读为你没跟上领导的脚步,没跟上做事情的节奏。但没关系,往前走,没有灾害。

许多年轻人初入职场的时候,往往很容易犯错,做事情也不靠谱,被批评两句之后就很沮丧,不想干了,不想往前走了。

这一爻告诉你:年轻人,不要被犯的错吓到,没跟上节奏,犯了错,没事儿,继续往前走,"往,无咎"。批评你,指出你的错误,并不代表要解雇你。你只要跟着走,很快你就能够跟上,并且能够调整你的步伐。

我常常会跟自己最亲密的同事讲,不要因为我批评你而拍桌子走人。你在这里不学会如何应对你的上级,你出去之后还要重新学习,还不如在我这儿学会,等学会了再走。

年轻人,跟着一起走!

九二: 履道坦坦,幽人贞,吉。

步履平坦,大道一马平川。

何新老师的《易经入门》里提到，"幽"通邀请的"邀"。不过汉代的一些儒家认为，幽人是指那些隐秘的高人。"贞"的意思是占卜，也有出行的意思。所以，"幽人贞"可以解释为邀请别人出行，也可以说那些隐士高人与你共同前行，总之这是吉祥的。

职场里有一些隐秘高人，他们平常默默无闻，不是很受人关注，在公司里总是处在安全而不受瞩目的位置，却能在公司里面待很久。

职场新人要找到这样的人，并且向他们请教如何才能在这个公司里走得远。这种人能够在公司里待很久，一定有他的道理。一些特别成功、特别耀眼的职场新星，往往很快就陨落。

早年在某大通信公司里有一个非常受老板喜欢的年轻人，但因为个性太强，就自己出去创业了。最后这个大公司成立了一个专门打击这个年轻人的部门，动用了一切手段阻止他创业成功，从而引发了一系列"江湖恩怨"。

这种事情在很多公司都会发生。所以，去观察那些在公司里不太被人关注的隐士，让他们带领你一起走这条成长之路。

六三：眇能视，跛能履。履虎尾，咥人，凶。武人为于大君。

盲人也能看得见，脚跛了也能走得远，不小心踩到老虎尾巴，它要吃人，这是一件非常凶险的事情。"武人为于大君"就是那些强势、有暴力倾向的人，做了国君。事物发展到一定阶段的时候，你会发现，看不见前路，你也得往前走，这叫"眇能视"。

很多人都以为，公司的发展都是上面的人看清楚了，有了清晰的战略之后，就带领大家一起往前走。其实不是的，都是深一脚浅一脚的"应激反应"而已。走着走着，走成功了就名垂青史；走失败了，如历史尘埃，被轻轻抹去，也就不值得谈了。

履

大部分公司在前进过程中都是深一脚浅一脚、一边爬一边走，这叫"跛能履"；至于"眇能视"，就是看不见也要往前走。这个时候老板心里本来就慌，很不自信，但还要保持他的威严。你跟着他的脚步，但又跟错了，不小心说错话了，这个时候他就勃然大怒要"吃人"，很危险。此时勇者胜，那些组织里不怕死的人，在混乱当中承担起了这一切，于是他们成了领导方向的人，叫作"武人为于大君"。

九四：履虎尾，愬愬，终吉。

"履虎尾"，踩到老虎尾巴了。"愬愬（sè）"，这个时候搞得人小心翼翼，结果还是吉祥的。

伴君如伴虎的过程中，你不做事就不会踩到尾巴，就不会犯错。你做事就需要有所行动，就会不小心有所冒犯。没关系，大部分时候，他骂完你之后就没事了，所以还是吉祥的。

虽然你有点惴惴不安，但是时间长了，你就知道，他骂他的，你做你的。你承认错误后，回头他还得跟你在一块儿。他不依赖你，他依赖谁？

在部分家庭里，爸爸并不一定代表权威和正义，反而妈妈才是家里的主心骨。

我和太安私塾的同学讨论过一个问题：为什么很多爸爸都觉得自己在家里很没有成就感？

有些家庭中，妈妈对儿女打骂呼喝，而爸爸从来不批评、不打骂、不吼人，甚至有时还要用一些小礼物来"贿赂"儿女。结果真有什么事，你会发现这些小孩还是都跟着妈妈。妈妈再怎么打骂，小朋友都知道妈妈是爱他的。所以对这类家庭的孩子来说，一般情况下，爸爸的话可以不听。

所以乾卦代表老父亲吗？过去我们学《周易》，就是要学会变化。今天看来，起到这一卦，你问的可能不是你与父亲的关系怎么样，而是你跟母亲的关系怎么样，或者说是你与家中那个比较强势的人的关系怎么样。这体现了履卦的变异性。

九五：夬履，贞，厉。

快步地跟随他，步履跟上了，并且心如止水，能够走得远，但还是要提防可能有危险。

上九：视履，考祥。其旋，元吉。

观其步履，知其凶吉。步履周圆者，大吉祥。

做下级做到一定程度的时候，经过了第五爻和第六爻这些阶段，跟着跟着就发现，虽然事还是那么多，还是那么忙，但你的心不忙。工作从早忙到晚，但你已经非常熟悉这份工作，非常了解这个老板的性情，知道他的情感表达模式，也知道他要什么，知道怎么帮他补位，就大吉祥了。

有很多人都喜欢自己出去创业，哪怕公司再小，"我的地盘听我的"，这固然没错。但有些人常年跟随一个特别有能量的人，虽然这个过程当中经常不小心踩到老虎尾巴，但他已经有足够的智慧。

不是委曲求全，不是悲摧受苦，他知道自己只是在扮演弱者和跟随者，而他的智慧是跟得上的，甚至慢慢在跟随的过程当中，在帮老板补位的时候，最终可以接下衣钵，成为未来的领导者。

如果我们洞察历史深处，你会发现那些上位者身边往往有貌似是跟随者，其实有自己内在定力的人，他们最后可以顺接这一切。你所承接的虽然不是自己打拼出来的，而是过去的上级打下来的基业，但是，未来你可以在这个基础上创造出更大的基业。

这才是能够坐到很高位置的人的更有效的成长模式。

绝大部分有能量的人，其成就并不是他自己创造出来的，而是用一种有定力、越来越从容的方式跟随上位者，最后承接这一切得到的。

履

《周易》读多了，读深了，你会产生一种感慨：原来重要的事情，真的有些人已经讲完了。

伴君如伴虎，最后伴虎如伴儿。表面上他好像比你威严，其实你已经在内在方面远远地超越了他。那些伟大的跟随者总是以一种真正的领导者心态，表现出一种跟随者的姿态，最终，继承这一切。

≡ 梁注·观卦小笺 ≡

- 如果你是一面镜子，你只是反映这一切，他的愤怒和你所呈现出来的样子，反而会达到一种新的和谐。

- 面对一个刚强有主见、像老虎一样的上级时，既要跟随他的节奏跳舞，又要保证不小心踩到他的"尾巴"之后，不会被他咬了、吃了。

- 绝大部分有能量的人，其成就并不是他自己创造出来的，而是用一种有定力、越来越从容的方式跟随上位者，最后承接这一切得到的。

66

【 泰卦 地天泰 】
苦是必然的，光明也是必然的

好的成果都是属于上面的，
不好的原因都是我们自己努力不够，
这样反而会得到更好的祝福。

泰 卦

小往，大来。吉，亨。

	上 六	▬▬ ▬▬	城复于隍。勿用师，自邑告命。贞吝。
坤 (地)	六 五	▬▬ ▬▬	帝乙归妹，以祉（祉）。元吉。
	六 四	▬▬ ▬▬	翩翩不富，以其邻。不戒，以孚。
	九 三	▬▬▬▬	无平不陂，无往不复，艰贞无咎。勿恤，其孚，于食有福。
乾 (天)	九 二	▬▬▬▬	包荒，用冯河，不遐遗。朋亡，得尚于中行。
	初 九	▬▬▬▬	拔茅茹，以其汇。征吉。

《象》

天地交，泰。后以财成天地之道，辅相天地之宜，以左右民。

《彖》

泰，"小往，大来。吉，亨。"则是天地交而万物通也，上下交而其志同也。内阳而外阴，内健而外顺，内君子而外小人。君子道长，小人道消也。

如果乾坤颠倒，阴在外，阳在内，这是一个什么启示？

我们在什么时候该前行？什么时候该后退？

做大事的时候，该怎么筛选朋友和队友？

要不要放弃"猪队友"？

要么就不干，要干就干个大事

地天泰是一个很有名的卦，外卦是坤卦，内卦是乾卦。你可以想象一下，坤包乾是一个什么状态。

这里有很多种解释，有人说这是天气上升，地气下降，从而形成"一炁周流"之象。因为地是向下沉的，天是向上升的，所以形成了一个循环，从而达到一种可持续发展的状态，是为"泰"。

不过我听过另外一个版本，是王东岳老师跟我讲的。他说，泰卦从甲骨文考古来看，坤包乾，乾指的是男性，坤指的是女性。什么情况下女人包着男人呢？遵从生理本身的时候，这才是真正的通泰之象。在古代，把人生出来就是最大的功德。梁某人认为最接近的解释是，这是一个交合的隐喻之卦。

泰卦的卦辞是：小往，大来。吉，亨。

有学者说，这里的"小"指的是阴，"大"指的是阳。

泰卦对应整个天地之气已经通达之后的样子。阳气逐渐升腾，阴气下沉，慢慢地令生机呈现。

在北方生活的朋友有一种很强烈的感受，每年三四月份，天地之间还是乍暖还寒、风沙滚滚。但到了五六月，天清地朗，郁郁葱葱、生机勃勃，你会觉得特别愉快，这景象和冬天的萧瑟完全不一样。

通天理而明人事，泰卦的卦象和卦辞都是多重含义之象。

以人而言，它指的是男女交融的状态；如果以此卦来比喻天地之气，是阳气充分上升，阴气充分下降，万物蕃秀，阳光明媚；如果以此卦来比喻时事，那就表明流动性很强，社会呈现一片灿烂的景象，那些不好的事情逐渐得到妥善处理。

泰卦的卦辞可以尝试解读为如果不发生事就算了，一发生都是大事，从长远来说是吉祥的。也就是说，我们不用太担心泰卦下所对应的时空。

如果你占得此卦的时候，心里正在思考一个问题，你应该觉得还行，因为总的来说这是一个吉卦。这一卦在暗示你：一件事情要么就不干，要干就干个大事。比如买房子，你正纠结于买一套小房子还是一套大房子时，恰好抽到了这一卦，也许它在告诉你：可以考虑买大房子。

《周易》并不是一本算命的书，它只不过是一系列暗示，这些暗示构成了语言的镜子，这件事情折射出了你的想法，你再来做出判断。

占卜的本质，是借由一些外境——可能是语言、文字、模棱两可的谶语、某个数字，给你某种像镜子一样的提示。当你看到这个提示后，你会得出一个结论，会做出一个选择。当你做出这个选择的时候感到很高兴，就说明它正是你内心的想法。

没事别给上苍添麻烦

我有一个朋友正在面临收购的抉择，可以收购小一点的企业，也可以收购大一点的企业，他在想到底要买哪一个，正好起到此卦。

我说："小往，大来，你如何想？"

他说："看来我还是应该对自己要求高一点，把这个大的买下来。虽然压力会比较大，但是动力也比较强。"

他后来说，纵观自己的人生，但凡自己有压力的时候，就会更加勤奋努力，结果也挣到了该挣到的钱。如果一点压力都不给自己，可能挣不到钱，小的也不一定保得住。我们常常说要量入为出，其实也不一定。有的时候，是因为你只需要这么多，你才只能挣到这么多。

当然，这只是我这个朋友的观点，所以他最后收购了大一点的企业。收购之后，他心里还升起了这样的信心：看来上苍让我干件大事，努把力，如果做成了也算是一种勇气的回报，如果做不成也不会后悔。

这可能是一种正确的占卜观吧！他并没有把这个占卜扔给一个不知名或不知站在哪里的"神"，让自己做完决定之后就不管了，而是在有了某种启示之后，做了一个正确积极的心理建设。

试想如果有一个员工，你给他下了一个指标。他对你说："我今年努力去做，做成了都是公司给的资源好，公司给的方向对。做不成的话，肯定是我不能胜任，请公司把我换掉，我愿意去做其他更小的事情。"

如果你是老板，有这样的员工你会怎么办？你心里肯定默默地想，我要是以后退休了，需要找人接替的时候，一定选这个人。

明白了这个道理之后，你就知道，作为一介草民，没事别给上苍添麻烦，不要什么事都跑去问，不要给上苍或上级添麻烦。

泰

好的成果都是属于上面的，不好的原因都是我们自己努力不够，这样反而会得到更好的祝福。此谓："小往，大来。吉，亨。"

用好上天给的资粮

《象》曰：天地交，泰。后以财成天地之道，辅相天地之宜，以左右民。

"天地交，泰。后以财成天地之道"，我们可以这么解读：在这样一个天地交泰的情况下，可以努力去赚钱。"后以财"是说一定是在相互交融的情况之下，才会赚到钱。这个钱不是指人民币或美元这种狭义的钱，而是指天地之资粮这种大钱。

你觉得有人什么都没干却得到了很多，为此而愤愤不平。

后来我认真了解了这个人的家庭情况、他的童年以及他的性格之后，就不得不说，他有天资。他出生的时候，就带着很多生命的资粮而来，你不得不承认这种人有福报。

在梁某人看来，一个人如果不承认别人是有福报的，或者不承认人各有命，那一定是不成熟的。年轻的时候不理解这件事可以，四十岁之后你还不能够理解这件事，那这一辈子也不需要再努力了。

看见别人不太努力也活得很好，你不应该产生一种愤恨，而是要思考他到底有什么样的资粮。这个资粮，是他父母给的，还是他童年得到的？抑或是通过什么隐秘的途径得到的？这都有可能。

我曾经看到过一个人，一点都不努力，还很有钱。我就不理解为什么，后来发现他有一个很重要的天资，就是逮谁就夸谁，而且不是假夸，是发自内心地喜欢找别人的优点，喜欢听别人的故事。

就这么一个小小的优点，很多大人物都喜欢他。因为这些大人物跟他聊天的时候，觉得自己特别有成就感。

而且这个人嘴很严，他乐呵呵地听完很多故事之后，不会跟别人分享。而那些大人物和他讲完之后，觉得这个人知道了自己这么多秘密，还是带在身边比较好。于是大人物什么时候都带着他，不会让他亏着，也不会让他跑到别的地方去。这个人就这么跟着大人物一起投资，也赚了很多钱。

所以，他能赚到很多钱就是两个原则：第一，永远保持开放，乐呵呵地倾听所有人的分享，不做评判；第二，嘴特别严，从来不分享八卦和秘密。

就这么两个简单的特点，吸引了那些有成就的人跟他做朋友。他身上就有一种"交泰"之力，谁跟他在一起，都能感觉到一种愉快的气氛，都能感觉到彼此之间情感的流动、志向的流动、趣味的流动。

这种人不成功的概率是很低的，这就叫天才，这就是有天资，这就是老天爷赏饭吃。人家凭什么有这个天资？我后来研究了一下他的父母，发现人家父母就是这个样子的。

"辅相天地之宜，以左右民。"如果一个君子理解了这一切，用好了这种交互的力量之后，就可以辅助护佑百姓。

君子与小人、上级与下级、男人与女人、阴与阳，如果彼此之间有情感的流动、使命愿景的流动、价值的流动、利益的流动，就可以成天之道。

这段象辞主要在讲管理哲学。**在高级管理者的世界里，他们看重权力的流动、利益的流动、价值观的流动，并且形成一种共同体。**

让员工觉得上面的领导在保护他们，领导想做的事也是他们想做的一部分，他们就会跟随这个领导的意志向前进。员工大都很单纯善良，只要

泰

给他们一个美好生活的期待、一个开放的愿景，他们就会自发追随，大家就可以共赴成功之路。

地天泰：六爻细解

初九：拔茅茹，以其汇。征吉。

《周礼》说茅茹是一种染草，入药能够补血。这种草是有颜色的，可能会产生一些红得像血一样的颜色。把它拔出来之后，可以做成图腾或某种染料。"以其汇"，清朝大儒宋翔凤说"汇"通"伟"，是美的意思。拔茅茹献祭是由于它们美。出行吉祥。

无论是什么样的解释，都不影响我们对它的解读，因为《周易》的卦辞、爻辞其实都是比喻。它已经从一个表面的故事，延展为一系列象征意义。

总之，泰卦第一爻可以解读为：事情开始了。有茅茹拔出来，但这都是幸福的、快乐的，代表生命和未来，所以不会疼痛。在这样一个背景之下，人们可以远征，很吉祥。

如果你正好起到泰卦第一爻，大概表明，流点血不是坏事，而且是流点小血，即投资总是要出点本钱的。把这些小小的资本汇聚在一起，就可以启动一个长远的征途。

九二：包荒，用冯河，不遐遗。朋亡，得尚于中行。

有人说"包荒"代表的是大葫芦。庄子的《逍遥游》里曾经讲过大葫芦的故事。惠子说自己有一个很大的葫芦，因为体积太大盛不了水，无处可用。而庄子则说，把大葫芦切开之后可以做一条船，以之行走江河，还很方便。

"朋亡，得尚于中行"是说，在前行过程中碰到礁石翻船了，有朋友沉溺了，但到中流，失而复得。

泰卦并不是一帆风顺之卦。它讲的是，虽然刚开始时可以往前走，但随时要做好牺牲的准备。只要往前走，就会有困难，但这不妨碍继续往前走。

九三：无平不陂，无往不复，艰贞无咎。勿恤，其孚，于食有福。

任何平地都有凹坡，任何直路都有曲折，行路非常艰难，但没有害处。不要恐惧，即将出现反复了。没关系，有吃的，有福气。

泰卦在一片光明的大好前途之下，仍然充满波折。所以到第三爻的时候，哪怕你做这个事情的初衷是非常好的，投资者也为此带来了加持，自己也是决定要做好的，一切都显示是好的，你也不要认为中间不会有困难。但是没关系，砥砺前行，就会出现各种好事。有得吃，有福报。

梁某人看了这一卦，就想到了这些年来我做的所有事情。开诊所也好，办太安私塾也好，做产品也好，甚至讲课程，从《黄帝内经》到《国学堂》，从《冬吴相对论》到《庄子》《孔子》，从《本草纲目》，到现在的解读《周易》……每一件事在做的时候，我都知道它是受到祝福的，也知道它一定有光明的前途，但中间会状况百出。

不过，我们能因为这样的情形而放弃吗？显然不能。因为我们读了《周易》，知道这是必然会出现的。于是我们前行的时候，就会逢山开路、遇水搭桥，出现问题了解决掉就好了，不会因此产生情绪上的波动。

有本书叫《苦才是人生》，佛陀也说，你要不要活？要活的话，你就知道"苦"就是你必须经历的人生。诸漏皆苦，无苦集灭的那个"苦"。只有接受人生是苦的，做事必然会有困难，你才能够把事情做下去。

泰

解决问题和产生情绪是两回事，有些人每天都在面对困难，每天都在解决问题，但他们不会为此而抱怨、愤怒、后悔、痛苦、焦虑。这样的人，他不苦。

六四：翩翩不富，以其邻。不戒，以孚。

生活了一段时间发现没什么钱，是什么原因呢？因为旁边有坏的邻居，如果不提防的话，是有祸害的。

也就是说，你做事情很努力、很认真，但到了这个阶段还徒劳无功，什么原因呢？原来是旁边有一些同行的人，他老从你这攫取利益，挖你墙脚。所以过程中你要检视与你同行的人。

有很多人都说，要干成一件大事，要阶段性地筛选与你同行的人。当你干事业到一定程度的时候，你会发现有些人在拖你的后腿。他们的世界观、格局、智慧，都在消耗你的能量。这些人也许并不是坏人，但他们已经不配做你的同行者了。怎么办？你必须做出适当的选择与清理。这件事情很残酷，但也很清晰，因为你要往前走。

人们刚开始在一起是因为血缘，其后是因为利益，最后是因为趣味与志向，这是人生的三个阶段。

当你长大的时候，你可能会发现你的父母、亲戚，已经不能陪你走得更远了。当到达某个阶段，你会发现那些刚开始因为利益与你在一起的人，已经不能够陪你走得更远了。

你要做更大的事，走更远的路，就不能够仅仅以利益为目的，你还得有内心的愿景，有大的梦想和格局。那些当年因为利益和你在一起的人，就要适当地进行切割，否则他们就会消耗你的能量和价值，让你走不远。

梁某人已经五十岁了，读到这一段不由感叹：为什么年轻的时候，没有人这么明明白白地跟我讲呢？我小的时候总认为这样是不对的、不道德的，后来发现这是因为前辈们智慧不足，他们没有给我讲清楚这件事情。直到自己走到一定程度的时候才发现，对有一些人，就应该主动切割。

如果你决定要走得远，你就必须告诉自己，要有这样的格局和笃定。

六五：帝乙归妹，以祉（齿）。元吉。

帝乙是皇帝，要为嫁妹妹或嫁女儿祈祷，这是一个吉祥的事情。

有人说，周文王迎娶了殷商皇帝的女儿或者妹妹。这是一个需要祈祷的事情，大吉。在周文王那个时代，他就已经意识到，政治联姻是一个非常重要的战略。该出手时就出手，该"剁手"时就"剁手"，风风火火闯九州，他就有这样的一个格局。

前两天我看到一个特别有意思的说法：如果你发现你的父母人生很成功，那你年轻的时候就应该多听父母的意见，这样你在年轻的时候大概就能走得比同龄人好；如果你发现你的父母本身就混得很不好，那么对你父母给你讲的东西，要多打一个问号，你要理解他们的动机是好的，但他们的建议可能没那么好。你要去找那些比你父母更聪明的人，让他们给你一些建议。否则，你这一辈子都走不出你父母所能走出的边界。

上六：城复于隍。勿用师，自邑告命。贞吝。

高墙倾覆于深池，这时不可以用巫师，要亲自祈祷，未来可能还有凶险。泰卦到第六爻的时候，招已用老。

成功到一定程度，墙还是会倒的。正所谓"看他起高楼，看他楼塌了"。城楼盖得再高，总有倒的一天。这个时候你不需要请巫师来做什么仪式，自求多福。前途还是有风险，也就认了。

那些大修行者、大成就者、大企业家，无不在自己人生后半段产生一种意兴阑珊的况味。为什么？

因为该得到的都得到了，该见过的都见过了，该尝过的都尝过了，最后发现也不过如此。任何事业的发展不以个人意志为转移，走到一定程度的时候，自然而然都会坍塌掉。成住坏空是规律，无一事物能够逃脱。

这个时候不要钻牛角尖，因为下一个阶段必然会来临。体验过就算了，对于将来可能会出现的种种风险，心里要有所期待或预判，仅此而已。这就是一种达观，不会因为未来有各种问题而惶惶不可终日，该来的总会来，躲也躲不过。

中国古人有这样一种特点，小小年纪就知道讲义气，尤其是习武之人，更加悍不畏死。有很多习武的家庭，祖祖辈辈都是打仗的，他们从小接受的教育就是，死没有什么可怕的，最怕的就是死得很猥琐，如果能够战死沙场就可以。

杨家将是这样，霍去病也是这样，很多家族的祖祖辈辈都是这样。家里面的爷爷、奶奶、大叔、大伯都是战死沙场的，所以家里的小孩子已经看淡生死。因为他知道，建功立业的过程中出现种种凶险是常态。当他接受这样的情况，就自然自求多福，心里会有一个预期。正是有了这种家族支撑着国家，才不至于打仗的时候无人可用。

如果你要去创业，就要做好中间被各种折腾的准备。

员工跟你说，他要去劳动仲裁了；你不小心说的什么话，被断章取义，演变成一个负面新闻危机。一会儿是财务、税务的问题，一会儿是自己身体健康的问题，一会儿是伴侣要离婚分家产，一会儿是投资者要撤资了……

如果你不创业，就不会有这些事；你只要创业，就会遇到这些事。你要做学问，也有学问的问题。你要从政，也有从政的问题。所以，你只能做到从容面对而已。

有一次我碰见马东，我问他："作为公众人物，说话经常被人误解，该怎么办呢？"马东那句话讲得特别好，他说："被误解是表达者的宿命。"

这句话对我起到了很大的作用。你不说话就不会被人误解，你说话就一定有人骂你，那怎么办？骂是他的事，说话是你的事，各过各的吧。

所以，泰卦不是讲成功的事情，不是讲交合的事情，泰卦讲的是：假如你已经有了宏大的理想，假如你已经找到了天地交合的方式，假如你已经走在了一条很正确的道路上，即使你目前走得还不错，也要知道中途有风险是必然的，最后的结果让你意兴阑珊也是必然的。

这就是泰卦。

好事并不绝对，所谓的好事不过是你知道了自己内心的方向而已。

≡ 梁注·观卦小笺 ≡

- 一个人如果不承认别人是有福报的，或者不承认人各有命，那一定是不成熟的。

- 解决问题和产生情绪是两回事，有些人每天都在面对困难，每天都在解决问题，但他们不会为此而抱怨、愤怒、后悔、痛苦、焦虑。这样的人，他不苦。

- 当到达某个阶段，你会发现那些刚开始因为利益与你在一起的人，已经不能够陪你走得更远了。这时就要适当地进行切割，否则他们就会消耗你的能量和价值，让你走不远。

泰

67

【 大畜卦 山天大畜 】
重新出发，重新长大

当春天来的时候，就萌芽，
夏天来了就绽放，
秋天来了就收获，
冬天来了就归隐。

大畜卦

利贞，不家食。吉。利涉大川。

	上　九		何（行）天之衢，亨。
艮 (山)	六　五		豶豕之牙，吉。
	六　四		童牛之牿，元吉。
	九　三		良马逐，利艰贞。日闲舆卫，利有攸往。
乾 (天)	九　二		舆说輹。
	初　九		有厉，利已。

《象》

天在山中，大畜。君子以多识前言往行，以畜其德。

《彖》

大畜，刚健笃实，辉光日新。其德刚上而尚贤，能止（致）健，大正（政）也。"不家食，吉"，养贤也。"利涉大川"，应乎天也。

登上山顶，看见下面云海缭绕，

发现人生走到了某个阶段，你接下来该如何是好？

如果你的团队、小孩都已经成熟，同时你的身体开始走向衰老，

你要如何才能获得一次新的机会？

什么样的路才是正确的路？如何才能获得真正的自由？

已达人生巅峰，下一步在哪

山天大畜，上面是艮卦，下面是乾卦，天在山中。

什么场景中，上面是山，下面是天？古代没有飞机，人们很难体会从上往下俯瞰大地的感觉。当你爬上了山顶，看见云海在你脚下，你就会产生一种错觉——山居然在天之上。

这个意象很有意思，因为它代表着一种人生走上巅峰的状态。当你爬上了似乎比天还高的山，当你看到了云雾缭绕，看到了世间的万千变化，你会像庄子《逍遥游》里的鲲鹏一样，拥有了一种俯瞰的力量和视角。

走到人生的这个阶段，此时你该怎么办？

很多人都会发现，当他的人生到达某一个阶段时，无路可走了。我们的人生就像一场爬坡。一开始，上幼儿园、上小学、上中学、上大学；长

大畜

大后，做职员、做领导、创业；同时在家庭中，做父母，做爷爷奶奶。

不断爬爬爬，爬到某个阶段的时候，你发现自己总算穿越了云海，走到了比你想象中更高的地方，你站在了山顶上，之后你发现，自己无所适从了。山天大畜，大概讲的就是这样一个意象，此时如何是好？

我想起了之前碰到的几个朋友。他们结婚，觉得婚姻也不过如此，又离婚，也生了小孩，但孩子长大之后有了独立思考和生活的能力，不再依赖于他们。大部分时候，做父母就像当乞丐一样，期盼着孩子打个电话回来，施舍般来几句问候。

以前自己做儿女的时候，都觉得和父母打电话是一件麻烦的事情，因为和他们也没有什么好说的，无非就是聊"吃了没有""冷不冷""钱够不够""最近有什么开心的事情"……好像和父母没有共同语言。

等我们自己做父母的时候，才真正体会到，原来这就是人生的一个阶段，你就走到这里了，事业上、人生上、身体上，该经历的事情都经历了。不管曾经多么美丽的女子，总有一天会发现自己长出了皱纹；不管曾经多么俊朗的少年，总有一天也会发现自己需要染头发了。

梁某人读到大畜卦的时候就有这样的体会，也许这是我的臆测，但文字就是这样，不过是我们意识的投影。梁某人眼中的《周易》，当然也是梁某人自身人生阶段和人生况味的投影。

大畜

此处不好玩，自有好玩处

山天大畜整个卦在讲什么呢？我们来看它的卦辞：**利贞，不家食。吉。利涉大川。**

"利贞"，即利于远行或者说利于占卜。"不家食"，不宜做家事。换句话来说，得出去找事做了，吉祥。"利涉大川"，即有利于你跨过河流，到一个新的地方去。

你会发现，在某一个时空，你走到了某个无可奈何的境况。哪怕这个境况还不错，但没有太多可能性了，也许你可以做的一件事情就是"涉大川"。

此处不好玩，自有好玩处。此处不留爷，自有留爷处。从自己待腻的地方，去别人待腻的地方看看。有很多人是短期旅行，还有一些人是去旅居，也就是去一个新的地方，展开一段新的生活，刺激你去重新适应生活。

我认识一个朋友就是这样，孩子生完了，别墅也住过了，把婚离了，把房子卖掉了，发现无所适从，拿着那么点钱能干什么呢？有一天她随手翻开一本杂志，发现某个国家她很喜欢，于是买了一张机票。她把东西该扔的扔，该卖的卖，打点行囊，去该国开始新的生活。

以前她在家里有司机、有保姆，一切都很顺利，除了跟老公关系不好以外，没有任何愁苦。结果到一个新的地方，她要自己带孩子，要自己从头开始学习新语言，要自己去挤地铁。

我问她："你在这里收获了什么？"

她说："收获了一种新的生活和生命体验。"

小孩子上学，去医院看病，整修房子，什么事情都要跑到市政大厅去排队。她以前有什么事情一个电话就能搞定，现在要去排各种队。

她喜欢建筑，于是在当地报了一个学建筑的课程。她在这个新的国度买了一块地，还聘请了建筑课程的老师来做顾问，自己盖房子。盖完之后就把房子卖掉，然后再买一块地。她说，自己终于实现了成为一个包工头的梦想。

大畜

她一个人带着两个孩子，孩子好像和在国内时的状态也不一样了。在国内，每天要接孩子上下学。而这个地方的小朋友不需要人接送，一年级的时候就自己去上学。到了中学一年级，大孩子会和几个同学坐火车去别的城市玩。她说，这是以前完全不敢想象的事情。

我这个朋友的故事还蛮励志的，这就叫"利涉大川"。她的人生故事书写到巅峰之后，就做了这样一件事情，即去远方。

所以，在你的生命累积到一定程度的时候，会经历"成住坏空"四个阶段，你就只能换个活法。

用新的环境，刺激新的生命力

《象》曰：**天在山中，大畜。君子以多识前言往行，以畜其德。**当你看到天在山中的时候，你要学会"多识前言往行"，即多学一学古代圣贤的言行，看看他们之前是怎么做的。

最重要的事情，就是要积蓄你的德性。"德"是对"道"的一种应用，你如何在行、住、坐、卧、思中，去贯彻你对天道的理解。

什么是天道？天道就是成、住、坏、空，就是春、夏、秋、冬。

你的行为如何应对这样一种起承转合，这就是"德"。当春天来的时候，就萌芽，夏天来了就绽放，秋天来了就收获，冬天来了就归隐。

在不同的事情里，以环环相扣的视角去体悟，这也是《周易》的精神。

所以大畜卦对应着人生的许多阶段。

如果你现在在四十岁到五十岁之间，你也许会突然发现什么都没意思了，好多你曾经追求过的东西，原来也不过如此。你已经走到了山顶，看

大畜

见了云在你的脚下，你可以做的一件事情就是：向前去、走出去。也就是去其他地方，利涉大川，用新的环境来激发你新的生命力。

山天大畜：六爻细解

初九：有厉，利已。

有危险，利祭祀。

有很多人都有这样的感受，本来活得挺好的，但活到四十来岁的时候，发现总是哪里不对劲，好像工作到了瓶颈，身体出现了种种状况，家庭关系也遇到了很多无可奈何的情况，爱的流动、情感的连接，都觉得很没意思。这就是"有厉"，好像总有一些什么问题。

"利已"，即这个时候停止在做的事，把自己的问题去跟你的信仰或先人讲讲。

有些时候，祭祀本身就有意义。倒不是说祭祀会给自己带来什么加持和回报，不然这简直是"行贿"。而是说在祭祀时，你通过这样一个方式弄清楚自己的问题。很多时候，你不表达出来，是说不清楚问题的。有许多事情混混沌沌，卡在你的胸中块垒之间，你只是觉得不对劲，但不知道为什么。

当你去祭祀的时候，你就得说出来了。你现在碰到什么困扰，想要达到什么结果，需要避免什么问题……当你用语言表达出来的时候，你就看清了这个问题的本质。于是你开始有一些期待，自己尝试一些排列组合，这本身就是祭祀的意义。

所以祭祀本身就是有力量的。**因为看见，便有解脱的可能。**

大畜

九二：舆说輹。

"说"通"脱"，"輹"是车厢下面和车轴连起来的木头。"说輹"是指车轴从车框上掉了下来。

你就是坐在车里的人。有些人是"小乘"，开着自己的私家车；有些人是"大乘"，开着一个大巴车，拖家带口，有公司、有团队。你突然发现，车轴脱落，车不走了，停在路上。人生的这趟车就停在那，你该怎么办？

九三：良马逐，利艰贞。日闲舆卫，利有攸往。

选择一匹好马去奔跑，有利于行走在艰难的道路上。这时候，你要开始操练自己的战车和武士，利于发动远征。

战车就是你的车，武士就是你自己，重新出发到远处。套用现在的话来说，备点钱，找一个不错的朋友带你出海。或者锻炼自己的能力，以前从来不做饭的，现在就去学做饭，诸如此类。

总之要找一个活路，准备有一日踏上征途，有事可干。

六四：童牛之牿，元吉。

六五：豶（fén）豕之牙，吉。

六四爻和六五爻一起来看："童牛之牿"和"豶豕之牙"。

小小的牛已经长出了牛角，"豶豕"即公猪生出了獠牙。这都是吉祥之事。为什么？

假设你是一个中年女性，儿子就像是童牛。有一天，你突然发现儿子就像牛一样长出了自己的角，虽然还不是很锋利，但看样子已经从小公牛变成了大公牛。他开始顶撞你了，他开始有自己的世界观、人生观，甚至有能力开始独立生活。老公就像是公猪，你以前把他当老公兼儿子养，然而养着养着，他的獠牙长出来，开始要独立。对你来说意味着什么？

他们都已长大，对你来说是吉祥的，因为这也是你长大的开始。你以前总觉得自己需要照顾小牛、照顾公猪，现在突然发现不需要了，他们自己要成熟了。

那你要干什么？你得自己去探寻新的生命。

一个中青年女性，只有当她发现身边的人都长大的时候，她才有可能真正地重新成为一个青年女子，因为那一颗心重新变年轻了。

年轻的时候，我们的长大是不成熟的。毕业之后，匆匆忙忙投入职场，结婚、生孩子，其实那是不成熟的长大。我们还没能真正理解什么叫长大，什么叫年轻，就已经变老了。

经历一切，到现在这个阶段，原来我们还可以重新长大一次，这是你人生当中第二次成长。这是后青春期，我更愿意把它理解为青春期第二阶段。因此童牛之牿和豮豕之牙，对于你来说是吉祥的。

对于公司的领导来说，当年你带领的那些实习生，一直把你当师父，老实听话，有一天突然也有自己的想法了。当这些同事、其他部门的人，开始露出獠牙了。怎么办？

原来你以为的岁月静好，你以为的人生奋斗，都不过是假象。现在生活真实的那一面露了出来，该干嘛去，就干嘛去。这是你重新获得青春的一个很重要的历史关口。

我每次读《周易》时都在想，年轻的时候，如果有一个像我这样的人来跟自己这样讲一遍多好。这样的话，我在内心里对每一个将要经历的人生阶段都会有一定的认知和期待，起码不会很愤怒或是恐惧，而是有一种笃定。

上九：何（行）天之衢，亨。

你已经走到山顶，除了下坡之外，还有一条路就是，纵身一跃，开始遨游。

大畜

你知道有背着滑翔伞从山上一跃而下的人吗？登上山顶，放松之后，顺着风向在天空翱翔，或上或下、或左或右、或正旋转、或逆旋转，那叫逍遥。你看老鹰在天上盘旋时就是这样。它已经飞到了天上，心里放松，张开翅膀，顺着气流一圈一圈地转。

除了走下坡路之外，一个人在山顶可以做的另外一个选择，就是纵身一跃，开始人生的遨游与盘旋。

梁某人游历过不同国家，碰到过很多这样的中老年朋友。他们有点钱，但也没有很多钱；有点人生智慧，但也没有那么多人生智慧；有点社会关系，但也没有强到什么地步。总之他们已经到了一种自由境界，因为他们已经知道自己不可能在此生有更大的成就了，所以就放弃了幻想。当一个人放弃幻想以后，他就获得了自由。要不然就到古董店里收点东西，要不然就去培养自己新的爱好，要不然就再谈个恋爱，总之给自己充分的自由。

茶道最高的境界，是每一杯茶都是好茶，每一滴水都是好水，每一天都是好天。阴天有阴天喝茶的姿态，晴天有晴天喝茶的姿态。黄沙满天的时候，也应该感恩自己还有一个房间，还有片瓦遮头，这一盏茶也很美好。

这个时候叫"何（行）天之衢"，任何一条路对你来说都是正确的路，而你已经不需要选择道路了，走到哪里都是好路，这个时候就亨通了。

所以，**亨通并不是随便走路，而是每一条路都可以随便走。**

这话有点绕，但我想你应该懂了。大畜的卦象在梁某人看来，像极了我们走到某一个阶段的人生。

如果你读过《周易》，或者你恰好看到梁某人这一段分享，也许会认为我就是胡说八道，无法给你带来真正的建议，但是这一段内容触动了你，引发一种共鸣时，你会发现：没有什么能够阻挡你对自由的向往。

当你占到此卦的时候，你应该了解你的人生、你的亲密关系、你的事业、你的身体，都到了某一个新阶段。要获得自由，只有纵身一跃，远走他方。在远走他方的过程当中，借由一个新环境的刺激，带着你成熟的灵魂和新鲜的眼界，变成一个新人。

☰ 梁注·观卦小笺 ☰

- 什么是天道? 天道就是成、住、坏、空，就是春、夏、秋、冬。

- 亨通并不是随便走路，而是每一条路都可以随便走。

- 除了走下坡路之外，一个人在山顶可以做的另外一个选择，就是纵身一跃，开始人生的遨游与盘旋。

大畜

【 需卦　水天需 】

给予本身也是给予者的需要

有一些东西已经被激发，

已经升腾了起来，

马上要降下来了，

但还缺一点时机。

需 卦

有孚，光亨。贞吉。利涉大川。

	上 六	▬▬ ▬▬	入于穴，有不速之客。三人来，敬之，终吉。
坎 (水)	九 五	▬▬▬▬	需于酒食。贞吉。
	六 四	▬▬ ▬▬	需于血。出自穴。
	九 三	▬▬▬▬	需于泥。致寇至。
乾 (天)	九 二	▬▬▬▬	需于沙。小有言，终吉。
	初 九	▬▬▬▬	需于郊。利用恒，无咎。

《象》

云上于天，需。君子以饮食宴乐。

《彖》

需，须也。险在前也，刚健而不陷，其义不困穷矣。需，"有孚，光亨，贞吉"，位乎天位，以正中也。"利涉大川"，往有功也。

需是生理的要，要是生理的需，
"需要"如何被中国人重新发现和定义？
中国文化中的"需要"和马斯洛需求理论中的"需要"有什么不同？
为什么说那些重新发展出自身饮食之需要的男女不会变态？

给予本身也是给予者的需要

需卦是坎上乾下，上面是水，下面是天。天上的水就是云，云在天上。

根据《高岛易断》，"需"的古字是上面一个"雨"，下面一个"大"，"大"对应"天"。这个字充分展示了这个卦象，上雨下天是为"需"。

看见云在天上，人就知道是要下雨了，而如果此时正好需要雨，但雨就是没下下来，这种情景就叫"需"。

需是需，要是要。**"需"是心里的要，"要"是行动上的需。**或者说"需"是欲望上的要，"要"是物质上的需。

云在天上，云乃地之"游魂"也。

可能是由于太阳的照射，也可能是受到地底下热能的推动，地上的水汽会向上升腾。向上升的过程中，温度降低，水汽慢慢凝结为云，在合适的时间，就会变成雨降下来滋润大地。所以，云成为雨之前，叫作"游魂"。

　　这真是一个浪漫的说法，云升到天上而未成雨，可以翱翔南北东西，这是需之象也。

　　有一些东西已经被激发，已经升腾了起来，马上要降下来了，但还缺一点时机。

　　根据地理和物理常识，我们知道这个过程还需要一些"催化剂"。比如灰尘可以帮助凝结更多的云，比如云需要进一步上升，才会变得更冷，比如云团与云团碰撞会形成多样气候现象，等等。

　　云遇到坡地，风一吹，云会顺着山坡上行，可能会形成雨。雨顺着石头缝慢慢渗透汇聚，就变成了泉水。碰到某一个洞，泉水流了出来。这些泉水在地面汇聚在一起，就形成了溪。溪水汇聚在一起，就形成了河。河再汇聚成大江。大江大河向东而去，流入大海。在海里或地面的水再次升腾，变成水汽飘到天上翱翔，再降下来，形成"一炁周流"。

　　人法天，天法地，天地有这样的情形，人的身体也是一样。

　　如果我们没有出汗，就会觉得闷闷的。有些人运动会上瘾，这是因为运动之后人会出汗，体内的压力会在流汗的进程中宣泄出去，于是人就会有一种快感。运动会让人产生内啡肽等，这是身体对运动的奖赏，本质上来说，是一种通达之象。

　　也就是说，你体内蕴含的水如果没能找个地方排出去，就会形成某种压力。当你体内的水排出后，你会有一种快感。比如出汗会带来快感；你有满脑子的"水"，就要用口水的方式喷出来，你有想法，就需要表达。

　　不管是以什么方式排出水，这个过程都会带来快感。这是一个非常自然的生理现象。天地之间亦复如是。人们通过对自己身体感官的体悟，也能感受到天地之间的郁闷，天地需要把云化成水滴下来，方才畅快通达。这种感觉无论是对于天地还是对于人来说，都统称为"需"。所以，"需"

是内在被压抑到一定程度，需要喷薄而出的感觉。

"需"不单纯是一方对另一方的给予，给予本身也是给予者的需要。彼此之间负阴而抱阳，冲气以为和，所以叫"需"。

某种程度上，"需"代表了一种真正意义上的动力。我们之所以想要表达，是因为我们内在有表达的需要。我们之所以想要获取知识，是因为我们的大脑足够干渴，需要知识的滋润。

"需"不是单向的，而是双向的，给予者和接受者都很愉快。给予者得到了给予者的快乐，满足了给予者的需要；接受者得到了接受者的快乐，满足了接受者的需要。这两者都是"需"。

从此处去向他处

需的卦辞是这样的：**有孚，光亨。贞吉。利涉大川。**

"有孚"，可以解释为抓到俘虏，也可以解释为有福气。"光亨"，这是一次光明的献祭；"亨"通享受的"享"，是光明且亨通的。"贞"，可以解释为占卜的"占"，也可以解释为出行；"贞吉"，表示占卜吉利，也可以解释为出行吉利。"利涉大川"，利于渡涉大江大河。

你会发现《周易》多次提到"贞吉"和"利涉大川"。这是为什么呢？

有个朋友说，中国人的文化就是"利涉大川"的文化，说得好听一点叫"远征的文化"，说得不好听一点叫作"逃跑的文化"，这两者没有什么区别。

以前的人经常使用的策略就是，在一个地方不行就换个地方，正所谓"树挪死，人挪活"。**所以《周易》的精神就是换个地方，换种活法，远征**

而去。

后来中国人变得安于现状，不爱出去，这其实是完全背离了老祖宗原意的。

曾经有一些学者说，中国文化是保守内向的文化，中国人不爱往外走、不爱扩张，这其实可能是一种文化的"变异"。

在更早之前，人们总是从此处去向他处。因为环境会变化，如果环境变了，你却还固守在那个地方，肯定是自找死路。

因此，**一个懂得在合适的时候出走的人，是一个真正理解需卦的人。**

"需"这个字的背后展现的，就是由于郁闷、想要、求存、求真、求美、求快乐，而不断拓展边界的过程。如果我们真正读懂了《周易》，就应该是处于一个不拘泥于时间和空间的状态。

有一次我看别人打麻将，突然明白了一件事情：中国文化的本质有两个核心，一个是打麻将文化，另一个是吃火锅文化。

打麻将文化，是不断建设再推倒的过程，把麻将砌好，按照某种方式组合成一个格局。玩完这一轮后再推倒、洗牌，再重新来过。中国人能够发明麻将，显然在其背后有更深层次的文化内涵。

另外一个是吃火锅文化。不管是什么食材，哪怕是不起眼的边角料，你把它扔到火锅底料里，涮出来也是一道美食。就像是文化，不管什么元素，扔到中国文化这个体系里，最终都会变成中国文化的一部分。

需

给予的快乐，是人生的动力

《象》曰：云上于天，需。君子以饮食宴乐。

你想往下降，下面也需要你滴下来，此时形成了施者与受者之间的追求和渴望。在这个时候，君子应该体会到这种快乐，去吃饭，去喝酒，去吹拉弹唱，去享受，故叫"饮食宴乐"。

真正走得远的朋友，反而是酒肉朋友。那些跟你一起赚钱的人最终可能会跟你翻脸。和你有共同爱好的人一起喝酒、一起钓鱼、一起买古董、一起旅游，这类关系反而能维系得长久且愉快。大家都在花钱，除非是花得不公平，否则一般不会翻脸。但与人一起赚钱，就很难说了。

一个人前半生需要"狗友"，也就是一起赚钱的人。到后半生更需要的是"狐朋"，因为有了狐朋之后，你才会突然发现自己以前的奋斗是有意义的，否则赚了钱之后，你会发现没有人跟你一起玩了。

"需"字值得我们反复把玩和品味。有许多人这一辈子最大的悲剧，就在于从来不觉察自己的"需"。

你的"需"可能是你需要发送出去，也可能是你需要接收回来，也可能是你需要既发送又接收，乃至在发送和接收之中形成互动与共振。

我想起了李可老师的故事。有一次他到北京，我们没有给他安排病人让他诊治。因为看病是一个极其耗神的事情，他看病的过程又极其辛苦。他在开处方的时候，可以说是"挫万物于笔端"。

我们想让他好好休息，结果李可老师休息了一天之后说："不行，你们得给我找二十个病人让我看看。"

我说："你不是很累吗？"

他说："不，哪怕再累，我也需要看诊。如果没有病人可看，我就觉得难受。"

这就是"需"的具象化。

他是一个帮别人看病的老先生，他需要有病人，他需要病人的病来挑战他。如果这个病人的脉象和舌象和他感受的病症很不一致，比如从舌象上看是阴虚，从脉象上看是阳虚，但病人表述出来的是阴阳都不虚，这时候他就非常兴奋，目光灼灼，脸上容光焕发，我能看见那种快乐。

如果有一天你突然发现，在施予某种东西的时候，自己是极其快乐的，那你就达到了这种境界。

一个人最终需要把自己内在所运化出来的一切释放出来。而这个运化出来的东西，就像云之于地一样，所谓云乃地之游魂也。大地里蕴含的种种物质信息，积累的种种能量，总会升腾起来，弥散在天地内外。

当内心的东西积累到一定程度，你想要把它发散出去的时候，那种快乐是无以言表的。

所以很多人都说："梁老师，你在太安私塾连讲两天课，很辛苦吧？"

其实完全不是这样，虽然讲多了话之后会有点气虚，但讲完话的那种快乐可以超越身体上的累，尤其是在和同学们互动得非常好，讲得非常愉快的时候。

需卦再次提醒我们：你积累到足够的能量去释放了吗？你是否拥有足够的渴望去表达你的爱意？这些东西都是我们人生中重要的动力源泉。

水天需：六爻细解

"需"也通"濡"，有"浸润"之意。实际上，当地气升腾到天上形成云的时候，就形成了一种态势——雨要往下降，大地需要滋润。我们来看一下需卦的六爻。

初九：需于郊。利用恒，无咎。

雨水噼噼啪啪淋在了郊区的土地上，浸润了郊野，此时利于种植园圃，没有灾害。有很多时候，事情是从郊区这类外围区域得到滋养开始的。

就像拼多多能够迅速"攻城掠地"，占领市场，靠的就是"农村包围城市"的策略。因为在外部，资源往往更稀缺，更被需要。把资源投放在外部，外部刚好特别需要这些资源，于是就形成强大的合力，事情更容易被推动。

《道德经》中说："**天下难事，必作于易**。"事情得从容易的地方开始做起。"需于郊"是这一卦的起首，告诉我们，事情得从外围着手解决。

六二：需于沙。小有言，终吉。

雨水浸润了沙滩，"言"是灾害的意思，有小小的灾祸，但最终是吉祥的。

雨水滴到沙滩上被迅速吸收了，而沙滩也并没有过度受到滋润。在这个时候，沙滩积了水，会很泥泞，人踩在上面会崴到脚。

这只是一个比喻。为什么雨水滴到沙滩上就有小的灾害呢？这中间的逻辑是什么呢？

周文王没有说清楚，他可能只是记述了一个事实，当雨水从郊区灌到比较近的沙滩时，就会出现一些小小的障碍。人可能崴到脚，可能受伤，也可能被石头砸到。他把这几件事情放在了一起，但最终认为这是吉祥的。

如果你占到此爻，大概的意思就是，雨水落到了更加干润的地方，水很快地渗透了下去，但可能引发小的灾难。

九三：需于泥。致寇至。

雨水浸润了沼泽，可以阻滞敌寇的来临，但也可能导致敌寇的来临。也就是说，在你的需求一步步得到满足的过程中，你的敌人也会来临。很

需

多危险，难道不是你在满足自己欲望的过程中带来的吗？

本来平平安安没有什么事情，后来出现了种种困难，起因往往是一个需求。这个需求可能是你表达的需求，也可能是被给予的需求。不管什么需求，当你被满足到一半的时候，敌人忽然来犯。这个敌人可能是天灾，可能是小人，也可能是那些给予你愉快感觉的人。

人们最容易招致损害、招致小人的场景有两个。

第一，当你表达得很愉快的时候，可能会沉浸在表达中以至于忘乎所以。

比如，有些人在自媒体平台上越表达越愉快，他的粉丝也很喜欢。粉丝们不断给他这种正向反馈，于是他会强化这种表达。这个强化的过程，就是一个异化的过程。你会因为越来越红，说话越来越过分，以至于讨厌你的人对你的敌意不断加深，最终成为你的敌人。

第二，你的需求有一半得到满足的时候，你会得意忘形。

你感觉很开心，你越开心就越喜欢跟人分享，你越跟别人分享，就越容易招致他人嫉妒。

比如有些人本来婚姻挺幸福的，经常在网上秀恩爱，分享老公对她有多好，儿子有多听话，她过得有多么美满，甚至去分享她的狗有多么乖巧。当她晒得多了之后，那些妒忌她的人就会用各种方法来伤害她。

所以第三爻讲的是，需求被满足到一定程度的时候，那些讨厌你、妒忌你、恨你的人就会出现，你需要小心。

六四：需于血。出自穴。

雨水浸润了沟洫，雨水甚至把一些血水冲刷了出来，最后雨血一起流出了洞穴。

这一爻让我们联想到一个场景，遥远的古时候，人们在洞穴里生剥羊肉或者宰鸡烹牛，突然大雨滂沱引发泥石流，把洞穴里混着血的泥水全部冲刷了出来。

九五：需于酒食。贞吉。

雨水浸润了酒和食物，很吉祥。

需求慢慢从表层到深层，最后需求会落到食物上面，或者落到一些成型的东西上。食物代表了一种人的基本需求，也是一种终极需求，这些需求是亘古不变的。

上六：入于穴，有不速之客。三人来，敬之，终吉。

雨水渗入洞穴时，有不请自来的客人，而且是三个客人，他们会带来吉祥。这三个人来干什么？无非是来谈和，或者是谈亲。"和"是指建立合作关系，"亲"是指结盟。那些带着诚意来和你谈合作的人，往往预示着吉祥。

需卦到最后，其实是在讲人类欲望，从一些不重要的欲望被满足，到最迫切的欲望被满足，到满足过度带来危险，最后更深层次的欲望被满足。终极的满足是饮食上的满足，最终极的满足是合作的实现，也就是婚丧嫁娶或者事业合作。这个次第反映了人类欲望的阶段。

梁某人认为，中国人最终的需求都会回到人性的本质，也就是"食色性"方面的满足、合作的满足。梁某人越来越相信，我们的需求模型始于饮食男女，终于饮食男女，形成了闭环，也就是需求的环状结构。

人生不应该是连续剧，应该是系列的环状剧。每一个短剧不断重复的过程中增益新的意义，有时上升，有时下降，有时超越，有时沉沦。

从饮食男女开始，到饮食男女结束，这就是"需"。"需"是对欲望的真实描述，是中国版的欲望与权力。

需

小畜卦

亨。密云不雨，自我西郊。

上　九	▬▬▬▬		既雨既处，尚德载，妇贞厉。月几望，君子征，凶。
巽 (风) 九　五	▬▬▬▬		有孚挛如，富以其邻。
六　四	▬▬　▬▬		有孚，血去，惕出，无咎。
九　三	▬▬▬▬		舆说辐，夫妻反目。
乾 (天) 九　二	▬▬▬▬		牵复，吉。
初　九	▬▬▬▬		复自道，何其咎，吉。

《象》

风行天上，小畜。君子以懿文德。

《彖》

小畜，柔得位而上下应之，曰小畜。健而巽，刚中而志行，乃亨。"密云不雨"，尚往也。"自我西郊"，施未行也。

风行天上，山雨欲来，

此时如何像植物一样储备好让自己持续美好的力量？

如何避免更大的损失，往哪里走才能够避免一时的错误？

如果灾害真的不可避免，你该如何是好？

像一株植物一样思考

巽为上，天为下，风在天上，风雨欲来。小畜指的是农作物，大畜指的是畜牧业。

小畜卦的卦辞讲的是："**亨，密云不雨，自我西郊。**"

"山雨欲来风满楼"，有训诂学家认为"自"通"鼻"，又通遮蔽的"蔽"。乌云已然密布，但还是可以亨通的，西郊仍然是有通路的。言下之意，西部比东部要安全一点。风雨欲来、乌云密布的情况下，西南川渝贵地区是安全的。再往南一点去到广西和云南，也相对安全。

《象》曰："**风行天上，小畜。君子以懿文德。**"

"懿"引申为深度的美好，"文"通纹理的"纹"，这说明美好需要修炼内化为自身的品格。君子目睹了风行天上的情形，该如何自处呢？要深度地修炼自己内在美好的品德。

小畜

农作物是一天天生长的，哪怕在浓云密布的时候，你仍然可以怀有对未来的期待。这是一件在慢慢变化的事情，不会一下子就达成。在这个过程当中，你已经看见了浓云密布，你也知道需要运用很多纵横捭阖的手段，但自己内在文德的修炼还是非常重要的。

某个人已经看见了生活的风浪即将来临，比如父母老去，自己的身体开始走下坡路，或者婚姻已经出现了问题……这不是一夜之间形成的，这是一个累积的过程。

在这个时候，你要做什么？深耕自己内在的修养，学会跟自己玩的方法，比如写字、站桩等，以美好的身心状况面对即将到来的困境。

很多人说，这种说辞也太文艺了吧！ 但你想想看，你还可以做什么？你唯一可以做的事情，就是让自己变得更美好。

那么在这个过程中，你应该秉持一种什么样的心态？

吴伯凡老师以前经常说："像植物一样思考。"植物的思考指什么呢？它是一种吸收天地日月精华，每一天慢慢生长、越来越茁壮的过程。植物最大的美德就是每一天都在吸收能量，慢慢成长。这也是小畜卦的力量。

风在天上，浓云密布，但对于一棵植物来说，它做的事情并不是逃走，而是把自己内在的美好修炼出来。

六十四个卦象，六十四个决策模型，不是每一次遇到风雨都是要跑的。

有些时候，你只要让自己变得好一点，用你的美德去感染和同化对方，用时间换空间，也是有胜算的。也许你没有变化，但你在维持自己美好的时候，对方出现了变化，终将败给时间。

很多家族，为什么最终都由老太太掌持？是因为她不折腾，学学养儿育女的方法，学学饮食调理。最后，老太太就成了家族的精神支柱。中国历史上的很多家族故事，都是这样的。

那些过了四十五岁、不喜欢折腾、心能定得住的人，终究会成为胜利者。而心浮气躁，老是担心这个、担心那个，喜欢张罗各种事情的人，注定都很辛苦。

这就是关于植物力量的思考，即小畜卦所指。**在浓云密布的小畜时空格局里，要保持一种像植物一样的思考方式和斗争策略，通过时间来换取空间。**并且你要知道，你的西部是可以庇护你的。种出自己的粮食，修炼好自己的内在品格，方能获取最后的胜利。

风天小畜：六爻细解

接下来我们细读小畜卦每一爻的智慧。

初九：复自道，何其咎，吉。

回到自己那条道路上去，这样就不会遇见什么灾害，走得也比较快，吉祥。

小畜这一卦与中国历史上传统的重农思想有很大的关系。

农业乃立国之本，你可以不刷手机，但你不能不吃饭。你可以少吃点肉，可以少喝点奶，但你不能不吃饭。这个国家十几亿人口，每天张嘴都要吃饭。

以前有的地方把耕地变成了公园，卖周边的配套房产，甚至把农业用地变成高尔夫球场。现在这些土地又都开始逐渐恢复到农耕这条路上来。

你读《资治通鉴》《尚书》，以及中国历史上许许多多的史书，都会发现，历朝历代的领导者都以农业为立国之本。

我们可以看到在可见的将来，肯定会有各种批评浪费粮食的行动，同

小畜

时会进一步推行分餐制。

中国的合餐制，其实是在唐宋之际形成，宋代逐渐普及，元明之后最终确立的。我们看五代时期的《韩熙载夜宴图》，结合很多宋朝的文献记载，会发现宋以前的人都是吃盒饭的，那叫定食制，有几片肉、几片鱼、几片菜，米饭一人一盒，谁吃完谁没吃完很清楚。

自从大家围在一张桌上吃饭之后，剩下的饭菜很多，整桌人都有责任。我认为中国应该重回分餐制，这样既安全又卫生，还节省粮食。

总之，我们仍要重视农业的发展，还要大力提倡分餐制。这不仅从健康卫生和节约粮食的角度来看是对的，从文化的本源来看也是对的。

九二：牵复，吉。

牵着自家的牛羊，吉祥。

"复"有回归的意思，初爻和二爻都在讲回归本来的那条道路。什么是回归本来的道路？就是回到以农业立本的道路。

我们说农业是第一产业、工业是第二产业、服务业是第三产业，其实到了某一些时刻，你会发现这些划分都是"浮云"，吃饭才是硬道理。

我曾和一位企业家聊天。我问他："你觉得，现在中国最大的问题是什么？"他说："现在中国人离开土地进入城市后，就不回来了。"

古时候，农村的人考到朝廷做官后，最后还是要告老还乡的。不管你是朝廷大臣还是地方官员，都要把以前在外面生活的经历、知识、财富带回家乡，反哺乡土，然后帮助家族的人一起成长，通过家族间的良性竞争一起进步。尤其是对大家族来说，每个人要有为家族争光的心态。

在这个背景下，人们完成了从农村到城市，再从城市回农村的过程。这样的人口流动过程就是"牵复，吉"。重新走回这条道路，让更多的人把钱从城市投向农村。

小畜

其实以前很多城里人想回农村时，面临资源分散的困境，土地很分散、权力很分散。只有把资源重新整合了之后，资本才能够重新回流，把在城里积累的过剩资本通过一个出口，回流到农村。

社会有可能在形成一种现代化的农业模式。新型的农业形态是不会被人工智能取代的。你可以用人工智能画画，用人工智能制作PPT，但你能用人工智能创造一片土地出来吗？

正所谓"牵复，吉"，回到那个世界并不丢脸，反而是一件吉祥的事情。

九三：舆说辐，夫妻反目。

"说"通"脱"，车轴和车厢脱离了，夫妻反目。

在回归的过程当中，一定会出现很多的冲突。你要回归，要调整方向，一定会和身边的人意见不一致，于是就可能会反目。

微观层面上的"脱钩"，就是夫妻反目。中国的离婚率还有继续增加之势。现在有些年轻人谈到结婚就谈成本、权利、义务和风险。

还有更大层面上的"脱钩"正在全世界上演，现在全世界各种关系都在脱钩。按道理说，互联网加强了彼此之间信息的联通，但怎么会走向了逆全球化呢？这背后说明，除了技术的演变，文明本身的冲突也很重要。

"君子和而不同"，每个地方的人，都有一种长久形成的根深蒂固的集体无意识，这几乎是不能改变的。

你什么时候见过湖南人真正改变过？什么时候广东人真正改变过？什么时候四川人真正改变过？改革开放几十年之后，湖南人更像湖南人，四川人更像四川人，广东人更像广东人。

推动世界变化的不仅仅是技术，还有长久以来存在的风俗、宗教、潜意识，乃至不成文的文化意识形态。

德国哲学家马克斯·韦伯写过一本书叫《新教伦理与资本主义精神》，

小畜

书中提到的一个问题就是：今天的社会结构模式和经济模式，与那些远古时期延续下来的道德观、价值观，以及不成文的、没有制度化、没有形成文字的潜在的集体无意识有很深的关系。

今天世界上比较发达的国家，主要是在两种思维模式下诞生出来的。一个是基于基督教的新教文化，比如德国、英国、加拿大、澳大利亚、美国等。另一个是以儒家思想打底的文明。改革开放几十年来，我们可以明显看到中国人迸发出来的积极学习、努力向上的精神。还有在韩国、日本、越南等国家，你都会发现儒家文化的特征，人们对学习、财富的积累、个人的成长，有一种近乎信仰的执着，这种执着对于我们跨入现代文明社会是非常重要的。

哪怕是在这样一个全球化的背景下，文明的冲突依然存在。在儒家思想及其他意识形态的影响下，不同文明间的冲突会变得非常激烈。怎么办？唯有提倡一种更新的人类主义思想，才可能实现和平共处。

六四：有孚，血去，惕出，无咎。

染上疾病，要用放血的方法去治疗，要警惕地面对这个问题，但无须过度恐慌。怎么才能够让这个病延缓发作呢？如何让这事变得没那么严重呢？最终还是要进行利益上的博弈。

血液是生命之源，也代表着身体的气血之本，有淤血的地方就是流动性不好的地方，所以有时"放点血"换健康，也不见得是一件坏事。

反正不在这儿出血，就要在那儿出血。与其这样，不如用谈判、博弈的手段去解决问题，在关键时刻甚至可以花点钱。当然钱怎么花，是有艺术的。花完钱之后，咱们得换和平。

从哲学上来说，有些时候"放点血"不是坏事，因为"出血"有利于恢复健康。

小畜

九五：有孚挛如，富以其邻。

军队得到了俘虏，但他蜷曲成一团，好像生了病，这个时候需要富强的邻居来帮忙。

中国的富邻居在哪里？谁是我们比较有钱的邻居呢？对于那些有钱邻居，我们要用好他们，因为你也有邻居想要的好东西，彼此都不想真正开战，都想和平相处。

墨子说："兼相爱，交相利。"彼此之间有利益交换，对和平是有帮助的。墨子的整个和平观就在于"交相利"这三个字。

上九：既雨既处，尚德载，妇贞厉。月几望，君子征，凶。

一阵雨下一阵雨停，上天开始降临灾难，月亮就要消亡，这个时候妇人出行不利，君子出行也有凶险。

之前说密云笼罩在西郊，现在雨还是下来了。下雨之后冲刷了很多东西，君子出行不利，对女性更不利。也就是说，阳长阴消的过程中，阴会受到更大的冲击，可能最后出去谈判的还是男性。

我觉得这一爻的重点在于，雨终于下来了。密云聚集了那么久，最终还是会下雨。

当大雨真正来临的时候，你有一片瓦遮头吗？你有带伞吗？你有准备好风寒感冒药吗？你有准备好姜汤吗？如果你们家的房子塌方了，该怎么办呢？这些事情都要提到议事日程上来了。

总之，小畜卦讲了四件事：

第一，要像植物一样思考，不断储备让自己持续生长的能力。

第二，相较而言，"自我西郊"，西边会更好一点。

第三，该放血时就放血。

第四，尽管延缓了时间，但到最后，雨还是会下来的，需早做准备。

小畜

☰ 梁注·观卦小笺 ☰

- 深耕自己内在的修养，学会自处的方法，比如写字、站桩等，以美好的身心状况面对即将到来的困境。

- 有些时候，你只要让自己变得好一点，用你的美德去感染和同化对方，用时间换空间，也是有胜算的。也许你没有变化，但你在维持自己美好的时候，对方出现了变化，败给了时间。

- 血液是生命之源，也代表着身体的气血之本，有淤血的地方就是流动性不好的地方，所以有时"放点血"换健康，也不见得是一件坏事。

70

【 大壮卦　雷天大壮 】
尊重你的敌人

那些真正禁锢你的，
都是你以为可以用来突破重围的东西。

大壮卦

利贞。

	上 六		羝羊触藩，不能退，不能遂，无攸利。艰则吉。
震(雷)	六 五		丧羊于易，无悔。
	九 四		贞吉，悔亡。藩决，不羸，壮于大舆之輹。
	九 三		小人用壮，君子用罔，贞厉。羝羊触藩，羸其角。
乾(天)	九 二		贞吉。
	初 九		壮于趾，征凶。有孚。

《象》

雷在天上，大壮。君子以非礼弗履。

《彖》

大壮，大者壮也。刚以动，故壮。大壮利贞，大者正也。正大，而天地之情可见矣。

大壮卦对于我们观察周遭的世界有什么启示？

为什么说大壮就是大创？

看到这个卦象时，你是那个包围或是突围的力量，

还是保持旁观视角呢？

你多风光，就有多危险

在古代的时候，"壮"与创伤的"创"大致相通，虞翻《周易注》训"壮"为伤。

何新老师认为，壮，臧也。"臧"在甲骨文里大概的意思是"斩敌人"，尤其是敌首，也就是对方部落首领的头，所以也引申为"功劳很大"。

大壮就是大创，能量越强，越具攻击性，就越有可能被攻击，首领更危险。越壮大、越风光、力量越强的时候，越容易受到创伤。

那些受到巨大伤害的人、事、物，很多时候都是因为他／它本身蕴含的巨大能量。大壮的格局，就是在非常宏大的状态里带来了更大的创伤。

震上乾下，雷天大壮。雷本身代表阳刚之性，乾卦又是至阳至刚之卦，而雷居然跃到了天上面。阳刚的能量汇聚，产生巨大的碰撞，天翻地覆。

你在天地之间，抬头一看，风雷交加，电闪雷鸣，各种力量在天上激

大壮

荡，这个景象实在是蔚为大观。当然，你在这种蔚为大观的景象里，也看见了受到巨大伤害的可能。

所以大壮卦在讲一件事情："能人背后有能人""山外青山楼外楼"。你多厉害，你多风光，就有多危险。

在这个背景下，我们再来看大壮卦。

尊重的艺术

自古以来，中国人就活在对风光、炫耀、能量强大等的隐约担忧之中，因为中国人认为一切都是相生、相伴、相随的。

大壮与大创相伴，所以《象》曰："**雷在天上，大壮。君子以非礼弗履。**"君子看见了在辉煌、盛大、壮大的时空下隐藏的危险，一定要更加谨小慎微，要时时刻刻地注意"礼"。

如果不符合"礼"，就不要顺着这条路往下走了。什么叫"礼"？梁某人认为一位老师讲得挺好，他说："礼就是尊重的艺术。"所谓礼天，就是如何更有效地尊重天。天地及万物，你能不能煮好一碗米饭，都有可能与你对米饭的内在尊重有关。

正安基金会和黄大仙做了一个道医的研讨会，会上有一位道长说，早年研究硬气功时他有一个很重要的心法，就是在用手劈开鹅卵石的时候，心里得和这块鹅卵石建立联结，得和这块石头打个招呼，"谢谢您，我要动手了"，否则就很难成功。

也许这是一个心理暗示，也许是某种催眠。但你可以看到"礼"贯穿于中国文化的方方面面。

大壮

"君子以非礼弗履"，如果不能怀着尊重的心去做事，你必然会受到某种反作用力，导致事情不会做得好、人难以走得远。

什么是尊重？不仅仅是行为上的尊重，更是一开始你内心里就要有一种尊重的意愿和态度。这种尊重会很微弱地体现在你所有的行住坐卧中。

一个人是不是尊重你，稍微成熟一点的人都可以感受得到。大部分人在受到尊重时，对抗性就会变弱。

当你怀着尊重之心去与人沟通时，你会自然而然地发现自己处在了一种相对柔和的心态里。即使你被拒绝，也不会产生真正的愤怒和悲伤。如果你不是发自内心地尊重他人，当别人拒绝你、反对你时，你会有愤怒、有对抗、有不理解，甚至还有怨恨。

"礼"其实不是一个做法，更重要的是一种真诚的心法。《大学》和《中庸》这两本书都特别强调"礼"的基础是"诚"。上雷下天构成大壮卦。卦辞"利贞"的意思是利于占卜，或者利于远征，或者利于坚守你的信念。

尊重你的敌人

如果我们结合《周易的野心》的故事情节来看大壮卦的爻辞，就知道这是用来抓俘虏的一卦。

周文王喜欢用隐语。比如他讲到了公羊，可能指的是对方首领，因为古代的部落首领，都喜欢把羊角作为头饰戴在头顶上。所谓"头羊"，就是对方部落那个最强壮、最厉害的大首领。因而"抓羊"是一种比喻，指的是去抓俘虏，抓对方的首领，然后奉献给殷商。

大壮卦六爻里的故事都和羊有关。怎么抓羊，羊又碰到了篱笆……诸

大壮

如此类，其实讲的都是怎么去抓对方的首领。

在大壮卦的时空格局里，我为这个世界上的许多首领感到担忧。而且越是厉害的首领，就越和这个格局之间产生某种奇怪的共振与关联。

还是那句话，"君子以非礼弗履"。一定要发自内心地去尊重，甚至尊重你的敌人。你如果不尊重他，你就不会去认真去研究他，你不去研究他，你就不能真正了解他。

很多人都说尊重长辈、尊重领导，其实这并不算什么。尊重你的敌人，尊重你的下属，尊重你曾看不起的人，甚至尊重你觉得不需要被尊重的人，才是最重要的。

尊重与对象无关，尊重本身是一种内在澄明的状态。《庄子·应帝王》说："用心若镜，不将不迎。"

真正的尊重并不是点头哈腰，真正的尊重是用一种非常如实、自然的方法让对方投射在你的内心，你去感受他，让他真正感受到他存在的价值，让他在你这里看见了自己。

有一次我问一位著名的企业家："为什么你平常都不接受访谈，而某一个主持人采访你的时候，你就接受了呢？"

他说："这个主持人很有意思。我在跟他聊天的时候，他不犀利、不对抗，但他的提问总能让我感觉到，我可以看见自己。"

我问他："所以，那些能够帮助你看见自己的人，自然而然就会对你有吸引力。是这样吗？"

他说："是的。"

我们如何能够帮助我们的孩子，在与我们的互动中，看见他自己呢？我们如何能够帮助我们的敌人，在与我们对抗的时候，看见他自己呢？我们如何在我们和自己沟通的时候，尊重自己，看见自己呢？

对于正处在能量激烈碰撞的时空格局里的人，大壮卦发出了一个特别有意思的提醒：做到澄明之礼。

从什么地方开始练习呢？梁某人觉得可以从每天使用最多的器物开始，比如说你的手机。

你花了多少时间认认真真地对待你的手机呢？像对待一个对你无所不知，又无所不能的朋友那样，去感谢它。你去了解、倾听、观察，看见它的心，去与它沟通。如果你这样做了，有一天你会发现，你能够和你的手机之间建立起一种"礼"的状态。

如果你能够像你的手机对你那样去对待你的手机，你肯定会发现一些非常奇妙的事情。

我的一位朋友给我讲了一个故事，他说自从他非常澄明地对待自己的手机，他的手机时不时就会弹出一些善缘。

我说："你这是自我欺骗吧？"

他说："很可能是的，但当我用这种方法对待手机的时候，它就是一个道具，它帮助我练习了我的感恩，练习了我的澄明，练习了我时时刻刻如实观照的状态。随着我状态的提升，我的朋友圈也慢慢改变了。那些和我新的心智模式相匹配的信息和人，就被我吸引过来了。"

雷天大壮：六爻细解

上文讲到，大壮卦表面讲的是抓羊，实际上讲的是捕获部落首领的故事。

大壮

初九：壮于趾，征凶。有孚。

"壮"通"创"，脚趾受创，出行有凶。"有孚"可能指被俘虏，也可能是抓住了俘虏。

很多时候，大的创伤都是从一些小的地方受到伤害开始的。比如刚开始你出门撞伤了脚趾，你可以说是不小心，拍拍腿就过去了。你也可以进一步想："今天怎么会走着走着路，就把脚给崴了呢？"这是很不一样的思考。

我的一位朋友平常开车开得不错，有一天在拐弯的时候，莫名其妙轮胎就撞上马路牙子。轮毂变形，轮胎也受损了。

他在修车时想："怎么会这样呢？"他借由这件事觉察到了自己，原来他在那个时候心不在焉。

于是他说："这段时间我不能做重大决策，因为我最近能量密度比较低，容易让自己处在精神涣散的状态中。"

一个人精神魄力足的时候，是可以做到随时随地专注的，甚至在无意识情况下，他也可以很专注。

比如说开车。其实开车和骑车是有意后注意的典型状态。很多人开车开得行云流水，都是在无意识地转弯、减速、倒车。我开车的时候经常想别的事，也不耽误开车。但如果你心不在焉，或者当你的能量比较弱的时候，你的心神不宁的时候，就很容易犯一些低级错误。

大部分的人都会忽略这个现象，只有很少一些人会因此反观自己的能量状态。

当周文王写下"壮于趾"时，也就是刚开始脚趾受伤的阶段，他会去反观自己："这里有没有一些暗示，我是不是应该留意到什么？"

这实际上是大壮者，也就是那些能够有大成就者的心智模式：随时随

大壮

地对自己的行住坐卧保持关注。

蔡志忠老师说，这就是禅。禅不是枯坐，而是随时随地对当下的状态保持敏感而专注。

九二：贞吉。

当你有了这种觉知之后，出征或占卜就很吉利。

九三：小人用壮，君子用罔，贞厉。羝羊触藩，羸其角。

"小人用壮"，对于那些普通的俘虏，你可以打伤他。也有人认为"壮"就是"墙"，你可以用墙把他们夹住，用人墙也好、藩篱也好。总之，在这个过程中，弄伤他也没关系。

但"君子用罔"，那些值钱的俘虏得用网。网把人罩住之后，不会让其受伤，除非他自残。如果他受伤了，就不值钱了。以前打猎的人都知道，真正的大猎物是不能用枪射杀的。一定是先追猎物，把它追到陷阱里，再用网把它兜住。

站在周文王的角度，普通的俘虏可以用创伤的方法制服。那些厉害的、有价值的俘虏，一定要用网去抓。

"贞厉"，这一次行动有点危险。"羝羊触藩"，这个公羊不是很受管，要冲出藩篱，并且"羸其角"，它的角会受伤。那些羊头，也就是俘虏的首领在被抓捕的过程中还是受伤了。

九四：贞吉，悔亡。藩决，不羸，壮于大舆之輹。

出行是吉祥的，归来是有伤亡的。抓俘虏的围墙被冲开了，包围圈被突破了，但无须筑垒，可以先用大车的轮子来包围他们，再逐步围剿他们。总之，这次围剿很凶险。

六五：丧羊于易，无悔。

"易"加一个"土"字，就是"埸"，指郊区、牧场。所以"丧羊于易"，说的是这只公羊（这个首领）在牧场被打死了，无功而返。

上六：羝羊触藩，不能退，不能遂，无攸利。艰则吉。

公羊撞到了藩篱上，它的头被卡住了，既不能进，又不能退，又不会得利。进退维谷，不知道该如何是好，真是艰难。不过，如果让敌人艰难，我们就转危为安了，所以最终是吉祥的。

很多时候，如果能够有办法令敌人或者是敌人的敌人，在博弈过程中被卡住，你就可以获得某种解脱。

真正禁锢你的，是你的资源

大壮卦传递的是一个特别有趣的思考：对于那些孔武有力的、非常有价值的、有能量的、有资源的俘虏，应该用什么方式抓住他们？

首先，在局部伤害他，逐步瓦解，从边缘上突破。

其次，要分清楚价值。如果你真要保留他，最好用网，不能一枪打过去让他惨死。如果用网，就得有耐心地持续追他，把他累得半死，留个活口才有价值。

但是，一个真正的勇士、一个部族首领，是不会轻易地被敌人用网给逮住的。他一定会非常激烈地反抗，会非常愤怒地挣扎。可是他越是挣扎就被卡得越紧，就越有可能被活捉，或是被误伤，甚至被击毙。如果没有击毙他的话，就让他进退两难，折腾一番后，能量越用越少。

一个充满了激情、拥有丰富资源的强大首领，在被卡住后，能量越消耗越少，到最后他只能坐以待毙。而他艰难了，你就能获得吉祥。

那么，你是愿意做那只雄壮的公羊，还是愿意做捕捉公羊的人，还是

大壮

做那个坐山观其气势流转的人？

如果把这种进退维谷的公羊和捕捉公羊的心态推演到你当下的生活场景中，你会得到什么启发呢？我读到这一卦时，有以下感受。

第一，不要让自己落入震卦和乾卦叠加导致的过度阳刚的对抗中。

第二，如果你不得已处在了这种高强度对抗中，一定要学会以澄明之心去面对权力和暴力，用诚恳和尊重去对待一切，包括你的敌人。

第三，如果你在布局以获取想要之物，最好还是慢慢来，不要用对抗的方式和强烈暴力的方式去完成。

最后，不要让自己陷入进退维谷的境地。你要想清楚：是什么让你进退维谷呢？是什么让你被卡得那么难受呢？可能正是你头顶的羊角。

发现了没有？**那些真正禁锢你的，正是你以为可以用来突破重围的东西；那些让你受伤的，正是你自己觉得有价值的东西。**一千个读者就有一千个哈姆雷特，每个人在读《周易》的时候，都会在这个故事里看到许多投射。

总之，大壮卦对强者不利，即对于那些认为自己很强壮，可以耀武扬威，自恃有一些武器，具有很强攻击力的人来说，这一卦是不利的。

☷☳ 梁注·观卦小笺 ☵

- 尊重你的敌人，尊重你的下属，尊重你曾看不起的人，甚至尊重你觉得不需要被尊重的人，这才是最重要的。

- 如果真的处在高强度对抗当中，一定要学会以澄明之心去面对权力和暴力，用诚恳和尊重去对待一切，包括你的敌人。

- 那些真正禁锢你的，正是你以为可以用来突破重围的东西；那些让你受伤的，正是你自己觉得有价值的东西。

大壮

71

【 大有卦　火天大有 】
不求多福, 但求少损

以众人为目标，以分享为手段，
以积分为导向，才是吉祥的。

大有卦

元亨。

	上　九		自天祐之，吉，无不利。
离 （火）	六　五		厥孚交如，威如，吉。
	九　四		匪其彭，无咎。
	九　三		公用亨于天子，小人弗克。
乾 （天）	九　二		大车以载，有攸往，无咎。
	初　九		无交害，匪咎。艰，则无咎。

《象》

火在天上，大有。君子以遏恶扬善，顺天休命。

《彖》

大有，柔得尊位大中，而上下应之，曰大有。其德刚健而文明，应乎天而时行，是以"元亨"。

走到人生所谓的丰盛成熟期后，该如何自处？

大有卦传递了什么样的价值观？如何顺天休命才能够自天祐之？

如何才能做到中年之后，吉，无不利？

人生到了丰盛成熟期，该如何自处

大有卦本义叫"有祭"，指丰收年的祭祀。《诗经·鲁颂·有駜》曰："岁其有。"《毛诗诂训传》说："丰年也。"所以"大有"是"大有年"的省语，即大丰收年。

火天大有，上面是离卦，下面是乾卦，这是一个非常阳刚的卦象。

朗朗晴空，艳阳高照，这是一个什么样的情形？这是夏天到秋天之间，能量完全释放出来，谷物开始成熟的现象。

有些地方一年种两季稻，此时基本第一季稻已经收完，第二季稻也正在成熟。而且在此时打猎，猎物长得膘肥体厚。此时是一年中准备收获的季节，好像一切都很丰盛。就像一个人在四五十岁的年龄，还没走向衰退，又收获了很多。

我之前看到一个短视频，讲 70 后这群人是很幸运的。童年的时候，物资供应虽然依靠粮票，但总能吃饱饭，甚至还能吃根冰棍、喝点牛奶。读

大有

小学的时候，他们基本不用花钱，也没有各种课外班。下课就去玩，童年基本是在疯玩中长大。

到了20世纪80年代，全球性文化大爆发。世界各地的文化发展都很蓬勃，中国也涌现出崔健等摇滚音乐先锋。除了摇滚乐，诗歌在当时也成为一门时尚之选。一个人仅仅靠写诗就可以交到女朋友。现在几乎不能想象，当时诗人在台上朗诵诗歌，下面的观众尖叫疯狂的情景。

到了20世纪90年代，这代人中，很多人开始上大学。我记得那时候，一年的国内生产总值高速增长。

21世纪初，中国加入世界贸易组织，经济大发展。70后毕业之后，累积了一点点钱，恰逢房地产爆发的时候。那时不用父母的支持，70后拿自己的工资就可以交个首付买房。

我记得，那时候买一套房的首付是十万块钱。拼拼凑凑，再借一点，基本上能够凑齐。三十年的月供，每个月月供一千八百元，在当时的广州市中心就可以买一套房了。

这不是"凡尔赛"，只要你在那个年代生活，大致都差不多。

很多人会说："我可没有像你说的那么幸运。"

我们不能光看这两三年，我们来看这三十年的整体的发展。其实绝大部分20世纪70年代、80年代、90年代初出生的朋友，都享受了国家发展的红利。

我举这样的例子，在讲什么？这就是吃肉的状态。

"有"的甲骨文，就像一只手拿着肉。"有"代表的是肉，"大有"就是大块吃肉。"元亨"是指祭祀的季节，把你的东西奉献出来给神享用，这就是大有卦。

从长远来看，许多人已经走到了人生所谓的丰盛成熟期，这个阶段该

大有

如何自处？ 这正是大有卦要讨论的问题。

顺天休命, 不求多福, 但求少损

总而言之，经过了一个周期的累积、拼搏、奋斗，终于到了阳光普照的收获季节。

"有"就意味着要失去，大有卦要讨论的，就是怎么分享的问题，可持续发展的问题，有人惦记着你怎么办的问题。

《象》曰："**火在天上，大有。君子以遏恶扬善，顺天休命。**"

这个时候，君子就不能以利益为导向了，此时不要想怎么能够让自己多赚点钱，多搞几套房。以效率为中心、以成长为中心的阶段过去了，现在要开始把能力转化为德性了。

你有没有发现，有一些人的中晚年生活比较好，不是因为他能力强，而是因为这个人为人友善。年轻的时候行善积德，四五十岁后，就能结各种善缘来帮助他。

同时，你要慢慢真正建立内在的善恶标准。这不是从小被教育出来的，而是你发自内心知道什么东西是好的，什么东西是不好的，什么是你真正想要坚持的。

比如，你发自内心地意识到，原来帮助别人获得健康，帮助别人获得快乐，让身边的人情绪稳定，帮助身边的人都赚到钱，这些都叫善。

你身边的人情绪稳定，你让身边的人都有钱，那么你就是最大的受益者。为什么？ 大家都有钱了，你不会很穷。你帮很多人赚到了钱，总有一天在你需要的时候，这些人就会回馈你。

大有

再比如说，提倡环保、提倡节欲。这是激素到了一定水平后自然而然产生的状态。为什么要节欲？因为你已经无法纵欲了。这不是道德绑架，而是自然的身体反应。

到这个年龄，积德行善已经变成了身体本能的反应。这个时候，就要顺天休命，你的历史进程到了要交接的阶段。

当然，如果你混得更好一点，也许能跳脱六十岁的困境。但对大部分70后来说，虽然现在还在各个单位最重要的岗位上，但你要想的问题是：如何能够顺应自己的生命节奏？

这个生命就是你的天，顺应大的时代背景，培养年轻人，让大家踩着你的肩膀向上，这个叫顺天休命——**让自己的命得以休养，不求多福，但求少损。**

过去说安身立命，我认为，一个人先要立命，再要休命。

立命是让自己的意志注入躯体，使自身立于天地之间，你的所有行为是向宇宙大道的致敬。休命是你大概已经明白成住坏空、起承转合就是天意，在什么阶段应该做什么事情。到这个阶段应以减少耗损为主，而不是与快速发展为伍。

现在很多人开始焦虑，但从某种意义上来看，可能不全是坏事。人们欲望少了很多，痛苦也少了很多。之前看不惯的，现在都看惯了。以前觉得很重要的事情，现在觉得都不重要了。

在这样的背景下，你会发现休养生息是多么重要。积累福德，攒点积分，少损耗，不折腾。

对于以前看不惯的人和事，你淡然一笑，说声"您先忙"，然后在不打扰别人的情况下隐身而去。

很多人说，你看哈兰·山德士在六十多岁退休的时候还创立了肯德基呢！但那毕竟是少数。大家千万不要把个案当作普遍现象，否则你会活得很不幸。因为你总是拿那少数的成功和特例来要求自己。

到了这个年龄，最重要的事情就是看见大概率事件。去体检的时候，可能检查出高血脂、高血压、肾性水肿、痛风、糖尿病、视力下降、肠道菌群紊乱等，这些都属于正常现象。

与我们父母那一辈比，这种情况已经算是很好了。我的外公离开人世的时候，卡里只有十万块钱的存款。作为一个大学教授，他学过会计，会理财，头脑聪明，但也不过如此。

现在到了晴空万里，艳阳高照，万物丰收的时候，人生也有如此季节。虽然中间会掉几滴雨，有一两片云，但你把自己的生命放在四五十年的长周期中，你不得不承认，你也走到了一个比较舒服的位置。

我有一个朋友这样说："幸好我快五十岁了，如果我现在二十多岁重新进入职场，来我们公司应聘，肯定拼不过这些年轻人，我大概率是找不到工作的。PPT、Excel、AI 这类软件，我都不会用，怎么跟现在的年轻人拼。"

火天大有：六爻细解

接下来，我们来细谈大有卦每一爻的智慧。

初九：无交害，匪咎。艰，则无咎。

"交"通"狡"，也通"蛟"。

古代有一种动物，外形像狗，身上有豹一样的纹，被称为"狡"。何新先生考据认为，古代的蛟龙和扬子鳄有很大的关系，更像是鳄。不管是哪种训诂结论，"交"都指某一种厉害的、凶残的大型动物。

大有

"无交害"，是指没有这种动物的伤害，无须畏惧。

到了这个阶段，成熟之中出现了艰难之象，但不用怕。

为什么在成熟中会有艰难之象？长江中上游的水汹涌湍急，到了中游慢慢平缓下来，就会有泥沙沉积。

人生也是一样的，到这个阶段，发展慢了，自然就会有艰难。

九二：大车以载，有攸往，无咎。

用大车装载什么呢？一个人到了一定年龄，或者一家公司到了一个阶段，总会累积很多东西。如果有一天你要搬家，会突然发现家里怎么有这么多东西。小小的一个家搬好几天都搬不完，你都不知道这么多东西是怎么来的。

"大车以载"说的是什么？当你要远行的时候，你发现自己必须用大车装很多东西，就像人生负重太多。

人到中年，上有老下有小，人生中还沉淀着过往的经历，那么多的交集，这种状态就叫"大车以载"，得用一辆大车才能把这些东西都载走，因为要远行。

一个事情走到一定阶段，或者人生走到一个阶段，就要变换跑道离开这里，这没有什么坏处。

因为只有新的远方，才能给你的生命带来一点刺激。

在某个地方待久了之后，你会陷入边际效益递减。因为很多因素已经不能对你产生刺激了，你是没有斗志的。

九三：公用亨于天子，小人弗克。

把公田产出献给天子，小人不可得，小人指的是普通百姓。

商周有所谓的井田制，把一块田分成九宫格，其中有一部分要交给国家，这叫交公粮，其实这很合理。

在大丰收的时候，你得想到，你收获的必须有一部分上交给国家，上交给领导者，这是保安全的方法。

九四：匪其彭，无咎。

"匪"通"分"，"彭"通庞大的"庞"。除了公田以外的广大土地的产出，是属于你的，但你也要学会分享，才能无咎。

也就是说，你不要以为你的就是你的。名义上是你的，道理上是你的，但如果你真想要，是会招来灾害的。

所以大有卦说，到九四的时候要分享除了公田以外的收获，才不会有灾害。

六五：厥孚交如，威如，吉。

你把该分的分了，不该分的也分出去之后，你发现收获又多、又好、又大、又吉祥。

你收获了什么？"人行阳德，人自报之；人行阴德，鬼神报之。"

当你默默地把属于你的和不属于你的都分出去一点的时候，你就相应地获得了一样东西——你的积分。这个积分以各种方式体现出来，比如口碑、健康、孩子将来成长的空间等。

不过前提是，在第五爻前把该交的公粮交完，把自己那部分也拿去分享之后，才能够获得福报。

这是大有卦的核心。所以这几爻其实是顺着一个故事讲下来的，核心是，顺天休命，别折腾了。你会发现到了人生的这个阶段，你会活出一个新的境界，这是一次生命真正的跃迁。

有许多人过不了五十岁这个坎，主要原因就是他不知道，在这个阶段个体所有的生存逻辑变了，成长的驱动机制变了。

小的时候，我们考试是为争取一个好的功名、一个好的机会、一个好

大有

的人生起跑线。在工作的时候，我们努力是为了进入好一点的公司、好的行业。经过差不多二十年的奋斗，我们基本到了某一领域的中流砥柱的位置，这时，我们已经习惯了以效率为中心，以结果为导向，以成就为目标。

而到了"大有"这个阶段，要以众人为目标，要以分享为手段，要以积分为导向，才能得吉祥的。**人生的上半场求存，下半场求真、求美、求爱。动力模式不一样，心智模式也不一样。**

虽然时代变迁，人工智能技术这么发达，但人的生命不过三万多天，自然而然会经历生命的阶段，生命的起承转合是不可逆的。

一个人，一个公司乃至一个更大的组织，到了"大有"这个阶段，思维模式和着眼点已经完全不同了。

这时要考虑的是要有道义，要有爱、要有责任，要懂得合适的退让，要顺应天时，顺应世界潮流。

上九：自天祐之，吉，无不利。

有天相助，一切顺利。大有卦是一个很好的卦，但它是有条件的——要"顺天休命"，要"匪其彭"，要"公用亨于天子，小人弗克"。

什么意思？就是要懂得在这个阶段，重新树立新的价值观和人生观。

我认为，《周易》其实是一本讲轮回的书，周就是周期，就是圆圈，所以《周易》是讲周期的艺术。

只要你是生命体，就要符合周期性规律；只要有周期，就有轮回；只要有轮回，就有阶段；只要有阶段，在每个阶段就要遵守某一些规则。

梁某人知道，很多读者都是经历过人生的风雨，也能有所收获，也是对智慧有所向往的。所以到这个阶段，顺天休命，方为上策。

像你我这样的普通人，应树立对我们生命周期的正确认识，以形成正确的人生观、宇宙观、道德观、世界观。

一言以蔽之，大有卦是一个好卦。如果今天你看到这一卦，你现在想要的一定都会实现，这就叫作"自天祐之"。

但是记住，这里的前提是学会与他人分享。属于你的东西也要拿去分享，更何况有很多东西本来就不属于你。

☰ 梁注·观卦小笺 ☰

- 有一些人的中晚年生活比较好，不是因为他能力强，而是因为这个人为人友善。年轻的时候行善积德，四五十岁后，就能结各种善缘来帮助他。

- 当你默默地把属于你的和不属于你的都分出去一点的时候，你就相应地获得了一样东西——你的积分。这个积分以各种方式体现出来，比如口碑、健康、孩子将来成长的空间等。

- 人生的上半场求存，下半场求真、求美、求爱。动力模式不一样，心智模式也不一样。

大有

72

【 夬卦 泽天夬 】
我们终将圆满, 也必将遭一难

决定往往不是为了获得什么,
而是为了放弃什么。

夬 卦

扬于王庭。孚号，有厉。告自邑，不利即戎，利有攸往。

| 上 六 | � merged | 无号，终有凶。 |

上 六　▬▬　▬▬　无号，终有凶。

兑
(泽)

九 五　▬▬▬▬▬　苋陆夬夬，中行，无咎。

九 四　▬▬▬▬▬　臀无肤，其行次且。牵羊悔亡，闻言不信。

九 三　▬▬▬▬▬　壮于烦，有凶。君子夬夬独行。遇雨若濡。有愠，无咎。

乾
(天)

九 二　▬▬▬▬▬　惕号，莫夜有戎，勿恤。

初 九　▬▬▬▬▬　壮于前趾，往不胜。为咎。

《象》

泽上于天，夬。君子以施禄及下，居德则忌。

《彖》

夬，决也，刚决柔也。健而说，决而和。"扬于王庭"，柔乘五刚也。"孚号有厉"，其危乃光也。"告自邑，不利即戎"，所尚乃穷也。"利有攸往"，刚长乃终也。

为什么邵雍的《先天图》里，乾卦出发，收在了夬卦？

夬卦的"夬"和决定的"决"有什么关系？

和缺心眼的"缺"有什么关系？

和快乐的"快"又有什么关系？

所有在成功之前的创伤又意味着什么？

决策的根基

我们终于来到六十四卦的最后一卦：夬卦。

假设十二点钟的位置是乾卦，顺时针走，走到六点钟的时候是坤卦；再沿顺时针方向回到乾卦，乾卦之前的一卦，就是夬卦。这是一个转圈的过程，走到这里是最后一个小缺口。这个小缺口一补上，就完成了一个周期。

为什么我要提缺口？因为夬通缺口的"缺"，"缺"字右边就是夬卦的"夬"。而"夬"加两点水，是决定的"决"，也是决堤的"决"。你觉得这几个字可能有什么共通之处？

什么叫决堤？水冲破堤岸。什么叫决定？许许多多的条件、结果、可能，都摆在你面前，怎么办？你必须从一处突破。决定和决堤是一样的，这里有许许多多的淤积，无论是水，还是待决策的事情。此时要打开一个缺口，先让一部分流出去。

在破中立，在损失中获得。所以，**决定往往不是为了获得什么，而是为了放弃什么。**做决策的根基，不在于你要得到什么。每一次艰难的抉择，都是对你即将要放弃某事的判断，这叫"决"。

"缺"字左边的"缶"是一个器皿，右边的"夬"代表它有一点点破口。如果把"缺"字和六十四卦方圆图放在一起来看：快走完这一圈了，还差一点点的缺口，就是"夬"。把夬卦讲完，六十四卦就讲完了，一个周期就结束了。

从"缺"字来看，离圆满就差最后一块瓦片。你一定要认认真真去看什么是最后一块瓦片，那是最重要的一块瓦片，既可能是你做决定的入门石，也可能是你逃生的突破口。所以，你读懂了"决堤"，你才能读懂真正的决定，然后接纳缺口，寻求圆满，这份接纳、善用缺口的智慧，恰恰体现在这个"夬"字上面。

夬卦是兑上乾下。天在上面有一个口，这个口可以承载一些水，这就叫作"夬"。

我想到了一种场景，一座高耸入云的大山，山顶裂了一个口子，形成了一块洼地。因为有雨，这里就形成了高山顶上的湖泊，也就是泽。站在这里往下看，能看见云雾缭绕，天在脚下，这就是夬卦象征的情形。山顶上的水始终是要往下流的，它一定会找到一个缺口，流下来之后就成了江河湖海。

而夬卦在《周易》的故事里，是讲创伤。本来完整的脸被打了一下，叫"壮于頄"。要不然是脚趾被创伤了，叫"创于趾"，这些在下文中都会讲到。总之，夬卦讲的是，当你要接近完美时，在你把周期走完之前，一定还要经历一次创伤，这次创伤是最后功德圆满之前的必经之路。

《西游记》也是一样，取经团队经历九九八十一难，最后一难已临近西天，为什么？

你都已经走过大有卦了，都已经体验过人生该体验的东西了。肉也吃了，酒也喝了，感情也体验过了。该分享的也分享了，公粮也交了，私粮也分了。你要追求功德圆满，还得经历这一难，叫"夬"。

做一个普通的好人

《象》曰："泽上于天，夬。君子以施禄及下，居德则忌。"

我们都知道，《象》是对卦辞的一个道德化的描述，是君子易的核心。

它讲到，到这个时候，会有许许多多可能出现的冲击、各种创伤，这是最后一难。想要避免这些风险，只有"施禄及下"。每个人都有天禄，就是我们在大有卦中说的上天给你的积分资源。不光把你现实的财富，更要把你的积分，都分享出去，而且要分享给那些比你弱的人。

"居德则忌"，哪怕这个时候你已经占据了道德高地，人家都说你是一个好人，但你还是要有所忌讳，因为拥有好的名声，也暗藏危险。一个聪明的好人，总是时不时地暴露出自己的一些不完美之处。从守缺的角度来说，这是一种反脆弱的模型。

你看那些从来不生病的人，一生病往往就是大问题。近几年来，大家纷纷开始养生，注重饮食，拒绝熬夜，在工作上懂得退让半步。从某种程度上来说，这也不算是坏事。

德性过盛可能招致忌惮，同样地，当一个人的身体处于极其丰盈状态

夬

的时候，君子需担忧，叫"居德则忌"。

以前梁某人总认为读《周易》，既要看到君子易，还要读到天子易背后的丛林法则，现在却愈发感受到周公旦和孔夫子的慈悲和善良。因为天子易不适合每个人，我们还是要领悟君子易，读懂《周易》里的大道。在世界框架里，学习如何做一个普通的好人。

更大的跃迁之前，必然会伴随一次阵痛

我们看一下整个夬卦，它的卦辞说：**扬于王庭。孚号，有厉。告自邑，不利即戎，利有攸往。**

这一卦讲到在皇宫大殿之上跳舞的场景，但不是娱乐性的舞蹈，而是祭祀性的舞蹈。"扬于王庭。孚号"。"孚"是俘虏，俘虏大声号叫。有可能祭祀的舞蹈还伴随着一些残酷的行为，比如一边在跳舞，一边在祭祀。祭祀场面可能很血腥。

一个俘虏原本是一个完整的人，刽子手把他的手剁下来去祭祀，那个过程也是"缺"。殷商时期的人认为，一个氏族部落首领的年轻王子被砍，那是最高级别的祭祀。现场的呼喊声越大，上苍就会越兴奋。

这个时候"告自邑"，"邑"是封地的意思，封地告急，说有动乱。这边在祭祀，那边报告说远处的人开始造反。"不利即戎"，尽管心情很烦躁，但此时不利于出兵，要做长远打算。

所以夬卦这一卦很奇怪。经历了"大有"之后，即将到乾卦这一纯阳之卦的时候，那个缺口正在经历动荡——动作很激烈，斗争很残酷。

作为普通人，你应该选择相信。你是中国人，即使去到国外，你也还是一个华人。那些在海外的华人，也希望中华民族复兴，也希望这个国家好。你必须相信中华文明的复兴必然到来，这是理性推理的结果。

很多时候，我们以为自己的决定源于一个念头、一时勇气或一种迷信，我认为都不是，我认为它是一个理性推理的结果。很多年前梁某人写过一本书叫《相信中国》，今天我仍然坚持这个信念：相信中国。

中国不仅仅是一个地理概念，更是一个文化概念。它延续着从《周易》，包括《周易》以前的文明，沉淀着集体无意识，交融着历史文明里所有的精华和糟粕。不管你喜爱不喜爱，相信不相信，中国都是我们有据可查的人类文明历程里谱系最长的国家之一。

历史上没有一个国家能像中国这样，很长一段时间里的历史都有明文记载。从周开始，几乎每一年的故事都有文献能对得上。天文历法上的日食，月食，水灾等记录都有据可查，都可以互相佐证。

所以，夬卦在讲什么？你走完这一个圆圈之前，要经历的这一次创伤不可避免，而你只能够相信那是为了更大跃迁所必经的一次阵痛。

泽天夬：六爻细解

我们来看夬卦的爻辞。

初九：壮于前趾，往不胜。为咎。

"壮"通创伤的"创"，前脚趾受伤了，往前走可能会有灾害。这是一个比喻，意思是创伤总是从局部开始。这个地方受点伤，那个地方受点伤可能无碍，但受完伤之后就会流血，这才可怕。

不要小看局部的创伤，它是一系列大伤害的开始，这是夬卦第一爻提

夬

到的场景。

九二：惕号，莫夜有戎，勿恤。

我觉得夬卦的爻辞，可能是文王在被囚禁的时候，看见旁边的俘虏受刑后记录的。一个俘虏因恐惧而号叫，他还没被杀死，每天受到刑罚，非常难受。周文王看见旁边那些人受刑，感到很害怕。但牢房日夜都有看守，逃不出去也没有什么好害怕了，横竖都是一死。

九三：壮于頄，有凶。君子夬夬独行。遇雨若濡。有愠，无咎。

"壮于頄"是脸颊受伤的意思，砍伤了面骨，很凶险。周文王没有被砍，只是脸上受了某些创伤。一个人带着伤痕独行，可能是在被转移押送的过程中，路上淋了雨，浑身湿透了。

有学者说"愠"通"煴"，是火种的意思。对一个又冷、又湿、又饿的古人来说，幸好身边还带着火种。这个火种不知道以什么方式保留下来，可能是个油灯，也可能是一个"火器"。

总之，可以点一把火，烤一烤衣服，人就没有那么恐惧和难受。

有过野外生活经历的朋友都知道，如果你在野外淋了雨，这时候比吃更重要的事情，是要有火。只要生一堆火，把衣服稍微烤一烤，你就会感觉到真正意义上的幸福。那时候，什么股票、政治、局势，都不重要了，重要的是没有那么冷，没有那么饿。

九四：臀无肤，其行次且。牵羊悔亡，闻言不信。

臀部肌肉流失，这说明阳气不足。曾经有一个中医朋友告诉我，如果一个男士的臀部原本很丰满，却突然变小了，通常与糖尿病有关，因为他的气血塌陷了。我后来观察了一下，确实有类似的情况。

"臀无肤"，臀部变小且没有肉。"其行次且"，走起路来踉踉跄跄。"牵羊悔亡"，牵着最后的那匹羊，是全部的家当了。结果那只羊也跑了，还好最后又找了回来。"闻言不信"，此时各种谣言满天飞，各种自媒体讲各种悲观的消息。我们要保持战略定力，不要轻信。

九五：苋陆夬夬，中行，无咎。

"苋"指的是山羊，山羊在跳来跳去，行于中道，没有害处。

根据李硕老师的考证，夬卦应该在用这一个爻辞，记录了周文王最黑暗、最痛苦的一段时光。他成了俘虏，看见旁边的俘虏受刑，自己也受伤了，逐渐气血不足。

所以，夬卦是很残忍的一卦。但哪怕在这个过程中，周文王仍然没有丧失对生活的信念、对革命的激情。他说，**只要行于中道，去走正确的那条道路，就没有害处。**

上六：无号，终有凶。

没有号叫，也没有什么警报的情况下，危险还是来了，这也就是"终有凶"。

这可能是他旁边的人都被处死了，可能是他的儿子被用作祭品，也有可能是他至亲的朋友死去了。这是革命成功之前最痛苦的一段经历，周文王把它记录在了夬卦上。

欲要成功，必先经历磨难，要么自己经历，要么身边人经历。这都是一个周期规律里一定会出现的场景。

比如一只股票，在真正启动爆炸性的增长之前，会经历特别痛苦的"深蹲"。每一次都以为到底了，但还是往下跌。此时你会丧失对世界的所有信心。

你看一下过去的趋势，都是这样的。每一次大爆炸的增长之前，一定伴随着很长一段时间的下跌。最后，整个市场的信心跌到冰点。

而在最后几天，会有一波涨幅。所谓的炒股高潮也是一样的。走到最高峰的时候，一天大幅拉升，所有人的情绪都被点燃了，所有的钱都投进去了，然后断崖式下跌。

在我们终将圆满，终将走回到乾卦的时候，夬卦讲了这样一个故事，令人深思。

☷ 梁注·观卦小笺 ☷

- 决定往往不是为了获得什么，而是为了放弃什么。
- 拥有好的名声，也暗藏危险。
- 很多时候，我们以为自己的决定源于一个念头，一时勇气或一种迷信，但其实它是理性推理的结果。
- 只要行于中道，去走正确的那条道路，就没有害处。

后记 | 你从来就不孤独, 因为你一直与"道"同行

　　我们先做一个小小的实验, 请你闭上眼睛, 深深地吸一口气, 再呼出来; 再吸一口气, 再呼出来; 第三次吸气, 再呼出来。你的内心澄明下来以后, 会涌现出一个你真正想问的问题——不管什么问题, 不管是否道德, 那都不重要。

　　你想好了吗?

　　如果真正确认了你的问题, 我告诉你, 我随手起的这一卦是谦卦的六五爻: **不富, 以其邻。利用侵伐, 无不利**。意思是说, 现在你没有得到你想得到的财富, 或有用的东西, 是因为有一个坏邻居。此时采取征伐的手段可以无往不利。

　　你想到了什么问题? 这一段爻辞对当下你的问题有什么启发? 多数时候, 我都不需要知道你有什么问题, 但我知道这句话一定正中你内心。如果没有, 那只有一个可能性, 就是你对自己内心认识得还不够透彻, 或者说你还不够诚实。

　　你想要什么东西? 可能是一笔钱财, 可能是一段情感的滋养, 可能是健康。谁又是那个阻挡你获得这一切的人? 是你的亲密爱人, 是同事, 是与你住在一起的父母, 还是你内在世界的那个自己?

　　刚才我们提到这一卦来自谦卦, 卦辞为**"亨, 君子有终"**。坤上艮下, 也

就是地山谦。

　　"谦"是由"言"和"兼"组成，而"兼"意为兼容并蓄。"谦"并不是低人一等，而是有足够的气量，能够把山峰、高人、极端者、困难全部纳于胸中，无论在言行和心量上都能做到这个状态。

　　六五爻说，你之所以没有得到，是因为你有一个"坏邻居"，这个"邻居"可能是你的内心，也可能是你的身边人。

　　当你将这些场景与内在的问题结合在一起的时候，你自然而然地会发现，《周易》给了你很重要的启示，它帮你把过往所有的世界观、人生观、经历体验，乃至潜意识里的猜想，与一段文字进行结合，从而引发语言和意识的共振。

　　这种遥远的相似性、幽幽的默契，形成了一个整体意象。而这正是它讲的故事和你内在世界之间形成的格式塔效应。

　　当信息不完整的时候，你的内在世界会把它补充完整。学习《周易》，就是不断把卦辞、爻辞、易理与你内在的愿望、过往的经验、当下的情绪，乃至真正的恐惧结合在一起，进而发展出一套世界观。这是我们把玩《周易》的主要快乐所在。

　　在这个过程中，你时时刻刻地以《周易》为镜，看见自己，照见自己，天地敞亮。

　　很多人说："小梁，你对这段爻辞的注解有问题。"也有人说："小梁，你解得很妙。"其实哪有对错和好坏。这些认识无非是你过往所学到的东西、你自己内在故事的投射罢了。

　　有些人不知道从哪里接触到了某个《周易》的版本，就奉为唯一的正确答案，认为一切与之不符的都是胡说八道。

　　第一个想和大家分享的观念就是如果你读过一百个不同版本的《周易》

注解，你就会发现，很可能《周易》的真正解法就是没有唯一答案。它就是你的一面镜子，你要在读《周易》的过程中，逐步地提升自己，拓宽视野，圆融通达，最后了解自己。

你是天子，更要是君子

学习《周易》，第二个想和大家分享的重要观念，是关于《周易》卦辞的。我认为，周文王的版本所传递出来的都是天子易，而后面由周公旦、孔夫子的门生们注解的象辞都体现了君子易。这二者没有高下。

很多人认为《周易》就是天子易，按照天子易的视角去理解并实践。那你得看看自己配不配，如果你的命格不是天子格，你贸然把天子易套用在自己的行住坐卧里，未必恰当。

但如果你是在做自己内在世界的国王，那在处理自己内在世界的矛盾情绪时，你用天子易的视角是对的。

梁某人在学习的过程中也产生过类似的心理变化，我原以为我发现了一个很大的秘密：原来《周易》真正的核心都在周文王的卦辞里，象辞是降维之后对普通老百姓的心理安慰，是教导人们做忠臣良民的行动纲领。

但我后来发现，此言差矣。周公旦、孔夫子以及后世的人们，仍然把象辞的许多内容作为日常行事的心法。这其实是非常有智慧的选择，因为你若能在人群中做一个君子，就已经相当了不起了。

因此梁某人觉得，我们在读《周易》时，要保持一种觉知：在这件事情里，你是主人吗？虽说每个人都是自己的国王，每个人都是自己的主人，但很可能你也扮演着仆人的角色。

一个男人，可能是父母的延续者，是儿子的玩伴，是家庭的经济支柱，这都是"仆人"的角色。你在外面要应对领导、股东、客户、员工，哪一个不是你的"主人"？也就是说，如果你大部分的时候都能以君子之道处之，你的人生会平和许多。与此同时也不要忘记，你才是自己真正的国王。

初识李硕

这套书，源于我的一个决心。曾经有一天在一个网站上，我看到了一篇非常长的、关于殷商文明的文章。

这篇文章的作者有考古学背景，有甲骨文的研究能力，并且有写小说的文笔，文章描述了在遥远的殷商时期，人们是如何用人来祭祀的，那个时候的"上帝"和"下帝"是如何影响统治者权威的；那时周族作为远方的代理人，又是如何把他的远房亲戚、朋友，以及通婚的部落族人抓过来，绑着送给殷商，来换取技术的支持和文明的输入的；后来，伯邑考又如何被做成人肉祭品，周族又是如何推翻了殷商的。

这篇文章是李硕老师《翦商》的网络先导版。通常一本很好的书，最初都在网上发表，获得了广泛认同后，再逐步扩展成书。

于是，我想找到李硕老师。施展老师是我的好朋友，也是李硕的同学，他向我推荐了李硕老师。他说李硕是一个很奇怪的人，虽然毕业于北京大学，完全有机会在主流体制内做他的学问，却远走他乡，去了新疆的某所大学，做一名"散装"讲师，好像连教授都没有评上。

他选择去新疆的主要原因是，那里可以让他行走在大漠、藏区，去做实地研究，同时他能有大量的时间去做研究。

后来我的好朋友，也是太安私塾的学生杨鑫教授，凭她奇妙的能力找到了李硕老师。顺便说一句，我这样的人居然有一个学生是教授，这可能也是件很荒谬的事。

于是我们约在成都喝茶、看天、聊红楼、聊殷商。

李硕是一个在文字里汪洋恣肆的人，在人面前却木讷寡言。这个世界上有一种人，你如果看他的文字，以及想象文字背后的那个他，会觉得这个灵魂简直让人拍案叫绝，但是你见到他本人的时候，反倒无话可说。

我们坐在成都的一座绝美的山坡上，看漫山的野花，吃着水煮鱼，夕阳西下，喝着不同的酒，却常常陷入冷场。

能够让梁某人把话掉在地上的时候真是不多，但和李硕聊着聊着，我们就沉默了，开始我还老想把话接起来，后来实在接不上，那就待着吧，待着也很自在，李硕可真是个有趣的人。

于是在我们的多方游说之下，李硕成了这套书的总顾问。

早熟的中华文明

《周易的野心》其实是从李硕老师的《翦商》这本书展开的。

我和李硕老师讨论到殷商和周的更替时发现，那实际上是中国整个内在价值观、内在世界观从"君权神授"到"算法为王"的转变。

在殷商时期，所有君王的执政合法性来自他们的祖先"下帝"，以及与造物主"上帝"的唯一沟通权。殷商时期的"上帝"是指造物主，"下帝"是指他们的祖先。只有他们才有资格祭祀这些神。他们是神在人间的总代理，拥有合法的人间管理权，而他们祭祀的主要途径就是人牲，也就是人祭。

因此在殷商时期，有一个非常庞大的人祭加工产业链。到了周朝，周文王作为《易经》研究者和爱好者，被塑造成了一个文化大IP。

在他过世以后，他的儿子周武王执政，周武王后来托孤给周公旦。周公旦摄政期间，开始实行一系列重大的改革，这些改革描述了一个新的人类故事：上苍不会在每件事情上对你进行具体的细节指导，比如你要不要吃饭，你出门的时候是先迈左脚还是迈右脚，你今天喝红酒还是喝白酒……它只会给你一个既有效又简单的算法，通过这套算法，你会得出一些结论。这些结论才是用来指导和管理世界的总纲和工具，即"道统与法统"。

这是周公旦建立的一个新的人类故事。尤瓦尔·赫拉利多次强调，故事在历史中有关键作用。

周公旦打破了殷商时期中国人对上苍神灵的全面依赖，在上苍神灵和人之间加了一套算法体系，也就是《周易》。周公旦的父亲周文王创立了这套体系，而他把这套体系演化出来了，渗透到当时的科学、医学、哲学、伦理学、生活艺术等方方面面。

今天整个中国文化的总源头仍在《周易》中。可能从那个时期起，中国进入了前算法时代，也就是所谓的"世俗时代"。

这是几千年来，中国没有发生大规模的宗教战争的一个很重要的原因。我们很多时候都不能理解，为什么某些国家仅仅因为彼此信仰不同，就要互相残杀。

而对今天大部分的中国人来说，上午去佛寺，下午去道观，不会对他的内在造成什么痛苦。

你不觉得这是中国进入现代化、文明化时代的一个非常重要的、非制度性的、潜在的文明因子吗？

我在读《周易》的时候，在和李硕老师交流的时候，清晰地看到了周公旦所扮演的角色。他所创造的价值体系延续至今，让许多中国人都知道：做事情要有方法，而且这个方法是变通的。

如果实在没有方法，可以试着"转念一想"，把这个事情从内在转过来、圆过来、化开去。《周易》原文的每一句话都充满不确定性，也正因为此，它给了我们许许多多"转念一想"的机会。

这也许是许多中国知识分子即使在穷途末路的时候都不会自我残害的主要原因之一。

后来，梁某人和李硕老师又沿着这个体系一直往下讲，讲到了周公旦，讲到了孔夫子，讲到了邵雍。讲到邵雍作为召公的后代，是如何把音律学与大周期的推演结合在一起的。

我还记得我和李硕老师在讲到邵雍的《梅花易数》，讲到邵雍关于时运推演的换算方法，提到现在处于天风姤卦，它象征女性主导的时代。玄学术数体系讲到了现在是"离火运"，离火也指中女。这两者对应的周期都从2024年开始。

你想想看，这意味着什么？这意味着也许在历史深处，隐约存在超越事情本身、超越偶然事件的周期性规律。

一旦你开始意识到这个周期性规律的存在，你就踏上一条不纠结的人生之路。

后来我和李硕老师又从邵雍讲到了荣格，讲到荣格是如何把现代心理学、东方禅宗、《周易》、《论语》，乃至爱因斯坦对量子物理学的想法和洞见融合在一起，发展出了一套荣格体系，尽管这一模型尚不能被当代许多心理学家所完全认同。

我在遥远时空外所感受到的荣格是这样一个人：他是一位易学大家，他把东方和西方传统，宇宙和个人，集体无意识和个人主动意识结合在一起。事实上,他的确是向西方推广《周易》的很重要的人物。

做完"梁品周易"这一系列,我们看到原来"易"不仅仅在历史记载中是"活"的,早在周文王学习它之前,它就有生命力。

从周文王到现在,《周易》仍然充满生机,它不断在演变,不断在与时代的人、事、物共振之后发展出新的维度。

所以,今天我们任何一个学《周易》的人都应该有这样的一种心态:你不过是整个变化中的一员,你可以参与变化,也可以创造变化。

李硕的大死一番

有一天,李硕老师在巴基斯坦游玩一圈后,突然在自己的朋友圈、公众号里宣布:他命不久矣,做好了结束这短暂人生的准备。他甚至带着某一种快意人生的姿态准备云游天下了。李硕老师还在网上说:"除非我借了你的钱,否则不要来烦我,不要给我推荐各种秘方。"

杨鑫教授和我都被他这段话震撼到了。

这件事情"刷了屏",网上到处都在谈论。但是那一天我起了一卦,得出这样的结论:不可以就这样放弃。其实起不起卦,我都有这样的想法。周文王那么难,都没有放弃,你李硕为什么要放弃?我们作为你李硕的朋友,为什么要放弃?所以我在深夜一点钟和远在成都的杨鑫教授打电话,非常坚定地和她说:去找李硕,告诉他不要放弃,我们帮他找中医大夫。

李硕本来已经视死如归,他说可能短则两三天,长则十天半个月,他就应该只能在照片上看着我们了。但我们帮他找到了成都扶阳派的卢崇汉。

当时李硕也做了很多西医的检查,几乎所有的医生都通知他准备后事。

我记得特别清楚，杨鑫教授带着她的助理小鐾去拜访卢老师。那天，施展老师都带着录音笔准备去成都录遗言了。

他们有很多从事现代医学工作的朋友，能邀请到全世界各地的医学专家，包括影像学权威来做会诊。当时做了几次高级别的会诊，结论都是不行了。所以施展老师就准备给李硕录遗言，看看他的出版物该怎么办，还有什么思想的精华想要发表出书，他的后事要怎么安排……结果听说我们给李硕安排中医大夫，他们都将信将疑。

但我跟杨鑫教授说："杨鑫，不要怕，去试试，周文王都没有放弃，我们坚决不放弃。"

于是李硕就去找卢老师，卢老师给他开了几剂药，李硕喝过之后，指标迅速转变，不能说完全好转，但西医大夫检查后说有希望了，甚至还可以安排做手术了。此前，李硕的身体是连做手术的指标都达不到的。

癌症要靠西医手术才能根治，但老中医治疗胆管堵塞的经验丰富，按照他开的方子煎药，胆管疏通后，就能给手术创造条件。

当时威胁李硕生命的正是胆管堵塞淤结，由于西医常规疗法不起作用，胆汁都已经淤积成了如油脂般浓稠的黑色液体，连针筒都抽不出来。没想到吃老中医开的中药竟药到病除。

五月份的某天深夜，施展老师发来微信说："梁兄，李硕的手术非常成功。这真的是不可思议。"

据说李硕老师后来的处境有点"尴尬"，都宣布要"死"了，书也因此大卖了，结果没"死"成。幸好外界朋友还比较善良，还没有看到针对他处境的评论。

他的《翦商》后来成了畅销书，"梁品周易"系列的许多内容都受《翦商》启发。

李硕自己还说，他在和我沟通碰撞的过程中产生了很多新的想法，很可惜都没有放到那本《翳商》里，因为当时《翳商》已经安排出版了。所以如果有机会的话，他会在新的版本里，把我们后来碰撞出来的思想、观点、内容放进去。

现在李硕老师又在成都过着他的烟火人生。

也许他真的是活明白了，也许过段时间情况可能又会反转，但是他已经超越了普通人的境界。

我相信不管将来怎样，李硕老师都在当下用他的故事向我们证明：永远不要放弃，永远等待积极变化的可能。

"小马哥"的英雄本色

还有另外一个关于"梁品周易"团队成员的故事，我也想和大家分享。

我有一个好朋友，他可能是这个世界上最认真听我的内容的人，他是我多年专用的剪辑师"小马哥"。小马哥并不姓马，他说这纯粹是艺名。我们俩熟到这个程度，都常常忘记他真实的姓是什么。

小马哥是一个乐器达人，只要是带孔的物件，哪怕是一个钢笔套，他都能吹出歌来。而他成为我的剪辑师，纯粹是机缘巧合。很多年前，他漂泊在北京，无所事事，凭着出色的乐感和节奏感，在我们刚刚开始录讲《黄帝内经》的课程时，就被请来剪辑。

那已经是十五年前的事情了，从那时开始，小马哥就为我的音频节目做剪辑。我录的每个字他都反复听，听完了之后再去找感觉，哪个地方加一点点音符, 哪个气口要稍微顿一顿……你们听到的我的音频课, 都是我和他一起合作的产物。

我经常在他剪完的节目里听到一个让我喜欢的 "梁冬"。如果没有他的剪辑, 我甚至都不敢听自己的声音。一个好的合作伙伴会让你更喜欢自己。

这样一位常与乐器打交道的文艺青年, 却隐藏着一颗狂野的心。小马哥喜欢骑摩托车, 是跑车一样的摩托车, 他说他喜欢那种风驰电掣的感觉。

终于有一年, 他用多年的积蓄, 买了一辆超豪华摩托车, 独自环游中国。他从广州出发到西藏、云南, 然后到青海、贵州、甘肃, 再到北京, 最后南下回到广东。

小马哥背着笔记本电脑, 骑着他的摩托车浪迹天涯, 走一段停下来, 找一个旅馆, 剪辑我们的有声作品, 就这样一路骑行到连云港。

有一天在高速公路上, 他被一辆大车轻轻地碰了一下, 血肉之躯在铁面前太不堪一击了, 他当场晕倒, 但很快就醒了。他醒来的第一件事, 是赶紧把那一期 "师卦" 的节目剪出来, 还在跟杨鑫教授沟通怎么做。

次日深夜, 我手机显示小马哥来电, 我一接, 那头是小马哥的太太, 她说小马哥走了。

这个世界上可能除了他, 不会有人那么全然仔细地把梁某人的所有内容都听过, 甚至很多字是闭着眼睛反复听。那些没有吐清的半字、没有吞咽的口水, 他都帮我剪干净了。他不仅仅是听内容, 还要琢磨语气, 再放入恰到好处的背景音。这一位在我人生中与我最契合的伙伴, 一夜之间, 和我以这样的方式告别。

我一下子想到上一次我看见小马哥的时候, 那一次如此不经意的挥手, 居然成了这一生的永别。

我不得不慨叹, 每一次与每一个朋友的离别, 都应该认真地看待, 认真地打招呼，因为世事真是无常。

奇妙的是，后来他的太太用他的微信号常常跟我沟通一些交接的事情、一些安排，因为沟通过程中都是文字的信息，而头像还是小马哥的，这让我仿佛又觉得小马哥就在那里，并没有离开我。

到今天，"梁品周易"的工作群里面，小马哥的微信还在。我们讨论问题的时候，仿佛他还在这个群里微笑着、看着，不发言却知道一切。

这个世界上有许多人，当他离开你之后，他就活在了你的心里，就再也无法被忘记了。

人生是充满遗憾的艺术

梁某人还有太多太多想和大家分享的内容，学完《周易》之后才知道，有许多该讲的没有讲，有许多不该讲的却讲了，留下了那么多错误，留下了那么多遗憾。

当年我在学习电视节目制作的时候，我的导师在第一堂课就说了这样一段话："电视乃至一切艺术，都是充满遗憾的艺术。你在没有做它之前，不知道它会是什么，做完之后，必定会怀有遗憾，如果你不能接受这件事情，就不要做这个行业。"

每个人最终都会发现，他的人生像一件艺术作品一样，也会留有遗憾。

太安私塾第十期的主题就是"重新出发"。为什么要重新出发？因为你对过去的自己怀有太多的遗憾了，难道你要等到七老八十才重新出发吗？你为什么不在今天、今年立下决心：我要离开之前走过的错误道路，我要重新出发。

若干年之后，我如果发自内心，觉得现在说的内容不合适，那我再做修正，以避免未来更大的遗憾。

《大学》里说：苟日新，日日新，又日新。我们每一天都要自我更新。在《周易》的世界里，"易"才是唯一不变的真理。

《周易》里从来就没有躺平，或许可以"远走"。远行是"利永贞"，是"利有攸往"，是"利涉大川"，此处不合适，便去别处。走远了，才会更加爱你的出发之处。走远了，不要忘记你走出去时候的初心。

梁某人接触中国文化越久，越觉得自己无知，也越觉得每个人都可以成为承前启后的中国人，成为真正文化意义上的中国人。什么是文化上的中国人？就是活在《周易》思想里的人——每一天都把自己当作一个向这个世界的运行规律致敬的行为艺术家。

最后，特别鸣谢各位老师：蔡志忠、段永朝、何新、刘擎、徐勇、吴伯凡、徐文兵、萧斌、左常波、陈鲁豫、陈黎芳、蒙曼、许静、梁宁、余建军、陈小雨、魏明、李硕、杨鑫。感谢湛庐文化韩焱老师以及各位编辑老师们。感谢参与其中的各位同仁：小马哥、小贝、许长荣、申浩、黄智、乐敏、夏元、杨梦思。若有疏漏之处，恳请海涵。

祝每一位读者都能够在跨时空的联结和共振中，感受到自己的不孤独。你从未孤独，因为你一直与"道"同行。

附录 │ 本书主要参考著作

《易经入门：何新讲周易》

　　本书为何新集三十年的研究之功，结合帛书，参以天文学、训诂、哲学、人类学的知识和方法，综合象数和义理，对《周易》经传做了翻译和解说，以现代视角系统阐释这部古老经典的哲学内涵与卜筮逻辑。书中梳理了《周易》的历史渊源、卦象结构及阴阳辩证思想，重点解析六十四卦的象征意义与现实关联，兼顾义理与象数传统。

《翦商：殷周之变与华夏新生》

　　《翦商：殷周之变与华夏新生》是历史学者李硕所著，聚焦殷周之变，以考古证据与文献互证，重构华夏文明重大转折。书中梳理了上古人祭风俗产生、繁荣和消亡的全过程，揭示商朝血腥人祭传统，周族如何从商朝附庸崛起，最终通过武王伐纣终结商文明，并以"德"为理念重塑华夏文化根基。本书打破传统叙事，结合甲骨文、墓葬遗存，呈现上古历史的残酷与复杂。

《高岛易断》

　　《高岛易断》是日本明治时期易学大师高岛吞象的经典著作，系统阐述其独特的《周易》占断理论与方法。高岛以数十年实战经验为基础，结合儒家义理与象数思维，深入解析卦爻辞的吉凶应验，并附有大量真实占例，涵盖政治、军事、商业等领域。他强调"至诚无息"的占卜态度，主张占者须心正意诚方能与易道相通。该书既是实用占筮指南，又蕴含深刻哲学思考，被誉为日本易学研究的巅峰之作，对易学界影响深远。

《大时间：重新发现易经》

　　《大时间：重新发现易经》是学者余世存以现代视角重新解读《易经》哲学的著作。全书打破传统卦序，独创"六十四卦时空模型"，将卦象与节气、历史、人生阶段相对应，揭示《易经》作为"变化之书"的深层智慧。作者以诗性语言阐释卦爻辞，赋予其当代意义，强调"万物皆有时"的生命节奏，引导读者在快节奏社会中寻找天人合一的秩序感。该书融合天文历法、人文思考，既是对经典的创新诠释，也为现代人提供了一种理解时间、命运与自我成长的新范式。

《皇极经世书》

　　《皇极经世书》是北宋理学家邵雍的传世巨著，构建了一套贯通天人的宇宙历史哲学体系。全书以"元会运世"为时间单位，将天地万物纳入"先天易学"数理模型，推演人类历史兴衰与自然变迁的周期性规律。邵雍独创"皇极数"算法，融合《周易》象数、阴阳五行与天文历法，试图以数学方式揭示宇宙演化密码。该书既是古代中国最具雄心的历史预言著作，也是宋代理学"象数学派"的核心经典，展现了传统士人"究天人之际"的终极思想抱负。

《邵雍全集》

《邵雍全集》是北宋理学大家、象数学派创始人邵雍（1011—1077）的著作总汇，系统收录其《皇极经世书》《伊川击壤集》《渔樵问对》等代表作。全书以"先天易学"为核心，构建融宇宙论、历史哲学、数学推演于一体的宏大体系，独创"元会运世"时空模型和梅花易数占测法。邵雍将《周易》数理思维推向极致，用数学语言诠释天地万物规律，其诗作更将理学境界化为生活美学。该全集不仅是宋代象数易学的巅峰之作，更展现了"观物穷理"的终极智慧，对后世易学、理学影响深远。

《梅花易数》

《梅花易数》是中国古代著名的占卜经典，由北宋理学家邵雍所著。全书以"先天八卦"为基础，创立了一套简便灵活的占断体系，尤以"梅花心易"著称。其核心方法是通过数字、方位、外应等元素快速起卦，结合五行生克进行吉凶推断。书中包含丰富的实用占例，涵盖天气、人事、疾病等领域，强调"心易"的直觉领悟。作为中国占卜史上影响最广的著作之一，它将深奥的易理转化为操作性极强的预测术，至今仍是研习象数易学的重要入门典籍。

《金花的秘密》

《金花的秘密》是瑞士心理学家荣格与学者卫礼贤合作解读道教经典《太乙金华宗旨》的跨文化研究著作。该书通过分析道教内丹修炼的"金花"意象，揭示其中蕴含的集体无意识原型，展现了东西方精神修炼的深层共鸣。荣格认为，道教"回光守中"的修行法门与西方心理学"自性化"过程高度契合，金花象征人类心灵完美的统一境界。这部开创性著作不仅为分析心理学提供了东方参照系，也让西方世界首次认识到道教内丹学的现代心理学价值，成为东西方思想对话的里程碑。

《东洋冥想的心理学》

《东洋冥想的心理学》是荣格学派心理学家对东方禅修体系的深度心理学解读。该书聚焦禅宗、瑜伽等东方冥想传统，分析其意识转化机制与集体无意识的关联，揭示坐禅、参公案等修行法门对心理整合的独特作用。通过比较冥想中的"空性"体验与西方潜意识理论，作者指出东洋冥想为现代人提供了一条超越局限、抵达自性圆满的心理学路径。

《当泡利遇上荣格》

《当泡利遇上荣格》记录了诺贝尔物理学奖得主沃尔夫冈·泡利与心理学家荣格的思想对话。书中揭示 20 世纪两位大师如何通过梦境分析，在量子物理与深层心理学之间架起桥梁。泡利以"微观世界不可观测性"呼应荣格的"集体无意识"理论，共同探索物质与精神的深层统一性。这些珍贵通信展现了精密科学巨匠对神秘体验的开放性态度，以及分析心理学对科学认知的启示。该书不仅是科学与心理学交叉研究的经典案例，更为理解意识与现实的本质提供了革命性视角。

《中医火神三书》

《中医火神三书》是系统阐述火神派医学理论的核心典籍，包括《医理真传》《医法圆通》《伤寒恒论》三部经典。该学派由清代名医郑钦安创立，强调"人身立命在乎水火"的学术思想，以坎离卦象阐释人体阴阳根本，主张"阳主阴从"的辨证观，善用姜、附等辛热药物治疗阴证。三书从易理、脉法到用药层层深入，将《伤寒论》理论与周易哲学完美结合，开创了"扶阳学派"诊疗体系，至今仍是中医临床重要的辨证范式，对疑难重症治疗具有独特指导价值。

《圆运动的古中医学》

《圆运动的古中医学》是民国中医大家彭子益的传世之作，以"圆运动"理论重构中医核心体系。该书将人体气机升降归纳为"中气如轴、四维如轮"的动态模型，以脾胃为枢纽，阐释五脏循环生克的能量运动规律。作者用通俗语言解析《内经》《伤寒论》精髓，结合卦象揭示生理病理的圆周性，强调"阴阳互根、一炁周流"的生命本质。这部融合易学思维的经典，既保存了古中医精髓，又为现代临床提供了简洁实用的辨证框架，被誉为"打开古中医之门的总钥匙"。

未来，属于终身学习者

我们正在亲历前所未有的变革——互联网改变了信息传递的方式，指数级技术快速发展并颠覆商业世界，人工智能正在侵占越来越多的人类领地。

面对这些变化，我们需要问自己：未来需要什么样的人才？

答案是，成为终身学习者。终身学习意味着永不停歇地追求全面的知识结构、强大的逻辑思考能力和敏锐的感知力。这是一种能够在不断变化中随时重建、更新认知体系的能力。阅读，无疑是帮助我们提高这种能力的最佳途径。

在充满不确定性的时代，答案并不总是简单地出现在书本之中。"读万卷书"不仅要亲自阅读、广泛阅读，也需要我们深入探索好书的内部世界，让知识不再局限于书本之中。

湛庐阅读 App: 与最聪明的人共同进化

我们现在推出全新的湛庐阅读 App，它将成为您在书本之外，践行终身学习的场所。

- 不用考虑"读什么"。这里汇集了湛庐所有纸质书、电子书、有声书和各种阅读服务。
- 可以学习"怎么读"。我们提供包括课程、精读班和讲书在内的全方位阅读解决方案。
- 谁来领读？您能最先了解到作者、译者、专家等大咖的前沿洞见，他们是高质量思想的源泉。
- 与谁共读？您将加入优秀的读者和终身学习者的行列，他们对阅读和学习具有持久的热情和源源不断的动力。

在湛庐阅读 App 首页，编辑为您精选了经典书目和优质音视频内容，每天早、中、晚更新，满足您不间断的阅读需求。

【特别专题】【主题书单】【人物特写】等原创专栏，提供专业、深度的解读和选书参考，回应社会议题，是您了解湛庐近千位重要作者思想的独家渠道。

在每本图书的详情页，您将通过深度导读栏目【专家视点】【深度访谈】和【书评】读懂、读透一本好书。

通过这个不设限的学习平台，您在任何时间、任何地点都能获得有价值的思想，并通过阅读实现终身学习。我们邀您共建一个与最聪明的人共同进化的社区，使其成为先进思想交汇的聚集地，这正是我们的使命和价值所在。

CHEERS

湛庐阅读 App
使用指南

读什么

· 纸质书
· 电子书
· 有声书

与谁共读

· 主题书单
· 特别专题
· 人物特写
· 日更专栏
· 编辑推荐

怎么读

· 课程
· 精读班
· 讲书
· 测一测
· 参考文献
· 图片资料

谁来领读

· 专家视点
· 深度访谈
· 书评
· 精彩视频

HERE COMES EVERYBODY

下载湛庐阅读 App
一站获取阅读服务